BECK'SCHE TEXTAUSGABEN

Bayerische Bauordnung

Bayerische Bauordnung

und ergänzende Bestimmungen

TEXTAUSGABE
mit Verweisungen und Sachverzeichnis

42. Auflage
Stand: 15. August 2015

C.H.BECK

www.beck.de

ISBN 978 3 406 67290 3

Wilhelmstraße 9, 80801 München
Satz, Druck und Bindung: Druckerei C. H. Beck, Nördlingen
(Adresse wie Verlag)

Gedruckt auf säurefreiem, alterungsbeständigem Papier
(hergestellt aus chlorfrei gebleichtem Zellstoff)

Inhaltsverzeichnis

Abkürzungsverzeichnis

AG	Ausführungsgesetz
AGBGB	Gesetz zur Ausführung des Bürgerlichen Gesetzbuchs und anderer Gesetze
AllMBl.	Allgemeines Ministerialblatt
AMBl.	Amtsblatt des Bayer. Staatsministeriums für Arbeit und Sozialordnung
Art.	Artikel
BaukaG	Baukammerngesetz
BauPrüfV	Bautechnische Prüfungsverordnung
BauVorlV	Bauvorlagenverordnung
BayAbgrG	Bayerisches Abgrabungsgesetz
BayBO	Bayerische Bauordnung
BayBSVA	Bereinigte Sammlung der Verwaltungsvorschriften des Bayer. Staatsministeriums für Arbeit und soziale Fürsorge
BayBSVFin	Bereinigte Sammlung der bayerischen Finanzverwaltungsvorschriften
BayBSVI	Bereinigte Sammlung der Verwaltungsvorschriften des Bayer. Staatsministeriums des Innern
BayBSVJu	Bereinigte Sammlung der bayerischen Justizverwaltungsvorschriften
BayBSVK	Bereinigte Sammlung der Verwaltungsvorschriften des Bayer. Staatsministeriums für Unterricht und Kultus
BayBSVWV	Bereinigte Sammlung der Verwaltungsvorschriften des Bayer. Staatsministeriums für Wirtschaft und Verkehr
BayRS	Bayerische Rechtssammlung, Gliederungsnummer
BayStrWG	Bayerisches Straßen- und Wegegesetz
BayWG	Bayerisches Wassergesetz
Bek.	Bekanntmachung
BGB	Bürgerliches Gesetzbuch
BGBl. I, II	Bundesgesetzblatt Teil I bzw. Teil II
BGHZ	Entscheidungen des Bundesgerichtshofes in Zivilsachen
BStättV	Beherbergungsstättenverordnung
BVwGE	Amtliche Sammlung der Entscheidungen des Bundesverwaltungsgerichts
DSchG	Denkmalschutzgesetz
EG	Einführungsgesetz
EltBauV	Verordnung über den Bau von Betriebsräumen für elektrische Anlagen
FeuV	Feuerungsverordnung
FMBl.	Amtsblatt des Bayer. Staatsministeriums der Finanzen
FStrG	Bundesfernstraßengesetz

Abkürzungsverzeichnis

GaStellV	Verordnung über den Bau und Betrieb von Garagen sowie über die Zahl der notwendigen Stellplätze
GewO	Gewerbeordnung
GG	Grundgesetz für die Bundesrepublik Deutschland
GMBl.	Gemeinsames Bundesministerialblatt
GVBl.	Bayerisches Gesetz- und Verordnungsblatt
idF	in der Fassung
JMBl.	Bayerisches Justizministerialblatt
KG	Vollzug des Kostengesetzes
KVz	Kostenverzeichnis
LMBl.	Amtsblatt des Bayer. Staatsministeriums für Ernährung, Landwirtschaft und Forsten
LStVG	Landesstraf- und Verordnungsgesetz
LUMBl.	Amtsblatt des Bayer. Staatsministeriums für Landesentwicklung und Umweltfragen
LuftVG	Luftverkehrsgesetz
MABl.	Ministerialamtsblatt der Bayerischen Inneren Verwaltung
MB	Ministerialbekanntmachung
ME	Ministerialentschließung
Nr.	Nummer
PrüfVBau	Verordnung über die Prüfingenieure, Prüfämter und Prüfsachverständigen im Bauwesen
RGBl. I	Reichsgesetzblatt Teil I
S.	Seite
StAnz.	Bayerischer Staatsanzeiger
StGB	Strafgesetzbuch
SVBau	Sachverständigenverordnung – Bau
VAwS	Anlagenverordnung
VGH n. F. Bd.	Amtliche Sammlung der Entscheidungen des Bayerischen Verwaltungsgerichtshofes, neue Folge
VkV	Verkaufsstättenverordnung
VO	Verordnung
VStättV	Versammlungsstättenverordnung
WHG	Wasserhaushaltsgesetz
WVMBl.	Amtsblatt des Bayer. Staatsministeriums für Wirtschaft und Verkehr
ZustVBau	Zuständigkeitsverordnung im Bauwesen

A. Bauordnung und Vollzugsvorschriften

1. Bayerische Bauordnung (BayBO)[1]

in der Fassung der Bekanntmachung vom 14. August 2007[2]
(GVBl S. 588)

BayRS 2132-1-I

zuletzt geänd. durch § 3 G zur Änderung des BaukammernG, des G über das öffentliche Versorgungswesen und der Bayerischen Bauordnung v. 24. 7. 2015 (GVBl S. 296)

Inhaltsübersicht[3]

Art.

Erster Teil. Allgemeine Vorschriften

Zweiter Teil. Das Grundstück und seine Bebauung

Dritter Teil. Bauliche Anlagen

Abschnitt I. Baugestaltung

Abschnitt II. Allgemeine Anforderungen an die Bauausführung

Abschnitt III. Bauprodukte und Bauarten

---

[1] Überschrift geänd. (Fußnote aufgeh.) mWv 1. 8. 2009 durch G v. 27. 7. 2009 (GVBl S. 385).

[2] Neubekanntmachung der Bayerischen BauO v. 1. 8. 1962 (GVBl S. 179) in der ab 1. 1. 2008 geltenden Fassung.

[3] Inhaltsübersicht geänd. mWv 1. 8. 2009 durch G v. 27. 7. 2009 (GVBl S. 385); geänd. mWv 21. 11. 2014 durch G v. 17. 11. 2014 (GVBl S. 478); geänd. mWv 1. 8. 2015 durch G v. 24. 7. 2015 (GVBl S. 296).

Art.

Abschnitt IV. Brandverhalten von Baustoffen und Bauteilen; Wände, Decken, Dächer

Abschnitt V. Rettungswege, Öffnungen, Umwehrungen

Abschnitt VI. Technische Gebäudeausrüstung

Abschnitt VII. Nutzungsbedingte Anforderungen

Vierter Teil. Die am Bau Beteiligten

Fünfter Teil. Bauaufsichtsbehörden, Verfahren

Abschnitt I. Bauaufsichtsbehörden

Abschnitt II. Genehmigungspflicht, Genehmigungsfreiheit

Abschnitt III. Genehmigungsverfahren

Erster Teil. Allgemeine Vorschriften

Art. 1[1)] Anwendungsbereich. (1) [1] Dieses Gesetz gilt für alle baulichen Anlagen und Bauprodukte. [2] Es gilt auch für Grundstücke sowie für andere Anlagen und Einrichtungen, an die nach diesem Gesetz oder in Vorschriften auf Grund dieses Gesetzes Anforderungen gestellt werden.

(2) Dieses Gesetz gilt nicht für

1. Anlagen des öffentlichen Verkehrs sowie ihre Nebenanlagen und Nebenbetriebe, ausgenommen Gebäude an Flugplätzen,
2. Anlagen, die der Bergaufsicht unterliegen,
3. Rohrleitungsanlagen sowie Leitungen aller Art, ausgenommen in Gebäuden,
4. Kräne und Krananlagen,
5. Gerüste,
6. Feuerstätten, die nicht der Raumheizung oder der Brauchwassererwärmung dienen, ausgenommen Gas-Haushalts-Kochgeräte,
7. Messestände in Messe- und Ausstellungsgebäuden.

Art. 2[2)] Begriffe. (1) [1] Bauliche Anlagen sind mit dem Erdboden verbundene, aus Bauprodukten hergestellte Anlagen. [2] Ortsfeste Anlagen der Wirtschaftswer-

---

[1)] Art. 1 Abs. 2 Nr. 6 geänd., Nr. 7 angef. mWv 1. 1. 2013 durch G v. 11. 12. 2012 (GVBl S. 633).

[2)] Art. 2 Abs. 4 Nr. 8 und 15 geänd. mWv 1. 8. 2009 durch G v. 27. 7. 2009 (GVBl S. 385); Abs. 4 Nr. 7 Buchst. b neu gef., Nr. 8 geänd., Nr. 9 und 10 neu gef., Nr. 11 und 12 eingef., bish. Nr. 11–17 werden Nr. 13–19, bish. Nr. 18 wird Nr. 20 und geänd., Abs. 10 eingef., bish. Abs. 10 und 11 werden Abs. 11 und 12 mWv 1. 1. 2013 durch G v. 11. 12. 2012 (GVBl S. 633).

bung (Werbeanlagen) einschließlich Automaten sind bauliche Anlagen. [3] Als bauliche Anlagen gelten Anlagen, die nach ihrem Verwendungszweck dazu bestimmt sind, überwiegend ortsfest benutzt zu werden, sowie

1. Aufschüttungen, soweit sie nicht unmittelbare Folge von Abgrabungen sind,
2. Lagerplätze, Abstellplätze und Ausstellungsplätze,
3. Campingplätze und Wochenendplätze,
4. Freizeit- und Vergnügungsparks,
5. Stellplätze für Kraftfahrzeuge.

[4] Anlagen sind bauliche Anlagen sowie andere Anlagen und Einrichtungen im Sinn des Art. 1 Abs. 1 Satz 2.

(2) Gebäude sind selbständig benutzbare, überdeckte bauliche Anlagen, die von Menschen betreten werden können.

(3) [1] Gebäude werden in folgende Gebäudeklassen eingeteilt:

1. Gebäudeklasse 1:
   a) freistehende Gebäude mit einer Höhe bis zu 7 m und nicht mehr als zwei Nutzungseinheiten von insgesamt nicht mehr als 400 m^2 und
   b) land- oder forstwirtschaftlich genutzte Gebäude,
2. Gebäudeklasse 2:
   Gebäude mit einer Höhe bis zu 7 m und nicht mehr als zwei Nutzungseinheiten von insgesamt nicht mehr als 400 m^2,
3. Gebäudeklasse 3:
   sonstige Gebäude mit einer Höhe bis zu 7 m,
4. Gebäudeklasse 4:
   Gebäude mit einer Höhe bis zu 13 m und Nutzungseinheiten mit jeweils nicht mehr als 400 m^2,
5. Gebäudeklasse 5:
   sonstige Gebäude einschließlich unterirdischer Gebäude.

[2] Höhe im Sinn des Satzes 1 ist das Maß der Fußbodenoberkante des höchstgelegenen Geschosses, in dem ein Aufenthaltsraum möglich ist, über der Geländeoberfläche im Mittel. [3] Bei der Berechnung der Flächen nach Satz 1 bleiben die Flächen im Kellergeschoss außer Betracht.

(4) Sonderbauten sind Anlagen und Räume besonderer Art oder Nutzung, die einen der nachfolgenden Tatbestände erfüllen:

1. Hochhäuser (Gebäude mit einer Höhe nach Abs. 3 Satz 2 von mehr als 22 m),
2. bauliche Anlagen mit einer Höhe von mehr als 30 m,
3. Gebäude mit mehr als 1 600 m^2 Fläche des Geschosses mit der größten Ausdehnung, ausgenommen Wohngebäude und Garagen,
4. Verkaufsstätten, deren Verkaufsräume und Ladenstraßen eine Fläche von insgesamt mehr als 800 m^2 haben,
5. Gebäude mit Räumen, die einer Büro- oder Verwaltungsnutzung dienen und einzeln mehr als 400 m^2 haben,
6. Gebäude mit Räumen, die einzeln für eine Nutzung durch mehr als 100 Personen bestimmt sind,
7. Versammlungsstätten

(Art. 60)

a) mit Versammlungsräumen, die insgesamt mehr als 200 Besucher fassen, wenn diese Versammlungsräume gemeinsame Rettungswege haben,

b) im Freien mit Szenenflächen sowie Freisportanlagen jeweils mit Tribünen, die keine fliegenden Bauten sind und insgesamt mehr als 1 000 Besucher fassen,

8. Gaststätten mit mehr als 40 Gastplätzen in Gebäuden oder mehr als 1 000 Gastplätzen im Freien, Beherbergungsstätten mit mehr als zwölf Betten und Spielhallen mit mehr als 150 m^2,
9. Gebäude mit Nutzungseinheiten zum Zweck der Pflege oder Betreuung von Personen mit Pflegebedürftigkeit oder Behinderung, deren Selbstrettungsfähigkeit eingeschränkt ist, wenn die Nutzungseinheiten

   a) einzeln für mehr als sechs Personen bestimmt sind,

   b) für Personen mit Intensivpflegebedarf bestimmt sind oder

   c) einen gemeinsamen Rettungsweg haben und für insgesamt mehr als zwölf Personen bestimmt sind,
10. Krankenhäuser,
11. sonstige Einrichtungen zur Unterbringung von Personen sowie Wohnheime,
12. Tageseinrichtungen für mehr als zehn Kinder sowie Menschen mit Behinderung und alte Menschen,
13. Schulen, Hochschulen und ähnliche Einrichtungen,
14. Justizvollzugsanstalten und bauliche Anlagen für den Maßregelvollzug,
15. Camping- und Wochenendplätze,
16. Freizeit- und Vergnügungsparks,
17. fliegende Bauten, soweit sie einer Ausführungsgenehmigung bedürfen, sowie Fahrgeschäfte, die keine fliegenden Bauten und nicht verfahrensfrei sind,
18. Regale mit einer Oberkante Lagerguthöhe von mehr als 7,50 m,
19. bauliche Anlagen, deren Nutzung durch Umgang mit oder Lagerung von Stoffen mit Explosions- oder erhöhter Brandgefahr verbunden ist,
20. Anlagen und Räume, die in den Nrn. 1 bis 19 nicht aufgeführt und deren Art oder Nutzung mit vergleichbaren Gefahren verbunden sind, ausgenommen Wohngebäude, die keine Hochhäuser sind.

(5) Aufenthaltsräume sind Räume, die zum nicht nur vorübergehenden Aufenthalt von Menschen bestimmt oder geeignet sind.

(6) Flächen von Gebäuden, Geschossen, Nutzungseinheiten und Räumen sind als Brutto-Grundfläche zu ermitteln, soweit nichts anderes geregelt ist.

(7) [1] Geschosse sind oberirdische Geschosse, wenn ihre Deckenoberkanten im Mittel mehr als 1,40 m über die Geländeoberfläche hinausragen; im Übrigen sind sie Kellergeschosse. [2] Hohlräume zwischen der obersten Decke und der Bedachung, in denen Aufenthaltsräume nicht möglich sind, sind keine Geschosse.

(8) [1] Stellplätze sind Flächen, die dem Abstellen von Kraftfahrzeugen außerhalb der öffentlichen Verkehrsfläche dienen. [2] Garagen sind Gebäude oder Gebäudeteile zum Abstellen von Kraftfahrzeugen. [3] Ausstellungs-, Verkaufs-, Werk- und Lagerräume für Kraftfahrzeuge sind keine Stellplätze oder Garagen.

(9) Feuerstätten sind in oder an Gebäuden ortsfest benutzte Anlagen, die dazu bestimmt sind, durch Verbrennung Wärme zu erzeugen.

(10) Barrierefrei sind bauliche Anlagen, soweit sie für Menschen mit Behinderung in der allgemein üblichen Weise, ohne besondere Erschwernis und grundsätzlich ohne fremde Hilfe zugänglich und nutzbar sind.

(11) Bauprodukte sind

1. Baustoffe, Bauteile und Anlagen, die hergestellt werden, um dauerhaft in bauliche Anlagen eingebaut zu werden,
2. aus Baustoffen und Bauteilen vorgefertigte Anlagen, die hergestellt werden, um mit dem Erdboden verbunden zu werden, wie Fertighäuser, Fertiggaragen und Silos.

(12) Bauart ist das Zusammenfügen von Bauprodukten zu baulichen Anlagen oder Teilen von baulichen Anlagen.

Art. 3[1)] Allgemeine Anforderungen. (1) [1] Anlagen sind unter Berücksichtigung der Belange der Baukultur, insbesondere der anerkannten Regeln der Baukunst, so anzuordnen, zu errichten, zu ändern und instand zu halten, dass die öffentliche Sicherheit und Ordnung, insbesondere Leben und Gesundheit, und die natürlichen Lebensgrundlagen nicht gefährdet werden. [2] Sie müssen bei ordnungsgemäßer Instandhaltung die allgemeinen Anforderungen des Satzes 1 ihrem Zweck entsprechend angemessen dauerhaft erfüllen und ohne Missstände benutzbar sein.

(2) [1] Die vom Staatsministerium des Innern, für Bau und Verkehr oder der von ihm bestimmten Stelle durch öffentliche Bekanntmachung als Technische Baubestimmungen eingeführten technischen Regeln sind zu beachten. [2] Bei der Bekanntmachung kann hinsichtlich ihres Inhalts auf die Fundstelle verwiesen werden. [3] Von den Technischen Baubestimmungen kann abgewichen werden, wenn mit einer anderen Lösung in gleichem Maße die allgemeinen Anforderungen des Abs. 1 erfüllt werden; Art. 15 Abs. 3 und Art. 19 bleiben unberührt. [4] Werden die allgemein anerkannten Regeln der Baukunst und Technik beachtet, gelten die entsprechenden bauaufsichtlichen Anforderungen dieses Gesetzes und der auf Grund dieses Gesetzes erlassenen Vorschriften als eingehalten.

(3) Für die Beseitigung von Anlagen, für die Änderung ihrer Nutzung und für Baugrundstücke gelten Abs. 1 Satz 1 und Abs. 2 entsprechend.

(4) Bauprodukte und Bauarten, die in Vorschriften eines anderen Mitgliedstaates der Europäischen Union oder eines anderen Vertragsstaates des Abkommens vom 2. Mai 1992 über den Europäischen Wirtschaftsraum genannten technischen Anforderungen entsprechen, dürfen verwendet oder angewendet werden, wenn das geforderte Schutzniveau in Bezug auf Sicherheit, Gesundheit und Gebrauchstauglichkeit gleichermaßen dauerhaft erreicht wird.

Zweiter Teil. Das Grundstück und seine Bebauung

Art. 4[2)] Bebauung der Grundstücke mit Gebäuden. (1) Gebäude dürfen nur unter folgenden Voraussetzungen errichtet werden:

[1)] Art. 3 Abs. 2 Satz 1 geänd. mWv 30. 8. 2014 durch VO v. 22. 7. 2014 (GVBl S. 286).
[2)] Art. 4 Abs. 2 einl. Satzteil geänd. mWv 1. 8. 2009 durch G v. 27. 7. 2009 (GVBl S. 385).

1. Das Grundstück muss nach Lage, Form, Größe und Beschaffenheit für die beabsichtigte Bebauung geeignet sein;
2. das Grundstück muss in einer angemessenen Breite an einer befahrbaren öffentlichen Verkehrsfläche liegen.

(2) Abweichend von Abs. 1 Nr. 2 sind im Geltungsbereich eines Bebauungsplans im Sinn der §§ 12 und 30 Abs. 1 des Baugesetzbuchs (BauGB) und innerhalb eines im Zusammenhang bebauten Ortsteils (§ 34 BauGB) nicht erforderlich

1. die Befahrbarkeit von Wohnwegen begrenzter Länge, wenn keine Bedenken wegen des Brandschutzes oder des Rettungsdienstes bestehen,
2. die Widmung von Wohnwegen begrenzter Länge, wenn von dem Wohnweg nur Wohngebäude der Gebäudeklassen 1 bis 3 erschlossen werden und gegenüber dem Rechtsträger der Bauaufsichtsbehörde rechtlich gesichert ist, dass der Wohnweg sachgerecht unterhalten wird und allgemein benutzt werden kann.

(3) Im Außenbereich genügt eine befahrbare, gegenüber dem Rechtsträger der Bauaufsichtsbehörde rechtlich gesicherte Zufahrt zu einem befahrbaren öffentlichen Weg.

Art. 5 Zugänge und Zufahrten auf den Grundstücken. (1) [1] Von öffentlichen Verkehrsflächen ist insbesondere für die Feuerwehr ein geradliniger Zu- oder Durchgang zu rückwärtigen Gebäuden zu schaffen; zu anderen Gebäuden ist er zu schaffen, wenn der zweite Rettungsweg dieser Gebäude über Rettungsgeräte der Feuerwehr führt. [2] Zu Gebäuden, bei denen die Oberkante der Brüstung von zum Anleitern bestimmten Fenstern oder Stellen mehr als 8 m über dem Gelände liegt, ist in den Fällen des Satzes 1 an Stelle eines Zu- oder Durchgangs eine Zu- oder Durchfahrt zu schaffen. [3] Ist für die Personenrettung der Einsatz von Hubrettungsfahrzeugen erforderlich, sind die dafür erforderlichen Aufstell- und Bewegungsflächen vorzusehen. [4] Bei Gebäuden, die ganz oder mit Teilen mehr als 50 m von einer öffentlichen Verkehrsfläche entfernt sind, sind Zufahrten oder Durchfahrten nach Satz 2 zu den vor und hinter den Gebäuden gelegenen Grundstücksteilen und Bewegungsflächen herzustellen, wenn sie aus Gründen des Feuerwehreinsatzes erforderlich sind.

(2) [1] Zu- und Durchfahrten, Aufstellflächen und Bewegungsflächen müssen für Feuerwehreinsatzfahrzeuge ausreichend befestigt und tragfähig sein; sie sind als solche zu kennzeichnen und ständig frei zu halten; die Kennzeichnung von Zufahrten muss von der öffentlichen Verkehrsfläche aus sichtbar sein. [2] Fahrzeuge dürfen auf den Flächen nach Satz 1 nicht abgestellt werden.

Art. 6[1)] Abstandsflächen, Abstände. (1) [1] Vor den Außenwänden von Gebäuden sind Abstandsflächen von oberirdischen Gebäuden freizuhalten. [2] Satz 1 gilt entsprechend für andere Anlagen, von denen Wirkungen wie von Gebäuden ausgehen, gegenüber Gebäuden und Grundstücksgrenzen. [3] Eine Abstandsfläche ist nicht erforderlich vor Außenwänden, die an Grundstücksgrenzen errichtet werden, wenn nach planungsrechtlichen Vorschriften an die Grenze gebaut werden muss oder gebaut werden darf.

[1)] Art. 6 Abs. 5 Satz 4 angef., Abs. 8 Nr. 2 einl. Satzteil geänd., Buchst. a neu gef., Nr. 3 angef., Abs. 9 Satz 1 Nr. 1 geänd. mWv 1. 8. 2009 durch G v. 27. 7. 2009 (GVBl S. 385).

(2) [1] Abstandsflächen sowie Abstände nach Art. 28 Abs. 2 Nr. 1 und Art. 30 Abs. 2 müssen auf dem Grundstück selbst liegen. [2] Sie dürfen auch auf öffentlichen Verkehrs-, Grün- und Wasserflächen liegen, jedoch nur bis zu deren Mitte. [3] Abstandsflächen sowie Abstände im Sinn des Satzes 1 dürfen sich ganz oder teilweise auf andere Grundstücke erstrecken, wenn rechtlich oder tatsächlich gesichert ist, dass sie nicht überbaut werden, oder wenn der Nachbar gegenüber der Bauaufsichtsbehörde schriftlich, aber nicht in elektronischer Form, zustimmt; die Zustimmung des Nachbarn gilt auch für und gegen seinen Rechtsnachfolger. [4] Abstandsflächen dürfen auf die auf diesen Grundstücken erforderlichen Abstandsflächen nicht angerechnet werden.

(3) Die Abstandsflächen dürfen sich nicht überdecken; das gilt nicht für

1. Außenwände, die in einem Winkel von mehr als 75 Grad zueinander stehen,
2. Außenwände zu einem fremder Sicht entzogenen Gartenhof bei Wohngebäuden der Gebäudeklassen 1 und 2,
3. Gebäude und andere bauliche Anlagen, die in den Abstandsflächen zulässig sind.

(4) [1] Die Tiefe der Abstandsfläche bemisst sich nach der Wandhöhe; sie wird senkrecht zur Wand gemessen. [2] Wandhöhe ist das Maß von der Geländeoberfläche bis zum Schnittpunkt der Wand mit der Dachhaut oder bis zum oberen Abschluss der Wand. [3] Die Höhe von Dächern mit einer Neigung von mehr als 70 Grad wird voll, von Dächern mit einer Neigung von mehr als 45 Grad zu einem Drittel hinzugerechnet. [4] Die Höhe der Giebelflächen im Bereich des Dachs ist bei einer Dachneigung von mehr als 70 Grad voll, im Übrigen nur zu einem Drittel anzurechnen. [5] Die Sätze 1 bis 4 gelten für Dachaufbauten entsprechend. [6] Das sich ergebende Maß ist H.

(5) [1] Die Tiefe der Abstandsflächen beträgt 1 H, mindestens 3 m. [2] In Kerngebieten genügt eine Tiefe von 0,50 H, mindestens 3 m, in Gewerbe- und Industriegebieten eine Tiefe von 0,25 H, mindestens 3 m. [3] Werden von einer städtebaulichen Satzung oder einer Satzung nach Art. 81 Außenwände zugelassen oder vorgeschrieben, vor denen Abstandsflächen größerer oder geringerer Tiefe als nach den Sätzen 1 und 2 liegen müssten, finden die Sätze 1 und 2 keine Anwendung, es sei denn, die Satzung ordnet die Geltung dieser Vorschriften an; die ausreichende Belichtung und Belüftung dürfen nicht beeinträchtigt, die Flächen für notwendige Nebenanlagen nicht eingeschränkt werden. [4] Satz 3 gilt entsprechend, wenn sich einheitlich abweichende Abstandsflächentiefen aus der umgebenden Bebauung im Sinn des § 34 Abs. 1 Satz 1 BauGB ergeben.

(6) [1] Vor zwei Außenwänden von nicht mehr als 16 m Länge genügt als Tiefe der Abstandsflächen die Hälfte der nach Abs. 5 erforderlichen Tiefe, mindestens jedoch 3 m; das gilt nicht in Kern-, Gewerbe- und Industriegebieten. [2] Wird ein Gebäude mit einer Außenwand an eine Grundstücksgrenze gebaut, gilt Satz 1 nur noch für eine Außenwand; wird ein Gebäude mit zwei Außenwänden an Grundstücksgrenzen gebaut, so ist Satz 1 nicht anzuwenden; Grundstücksgrenzen zu öffentlichen Verkehrsflächen, öffentlichen Grünflächen und öffentlichen Wasserflächen bleiben hierbei unberücksichtigt. [3] Aneinandergebaute Gebäude sind wie ein Gebäude zu behandeln.

(7) Die Gemeinde kann durch Satzung, die auch nach Art. 81 Abs. 2 erlassen werden kann, abweichend von Abs. 4 Sätze 3 und 4, Abs. 5 Sätze 1 und 2 sowie Abs. 6 für ihr Gemeindegebiet oder Teile ihres Gemeindegebiets vorsehen, dass

1. nur die Höhe von Dächern mit einer Neigung von weniger als 70 Grad zu einem Drittel, bei einer größeren Neigung der Wandhöhe voll hinzugerechnet wird und
2. die Tiefe der Abstandsfläche 0,4 H, mindestens 3 m, in Gewerbe- und Industriegebieten 0,2 H, mindestens 3 m, beträgt.

(8) Bei der Bemessung der Abstandsflächen bleiben außer Betracht

1. vor die Außenwand vortretende Bauteile wie Gesimse und Dachüberstände,
2. untergeordnete Vorbauten wie Balkone und eingeschossige Erker, wenn sie
   a) insgesamt nicht mehr als ein Drittel der Breite der Außenwand des jeweiligen Gebäudes, höchstens jedoch insgesamt 5 m, in Anspruch nehmen,
   b) nicht mehr als 1,50 m vor diese Außenwand vortreten und
   c) mindestens 2 m von der gegenüberliegenden Nachbargrenze entfernt bleiben,
3. untergeordnete Dachgauben, wenn
   a) sie insgesamt nicht mehr als ein Drittel der Breite der Außenwand des jeweiligen Gebäudes, höchstens jedoch insgesamt 5 m, in Anspruch nehmen und
   b) ihre Ansichtsfläche jeweils nicht mehr als 4 m^2 beträgt und eine Höhe von nicht mehr als 2,5 m aufweist.

(9) [1] In den Abstandsflächen eines Gebäudes sowie ohne eigene Abstandsflächen sind, auch wenn sie nicht an die Grundstücksgrenze oder an das Gebäude angebaut werden, zulässig

1. Garagen einschließlich deren Nebenräume, überdachte Tiefgaragenzufahrten, Aufzüge zu Tiefgaragen und Gebäude ohne Aufenthaltsräume und Feuerstätten mit einer mittleren Wandhöhe bis zu 3 m und einer Gesamtlänge je Grundstücksgrenze von 9 m, bei einer Länge der Grundstücksgrenze von mehr als 42 m darüber hinaus freistehende Gebäude ohne Aufenthaltsräume und Feuerstätten mit einer mittleren Wandhöhe bis zu 3 m, nicht mehr als 50 m^3 Brutto-Rauminhalt und einer Gesamtlänge je Grundstücksgrenze von 5 m; abweichend von Abs. 4 bleibt bei einer Dachneigung bis zu 70 Grad die Höhe von Dächern und Giebelflächen unberücksichtigt,
2. gebäudeunabhängige Solaranlagen mit einer Höhe bis zu 3 m und einer Gesamtlänge je Grundstücksgrenze von 9 m,
3. Stützmauern und geschlossene Einfriedungen in Gewerbe- und Industriegebieten, außerhalb dieser Baugebiete mit einer Höhe bis zu 2 m.

[2] Die Länge der die Abstandsflächentiefe gegenüber den Grundstücksgrenzen nicht einhaltenden Bebauung nach den Nrn. 1 und 2 darf auf einem Grundstück insgesamt 15 m nicht überschreiten.

Art. 7 Nicht überbaute Flächen der bebauten Grundstücke; Kinderspielplätze. (1) [1] Die nicht mit Gebäuden oder vergleichbaren baulichen Anlagen überbauten Flächen der bebauten Grundstücke sind

1. wasseraufnahmefähig zu belassen oder herzustellen und
2. zu begrünen oder zu bepflanzen,

soweit dem nicht die Erfordernisse einer anderen zulässigen Verwendung der Flächen entgegenstehen. [2] Satz 1 findet keine Anwendung, soweit Bebauungspläne oder andere Satzungen Festsetzungen zu den nicht überbauten Flächen treffen.

(2) [1] Bei der Errichtung von Gebäuden mit mehr als drei Wohnungen ist auf dem Baugrundstück oder in unmittelbarer Nähe auf einem anderen geeigneten Grundstück, dessen dauerhafte Nutzung für diesen Zweck gegenüber dem Rechtsträger der Bauaufsichtsbehörde rechtlich gesichert sein muss, ein ausreichend großer Kinderspielplatz anzulegen. [2] Das gilt nicht, wenn in unmittelbarer Nähe eine Gemeinschaftsanlage oder ein sonstiger für die Kinder nutzbarer Spielplatz geschaffen wird oder vorhanden oder ein solcher Spielplatz wegen der Art und der Lage der Wohnungen nicht erforderlich ist. [3] Bei bestehenden Gebäuden nach Satz 1 kann die Herstellung von Kinderspielplätzen verlangt werden.

Dritter Teil. Bauliche Anlagen

Abschnitt I. Baugestaltung

Art. 8 Baugestaltung. [1] Bauliche Anlagen müssen nach Form, Maßstab, Verhältnis der Baumassen und Bauteile zueinander, Werkstoff und Farbe so gestaltet sein, dass sie nicht verunstaltet wirken. [2] Bauliche Anlagen dürfen das Straßen-, Orts- und Landschaftsbild nicht verunstalten. [3] Die störende Häufung von Werbeanlagen ist unzulässig.

Abschnitt II. Allgemeine Anforderungen an die Bauausführung

Art. 9 Baustelle. (1) Baustellen sind so einzurichten, dass bauliche Anlagen ordnungsgemäß errichtet, geändert, beseitigt oder instand gehalten werden können und dass keine Gefahren, vermeidbaren Nachteile oder vermeidbaren Belästigungen entstehen.

(2) Öffentliche Verkehrsflächen, Versorgungs-, Abwasserbeseitigungs- und Meldeanlagen, Grundwassermessstellen, Vermessungszeichen, Abmarkungszeichen und Grenzzeichen sind für die Dauer der Bauausführung zu schützen und, soweit erforderlich, unter den notwendigen Sicherheitsvorkehrungen zugänglich zu halten.

(3) Bei der Ausführung nicht verfahrensfreier Bauvorhaben hat der Bauherr an der Baustelle ein Schild, das die Bezeichnung des Bauvorhabens sowie die Namen und Anschriften des Bauherrn und des Entwurfsverfassers enthalten muss, dauerhaft und von der öffentlichen Verkehrsfläche aus sichtbar anzubringen.

Art. 10 Standsicherheit. [1] Jede bauliche Anlage muss im Ganzen, in ihren einzelnen Teilen und für sich allein standsicher sein. [2] Die Standsicherheit muss auch während der Errichtung und bei der Änderung und der Beseitigung gewährleistet sein. [3] Die Standsicherheit anderer baulicher Anlagen und die Tragfähigkeit des Baugrunds des Nachbargrundstücks dürfen nicht gefährdet werden.

Art. 11 Schutz gegen Einwirkungen. Bauliche Anlagen sind so anzuordnen, zu errichten, zu ändern und instand zu halten, dass durch Wasser, Feuchtigkeit, pflanzliche und tierische Schädlinge sowie andere chemische, physikalische oder biologische Einflüsse Gefahren oder unzumutbare Belästigungen nicht entstehen.

Art. 12 Brandschutz. Bauliche Anlagen sind so anzuordnen, zu errichten, zu ändern und instand zu halten, dass der Entstehung eines Brandes und der Ausbreitung von Feuer und Rauch (Brandausbreitung) vorgebeugt wird und bei einem Brand die Rettung von Menschen und Tieren sowie wirksame Löscharbeiten möglich sind.

Art. 13 Wärme-, Schall- und Erschütterungsschutz. (1) Gebäude müssen einen ihrer Nutzung und den klimatischen Verhältnissen entsprechenden Wärmeschutz haben.

(2) [1] Gebäude müssen einen ihrer Nutzung entsprechenden Schallschutz haben. [2] Geräusche, die von ortsfesten Einrichtungen in baulichen Anlagen oder auf Baugrundstücken ausgehen, sind so zu dämmen, dass Gefahren oder unzumutbare Belästigungen nicht entstehen.

(3) Erschütterungen oder Schwingungen, die von ortsfesten Einrichtungen in baulichen Anlagen oder auf Baugrundstücken ausgehen, sind so zu dämmen, dass Gefahren oder unzumutbare Belästigungen nicht entstehen.

Art. 14 Verkehrssicherheit. (1) Bauliche Anlagen und die dem Verkehr dienenden nicht überbauten Flächen bebauter Grundstücke müssen verkehrssicher sein.

(2) Die Sicherheit und Leichtigkeit des öffentlichen Verkehrs darf durch bauliche Anlagen und deren Nutzung nicht gefährdet werden.

Abschnitt III. Bauprodukte und Bauarten

Art. 15[1)] Bauprodukte. (1) [1] Bauprodukte dürfen für die Errichtung, Änderung und Instandhaltung baulicher Anlagen nur verwendet werden, wenn sie für den Verwendungszweck

1. von den nach Abs. 2 bekanntgemachten technischen Regeln nicht oder nicht wesentlich abweichen (geregelte Bauprodukte) oder nach Abs. 3 zulässig sind und wenn sie auf Grund des Übereinstimmungsnachweises nach Art. 20 das Übereinstimmungszeichen (Ü-Zeichen) tragen oder
2. nach den Vorschriften
   a) der Verordnung (EU) Nr. 305/2011 des Europäischen Parlaments und des Rates vom 9. März 2011 zur Festlegung harmonisierter Bedingungen für die Vermarktung von Bauprodukten und zur Aufhebung der Richtlinie 89/106/EWG des Rates (ABl L 88 S. 5) in der jeweils geltenden Fassung,
   b) anderer unmittelbar geltender Vorschriften der Europäischen Union oder
   c) zur Umsetzung von Richtlinien der Europäischen Union, soweit diese die Grundanforderungen an Bauwerke nach Anhang I der Verordnung (EU) Nr. 305/2011 berücksichtigen,

---

[1)] Art. 15 Abs. 1 Satz 1 Nr. 2 und Abs. 7 neu gef. mWv 1. 7. 2013 durch G v. 11. 12. 2012 (GVBl S. 633); Abs. 2 Satz 1, Abs. 3 Satz 2, Abs. 4, Abs. 5 Satz 1 und Abs. 6 geänd. mWv 30. 8. 2014 durch VO v. 22. 7. 2014 (GVBl S. 286).

in den Verkehr gebracht und gehandelt werden dürfen, insbesondere das Zeichen der Europäischen Union (CE-Kennzeichnung) tragen und dieses Zeichen die nach Abs. 7 Nr. 1 festgelegten Klassen und Leistungsstufen ausweist oder die Leistung des Bauprodukts angibt. [2] Sonstige Bauprodukte, die von allgemein anerkannten Regeln der Technik nicht abweichen, dürfen auch verwendet werden, wenn diese Regeln nicht in der Bauregelliste A bekannt gemacht sind. [3] Sonstige Bauprodukte, die von allgemein anerkannten Regeln der Technik abweichen, bedürfen keines Nachweises ihrer Verwendbarkeit nach Abs. 3.

(2) [1] Das Deutsche Institut für Bautechnik macht im Einvernehmen mit dem Staatsministerium des Innern, für Bau und Verkehr für Bauprodukte, für die nicht nur die Vorschriften nach Abs. 1 Satz 1 Nr. 2 maßgebend sind, in der Bauregelliste A die technischen Regeln bekannt, die zur Erfüllung der in diesem Gesetz und in Vorschriften auf Grund dieses Gesetzes an bauliche Anlagen gestellten Anforderungen erforderlich sind. [2] Diese technischen Regeln gelten als Technische Baubestimmungen im Sinn des Art. 3 Abs. 2 Satz 1.

(3) [1] Bauprodukte, für die technische Regeln in der Bauregelliste A nach Abs. 2 bekannt gemacht worden sind und die von diesen wesentlich abweichen oder für die es allgemein anerkannte Regeln der Technik oder Technische Baubestimmungen nach Art. 3 Abs. 2 nicht gibt (nicht geregelte Bauprodukte), müssen

1. eine allgemeine bauaufsichtliche Zulassung (Art. 16),
2. ein allgemeines bauaufsichtliches Prüfzeugnis (Art. 17) oder
3. eine Zustimmung im Einzelfall (Art. 18)

haben. [2] Ausgenommen sind Bauprodukte, die für die Erfüllung der Anforderungen dieses Gesetzes oder auf Grund dieses Gesetzes nur eine untergeordnete Bedeutung haben und die das Deutsche Institut für Bautechnik im Einvernehmen mit dem Staatsministerium des Innern, für Bau und Verkehr in einer Liste C öffentlich bekannt gemacht hat.

(4) Das Staatsministerium des Innern, für Bau und Verkehr kann durch Rechtsverordnungen vorschreiben, dass für bestimmte Bauprodukte, auch soweit sie Anforderungen nach anderen Rechtsvorschriften unterliegen, hinsichtlich dieser Anforderungen bestimmte Nachweise der Verwendbarkeit und bestimmte Übereinstimmungsnachweise nach Maßgabe der Art. 15 bis 18 und 20 bis 23 zu führen sind, wenn die anderen Rechtsvorschriften diese Nachweise verlangen oder zulassen.

(5) [1] Bei Bauprodukten nach Abs. 1 Satz 1 Nr. 1, deren Herstellung in außergewöhnlichem Maß von der Sachkunde und Erfahrung der damit betrauten Personen oder von einer Ausstattung mit besonderen Vorrichtungen abhängt, kann in der allgemeinen bauaufsichtlichen Zulassung, in der Zustimmung im Einzelfall oder durch Rechtsverordnung des Staatsministeriums des Innern, für Bau und Verkehr vorgeschrieben werden, dass der Hersteller über solche Fachkräfte und Vorrichtungen verfügt und den Nachweis hierfür gegenüber einer Prüfstelle nach Art. 23 Abs. 1 Satz 1 Nr. 6 zu erbringen hat. [2] In der Rechtsverordnung können Mindestanforderungen an die Ausbildung, die durch Prüfung nachzuweisende Befähigung und die Ausbildungsstätten einschließlich der Anerkennungsvoraussetzungen gestellt werden.

(6) Für Bauprodukte, die wegen ihrer besonderen Eigenschaften oder ihres besonderen Verwendungszwecks einer außergewöhnlichen Sorgfalt bei Einbau,

Transport, Instandhaltung oder Reinigung bedürfen, kann in der allgemeinen bauaufsichtlichen Zulassung, in der Zustimmung im Einzelfall oder durch Rechtsverordnung des Staatsministeriums des Innern, für Bau und Verkehr die Überwachung dieser Tätigkeiten durch eine Überwachungsstelle nach Art. 23 Abs. 1 Satz 1 Nr. 5 vorgeschrieben werden.

(7) Das Deutsche Institut für Bautechnik kann im Einvernehmen mit der obersten Bauaufsichtsbehörde in der Bauregelliste B

1. festlegen, welche Leistungsstufen oder -klassen nach Art. 27 der Verordnung (EU) Nr. 305/2011 oder nach Vorschriften zur Umsetzung der Richtlinien der Europäischen Union Bauprodukte nach Abs. 1 Satz 1 Nr. 2 erfüllen müssen, und
2. bekannt machen, inwieweit Vorschriften zur Umsetzung von Richtlinien der Europäischen Union die Grundanforderungen an Bauwerke nach Anhang I der Verordnung (EU) Nr. 305/2011 nicht berücksichtigen.

Art. 16 Allgemeine bauaufsichtliche Zulassung. (1) Das Deutsche Institut für Bautechnik erteilt eine allgemeine bauaufsichtliche Zulassung für nicht geregelte Bauprodukte, wenn deren Verwendbarkeit im Sinn des Art. 3 Abs. 1 nachgewiesen ist.

(2) [1] Die zur Begründung des Antrags erforderlichen Unterlagen sind beizufügen. [2] Soweit erforderlich, sind Probestücke vom Antragsteller zur Verfügung zu stellen oder durch Sachverständige, die das Deutsche Institut für Bautechnik bestimmen kann, zu entnehmen oder Probeausführungen unter Aufsicht der Sachverständigen herzustellen. [3] Art. 65 Abs. 2 gilt entsprechend.

(3) Das Deutsche Institut für Bautechnik kann für die Durchführung der Prüfung die sachverständige Stelle und für Probeausführungen die Ausführungsstelle und Ausführungszeit vorschreiben.

(4) [1] Die allgemeine bauaufsichtliche Zulassung wird widerruflich und für eine bestimmte Frist erteilt, die in der Regel fünf Jahre beträgt. [2] Die Zulassung kann mit Nebenbestimmungen erteilt werden. [3] Sie kann auf schriftlichen Antrag in der Regel um fünf Jahre verlängert werden; Art. 69 Abs. 2 gilt entsprechend.

(5) Die Zulassung wird unbeschadet der privaten Rechte Dritter erteilt.

(6) Das Deutsche Institut für Bautechnik macht die von ihm erteilten allgemeinen bauaufsichtlichen Zulassungen nach Gegenstand und wesentlichem Inhalt öffentlich bekannt.

(7) Allgemeine bauaufsichtliche Zulassungen nach dem Recht anderer Länder gelten auch im Freistaat Bayern.

Art. 17[1)] Allgemeines bauaufsichtliches Prüfzeugnis. (1) [1] Bauprodukte,

1. deren Verwendung nicht der Erfüllung erheblicher Anforderungen an die Sicherheit baulicher Anlagen dient, oder
2. die nach allgemein anerkannten Prüfverfahren beurteilt werden,

bedürfen an Stelle einer allgemeinen bauaufsichtlichen Zulassung nur eines allgemeinen bauaufsichtlichen Prüfzeugnisses. [2] Das Deutsche Institut für Bautechnik macht dies mit der Angabe der maßgebenden technischen Regeln und,

---

[1)] Art. 17 Abs. 2 Satz 3 angef. mWv 1. 7. 2013 durch G v. 11. 12. 2012 (GVBl S. 633); Abs. 1 Satz 2 geänd. mWv 30. 8. 2014 durch VO v. 22. 7. 2014 (GVBl S. 286).

soweit es keine allgemein anerkannten Regeln der Technik gibt, mit der Bezeichnung der Bauprodukte im Einvernehmen mit dem Staatsministerium des Innern, für Bau und Verkehr in der Bauregelliste A bekannt.

(2) [1] Ein allgemeines bauaufsichtliches Prüfzeugnis wird von einer Prüfstelle nach Art. 23 Abs. 1 Satz 1 Nr. 1 für nicht geregelte Bauprodukte nach Abs. 1 erteilt, wenn deren Verwendbarkeit im Sinn des Art. 3 Abs. 1 nachgewiesen ist. [2] Art. 16 Abs. 2 bis 7 gelten entsprechend. [3] Die Anerkennungsbehörde für Stellen nach Art. 23 Abs. 1 Satz 1 Nr. 1 und Art. 80 Abs. 5 Nr. 2 kann allgemeine bauaufsichtliche Prüfzeugnisse zurücknehmen oder widerrufen; Art. 48 und 49 des Bayerischen Verwaltungsverfahrensgesetzes (BayVwVfG) finden Anwendung.

Art. 18[1)] Nachweis der Verwendbarkeit von Bauprodukten im Einzelfall. (1) [1] Mit Zustimmung des Staatsministeriums des Innern, für Bau und Verkehr dürfen im Einzelfall

1. Bauprodukte, die nach Vorschriften zur Umsetzung von Richtlinien der Europäischen Union in Verkehr gebracht und gehandelt werden dürfen, hinsichtlich der nicht berücksichtigten Grundanforderungen an Bauwerke im Sinn des Art. 15 Abs. 7 Nr. 2,
2. Bauprodukte, die auf der Grundlage von unmittelbar geltendem Recht der Europäischen Union in Verkehr gebracht und gehandelt werden dürfen, hinsichtlich der nicht berücksichtigten Grundanforderungen an Bauwerke im Sinn des Art. 15 Abs. 7 Nr. 2,
3. nicht geregelte Bauprodukte

verwendet werden, wenn ihre Verwendbarkeit im Sinn des Art. 3 Abs. 1 nachgewiesen ist. [2] Wenn Gefahren im Sinn des Art. 3 Abs. 1 Satz 1 nicht zu erwarten sind, kann das Staatsministerium des Innern, für Bau und Verkehr im Einzelfall erklären oder für genau begrenzte Fälle allgemein festlegen, dass seine Zustimmung nicht erforderlich ist.

(2) Die Zustimmung nach Abs. 1 für denkmaltypische Bauprodukte, wie Putze, Mörtel und Stucke, die in Baudenkmälern im Sinn des Denkmalschutzgesetzes verwendet werden sollen, erteilt die untere Bauaufsichtsbehörde.

Art. 19[2)] Bauarten. (1) [1] Bauarten, die von Technischen Baubestimmungen nach Art. 3 Abs. 2 Satz 1 wesentlich abweichen oder für die es allgemein anerkannte Regeln der Technik nicht gibt (nicht geregelte Bauarten), dürfen bei der Errichtung, Änderung und Instandhaltung baulicher Anlagen nur angewendet werden, wenn für sie

1. eine allgemeine bauaufsichtliche Zulassung (Art. 16) oder
2. eine Zustimmung im Einzelfall (Art. 18)

erteilt worden ist. [2] An Stelle einer allgemeinen bauaufsichtlichen Zulassung genügt ein allgemeines bauaufsichtliches Prüfzeugnis, wenn die Bauart nicht der

---

[1)] Art. 18 Abs. 1 Satz 1 neu gef. mWv 1. 8. 2009 durch G v. 27. 7. 2009 (GVBl S. 385); Abs. 1 Satz 1 geänd. mWv 1. 1. 2010 durch G v. 22. 12. 2009 (GVBl S. 630); Abs. 1 Satz 1 Nr. 1 und 2 neu gef. mWv 1. 7. 2013 durch G v. 11. 12. 2012 (GVBl S. 633); Abs. 1 Satz 1 einl. Satzteil und Satz 2 geänd. mWv 30. 8. 2014 durch VO v. 22. 7. 2014 (GVBl S. 286).

[2)] Art. 19 Abs. 1 Sätze 3 und 5, Abs. 2 geänd. mWv 30. 8. 2014 durch VO v. 22. 7. 2014 (GVBl S. 286).

Erfüllung erheblicher Anforderungen an die Sicherheit baulicher Anlagen dient oder nach allgemein anerkannten Prüfverfahren beurteilt wird. [3] Das Deutsche Institut für Bautechnik macht diese Bauarten mit der Angabe der maßgebenden technischen Regeln und, soweit es keine allgemein anerkannten Regeln der Technik gibt, mit der Bezeichnung der Bauarten im Einvernehmen mit dem Staatsministerium des Innern, für Bau und Verkehr in der Bauregelliste A bekannt. [4] Art. 15 Abs. 5 und 6 sowie Art. 16, 17 Abs. 2 und Art. 18 gelten entsprechend. [5] Wenn Gefahren im Sinn des Art. 3 Abs. 1 Satz 1 nicht zu erwarten sind, kann das Staatsministerium des Innern, für Bau und Verkehr im Einzelfall oder für genau begrenzte Fälle allgemein festlegen, dass eine allgemeine bauaufsichtliche Zulassung oder eine Zustimmung im Einzelfall nicht erforderlich ist.

(2) Das Staatsministerium des Innern, für Bau und Verkehr kann durch Rechtsverordnung vorschreiben, dass für bestimmte Bauarten, auch soweit sie Anforderungen nach anderen Rechtsvorschriften unterliegen, Abs. 1 ganz oder teilweise anwendbar ist, wenn die anderen Rechtsvorschriften dies verlangen oder zulassen.

Art. 20[1)] Übereinstimmungsnachweis. (1) Bauprodukte bedürfen einer Bestätigung ihrer Übereinstimmung mit den technischen Regeln nach Art. 15 Abs. 2, den allgemeinen bauaufsichtlichen Zulassungen, den allgemeinen bauaufsichtlichen Prüfzeugnissen oder den Zustimmungen im Einzelfall; als Übereinstimmung gilt auch eine Abweichung, die nicht wesentlich ist.

(2) [1] Die Bestätigung der Übereinstimmung erfolgt durch

1. Übereinstimmungserklärung des Herstellers (Art. 21) oder

2. Übereinstimmungszertifikat (Art. 22).

[2] Die Bestätigung durch Übereinstimmungszertifikat kann in der allgemeinen bauaufsichtlichen Zulassung, in der Zustimmung im Einzelfall oder in der Bauregelliste A vorgeschrieben werden, wenn dies zum Nachweis einer ordnungsgemäßen Herstellung erforderlich ist. [3] Bauprodukte, die nicht in Serie hergestellt werden, bedürfen nur der Übereinstimmungserklärung des Herstellers nach Art. 21 Abs. 1, sofern nichts anderes bestimmt ist. [4] Das Staatsministerium des Innern, für Bau und Verkehr kann im Einzelfall die Verwendung von Bauprodukten ohne das erforderliche Übereinstimmungszertifikat gestatten, wenn nachgewiesen ist, dass diese Bauprodukte den technischen Regeln, Zulassungen, Prüfzeugnissen oder Zustimmungen nach Abs. 1 entsprechen.

(3) Für Bauarten gelten die Abs. 1 und 2 entsprechend.

(4) Die Übereinstimmungserklärung und die Erklärung, dass ein Übereinstimmungszertifikat erteilt ist, hat der Hersteller durch Kennzeichnung der Bauprodukte mit dem Übereinstimmungszeichen (Ü-Zeichen) unter Hinweis auf den Verwendungszweck abzugeben.

(5) Das Ü-Zeichen ist auf dem Bauprodukt, auf einem Beipackzettel oder auf seiner Verpackung oder, wenn dies Schwierigkeiten bereitet, auf dem Lieferschein oder auf einer Anlage zum Lieferschein anzubringen.

(6) Ü-Zeichen aus anderen Ländern und aus anderen Staaten gelten auch im Freistaat Bayern.

---

1) Art. 20 Abs. 2 Satz 4 geänd. mWv 30. 8. 2014 durch VO v. 22. 7. 2014 (GVBl S. 286).

Art. 21 Übereinstimmungserklärung des Herstellers. (1) Der Hersteller darf eine Übereinstimmungserklärung nur abgeben, wenn er durch werkseigene Produktionskontrolle sichergestellt hat, dass das von ihm hergestellte Bauprodukt den maßgebenden technischen Regeln, der allgemeinen bauaufsichtlichen Zulassung, dem allgemeinen bauaufsichtlichen Prüfzeugnis oder der Zustimmung im Einzelfall entspricht.

(2) [1] In den technischen Regeln nach Art. 15 Abs. 2, in der Bauregelliste A, in den allgemeinen bauaufsichtlichen Zulassungen, in den allgemeinen bauaufsichtlichen Prüfzeugnissen oder in den Zustimmungen im Einzelfall kann eine Prüfung der Bauprodukte durch eine Prüfstelle vor Abgabe der Übereinstimmungserklärung vorgeschrieben werden, wenn dies zur Sicherung einer ordnungsgemäßen Herstellung erforderlich ist. [2] In diesen Fällen hat die Prüfstelle das Bauprodukt daraufhin zu überprüfen, ob es den maßgebenden technischen Regeln, der allgemeinen bauaufsichtlichen Zulassung, dem allgemeinen bauaufsichtlichen Prüfzeugnis oder der Zustimmung im Einzelfall entspricht.

Art. 22 Übereinstimmungszertifikat. (1) Ein Übereinstimmungszertifikat ist von einer Zertifizierungsstelle nach Art. 23 zu erteilen, wenn das Bauprodukt

1. den maßgebenden technischen Regeln, der allgemeinen bauaufsichtlichen Zulassung, dem allgemeinen bauaufsichtlichen Prüfzeugnis oder der Zustimmung im Einzelfall entspricht und
2. einer werkseigenen Produktionskontrolle sowie einer Fremdüberwachung nach Maßgabe des Abs. 2 unterliegt.

(2) [1] Die Fremdüberwachung ist von Überwachungsstellen nach Art. 23 durchzuführen. [2] Die Fremdüberwachung hat regelmäßig zu überprüfen, ob das Bauprodukt den maßgebenden technischen Regeln, der allgemeinen bauaufsichtlichen Zulassung, dem allgemeinen bauaufsichtlichen Prüfzeugnis oder der Zustimmung im Einzelfall entspricht.

Art. 23[1)] Prüf-, Zertifizierungs- und Überwachungsstellen. (1) [1] Das Staatsministerium des Innern, für Bau und Verkehr kann eine natürliche oder juristische Person als

1. Prüfstelle für die Erteilung allgemeiner bauaufsichtlicher Prüfzeugnisse (Art. 17 Abs. 2),
2. Prüfstelle für die Überprüfung von Bauprodukten vor Bestätigung der Übereinstimmung (Art. 21 Abs. 2),
3. Zertifizierungsstelle (Art. 22 Abs. 1),
4. Überwachungsstelle für die Fremdüberwachung (Art. 22 Abs. 2),
5. Überwachungsstelle für die Überwachung nach Art. 15 Abs. 6 oder
6. Prüfstelle für die Überprüfung nach Art. 15 Abs. 5

anerkennen, wenn sie oder die bei ihr Beschäftigten nach ihrer Ausbildung, Fachkenntnis, persönlichen Zuverlässigkeit, ihrer Unparteilichkeit und ihren Leistungen die Gewähr dafür bieten, dass diese Aufgaben den öffentlich-recht-

---

[1)] Art. 23 Abs. 1 Satz 1 einl. Satzteil und Abs. 3 Sätze 1 und 2 geänd. mWv 1. 8. 2009 durch G v. 27. 7. 2009 (GVBl S. 385); Abs. 2 Sätze 2 und 3 und Abs. 3 aufgeh. mWv 1. 7. 2013 durch G v. 11. 12. 2012 (GVBl S. 633); Abs. 1 Satz 1 einl. Satzteil geänd. mWv 30. 8. 2014 durch VO v. 22. 7. 2014 (GVBl S. 286).

lichen Vorschriften entsprechend wahrgenommen werden, und wenn sie über die erforderlichen Vorrichtungen verfügen. [2] Soweit und solang Stellen im Sinn von Satz 1 von privaten Trägern nicht zur Verfügung stehen, können auch Behörden entsprechend Satz 1 anerkannt werden, wenn sie ausreichend mit geeigneten Fachkräften besetzt und mit den erforderlichen Vorrichtungen ausgestattet sind.

(2) Die Anerkennung von Prüf-, Zertifizierungs- und Überwachungsstellen anderer Länder gilt auch im Freistaat Bayern.

Abschnitt IV. Brandverhalten von Baustoffen und Bauteilen; Wände, Decken, Dächer

Art. 24 Allgemeine Anforderungen an das Brandverhalten von Baustoffen und Bauteilen. (1) [1] Baustoffe werden nach den Anforderungen an ihr Brandverhalten unterschieden in

1. nichtbrennbare,
2. schwerentflammbare,
3. normalentflammbare.

[2] Baustoffe, die nicht mindestens normalentflammbar sind (leichtentflammbare Baustoffe), dürfen nicht verwendet werden; das gilt nicht, wenn sie in Verbindung mit anderen Baustoffen nicht leichtentflammbar sind.

(2) [1] Bauteile werden nach den Anforderungen an ihre Feuerwiderstandsfähigkeit unterschieden in

1. feuerbeständige,
2. hochfeuerhemmende,
3. feuerhemmende;

die Feuerwiderstandsfähigkeit bezieht sich bei tragenden und aussteifenden Bauteilen auf deren Standsicherheit im Brandfall, bei raumabschließenden Bauteilen auf deren Widerstand gegen die Brandausbreitung. [2] Bauteile werden zusätzlich nach dem Brandverhalten ihrer Baustoffe unterschieden in

1. Bauteile aus nichtbrennbaren Baustoffen,
2. Bauteile, deren tragende und aussteifende Teile aus nichtbrennbaren Baustoffen bestehen und die bei raumabschließenden Bauteilen zusätzlich eine in Bauteilebene durchgehende Schicht aus nichtbrennbaren Baustoffen haben,
3. Bauteile, deren tragende und aussteifende Teile aus brennbaren Baustoffen bestehen und die allseitig eine brandschutztechnisch wirksame Bekleidung aus nichtbrennbaren Baustoffen (Brandschutzbekleidung) und Dämmstoffe aus nichtbrennbaren Baustoffen haben,
4. Bauteile aus brennbaren Baustoffen.

[3] Soweit in diesem Gesetz oder in Vorschriften auf Grund dieses Gesetzes nichts anderes bestimmt ist, müssen

1. Bauteile, die feuerbeständig sein müssen, mindestens den Anforderungen des Satzes 2 Nr. 2,
2. Bauteile, die hochfeuerhemmend sein müssen, mindestens den Anforderungen des Satzes 2 Nr. 3

entsprechen; das gilt nicht für feuerwiderstandsfähige Abschlüsse von Öffnungen.

Art. 25 Tragende Wände, Stützen. (1) [1] Tragende und aussteifende Wände und Stützen müssen im Brandfall ausreichend lang standsicher sein. [2] Sie müssen

1. in Gebäuden der Gebäudeklasse 5 feuerbeständig,
2. in Gebäuden der Gebäudeklasse 4 hochfeuerhemmend,
3. in Gebäuden der Gebäudeklassen 2 und 3 feuerhemmend

sein. [3] Satz 2 gilt

1. für Geschosse im Dachraum nur, wenn darüber noch Aufenthaltsräume möglich sind; Art. 27 Abs. 4 bleibt unberührt,
2. nicht für Balkone, ausgenommen offene Gänge, die als notwendige Flure dienen.

(2) Im Kellergeschoss müssen tragende und aussteifende Wände und Stützen

1. in Gebäuden der Gebäudeklassen 3 bis 5 feuerbeständig,
2. in Gebäuden der Gebäudeklassen 1 und 2 feuerhemmend

sein.

Art. 26[1)] Außenwände. (1) Außenwände und Außenwandteile wie Brüstungen und Schürzen sind so auszubilden, dass eine Brandausbreitung auf und in diesen Bauteilen ausreichend lang begrenzt ist.

(2) [1] Nichttragende Außenwände und nichttragende Teile tragender Außenwände müssen aus nichtbrennbaren Baustoffen bestehen; sie sind aus brennbaren Baustoffen zulässig, wenn sie als raumabschließende Bauteile feuerhemmend sind. [2] Satz 1 gilt nicht für

1. Fenster und Türen,
2. Fugendichtungen und
3. brennbare Dämmstoffe in nichtbrennbaren geschlossenen Profilen der Außenwandkonstruktion.

(3) [1] Oberflächen von Außenwänden sowie Außenwandbekleidungen müssen einschließlich der Dämmstoffe und Unterkonstruktionen schwerentflammbar sein; Unterkonstruktionen aus normalentflammbaren Baustoffen sind zulässig, wenn die Anforderungen nach Abs. 1 erfüllt sind. [2] Balkonbekleidungen, die über die erforderliche Umwehrungshöhe hinaus hochgeführt werden, und mehr als zwei Geschosse überbrückende Solaranlagen an Außenwänden müssen schwerentflammbar sein. [3] Baustoffe, die schwerentflammbar sein müssen, in Bauteilen nach Satz 1 Halbsatz 1 und Satz 2 dürfen nicht brennend abfallen oder abtropfen.

(4) Bei Außenwandkonstruktionen mit geschossübergreifenden Hohl- oder Lufträumen wie Doppelfassaden sind gegen die Brandausbreitung besondere Vorkehrungen zu treffen; das gilt für hinterlüftete Außenwandbekleidungen entsprechend.

(5) Die Abs. 2, 3 und 4 Halbsatz 2 gelten nicht für Gebäude der Gebäudeklassen 1 bis 3, Abs. 4 Halbsatz 1 nicht für Gebäude der Gebäudeklassen 1 und 2.

[1)] Art. 26 Abs. 2 Satz 2 neu gef., Abs. 3 Satz 2 geänd., Satz 3 angef. mWv 1. 1. 2013 durch G v. 11. 12. 2012 (GVBl S. 633).

Art. 27 Trennwände. (1) Trennwände nach Abs. 2 müssen als raumabschließende Bauteile von Räumen oder Nutzungseinheiten innerhalb von Geschossen ausreichend lang widerstandsfähig gegen die Brandausbreitung sein.

(2) Trennwände sind erforderlich

1. zwischen Nutzungseinheiten sowie zwischen Nutzungseinheiten und anders genutzten Räumen, ausgenommen notwendigen Fluren,
2. zum Abschluss von Räumen mit Explosions- oder erhöhter Brandgefahr,
3. zwischen Aufenthaltsräumen und anders genutzten Räumen im Kellergeschoss.

(3) [1] Trennwände nach Abs. 2 Nrn. 1 und 3 müssen die Feuerwiderstandsfähigkeit der tragenden und aussteifenden Bauteile des Geschosses haben, jedoch mindestens feuerhemmend sein. [2] Trennwände nach Abs. 2 Nr. 2 müssen feuerbeständig sein.

(4) Die Trennwände nach Abs. 2 sind bis zur Rohdecke, im Dachraum bis unter die Dachhaut zu führen; werden in Dachräumen Trennwände nur bis zur Rohdecke geführt, ist diese Decke als raumabschließendes Bauteil einschließlich der sie tragenden und aussteifenden Bauteile feuerhemmend herzustellen.

(5) Öffnungen in Trennwänden nach Abs. 2 sind nur zulässig, wenn sie auf die für die Nutzung erforderliche Zahl und Größe beschränkt sind; sie müssen feuerhemmende, dicht- und selbstschließende Abschlüsse haben.

(6) Die Abs. 1 bis 5 gelten nicht für Wohngebäude der Gebäudeklassen 1 und 2.

Art. 28[1)] Brandwände. (1) Brandwände müssen als raumabschließende Bauteile zum Abschluss von Gebäuden (Gebäudeabschlusswand) oder zur Unterteilung von Gebäuden in Brandabschnitte (innere Brandwand) ausreichend lang die Brandausbreitung auf andere Gebäude oder Brandabschnitte verhindern.

(2) Brandwände sind erforderlich

1. als Gebäudeabschlusswand, ausgenommen von Gebäuden ohne Aufenthaltsräume und ohne Feuerstätten mit nicht mehr als 50 m^3 Brutto-Rauminhalt, wenn diese Abschlusswände an oder mit einem Abstand von weniger als 2,50 m gegenüber der Grundstücksgrenze errichtet werden, es sei denn, dass ein Abstand von mindestens 5 m zu bestehenden oder nach den baurechtlichen Vorschriften zulässigen künftigen Gebäuden gesichert ist,
2. als innere Brandwand zur Unterteilung ausgedehnter Gebäude in Abständen von nicht mehr als 40 m,
3. als innere Brandwand zur Unterteilung land- oder forstwirtschaftlich genutzter Gebäude in Brandabschnitte von nicht mehr als 10 000 m^3 Brutto-Rauminhalt,
4. als Gebäudeabschlusswand zwischen Wohngebäuden und angebauten land- oder forstwirtschaftlich genutzten Gebäuden sowie als innere Brandwand zwischen dem Wohnteil und dem land- oder forstwirtschaftlich genutzten Teil eines Gebäudes.

[1)] Art. 28 Abs. 2 Nr. 1, Abs. 3 Satz 2 einl. Satzteil und Nr. 3 geänd., Nr. 4 aufgeh., Satz 3 angef., Abs. 6 Halbs. 2 geänd., Abs. 7 Satz 2 neu gef., Satz 3 eingef., bish. Satz 3 wird Satz 4 mWv 1. 1. 2013 durch G v. 11. 12. 2012 (GVBl S. 633).

(3) [1] Brandwände müssen auch unter zusätzlicher mechanischer Beanspruchung feuerbeständig sein und aus nichtbrennbaren Baustoffen bestehen. [2] An Stelle von Brandwänden sind in den Fällen von Abs. 2 Nrn. 1 bis 3 zulässig

1. für Gebäude der Gebäudeklasse 4 Wände, die auch unter zusätzlicher mechanischer Beanspruchung hochfeuerhemmend sind,
2. für Gebäude der Gebäudeklassen 1 bis 3 hochfeuerhemmende Wände,
3. für Gebäude der Gebäudeklassen 1 bis 3 Gebäudeabschlusswände, die jeweils von innen nach außen die Feuerwiderstandsfähigkeit der tragenden und aussteifenden Teile des Gebäudes, mindestens jedoch feuerhemmende Bauteile, und von außen nach innen die Feuerwiderstandsfähigkeit feuerbeständiger Bauteile haben.

[3] In den Fällen des Abs. 2 Nr. 4 sind an Stelle von Brandwänden feuerbeständige Wände zulässig, wenn der Brutto-Rauminhalt des land- oder forstwirtschaftlich genutzten Gebäudes oder Gebäudeteils nicht größer als 2 000 m^3 ist.

(4) [1] Brandwände müssen durchgehend und in allen Geschossen und dem Dachraum übereinander angeordnet sein. [2] Abweichend davon dürfen an Stelle innerer Brandwände Wände geschossweise versetzt angeordnet werden, wenn

1. die Wände im Übrigen Abs. 3 Satz 1 entsprechen,
2. die Decken, soweit sie in Verbindung mit diesen Wänden stehen, feuerbeständig sind, aus nichtbrennbaren Baustoffen bestehen und keine Öffnungen haben,
3. die Bauteile, die diese Wände und Decken unterstützen, feuerbeständig sind und aus nichtbrennbaren Baustoffen bestehen,
4. die Außenwände in der Breite des Versatzes in dem Geschoss oberhalb oder unterhalb des Versatzes feuerbeständig sind und
5. Öffnungen in den Außenwänden im Bereich des Versatzes so angeordnet oder andere Vorkehrungen so getroffen sind, dass eine Brandausbreitung in andere Brandabschnitte nicht zu befürchten ist.

(5) [1] Brandwände sind 0,30 m über die Bedachung zu führen oder in Höhe der Dachhaut mit einer beiderseits 0,50 m auskragenden feuerbeständigen Platte aus nichtbrennbaren Baustoffen abzuschließen; darüber dürfen brennbare Teile des Dachs nicht hinweggeführt werden. [2] Bei Gebäuden der Gebäudeklassen 1 bis 3 sind Brandwände mindestens bis unter die Dachhaut zu führen. [3] Verbleibende Hohlräume sind vollständig mit nichtbrennbaren Baustoffen auszufüllen.

(6) Müssen Gebäude oder Gebäudeteile, die über Eck zusammenstoßen, durch eine Brandwand getrennt werden, so muss der Abstand dieser Wand von der inneren Ecke mindestens 5 m betragen; das gilt nicht, wenn der Winkel der inneren Ecke mehr als 120 Grad beträgt oder mindestens eine Außenwand auf 5 m Länge als öffnungslose feuerbeständige Wand aus nichtbrennbaren Baustoffen, bei Gebäuden der Gebäudeklassen 1 bis 4 als öffnungslose hochfeuerhemmende Wand ausgebildet ist.

(7) [1] Bauteile mit brennbaren Baustoffen dürfen über Brandwände nicht hinweggeführt werden. [2] Bei Außenwandkonstruktionen, die eine seitliche Brandausbreitung begünstigen können, wie hinterlüfteten Außenwandbekleidungen oder Doppelfassaden, sind gegen die Brandausbreitung im Bereich der Brandwände besondere Vorkehrungen zu treffen. [3] Außenwandbekleidungen von Gebäudeabschlusswänden müssen einschließlich der Dämmstoffe und Unterkon-

struktionen nichtbrennbar sein. [4] Bauteile dürfen in Brandwände nur so weit eingreifen, dass deren Feuerwiderstandsfähigkeit nicht beeinträchtigt wird; für Leitungen, Leitungsschlitze und Kamine gilt dies entsprechend.

(8) [1] Öffnungen in Brandwänden sind unzulässig. [2] Sie sind in inneren Brandwänden nur zulässig, wenn sie auf die für die Nutzung erforderliche Zahl und Größe beschränkt sind; die Öffnungen müssen feuerbeständige, dicht- und selbstschließende Abschlüsse haben.

(9) In inneren Brandwänden sind feuerbeständige Verglasungen nur zulässig, wenn sie auf die für die Nutzung erforderliche Zahl und Größe beschränkt sind.

(10) Abs. 2 Nr. 1 gilt nicht für seitliche Wände von Vorbauten im Sinn des Art. 6 Abs. 8, wenn sie von dem Nachbargebäude oder der Nachbargrenze einen Abstand einhalten, der ihrer eigenen Ausladung entspricht, mindestens jedoch 1 m beträgt.

(11) Die Abs. 4 bis 10 gelten entsprechend auch für Wände, die an Stelle von Brandwänden zulässig sind.

Art. 29 Decken. (1) [1] Decken müssen als tragende und raumabschließende Bauteile zwischen Geschossen im Brandfall ausreichend lang standsicher und widerstandsfähig gegen die Brandausbreitung sein. [2] Sie müssen

1. in Gebäuden der Gebäudeklasse 5 feuerbeständig,
2. in Gebäuden der Gebäudeklasse 4 hochfeuerhemmend,
3. in Gebäuden der Gebäudeklassen 2 und 3 feuerhemmend

sein. [3] Satz 2 gilt

1. für Geschosse im Dachraum nur, wenn darüber Aufenthaltsräume möglich sind; Art. 27 Abs. 4 bleibt unberührt,
2. nicht für Balkone, ausgenommen offene Gänge, die als notwendige Flure dienen.

(2) [1] Im Kellergeschoss müssen Decken

1. in Gebäuden der Gebäudeklassen 3 bis 5 feuerbeständig,
2. in Gebäuden der Gebäudeklassen 1 und 2 feuerhemmend

sein. [2] Decken müssen feuerbeständig sein

1. unter und über Räumen mit Explosions- oder erhöhter Brandgefahr, ausgenommen in Wohngebäuden der Gebäudeklassen 1 und 2,
2. zwischen dem land- oder forstwirtschaftlich genutzten Teil und dem Wohnteil eines Gebäudes.

(3) Der Anschluss der Decken an die Außenwand ist so herzustellen, dass er den Anforderungen aus Abs. 1 Satz 1 genügt.

(4) Öffnungen in Decken, für die eine Feuerwiderstandsfähigkeit vorgeschrieben ist, sind nur zulässig

1. in Gebäuden der Gebäudeklassen 1 und 2,
2. innerhalb derselben Nutzungseinheit mit insgesamt nicht mehr als 400 m^2 in nicht mehr als zwei Geschossen,
3. im Übrigen, wenn sie auf die für die Nutzung erforderliche Zahl und Größe beschränkt sind und Abschlüsse mit der Feuerwiderstandsfähigkeit der Decke haben.

Art. 30[1] **Dächer.** (1) Bedachungen müssen gegen eine Brandbeanspruchung von außen durch Flugfeuer und strahlende Wärme ausreichend lang widerstandsfähig sein (harte Bedachung).

(2) [1] Bedachungen, die die Anforderungen nach Abs. 1 nicht erfüllen, sind zulässig bei Gebäuden der Gebäudeklassen 1 bis 3, wenn die Gebäude

1. einen Abstand von der Grundstücksgrenze von mindestens 12 m,
2. von Gebäuden auf demselben Grundstück mit harter Bedachung einen Abstand von mindestens 12 m,
3. von Gebäuden auf demselben Grundstück mit Bedachungen, die die Anforderungen nach Abs. 1 nicht erfüllen, einen Abstand von mindestens 24 m,
4. von Gebäuden auf demselben Grundstück ohne Aufenthaltsräume und ohne Feuerstätten mit nicht mehr als 50 m^3 Brutto-Rauminhalt einen Abstand von mindestens 5 m

einhalten. [2] Soweit Gebäude nach Satz 1 Abstand halten müssen, genügt bei Wohngebäuden der Gebäudeklassen 1 und 2 in den Fällen

1. der Nrn. 1 und 2 ein Abstand von mindestens 9 m,
2. der Nr. 3 ein Abstand von mindestens 12 m.

(3) Die Abs. 1 und 2 gelten nicht für

1. Gebäude ohne Aufenthaltsräume und ohne Feuerstätten mit nicht mehr als 50 m^3 Brutto-Rauminhalt,
2. lichtdurchlässige Bedachungen aus nichtbrennbaren Baustoffen; brennbare Fugendichtungen und brennbare Dämmstoffe in nichtbrennbaren Profilen sind zulässig,
3. Dachflächenfenster, Lichtkuppeln und Oberlichte von Wohngebäuden,
4. Eingangsüberdachungen und Vordächer aus nichtbrennbaren Baustoffen,
5. Eingangsüberdachungen aus brennbaren Baustoffen, wenn die Eingänge nur zu Wohnungen führen.

(4) Abweichend von den Abs. 1 und 2 sind

1. lichtdurchlässige Teilflächen aus brennbaren Baustoffen in Bedachungen nach Abs. 1 und
2. begrünte Bedachungen

zulässig, wenn eine Brandentstehung bei einer Brandbeanspruchung von außen durch Flugfeuer und strahlende Wärme nicht zu befürchten ist oder Vorkehrungen hiergegen getroffen werden.

(5) [1] Dachüberstände, Dachgesimse und Dachaufbauten, lichtdurchlässige Bedachungen, Dachflächenfenster, Lichtkuppeln, Oberlichte und Solaranlagen sind so anzuordnen und herzustellen, dass Feuer nicht auf andere Gebäudeteile und Nachbargrundstücke übertragen werden kann. [2] Von Brandwänden und von Wänden, die an Stelle von Brandwänden zulässig sind, müssen mindestens 1,25 m entfernt sein

1. Dachflächenfenster, Oberlichte, Lichtkuppeln und Öffnungen in der Bedachung, wenn diese Wände nicht mindestens 0,30 m über die Bedachung geführt sind,

---

[1] Art. 30 Abs. 3 Nr. 3, Abs. 5 Satz 1 und Satz 2 Nr. 1 und 2 geänd. mWv 1. 1. 2013 durch G v. 11. 12. 2012 (GVBl S. 633).

2. Solaranlagen, Dachgauben und ähnliche Dachaufbauten aus brennbaren Baustoffen, wenn sie nicht durch diese Wände gegen Brandübertragung geschützt sind.

(6) [1] Dächer von traufseitig aneinandergebauten Gebäuden müssen als raumabschließende Bauteile für eine Brandbeanspruchung von innen nach außen einschließlich der sie tragenden und aussteifenden Bauteile feuerhemmend sein. [2] Öffnungen in diesen Dachflächen müssen waagerecht gemessen mindestens 1,25 m von der Brandwand oder der Wand, die an Stelle der Brandwand zulässig ist, entfernt sein.

(7) [1] Dächer von Anbauten, die an Außenwände mit Öffnungen oder ohne Feuerwiderstandsfähigkeit anschließen, müssen innerhalb eines Abstands von 5 m von diesen Wänden als raumabschließende Bauteile für eine Brandbeanspruchung von innen nach außen einschließlich der sie tragenden und aussteifenden Bauteile die Feuerwiderstandsfähigkeit der Decken des Gebäudeteils haben, an den sie angebaut werden. [2] Das gilt nicht für Anbauten an Wohngebäude der Gebäudeklassen 1 bis 3.

(8) Für vom Dach aus vorzunehmende Arbeiten sind sicher benutzbare Vorrichtungen anzubringen.

Abschnitt V. Rettungswege, Öffnungen, Umwehrungen

Art. 31 Erster und zweiter Rettungsweg. (1) Für Nutzungseinheiten mit mindestens einem Aufenthaltsraum wie Wohnungen, Praxen, selbstständige Betriebsstätten müssen in jedem Geschoss mindestens zwei voneinander unabhängige Rettungswege ins Freie vorhanden sein; beide Rettungswege dürfen jedoch innerhalb des Geschosses über denselben notwendigen Flur führen.

(2) [1] Für Nutzungseinheiten nach Abs. 1, die nicht zu ebener Erde liegen, muss der erste Rettungsweg über eine notwendige Treppe führen. [2] Der zweite Rettungsweg kann eine weitere notwendige Treppe oder eine mit Rettungsgeräten der Feuerwehr erreichbare Stelle der Nutzungseinheit sein. [3] Ein zweiter Rettungsweg ist nicht erforderlich, wenn die Rettung über einen sicher erreichbaren Treppenraum möglich ist, in den Feuer und Rauch nicht eindringen können (Sicherheitstreppenraum).

(3) [1] Gebäude, deren zweiter Rettungsweg über Rettungsgeräte der Feuerwehr führt und bei denen die Oberkante der Brüstung von zum Anleitern bestimmten Fenstern oder Stellen mehr als 8 m über der Geländeoberfläche liegt, dürfen nur errichtet werden, wenn die Feuerwehr über die erforderlichen Rettungsgeräte wie Hubrettungsfahrzeuge verfügt. [2] Bei Sonderbauten ist der zweite Rettungsweg über Rettungsgeräte der Feuerwehr nur zulässig, wenn keine Bedenken wegen der Personenrettung bestehen.

Art. 32[1)] Treppen. (1) [1] Jedes nicht zu ebener Erde liegende Geschoss und der benutzbare Dachraum eines Gebäudes müssen über mindestens eine Treppe zugänglich sein (notwendige Treppe). [2] Statt notwendiger Treppen sind Rampen mit flacher Neigung zulässig.

---

1) Art. 32 Abs. 6 Satz 2 neu gef. mWv 31. 7. 2008 durch G v. 22. 7. 2008 (GVBl S. 479).

(2) [1] Einschiebbare Treppen und Rolltreppen sind als notwendige Treppen unzulässig. [2] In Gebäuden der Gebäudeklassen 1 und 2 sind einschiebbare Treppen und Leitern als Zugang zu einem Dachraum ohne Aufenthaltsraum zulässig.

(3) [1] Notwendige Treppen sind in einem Zuge zu allen angeschlossenen Geschossen zu führen; sie müssen mit den Treppen zum Dachraum unmittelbar verbunden sein. [2] Das gilt nicht für Treppen

1. in Gebäuden der Gebäudeklassen 1 bis 3,
2. nach Art. 33 Abs. 1 Satz 3 Nr. 2.

(4) [1] Die tragenden Teile notwendiger Treppen müssen

1. in Gebäuden der Gebäudeklasse 5 feuerhemmend und aus nichtbrennbaren Baustoffen,
2. in Gebäuden der Gebäudeklasse 4 aus nichtbrennbaren Baustoffen,
3. in Gebäuden der Gebäudeklasse 3 aus nichtbrennbaren Baustoffen oder feuerhemmend

sein. [2] Tragende Teile von Außentreppen nach Art. 33 Abs. 1 Satz 3 Nr. 3 für Gebäude der Gebäudeklassen 3 bis 5 müssen aus nichtbrennbaren Baustoffen bestehen.

(5) Die nutzbare Breite der Treppenläufe und Treppenabsätze notwendiger Treppen muss für den größten zu erwartenden Verkehr ausreichen.

(6) [1] Treppen müssen einen festen und griffsicheren Handlauf haben. [2] Für Treppen sind Handläufe auf beiden Seiten und bei großer nutzbarer Breite auch Zwischenhandläufe vorzusehen,

1. in Gebäuden mit mehr als zwei nicht stufenlos erreichbaren Wohnungen,
2. im Übrigen, soweit es die Verkehrssicherheit erfordert.

Art. 33[1)] Notwendige Treppenräume, Ausgänge. (1) [1] Jede notwendige Treppe muss zur Sicherstellung der Rettungswege aus den Geschossen ins Freie in einem eigenen, durchgehenden Treppenraum liegen (notwendiger Treppenraum). [2] Notwendige Treppenräume müssen so angeordnet und ausgebildet sein, dass die Nutzung der notwendigen Treppen im Brandfall ausreichend lang möglich ist. [3] Notwendige Treppen sind ohne eigenen Treppenraum zulässig

1. in Gebäuden der Gebäudeklassen 1 und 2,
2. für die Verbindung von höchstens zwei Geschossen innerhalb derselben Nutzungseinheit von insgesamt nicht mehr als 200 m^2, wenn in jedem Geschoss ein anderer Rettungsweg erreicht werden kann,
3. als Außentreppe, wenn ihre Nutzung ausreichend sicher ist und im Brandfall nicht gefährdet werden kann.

(2) [1] Von jeder Stelle eines Aufenthaltsraums sowie eines Kellergeschosses muss mindestens ein Ausgang in einen notwendigen Treppenraum oder ins Freie in höchstens 35 m Entfernung erreichbar sein; das gilt nicht für land- oder forstwirtschaftlich genutzte Gebäude. [2] Übereinanderliegende Kellergeschosse müssen jeweils mindestens zwei Ausgänge in notwendige Treppenräume oder ins Freie haben. [3] Sind mehrere notwendige Treppenräume erforderlich, müssen sie so

---

[1)] Art. 33 Abs. 7 Satz 2 geänd., Abs. 8 neu gef. mWv 1. 1. 2013 durch G v. 11. 12. 2012 (GVBl S. 633).

verteilt sein, dass sie möglichst entgegengesetzt liegen und dass die Rettungswege möglichst kurz sind.

(3) [1] Jeder notwendige Treppenraum muss einen unmittelbaren Ausgang ins Freie haben. [2] Sofern der Ausgang eines notwendigen Treppenraums nicht unmittelbar ins Freie führt, muss der Raum zwischen dem notwendigen Treppenraum und dem Ausgang ins Freie

1. mindestens so breit sein wie die dazugehörigen Treppenläufe,
2. Wände haben, die die Anforderungen an die Wände des Treppenraums erfüllen,
3. rauchdichte und selbstschließende Abschlüsse zu notwendigen Fluren haben und
4. ohne Öffnungen zu anderen Räumen, ausgenommen zu notwendigen Fluren, sein.

(4) [1] Die Wände notwendiger Treppenräume müssen als raumabschließende Bauteile

1. in Gebäuden der Gebäudeklasse 5 die Bauart von Brandwänden haben,
2. in Gebäuden der Gebäudeklasse 4 auch unter zusätzlicher mechanischer Beanspruchung hochfeuerhemmend und
3. in Gebäuden der Gebäudeklasse 3 feuerhemmend

sein. [2] Dies ist nicht erforderlich für Außenwände von Treppenräumen, die aus nichtbrennbaren Baustoffen bestehen und durch andere an diese Außenwände anschließende Gebäudeteile im Brandfall nicht gefährdet werden können. [3] Der obere Abschluss notwendiger Treppenräume muss als raumabschließendes Bauteil die Feuerwiderstandsfähigkeit der Decken des Gebäudes haben; das gilt nicht, wenn der obere Abschluss das Dach ist und die Treppenraumwände bis unter die Dachhaut reichen.

(5) In notwendigen Treppenräumen und in Räumen nach Abs. 3 Satz 2 müssen

1. Bekleidungen, Putze, Dämmstoffe, Unterdecken und Einbauten aus nichtbrennbaren Baustoffen bestehen,
2. Wände und Decken aus brennbaren Baustoffen eine Bekleidung aus nichtbrennbaren Baustoffen in ausreichender Dicke haben,
3. Bodenbeläge, ausgenommen Gleitschutzprofile, aus mindestens schwerentflammbaren Baustoffen bestehen.

(6) [1] In notwendigen Treppenräumen müssen Öffnungen

1. zu Kellergeschossen, zu nicht ausgebauten Dachräumen, Werkstätten, Läden, Lager- und ähnlichen Räumen sowie zu sonstigen Räumen und Nutzungseinheiten mit mehr als 200 m^2, ausgenommen Wohnungen, mindestens feuerhemmende, rauchdichte und selbstschließende Abschlüsse,
2. zu notwendigen Fluren rauchdichte und selbstschließende Abschlüsse,
3. zu sonstigen Räumen und Nutzungseinheiten mindestens vollwandige, dicht- und selbstschließende Abschlüsse

haben. [2] Die Feuerschutz- und Rauchschutzabschlüsse dürfen lichtdurchlässige Seitenteile und Oberlichte enthalten, wenn der Abschluss insgesamt nicht breiter als 2,50 m ist.

(7) [1]Notwendige Treppenräume müssen zu beleuchten sein. [2]Notwendige Treppenräume ohne Fenster müssen in Gebäuden mit einer Höhe nach Art. 2 Abs. 3 Satz 2 von mehr als 13 m eine Sicherheitsbeleuchtung haben.

(8) [1]Notwendige Treppenräume müssen belüftet und zur Unterstützung wirksamer Löscharbeiten entraucht werden können. [2]Die Treppenräume müssen

1. in jedem oberirdischen Geschoss unmittelbar ins Freie führende Fenster mit einem freien Querschnitt von mindestens 0,50 m^2 haben, die geöffnet werden können, oder
2. an der obersten Stelle eine Öffnung zur Rauchableitung haben.

[3]Im Fall des Satzes 2 Nr. 1 ist in Gebäuden mit einer Höhe nach Art. 2 Abs. 3 Satz 2 von mehr als 13 m an der obersten Stelle eine Öffnung zur Rauchableitung erforderlich. [4]Öffnungen zur Rauchableitung nach Sätzen 2 und 3 müssen in jedem Treppenraum einen freien Querschnitt von mindestens 1 m^2 und Vorrichtungen zum Öffnen ihrer Abschlüsse haben, die vom Erdgeschoss sowie vom obersten Treppenabsatz aus bedient werden können.

Art. 34[1)] Notwendige Flure, offene Gänge. (1) [1]Flure, über die Rettungswege aus Aufenthaltsräumen oder aus Nutzungseinheiten mit Aufenthaltsräumen zu Ausgängen in notwendige Treppenräume oder ins Freie führen (notwendige Flure), müssen so angeordnet und ausgebildet sein, dass die Nutzung im Brandfall ausreichend lang möglich ist. [2]Notwendige Flure sind nicht erforderlich

1. in Wohngebäuden der Gebäudeklassen 1 und 2,
2. in sonstigen Gebäuden der Gebäudeklassen 1 und 2, ausgenommen in Kellergeschossen,
3. innerhalb von Nutzungseinheiten mit nicht mehr als 200 m^2 und innerhalb von Wohnungen,
4. innerhalb von Nutzungseinheiten, die einer Büro- oder Verwaltungsnutzung dienen, mit nicht mehr als 400 m^2; das gilt auch für Teile größerer Nutzungseinheiten, wenn diese Teile nicht größer als 400 m^2 sind, Trennwände nach Art. 27 Abs. 2 Nr. 1 haben und jeder Teil unabhängig von anderen Teilen Rettungswege nach Art. 31 Abs. 1 hat.

(2) [1]Notwendige Flure müssen so breit sein, dass sie für den größten zu erwartenden Verkehr ausreichen. [2]In den Fluren ist eine Folge von weniger als drei Stufen unzulässig.

(3) [1]Notwendige Flure sind durch nichtabschließbare, rauchdichte und selbstschließende Abschlüsse in Rauchabschnitte zu unterteilen. [2]Die Rauchabschnitte sollen nicht länger als 30 m sein. [3]Die Abschlüsse sind bis an die Rohdecke zu führen; sie dürfen bis an die Unterdecke der Flure geführt werden, wenn die Unterdecke feuerhemmend ist. [4]Notwendige Flure mit nur einer Fluchtrichtung, die zu einem Sicherheitstreppenraum führen, dürfen nicht länger als 15 m sein. [5]Die Sätze 1 bis 4 gelten nicht für notwendige Flure, die als offene Gänge vor den Außenwänden angeordnet sind.

(4) [1]Die Wände notwendiger Flure müssen als raumabschließende Bauteile feuerhemmend, in Kellergeschossen, deren tragende und aussteifende Bauteile feuerbeständig sein müssen, feuerbeständig sein. [2]Die Wände sind bis an die Rohdecke zu führen. [3]Sie dürfen bis an die Unterdecke der Flure geführt

[1)] Art. 34 Abs. 1 Satz 2 Nr. 3 neu gef. mWv 1. 1. 2013 durch G v. 11. 12. 2012 (GVBl S. 633).

werden, wenn die Unterdecke feuerhemmend und ein demjenigen nach Satz 1 vergleichbarer Raumabschluss sichergestellt ist. [4] Türen in diesen Wänden müssen dicht schließen; Öffnungen zu Lagerbereichen im Kellergeschoss müssen feuerhemmende, dicht- und selbstschließende Abschlüsse haben.

(5) [1] Für Wände und Brüstungen notwendiger Flure mit nur einer Fluchtrichtung, die als offene Gänge vor den Außenwänden angeordnet sind, gilt Abs. 4 entsprechend. [2] Fenster sind in diesen Außenwänden ab einer Brüstungshöhe von 0,90 m zulässig.

(6) In notwendigen Fluren sowie in offenen Gängen nach Abs. 5 müssen

1. Bekleidungen, Putze, Unterdecken und Dämmstoffe aus nichtbrennbaren Baustoffen bestehen,
2. Wände und Decken aus brennbaren Baustoffen eine Bekleidung aus nichtbrennbaren Baustoffen in ausreichender Dicke haben.

Art. 35 Fenster, Türen, sonstige Öffnungen. (1) [1] Glastüren und andere Glasflächen, die bis zum Fußboden allgemein zugänglicher Verkehrsflächen herabreichen, sind so zu kennzeichnen, dass sie leicht erkannt werden können. [2] Weitere Schutzmaßnahmen sind für größere Glasflächen vorzusehen, wenn dies die Verkehrssicherheit erfordert.

(2) Eingangstüren von Wohnungen, die über Aufzüge erreichbar sein müssen, müssen eine lichte Durchgangsbreite von mindestens 0,90 m haben.

(3) [1] Jedes Kellergeschoss ohne Fenster muss mindestens eine Öffnung ins Freie haben, um eine Rauchableitung zu ermöglichen. [2] Gemeinsame Kellerlichtschächte für übereinander liegende Kellergeschosse sind unzulässig.

(4) [1] Fenster, die als Rettungswege nach Art. 31 Abs. 2 Satz 2 dienen, müssen in der Breite mindestens 0,60 m, in der Höhe mindestens 1 m groß, von innen zu öffnen und nicht höher als 1,20 m über der Fußbodenoberkante angeordnet sein. [2] Liegen diese Fenster in Dachschrägen oder Dachaufbauten, so darf ihre Unterkante oder ein davor liegender Austritt von der Traufkante horizontal gemessen nicht mehr als 1 m entfernt sein.

Art. 36 Umwehrungen. (1) In, an und auf baulichen Anlagen sind zu umwehren

1. Flächen, die im Allgemeinen zum Begehen bestimmt sind und unmittelbar an mehr als 0,50 m tiefer liegende Flächen angrenzen; das gilt nicht, wenn die Umwehrung dem Zweck der Flächen widerspricht,
2. Dächer, die zum Aufenthalt von Menschen bestimmt sind, sowie Öffnungen und nicht begehbare Flächen in diesen Dächern und in begehbaren Decken, soweit sie nicht sicher abgedeckt oder gegen Betreten gesichert sind,
3. die freien Seiten von Treppenläufen, Treppenabsätzen und Treppenöffnungen (Treppenaugen); Fenster, die unmittelbar an Treppen und deren Brüstungen unter der notwendigen Umwehrungshöhe liegen, sind zu sichern.

(2) [1] Die Umwehrungen müssen ausreichend hoch und fest sein. [2] Ist mit der Anwesenheit unbeaufsichtigter Kleinkinder auf der zu sichernden Fläche üblicherweise zu rechnen, müssen Umwehrungen so ausgebildet werden, dass sie Kleinkindern das Über- oder Durchklettern nicht erleichtern; das gilt nicht innerhalb von Wohngebäuden der Gebäudeklassen 1 und 2 und innerhalb von Wohnungen.

Abschnitt VI. Technische Gebäudeausrüstung

Art. 37[1)] Aufzüge. (1) [1] Aufzüge im Innern von Gebäuden müssen eigene Fahrschächte haben, um eine Brandausbreitung in andere Geschosse ausreichend lang zu verhindern. [2] In einem Fahrschacht dürfen bis zu drei Aufzüge liegen. [3] Aufzüge ohne eigene Fahrschächte sind zulässig

1. innerhalb eines notwendigen Treppenraums, ausgenommen in Hochhäusern,
2. innerhalb von Räumen, die Geschosse überbrücken,
3. zur Verbindung von Geschossen, die offen miteinander in Verbindung stehen dürfen,
4. in Gebäuden der Gebäudeklassen 1 und 2;

sie müssen sicher umkleidet sein.

(2) [1] Die Fahrschachtwände müssen als raumabschließende Bauteile

1. in Gebäuden der Gebäudeklasse 5 feuerbeständig und aus nichtbrennbaren Baustoffen,
2. in Gebäuden der Gebäudeklasse 4 hochfeuerhemmend,
3. in Gebäuden der Gebäudeklasse 3 feuerhemmend

sein; Fahrschachtwände aus brennbaren Baustoffen müssen schachtseitig eine Bekleidung aus nichtbrennbaren Baustoffen in ausreichender Dicke haben. [2] Fahrschachttüren und andere Öffnungen in Fahrschachtwänden mit erforderlicher Feuerwiderstandsfähigkeit sind so herzustellen, dass die Anforderungen nach Abs. 1 Satz 1 nicht beeinträchtigt werden.

(3) [1] Fahrschächte müssen zu lüften sein und eine Öffnung zur Rauchableitung mit einem freien Querschnitt von mindestens 2,5 v. H. der Fahrschachtgrundfläche, mindestens jedoch 0,10 m^2 haben. [2] Diese Öffnung darf einen Abschluss haben, der im Brandfall selbsttätig öffnet und von mindestens einer geeigneten Stelle aus bedient werden kann. [3] Die Lage der Rauchaustrittsöffnungen muss so gewählt werden, dass der Rauchaustritt durch Windeinfluss nicht beeinträchtigt wird.

(4) [1] Gebäude mit einer Höhe nach Art. 2 Abs. 3 Satz 2 von mehr als 13 m müssen Aufzüge in ausreichender Zahl haben. [2] Von diesen Aufzügen muss mindestens ein Aufzug Kinderwagen, Rollstühle, Krankentragen und Lasten aufnehmen können und Haltestellen in allen Geschossen haben. [3] Dieser Aufzug muss von allen Wohnungen in dem Gebäude und von der öffentlichen Verkehrsfläche aus stufenlos erreichbar sein. [4] Haltestellen im obersten Geschoss, im Erdgeschoss und in den Kellergeschossen sind nicht erforderlich, wenn sie nur unter besonderen Schwierigkeiten hergestellt werden können.

(5) [1] Fahrkörbe zur Aufnahme einer Krankentrage müssen eine nutzbare Grundfläche von mindestens 1,10 m x 2,10 m, zur Aufnahme eines Rollstuhls von mindestens 1,10 m x 1,40 m haben; Türen müssen eine lichte Durchgangsbreite von mindestens 0,90 m haben. [2] In einem Aufzug für Rollstühle und Krankentragen darf der für Rollstühle nicht erforderliche Teil der Fahrkorbgrundfläche durch eine verschließbare Tür abgesperrt werden. [3] Vor den Aufzügen muss eine ausreichende Bewegungsfläche vorhanden sein.

[1)] Art. 37 Abs. 3 Satz 2 eingef., bish. Satz 2 wird Satz 3, Abs. 4 Satz 4 aufgeh, bish. Satz 5 wird Satz 4 mWv 1. 7. 2013 durch G v. 11. 12. 2012 (GVBl S. 633).

Art. 38[1] Leitungsanlagen, Installationsschächte und -kanäle. (1) Leitungen dürfen durch raumabschließende Bauteile, für die eine Feuerwiderstandsfähigkeit vorgeschrieben ist, nur hindurchgeführt werden, wenn eine Brandausbreitung ausreichend lang nicht zu befürchten ist oder Vorkehrungen hiergegen getroffen sind; das gilt nicht

1. innerhalb von Gebäuden der Gebäudeklassen 1 und 2,
2. innerhalb von Wohnungen,
3. innerhalb derselben Nutzungseinheit mit insgesamt nicht mehr als 400 m^2 in nicht mehr als zwei Geschossen.

(2) In notwendigen Treppenräumen, in Räumen nach Art. 33 Abs. 3 Satz 2 und in notwendigen Fluren sind Leitungsanlagen nur zulässig, wenn eine Nutzung als Rettungsweg im Brandfall ausreichend lang möglich ist.

(3) Für Installationsschächte und -kanäle gelten Abs. 1 sowie Art. 39 Abs. 2 Satz 1 und Abs. 3 entsprechend.

Art. 39[2] Lüftungsanlagen. (1) Lüftungsanlagen müssen betriebssicher und brandsicher sein; sie dürfen den ordnungsgemäßen Betrieb von Feuerungsanlagen nicht beeinträchtigen.

(2) [1] Lüftungsleitungen sowie deren Bekleidungen und Dämmstoffe müssen aus nichtbrennbaren Baustoffen bestehen; brennbare Baustoffe sind zulässig, wenn ein Beitrag der Lüftungsleitung zur Brandentstehung und Brandweiterleitung nicht zu befürchten ist. [2] Lüftungsleitungen dürfen raumabschließende Bauteile, für die eine Feuerwiderstandsfähigkeit vorgeschrieben ist, nur überbrücken, wenn eine Brandausbreitung ausreichend lang nicht zu befürchten ist oder wenn Vorkehrungen hiergegen getroffen sind.

(3) Lüftungsanlagen sind so herzustellen, dass sie Gerüche und Staub nicht in andere Räume übertragen.

(4) [1] Lüftungsanlagen dürfen nicht in Abgasanlagen eingeführt werden; die gemeinsame Nutzung von Lüftungsleitungen zur Lüftung und zur Ableitung der Abgase von Feuerstätten ist zulässig, wenn keine Bedenken wegen der Betriebssicherheit und des Brandschutzes bestehen. [2] Die Abluft ist ins Freie zu führen. [3] Nicht zur Lüftungsanlage gehörende Einrichtungen sind in Lüftungsleitungen unzulässig.

(5) Die Abs. 2 und 3 gelten nicht

1. innerhalb von Gebäuden der Gebäudeklassen 1 und 2,
2. innerhalb von Wohnungen,
3. innerhalb derselben Nutzungseinheit mit insgesamt nicht mehr als 400 m^2 in nicht mehr als zwei Geschossen.

(6) Für raumlufttechnische Anlagen und Warmluftheizungen gelten die Abs. 1 bis 5 entsprechend.

Art. 40 Feuerungsanlagen, sonstige Anlagen zur Wärmeerzeugung, Brennstoffversorgung. (1) Feuerstätten und Abgasanlagen (Feuerungsanlagen) müssen betriebssicher und brandsicher sein.

---

[1] Art. 38 Abs. 1 Halbs. 2 einl. Satzteil und Nr. 1 geänd. mWv 1. 1. 2013 durch G v. 11. 12. 2012 (GVBl S. 633).

[2] Art. 39 Abs. 5 Nr. 1 geänd. mWv 1. 1. 2013 durch G v. 11. 12. 2012 (GVBl S. 633).

(2) Feuerstätten dürfen in Räumen nur aufgestellt werden, wenn nach der Art der Feuerstätte und nach Lage, Größe, baulicher Beschaffenheit und Nutzung der Räume Gefahren nicht entstehen.

(3) [1] Abgase von Feuerstätten sind durch Abgasleitungen, Kamine und Verbindungsstücke (Abgasanlagen) so abzuführen, dass keine Gefahren oder unzumutbaren Belästigungen entstehen. [2] Abgasanlagen sind in solcher Zahl und Lage und so herzustellen, dass die Feuerstätten des Gebäudes ordnungsgemäß angeschlossen werden können. [3] Sie müssen leicht gereinigt werden können.

(4) [1] Behälter und Rohrleitungen für brennbare Gase und Flüssigkeiten müssen betriebssicher und brandsicher sein. [2] Diese Behälter sowie feste Brennstoffe sind so aufzustellen oder zu lagern, dass keine Gefahren oder unzumutbaren Belästigungen entstehen.

(5) Für die Aufstellung von ortsfesten Verbrennungsmotoren, Blockheizkraftwerken, Brennstoffzellen und Verdichtern sowie die Ableitung ihrer Verbrennungsgase gelten die Abs. 1 bis 3 entsprechend.

Art. 41[1)] **Nicht durch Sammelkanalisation erschlossene Anwesen.**

(1) Die einwandfreie Beseitigung des Abwassers einschließlich des Fäkalschlamms innerhalb und außerhalb des Grundstücks muss gesichert sein.

(2) Hausabwässer aus abgelegenen landwirtschaftlichen Anwesen oder abgelegenen Anwesen, die früher einem landwirtschaftlichen Betrieb dienten und deren Hausabwässer bereits in Gruben eingeleitet worden sind, dürfen in Gruben eingeleitet werden, wenn

1. das Abwasser in einer Mehrkammerausfaulgrube vorbehandelt wird und
2. die ordnungsgemäße Entsorgung oder Verwertung des geklärten Abwassers und des Fäkalschlamms gesichert ist.

(3) [1] Für die Einleitung von Hausabwässern aus abgelegenen landwirtschaftlichen Anwesen in Biogasanlagen gilt Abs. 2 entsprechend. [2] Die Vorbehandlung in einer Mehrkammerausfaulgrube ist nicht erforderlich, wenn durch den Betrieb der Biogasanlage eine gleichwertige Hygienisierung sichergestellt ist.

Art. 42 Sanitäre Anlagen. Fensterlose Bäder und Toiletten sind nur zulässig, wenn eine wirksame Lüftung gewährleistet ist.

Art. 43 Aufbewahrung fester Abfallstoffe. Feste Abfallstoffe dürfen innerhalb von Gebäuden vorübergehend aufbewahrt werden, in Gebäuden der Gebäudeklassen 3 bis 5 jedoch nur, wenn die dafür bestimmten Räume

1. Trennwände und Decken als raumabschließende Bauteile mit der Feuerwiderstandsfähigkeit der tragenden Wände und
2. Öffnungen vom Gebäudeinnern zum Aufstellraum mit feuerhemmenden, dicht- und selbstschließenden Abschlüssen haben,
3. unmittelbar vom Freien entleert werden können und
4. eine ständig wirksame Lüftung haben.

---

1) Überschr. neu gef. mWv 1. 8. 2009 durch G v. 27. 7. 2009 (GVBl S. 385).

Art. 44 Blitzschutzanlagen. Bauliche Anlagen, bei denen nach Lage, Bauart oder Nutzung Blitzschlag leicht eintreten oder zu schweren Folgen führen kann, sind mit dauernd wirksamen Blitzschutzanlagen zu versehen.

Abschnitt VII. Nutzungsbedingte Anforderungen

Art. 45 Aufenthaltsräume. (1) [1] Aufenthaltsräume müssen eine lichte Raumhöhe von mindestens 2,40 m, im Dachgeschoss über der Hälfte ihrer Nutzfläche 2,20 m haben, wobei Raumteile mit einer lichten Höhe unter 1,50 m außer Betracht bleiben. [2] Das gilt nicht für Aufenthaltsräume in Wohngebäuden der Gebäudeklassen 1 und 2.

(2) [1] Aufenthaltsräume müssen ausreichend belüftet und mit Tageslicht belichtet werden können. [2] Sie müssen Fenster mit einem Rohbaumaß der Fensteröffnungen von mindestens einem Achtel der Netto-Grundfläche des Raums einschließlich der Netto-Grundfläche verglaster Vorbauten und Loggien haben.

(3) Aufenthaltsräume, deren Nutzung eine Belichtung mit Tageslicht verbietet, sowie Verkaufsräume, Schank- und Speisegaststätten, ärztliche Behandlungs-, Sport-, Spiel-, Werk- und ähnliche Räume sind ohne Fenster zulässig.

Art. 46[1] Wohnungen. (1) [1] Jede Wohnung muss eine Küche oder Kochnische haben. [2] Fensterlose Küchen oder Kochnischen sind zulässig, wenn eine wirksame Lüftung gewährleistet ist.

(2) Für Gebäude der Gebäudeklassen 3 bis 5 sind für jede Wohnung ein ausreichend großer Abstellraum und, soweit die Wohnungen nicht nur zu ebener Erde liegen, leicht erreichbare und gut zugängliche Abstellräume für Kinderwagen, Fahrräder und Mobilitätshilfen erforderlich.

(3) Jede Wohnung muss ein Bad mit Badewanne oder Dusche und eine Toilette haben.

(4) [1] In Wohnungen müssen Schlafräume und Kinderzimmer sowie Flure, die zu Aufenthaltsräumen führen, jeweils mindestens einen Rauchwarnmelder haben. [2] Die Rauchwarnmelder müssen so eingebaut oder angebracht und betrieben werden, dass Brandrauch frühzeitig erkannt und gemeldet wird. [3] Die Eigentümer vorhandener Wohnungen sind verpflichtet, jede Wohnung bis zum 31. Dezember 2017 entsprechend auszustatten. [4] Die Sicherstellung der Betriebsbereitschaft obliegt den unmittelbaren Besitzern, es sei denn, der Eigentümer übernimmt diese Verpflichtung selbst.

Art. 47[2] Stellplätze. (1) [1] Werden Anlagen errichtet, bei denen ein Zu- oder Abfahrtsverkehr zu erwarten ist, sind Stellplätze in ausreichender Zahl und Größe und in geeigneter Beschaffenheit herzustellen. [2] Bei Änderungen oder Nutzungsänderungen von Anlagen sind Stellplätze in solcher Zahl und Größe herzustellen, dass die Stellplätze die durch die Änderung zusätzlich zu erwartenden Kraftfahrzeuge aufnehmen können. [3] Das gilt nicht, wenn sonst die Schaffung oder Erneuerung von Wohnraum auch unter Berücksichtigung der Möglichkeit einer Ablösung nach Abs. 3 Nr. 3 erheblich erschwert oder verhindert würde.

---

[1] Art. 46 Abs. 4 angef. mWv 1. 1. 2013 durch G v. 11. 12. 2012 (GVBl S. 633).
[2] Art. 47 Abs. 2 Satz 1 geänd. mWv 30. 8. 2014 durch VO v. 22. 7. 2014 (GVBl S. 286).

(2) [1]Die Zahl der notwendigen Stellplätze nach Abs. 1 Satz 1 legt das Staatsministerium des Innern, für Bau und Verkehr durch Rechtsverordnung fest. [2]Wird die Zahl der notwendigen Stellplätze durch eine örtliche Bauvorschrift oder eine städtebauliche Satzung festgelegt, ist diese Zahl maßgeblich.

(3) Die Stellplatzpflicht kann erfüllt werden durch

1. Herstellung der notwendigen Stellplätze auf dem Baugrundstück,
2. Herstellung der notwendigen Stellplätze auf einem geeigneten Grundstück in der Nähe des Baugrundstücks, wenn dessen Benutzung für diesen Zweck gegenüber dem Rechtsträger der Bauaufsichtsbehörde rechtlich gesichert ist, oder
3. Übernahme der Kosten für die Herstellung der notwendigen Stellplätze durch den Bauherrn gegenüber der Gemeinde (Ablösungsvertrag).

(4) Die Gemeinde hat den Geldbetrag für die Ablösung notwendiger Stellplätze zu verwenden für

1. die Herstellung zusätzlicher oder die Instandhaltung, die Instandsetzung oder die Modernisierung bestehender Parkeinrichtungen,
2. sonstige Maßnahmen zur Entlastung der Straßen vom ruhenden Verkehr einschließlich investiver Maßnahmen des öffentlichen Personennahverkehrs.

Art. 48[1)] Barrierefreies Bauen. (1) [1]In Gebäuden mit mehr als zwei Wohnungen müssen die Wohnungen eines Geschosses barrierefrei erreichbar sein; diese Verpflichtung kann auch durch barrierefrei erreichbare Wohnungen in mehreren Geschossen erfüllt werden. [2]In Gebäuden mit mehr als zwei Wohnungen und mit nach Art. 37 Abs. 4 Satz 1 erforderlichen Aufzügen muss ein Drittel der Wohnungen barrierefrei erreichbar sein. [3]In den Wohnungen nach den Sätzen 1 und 2 müssen die Wohn- und Schlafräume, eine Toilette, ein Bad, die Küche oder Kochnische sowie der Raum mit Anschlussmöglichkeit für eine Waschmaschine barrierefrei sein. [4]Art. 32 Abs. 6 Satz 2, Art. 35 Abs. 2 und Art. 37 Abs. 4 und 5 bleiben unberührt.

(2) [1]Bauliche Anlagen, die öffentlich zugänglich sind, müssen in den dem allgemeinen Besucher- und Benutzerverkehr dienenden Teilen barrierefrei sein. [2]Dies gilt insbesondere für

1. Einrichtungen der Kultur und des Bildungswesens,
2. Tageseinrichtungen für Kinder,
3. Sport- und Freizeitstätten,
4. Einrichtungen des Gesundheitswesens,
5. Büro-, Verwaltungs- und Gerichtsgebäude,
6. Verkaufsstätten,
7. Gaststätten, die keiner gaststättenrechtlichen Erlaubnis bedürfen,
8. Beherbergungsstätten,

[1)] Art. 48 Abs. 1 Sätze 2 und 3 neu gef. mWv 31. 7. 2008 durch G v. 22. 7. 2008 (GVBl S. 479); Abs. 1 Satz 2 eingef., bish. Sätze 2 und 3 werden Sätze 3 und 4, Abs. 4 Satz 10 geänd. und Halbs. angef., Abs. 5 Satz 1 neu gef. mWv 1. 8. 2009 durch G v. 27. 7. 2009 (GVBl S. 385); Abs. 1 Sätze 1–3 neu gef., Satz 4 geänd., Abs. 2 Satz 1 neu gef., Satz 2 einl. Satzteil geänd., Sätze 3 und 4 eingef., bish. Satz 3 wird Satz 5 und geänd., bish. Satz 4 wird Satz 6, Abs. 3 neu gef., Abs. 4 aufgeh., bish. Abs. 5 wird Abs. 4, Satz 1 geänd. mWv 1. 7. 2013 durch G v. 11. 12. 2012 (GVBl S. 633).

9. Stellplätze, Garagen und Toilettenanlagen.

[3] Für die der zweckentsprechenden Nutzung dienenden Räume und Anlagen genügt es, wenn sie in dem erforderlichen Umfang barrierefrei sind. [4] Toilettenräume und notwendige Stellplätze für Besucher und Benutzer müssen in der erforderlichen Anzahl barrierefrei sein. [5] Diese Anforderungen gelten nicht bei Nutzungsänderungen, wenn die Anforderungen nur mit unverhältnismäßigem Aufwand erfüllt werden können. [6] Die Anforderungen an Gaststätten, die einer gaststättenrechtlichen Erlaubnis bedürfen, sind im Rahmen des gaststättenrechtlichen Erlaubnisverfahrens zu beachten.

(3) Bauliche Anlagen und Einrichtungen, die überwiegend oder ausschließlich von Menschen mit Behinderung, alten Menschen und Personen mit Kleinkindern genutzt werden, wie

1. Tagesstätten, Werkstätten und stationäre Einrichtungen für Menschen mit Behinderung,
2. stationäre Einrichtungen für pflegebedürftige und alte Menschen

müssen in allen der zweckentsprechenden Nutzung dienenden Teilen barrierefrei sein.

(4) [1] Die Abs. 1 bis 3 gelten nicht, soweit die Anforderungen wegen schwieriger Geländeverhältnisse, wegen ungünstiger vorhandener Bebauung oder im Hinblick auf die Sicherheit der Menschen mit Behinderung oder alten Menschen oder bei Anlagen nach Abs. 1 auch wegen des Einbaus eines sonst nicht erforderlichen Aufzugs nur mit einem unverhältnismäßigen Mehraufwand erfüllt werden können. [2] Bei bestehenden baulichen Anlagen im Sinn der Abs. 2 und 3 soll die Bauaufsichtsbehörde verlangen, dass ein gleichwertiger Zustand hergestellt wird, wenn das technisch möglich und dem Eigentümer wirtschaftlich zumutbar ist.

Vierter Teil. Die am Bau Beteiligten

Art. 49 Grundpflichten. Bei der Errichtung, Änderung, Nutzungsänderung und der Beseitigung von Anlagen sind der Bauherr und im Rahmen ihres Wirkungskreises die anderen am Bau Beteiligten dafür verantwortlich, dass die öffentlich-rechtlichen Vorschriften eingehalten werden.

Art. 50[1)] Bauherr. (1) [1] Der Bauherr hat zur Vorbereitung, Überwachung und Ausführung eines nicht verfahrensfreien Bauvorhabens sowie der Beseitigung von Anlagen geeignete Beteiligte nach Maßgabe der Art. 51 und 52 zu bestellen, soweit er nicht selbst zur Erfüllung der Verpflichtungen nach diesen Vorschriften geeignet ist. [2] Dem Bauherrn obliegen außerdem die nach den öffentlich-rechtlichen Vorschriften erforderlichen Anträge, Anzeigen und Nachweise. [3] Wechselt der Bauherr, hat der neue Bauherr dies der Bauaufsichtsbehörde unverzüglich schriftlich mitzuteilen.

(2) [1] Treten bei einem Bauvorhaben mehrere Personen als Bauherr auf, so kann die Bauaufsichtsbehörde verlangen, dass ihr gegenüber ein Vertreter bestellt wird, der die dem Bauherrn nach den öffentlich-rechtlichen Vorschriften obliegenden Verpflichtungen zu erfüllen hat. [2] Im Übrigen finden Art. 18 Abs. 1 Sätze 2 und 3 sowie Abs. 2 des BayVwVfG entsprechende Anwendung.

---

1) Art. 50 Abs. 2 Satz 2 geänd. mWv 1. 1. 2013 durch G v. 11. 12. 2012 (GVBl S. 633).

Art. 51 Entwurfsverfasser. (1) [1] Der Entwurfsverfasser muss nach Sachkunde und Erfahrung zur Vorbereitung des jeweiligen Bauvorhabens geeignet sein. [2] Er ist für die Vollständigkeit und Brauchbarkeit seines Entwurfs verantwortlich. [3] Der Entwurfsverfasser hat dafür zu sorgen, dass die für die Ausführung notwendigen Einzelzeichnungen, Einzelberechnungen und Anweisungen den öffentlich-rechtlichen Vorschriften entsprechen.

(2) [1] Hat der Entwurfsverfasser auf einzelnen Fachgebieten nicht die erforderliche Sachkunde und Erfahrung, so hat er den Bauherrn zu veranlassen, geeignete Fachplaner heranzuziehen. [2] Diese sind für die von ihnen gefertigten Unterlagen, die sie zu unterzeichnen haben, verantwortlich. [3] Für das ordnungsgemäße Ineinandergreifen aller Fachplanungen bleibt der Entwurfsverfasser verantwortlich.

Art. 52 Unternehmer. (1) [1] Jeder Unternehmer ist für die mit den öffentlich-rechtlichen Anforderungen übereinstimmende Ausführung der von ihm übernommenen Arbeiten und insoweit für die ordnungsgemäße Einrichtung und den sicheren Betrieb der Baustelle verantwortlich. [2] Er hat die erforderlichen Nachweise über die Verwendbarkeit der verwendeten Bauprodukte und Bauarten zu erbringen und auf der Baustelle bereitzuhalten.

(2) Jeder Unternehmer hat auf Verlangen der Bauaufsichtsbehörde für Arbeiten, bei denen die Sicherheit der Anlage in außergewöhnlichem Maße von der besonderen Sachkenntnis und Erfahrung des Unternehmers oder von einer Ausstattung des Unternehmens mit besonderen Vorrichtungen abhängt, nachzuweisen, dass er für diese Arbeiten geeignet ist und über die erforderlichen Vorrichtungen verfügt.

Fünfter Teil. Bauaufsichtsbehörden, Verfahren

Abschnitt I. Bauaufsichtsbehörden

Art. 53[1)] Aufbau und Zuständigkeit der Bauaufsichtsbehörden.

(1) [1] Untere Bauaufsichtsbehörden sind die Kreisverwaltungsbehörden, höhere Bauaufsichtsbehörden sind die Regierungen, oberste Bauaufsichtsbehörde ist das Staatsministerium des Innern, für Bau und Verkehr. [2] Für den Vollzug dieses Gesetzes sowie anderer öffentlich-rechtlicher Vorschriften für die Errichtung, Änderung, Nutzungsänderung und Beseitigung sowie die Nutzung und Instandhaltung von Anlagen ist die untere Bauaufsichtsbehörde zuständig, soweit nichts anderes bestimmt ist.

(2) [1] Das Staatsministerium des Innern, für Bau und Verkehr überträgt leistungsfähigen kreisangehörigen Gemeinden auf Antrag durch Rechtsverordnung

1. alle Aufgaben der unteren Bauaufsichtsbehörde oder
2. Aufgaben der unteren Bauaufsichtsbehörde für
   a) Wohngebäude der Gebäudeklassen 1 bis 3,

[1)] Art. 53 Abs. 2 Satz 1 Nr. 2 abschl. Satzteil geänd. mWv 1. 8. 2009 durch G v. 27. 7. 2009 (GVBl S. 385); Abs. 3 Sätze 2–4 neu gef. mWv 1. 1. 2012 durch G v. 20. 12. 2011 (GVBl S. 689); Abs. 1 Satz 1, Abs. 2 Satz 1 einl. Satzteil und Satz 2 geänd. mWv 30. 8. 2014 durch VO v. 22. 7. 2014 (GVBl S. 286).

b) Gebäude der Gebäudeklassen 1 bis 3, die neben einer Wohnnutzung teilweise oder ausschließlich freiberuflich oder gewerblich im Sinn des § 13 der Baunutzungsverordnung (BauNVO) genutzt werden,

einschließlich ihrer jeweiligen Nebengebäude und Nebenanlagen im Geltungsbereich von Bebauungsplänen im Sinn der §§ 12, 30 Abs. 1 und 2 BauGB.

[2] Das Staatsministerium des Innern, für Bau und Verkehr kann die Rechtsverordnung nach Satz 1 auf Antrag der Gemeinde aufheben. [3] Die Rechtsverordnung ist aufzuheben, wenn die Voraussetzungen für ihren Erlass nach Satz 1 und Abs. 3 Sätze 1 bis 4 nicht vorgelegen haben oder nicht mehr vorliegen. [4] Werden Aufgaben der unteren Bauaufsichtsbehörde nach Satz 1 übertragen, ist für die Entscheidung über Anträge nach Art. 63 Abs. 2 Satz 2, Art. 64 Abs. 1 Satz 1, Art. 70 Satz 1 und Art. 71 Satz 1 als untere Bauaufsichtsbehörde diejenige Behörde zuständig, die zum Zeitpunkt des Eingangs des Antrags bei der Gemeinde zuständig war; das gilt entsprechend bei der Erhebung einer Gemeinde zur Großen Kreisstadt. [5] Die Aufhebung eines Verwaltungsakts der unteren Bauaufsichtsbehörde kann nicht allein deshalb beansprucht werden, weil er unter Verletzung von Vorschriften über die sachliche Zuständigkeit zustande gekommen ist, wenn diese Verletzung darauf beruht, dass eine sachliche Zuständigkeit nach Satz 1 Nr. 2 wegen Unwirksamkeit des zugrunde liegenden Bebauungsplans nicht begründet war; das gilt nicht, wenn zum Zeitpunkt der Entscheidung der unteren Bauaufsichtsbehörde die Unwirksamkeit des Bebauungsplans gemäß § 47 Abs. 5 Satz 2 der Verwaltungsgerichtsordnung (VwGO) rechtskräftig festgestellt war. [6] Art. 46 BayVwVfG bleibt unberührt.

(3) [1] Die Bauaufsichtsbehörden sind für ihre Aufgaben ausreichend mit geeigneten Fachkräften zu besetzen. [2] Den unteren Bauaufsichtsbehörden müssen

1. Beamte in der Fachlaufbahn Verwaltung und Finanzen, fachlicher Schwerpunkt nichttechnischer Verwaltungsdienst,
2. Beamte in der Fachlaufbahn Naturwissenschaft und Technik, fachlicher Schwerpunkt bautechnischer und umweltfachlicher Verwaltungsdienst, mit besonderen Kenntnissen im Hochbau oder Städtebau

angehören, die jeweils mindestens ein Amt der Besoldungsgruppe A 13 innehaben und für ein Amt ab der Besoldungsgruppe A 14 qualifiziert sind. [3] An Stelle von Beamten im Sinn des Satzes 2 Nr. 2 können auch Beamte, die mindestens ein Amt der Besoldungsgruppe A 9 in der Fachlaufbahn Naturwissenschaft und Technik, fachlicher Schwerpunkt bautechnischer und umweltfachlicher Verwaltungsdienst, innehaben und für ein Amt ab der Besoldungsgruppe A 10 qualifiziert sind, beschäftigt werden, wenn sie über eine langjährige Berufserfahrung im Aufgabenbereich des leitenden bautechnischen Mitarbeiters der unteren Bauaufsichtsbehörde verfügen und sich in diesem Aufgabenbereich bewährt haben; in begründeten Ausnahmefällen, insbesondere wenn geeignete Beamte des bautechnischen Verwaltungsdienstes nicht gewonnen werden können, dürfen an Stelle von Beamten auch vergleichbar qualifizierte Arbeitnehmer beschäftigt werden. [4] In Gemeinden, denen nach Abs. 2 Satz 1 Nr. 2 Aufgaben der unteren Bauaufsichtsbehörde übertragen worden sind, genügt es, dass an Stelle von Beamten im Sinn des Satzes 2 Nr. 1 Beamte, die mindestens ein Amt der Besoldungsgruppe A 9 in der Fachlaufbahn Verwaltung und Finanzen, fachlicher Schwerpunkt nichttechnischer Verwaltungsdienst, innehaben und für ein Amt ab der Besoldungsgruppe A 10 qualifiziert sind, an Stelle von Beamten im Sinn des

Satzes 2 Nr. 2 auch sonstige Bedienstete, beschäftigt werden, die mindestens einen Fachhochschulabschluss der Fachrichtung Hochbau, Städtebau oder konstruktiver Ingenieurbau erworben haben. [5]Das bautechnische Personal und die notwendigen Hilfskräfte bei den Landratsämtern sind von den Landkreisen anzustellen.

Art. 54 Aufgaben und Befugnisse der Bauaufsichtsbehörden. (1) Die Aufgaben der Bauaufsichtsbehörden sind Staatsaufgaben; für die Gemeinden sind sie übertragene Aufgaben.

(2) [1]Die Bauaufsichtsbehörden haben bei der Errichtung, Änderung, Nutzungsänderung und Beseitigung sowie bei der Nutzung und Instandhaltung von Anlagen darüber zu wachen, dass die öffentlich-rechtlichen Vorschriften und die auf Grund dieser Vorschriften erlassenen Anordnungen eingehalten werden, soweit nicht andere Behörden zuständig sind. [2]Sie können in Wahrnehmung dieser Aufgaben die erforderlichen Maßnahmen treffen; sie sind berechtigt, die Vorlage von Bescheinigungen von Prüfsachverständigen zu verlangen. [3]Bauaufsichtliche Genehmigungen, Vorbescheide und sonstige Maßnahmen gelten auch für und gegen die Rechtsnachfolger; das gilt auch für Personen, die ein Besitzrecht nach Erteilung einer bauaufsichtlichen Genehmigung, eines Vorbescheids oder nach Erlass einer bauaufsichtlichen Maßnahme erlangt haben. [4]Die mit dem Vollzug dieses Gesetzes beauftragten Personen sind berechtigt, in Ausübung ihres Amtes Grundstücke und Anlagen einschließlich der Wohnungen zu betreten; das Grundrecht der Unverletzlichkeit der Wohnung (Art. 13 des Grundgesetzes, Art. 106 Abs. 3 der Verfassung) wird insoweit eingeschränkt.

(3) [1]Soweit die Vorschriften des Zweiten und des Dritten Teils mit Ausnahme der Art. 8 und 9 und die auf Grund dieses Gesetzes erlassenen Vorschriften nicht ausreichen, um die Anforderungen nach Art. 3 zu erfüllen, können die Bauaufsichtsbehörden im Einzelfall weitergehende Anforderungen stellen, um erhebliche Gefahren abzuwehren, bei Sonderbauten auch zur Abwehr von Nachteilen; dies gilt nicht für Sonderbauten, soweit für sie eine Verordnung nach Art. 80 Abs. 1 Nr. 4 erlassen worden ist. [2]Die Anforderungen des Satzes 1 Halbsatz 1 gelten nicht für Sonderbauten, wenn ihre Erfüllung wegen der besonderen Art oder Nutzung oder wegen anderer besonderer Anforderungen nicht erforderlich ist.

(4) Bei bestandsgeschützten baulichen Anlagen können Anforderungen gestellt werden, wenn das zur Abwehr von erheblichen Gefahren für Leben und Gesundheit notwendig ist.

(5) Werden bestehende bauliche Anlagen wesentlich geändert, so kann angeordnet werden, dass auch die von der Änderung nicht berührten Teile dieser baulichen Anlagen mit diesem Gesetz oder den auf Grund dieses Gesetzes erlassenen Vorschriften in Einklang gebracht werden, wenn das aus Gründen des Art. 3 Abs. 1 Satz 1 erforderlich und dem Bauherrn wirtschaftlich zumutbar ist und diese Teile mit den Teilen, die geändert werden sollen, in einem konstruktiven Zusammenhang stehen oder mit ihnen unmittelbar verbunden sind.

(6) Bei Modernisierungsvorhaben soll von der Anwendung des Abs. 5 abgesehen werden, wenn sonst die Modernisierung erheblich erschwert würde.

Abschnitt II. Genehmigungspflicht, Genehmigungsfreiheit

Art. 55 Grundsatz. (1) Die Errichtung, Änderung und Nutzungsänderung von Anlagen bedürfen der Baugenehmigung, soweit in Art. 56 bis 58, 72 und 73 nichts anderes bestimmt ist.

(2) Die Genehmigungsfreiheit nach Art. 56 bis 58, 72 und 73 Abs. 1 Satz 3 sowie die Beschränkung der bauaufsichtlichen Prüfung nach Art. 59, 60, 62 Abs. 4 und Art. 73 Abs. 2 entbinden nicht von der Verpflichtung zur Einhaltung der Anforderungen, die durch öffentlich-rechtliche Vorschriften an Anlagen gestellt werden, und lassen die bauaufsichtlichen Eingriffsbefugnisse unberührt.

Art. 56[1] Vorrang anderer Gestattungsverfahren. [1] Keiner Baugenehmigung, Abweichung, Genehmigungsfreistellung, Zustimmung und Bauüberwachung nach diesem Gesetz bedürfen

1. nach anderen Rechtsvorschriften zulassungsbedürftige Anlagen in oder an oberirdischen Gewässern und Anlagen, die dem Ausbau, der Unterhaltung oder der Benutzung eines Gewässers dienen oder als solche gelten, ausgenommen Gebäude, Überbrückungen, Lager-, Camping- und Wochenendplätze,
2. Anlagen, die einer Genehmigung nach dem Bayerischen Abgrabungsgesetz bedürfen,
3. nach anderen Rechtsvorschriften zulassungsbedürftige Anlagen für die öffentliche Versorgung mit Elektrizität, Gas, Wärme, Wasser und für die öffentliche Verwertung oder Entsorgung von Abwässern, ausgenommen oberirdische Anlagen mit einem Brutto-Rauminhalt von mehr als 100 m^3, Gebäude und Überbrückungen,
4. nichtöffentliche Eisenbahnen, nichtöffentliche Seilbahnen und sonstige Bahnen besonderer Bauart, auf die die Vorschriften über fliegende Bauten keine Anwendung finden, im Sinn des Bayerischen Eisenbahn- und Seilbahngesetzes (BayESG),
5. Werbeanlagen, soweit sie einer Ausnahmegenehmigung nach Straßenverkehrsrecht bedürfen,
6. Anlagen, die nach dem Kreislaufwirtschafts- und Abfallgesetz (KrW-/AbfG) einer Genehmigung bedürfen,
7. Beschneiungsanlagen nach Art. 35 des Bayerischen Wassergesetzes (BayWG),
8. Anlagen, die einer Gestattung nach Produktsicherheitsrecht bedürfen,
9. Anlagen, die einer Errichtungsgenehmigung nach dem Atomgesetz bedürfen,
10. Friedhöfe, die einer Genehmigung nach dem Bestattungsgesetz (BestG) bedürfen.

---

[1] Art. 56 Satz 1 Nr. 1 geänd. mWv 31. 7. 2008 durch G v. 22. 7. 2008 (GVBl S. 479); Satz 2 geänd. mWv 1. 8. 2009 durch G v. 27. 7. 2009 (GVBl S. 385); Satz 1 Nr. 7 geänd. mWv 1. 3. 2010 durch G v. 25. 2. 2010 (GVBl S. 66); Satz 1 Nr. 2 und Nr. 8 geänd., Nr. 5 neu gef. mWv 1. 1. 2013 durch G v. 11. 12. 2012 (GVBl S. 633).

[2] Für Anlagen, bei denen ein anderes Gestattungsverfahren die Baugenehmigung, die Abweichung oder die Zustimmung einschließt oder die nach Satz 1 keiner Baugenehmigung, Abweichung oder Zustimmung bedürfen, nimmt die für den Vollzug der entsprechenden Rechtsvorschriften zuständige Behörde die Aufgaben und Befugnisse der Bauaufsichtsbehörde wahr. [3] Sie kann Prüfingenieure, Prüfämter und Prüfsachverständige in entsprechender Anwendung der Art. 62 Abs. 3 und Art. 77 Abs. 2 sowie der auf Grund des Art. 80 Abs. 2 erlassenen Rechtsverordnung heranziehen; Art. 59 Satz 1, Art. 60 Satz 1, Art. 62 Abs. 1, 2 und 4 Sätze 2 und 3, Art. 63 Abs. 1 Satz 2 und Art. 77 Abs. 2 Satz 3 gelten entsprechend.

Art. 57[1)] Verfahrensfreie Bauvorhaben, Beseitigung von Anlagen.

(1) Verfahrensfrei sind

1. folgende Gebäude:
   a) Gebäude mit einem Brutto-Rauminhalt bis zu 75 m³, außer im Außenbereich,
   b) Garagen einschließlich überdachter Stellplätze im Sinn des Art. 6 Abs. 9 Satz 1 Nr. 1 mit einer Fläche bis zu 50 m², außer im Außenbereich,
   c) freistehende Gebäude ohne Feuerungsanlagen, die einem land- oder forstwirtschaftlichen Betrieb oder einem Betrieb der gartenbaulichen Erzeugung im Sinn der § 35 Abs. 1 Nrn. 1 und 2, § 201 BauGB dienen, nur eingeschossig und nicht unterkellert sind, höchstens 100 m² Brutto-Grundfläche und höchstens 140 m² überdachte Fläche haben und nur zur Unterbringung von Sachen oder zum vorübergehenden Schutz von Tieren bestimmt sind,
   d) Gewächshäuser mit einer Firsthöhe bis zu 5 m und nicht mehr als 1 600 m² Fläche, die einem land- oder forstwirtschaftlichen Betrieb oder einem Betrieb der gartenbaulichen Erzeugung im Sinn der § 35 Abs. 1 Nrn. 1 und 2, § 201 BauGB dienen,
   e) Fahrgastunterstände, die dem öffentlichen Personenverkehr oder der Schülerbeförderung dienen,
   f) Schutzhütten für Wanderer, die jedermann zugänglich sind und keine Aufenthaltsräume haben,
   g) Terrassenüberdachungen mit einer Fläche bis zu 30 m² und einer Tiefe bis zu 3 m,
   h) Gartenlauben in Kleingartenanlagen im Sinn des § 1 Abs. 1 des Bundeskleingartengesetzes (BKleingG) vom 28. Februar 1983 (BGBl I S. 210), zuletzt geändert durch Art. 11 des Gesetzes vom 19. September 2006 (BGBl I S. 2146),

---

1) Art. 57 Abs. 1 Nr. 2 Buchst. b aufgeh., bish. Buchst. c wird Buchst. b, Nr. 3 eingef., bish. Nr. 3–10 werden Nr. 4–11, Nr. 12 eingef., bish. Nr. 11 und 12 werden Nr. 13 und 14, Nr. 15 eingef., bish. Nr. 13 und 14 werden Nr. 16 und 17, Abs. 2 Nr. 6 neu gef., Nr. 8 geänd., Nr. 9 angef., Abs. 3 Satz 1 und Abs. 5 Satz 3 geänd. mWv 1. 8. 2009 durch G v. 27. 7. 2009 (GVBl S. 385); Abs. 1 Nr. 2 einl. Satzteil, Buchst. a geänd., Nr. 3 Buchst. a Doppelbuchst. aa neu gef., Buchst. b geänd., Buchst. c angef., Nr. 5 Buchst. a neu gef., Buchst. e geänd., Nr. 7 Buchst. a geänd., Buchst. c aufgeh., Nr. 11 Buchst. e geänd., Buchst. f angef., Nr. 12 aufgeh., bish. Nr. 13 wird Nr. 12, Buchst. g geänd., bish. Nr. 14–17 wird Nr. 13–16, Abs. 2 Nr. 6, Nr. 9 und Abs. 4 Nr. 1 geänd., Abs. 5 Sätze 3 und 4 neu gef., Satz 5 aufgeh., bish. Satz 6 wird Satz 5 mWv 1. 1. 2013 durch G v. 11. 12. 2012 (GVBl S. 633).

2. folgende Anlagen der technischen Gebäudeausrüstung:
   a) Abgasanlagen in und an Gebäuden sowie freistehende Abgasanlagen mit einer freien Höhe bis zu 10 m,
   b) sonstige Anlagen der technischen Gebäudeausrüstung,
3. folgende Energiegewinnungsanlagen:
   a) Solarenergieanlagen und Sonnenkollektoren
      aa) in, auf und an Dach- und Außenwandflächen sowie, soweit sie in, auf oder an einer bestehenden baulichen Anlage errichtet werden, die damit verbundene Änderung der Nutzung oder der äußeren Gestalt der Anlage,
      bb) gebäudeunabhängig mit einer Höhe bis zu 3 m und einer Gesamtlänge bis zu 9 m,
   b) Kleinwindkraftanlagen mit einer freien Höhe bis zu 10 m,
   c) Blockheizkraftwerke,
4. folgende Anlagen der Versorgung:
   a) Brunnen,
   b) Anlagen, die der Telekommunikation, der öffentlichen Versorgung mit Elektrizität einschließlich Trafostationen, Gas, Öl oder Wärme dienen, mit einer Höhe bis zu 5 m und einer Fläche bis zu 10 m^2,
5. folgende Masten, Antennen und ähnliche Anlagen:
   a) aa) Antennen,
      bb) Antennen tragende Masten mit einer freien freien Höhe bis zu 10 m,
      cc) zugehörige Versorgungseinheiten mit einem Brutto-Rauminhalt bis zu 10 m^3 sowie,

      soweit sie in, auf oder an einer bestehenden baulichen Anlage errichtet werden, die damit verbundene Änderung der Nutzung oder der äußeren Gestalt der Anlage,
   b) Masten und Unterstützungen für Fernsprechleitungen, für Leitungen zur Versorgung mit Elektrizität, für Sirenen und für Fahnen,
   c) Masten, die aus Gründen des Brauchtums errichtet werden,
   d) Signalhochbauten für die Landesvermessung,
   e) Flutlichtmasten mit einer Höhe bis zu 10 m,
6. folgende Behälter:
   a) ortsfeste Behälter für Flüssiggas mit einem Fassungsvermögen von weniger als 3 t, für nicht verflüssigte Gase mit einem Rauminhalt bis zu 6 m^3,
   b) ortsfeste Behälter für brennbare oder wassergefährdende Flüssigkeiten mit einem Rauminhalt bis zu 10 m^3,
   c) ortsfeste Behälter sonstiger Art mit einem Rauminhalt bis zu 50 m^3,
   d) Gülle- und Jauchebehälter und -gruben mit einem Rauminhalt bis zu 50 m^3 und einer Höhe bis zu 3 m,
   e) Gärfutterbehälter mit einer Höhe bis zu 6 m und Schnitzelgruben,
   f) Dungstätten, Fahrsilos, Kompost- und ähnliche Anlagen, ausgenommen Biomasselager für den Betrieb von Biogasanlagen,
   g) Wasserbecken mit einem Beckeninhalt bis zu 100 m^3,

7. folgende Mauern und Einfriedungen:
   a) Mauern einschließlich Stützmauern und Einfriedungen, Sichtschutzzäunen und Terrassentrennwänden mit einer Höhe bis zu 2 m, außer im Außenbereich,
   b) offene, sockellose Einfriedungen im Außenbereich, soweit sie der Hoffläche eines landwirtschaftlichen Betriebs, der Weidewirtschaft einschließlich der Haltung geeigneter Schalenwildarten für Zwecke der Landwirtschaft, dem Erwerbsgartenbau oder dem Schutz von Forstkulturen und Wildgehegen zu Jagdzwecken oder dem Schutz landwirtschaftlicher Kulturen vor Schalenwild sowie der berufsmäßigen Binnenfischerei dienen,
8. private Verkehrsanlagen einschließlich Brücken und Durchlässen mit einer lichten Weite bis zu 5 m und Untertunnelungen mit einem Durchmesser bis zu 3 m,
9. Aufschüttungen mit einer Höhe bis zu 2 m und einer Fläche bis zu 500 m^2,
10. folgende Anlagen in Gärten und zur Freizeitgestaltung:
    a) Schwimmbecken mit einem Beckeninhalt bis zu 100 m^3 einschließlich dazugehöriger temporärer luftgetragener Überdachungen, außer im Außenbereich,
    b) Sprungschanzen, Sprungtürme und Rutschbahnen mit einer Höhe bis zu 10 m,
    c) Anlagen, die der zweckentsprechenden Einrichtung von Spiel-, Abenteuerspiel-, Bolz- und Sportplätzen, Reit- und Wanderwegen, Trimm- und Lehrpfaden dienen, ausgenommen Gebäude und Tribünen,
    d) Wohnwagen, Zelte und bauliche Anlagen, die keine Gebäude sind, auf Camping-, Zelt- und Wochenendplätzen,
    e) Anlagen, die der Gartennutzung, der Gartengestaltung oder der zweckentsprechenden Einrichtung von Gärten dienen, ausgenommen Gebäude und Einfriedungen,
11. folgende tragende und nichttragende Bauteile:
    a) nichttragende und nichtaussteifende Bauteile in baulichen Anlagen,
    b) die Änderung tragender oder aussteifender Bauteile innerhalb von Wohngebäuden,
    c) zur Errichtung einzelner Aufenthaltsräume, die zu Wohnzwecken genutzt werden, im Dachgeschoss überwiegend zu Wohnzwecken genutzter Gebäude, wenn die Dachkonstruktion und die äußere Gestalt des Gebäudes nicht in genehmigungspflichtiger Weise verändert werden,
    d) Fenster und Türen sowie die dafür bestimmten Öffnungen,
    e) Außenwandbekleidungen einschließlich Maßnahmen der Wärmedämmung, ausgenommen bei Hochhäusern, Verblendungen und Verputz baulicher Anlagen,
    f) Bedachungen einschließlich Maßnahmen der Wärmedämmung ausgenommen bei Hochhäusern,

    auch vor Fertigstellung der Anlage,
12. folgende Werbeanlagen:
    a) Werbeanlagen in Auslagen oder an Schaufenstern, im Übrigen mit einer Ansichtsfläche bis zu 1 m^2,

b) Warenautomaten,

c) Werbeanlagen, die nicht vom öffentlichen Verkehrsraum aus sichtbar sind,

d) Werbeanlagen, die nach ihrem erkennbaren Zweck nur vorübergehend für höchstens zwei Monate angebracht werden, im Außenbereich nur, soweit sie einem Vorhaben im Sinn des § 35 Abs. 1 BauGB dienen,

e) Zeichen, die auf abseits oder versteckt gelegene Stätten hinweisen (Hinweiszeichen), außer im Außenbereich,

f) Schilder, die Inhaber und Art gewerblicher Betriebe kennzeichnen (Hinweisschilder), wenn sie vor Ortsdurchfahrten auf einer einzigen Tafel zusammengefasst sind,

g) Werbeanlagen in durch Bebauungsplan festgesetzten Gewerbe-, Industrie- und vergleichbaren Sondergebieten an der Stätte der Leistung, an und auf Flugplätzen, Sportanlagen, auf abgegrenzten Versammlungsstätten, Ausstellungs- und Messegeländen, soweit sie nicht in die freie Landschaft wirken, mit einer freien Höhe bis zu 10 m, sowie, soweit sie in, auf oder an einer bestehenden baulichen Anlage errichtet werden, die damit verbundene Änderung der Nutzung oder der äußeren Gestalt der Anlage,

13. folgende vorübergehend aufgestellte oder benutzbare Anlagen:

a) Baustelleneinrichtungen einschließlich der Lagerhallen, Schutzhallen und Unterkünfte,

b) Toilettenwagen,

c) Behelfsbauten, die der Landesverteidigung, dem Katastrophenschutz oder der Unfallhilfe dienen,

d) bauliche Anlagen, die für höchstens drei Monate auf genehmigtem Messe- und Ausstellungsgelände errichtet werden, ausgenommen fliegende Bauten,

e) Verkaufsstände und andere bauliche Anlagen auf Straßenfesten, Volksfesten und Märkten, ausgenommen fliegende Bauten,

f) Zeltlager, die nach ihrem erkennbaren Zweck gelegentlich, höchstens für zwei Monate errichtet werden,

14. Fahrgeschäfte mit einer Höhe bis zu 5 m, die für Kinder betrieben werden und eine Geschwindigkeit von höchstens 1 m/s haben,

15. folgende Plätze:

a) Lager-, Abstell- und Ausstellungsplätze, die einem land- oder forstwirtschaftlichen Betrieb oder einem Betrieb der gartenbaulichen Erzeugung im Sinn der § 35 Abs. 1 Nrn. 1 und 2, § 201 BauGB dienen,

b) nicht überdachte Stellplätze und sonstige Lager- und Abstellplätze mit einer Fläche bis zu 300 m^2 und deren Zufahrten, außer im Außenbereich,

c) Kinderspielplätze im Sinn des Art. 7 Abs. 2 Satz 1,

d) Freischankflächen bis zu 40 m^2 einschließlich einer damit verbundenen Nutzungsänderung einer Gaststätte oder einer Verkaufsstelle des Lebensmittelhandwerks,

16. folgende sonstige Anlagen:

a) Fahrradabstellanlagen mit einer Fläche bis zu 30 m^2,

b) Zapfsäulen und Tankautomaten genehmigter Tankstellen,

c) Regale mit einer Höhe bis zu 7,50 m Oberkante Lagergut,

d) Grabdenkmale auf Friedhöfen, Feldkreuze, Denkmäler und sonstige Kunstwerke jeweils mit einer Höhe bis zu 4 m,

e) andere unbedeutende Anlagen oder unbedeutende Teile von Anlagen wie Hauseingangsüberdachungen, Markisen, Rollläden, Terrassen, Maschinenfundamente, Straßenfahrzeugwaagen, Pergolen, Jägerstände, Wildfütterungen, Bienenfreistände, Taubenhäuser, Hofeinfahrten und Teppichstangen.

(2) Unbeschadet des Abs. 1 sind verfahrensfrei

1. Garagen mit einer Nutzfläche bis zu 100 m² sowie überdachte Stellplätze,
2. Wochenendhäuser sowie Anlagen, die keine Gebäude sind, in durch Bebauungsplan festgesetzten Wochenendhausgebieten,
3. Anlagen in Dauerkleingärten im Sinn des § 1 Abs. 3 BKleingG,
4. Dachgauben und vergleichbare Dachaufbauten,
5. Mauern und Einfriedungen,
6. Werbeanlagen mit einer freien Höhe bis zu 10 m, sowie, soweit sie in, auf oder an einer bestehenden baulichen Anlage errichtet werden, die damit verbundene Änderung der Nutzung oder der äußeren Gestalt der Anlage,
7. Kinderspiel-, Bolz- und Abenteuerspielplätze,
8. Friedhöfe,
9. Solarenergieanlagen und Sonnenkollektoren sowie, soweit sie in, auf oder an einer bestehenden baulichen Anlage errichtet werden, die damit verbundene Änderung der Nutzung oder der äußeren Gestalt der Anlage

im Geltungsbereich einer städtebaulichen oder einer Satzung nach Art. 81, die Regelungen über die Zulässigkeit, den Standort und die Größe der Anlage enthält, wenn sie den Festsetzungen der Satzung entspricht.

(3) [1] Verfahrensfrei sind luftrechtlich zugelassenen Flugplätzen dienende Anlagen, ausgenommen Gebäude, die Sonderbauten sind. [2] Für nach Satz 1 verfahrensfreie Anlagen gelten Art. 61 und 62 entsprechend.

(4) Verfahrensfrei ist die Änderung der Nutzung von Anlagen, wenn

1. für die neue Nutzung keine anderen öffentlich-rechtlichen Anforderungen nach Art. 60 Satz 1 und Art. 62 als für die bisherige Nutzung in Betracht kommen oder
2. die Errichtung oder Änderung der Anlagen nach Abs. 1 und 2 verfahrensfrei wäre.

(5) [1] Verfahrensfrei ist die Beseitigung von

1. Anlagen nach Abs. 1 bis 3,
2. freistehenden Gebäuden der Gebäudeklassen 1 und 3,
3. sonstigen Anlagen, die keine Gebäude sind, mit einer Höhe bis zu 10 m.

[2] Im Übrigen ist die beabsichtigte Beseitigung von Anlagen mindestens einen Monat zuvor der Gemeinde und der Bauaufsichtsbehörde anzuzeigen. [3] Bei nicht freistehenden Gebäuden muss durch einen qualifizierten Tragwerksplaner im Sinn des Art. 62 Abs. 2 beurteilt und im erforderlichen Umfang nachgewiesen werden, dass das Gebäude oder die Gebäude, an die das zu beseitigende Gebäude angebaut ist, während und nach der Beseitigung standsicher sind; die Beseitigung

ist, soweit notwendig, durch den qualifizierten Tragwerksplaner zu überwachen. [4] Satz 3 gilt nicht, soweit an verfahrensfreie Gebäude angebaut ist. [5] Art. 68 Abs. 5 Nr. 3 und Abs. 7 gelten entsprechend.

(6) Verfahrensfrei sind Instandhaltungsarbeiten.

Art. 58 Genehmigungsfreistellung. (1) [1] Keiner Genehmigung bedarf unter den Voraussetzungen des Abs. 2 die Errichtung, Änderung und Nutzungsänderung baulicher Anlagen, die keine Sonderbauten sind. [2] Die Gemeinde kann durch örtliche Bauvorschrift im Sinn des Art. 81 Abs. 2 die Anwendung dieser Vorschrift auf bestimmte handwerkliche und gewerbliche Bauvorhaben ausschließen.

(2) Nach Abs. 1 ist ein Bauvorhaben genehmigungsfrei gestellt, wenn

1. es im Geltungsbereich eines Bebauungsplans im Sinn des § 30 Abs. 1 oder der §§ 12, 30 Abs. 2 BauGB liegt,
2. es den Festsetzungen des Bebauungsplans und den Regelungen örtlicher Bauvorschriften im Sinn des Art. 81 Abs. 1 nicht widerspricht,
3. die Erschließung im Sinn des Baugesetzbuchs gesichert ist und
4. die Gemeinde nicht innerhalb der Frist nach Abs. 3 Satz 3 erklärt, dass das vereinfachte Baugenehmigungsverfahren durchgeführt werden soll oder eine vorläufige Untersagung nach § 15 Abs. 1 Satz 2 BauGB beantragt.

(3) [1] Der Bauherr hat die erforderlichen Unterlagen bei der Gemeinde einzureichen; die Gemeinde legt, soweit sie nicht selbst Bauaufsichtsbehörde ist, eine Fertigung der Unterlagen unverzüglich der unteren Bauaufsichtsbehörde vor. [2] Spätestens mit der Vorlage bei der Gemeinde benachrichtigt der Bauherr die Eigentümer der benachbarten Grundstücke von dem Bauvorhaben; Art. 66 Abs. 1 Sätze 2 und 5, Abs. 3 gelten entsprechend. [3] Mit dem Bauvorhaben darf einen Monat nach Vorlage der erforderlichen Unterlagen bei der Gemeinde begonnen werden. [4] Teilt die Gemeinde dem Bauherrn vor Ablauf der Frist schriftlich mit, dass kein Genehmigungsverfahren durchgeführt werden soll und sie eine Untersagung nach § 15 Abs. 1 Satz 2 BauGB nicht beantragen wird, darf der Bauherr mit der Ausführung des Bauvorhabens beginnen; von der Mitteilung nach Halbsatz 1 hat die Gemeinde die Bauaufsichtsbehörde zu unterrichten. [5] Will der Bauherr mit der Ausführung des Bauvorhabens mehr als vier Jahre, nachdem die Bauausführung nach den Sätzen 3 und 4 zulässig geworden ist, beginnen, gelten die Sätze 1 bis 4 entsprechend.

(4) [1] Die Erklärung der Gemeinde nach Abs. 2 Nr. 4 erste Alternative kann insbesondere deshalb erfolgen, weil sie eine Überprüfung der sonstigen Voraussetzungen des Abs. 2 oder des Bauvorhabens aus anderen Gründen für erforderlich hält. [2] Darauf, dass die Gemeinde von ihrer Erklärungsmöglichkeit keinen Gebrauch macht, besteht kein Rechtsanspruch. [3] Erklärt die Gemeinde, dass das vereinfachte Baugenehmigungsverfahren durchgeführt werden soll, hat sie dem Bauherrn die vorgelegten Unterlagen zurückzureichen. [4] Hat der Bauherr bei der Vorlage der Unterlagen bestimmt, dass seine Vorlage im Fall der Erklärung nach Abs. 2 Nr. 4 als Bauantrag zu behandeln ist, leitet sie die Unterlagen gleichzeitig mit der Erklärung an die Bauaufsichtsbehörde weiter.

(5) [1] Art. 62 bleibt unberührt. [2] Art. 64 Abs. 2 Satz 1, Abs. 4 Sätze 1 und 2, Art. 68 Abs. 5 Nrn. 2 und 3, Abs. 6 und 7 sind entsprechend anzuwenden.

Abschnitt III. Genehmigungsverfahren

Art. 59 Vereinfachtes Baugenehmigungsverfahren. [1] Außer bei Sonderbauten prüft die Bauaufsichtsbehörde

1. die Übereinstimmung mit den Vorschriften über die Zulässigkeit der baulichen Anlagen nach den §§ 29 bis 38 BauGB und den Regelungen örtlicher Bauvorschriften im Sinn des Art. 81 Abs. 1,
2. beantragte Abweichungen im Sinn des Art. 63 Abs. 1 und Abs. 2 Satz 2 sowie
3. andere öffentlich-rechtliche Anforderungen, soweit wegen der Baugenehmigung eine Entscheidung nach anderen öffentlich-rechtlichen Vorschriften entfällt, ersetzt oder eingeschlossen wird.

[2] Art. 62 bleibt unberührt.

Art. 60[1)] Baugenehmigungsverfahren. [1] Bei Sonderbauten prüft die Bauaufsichtsbehörde

1. die Übereinstimmung mit den Vorschriften über die Zulässigkeit der baulichen Anlagen nach den §§ 29 bis 38 BauGB,
2. Anforderungen nach den Vorschriften dieses Gesetzes und auf Grund dieses Gesetzes,
3. andere öffentlich-rechtliche Anforderungen, soweit wegen der Baugenehmigung eine Entscheidung nach anderen öffentlich-rechtlichen Vorschriften entfällt, ersetzt oder eingeschlossen wird.

[2] Art. 62 bleibt unberührt.

Art. 61[2)] Bauvorlageberechtigung. (1) Bauvorlagen für die nicht verfahrensfreie Errichtung und Änderung von Gebäuden müssen von einem Entwurfsverfasser unterschrieben sein, der bauvorlageberechtigt ist.

(2) Bauvorlageberechtigt,

1. ist, wer die Berufsbezeichnung „Architektin“ oder „Architekt“ führen darf,
2. in die von der Bayerischen Ingenieurekammer-Bau geführte Liste der bauvorlageberechtigten Ingenieure eingetragen ist; vergleichbare Eintragungen anderer Länder gelten auch im Freistaat Bayern.

(3) [1] Bauvorlageberechtigt sind ferner die Angehörigen der Fachrichtungen Architektur, Hochbau oder Bauingenieurwesen, die nach dem Ingenieurgesetz die Berufsbezeichnung „Ingenieurin“ oder „Ingenieur“ führen dürfen, sowie die staatlich geprüften Techniker der Fachrichtung Bautechnik und die Handwerksmeister des Maurer- und Betonbauer- sowie des Zimmererfachs für

1. freistehende oder nur einseitig angebaute oder anbaubare Wohngebäude der Gebäudeklassen 1 bis 3 mit nicht mehr als drei Wohnungen,
2. eingeschossige gewerblich genutzte Gebäude mit freien Stützweiten von nicht mehr als 12 m und nicht mehr als 250 m^2,

---

1) Art. 60 Satz 1 einl. Satzteil geänd. mWv 1. 8. 2009 durch G v. 27. 7. 2009 (GVBl S. 385).

2) Art. 61 neu gef. mWv 1. 8. 2009 durch G v. 27. 7. 2009 (GVBl S. 385); Abs. 4 Nr. 2 geänd. mWv 1. 1. 2012 durch G v. 20. 12. 2011 (GVBl S. 689); Abs. 2 Nr. 2 geänd., Abs. 3 Satz 3 aufgeh., Abs. 4 Nr. 3 und Abs. 5 Nr. 1 geänd. mWv 1. 1. 2013 durch G v. 11. 12. 2012 (GVBl S. 633); Abs. 4 Nr. 6 geänd. mWv 30. 8. 2014 durch VO v. 22. 7. 2014 (GVBl S. 286).

3. land- oder forstwirtschaftlich genutzte Gebäude,
4. Kleingaragen im Sinn der Rechtsverordnung nach Art. 80 Abs. 1 Satz 1 Nr. 3,
5. einfache Änderungen von sonstigen Gebäuden.

[2] Staatsangehörige eines anderen Mitgliedstaates der Europäischen Union oder eines nach dem Recht der Europäischen Gemeinschaft gleichgestellten Staates sind im Sinn des Satzes 1 bauvorlageberechtigt, wenn sie eine vergleichbare Berechtigung besitzen und dafür den staatlich geprüften Technikern der Fachrichtung Bautechnik oder den Handwerksmeistern des Maurer- und Betonbauer- sowie des Zimmererfachs vergleichbare Anforderungen erfüllen mussten.

(4) Bauvorlageberechtigt ist ferner, wer

1. unter Beschränkung auf sein Fachgebiet Bauvorlagen aufstellt, die üblicherweise von Fachkräften mit einer anderen Ausbildung als sie die in Abs. 2 genannten Personen haben, aufgestellt werden,
2. für ein Amt ab der Besoldungsgruppe A 10 in der Fachlaufbahn Naturwissenschaft und Technik, fachlicher Schwerpunkt bautechnischer und umweltfachlicher Verwaltungsdienst, qualifiziert ist, für seine Tätigkeit für seinen Dienstherrn,
3. einen berufsqualifizierenden Hochschulabschluss eines Studiums der Fachrichtung Architektur, Hochbau (Art. 49 Abs. 1 der Richtlinie 2005/36/EG des Europäischen Parlaments und des Rates vom 7. September 2005 über die Anerkennung von Berufsqualifikationen, ABl L 255 S. 22, ber. 2007 ABl L 271 S. 18, 2008 ABl L 93 S. 28, 2009 ABl L 33 S. 49, zuletzt geändert durch Verordnung (EU) Nr. 623/2012 vom 11. Juli 2012 (ABl L 180 S. 9) oder Bauingenieurwesen nachweist, danach mindestens zwei Jahre auf dem Gebiet der Entwurfsplanung von Gebäuden praktisch tätig gewesen ist und Bedienstete oder Bediensteter einer juristischen Person des öffentlichen Rechts ist, für die dienstliche Tätigkeit,
4. die Berufsbezeichnung „Innenarchitektin" oder „Innenarchitekt" führen darf, für die mit der Berufsaufgabe verbundenen baulichen Änderungen von Gebäuden,
5. Ingenieurin oder Ingenieur der Fachrichtung Innenausbau ist und eine praktische Tätigkeit in dieser Fachrichtung von mindestens zwei Jahren ausgeübt hat, für die Planung von Innenräumen und die damit verbundenen baulichen Änderungen von Gebäuden; Abs. 3 Sätze 2 und 3 gelten entsprechend,
6. einen Studiengang der Fachrichtung Holzbau und Ausbau, den das Staatsministerium des Innern, für Bau und Verkehr als gleichwertig mit einer Ausbildung nach Abs. 3 einschließlich der Anforderungen auf Grund der Rechtsverordnung nach Art. 80 Abs. 3 anerkannt hat, erfolgreich abgeschlossen hat, für die Bauvorhaben nach Abs. 3, sofern sie in Holzbauweise errichtet werden; Abs. 3 Sätze 2 und 3 gelten entsprechend.

(5) [1] In die Liste der bauvorlageberechtigten Ingenieure nach Abs. 2 Nr. 2 ist auf Antrag von der Bayerischen Ingenieurekammer-Bau einzutragen, wer

1. auf Grund eines Studiums des Bauingenieurwesens die Voraussetzungen zur Führung der Berufsbezeichnung „Ingenieur" oder „Ingenieurin" nach dem Gesetz zum Schutze der Berufsbezeichnung „Ingenieur" und „Ingenieurin" – Ingenieurgesetz – IngG – (BayRS 702-2-W) in der jeweils geltenden Fassung, erfüllt oder einen berufsqualifizierenden Hochschulabschluss eines Studiums

der Fachrichtung Hochbau (Art. 49 Abs. 1 der Richtlinie 2005/36/EG) nachweist und

2. danach mindestens zwei Jahre auf dem Gebiet der Entwurfsplanung von Gebäuden praktisch tätig gewesen ist.

[2] Art. 6 des Baukammerngesetzes (BauKaG) gilt entsprechend. [3] Dem Antrag sind die zur Beurteilung erforderlichen Unterlagen beizufügen. [4] Hat die Bayerische Ingenieurekammer-Bau nicht innerhalb der in Art. 42a BayVwVfG festgelegten Frist entschieden, gilt der Antrag als genehmigt.

(6) [1] Personen, die in einem anderen Mitgliedstaat der Europäischen Union oder einem nach dem Recht der Europäischen Gemeinschaft gleichgestellten Staat als Bauvorlageberechtigte niedergelassen sind, sind ohne Eintragung in die Liste nach Abs. 2 Nr. 2 bauvorlageberechtigt, wenn sie

1. eine vergleichbare Berechtigung besitzen und

2. dafür dem Abs. 5 Satz 1 Nrn. 1 und 2 vergleichbare Anforderungen erfüllen mussten.

[2] Sie haben das erstmalige Tätigwerden als Bauvorlageberechtigter vorher der Bayerischen Ingenieurekammer-Bau anzuzeigen und dabei

1. eine Bescheinigung darüber, dass sie in einem Mitgliedstaat der Europäischen Union oder einem nach dem Recht der Europäischen Gemeinschaft gleichgestellten Staat rechtmäßig als Bauvorlageberechtigte niedergelassen sind und ihnen die Ausübung dieser Tätigkeiten zum Zeitpunkt der Vorlage der Bescheinigung nicht, auch nicht vorübergehend, untersagt ist, und

2. einen Nachweis darüber, dass sie im Staat ihrer Niederlassung für die Tätigkeit als Bauvorlageberechtigter mindestens die Voraussetzungen des Abs. 6 Satz 1 Nrn. 1 und 2 erfüllen mussten,vorzulegen; sie sind in einem Verzeichnis zu führen.

[3] Die Bayerische Ingenieurekammer-Bau hat auf Antrag des Bauvorlageberechtigten zu bestätigen, dass die Anzeige nach Satz 2 erfolgt ist; sie kann das Tätigwerden als Bauvorlageberechtigter untersagen und die Eintragung in dem Verzeichnis nach Satz 2 löschen, wenn die Voraussetzungen des Satzes 1 nicht erfüllt sind.

(7) [1] Personen, die in einem anderen Mitgliedstaat der Europäischen Union oder einem nach dem Recht der Europäischen Gemeinschaft gleichgestellten Staat als Bauvorlageberechtigte niedergelassen sind, ohne dass die Voraussetzung für die Vergleichbarkeit im Sinn des Abs. 6 Satz 1 Nr. 2 erfüllt ist, sind bauvorlageberechtigt, wenn ihnen die Bayerische Ingenieurekammer-Bau bescheinigt hat, dass sie die Anforderungen des Abs. 5 Satz 1 Nrn. 1 und 2 tatsächlich erfüllen; sie sind in einem Verzeichnis zu führen. [2] Die Bescheinigung wird auf Antrag erteilt. [3] Abs. 5 Sätze 3 und 4 sind entsprechend anzuwenden.

(8) [1] Anzeigen und Bescheinigungen nach den Abs. 6 und 7 sind nicht erforderlich, wenn bereits in einem anderen Land eine Anzeige erfolgt ist oder eine Bescheinigung erteilt wurde; eine weitere Eintragung in die von der Bayerischen Ingenieurekammer-Bau geführten Verzeichnisse erfolgt nicht. [2] Verfahren nach den Abs. 5 bis 7 können über die einheitliche Stelle nach den Vorschriften des Bayerischen Verwaltungsverfahrensgesetzes abgewickelt werden.

(9) [1] Unternehmen dürfen Bauvorlagen als Entwurfsverfasser unterschreiben, wenn sie diese unter der Leitung eines Bauvorlageberechtigten nach den Abs. 2

bis 4, 6 und 7 aufstellen. [2] Auf den Bauvorlagen ist der Name des Bauvorlageberechtigten anzugeben.

(10) Für Bauvorlageberechtigte, die weder Mitglied der Bayerischen Architektenkammernoch der Bayerischen Ingenieurekammer-Bau sind, gilt Art. 24 Abs. 1 Satz 2 Nr. 4 BauKaG[1] entsprechend.

Art. 62[2] Bautechnische Nachweise. (1) [1] Die Einhaltung der Anforderungen an die Standsicherheit, den Brand-, Schall- und Erschütterungsschutz ist nach näherer Maßgabe der Verordnung auf Grund des Art. 80 Abs. 4 nachzuweisen (bautechnische Nachweise); die Erforderlichkeit des Wärmeschutznachweises nach Vorschriften zur Energieeinsparung bleibt unberührt. [2] Das gilt nicht für verfahrensfreie Bauvorhaben, einschließlich der Beseitigung von Anlagen, soweit nicht in diesem Gesetz oder in der Rechtsverordnung auf Grund des Art. 80 Abs. 4 anderes bestimmt ist. [3] Die Bauvorlageberechtigung nach Art. 61 Abs. 2, 3 und 4 Nrn. 2 bis 6 schließt die Berechtigung zur Erstellung der bautechnischen Nachweise ein, soweit nicht nachfolgend Abweichendes bestimmt ist. [4] Art. 61 Abs. 10 ist anzuwenden.

(2) [1] Der Standsicherheitsnachweis muss bei

1. Gebäuden der Gebäudeklassen 1 bis 3,
2. sonstigen baulichen Anlagen, die keine Gebäude sind,

erstellt sein von

- Personen mit einem berufsqualifizierenden Hochschulabschluss eines Studiums der Fachrichtung Architektur, Hochbau (Art. 49 Abs. 1 der Richtlinie 2005/36/EG) oder des Bauingenieurwesens mit einer mindestens dreijährigen Berufserfahrung in der Tragwerksplanung; sie dürfen auch bei anderen Bauvorhaben den Standsicherheitsnachweis erstellen,
- im Rahmen ihrer Bauvorlageberechtigung von staatlich geprüften Technikern der Fachrichtung Bautechnik und Handwerksmeistern des Maurer- und Betonbauer- sowie des Zimmererfachs (Art. 61 Abs. 3), wenn sie mindestens drei Jahre zusammenhängende Berufserfahrung nachweisen und die durch Rechtsverordnung gemäß Art. 80 Abs. 3 näher bestimmte Zusatzqualifikation besitzen,
- im Rahmen ihrer Bauvorlageberechtigung Bauvorlageberechtigten nach Art. 61 Abs. 4 Nr. 6.

[2] Der Brandschutznachweis muss bei Gebäuden der Gebäudeklasse 4, ausgenommen Sonderbauten sowie Mittel- und Großgaragen im Sinn der Rechtsverordnung nach Art. 80 Abs. 1 Satz 1 Nr. 3, erstellt sein von

1. einem für das Bauvorhaben Bauvorlageberechtigten, der die erforderlichen Kenntnisse des Brandschutzes nachgewiesen hat,
2. a) einem Angehörigen eines Studiengangs der Fachrichtung Architektur, Hochbau (Art. 49 Abs. 1 der Richtlinie 2005/36/EG), Bauingenieurwesen oder eines Studiengangs mit Schwerpunkt Brandschutz, der ein Studium an

---

[1] Nr. **40**.

[2] Art. 62 Abs. 1 Satz 3 angef., Abs. 2 neu gef., Abs. 3 Satz 2 Nr. 2 geänd. mWv 1. 8. 2009 durch G v. 27. 7. 2009 (GVBl S. 385); Abs. 1 Satz 1 Halbs. 1 geänd., Halbs. 2 eingef., bish. Satz 1 Halbs. 2 wird Satz 2, bish. Sätze 2 und 3 werden Sätze 3 und 4, Abs. 2 Satz 2 Nr. 1 und 2 neu gef., Nr. 3 angef., Satz 3 eingef., bish. Satz 3 wird Satz 4 und geänd., bish. Satz 4 wird Satz 5, Abs. 3 Satz 1 Nr. 2 Buchst. c und Satz 2 Nr. 2 geänd. mWv 1. 1. 2013 durch G v. 11. 12. 2012 (GVBl S. 633).

einer deutschen Hochschule oder ein gleichwertiges Studium an einer ausländischen Hochschule abgeschlossen hat, oder

b) einem Absolventen einer Ausbildung für Ämter ab der dritten Qualifikationsebene in der Fachlaufbahn Naturwissenschaft und Technik, Schwerpunkt feuerwehrtechnischer Dienst,

der nach Abschluss der Ausbildung mindestens zwei Jahre auf dem Gebiet der brandschutztechnischen Planung und Ausführung von Gebäuden oder deren Prüfung praktisch tätig gewesen ist und die erforderlichen Kenntnisse des Brandschutzes nachgewiesen hat, oder

3. einem Prüfsachverständigen für Brandschutz als Brandschutzplaner.

[3] Brandschutzplaner nach Satz 2 Nrn. 2 und 3 dürfen auch bei anderen Bauvorhaben den Brandschutznachweis erstellen. [4] Tragwerksplaner nach Satz 1 erster Spiegelstrich und Brandschutzplaner nach Satz 2 Nrn. 1 und 2 müssen unter Beachtung des Art. 61 Abs. 5 Sätze 3 und 4 in einer von der Bayerischen Architektenkammer oder der Bayerischen Ingenieurekammer-Bau zu führenden Liste eingetragen sein, für die Art. 6 BauKaG entsprechend gilt; vergleichbare Eintragungen anderer Länder gelten auch im Freistaat Bayern. [5] Für Personen, die in einem anderen Mitgliedstaat der Europäischen Union oder einem nach dem Recht der Europäischen Gemeinschaft gleichgestellten Staat zur Erstellung von Standsicherheits- oder Brandschutznachweisen niedergelassen sind, gelten Art. 61 Abs. 6 bis 8 mit der Maßgabe entsprechend, dass die Anzeige bzw. der Antrag auf Erteilung einer Bescheinigung bei der nach Satz 3 zuständigen Stelle einzureichen ist.

(3) [1] Bei

1. Gebäuden der Gebäudeklassen 4 und 5,
2. wenn dies nach Maßgabe eines in der Rechtsverordnung nach Art. 80 Abs. 4 geregelten Kriterienkatalogs erforderlich ist, bei
   a) Gebäuden der Gebäudeklassen 1 bis 3,
   b) Behältern, Brücken, Stützmauern, Tribünen,
   c) sonstigen baulichen Anlagen, die keine Gebäude sind, mit einer freien Höhe von mehr als 10 m

muss der Standsicherheitsnachweis bei Sonderbauten durch die Bauaufsichtsbehörde, einen Prüfingenieur oder ein Prüfamt geprüft, im Übrigen durch einen Prüfsachverständigen bescheinigt sein. [2] Das gilt nicht für

1. Wohngebäude der Gebäudeklassen 1 und 2,
2. nicht oder nur zum vorübergehenden Aufenthalt einzelner Personen bestimmte oberirdische eingeschossige Gebäude mit freien Stützweiten von nicht mehr als 12 m und nicht mehr als 1 600 m^2.

[3] Bei

1. Sonderbauten,
2. Mittel- und Großgaragen im Sinn der Verordnung nach Art. 80 Abs. 1 Satz 1 Nr. 3,
3. Gebäuden der Gebäudeklasse 5

muss der Brandschutznachweis durch einen Prüfsachverständigen bescheinigt sein oder wird bauaufsichtlich geprüft.

(4) [1] Außer in den Fällen des Abs. 3 werden bautechnische Nachweise nicht geprüft; Art. 63 bleibt unberührt. [2] Werden bautechnische Nachweise durch einen Prüfsachverständigen bescheinigt, gelten die entsprechenden Anforderungen auch in den Fällen des Art. 63 als eingehalten. [3] Einer Prüfung durch die Bauaufsichtsbehörde, einen Prüfingenieur oder ein Prüfamt oder einer Bescheinigung durch einen Prüfsachverständigen bedarf es ferner nicht, soweit für das Bauvorhaben Standsicherheitsnachweise vorliegen, die von einem Prüfamt allgemein geprüft sind (Typenprüfung); Typenprüfungen anderer Länder gelten auch im Freistaat Bayern.

BauGB § 1

Art. 63[1)] Abweichungen. (1) [1] Die Bauaufsichtsbehörde kann Abweichungen von Anforderungen dieses Gesetzes und auf Grund dieses Gesetzes erlassener Vorschriften zulassen, wenn sie unter Berücksichtigung des Zwecks der jeweiligen Anforderung und unter Würdigung der öffentlich-rechtlich geschützten nachbarlichen Belange mit den öffentlichen Belangen, insbesondere den Anforderungen des Art. 3 Abs. 1 vereinbar sind; Art. 3 Abs. 2 Satz 3 bleibt unberührt. [2] Der Zulassung einer Abweichung bedarf es nicht, wenn bautechnische Nachweise durch einen Prüfsachverständigen bescheinigt werden.

(2) [1] Die Zulassung von Abweichungen nach Abs. 1 Satz 1, von Ausnahmen und Befreiungen von den Festsetzungen eines Bebauungsplans, einer sonstigen städtebaulichen Satzung oder von Regelungen der Baunutzungsverordnung ist gesondert schriftlich zu beantragen; der Antrag ist zu begründen. [2] Für Anlagen, die keiner Genehmigung bedürfen, sowie für Abweichungen von Vorschriften, die im Genehmigungsverfahren nicht geprüft werden, gilt Satz 1 entsprechend; bei Bauvorhaben, die einer Genehmigung bedürfen, ist der Abweichungsantrag mit dem Bauantrag zu stellen.

(3) [1] Über Abweichungen nach Abs. 1 Satz 1 von örtlichen Bauvorschriften sowie über Ausnahmen und Befreiungen nach Abs. 2 Satz 1 entscheidet bei verfahrensfreien Bauvorhaben die Gemeinde nach Maßgabe der Abs. 1 und 2. [2] Im Übrigen lässt die Bauaufsichtsbehörde Abweichungen von örtlichen Bauvorschriften im Einvernehmen mit der Gemeinde zu; § 36 Abs. 2 Satz 2 BauGB gilt entsprechend.

Art. 64[2)] Bauantrag, Bauvorlagen. (1) [1] Der Bauantrag ist schriftlich bei der Gemeinde einzureichen. [2] Diese legt ihn, sofern sie nicht selbst zur Entscheidung zuständig ist, mit ihrer Stellungnahme unverzüglich bei der Bauaufsichtsbehörde vor. [3] Die Gemeinden können die Ergänzung oder Berichtigung unvollständiger oder unrichtiger Bauanträge verlangen.

(2) [1] Mit dem Bauantrag sind alle für die Beurteilung des Bauvorhabens und die Bearbeitung des Bauantrags erforderlichen Unterlagen (Bauvorlagen) einzureichen. [2] Es kann gestattet werden, dass einzelne Bauvorlagen nachgereicht werden.

(3) In besonderen Fällen kann zur Beurteilung der Einwirkung des Bauvorhabens auf die Umgebung verlangt werden, dass es in geeigneter Weise auf dem Baugrundstück dargestellt wird.

[1)] Art. 63 Abs. 2 Sätze 1 und 2 geänd., Satz 2 Halbs. 2 angef. mWv 1. 8. 2009 durch G v. 27. 7. 2009 (GVBl S. 385).

[2)] Art. 64 Abs. 4 Satz 2 aufgeh., bish. Satz 3 wird Satz 2 mWv 1. 8. 2009 durch G v. 27. 7. 2009 (GVBl S. 385).

(4) [1] Der Bauherr und der Entwurfsverfasser haben den Bauantrag und die Bauvorlagen zu unterschreiben. [2] Soweit der Eigentümer oder der Erbbauberechtigte dem Bauvorhaben zugestimmt hat, ist er verpflichtet, bauaufsichtliche Maßnahmen zu dulden, die aus Nebenbestimmungen der Baugenehmigung herrühren.

Art. 65[1)] Behandlung des Bauantrags. (1) [1] Die Bauaufsichtsbehörde hört zum Bauantrag diejenigen Stellen,

1. deren Beteiligung oder Anhörung für die Entscheidung über den Bauantrag durch Rechtsvorschrift vorgeschrieben ist, oder
2. ohne deren Stellungnahme die Genehmigungsfähigkeit des Bauantrags nicht beurteilt werden kann;

die Beteiligung oder Anhörung entfällt, wenn die jeweilige Stelle dem Bauantrag bereits vor Einleitung des Baugenehmigungsverfahrens schriftlich zugestimmt hat. [2] Bedarf die Erteilung der Baugenehmigung der Zustimmung oder des Einvernehmens einer anderen Körperschaft, Behörde oder sonstigen Stelle, so gilt diese als erteilt, wenn sie nicht einen Monat nach Eingang des Ersuchens verweigert wird; von der Frist nach Halbsatz 1 abweichende Regelungen durch Rechtsvorschrift bleiben unberührt. [3] Stellungnahmen bleiben unberücksichtigt, wenn sie nicht innerhalb eines Monats nach Aufforderung zur Stellungnahme bei der Bauaufsichtsbehörde eingehen, es sei denn, die verspätete Stellungnahme ist für die Rechtmäßigkeit der Entscheidung über den Bauantrag von Bedeutung.

(2) [1] Ist der Bauantrag unvollständig oder weist er sonstige erhebliche Mängel auf, fordert die Bauaufsichtsbehörde den Bauherrn zur Behebung der Mängel innerhalb einer angemessenen Frist auf. [2] Werden die Mängel innerhalb der Frist nicht behoben, gilt der Antrag als zurückgenommen.

Art. 66[2)] Beteiligung des Nachbarn. (1) [1] Den Eigentümern der benachbarten Grundstücke sind vom Bauherrn oder seinem Beauftragten der Lageplan und die Bauzeichnungen zur Unterschrift vorzulegen. [2] Die Unterschrift gilt als Zustimmung. [3] Fehlt die Unterschrift des Eigentümers eines benachbarten Grundstücks, kann ihn die Gemeinde auf Antrag des Bauherrn von dem Bauantrag benachrichtigen und ihm eine Frist für seine Äußerung setzen. [4] Hat er die Unterschrift bereits schriftlich gegenüber der Gemeinde oder der Bauaufsichtsbehörde verweigert, unterbleibt die Benachrichtigung. [5] Ist ein zu benachrichtigender Eigentümer nur unter Schwierigkeiten zu ermitteln oder zu benachrichtigen, so genügt die Benachrichtigung des unmittelbaren Besitzers. [6] Hat ein Nachbar nicht zugestimmt oder wird seinen Einwendungen nicht entsprochen, so ist ihm eine Ausfertigung der Baugenehmigung zuzustellen.

(2) [1] Der Nachbar ist Beteiligter im Sinn des Art. 13 Abs. 1 Nr. 1 BayVwVfG. [2] Art. 28 BayVwVfG findet keine Anwendung. [3] Sind an einem Baugenehmigungsverfahren mindestens zehn Nachbarn im gleichen Interesse beteiligt, ohne vertreten zu sein, so kann die Bauaufsichtsbehörde sie auffordern, innerhalb einer angemessenen Frist einen Vertreter zu bestellen; Art. 18 Abs. 1 Sätze 2 und 3, Abs. 2 BayVwVfG finden Anwendung. [4] Bei mehr als 20 Beteiligten im Sinn des

---

1) Art. 65 Abs. 1 Satz 1 geänd. mWv 1. 8. 2009 durch G v. 27. 7. 2009 (GVBl S. 385).

2) Art. 66 Abs. 4 Satz 1 geänd., Halbs. 2 angef. mWv 1. 8. 2009 durch G v. 27. 7. 2009 (GVBl S. 385); Abs. 4 Satz 4 Nr. 1 und 2 geänd. mWv 1. 1. 2013 durch G v. 11. 12. 2012 (GVBl S. 633).

Satzes 3 kann die Zustellung nach Abs. 1 Satz 6 durch öffentliche Bekanntmachung ersetzt werden; die Bekanntmachung hat den verfügenden Teil der Baugenehmigung, die Rechtsbehelfsbelehrung sowie einen Hinweis darauf zu enthalten, wo die Akten des Baugenehmigungsverfahrens eingesehen werden können. [5] Sie ist im amtlichen Veröffentlichungsblatt der zuständigen Bauaufsichtsbehörde bekannt zu machen. [6] Die Zustellung gilt mit dem Tag der Bekanntmachung als bewirkt.

(3) [1] Ein Erbbauberechtigter tritt an die Stelle des Eigentümers. [2] Ist Eigentümer des Nachbargrundstücks eine Eigentümergemeinschaft nach dem Wohnungseigentumsgesetz, so genügt die Vorlage nach Abs. 1 Satz 1 an den Verwalter; seine Unterschrift gilt jedoch nicht als Zustimmung der einzelnen Wohnungseigentümer. [3] Der Eigentümer des Nachbargrundstücks nimmt auch die Rechte des Mieters oder Pächters wahr, die aus deren Eigentumsgrundrecht folgen.

(4) [1] Bei baulichen Anlagen, die auf Grund ihrer Beschaffenheit oder ihres Betriebs geeignet sind, die Allgemeinheit oder die Nachbarschaft zu gefährden, zu benachteiligen oder zu belästigen, kann die Bauaufsichtsbehörde auf Antrag des Bauherrn das Bauvorhaben in ihrem amtlichen Veröffentlichungsblatt und außerdem in örtlichen Tageszeitungen, die im Bereich des Standorts der Anlage verbreitet sind, öffentlich bekannt machen; verfährt die Bauaufsichtsbehörde nach Halbsatz 1, finden Abs. 1 und 3 keine Anwendung. [2] Mit Ablauf einer Frist von einem Monat nach der Bekanntmachung des Bauvorhabens sind alle öffentlich-rechtlichen Einwendungen gegen das Bauvorhaben ausgeschlossen. [3] Die Zustellung der Baugenehmigung nach Abs. 1 Satz 6 kann durch öffentliche Bekanntmachung ersetzt werden; Abs. 2 Satz 6 sowie Satz 1 gelten entsprechend. [4] In der Bekanntmachung nach Satz 1 ist darauf hinzuweisen,

1. wo und wann Beteiligte nach Art. 29 BayVwVfG die Akten des Verfahrens einsehen können,
2. wo und wann Beteiligte Einwendungen gegen das Bauvorhaben vorbringen können,
3. welche Rechtsfolgen mit Ablauf der Frist des Satzes 2 eintreten und
4. dass die Zustellung der Baugenehmigung durch öffentliche Bekanntmachung ersetzt werden kann.

Art. 67[1)] Ersetzung des gemeindlichen Einvernehmens. (1) [1] Hat eine Gemeinde ihr nach § 14 Abs. 2 Satz 2, § 22 Abs. 5 Satz 1, § 145 Abs. 1 Satz 2, § 173 Abs. 1 Satz 2 Halbsatz 1 BauGB oder nach Art. 63 Abs. 3 Satz 2 Halbsatz 1 erforderliches Einvernehmen rechtswidrig versagt und besteht ein Rechtsanspruch auf Erteilung der Genehmigung, kann das fehlende Einvernehmen nach Maßgabe der Abs. 2 bis 4 ersetzt werden; in den Fällen der § 36 Abs. 1 Sätze 1 und 2 BauGB ist das fehlende Einvernehmen nach Maßgabe von Abs. 2 bis 4 zu ersetzen. [2] Außer in den Fällen des § 36 Abs. 2 Satz 3 BauGB besteht kein Rechtsanspruch auf Ersetzung des gemeindlichen Einvernehmens.

(2) Art. 112 der Gemeindeordnung (GO) findet keine Anwendung.

(3) [1] Die Genehmigung gilt zugleich als Ersatzvornahme im Sinn des Art. 113 GO; sie ist insoweit zu begründen. [2] Entfällt die aufschiebende Wirkung der

---

[1)] Art. 67 Abs. 1 Satz 1 Halbs. 1 geänd., Halbs. 2 angef., Satz 2 neu gef. mWv 1. 1. 2013 durch G v. 11. 12. 2012 (GVBl S. 633).

Anfechtungsklage gegen die Genehmigung nach § 80 Abs. 2 Satz 1 Nr. 3 oder 4 VwGO, hat die Anfechtungsklage auch insoweit keine aufschiebende Wirkung, als die Genehmigung als Ersatzvornahme gilt.

(4) [1] Die Gemeinde ist vor Erlass der Genehmigung anzuhören. [2] Dabei ist ihr Gelegenheit zu geben, binnen angemessener Frist erneut über das gemeindliche Einvernehmen zu entscheiden.

Art. 68[1)] Baugenehmigung und Baubeginn. (1) [1] Die Baugenehmigung ist zu erteilen, wenn dem Bauvorhaben keine öffentlich-rechtlichen Vorschriften entgegenstehen, die im bauaufsichtlichen Genehmigungsverfahren zu prüfen sind; die Bauaufsichtsbehörde darf den Bauantrag auch ablehnen, wenn das Bauvorhaben gegen sonstige öffentlich-rechtliche Vorschriften verstößt. [2] Die durch eine Umweltverträglichkeitsprüfung ermittelten, beschriebenen und bewerteten Umweltauswirkungen sind nach Maßgabe der hierfür geltenden Vorschriften zu berücksichtigen.

(2) [1] Die Baugenehmigung bedarf der Schriftform; Art. 3 a BayVwVfG findet keine Anwendung. [2] Sie ist nur insoweit zu begründen, als ohne Zustimmung des Nachbarn von nachbarschützenden Vorschriften abgewichen wird oder der Nachbar gegen das Bauvorhaben schriftlich Einwendungen erhoben hat; Art. 39 Abs. 2 Nr. 2 BayVwVfG bleibt unberührt. [3] Sie ist mit einer Ausfertigung der mit einem Genehmigungsvermerk zu versehenden Bauvorlagen dem Antragsteller und, wenn diese dem Bauvorhaben nicht zugestimmt hat, der Gemeinde zuzustellen.

(3) Wird die Baugenehmigung unter Auflagen oder Bedingungen erteilt, kann eine Sicherheitsleistung verlangt werden.

(4) Die Baugenehmigung wird unbeschadet der privaten Rechte Dritter erteilt.

(5) Mit der Bauausführung oder mit der Ausführung des jeweiligen Bauabschnitts darf erst begonnen werden, wenn

1. die Baugenehmigung dem Bauherrn zugegangen ist sowie
2. die Bescheinigungen nach Art. 62 Abs. 3 und
3. die Baubeginnsanzeige

der Bauaufsichtsbehörde vorliegen.

(6) [1] Vor Baubeginn müssen die Grundfläche der baulichen Anlage abgesteckt und ihre Höhenlage festgelegt sein. [2] Die Bauaufsichtsbehörde kann verlangen, dass Absteckung und Höhenlage von ihr abgenommen oder die Einhaltung der festgelegten Grundfläche und Höhenlage nachgewiesen wird. [3] Baugenehmigungen, Bauvorlagen, bautechnische Nachweise, soweit es sich nicht um Bauvorlagen handelt, sowie Bescheinigungen von Prüfsachverständigen müssen an der Baustelle von Baubeginn an vorliegen.

(7) Der Bauherr hat den Ausführungsbeginn genehmigungspflichtiger Bauvorhaben und die Wiederaufnahme der Bauarbeiten nach einer Unterbrechung von mehr als sechs Monaten mindestens eine Woche vorher der Bauaufsichtsbehörde schriftlich mitzuteilen (Baubeginnsanzeige).

[1)] Art. 68 Abs. 1 Satz 1 neu gef. mWv 1. 8. 2009 durch G v. 27. 7. 2009 (GVBl S. 385).

Art. 69 Geltungsdauer der Baugenehmigung und der Teilbaugenehmigung. (1) Sind in ihnen keine anderen Fristen bestimmt, erlöschen die Baugenehmigung und die Teilbaugenehmigung, wenn innerhalb von vier Jahren nach ihrer Erteilung mit der Ausführung des Bauvorhabens nicht begonnen oder die Bauausführung vier Jahre unterbrochen worden ist; die Einlegung eines Rechtsbehelfs hemmt den Lauf der Frist bis zur Unanfechtbarkeit der Genehmigung.

(2) [1] Die Frist nach Abs. 1 kann auf schriftlichen Antrag jeweils bis zu zwei Jahre verlängert werden. [2] Sie kann auch rückwirkend verlängert werden, wenn der Antrag vor Fristablauf bei der Bauaufsichtsbehörde eingegangen ist.

Art. 70 Teilbaugenehmigung. [1] Ist ein Bauantrag eingereicht, kann der Beginn der Bauarbeiten für die Baugrube und für einzelne Bauteile oder Bauabschnitte auf schriftlichen Antrag schon vor Erteilung der Baugenehmigung gestattet werden (Teilbaugenehmigung); eine Teilbaugenehmigung kann auch für die Errichtung einer baulichen Anlage unter Vorbehalt der künftigen Nutzung erteilt werden, wenn und soweit die Genehmigungsfähigkeit der baulichen Anlage nicht von deren künftiger Nutzung abhängt. [2] Art. 67 und 68 gelten entsprechend.

Art. 71 Vorbescheid. [1] Vor Einreichung des Bauantrags ist auf Antrag des Bauherrn zu einzelnen Fragen des Bauvorhabens ein Vorbescheid zu erteilen. [2] Der Vorbescheid gilt drei Jahre, soweit in ihm keine andere Frist bestimmt ist. [3] Die Frist kann auf schriftlichen Antrag jeweils bis zu zwei Jahre verlängert werden. [4] Art. 64 bis 67, Art. 68 Abs. 1 bis 4 und Art. 69 Abs. 2 Satz 2 gelten entsprechend; die Bauaufsichtsbehörde kann von der Anwendung des Art. 66 absehen, wenn der Bauherr dies beantragt. §5 BauVorlVO

Art. 72[1)] Genehmigung fliegender Bauten. (1) [1] Fliegende Bauten sind bauliche Anlagen, die geeignet und bestimmt sind, wiederholt an wechselnden Orten aufgestellt und zerlegt zu werden. [2] Baustelleneinrichtungen gelten nicht als fliegende Bauten.

(2) [1] Fliegende Bauten dürfen nur aufgestellt und in Gebrauch genommen werden, wenn vor ihrer erstmaligen Aufstellung oder Ingebrauchnahme eine Ausführungsgenehmigung erteilt worden ist. [2] Die Ausführungsgenehmigung wird für eine bestimmte Frist erteilt, die höchstens fünf Jahre betragen soll; sie kann auf schriftlichen Antrag von der für die Ausführungsgenehmigung zuständigen Behörde oder der nach Art. 80 Abs. 5 Nr. 5 bestimmten Stelle jeweils um bis zu fünf Jahre verlängert werden, wenn das der Inhaber vor Ablauf der Frist schriftlich beantragt. [3] Die Ausführungsgenehmigung kann vorschreiben, dass der fliegende Bau vor jeder Inbetriebnahme oder in bestimmten zeitlichen Abständen jeweils vor einer Inbetriebnahme von einem Sachverständigen abgenommen wird. [4] Ausführungsgenehmigungen anderer Länder der Bundesrepublik Deutschland gelten auch im Freistaat Bayern.

(3) Keiner Ausführungsgenehmigung bedürfen

---

1) Art. 72 Abs. 1 Satz 2 aufgeh., bish. Satz 3 wird Satz 2 mWv 1. 8. 2009 durch G v. 27. 7. 2009 (GVBl S. 385); Abs. 3 Nr. 4 neu gef., Nr. 5 eingef., bish. Nr. 5 wird Nr. 6 mWv 1. 1. 2013 durch G v. 11. 12. 2012 (GVBl S. 633).

1. fliegende Bauten bis zu 5 m Höhe, die nicht dazu bestimmt sind, von Besuchern betreten zu werden,
2. fliegende Bauten mit einer Höhe bis zu 5 m, die für Kinder betrieben werden und eine Geschwindigkeit von höchstens 1 m/s haben,
3. Bühnen, die fliegende Bauten sind, einschließlich Überdachungen und sonstigen Aufbauten mit einer Höhe bis zu 5 m, einer Grundfläche bis zu 100 m² und einer Fußbodenhöhe bis zu 1,50 m,
4. erdgeschossige Zelte und betretbare Verkaufsstände, die fliegende Bauten sind, jeweils mit einer Grundfläche bis zu 75 m²,
5. aufblasbare Spielgeräte mit einer Höhe des betretbaren Bereichs von bis zu 5 m oder mit überdachten Bereichen, bei denen die Entfernung zum Ausgang nicht mehr als 3 m, oder, sofern ein Absinken der Überdachung konstruktiv verhindert wird, nicht mehr als 10 m, beträgt,
6. Toilettenwagen.

(4) [1] Für jeden genehmigungspflichtigen fliegenden Bau ist ein Prüfbuch anzulegen. [2] Wird die Aufstellung oder der Gebrauch des fliegenden Baus wegen Mängeln untersagt, die eine Versagung der Ausführungsgenehmigung rechtfertigen würden, ist das Prüfbuch einzuziehen und der für die Ausführungsgenehmigung zuständigen Behörde oder Stelle zuzuleiten. [3] In das Prüfbuch sind einzutragen

1. die Erteilung der Ausführungsgenehmigung und deren Verlängerungen unter Beifügung einer mit einem Genehmigungsvermerk versehenen Ausfertigung der Bauvorlagen,
2. die Übertragung des fliegenden Baus an Dritte,
3. die Änderung der für die Ausführungsgenehmigung zuständigen Behörde oder Stelle,
4. Durchführung und Ergebnisse bauaufsichtlicher Überprüfungen und Abnahmen,
5. die Einziehung des Prüfbuchs nach Satz 2.

[4] Umstände, die zu Eintragungen nach Nrn. 2 und 3 führen, hat der Inhaber der Ausführungsgenehmigung der dafür zuletzt zuständigen Behörde oder Stelle unverzüglich anzuzeigen.

(5) [1] Die beabsichtigte Aufstellung genehmigungspflichtiger fliegender Bauten ist der Bauaufsichtsbehörde mindestens eine Woche zuvor unter Vorlage des Prüfbuchs anzuzeigen, es sei denn, dass dies nach der Ausführungsgenehmigung nicht erforderlich ist. [2] Genehmigungsbedürftige fliegende Bauten dürfen nur in Betrieb genommen werden, wenn

1. sie von der Bauaufsichtsbehörde abgenommen worden sind (Gebrauchsabnahme), es sei denn, dass dies nach der Ausführungsgenehmigung nicht erforderlich ist oder die Bauaufsichtsbehörde im Einzelfall darauf verzichtet, und
2. in der Ausführungsgenehmigung vorgeschriebene Abnahmen durch Sachverständige nach Abs. 2 Satz 3 vorgenommen worden sind.

(6) [1] Auf fliegende Bauten, die der Landesverteidigung oder dem Katastrophenschutz dienen, finden die Abs. 1 bis 5 und Art. 73 keine Anwendung. [2] Sie bedürfen auch keiner Baugenehmigung.

Art. 73[1)] Bauaufsichtliche Zustimmung. (1) [1] Nicht verfahrensfreie Bauvorhaben bedürfen keiner Baugenehmigung, Genehmigungsfreistellung, Anzeige und Bauüberwachung (Art. 57 Abs. 5, Art. 58, 68, 77 und 78), wenn

1. die Leitung der Entwurfsarbeiten und die Bauüberwachung einer Baudienststelle des Bundes, eines Landes oder eines Bezirks übertragen sind und
2. die Baudienststelle mindestens mit einem Bediensteten, der für ein Amt ab der Besoldungsgruppe A 14 in der Fachlaufbahn Naturwissenschaft und Technik, fachlicher Schwerpunkt bautechnischer und umweltfachlicher Verwaltungsdienst, qualifiziert ist, und mit sonstigen geeigneten Fachkräften ausreichend besetzt

ist. [2] Solche Bauvorhaben bedürfen der Zustimmung der Regierung (Zustimmungsverfahren). [3] Die Zustimmung der Regierung entfällt, wenn die Gemeinde nicht widerspricht und die Nachbarn dem Bauvorhaben zustimmen. [4] Keiner Baugenehmigung, Genehmigungsfreistellung oder Zustimmung bedürfen unter den Voraussetzungen des Satzes 1 Baumaßnahmen in oder an bestehenden Gebäuden, soweit sie nicht zur Erweiterung des Bauvolumens oder zu einer der Genehmigungspflicht unterliegenden Nutzungsänderung führen.

(2) [1] Der Antrag auf Zustimmung ist bei der Regierung einzureichen. [2] Die Regierung prüft

1. die Übereinstimmung des Bauvorhabens mit den Vorschriften über die Zulässigkeit der baulichen Anlagen nach den §§ 29 bis 38 BauGB und den Regelungen örtlicher Bauvorschriften im Sinn des Art. 81 Abs. 1 sowie
2. andere öffentlich-rechtliche Anforderungen, soweit wegen der Zustimmung eine Entscheidung nach anderen öffentlich-rechtlichen Vorschriften entfällt, ersetzt oder eingeschlossen wird.

[3] Die Regierung entscheidet über Abweichungen von den nach Satz 2 zu prüfenden sowie sonstigen Vorschriften, soweit sie drittschützend sind; darüber hinaus bedarf die Zulässigkeit von Ausnahmen, Befreiungen und Abweichungen keiner bauaufsichtlichen Entscheidung. [4] Die Gemeinde ist vor Erteilung der Zustimmung zu hören; § 36 Abs. 2 Satz 2 Halbsatz 1 BauGB gilt entsprechend. [5] Im Übrigen sind die Vorschriften über das Genehmigungsverfahren entsprechend anzuwenden.

(3) [1] Die Baudienststelle trägt die Verantwortung dafür, dass die Errichtung, die Änderung, die Nutzungsänderung und die Beseitigung baulicher Anlagen den öffentlich-rechtlichen Vorschriften entsprechen; die Verantwortung für die Unterhaltung baulicher Anlagen trägt die Baudienststelle nur, wenn und solang sie der für die Anlage Verantwortliche ausschließlich ihr überträgt. [2] Die Baudienststelle kann Sachverständige in entsprechender Anwendung der Art. 62 Abs. 3 und Art. 77 Abs. 2 sowie der auf Grund des Art. 80 Abs. 2 erlassenen

---

1) Art. 73 Abs. 1 Satz 1 einl. Satzteil, Nr. 1 und Abs. 5 Satz 1 geänd. mWv 1. 8. 2009 durch G v. 27. 7. 2009 (GVBl S. 385); Abs. 1 Satz 1 Nr. 2 und Abs. 5 Satz 1 geänd. mWv 1. 1. 2012 durch G v. 20. 12. 2011 (GVBl S. 689); Abs. 4 Satz 1 geänd., Halbs. 2 angef. mWv 1. 1. 2013 durch G v. 11. 12. 2012 (GVBl S. 633).

Rechtsverordnung heranziehen. ³Die Verantwortung des Unternehmers (Art. 52) bleibt unberührt.

(4) ¹Bauvorhaben, die der Landesverteidigung, dienstlichen Zwecken der Bundespolizei oder dem zivilen Bevölkerungsschutz dienen, sind vor Baubeginn mit Bauvorlagen in dem erforderlichen Umfang der Regierung zur Kenntnis zu bringen; Abs. 1 Satz 3 gilt entsprechend. ²Im Übrigen wirken die Bauaufsichtsbehörden nicht mit.

(5) ¹Für nicht verfahrensfreie Bauvorhaben der Landkreise und Gemeinden gelten die Abs. 1 Sätze 2 bis 4 sowie die Abs. 2 und 3 entsprechend, soweit der Landkreis oder die Gemeinde mindestens mit einem Bediensteten, der für ein Amt ab der Besoldungsgruppe A 14 in der Fachlaufbahn Naturwissenschaft und Technik, fachlicher Schwerpunkt bautechnischer und umweltfachlicher Verwaltungsdienst, qualifiziert ist, und mit sonstigen geeigneten Fachkräften ausreichend besetzt ist und diesen Bediensteten die Leitung der Entwurfsarbeiten und die Bauüberwachung übertragen sind. ²An Stelle der Regierung ist die untere Bauaufsichtsbehörde zuständig.

Abschnitt IV. Bauaufsichtliche Maßnahmen

Art. 74 Verbot unrechtmäßig gekennzeichneter Bauprodukte. Sind Bauprodukte entgegen Art. 20 mit dem Ü-Zeichen gekennzeichnet, kann die Bauaufsichtsbehörde die Verwendung dieser Bauprodukte untersagen und deren Kennzeichnung entwerten oder beseitigen lassen.

Art. 75 Einstellung von Arbeiten. (1) ¹Werden Anlagen im Widerspruch zu öffentlich-rechtlichen Vorschriften errichtet, geändert oder beseitigt, kann die Bauaufsichtsbehörde die Einstellung der Arbeiten anordnen. ²Das gilt auch dann, wenn

1. die Ausführung eines Bauvorhabens entgegen den Vorschriften des Art. 68 Abs. 5 begonnen wurde oder
2. bei der Ausführung
   a) eines genehmigungsbedürftigen Bauvorhabens von den genehmigten Bauvorlagen,
   b) eines genehmigungsfreigestellten Bauvorhabens von den eingereichten Unterlagen

   abgewichen wird,
3. Bauprodukte verwendet werden, die entgegen Art. 15 Abs. 1 keine CE-Kennzeichnung oder kein Ü-Zeichen tragen,
4. Bauprodukte verwendet werden, die unberechtigt mit der CE-Kennzeichnung (Art. 15 Abs. 1 Satz 1 Nr. 2) oder dem Ü-Zeichen (Art. 20 Abs. 4) gekennzeichnet sind.

(2) Werden unzulässige Arbeiten trotz einer schriftlich oder mündlich verfügten Einstellung fortgesetzt, kann die Bauaufsichtsbehörde die Baustelle versiegeln oder die an der Baustelle vorhandenen Bauprodukte, Geräte, Maschinen und Bauhilfsmittel in amtlichen Gewahrsam bringen.

Art. 76 Beseitigung von Anlagen, Nutzungsuntersagung. [1] Werden Anlagen im Widerspruch zu öffentlich-rechtlichen Vorschriften errichtet oder geändert, so kann die Bauaufsichtsbehörde die teilweise oder vollständige Beseitigung der Anlagen anordnen, wenn nicht auf andere Weise rechtmäßige Zustände hergestellt werden können. [2] Werden Anlagen im Widerspruch zu öffentlich-rechtlichen Vorschriften genutzt, so kann diese Nutzung untersagt werden. [3] Die Bauaufsichtsbehörde kann verlangen, dass ein Bauantrag gestellt wird.

Abschnitt V. Bauüberwachung

Art. 77[1)] Bauüberwachung. (1) Die Bauaufsichtsbehörde kann die Einhaltung der öffentlich-rechtlichen Vorschriften und Anforderungen und die ordnungsgemäße Erfüllung der Pflichten der am Bau Beteiligten überprüfen.

(2) [1] Die Bauaufsichtsbehörde sowie nach Maßgabe der Rechtsverordnung gemäß Art. 80 Abs. 2 der Prüfingenieur, das Prüfamt oder der Prüfsachverständige überwachen die Bauausführung bei baulichen Anlagen

1. nach Art. 62 Abs. 3 Satz 1 hinsichtlich des von ihr oder ihm geprüften oder bescheinigten Standsicherheitsnachweises,
2. nach Art. 62 Abs. 3 Satz 3 hinsichtlich des von ihr oder ihm geprüften oder bescheinigten Brandschutznachweises.

[2] Bei Gebäuden der Gebäudeklasse 4, ausgenommen Sonderbauten sowie Mittel- und Großgaragen im Sinn der Verordnung nach Art. 80 Abs. 1 Satz 1 Nr. 3, ist die mit dem Brandschutznachweis übereinstimmende Bauausführung vom Nachweisersteller oder einem anderen Nachweisberechtigten im Sinn des Art. 62 Abs. 2 Satz 2 zu bestätigen. [3] Wird die Bauausführung durch einen Prüfsachverständigen bescheinigt oder nach Satz 2 bestätigt, gelten insoweit die jeweiligen bauaufsichtlichen Anforderungen als eingehalten.

(3) [1] Bei Bauvorhaben im Sinn des Art. 62 Abs. 3 Satz 2 Nr. 2 ist der Ersteller des Standsicherheitsnachweises nach Art. 62 Abs. 2 Satz 1 auch für die Einhaltung der bauaufsichtlichen Anforderungen an die Standsicherheit bei der Bauausführung verantwortlich; benennt der Bauherr der Bauaufsichtsbehörde einen anderen Tragwerksplaner im Sinn des Art. 62 Abs. 2 Satz 1, ist dieser verantwortlich. [2] Ein verantwortlicher Tragwerksplaner im Sinn des Satzes 1 ist nicht erforderlich bei land- oder forstwirtschaftlichen Betriebsgebäuden und gewerblichen Lagergebäuden mit freien Stützweiten von nicht mehr als 12 m und

1. nicht mehr als 500 m^2 oder
2. nicht mehr als 1600 m^2, wenn sie statisch einfach sind.

(4) Im Rahmen der Bauüberwachung können Proben von Bauprodukten, soweit erforderlich, auch aus fertigen Bauteilen zu Prüfzwecken entnommen werden.

(5) Im Rahmen der Bauüberwachung ist jederzeit Einblick in die Genehmigungen, Zulassungen, Prüfzeugnisse, Übereinstimmungszertifikate, Zeugnisse und Aufzeichnungen über die Prüfungen von Bauprodukten, in die Bautagebücher und andere vorgeschriebene Aufzeichnungen zu gewähren.

---

1) Art. 77 Abs. 2 Satz 1 einl. Satzteil neu gef., Satz 2 geänd., Abs. 3 neu gef. mWv 1. 8. 2009 durch G v. 27. 7. 2009 (GVBl S. 385).

Art. 78[1)] Bauzustandsanzeigen, Aufnahme der Nutzung. (1) [1] Die Bauaufsichtsbehörde, der Prüfingenieur, das Prüfamt oder der Prüfsachverständige kann verlangen, dass ihm Beginn und Beendigung bestimmter Bauarbeiten angezeigt werden. [2] Die Bauarbeiten dürfen erst fortgesetzt werden, wenn die Bauaufsichtsbehörde, der Prüfingenieur, das Prüfamt oder der Prüfsachverständige der Fortführung der Bauarbeiten zugestimmt hat.

(2) [1] Der Bauherr hat die beabsichtigte Aufnahme der Nutzung einer nicht verfahrensfreien baulichen Anlage mindestens zwei Wochen vorher der Bauaufsichtsbehörde anzuzeigen. [2] Mit der Anzeige nach Satz 1 sind vorzulegen

1. bei Bauvorhaben nach Art. 62 Abs. 3 Satz 1 eine Bescheinigung des Prüfsachverständigen über die ordnungsgemäße Bauausführung hinsichtlich der Standsicherheit,
2. bei Bauvorhaben nach Art. 62 Abs. 3 Satz 3 eine Bescheinigung des Prüfsachverständigen über die ordnungsgemäße Bauausführung hinsichtlich des Brandschutzes (Art. 77 Abs. 2 Satz 1), soweit kein Fall des Art. 62 Abs. 3 Satz 3 zweite Alternative vorliegt,
3. in den Fällen des Art. 77 Abs. 2 Satz 2 die jeweilige Bestätigung.

[3] Eine bauliche Anlage darf erst benutzt werden, wenn sie selbst, Zufahrtswege, Wasserversorgungs- und Abwasserentsorgungs- sowie Gemeinschaftsanlagen in dem erforderlichen Umfang sicher benutzbar sind, nicht jedoch vor dem in Satz 1 bezeichneten Zeitpunkt.

(3) Feuerstätten dürfen erst in Betrieb genommen werden, wenn der Bezirkskaminkehrermeister oder der bevollmächtigte Bezirksschornsteinfeger die Tauglichkeit und die sichere Benutzbarkeit der Abgasanlagen bescheinigt hat; ortsfeste Verbrennungsmotoren und Blockheizkraftwerke dürfen erst dann in Betrieb genommen werden, wenn er die Tauglichkeit und sichere Benutzbarkeit der Leitungen zur Abführung von Verbrennungsgasen bescheinigt hat.

Sechster Teil. Ordnungswidrigkeiten, Rechtsvorschriften

Art. 79[2)] Ordnungswidrigkeiten. (1) [1] Mit Geldbuße bis zu fünfhunderttausend Euro kann belegt werden, wer vorsätzlich oder fahrlässig

1. einem Gebot oder Verbot einer Rechtsverordnung nach Art. 80 Abs. 1 bis 4 oder einer Satzung nach Art. 81 Abs. 1 oder einer vollziehbaren Anordnung der Bauaufsichtsbehörde auf Grund einer solchen Rechtsverordnung oder Satzung zuwiderhandelt, sofern die Rechtsverordnung oder die Satzung für einen bestimmten Tatbestand auf diese Bußgeldvorschrift verweist,
2. einer vollziehbaren schriftlichen Anordnung der Bauaufsichtsbehörde auf Grund dieses Gesetzes zuwiderhandelt,
3. entgegen Art. 9 Abs. 1 eine Baustelle nicht ordnungsgemäß einrichtet, entgegen Art. 9 Abs. 2 Verkehrsflächen, Versorgungs-, Abwasserbeseitigungs- oder Meldeanlagen, Grundwassermessstellen, Vermessungszeichen, Abmar-

---

[1)] Art. 78 Abs. 3 Halbs. 1 geänd. mWv 1. 1. 2013 durch G v. 11. 12. 2012 (GVBl S. 633).
[2)] Art. 79 Abs. 2 Nr. 2 eingef., bish. Nr. 2 und 3 wird Nr. 3 und 4 mWv 1. 8. 2009 durch G v. 27. 7. 2009 (GVBl S. 385).

kungszeichen oder Grenzzeichen nicht schützt oder zugänglich hält oder entgegen Art. 9 Abs. 3 ein Schild nicht oder nicht ordnungsgemäß anbringt,

4. Bauprodukte entgegen Art. 15 Abs. 1 Nr. 1 ohne Ü-Zeichen verwendet,
5. entgegen Art. 19 Abs. 1 Sätze 1 und 2, auch in Verbindung mit einer Rechtsverordnung nach Art. 19 Abs. 2, Bauarten anwendet,
6. entgegen Art. 20 Abs. 5 ein Ü-Zeichen nicht oder nicht ordnungsgemäß anbringt,
7. als Verfügungsberechtigter entgegen Art. 5 Abs. 2 Satz 1 Halbsatz 2 Zu- oder Durchfahrten, Aufstellflächen oder Bewegungsflächen nicht frei hält,
8. entgegen Art. 55 Abs. 1, Art. 63 Abs. 1 Satz 1 oder Art. 70 bauliche Anlagen errichtet, ändert oder benutzt oder entgegen Art. 57 Abs. 5 Satz 2 eine Beseitigung nicht oder nicht rechtzeitig anzeigt,
9. entgegen Art. 58 Abs. 3 Sätze 3 und 4, auch in Verbindung mit Satz 5, mit der Ausführung eines Bauvorhabens beginnt,
10. entgegen Art. 72 Abs. 2 Satz 1 fliegende Bauten aufstellt oder einer nach Art. 72 Abs. 2 Satz 3 mit einer Ausführungsgenehmigung verbundenen vollziehbaren Auflage zuwiderhandelt oder entgegen Art. 72 Abs. 5 Satz 1 die Aufstellung eines fliegenden Baus nicht oder nicht rechtzeitig anzeigt oder entgegen Art. 72 Abs. 5 Satz 2 einen fliegenden Bau in Gebrauch nimmt,
11. entgegen Art. 68 Abs. 5, auch in Verbindung mit Art. 57 Abs. 5 Satz 6, mit der Bauausführung, der Ausführung eines Bauabschnitts oder der Beseitigung einer Anlage beginnt, entgegen Art. 78 Abs. 1 Bauarbeiten fortsetzt, entgegen Art. 78 Abs. 2 Satz 1 in Verbindung mit Satz 2 die Aufnahme der Nutzung nicht, nicht rechtzeitig oder nicht richtig anzeigt oder entgegen Art. 78 Abs. 3 Feuerstätten, Verbrennungsmotoren oder Blockheizkraftwerke in Betrieb nimmt,
12. entgegen Art. 68 Abs. 7 den Ausführungsbeginn oder die Wiederaufnahme der Bauarbeiten nicht oder nicht rechtzeitig mitteilt,
13. entgegen Art. 50 Abs. 1 Satz 1 keine geeigneten Beteiligten bestellt oder entgegen Art. 50 Abs. 1 Satz 3 eine Mitteilung nicht oder nicht rechtzeitig erstattet oder entgegen Art. 52 Abs. 1 Satz 2 einen Nachweis nicht erbringt oder nicht bereithält.

[2] Ist eine Ordnungswidrigkeit nach Satz 1 Nrn. 9 bis 11 begangen worden, können Gegenstände, auf die sich die Ordnungswidrigkeit bezieht, eingezogen werden; § 23 des Gesetzes über Ordnungswidrigkeiten (OWiG) ist anzuwenden.

(2) Mit einer Geldbuße bis zu fünfhunderttausend Euro belegt werden kann ferner, wer

1. unrichtige Angaben macht oder unrichtige Pläne oder Unterlagen vorlegt, um einen nach diesem Gesetz vorgesehenen Verwaltungsakt zu erwirken oder zu verhindern,
2. vorsätzlich unrichtige Angaben in dem Kriterienkatalog nach Art. 62 Abs. 3 Satz 1 Nr. 2 macht,
3. ohne dazu berechtigt zu sein, bautechnische Nachweise im Sinn des Art. 57 Abs. 5 Satz 3, des Art. 62 Abs. 1 Satz 1 Halbsatz 1 oder des Art. 78 Abs. 2 Satz 2 erstellt, bescheinigt oder bestätigt,
4. als Prüfsachverständiger unrichtige Bescheinigungen über die Einhaltung bauordnungsrechtlicher Anforderungen ausstellt.

Art. 80[1] **Rechtsverordnungen.** (1) [1] Zur Verwirklichung der in Art. 3 Abs. 1 bezeichneten Anforderungen wird das Staatsministerium des Innern, für Bau und Verkehr ermächtigt, durch Rechtsverordnung Vorschriften zu erlassen über

1. die nähere Bestimmung allgemeiner Anforderungen der Art. 4 bis 46,
2. Anforderungen an Feuerungsanlagen (Art. 40),
3. Anforderungen an Garagen (Art. 2 Abs. 8),
4. besondere Anforderungen oder Erleichterungen, die sich aus der besonderen Art oder Nutzung der baulichen Anlagen für Errichtung, Änderung, Unterhaltung, Betrieb und Nutzung ergeben (Art. 2 Abs. 4), sowie über die Anwendung solcher Anforderungen auf bestehende bauliche Anlagen dieser Art,
5. Erst-, Wiederholungs- und Nachprüfung von Anlagen, die zur Verhütung erheblicher Gefahren oder Nachteile ständig ordnungsgemäß unterhalten werden müssen, und die Erstreckung dieser Nachprüfungspflicht auf bestehende Anlagen,
6. die Anwesenheit fachkundiger Personen beim Betrieb technisch schwieriger baulicher Anlagen und Einrichtungen wie Bühnenbetriebe und technisch schwierige fliegende Bauten einschließlich des Nachweises der Befähigung dieser Personen.

[2] In diesen Rechtsverordnungen kann wegen der technischen Anforderungen auf Bekanntmachungen besonders sachverständiger Stellen mit Angabe der Fundstelle verwiesen werden.

(2) [1] Das Staatsministerium des Innern, für Bau und Verkehr wird ermächtigt, durch Rechtsverordnung Vorschriften zu erlassen über

1. Prüfingenieure und Prüfämter, denen bauaufsichtliche Prüfaufgaben einschließlich der Bauüberwachung und der Bauzustandsbesichtigung übertragen werden, sowie
2. Prüfsachverständige, die im Auftrag des Bauherrn oder des sonstigen nach Bauordnungsrecht Verantwortlichen die Einhaltung bauordnungsrechtlicher Anforderungen prüfen und bescheinigen.

[2] Die Rechtsverordnungen nach Satz 1 regeln, soweit erforderlich,

1. die Fachbereiche und die Fachrichtungen, in denen Prüfingenieure, Prüfämter und Prüfsachverständige tätig werden,
2. die Anerkennungsvoraussetzungen und das Anerkennungsverfahren,
3. Erlöschen, Rücknahme und Widerruf der Anerkennung einschließlich der Festlegung einer Altersgrenze,
4. die Aufgabenerledigung,
5. die Vergütung.

[3] Das Staatsministerium des Innern, für Bau und Verkehr kann durch Rechtsverordnung ferner

1. den Leitern und stellvertretenden Leitern von Prüfämtern die Stellung eines Prüfsachverständigen nach Satz 1 Nr. 2 zuweisen,

---

[1] Art. 80 Abs. 5 Nr. 2 geänd. mWv 1. 7. 2013, Abs. 6 Sätze 1 und 3 geänd., Abs. 7 Satz 1 Nr. 3 neu gef., Satz 2 geänd. mWv 1. 1. 2013 durch G v. 11. 12. 2012 (GVBl S. 633); Abs. 1 Satz 1 einl. Satzteil, Abs. 2 Satz 1 einl. Satzteil, , Satz 3 einl. Satzteil, Abs. 3 Satz 1, Abs. 4 Satz 1 einl. Satzteil, Abs. 5 einl. Satzteil, Abs. 6 Satz 1 und Abs. 7 Satz 1 einl. Satzteil geänd. mWv 30. 8. 2014 durch VO v. 22. 7. 2014 (GVBl S. 286).

2. soweit für bestimmte Fachbereiche und Fachrichtungen Prüfsachverständige nach Satz 1 Nr. 2 noch nicht in ausreichendem Umfang anerkannt sind, anordnen, dass die von solchen Prüfsachverständigen zu prüfenden und zu bescheinigenden bauordnungsrechtlichen Anforderungen bauaufsichtlich geprüft werden können,
3. soweit Tragwerksplaner nach Art. 62 Abs. 2 Satz 1 Halbsatz 1 oder Brandschutzplaner nach Art. 62 Abs. 2 Satz 3 noch nicht in ausreichendem Umfang eingetragen sind, anordnen, dass die Standsicherheits- oder Brandschutznachweise bauaufsichtlich geprüft werden und die Bauausführung bauaufsichtlich überwacht wird.

(3) [1] Das Staatsministerium des Innern, für Bau und Verkehr wird ermächtigt, durch Rechtsverordnung Vorschriften für eine Zusatzqualifikation im Sinn des Art. 62 Abs. 2 Satz 1 zu erlassen, die bezogen auf die Vorhaben nach Art. 61 Abs. 3 Satz 1 ausreichende Kenntnisse und Fertigkeiten hinsichtlich Standsicherheit, Schall-, Wärme- und baulichen Brandschutz sicherstellen. [2] Dabei können insbesondere geregelt werden

1. die Notwendigkeit einer staatlichen Anerkennung, die die erfolgreiche Ablegung der Prüfung voraussetzt,
2. die Voraussetzungen, die Inhalte und das Verfahren für diese Prüfung,
3. das Verfahren sowie die Voraussetzungen der Anerkennung, ihren Widerruf, ihre Rücknahme und ihr Erlöschen,
4. Weiter- und Fortbildungserfordernisse sowie
5. die Maßnahmen bei Pflichtverletzungen.

(4) [1] Das Staatsministerium des Innern, für Bau und Verkehr wird ermächtigt, durch Rechtsverordnung Vorschriften zu erlassen über

1. Umfang, Inhalt und Zahl der erforderlichen Unterlagen einschließlich der Vorlagen bei der Anzeige der beabsichtigten Beseitigung von Anlagen nach Art. 57 Abs. 5 Satz 2 und bei der Genehmigungsfreistellung nach Art. 58,
2. die erforderlichen Anträge, Anzeigen, Nachweise, Bescheinigungen und Bestätigungen, auch bei verfahrensfreien Bauvorhaben,
3. das Verfahren im Einzelnen.

[2] Es kann dabei für verschiedene Arten von Bauvorhaben unterschiedliche Anforderungen und Verfahren festlegen.

(5) Das Staatsministerium des Innern, für Bau und Verkehr wird ermächtigt, durch Rechtsverordnung

1. die Zuständigkeit für die Zustimmung und den Verzicht auf Zustimmung im Einzelfall (Art. 18) auf ihm unmittelbar nachgeordnete Behörden zu übertragen,
2. die Zuständigkeit für die Anerkennung von Prüf-, Zertifizierungs- und Überwachungsstellen (Art. 23 Abs. 1) auf das Deutsche Institut für Bautechnik zu übertragen,
3. das Ü-Zeichen festzulegen und zu diesem Zeichen zusätzliche Angaben zu verlangen,
4. das Anerkennungsverfahren nach Art. 23 Abs. 1, die Voraussetzungen für die Anerkennung, ihre Rücknahme, ihren Widerruf und ihr Erlöschen zu regeln, insbesondere auch Altersgrenzen festzulegen, sowie eine ausreichende Haftpflichtversicherung zu fordern,

5. zu bestimmen, dass Ausführungsgenehmigungen für fliegende Bauten nur durch bestimmte Bauaufsichtsbehörden oder durch von ihm bestimmte Stellen erteilt werden, und die Vergütung dieser Stellen regeln.

(6) [1] Das Staatsministerium des Innern, für Bau und Verkehr wird ermächtigt, durch Rechtsverordnung zu bestimmen, dass die Anforderungen der auf Grund des § 34 des Produktsicherheitsgesetzes (ProdSG) und des § 49 Abs. 4 des Energiewirtschaftsgesetzes erlassenen Rechtsverordnungen entsprechend für Anlagen gelten, die weder gewerblichen noch wirtschaftlichen Zwecken dienen und in deren Gefahrenbereich auch keine Arbeitnehmer beschäftigt werden. [2] Es kann auch die Verfahrensvorschriften dieser Verordnungen für anwendbar erklären oder selbst das Verfahren bestimmen sowie Zuständigkeiten und Gebühren regeln. [3] Dabei kann es auch vorschreiben, dass danach zu erteilende Erlaubnisse die Baugenehmigung einschließlich der zugehörigen Abweichungen einschließen und dass § 35 Abs. 2 ProdSG insoweit Anwendung findet.

(7) [1] Das Staatsministerium des Innern, für Bau und Verkehr wird ermächtigt, durch Rechtsverordnung die zuständigen Behörden zur Durchführung

1. des Baugesetzbuchs,
2. des § 6 b Abs. 9 des Einkommensteuergesetzes,
3. der Verordnung (EG) Nr. 765/2008 des Europäischen Parlaments und des Rates vom 9. Juli 2008 über die Vorschriften für die Akkreditierung und Marktüberwachung im Zusammenhang mit der Vermarktung von Produkten und zur Aufhebung der Verordnung (EWG) Nr. 339/93 des Rates (ABl L 218 S. 30), der Verordnung (EU) Nr. 305/2011 und des Bauproduktengesetzes

in den jeweils geltenden Fassungen zu bestimmen, soweit nicht durch Bundesgesetz oder Landesgesetz etwas anderes vorgeschrieben ist. [2] Die Zuständigkeiten nach Satz 1 Nr. 3 können auch auf das Deutsche Institut für Bautechnik übertragen werden.

Art. 81[1)] Örtliche Bauvorschriften. (1) Die Gemeinden können durch Satzung im eigenen Wirkungskreis örtliche Bauvorschriften erlassen

1. über besondere Anforderungen an die äußere Gestaltung baulicher Anlagen zur Erhaltung und Gestaltung von Ortsbildern,
2. über das Verbot der Errichtung von Werbeanlagen aus ortsgestalterischen Gründen,
3. über die Lage, Größe, Beschaffenheit, Ausstattung und Unterhaltung von Kinderspielplätzen (Art. 7 Abs. 2),
4. über Zahl, Größe und Beschaffenheit der Stellplätze für Kraftfahrzeuge und der Abstellplätze für Fahrräder, einschließlich des Mehrbedarfs bei Änderungen und Nutzungsänderungen der Anlagen sowie die Ablösung der Herstellungspflicht und die Höhe der Ablösungsbeträge, die nach Art der Nutzung und Lage der Anlage unterschiedlich geregelt werden kann,
5. über die Gestaltung der Plätze für bewegliche Abfallbehälter und der unbebauten Flächen der bebauten Grundstücke sowie über die Notwendigkeit, Art, Gestaltung und Höhe von Einfriedungen; dabei kann bestimmt werden, dass Vorgärten nicht als Arbeitsflächen oder Lagerflächen benutzt werden dürfen,

---

[1)] Art. 81 Abs. 1 Nr. 7 geänd. mWv 31. 7. 2008 durch G v. 22. 7. 2008 (GVBl S. 479); Abs. 2 Satz 2 geänd. mWv 1. 1. 2013 durch G v. 11. 12. 2012 (GVBl S. 633).

6. über von Art. 6 abweichende Maße der Abstandsflächentiefe, soweit dies zur Gestaltung des Ortsbildes oder zur Verwirklichung der Festsetzungen einer städtebaulichen Satzung erforderlich ist oder der Verbesserung der Wohnqualität dient und eine ausreichende Belichtung sowie der Brandschutz gewährleistet sind,
7. in Gebieten, in denen es für das Straßen- und Ortsbild oder für den Lärmschutz oder die Luftreinhaltung bedeutsam oder erforderlich ist, darüber, dass auf den nicht überbaubaren Flächen der bebauten Grundstücke Bäume nicht beseitigt oder beschädigt werden dürfen, und dass die Flächen nicht unterbaut werden dürfen.

(2) [1] Örtliche Bauvorschriften können auch durch Bebauungsplan oder, soweit das Baugesetzbuch dies vorsieht, durch andere Satzungen nach den Vorschriften des Baugesetzbuchs erlassen werden. [2] In diesen Fällen sind, soweit das Baugesetzbuch kein abweichendes Verfahren regelt, die Vorschriften des Ersten und des Dritten Abschnitts des Ersten Teils, des Ersten Abschnitts des Zweiten Teils des Ersten Kapitels, die §§ 13, 13 a, 30, 31, 33, 36, 214 und 215 BauGB entsprechend anzuwenden.

(3) [1] Anforderungen nach den Abs. 1 und 2 können in der Satzung auch zeichnerisch gestellt werden. [2] Die zeichnerischen Darstellungen können auch dadurch bekannt gemacht werden, dass sie bei der erlassenden Behörde zur Einsicht ausgelegt werden. [3] Hierauf ist in der Satzung hinzuweisen.

Siebter Teil. Ausführungsbestimmungen zum Baugesetzbuch

Art. 82[1)] Windenergie und Nutzungsänderung ehemaliger landwirtschaftlicher Gebäude. (1) § 35 Abs. 1 Nr. 5 BauGB findet auf Vorhaben, die der Erforschung, Entwicklung oder Nutzung der Windenergie dienen, nur Anwendung, wenn diese Vorhaben einen Mindestabstand vom 10-fachen ihrer Höhe zu Wohngebäuden in Gebieten mit Bebauungsplänen (§ 30 BauGB), innerhalb im Zusammenhang bebauter Ortsteile (§ 34 BauGB) – sofern in diesen Gebieten Wohngebäude nicht nur ausnahmsweise zulässig sind – und im Geltungsbereich von Satzungen nach § 35 Abs. 6 BauGB einhalten.

(2) [1] Höhe im Sinn des Abs. 1 ist die Nabenhöhe zuzüglich Radius des Rotors. [2] Der Abstand bemisst sich von der Mitte des Mastfußes bis zum nächstgelegenen Wohngebäude, das im jeweiligen Gebiet im Sinn des Abs. 1 zulässigerweise errichtet wurde bzw. errichtet werden kann.

(3) Soll auf einem gemeindefreien Gebiet ein Vorhaben nach Abs. 1 errichtet werden und würde der in Abs. 1 beschriebene Mindestabstand auch entsprechende Wohngebäude auf dem Gebiet einer Nachbargemeinde einschließen, gilt hinsichtlich dieser Gebäude der Schutz der Abs. 1 und 2, solange und soweit die Gemeinde nichts anderes in einem ortsüblich bekannt gemachten Beschluss feststellt.

(4) Abs. 1 und 2 finden keine Anwendung,

[1)] Art. 82 neu gef. mWv 1. 7. 2009 durch G v. 28. 5. 2009 (GVBl S. 218); Überschrift neu gef., Abs. 1–5 eingef., bish. Wortlaut wird Abs. 6 mWv 21. 11. 2014 durch G v. 17. 11. 2014 (GVBl S. 478).

1. wenn in einem Flächennutzungsplan für Vorhaben der in Abs. 1 beschriebenen Art vor dem 21. November 2014 eine Darstellung für die Zwecke des § 35 Abs. 3 Satz 3 BauGB erfolgt ist,
2. soweit und sobald die Gemeinde der Fortgeltung der Darstellung nicht bis einschließlich 21. Mai 2015 in einem ortsüblich bekannt gemachten Beschluss widerspricht und
3. soweit und sobald auch eine betroffene Nachbargemeinde der Fortgeltung der Darstellung nicht bis einschließlich 21. Mai 2015 in einem ortsüblich bekannt gemachten Beschluss widerspricht; als betroffen gilt dabei eine Nachbargemeinde, deren Wohngebäude in Gebieten im Sinn des Abs. 1 in einem geringeren Abstand als dem 10-fachen der Höhe der Windkraftanlagen, sofern der Flächennutzungsplan jedoch keine Regelung enthält, maximal in einem Abstand von 2 000 m, stehen.

(5) [1] Bei der Aufstellung von Bauleitplänen, die für Vorhaben nach Abs. 1 einen geringeren als den dort beschriebenen Mindestabstand festsetzen wollen, ist im Rahmen der Abwägung nach § 1 Abs. 7 BauGB auf eine einvernehmliche Festlegung mit betroffenen Nachbargemeinden hinzuwirken. [2] Abs. 4 Nr. 3 Halbsatz 2 gilt entsprechend.

(6) Die Frist nach § 35 Abs. 4 Satz 1 Nr. 1 Buchst. c BauGB ist nicht anzuwenden.

Achter Teil. Übergangs- und Schlussvorschriften

Art. 83[1)] **Übergangsvorschriften.** (1) Soweit vor Ablauf des 4. Februar 2014 bei der zuständigen Behörde ein vollständiger Antrag auf Genehmigung von Anlagen zur Erforschung, Entwicklung oder Nutzung der Windenergie eingegangen ist, finden Art. 82 Abs. 1 und 2 keine Anwendung.

(2) *(aufgehoben)*

(3) Als Tragwerksplaner im Sinn des Art. 62 Abs. 2 Satz 1 Halbsatz 1 in der ab 1. Januar 2008 geltenden Fassung gelten die im Sinn des Art. 68 Abs. 7 Satz 2 in der bis zum 31. Dezember 2007 geltenden Fassung Nachweisberechtigten.

(4) Als Brandschutzplaner im Sinn des Art. 62 Abs. 2 Satz 3 in der ab 1. Januar 2008 geltenden Fassung gelten die im Sinn des Art. 68 Abs. 7 Satz 3 in der bis zum 31. Dezember 2007 geltenden Fassung Nachweisberechtigten sowie die auf der Grundlage der Verordnung nach Art. 90 Abs. 9 in der bis zum 31. Dezember 2007 geltenden Fassung anerkannten verantwortlichen Sachverständigen für vorbeugenden Brandschutz.

(5) *(aufgehoben)*

(6) Art. 53 Abs. 1 Satz 2 in der bis zum 31. Dezember 2007 geltenden Fassung findet keine Anwendung im Geltungsbereich von Satzungen, die auf Grund von Art. 91 Abs. 2 Nr. 4 in der bis zum 31. Dezember 2007 geltenden Fassung erlassen worden sind.

[1)] Art. 83 Abs 1, 2 und 5 aufgeh. mWv 30. 4. 2013 durch G v. 8. 4. 2013 (GVBl S. 174); Abs. 1 eingef. mWv 21. 11. 2014 durch G v. 17. 11. 2014 (GVBl S. 478), befristet bis 31. 12. 2015; Befristung aufgeh. mWv 1. 8. 2015 durch G v. 24. 7. 2015 (GVBl S. 296).

(7) Soweit § 20 Abs. 1 BauNVO zur Begriffsbestimmung des Vollgeschosses auf Landesrecht verweist, gilt insoweit Art. 2 Abs. 5 in der bis zum 31. Dezember 2007 geltenden Fassung fort.

Art. 84[1)]**Inkrafttreten.**[2)] [1]Dieses Gesetz tritt am 1. Oktober 1962 in Kraft. [2]Die Vorschriften über die Ermächtigung zum Erlass von Rechtsverordnungen und von örtlichen Bauvorschriften treten jedoch bereits am 1. August 1962 in Kraft.

[1)] Art. 84 Überschrift geänd., Satz 3 angef. mWv 21. 11. 2014 durch G v. 17. 11. 2014 (GVBl S. 478); Überschrift geänd., Satz 3 aufgeh. mWv 1. 8. 2015 durch G v. 24. 7. 2015 (GVBl S. 296).

[2)] **Amtl. Anm.:** Diese Vorschrift betrifft das Inkrafttreten des Gesetzes in der ursprünglichen Fassung vom 1. August 1962 (GVBl S. 179, ber. S. 250). Der Zeitpunkt des Inkrafttretens der späteren Änderungen ergibt sich aus den jeweiligen Änderungsgesetzen.

3. Verordnung über Bauvorlagen und bauaufsichtliche Anzeigen (Bauvorlagenverordnung – BauVorlV)

Vom 10. November 2007

(GVBl S. 792)

BayRS 2132-1-2-I

zuletzt geänd. durch § 1 Nr. 178 VO zur Anpassung des LandesR an die geltende Geschäftsverteilung v. 22. 7. 2014 (GVBl S. 286)

Auf Grund von Art. 80 Abs. 4 der Bayerischen Bauordnung (BayBO)[1] in der Fassung der Bekanntmachung vom 14. August 2007 (GVBl S. 588, BayRS 2132-1-I) und Art. 7 Abs. 2 des Bayerischen Abgrabungsgesetzes (BayAbgrG)[2] vom 27. Dezember 1999 (GVBl S. 532, 535, BayRS 2132-2-I) erlässt das Bayerische Staatsministerium des Innern folgende Verordnung:

Inhaltsübersicht[3]

---

[1] Nr. **1**.
[2] Nr. **4**.
[3] Inhaltsübersicht geänd. mWv 1. 1. 2013 durch VO v. 7. 12. 2012 (GVBl S. 732).

Erster Teil. Allgemeines

§ 1[1] Begriff, Beschaffenheit. (1) [1] Bauvorlagen sind die einzureichenden Unterlagen, die für die Beurteilung des Bauvorhabens und die Bearbeitung des Bauantrags (Art. 64 Abs. 2 Satz 1 BayBO[2]), für die Anzeige der beabsichtigten Beseitigung (Art. 57 Abs. 5 Satz 2 BayBO) oder für die Genehmigungsfreistellung (Art. 58 Abs. 3 Satz 1 Halbsatz 1 BayBO) erforderlich sind. [2] Bautechnische Nachweise gelten auch dann als Bauvorlagen im Sinn dieser Verordnung, wenn sie der Bauaufsichtsbehörde nicht vorzulegen sind.

(2) [1] Bauvorlagen müssen aus alterungsbeständigem Papier oder gleichwertigem Material lichtbeständig hergestellt sein und dem Format DIN A 4 entsprechen oder auf diese Größe gefaltet sein. [2] Art. 3a des Bayerischen Verwaltungsverfahrensgesetzes (BayVwVfG) bleibt unberührt.

(3) Hat das Staatsministerium des Innern, für Bau und Verkehr Vordrucke öffentlich bekannt gemacht, sind diese zu verwenden.

(4) Die Bauaufsichtsbehörde darf ein Modell oder weitere Nachweise verlangen, wenn dies zur Beurteilung des Bauvorhabens erforderlich ist.

(5) Die Bauaufsichtsbehörde soll auf Bauvorlagen nach dem Zweiten Teil und einzelne Angaben in den Bauvorlagen sowie auf bautechnische Nachweise einschließlich deren Prüfung und deren Bescheinigung durch Prüfsachverständige verzichten, soweit diese zur Beurteilung der Genehmigungsfähigkeit des Bauvorhabens nicht erforderlich sind.

§ 2 Anzahl. [1] Bauvorlagen sind dreifach, ist die Gemeinde zugleich Bauaufsichtsbehörde, zweifach einzureichen. [2] Die Bauaufsichtsbehörde kann Mehrfertigungen verlangen, soweit dies zur Beteiligung von Stellen nach Art. 65 Abs. 1 Satz 1 Halbsatz 1 BayBO[2] (Sternverfahren) erforderlich ist; die Mehrfertigungen müssen nicht nach Art. 51 Abs. 2 Satz 2, Art. 64 Abs. 4 Sätze 1 und 2 BayBO unterschrieben sein. [3] Im Fall der Errichtung, Änderung oder Nutzungsänderung einer baulichen Anlage mit Arbeitsstätten mit einem höheren Gefährdungspotential ist eine weitere Ausfertigung vorzulegen, die die Bauaufsichtsbehörde an das Gewerbeaufsichtsamt der zuständigen Regierung weiterleitet; ein höheres Gefährdungspotential liegt in der Regel nicht vor bei

1. Schulen, Hochschulen und ähnlichen Einrichtungen,
2. Gesundheitseinrichtungen, ausgenommen Krankenhäuser,
3. Heimen und sonstigen Einrichtungen zur Unterbringung oder Pflege von Personen sowie Tageseinrichtungen für Kinder, behinderte und alte Menschen, ausgenommen Werkstätten für Menschen mit Behinderung,
4. Gast- und Beherbergungsstätten und Lagereinrichtungen mit voraussichtlich weniger als 20 Beschäftigten,
5. Büro- und Verwaltungsgebäuden,
6. Anlagen des Dienstleistungs- sowie des Verlags und Mediengewerbes, ausgenommen Anlagen des Druckgewerbes,
7. Anlagen des Bau- und Elektroinstallationsgewerbes,

[1] § 1 Abs. 3 geänd. mWv 30. 8. 2014 durch VO v. 22. 7. 2014 (GVBl S. 286).
[2] Nr. 1.

8. Verkaufsstätten mit einer Fläche von weniger als 2000 m^2,
9. Anlagen der Land- und Forstwirtschaft sowie der Fischerei,
10. Anlagen von Verkehrsbetrieben, ausgenommen Anlagen zum Güterumschlag,
11. Anlagen von Versorgungsbetrieben, ausgenommen Anlagen zum Güterumschlag.

Zweiter Teil. Vorzulegende Bauvorlagen

§ 3[1] **Bauliche Anlagen.** Vorzulegen sind:

1. ein aktueller Auszug aus dem Katasterwerk und, soweit es sich nicht um Änderungen baulicher Anlagen handelt, bei denen Außenwände und Dächer sowie die Nutzung nicht verändert werden, der Lageplan (§ 7),
2. die Bauzeichnungen (§ 8),
3. die Baubeschreibung (§ 9),
4. bei Sonderbauten der Nachweis der Standsicherheit (§ 10), soweit er bauaufsichtlich geprüft wird, andernfalls die Erklärung des Tragwerksplaners nach Maßgabe des Kriterienkatalogs der **Anlage 2**,
5. der Nachweis des Brandschutzes (§ 11), soweit er bauaufsichtlich geprüft wird und nicht bereits in den übrigen Bauvorlagen enthalten ist,
6. die erforderlichen Angaben über die gesicherte Erschließung hinsichtlich der Versorgung mit Wasser und Energie sowie der Entsorgung von Abwasser und der verkehrsmäßigen Erschließung, soweit das Bauvorhaben nicht an eine öffentliche Wasser- oder Energieversorgung oder eine öffentliche Abwasserentsorgungsanlage angeschlossen werden kann oder nicht in ausreichender Breite an einer öffentlichen Verkehrsfläche liegt.
7. bei Bauvorhaben im Geltungsbereich eines Bebauungsplans, der Festsetzungen darüber enthält, eine Berechnung des zulässigen, des vorhandenen und des geplanten Maßes der baulichen Nutzung,
8. soweit erforderlich, die Erklärung der Übernahme einer Abstandsfläche nach Art. 6 Abs. 2 Satz 3 Halbsatz 1 BayBO[2],
9. erforderliche Abweichungsanträge (Art. 63 BayBO).

§ 4[3] **Werbeanlagen.** (1) Vorzulegen sind:

1. ein aktueller Auszug aus dem Katasterwerk mit Einzeichnung des Standorts,
2. eine Zeichnung (Abs. 2) und Beschreibung (Abs. 3) oder eine andere geeignete Darstellung der Werbeanlage, wie ein farbiges Lichtbild oder eine farbige Lichtbildmontage,
3. bei Sonderbauten der Nachweis der Standsicherheit (§ 10), soweit er bauaufsichtlich geprüft wird, andernfalls die Erklärung des Tragwerkplaners nach Maßgabe des Kriterienkatalogs der Anlage 2.

---

[1] § 3 Nr. 4 neu gef. mWv 1. 8. 2009 durch VO v. 8. 7. 2009 (GVBl S. 332); Nr. 8 geänd., Nr. 9 angef. mWv 1. 11. 2009 durch VO v. 22. 10. 2009 (GVBl S. 542).

[2] Nr. **1**.

[3] § 4 Abs. 1 Nr. 3 geänd. mWv 1. 11. 2009 durch VO v. 22. 10. 2009 (GVBl S. 542).

(2) Die Zeichnung muss die Darstellung der Werbeanlage und ihre Maße, auch bezogen auf den Standort und auf Anlagen, an denen die Werbeanlage angebracht oder in deren Nähe sie aufgestellt werden soll, sowie Angaben über die Farbgestaltung enthalten.

(3) In der Beschreibung sind die Art und die Beschaffenheit der Werbeanlage, sowie, soweit erforderlich, die Abstände zu öffentlichen Verkehrsflächen sowie zu benachbarten Signalanlagen und Verkehrszeichen anzugeben.

§ 5 Vorbescheid. Vorzulegen sind diejenigen Bauvorlagen, die zur Beurteilung der durch den Vorbescheid zu entscheidenden Fragen des Bauvorhabens erforderlich sind.

§ 6[1)] Beseitigung von Anlagen. Vorzulegen sind:

1. ein Lageplan, der die Lage der zu beseitigenden Anlagen unter Bezeichnung des Grundstücks nach Katasterwerk sowie nach Straße und Hausnummer darstellt (§ 7),
2. in den Fällen des Art. 57 Abs. 5 Satz 3 Halbsatz 1 BayBO[2)] die Erklärung des Tragwerksplaners über die Standsicherheit angebauter Gebäude.

Dritter Teil. Inhalt der Bauvorlagen

§ 7[3)] Auszug aus dem Katasterwerk, Lageplan. (1) [1] Der Auszug aus dem Katasterwerk (Ausschnitt aus der Flurkarte) muss das Baugrundstück und die benachbarten Grundstücke im Umkreis von mindestens 50 m darstellen. [2] Das Baugrundstück ist zu kennzeichnen. [3] Der Auszug ist mit dem Namen des Bauherrn, der Bezeichnung des Bauvorhabens und dem Datum des dazugehörigen Bauantrags oder der Unterlagen nach Art. 58 Abs. 3 Satz 1 Halbsatz 2 BayBO[2)] zu beschriften.

(2) [1] Der Lageplan ist auf der Grundlage des Auszugs aus dem Katasterwerk zu erstellen. [2] Dabei ist ein Maßstab nicht kleiner als 1 : 1000 zu verwenden. [3] Ein größerer Maßstab ist zu wählen, wenn es für die Beurteilung des Bauvorhabens erforderlich ist. [4] Der Auszug muss jeweils von der katasterführenden Behörde (Art. 12 Abs. 4 des Vermessungs- und Katastergesetzes – VermKatG) beglaubigt oder durch ein automatisiertes Abrufverfahren gemäß Art. 11 Abs. 2 VermKatG zum Zweck der Bauvorlage abgerufen worden sein.

(3) Der Lageplan muss, soweit dies zur Beurteilung des Bauvorhabens erforderlich ist, enthalten:

1. den Maßstab und die Nordrichtung,
2. die katastermäßigen Flächen, Flurstücksnummern und die Flurstücksgrenzen des Baugrundstücks und der benachbarten Grundstücke,
3. die im Grundbuch geführte Bezeichnung des Baugrundstücks und der benachbarten Grundstücke mit den jeweiligen Eigentümerangaben,

---

1) § 6 Nr. 2 neu gef., Nr. 3 aufgeh. mWv 1. 1. 2013 durch VO v. 7. 12. 2012 (GVBl S. 732).

2) Nr. **1**.

3) § 7 Abs. 2 Satz 3 und Abs. 3 geänd. mWv 1. 8. 2009 durch VO v. 8. 7. 2009 (GVBl S. 332); Abs. 5 Satz 1 Halbs. 1 geänd. mWv 1. 1. 2013 durch VO v. 7. 12. 2012 (GVBl S. 732).

4. die vorhandenen baulichen Anlagen auf dem Baugrundstück und den benachbarten Grundstücken mit Angabe ihrer Nutzung, First- und Außenwandhöhe, Dachform und der Art der Außenwände und der Bedachung,
5. Baudenkmäler einschließlich Ensembles sowie geschützte Teile von Natur und Landschaft auf dem Baugrundstück und auf den Nachbargrundstücken,
6. Leitungen, die der öffentlichen Versorgung mit Wasser, Gas, Elektrizität, Wärme, der öffentlichen Abwasserentsorgung oder der Telekommunikation und Rohrleitungen, die dem Ferntransport von Stoffen dienen, sowie deren Abstände zu der geplanten baulichen Anlage,
7. die angrenzenden öffentlichen Verkehrsflächen mit Angabe der Breite, der Straßenklasse und der Höhenlage mit Bezug auf das Höhenbezugssystem,
8. Hydranten und andere Wasserentnahmestellen für die Feuerwehr,
9. die Festsetzungen eines Bebauungsplans für das Baugrundstück über die überbaubaren und die nicht überbaubaren Grundstücksflächen,
10. die geplante bauliche Anlage unter Angabe der Außenmaße, der Dachform und der Höhenlage des Erdgeschossfußbodens zur Straße,
11. die Höhenlage der Eckpunkte des Baugrundstücks und der Eckpunkte der geplanten baulichen Anlage mit Bezug auf das Höhenbezugssystem,
12. die Aufteilung der nicht überbauten Flächen unter Angabe der Lage und Breite der Zu- und Abfahrten, der Anzahl, Lage und Größe der Kinderspielplätze, der Stellplätze und der Flächen für die Feuerwehr,
13. die Abstände der geplanten baulichen Anlage zu anderen baulichen Anlagen auf dem Baugrundstück und auf den benachbarten Grundstücken, zu den Nachbargrenzen sowie die Abstandsflächen der geplanten baulichen Anlagen und der bestehenden Anlagen auf dem Baugrundstück und den Nachbargrundstücken,
14. die Abstände der geplanten baulichen Anlage zu oberirdischen Gewässern,
15. geschützten Baumbestand.

(4) Der Inhalt des Lageplans nach Abs. 3 ist auf besonderen Blättern in geeignetem Maßstab darzustellen, wenn der Lageplan sonst unübersichtlich würde.

(5) [1] Im Lageplan sind die Zeichen oder Farben der **Anlage 1** zu verwenden; im Übrigen ist die Planzeichenverordnung 1990 (PlanzV 90) vom 18. Dezember 1990 (BGBl. 1991 I S. 58) entsprechend anzuwenden. [2] Sonstige Darstellungen sind zu erläutern.

§ 8[1)] Bauzeichnungen. (1) [1] Für die Bauzeichnungen ist ein Maßstab von 1 : 100 zu verwenden. [2] Ein größerer Maßstab ist zu wählen, wenn er zur Darstellung der erforderlichen Eintragung notwendig ist; ein kleinerer Maßstab kann gewählt werden, wenn er dafür ausreicht.

(2) In den Bauzeichnungen sind darzustellen:

1. die Grundrisse aller Geschosse mit Angabe der vorgesehenen Nutzung der Räume und mit Einzeichnung der

 a) Treppen,

[1)] § 8 Abs. 4 geänd. mWv 1. 1. 2013 durch VO v. 7. 12. 2012 (GVBl S. 732).

b) lichten Durchgangsmaße der Türen sowie deren Art, Anordnung und Aufschlagrichtung an und in Rettungswegen,

c) Abgasanlagen,

d) Räume für die Aufstellung von Feuerstätten unter Angabe der Nennleistung sowie der Räume für die Brennstofflagerung unter Angabe der vorgesehenen Art und Menge des Brennstoffes,

e) Aufzugsschächte, Aufzüge und der nutzbaren Grundflächen der Fahrkörbe von Personenaufzügen,

f) Installationsschächte, -kanäle und Lüftungsleitungen, soweit sie raumabschließende Bauteile durchdringen,

g) Räume für die Aufstellung von Lüftungsanlagen,

2. die Schnitte, aus denen folgende Punkte ersichtlich sind:

a) die Gründung der geplanten baulichen Anlage und, soweit erforderlich, die Gründungen anderer baulicher Anlagen,

b) der Anschnitt der vorhandenen und der geplanten Geländeoberfläche,

c) die Höhenlage des Erdgeschossfußbodens mit Bezug auf das Höhenbezugssystem,

d) die Höhe der Fußbodenoberkante des höchstgelegenen Geschosses, in dem ein Aufenthaltsraum möglich ist, über der geplanten Geländeoberfläche,

e) die lichten Raumhöhen,

f) der Verlauf der Treppen und Rampen mit ihrem Steigungsverhältnis,

g) die Wandhöhe im Sinn des Art. 6 Abs. 4 BayBO[1)],

h) die Dachhöhen und Dachneigungen,

3. die Ansichten der geplanten baulichen Anlage mit dem Anschluss an Nachbargebäude unter Angabe von Baustoffen und Farben, der vorhandenen und geplanten Geländeoberfläche sowie des Straßengefälles.

(3) In den Bauzeichnungen sind anzugeben:

1. der Maßstab und die Maße,
2. die wesentlichen Bauprodukte und Bauarten,
3. die Rohbaumaße der Fensteröffnungen in Aufenthaltsräumen,
4. bei Änderung baulicher Anlagen die zu beseitigenden und die geplanten Bauteile.

(4) In den Bauzeichnungen sind die Zeichen oder Farben der **Anlage 1** zu verwenden.

§ 9[2)] Baubeschreibung. [1] In der Baubeschreibung sind das Bauvorhaben und seine Nutzung zu erläutern, soweit dies zur Beurteilung erforderlich ist und die notwendigen Angaben nicht im Lageplan und den Bauzeichnungen enthalten sind. [2] Die Gebäudeklasse und die Höhe im Sinn des Art. 2 Abs. 3 Satz 2 BayBO[1)] sind anzugeben. [3] Die Baukosten der baulichen Anlagen einschließlich der dazugehörenden Wasserversorgungsanlagen auf dem Baugrundstück sind anzugeben.

[1)] Nr. **1**.

[2)] § 9 geänd. mWv 1. 8. 2009 durch VO v. 8. 7. 2009 (GVBl S. 332).

§ 10 Standsicherheitsnachweis. (1) Für den Nachweis der Standsicherheit tragender Bauteile einschließlich ihrer Feuerwiderstandsfähigkeit nach § 11 Abs. 1 Satz 1 Nr. 1 sind eine Darstellung des gesamten statischen Systems sowie die erforderlichen Konstruktionszeichnungen, Berechnungen und Beschreibungen vorzulegen.

(2) [1] Die statischen Berechnungen müssen die Standsicherheit der baulichen Anlagen und ihrer Teile nachweisen. [2] Die Beschaffenheit des Baugrunds und seine Tragfähigkeit sind anzugeben. [3] Soweit erforderlich, ist nachzuweisen, dass die Standsicherheit anderer baulicher Anlagen und die Tragfähigkeit des Baugrunds der Nachbargrundstücke nicht gefährdet werden.

(3) Die Standsicherheit kann auf andere Weise als durch statische Berechnungen nachgewiesen werden, wenn hierdurch die Anforderungen an einen Standsicherheitsnachweis in gleichem Maße erfüllt werden.

§ 11 Brandschutznachweis. (1) Für den Nachweis des Brandschutzes sind im Lageplan, in den Bauzeichnungen und in der Baubeschreibung, soweit erforderlich, anzugeben:

1. das Brandverhalten der Baustoffe (Baustoffklasse) und die Feuerwiderstandsfähigkeit der Bauteile (Feuerwiderstandsklasse) entsprechend den Benennungen nach Art. 24 BayBO[1)] oder entsprechend den Klassifizierungen nach den Anlagen zur Bauregelliste A Teil 1,
2. die Bauteile, Einrichtungen und Vorkehrungen, an die Anforderungen hinsichtlich des Brandschutzes gestellt werden, wie Brandwände und Decken, Trennwände, Unterdecken, Installationsschächte und -kanäle, Lüftungsanlagen, Feuerschutzabschlüsse und Rauchschutztüren, Öffnungen zur Rauchableitung, einschließlich der Fenster nach Art. 33 Abs. 8 Satz 2 BayBO,
3. die Nutzungseinheiten, die Brand- und Rauchabschnitte,
4. die aus Gründen des Brandschutzes erforderlichen Abstände innerhalb und außerhalb des Gebäudes,
5. der erste und zweite Rettungsweg nach Art. 31 BayBO, insbesondere notwendige Treppenräume, Ausgänge, notwendige Flure, mit Rettungsgeräten der Feuerwehr erreichbare Stellen einschließlich der Fenster, die als Rettungswege nach Art. 31 Abs. 2 Satz 2 BayBO dienen, unter Angabe der lichten Maße und Brüstungshöhen,
6. die Flächen für die Feuerwehr, Zu- und Durchgänge, Zu- und Durchfahrten, Bewegungsflächen und die Aufstellflächen für Hubrettungsfahrzeuge,
7. die Löschwasserversorgung.

(2) [1] Bei Sonderbauten, Mittel- und Großgaragen müssen, soweit es für die Beurteilung erforderlich ist, zusätzlich Angaben gemacht werden, insbesondere über:

1. brandschutzrelevante Einzelheiten der Nutzung, insbesondere auch die Anzahl und Art der die bauliche Anlage nutzenden Personen sowie Explosions- oder erhöhte Brandgefahren, Brandlasten, Gefahrstoffe und Risikoanalysen,
2. Rettungswegbreiten und -längen, Einzelheiten der Rettungswegführung und -ausbildung einschließlich Sicherheitsbeleuchtung und -kennzeichnung,

---

1) Nr. 1.

3. technische Anlagen und Einrichtungen zum Brandschutz, wie Branderkennung, Brandmeldung, Alarmierung, Brandbekämpfung, Rauchableitung Rauchfreihaltung,
4. die Sicherheitsstromversorgung,
5. die Bemessung der Löschwasserversorgung, Einrichtungen zur Löschwasserentnahme sowie die Löschwasserrückhaltung,
6. betriebliche und organisatorische Maßnahmen zur Brandverhütung, Brandbekämpfung und Rettung von Menschen und Tieren wie Feuerwehrplan, Brandschutzordnung, Werkfeuerwehr, Bestellung von Brandschutzbeauftragten und Selbsthilfekräften.

[2] Anzugeben ist auch, weshalb es der Einhaltung von Vorschriften wegen der besonderen Art oder Nutzung baulicher Anlagen oder Räume oder wegen besonderer Anforderungen nicht bedarf (Art. 54 Abs. 3 Satz 2 BayBO). [3] Der Brandschutznachweis kann auch gesondert in Form eines objektbezogenen Brandschutzkonzepts dargestellt werden.

§ 12[1)] Nachweise für Schall- und Erschütterungsschutz. Die Berechnungen müssen den nach bauordnungsrechtlichen Vorschriften geforderten Schall- und Erschütterungsschutz nachweisen.

§ 13 Übereinstimmungsgebot. Die Bauzeichnungen, Baubeschreibungen, Berechnungen und Konstruktionszeichnungen sowie sonstige Zeichnungen und Beschreibungen, die den bautechnischen Nachweisen zugrunde liegen, müssen miteinander übereinstimmen und gleiche Positionsangaben haben.

Vierter Teil. Abgrabungsplan

§ 14 Abgrabungsplan. [1] Für den Abgrabungsplan (Art. 7 Abs. 1 Satz 1 BayAbgrG[2)]) gelten die Vorschriften des Ersten bis Dritten Teils entsprechend. [2] In den Fällen des Art. 8 BayAbgrG bleiben weitergehende Anforderungen nach Abschnitt III des Fünften Teils BayVwVfG unberührt.

Fünfter Teil. Bauzustandsanzeigen

§ 15[3)] Baubeginnsanzeige. (1) [1] Soweit bautechnische Nachweise nicht bauaufsichtlich geprüft und nicht durch einen Prüfsachverständigen bescheinigt werden, ist eine Erklärung des jeweiligen Nachweiserstellers nach Art. 62 Abs. 1 Satz 2, Abs. 2 BayBO[4)] über die Erstellung des bautechnischen Nachweises spätestens mit der Baubeginnsanzeige (Art. 68 Abs. 7, Art. 58 Abs. 5 Satz 2 BayBO) vorzulegen. [2] Wird das Bauvorhaben abschnittsweise ausgeführt, muss die Erklärung spätestens bei Beginn der Ausführung des jeweiligen Bauabschnitts vorliegen.

[1)] § 12 Überschr. neu gef., Wortlaut geänd. mWv 1. 1. 2013 durch VO v. 7. 12. 2012 (GVBl S. 732).

[2)] Nr. **4**.

[3)] § 15 Abs. 3 geänd. mWv 1. 8. 2009 durch VO v. 8. 7. 2009 (GVBl S. 332); Abs. 3 Satz 2 angef. mWv 1. 1. 2013 durch VO v. 7. 12. 2012 (GVBl S. 732).

[4)] Nr. **1**.

(2) Für die nach Art. 68 Abs. 5 Nr. 2 BayBO vorzulegenden Bescheinigungen nach Art. 62 Abs. 3 BayBO gilt Abs. 1 Satz 2 entsprechend.

(3) [1] Muss der Standsicherheitsnachweis bei Bauvorhaben nach Art. 62 Abs. 3 Satz 1 Nr. 2 BayBO nicht bauaufsichtlich geprüft und nicht durch einen Prüfsachverständigen bescheinigt werden, ist spätestens mit der Baubeginnsanzeige eine Erklärung des Tragwerksplaners hierüber nach Maßgabe des Kriterienkatalogs der Anlage 2 vorzulegen. [2] Dies gilt nicht für Bauvorhaben nach Art. 62 Abs. 3 Satz 2 BayBO.

§ 16[1)] Anzeige der beabsichtigten Nutzungsaufnahme. Sind bei einem Bauvorhaben wiederkehrende bauaufsichtliche Prüfungen durch Rechtsverordnung nach Art. 80 Abs. 1 Satz 1 Nr. 4 oder 5 BayBO[2)] oder im Einzelfall vorgeschrieben, ist mit der Anzeige nach Art. 78 Abs. 2 Satz 1 BayBO über die in Art. 78 Abs. 2 Satz 2 BayBO genannten Bescheinigungen und Bestätigungen hinaus der Brandschutznachweis (§ 11) vorzulegen, soweit er nicht bauaufsichtlich geprüft ist.

Sechster Teil. Inkrafttreten, Außerkrafttreten

§ 17 Inkrafttreten, Außerkrafttreten. [1] Diese Verordnung tritt am 1. Januar 2008 in Kraft. [2] Mit Ablauf des 31. Dezember 2007 tritt die Bauvorlagenverordnung (BauVorlV) vom 8. Dezember 1997 (GVBl S. 822, ber. 1998 S. 271, BayRS 2132-1-2-I), zuletzt geändert durch Verordnung vom 22. Januar 2007 (GVBl S. 58), außer Kraft.

[1)] § 16 geänd. mWv 1. 8. 2009 durch VO v. 8. 7. 2009 (GVBl S. 332).
[2)] Nr. **1**.

Anlage 1

Zeichen und Farben für Bauvorlagen (zu § 7 Abs. 5 und § 8 Abs. 4)

		Zeichen:	Farbe:
1.	Grenzen des Grundstücks	— — — — —	Violett
2.	vorhandene bauliche Anlagen oder Bauteile	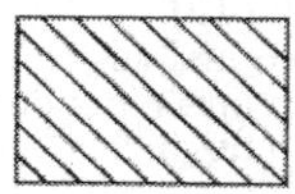	Grau
3.	geplante bauliche Anlagen oder Bauteile	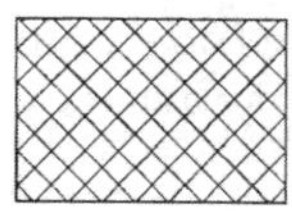	Rot
4.	zu beseitigende bauliche Anlagen oder Bauteile	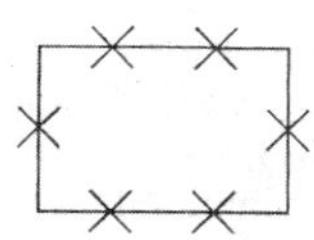	Gelb
5.	Flächen, auf denen Abstandsflächen nach Art. 6 Abs. 2 Satz 3 BayBO übernommen sind		Braun

Anlage 2

Kriterienkatalog nach § 15 Abs. 3

Sind die nachfolgenden Kriterien ausnahmslos erfüllt, ist eine Prüfung des Standsicherheitsnachweises nicht erforderlich:

1. Die Baugrundverhältnisse sind eindeutig und erlauben eine übliche Flachgründung entsprechend DIN 1054. Ausgenommen sind Gründungen auf setzungsempfindlichem Baugrund.
2. Bei erddruckbelasteten Gebäuden beträgt die Höhendifferenz zwischen Gründungssohle und Erdoberfläche maximal 4 m. Einwirkungen aus Wasserdruck müssen rechnerisch nicht berücksichtigt werden.
3. Angrenzende bauliche Anlagen oder öffentliche Verkehrsflächen werden nicht beeinträchtigt. Nachzuweisende Unterfangungen oder Baugrubensicherungen sind nicht erforderlich.
4. Die tragenden und aussteifenden Bauteile gehen im Wesentlichen bis zu den Fundamenten unversetzt durch. Ein rechnerischer Nachweis der Gebäudeaussteifung, auch für Teilbereiche, ist nicht erforderlich.
5. Die Geschossdecken sind linienförmig gelagert und dürfen für gleichmäßig verteilte Lasten (kN/m^2) und Linienlasten aus nichttragenden Wänden (kN/m) bemessen werden. Geschossdecken ohne ausreichende Querverteilung erhalten keine Einzellasten.
6. Die Bauteile der baulichen Anlage oder die bauliche Anlage selbst können mit einfachen Verfahren der Baustatik berechnet oder konstruktiv festgelegt werden. Räumliche Tragstrukturen müssen rechnerisch nicht nachgewiesen werden. Besondere Stabilitäts-, Verformungs- und Schwingungsuntersuchungen sind nicht erforderlich.
7. Außergewöhnliche sowie dynamische Einwirkungen sind nicht vorhanden. Beanspruchungen aus Erdbeben müssen rechnerisch nicht verfolgt werden.
8. Besondere Bauarten wie Spannbetonbau, Verbundbau, Leimholzbau und geschweißte Aluminiumkonstruktionen werden nicht angewendet.

4. Bayerisches Abgrabungsgesetz (BayAbgrG)[1]

Vom 27. Dezember 1999
(GVBl S. 532)

BayRS 2132-2-I

zuletzt geänd. durch § 1 Nr. 182 VO zur Anpassung des LandesR an die geltende Geschäftsverteilung v. 22. 7. 2014 (GVBl S. 286 ber. S. 405)

Art. 1 Anwendungsbereich. Dieses Gesetz gilt für Abgrabungen zur Gewinnung von nicht dem Bergrecht unterliegenden Bodenschätzen und sonstige Abgrabungen einschließlich der Aufschüttungen, die unmittelbare Folge von Abgrabungen sind, sowie der dem Abgrabungsbetrieb dienenden Gebäude und Nebenanlagen.

Art. 2 Allgemeine Anforderungen. [1] Abgrabungen sind so auszuführen, dass die öffentliche Sicherheit und Ordnung, insbesondere Leben oder Gesundheit, und die natürlichen Lebensgrundlagen nicht gefährdet werden. [2] Im Vollzug dieses Gesetzes ist ein bestmöglicher Ausgleich zwischen dem öffentlichen Interesse an der Gewinnung heimischer Bodenschätze zur Sicherung der Rohstoffversorgung und den Belangen des Naturschutzes und der Landschaftspflege anzustreben.

Art. 3[2] Abgrabungsbehörden. [1] Untere Abgrabungsbehörden sind die Kreisverwaltungsbehörden. [2] Höhere Abgrabungsbehörden sind die Regierungen. [3] Oberste Abgrabungsbehörde ist das Staatsministerium des Innern, für Bau und Verkehr.

Art. 4 Aufgaben und Befugnisse der Abgrabungsbehörden. (1) [1] Die Aufgaben der Abgrabungsbehörden sind Staatsaufgaben. [2] Für die Gemeinden sind sie übertragene Aufgaben.

(2) [1] Die Abgrabungsbehörden wachen darüber, dass die öffentlich-rechtlichen Vorschriften, die für die Anlagen nach Art. 1 gelten, sowie die auf Grund dieser Vorschriften erlassenen Anordnungen eingehalten werden. [2] Sie können in Wahrnehmung dieser Aufgaben die erforderlichen Maßnahmen treffen. [3] Abgrabungsaufsichtliche Genehmigungen und Maßnahmen gelten auch für und gegen die Rechtsnachfolger; das Gleiche gilt auch für Personen, die ein Besitzrecht nach Erteilung einer abgrabungsaufsichtlichen Genehmigung oder nach Erlass einer abgrabungsaufsichtlichen Maßnahme erlangt haben. [4] Die mit dem Vollzug dieses Gesetzes Beauftragten sind berechtigt, in Ausübung ihres Amts Grundstücke und Anlagen nach Art. 1 auch gegen den Willen der Betroffenen zu betreten; das Grundrecht der Unverletzlichkeit der Wohnung (Art. 13 des Grundgesetzes, Art. 106 der Verfassung) wird insoweit eingeschränkt.

---

[1] Verkündet als § 2 Bayer. UVP-Richtlinie UmsetzungsG v. 27. 12. 1999 (GVBl S. 532); Inkrafttreten gem. § 10 dieses G am 14. 3. 1999; Art. 10 tritt gem. § 10 Abs. 2 am 1. 1. 2002 in Kraft.

[2] Art. 3 Satz 3 geänd. mWv 30. 8. 2014 durch VO v. 22. 7. 2014 (GVBl S. 286 ber. S. 405).

Art. 5[1] Sachliche Zuständigkeit. [1] Sachlich zuständig ist die untere Abgrabungsbehörde, soweit nichts anderes bestimmt ist. [2] Für Anlagen nach Art. 1 ist unter den Voraussetzungen des Art. 73 Abs. 1 Satz 1 der Bayerischen Bauordnung (BayBO)[2] die höhere Abgrabungsbebörde sachlich zuständig.

Art. 6[3] Genehmigungspflicht. (1) Die Ausführung einer Abgrabung bedarf der Genehmigung, soweit nichts anderes bestimmt ist.

(2) [1] Keiner Genehmigung nach Absatz 1 bedürfen

1. Abgrabungen mit einer Grundfläche bis zu 500 m^2 und einer Tiefe bis zu 2 m,
2. Abgrabungen, die einer anderen öffentlich-rechtlichen Zulassung bedürfen,
3. Abgrabungen im Geltungsbereich eines Bebauungsplans im Sinn des § 30 des Baugesetzbuchs (BauGB), wenn
   a) der Bebauungsplan Regelungen über die Zulässigkeit, den Standort und die Größe der Abgrabung enthält,
   b) für die Abgrabung im Verfahren zur Aufstellung des Bebauungsplans eine nach Art. 8 erforderliche Umweltverträglichkeitsprüfung durchgeführt worden ist,
   c) die Abgrabung den Festsetzungen des Bebauungsplans und örtlichen Bauvorschriften nach Art. 81 Abs. 1 BayBO[2] nicht widerspricht,
   d) die Erschließung gesichert ist und
   e) die Gemeinde nicht innerhalb eines Monats nach Vorlage der erforderlichen Unterlagen eine vorläufige Untersagung nach § 15 Abs. 1 Satz 2 BauGB beantragt,
4. Abgrabungen, für die keine Umweltverträglichkeitsprüfung nach Art. 8 durchzuführen ist, unter den Voraussetzungen des Art. 73 Abs. 1 Satz 3 BayBO,
5. Grabungen im Sinn des Art. 7 Abs. 3 des Denkmalschutzgesetzes (DSchG)[4], für die keine Umweltverträglichkeitsprüfung nach Art. 8 durchzuführen ist,
6. bauliche Anlagen nach Art. 1, wenn sie nach Art. 57 oder 58 BayBO keiner Genehmigung bedürfen.

[2] In den Fällen des Satzes 1 Nr. 3 darf mit der Ausführung der Abgrabung auch begonnen werden, wenn die Gemeinde vor Ablauf der Frist nach Satz 1 Nr. 3 Buchst. e erklärt, dass sie eine vorläufige Untersagung der Ausführung der Abgrabung nicht beantragen wird.

(3) [1] Die Genehmigungsfreiheit nach Absatz 2 entbindet nicht von der Verpflichtung zur Einhaltung der Anforderungen, die durch öffentlich-rechtliche Vorschriften an die Anlagen nach Art. 1 gestellt werden. [2] Die abgrabungsaufsichtlichen Eingriffsbefugnisse und die Verpflichtung, andere öffentlich-rechtliche Gestattungen für die Ausführung oder Verfüllung der Abgrabung oder für die Errichtung, Änderung oder Nutzungsänderung baulicher Anlagen nach Art. 1 einzuholen, werden durch die Genehmigungsfreiheit nicht berührt.

---

[1] Art. 5 Satz 2 geänd. mWv 1. 1. 2008 durch G v. 20. 12. 2007 (GVBl S. 958).
[2] Nr. **1**.
[3] Art. 6 Abs. 2 Satz 1 Nr. 3 Buchst. c, Nr. 4 und 6 geänd. mWv 1. 1. 2008 durch G v. 20. 12. 2007 (GVBl S. 958).
[4] Nr. **41**.

Art. 7[1)] Genehmigungsverfahren. (1) [1] Der Abgrabungsantrag ist mit den erforderlichen Unterlagen (Abgrabungsplan) bei der Gemeinde einzureichen. [2] Diese legt ihn, sofern sie nicht selbst zuständig ist, mit ihrer Stellungnahme unverzüglich der Abgrabungsbehörde vor.

(2) Das Staatsministerium des Innern, für Bau und Verkehr wird ermächtigt, zum abgrabungsaufsichtlichen Genehmigungsverfahren durch Rechtsverordnung Vorschriften über Umfang und Inhalt des Abgrabungsplans, die Zahl der einzureichenden Fertigungen sowie die erforderlichen Nachweise zu erlassen.

Art. 8[2)] Umweltverträglichkeitsprüfung. (1) [1] Für nach Art. 6 genehmigungsbedürftige Abgrabungen ist die Umweltverträglichkeitsprüfung nach dem Fünften Teil Abschnitt III des Bayerischen Verwaltungsverfahrensgesetzes durchzuführen, wenn eine Abbaufläche von mehr als 10 ha beantragt wird. [2] Bei Abgrabungen in einem gemäß der Richtlinie 92/43/EWG oder der Richtlinie 2009/147/EG ausgewiesenen Schutzgebiet oder in Nationalparken (§ 24 Abs. 1 bis 3 des Bundesnaturschutzgesetzes – BNatSchG) oder Naturschutzgebieten (§ 23 BNatSchG) ist die Umweltverträglichkeitsprüfung durchzuführen, wenn eine Abbaufläche von mehr als 1 ha beantragt wird. [3] Eine Umweltverträglichkeitsprüfung ist auch dann durchzuführen, wenn die Abbaufläche zu mehr als 1 ha in einem Biotop im Sinn des § 30 Abs. 2 BNatSchG in Verbindung mit Art. 23 Abs. 1 des Bayerischen Naturschutzgesetzes (BayNatSchG) liegt.

(2) Absatz 1 gilt auch für Erweiterungen von Abgrabungen,

1. für die eine Umweltverträglichkeitsprüfung durchgeführt worden ist, wenn die Erweiterungsfläche mindestens 50 v.H. der Schwellenwerte nach Absatz 1 Satz 1 oder 2 aufweist oder zu mehr als 1 ha in einem Biotop im Sinn des § 30 Abs. 2 BNatSchG in Verbindung mit Art. 23 Abs. 1 des BayNatSchG liegt,
2. die nach dem 13. März 1999 ohne Durchführung einer Umweltverträglichkeitsprüfung genehmigt worden sind, wenn die Erweiterungsfläche zusammen mit der bei Abgrabungsbeginn noch nicht rekultivierten oder renaturierten Fläche 10 ha, in den Fällen des Absatzes 1 Satz 2 1 ha überschreitet oder zu mehr als 1 ha in einem Biotop im Sinn des § 30 Abs. 2 BNatSchG in Verbindung mit Art. 23 Abs. 1 des BayNatSchG liegt.

Art. 9[3)] Genehmigung. (1) [1] Die Genehmigung ist zu erteilen, wenn Anlagen nach Art. 1 den öffentlich-rechtlichen Vorschriften, die im abgrabungsaufsichtlichen Genehmigungsverfahren zu prüfen sind, nicht widersprechen; für dem abgrabungsaufsichtlichen Genehmigungsverfahren unterliegende bauliche Anlagen gelten Art. 59, 60 und 62 Abs. 4 Sätze 1 und 3 BayBO[4)] entsprechend. [2] Die abgrabungsaufsichtliche Erlaubnis erlischt, wenn innerhalb von vier Jahren nach Erteilung mit der Ausführung der Abgrabung nicht begonnen oder die Ausführung vier Jahre unterbrochen worden ist. [3] Art. 62 Abs. 4 Satz 2 und Art. 77 Abs. 2 Satz 3 BayBO gelten entsprechend. [4] Vor Einreichung des Abgrabungsantrags kann auf schriftlichen Antrag zu einzelnen in der Abgrabungsgenehmi-

[1)] Art. 7 Abs. 2 geänd. mWv 30. 8. 2014 durch VO v. 22. 7. 2014 (GVBl S. 286).

[2)] Art. 8 Abs. 1 Satz 2 und 3, Abs. 2 Nr. 1 und 2 geänd. mWv 30. 4. 2013 durch G v. 8. 4. 2013 (GVBl S. 174).

[3)] Art. 9 Abs. 1 Satz 1 Halbsatz 2, Satz 3, Abs. 2 Satz 1 geänd., Satz 2 neu gef. mWv 1. 1. 2008 durch G v. 20. 12. 2007 (GVBl S. 958).

[4)] Nr. 1.

gung zu entscheidenden Fragen vorweg ein schriftlicher Bescheid (Vorbescheid) erteilt werden. [5] Ist ein Abgrabungsantrag eingereicht, so kann die Ausführung von Teilen des Vorhabens auf schriftlichen Antrag schon vor Erteilung der Abgrabungsgenehmigung durch schriftlichen Bescheid (Teilabgrabungsgenehmigung) gestattet werden. [6] Für Vorbescheid und Teilabgrabungsgenehmigung gelten die Vorschriften über die Abgrabungsgenehmigung sinngemäß.

(2) [1] Art. 66 BayBO gilt entsprechend, soweit nicht für die Fälle des Art. 8 Abweichendes geregelt ist. [2] Die Anfechtungsklage eines Dritten gegen die Genehmigung nach Abs. 1 Satz 1 Halbsatz 1 hat keine aufschiebende Wirkung.

(3) Die Genehmigung wird unbeschadet der privaten Rechte Dritter erteilt.

(4) [1] Vor Bekanntgabe der Genehmigung darf mit der Ausführung der Abgrabung nicht begonnen werden. [2] Der Beginn, bei einer Unterbrechung von mehr als sechs Monaten auch die Fortsetzung der Ausführung, ist der Abgrabungsbehörde mindestens eine Woche zuvor schriftlich mitzuteilen.

Art. 10 Ordnungswidrigkeiten. (1) Mit Geldbuße bis zu fünfhunderttausend Euro kann belegt werden, wer vorsätzlich oder fahrlässig

1. eine Abgrabung ohne die nach Art. 6 Abs. 1 erforderliche Genehmigung oder entgegen Art. 9 Abs. 4 Satz 1 ausführt, einer mit der Genehmigung verbundenen vollziehbaren Auflage zuwiderhandelt oder den Beginn der Ausführung der Abgrabung oder der Wiederaufnahme der Abgrabung entgegen Art. 9 Abs. 4 Satz 2 nicht oder nicht rechtzeitig anzeigt,
2. eine Abgrabung vor Ablauf der Frist nach Art. 6 Abs. 2 Satz 1 Nr. 3 Buchst. e und ohne dass die Gemeinde die Erklärung nach Art. 6 Abs. 3 Satz 2 abgegeben hat, ausführt,
3. eine Abgrabung ausführt, bevor die erforderlichen Nachweise oder die Bescheinigungen verantwortlicher Sachverständiger erstellt sind,
4. eine Abgrabung entgegen einer vollziehbaren Anordnung nach Art. 4 Abs. 2 Satz 2 ausführt.

(2) Mit Geldbuße bis zu fünftausend Euro kann belegt werden, wer vorsätzlich oder leichtfertig unrichtige Angaben macht oder unrichtige Pläne oder Unterlagen vorlegt, um einen Verwaltungsakt nach diesem Gesetz zu erwirken oder zu verhindern.

(3) [1] Ist eine vorsätzliche Ordnungswidrigkeit nach Absätzen 1 und 2 begangen worden, so können

1. Gegenstände, auf die sich die Ordnungswidrigkeit bezieht, und
2. Gegenstände, die zu ihrer Begehung oder Vorbereitung gebraucht worden oder bestimmt gewesen sind,

eingezogen werden. [2] § 23 des Gesetzes über Ordnungswidrigkeiten (OWiG) ist anzuwenden.

Nr. 5 *(nicht belegt)*

6. Verordnung über den Bau und Betrieb von Garagen sowie über die Zahl der notwendigen Stellplätze (Garagen- und Stellplatzverordnung – GaStellV)[1]

Vom 30. November 1993
(GVBl S. 910)

BayRS 2132-1-4-I

zuletzt geänd. durch § 1 ÄndVO v. 25. 4. 2015 (GVBl S. 148)

Auf Grund von Art. 90 Abs. 1 Nrn. 1 und Nr. 3 der Bayerischen Bauordnung (BayBO)[2] in der Fassung der Bekanntmachung vom 4. August 1997 (GVBl. S. 433, BayRS 2132–1–I) und Art. 38 Abs. 3 des Landesstraf- und Verordnungsgesetzes[3] erläßt das Bayerische Staatsministerium des Innern folgende Verordnung:[4]

Inhaltsübersicht[5]

---

[1] Überschrift neu gef. mWv 1. 1. 2008 durch VO v. 29. 11. 2007 (GVBl S. 847); Kurztitel angef. mWv 1. 6. 2015 durch VO v. 25. 4. 2015 (GVBl S. 148).
[2] Nr. **1**.
[3] Nr. **26**.
[4] Einleitungssatz geänd. durch VO v. 8. 12. 1997 (GVBl S. 827).
[5] Inhaltsübersicht geänd. mWv 1. 1. 2008 durch VO v. 29. 11. 2007 (GVBl S. 847).

Teil I. Allgemeine Vorschriften

§ 1[1)] Begriffe und allgemeine Anforderungen. (1) [1] Offene Garagen sind Garagen, die unmittelbar ins Freie führende unverschließbare Öffnungen in einer Größe von insgesamt mindestens einem Drittel der Gesamtfläche der Umfassungswände haben. [2] Offene Mittel- und Großgaragen haben diese Öffnungen mindestens in gegenüberliegenden Umfassungswänden, die nicht mehr als 70 m voneinander entfernt sind. [3] Stellplätze mit Schutzdächern (Carports) gelten als offene Garagen.

(2) Geschlossene Garagen sind Garagen, die die Voraussetzungen nach Abs. 1 nicht erfüllen.

(3) [1] Oberirdische Garagen sind Garagen, deren Fußboden im Mittel nicht mehr als 1,50 m unter oder mindestens an einer Seite in Höhe oder über der Geländeoberfläche liegt. [2] Unterirdische Garagen sind Garagen, die die Voraussetzungen des Satzes 1 nicht erfüllen.

(4) Automatische Garagen sind Garagen ohne Personen- und Fahrverkehr, in denen die Kraftfahrzeuge mit mechanischen Förderanlagen von der Garagenzufahrt zu den Einstellplätzen und zum Abholen an die Garagenausfahrt befördert werden.

(5) Ein Einstellplatz ist die Fläche, die dem Abstellen eines Kraftfahrzeuges in einer Garage dient.

(6) [1] Die Nutzfläche einer Garage ist die Summe aller Flächen der Einstellplätze und der Verkehrsflächen. [2] Einstellplätze auf Dächern (Dacheinstellplätze) und die dazugehörigen Verkehrsflächen werden der Nutzfläche nicht zugerechnet, soweit nichts anderes bestimmt ist.

(7) [1] Garagen sind mit einer Nutzfläche

1. bis 100 m² Kleingaragen,

---

1) § 1 Überschrift geänd., Abs. 1 aufgeh., bish. Abs. 2 bis 8 werden Abs. 1 bis 7, Abs. 8 angef. mWv 1. 1. 2008 durch VO v. 29. 11. 2007 (GVBl S. 847); Abs. 2 geänd. mWv 1. 8. 2009 durch VO v. 8. 7. 2009 (GVBl S. 332).

2. über 100 m^2 und bis 1000 m^2 Mittelgaragen,

3. über 1000 m^2 Großgaragen.

[2] Automatische Garagen mit mehr als 50 Einstellplätzen gelten als Großgaragen.

(8) Soweit in dieser Verordnung nichts Abweichendes geregelt ist, sind auf tragende, aussteifende und raumabschließende Bauteile von Garagen die Anforderungen der Bayerischen Bauordnung an diese Bauteile in Gebäuden der Gebäudeklasse 5 anzuwenden; Art. 28 Abs. 3 Satz 2, Art. 29 Abs. 4 Nrn. 1 und 2, Art. 32 Abs. 3 Satz 2 Nr. 1, Art. 33 Abs. 1 Satz 3 Nr. 1, Art. 34 Abs. 1 Satz 2 Nr. 2, Art. 37 Abs. 1 Satz 3 Nr. 4, Art. 38 Abs. 1 Nrn. 1 und 3 sowie Art. 39 Abs. 5 Nrn. 1 und 3 BayBO[1)] sind nicht anzuwenden.

Teil II. Bauvorschriften

§ 2[2)] Zu- und Abfahrten. (1) [1] Zwischen Garagen und öffentlichen Verkehrsflächen müssen Zu- und Abfahrten von mindestens 3 m Länge vorhanden sein. [2] Abweichungen können gestatten werden, wenn wegen der Sicht auf die öffentliche Verkehrsfläche keine Bedenken bestehen.

(2) Von den die freie Zufahrt zur Garage zeitweilig hindernden Anlagen, wie Schranken oder Tore, ist ein Stauraum für wartende Kraftfahrzeuge vorzusehen, wenn dies wegen der Sicherheit und Leichtigkeit des Verkehrs erforderlich ist.

(3) [1] Die Fahrbahnen von Zu- und Abfahrten vor Mittel- und Großgaragen müssen mindestens 2,75 m breit sein; der Halbmesser des inneren Fahrbahnrandes muß mindestens 5 m betragen. [2] Für Fahrbahnen im Bereich von Zu- und Abfahrtssperren genügt eine Breite von 2,30 m. [3] Breitere Fahrbahnen sind in Kurven mit Innenhalbmessern von weniger als 10 m vorzusehen, wenn dies wegen der Verkehrssicherheit erforderlich ist.

(4) Großgaragen müssen getrennte Fahrbahnen für Zu- und Abfahrten haben.

(5) [1] Vor Großgaragen ist neben den Fahrbahnen der Zu- und Abfahrten ein mindestens 0,80 m breiter Gehweg erforderlich, soweit nicht für Fußgänger besondere Fußwege vorhanden sind. [2] Der Gehweg muß gegenüber der Fahrbahn erhöht oder verkehrssicher abgegrenzt werden.

(6) In den Fällen der Absätze 3 bis 5 sind die Dacheinstellplätze und die dazugehörigen Verkehrsflächen der Nutzfläche zuzurechnen.

§ 3[3)] Rampen. (1) [1] Rampen von Mittel- und Großgaragen dürfen nicht mehr als 15 v.H., bei gewendelten Rampenteilen bezogen auf den inneren Fahrbahnrand, geneigt sein. [2] Die Breite der Fahrbahnen auf diesen Rampen muß mindestens 2,75 m, in gewendelten Rampenbereichen mindestens 3,50 m betragen. [3] Gewendelte Rampenteile müssen eine ausreichende Querneigung haben. [4] Der Halbmesser des inneren Fahrbahnrandes muß mindestens 5 m betragen.

(2) Zwischen öffentlicher Verkehrsfläche und einer Rampe mit mehr als 10 v.H. Neigung muß eine geringer geneigte Fläche mit weniger als 5 v.H. Neigung und von mindestens 3 m Länge liegen.

---

1) Nr. 1.

2) § 2 Abs. 1 Satz 2 und Abs. 3 Satz 3 geänd. durch VO v. 8. 12. 1997 (GVBl S. 827).

3) § 3 Abs. 1 Satz 1 geänd. durch VO v. 8. 12. 1997 (GVBl S. 827).

(3) [1] In Großgaragen müssen Rampen, die auch zum Begehen bestimmt sind, einen mindestens 0,80 m breiten Gehweg haben, der gegenüber der Fahrbahn erhöht oder verkehrssicher abgegrenzt ist. [2] An Rampen, die von Personen nicht begangen werden dürfen, ist auf das Verbot hinzuweisen.

§ 4[1)] Einstellplätze und Fahrgassen. (1) [1] Ein notwendiger Einstellplatz muß mindestens 5 m lang sein. [2] Die lichte Breite eines Einstellplatzes muß mindestens betragen

1. 2,30 m, wenn keine Längsseite,
2. 2,40 m, wenn eine Längsseite,
3. 2,50 m, wenn jede Längsseite des Einstellplatzes durch Wände, Stützen, andere Bauteile oder Einrichtungen begrenzt ist,
4. 3,50 m, wenn der Einstellplatz für Behinderte bestimmt ist.

(2) Fahrgassen müssen, soweit sie unmittelbar der Zu- oder Abfahrt von Einstellplätzen dienen, hinsichtlich ihrer Breite mindestens die Anforderungen der folgenden Tabelle erfüllen; Zwischenwerte sind geradlinig einzuschalten:

Anordnung der Einstellplätze zur Fahrgasse	Erforderliche Fahrgassenbreite (in m) bei einer Einstellplatzbreite von		
	2,30 m	2,40 m	2,50 m
90°	6,50	6,25	6,00
60°	4,50	4,25	4,00
45°	3,50	3,25	3,00

(3) Fahrgassen in Mittel- und Großgaragen müssen, soweit sie nicht unmittelbar der Zu- oder Abfahrt von Einstellplätzen dienen, mindestens 3 m, bei Gegenverkehr mindestens 5 m breit sein.

(4) [1] Einstellplätze auf kraftbetriebenen Hebebühnen brauchen abweichend von Absatz 1 Nrn. 1 bis 3 nur 2,30 m breit zu sein; die Fahrgassen müssen mindestens 8 m breit sein, wenn die Hebebühnen Fahrspuren haben oder beim Absenken in die Fahrgasse hineinragen. [2] Einstellplätze auf geneigten kraftbetriebenen Hebebühnen sind in allgemein zugänglichen Garagen nicht zulässig.

(5) [1] Einstellplätze auf horizontal verschiebbaren Plattformen sind in Fahrgassen zulässig, wenn

1. eine Breite der Fahrgasse von mindestens 2,75 m erhalten bleibt,
2. die Plattformen nicht vor kraftbetriebenen Hebebühnen angeordnet werden und
3. in Fahrgassen mit Gegenverkehr kein Durchgangsverkehr stattfindet.

[2] Absatz 1 Sätze 1 und 2 gelten nicht für diese Plattformen.

(6) [1] Die einzelnen Einstellplätze und die Fahrgassen sind mindestens durch Markierungen am Boden leicht erkennbar und dauerhaft gegeneinander abzugrenzen. [2] Dies gilt nicht für

1. Kleingaragen ohne Fahrgassen,
2. Einstellplätze auf kraftbetriebenen Hebebühnen,

[1)] § 4 Abs. 1 Satz 1, Abs. 4 Satz 2 geänd. durch VO v. 8. 12. 1997 (GVBl S. 827); Abs. 7 eingef., bish. Abs. 7 wird Abs. 8 mWv 1. 8. 2009 durch VO v. 8. 7. 2009 (GVBl S. 332).

3. Einstellplätze auf horizontal verschiebbaren Plattformen.

[3] Mittel- und Großgaragen müssen in jedem Geschoß leicht erkennbare und dauerhafte Hinweise auf Fahrtrichtungen und Ausfahrten haben.

(7) Abschlüsse zwischen Fahrgasse und Einstellplätzen sind in Mittel- und Großgaragen nur zulässig, wenn wirksame Löscharbeiten möglich bleiben.

(8) Die Absätze 1 bis 6 gelten nicht für automatische Garagen.

§ 5 Lichte Höhe. [1] Garagen müssen in zum Begehen bestimmten Bereichen, auch unter Unterzügen, Lüftungsleitungen und sonstigen Bauteilen eine lichte Höhe von mindestens 2 m haben. [2] Dies gilt nicht für kraftbetriebene Hebebühnen.

§ 6[1] Tragende Wände, Decken, Dächer. (1) In Mittel- und Großgaragen müssen tragende Wände sowie Decken über und unter den Garagengeschossen feuerbeständig sein.

(2) Liegen Einstellplätze nicht mehr als 22 m über der Geländeoberfläche, so brauchen tragende Wände und Decken

1. von oberirdischen Mittel- und Großgaragen nur feuerhemmend zu sein und aus nichtbrennbaren Baustoffen zu bestehen, soweit nicht bei Garagen in sonst anders genutzten Gebäuden nach Art. 25 und 29 BayBO[2] weitergehende Anforderungen an das Gebäude gestellt werden,
2. von eingeschossigen oberirdischen Mittel- und Großgaragen, auch mit Dacheinstellplätzen, nur feuerhemmend zu sein oder aus nichtbrennbaren Baustoffen zu bestehen, wenn das Gebäude allein der Garagennutzung dient,
3. von offenen Mittel- und Großgaragen nur aus nichtbrennbaren Baustoffen zu bestehen, wenn das Gebäude allein der Garagennutzung dient.

(3) [1] In Kleingaragen müssen tragende Wände sowie Decken feuerhemmend sein oder aus nichtbrennbaren Baustoffen bestehen. [2] Das gilt nicht, wenn

1. das Gebäude allein der Garagennutzung dient; Abstellräume bis 20 m^2 Grundfläche bleiben dabei unberücksichtigt,
2. die Garagen offene Kleingaragen sind,
3. die Kleingaragen in sonst anders genutzten Gebäuden liegen, an deren tragende und aussteifende Wände und Decken nach Art. 25 und 29 BayBO keine Anforderungen gestellt werden.

(4) Für befahrbare Dächer von Garagen gelten die Anforderungen an Decken.

(5) Tragende Wände und Decken brauchen bei automatischen Garagen nur aus nichtbrennbaren Baustoffen zu bestehen, wenn das Gebäude allein als automatische Garage genutzt wird.

(6) Bekleidungen und Dämmschichten unter Decken und Dächern müssen

1. in Großgaragen aus nichtbrennbaren,
2. in Mittelgaragen aus mindestens schwerentflammbaren

Baustoffen zu bestehen.

---

[1] § 6 Abs. 2 Nr. 1, Abs. 3 Nr. 3 geänd., Abs. 8 angef. durch VO v. 8. 12. 1997 (GVBl S. 827); Abs. 2 Nr. 1, Abs. 3 Nr. 3 und Abs. 6 geänd., Abs. 8 neu gef. mWv 1. 1. 2008 durch VO v. 29. 11. 2007 (GVBl S. 847).

[2] Nr. 1.

(7) Für Pfeiler, Stützen und Rampen gelten die Absätze 1 bis 6 sinngemäß.

(8) In Mittel- und Großgaragen müssen sonstige Wände, Tore und Einbauten, insbesondere Einrichtungen für mechanische Parksysteme, aus nichtbrennbaren Baustoffen bestehen.

§ 7[1)] Außenwände. [1] Nichttragende Außenwände und nichttragende Teile von Außenwänden von Mittel- und Großgaragen müssen aus nichtbrennbaren Baustoffen bestehen. [2] Das gilt nicht für Außenwände von eingeschossigen oberirdischen Mittel- und Großgaragen, wenn das Gebäude allein der Garagennutzung dient.

§ 8[2)] Trennwände. (1) [1] Zwischen Garagen und anders genutzten Gebäuden sind feuerbeständige Trennwände erforderlich. [2] Für geschlossene Kleingaragen einschließlich Abstellräumen mit nicht mehr als 20 m² Grundfläche genügen Wände, die feuerhemmend sind oder aus nichtbrennbaren Baustoffen bestehen. [3] Satz 1 gilt nicht für offene Kleingaragen.

(2) Für Wände zwischen Garagen und nicht zur Garage gehörenden Räumen, sofern sie keine Trennwände nach Abs. 1 sind, gilt Art. 27 Abs. 3 Satz 1 BayBO[3)] entsprechend.

(3) Absatz 2 gilt nicht für Trennwände

1. zwischen Kleingaragen und Räumen, die nur Abstellzwecken dienen und nicht mehr als 20 m² Grundfläche haben,
2. zwischen offenen Kleingaragen und anders genutzten Räumen.

§ 9[4)] Brandwände als Gebäudeabschlusswand. (1) An Stelle von Brandwänden nach Art. 28 Abs. 2 Nr. 1 BayBO[3)] genügen

1. bei eingeschossigen oberirdischen Mittel- und Großgaragen feuerbeständige Wände ohne Öffnungen, wenn das Gebäude allein der Garagennutzung dient,
2. bei geschlossenen Kleingaragen einschließlich Abstellräumen mit nicht mehr als 20 m² Grundfläche mindestens feuerhemmende oder aus nichtbrennbaren Baustoffen bestehende Wände ohne Öffnungen.

(2) Art. 28 Abs. 2 Nr. 1 BayBO gilt nicht für offene Kleingaragen.

§ 10[5)] Rauchabschnitte, Brandabschnitte. (1) [1] Geschlossene Großgaragen müssen durch mindestens feuerhemmende und aus nichtbrennbaren Baustoffen bestehende Wände in Rauchabschnitte unterteilt sein. [2] Die Nutzfläche eines Rauchabschnitts darf

1. in oberirdischen geschlossenen Garagen höchstens 5000 m²,
2. in sonstigen geschlossenen Garagen höchstens 2500 m²

[1)] § 7 Abs. 2 geänd. durch VO v. 8. 12. 1997 (GVBl S. 827); Abs. 2 aufgeh. mWv 1. 1. 2008 durch VO v. 29. 11. 2007 (GVBl S. 847).

[2)] § 8 Abs. 2 Nr. 2 durch VO v. 8. 12. 1997 (GVBl S. 827); Abs. 1 und 2 neu gef. mWv 1. 1. 2008 durch VO v. 29. 11. 2007 (GVBl S. 847); Abs. 1 Sätze 2 und 3 angef. mWv 1. 4. 2008 durch VO v. 19. 2. 2008 (GVBl S. 69).

[3)] Nr. **1**.

[4)] § 9 Abs. 1 und 2 geänd. durch VO v. 8. 12. 1997 (GVBl S. 827); Überschrift, Abs. 1 und 2 geänd. mWv 1. 1. 2008 durch VO v. 29. 11. 2007 (GVBl S. 847).

[5)] § 10 Abs. 4 geänd. durch VO v. 8. 12. 1997 (GVBl S. 827); Abs. 3 und 4 geänd. mWv 1. 1. 2008 durch VO v. 29. 11. 2007 (GVBl S. 847).

betragen; sie darf doppelt so groß sein, wenn die Garagen automatische Löschanlagen haben. [3] Ein Rauchabschnitt darf sich auch über mehrere Geschosse erstrecken.

(2) [1] Öffnungen in den Wänden nach Absatz 1 müssen mit selbstschließenden und mindestens dichtschließenden Abschlüssen aus nichtbrennbaren Baustoffen versehen sein. [2] Die Abschlüsse dürfen Feststellanlagen haben, die bei Raucheinwirkung ein selbsttätiges Schließen bewirken; sie müssen auch von Hand geschlossen werden können. [3] Öffnungen in Decken zwischen Rauchabschnitten sind unzulässig.

(3) Automatische Garagen müssen durch innere Brandwände in Brandabschnitte von höchstens 6000 m³ Brutto-Rauminhalt unterteilt sein; Absatz 1 gilt nicht für automatische Garagen.

(4) Art. 28 Abs. 2 Nr. 2 BayBO[1)] gilt nicht für Garagen.

§ 11[2)] Verbindung zu anderen Räumen und zwischen Garagengeschossen. (1) Flure, Treppenräume und Aufzugsvorräume, die nicht nur der Benutzung der Garagen dienen, dürfen verbunden sein

1. mit geschlossenen Mittel- und Großgaragen nur durch Räume mit feuerbeständigen Wänden und Decken sowie mindestens feuerhemmenden, rauchdichten und selbstschließenden, in Fluchtrichtung aufschlagenden Türen (Sicherheitsschleusen); zwischen Sicherheitsschleusen und Fluren oder Treppenräumen sowie Aufzugsvorräumen genügen selbstschließende und rauchdichte Türen,
2. mit anderen Garagen unmittelbar nur durch Öffnungen mit feuerhemmenden, dicht- und selbstschließenden Türen.

(2) Garagen dürfen mit sonstigen nicht zur Garage gehörenden Räumen unmittelbar nur durch Öffnungen mit feuerhemmenden, dicht- und selbstschließenden Türen verbunden sein.

(3) Automatische Garagen dürfen mit nicht zur Garage gehörenden Räumen sowie mit anderen Gebäuden nicht verbunden sein.

(4) Die Absätze 1 und 2 gelten nicht für Verbindungen

1. zu offenen Kleingaragen,
2. zwischen Kleingaragen und Räumen oder Gebäuden, die nur Abstellzwecken dienen und nicht mehr als 20 m² Grundfläche haben.

(5) Türen zu Treppenräumen, die Garagengeschosse miteinander verbinden, müssen feuerhemmend, rauchdicht und selbstschließend sein.

§ 12 Rettungswege. (1) [1] Jede Mittel- und Großgarage muß in jedem Geschoß mindestens zwei möglichst entgegengesetzt liegende Ausgänge haben, die unmittelbar ins Freie oder in Treppenräume notwendiger Treppen führen. [2] Von zwei Rettungswegen darf einer auch über eine Rampe führen. [3] Bei oberirdischen Mittel- und Großgaragen, deren Einstellplätze im Mittel nicht mehr als 3 m über der Geländeoberfläche liegen, sind Treppenräume für notwendige

---

1) Nr. **1**.

2) § 11 Abs. 1 Nr. 1 und Nr. 2, Abs. 2 und 5 geänd. mWv 1. 1. 2008 durch VO v. 29. 11. 2007 (GVBl S. 847).

Treppen nicht erforderlich. [4] Die Rettungswege müssen auch dann erreicht werden können, wenn Tore zwischen Rauchabschnitten geschlossen sind.

(2) Die nutzbare Breite der Rettungswege muß an jeder Stelle 80 cm betragen, Treppen müssen eine nutzbare Laufbreite von 1 m haben.

(3) [1] Von jeder Stelle einer Mittel- und Großgarage muß in demselben Geschoß mindestens ein Treppenraum einer notwendigen Treppe oder, wenn Treppenräume nicht erforderlich sind, mindestens eine notwendige Treppe oder ein Ausgang ins Freie

1. bei offenen Mittel- und Großgaragen in einer Entfernung von höchstens 50 m,
2. bei geschlossenen Mittel- und Großgaragen in einer Entfernung von höchstens 30 m

über Fahrgassen und Gänge ereichbar sein. [2] Die Entfernung ist in der Lauflinie zu messen.

(4) [1] In Mittel- und Großgaragen müssen leicht erkennbare und dauerhaft beleuchtete Hinweise auf die Ausgänge vorhanden sein. [2] In Großgaragen müssen die zu den notwendigen Treppen oder zu den Ausgängen ins Freie führenden Wege auf dem Fußboden durch dauerhafte und leicht erkennbare Markierungen sowie an den Wänden durch beleuchtete Hinweise gekennzeichnet sein.

(5) Für Dacheinstellplätze gelten die Absätze 1 bis 4 sinngemäß.

(6) Die Absätze 1 bis 4 gelten nicht für automatische Garagen.

§ 13 Beleuchtung. (1) [1] In Mittel- und Großgaragen muß eine allgemeine elektrische Beleuchtung vorhanden sein. [2] Sie muß so beschaffen und mindestens in zwei Stufen derartig schaltbar sein, daß an allen Stellen der Nutzflächen und Rettungswege gemäß § 17 Abs. 2 in der ersten Stufe eine Beleuchtungsstärke von mindestens 1 Lux und in der zweiten Stufe von mindestens 20 Lux erreicht wird.

(2) In geschlossenen Großgaragen und in mehrgeschossigen unterirdischen Mittelgaragen muß zur Beleuchtung der Rettungswege eine Sicherheitsbeleuchtung vorhanden sein; das gilt nicht für eingeschossige Garagen mit festem Benutzerkreis.

(3) Die Absätze 1 und 2 gelten nicht für automatische Garagen.

§ 14[1)] Lüftung. (1) [1] Geschlossene Mittel- und Großgaragen müssen maschinelle Abluftanlagen und so große und so verteilte Zuluftöffnungen haben, daß alle Teile der Garage ausreichend gelüftet werden. [2] Bei nicht ausreichenden Zuluftöffnungen muß eine maschinelle Zuluftanlage vorhanden sein. [3] Es kann verlangt werden, daß die Abluftöffnungen so hoch gelegt werden, daß die Abluft in den freien Windstrom geführt wird.

(2) [1] Für geschlossene oberirdische und eingeschossige unterirdische Mittel- und Großgaragen mit geringem Zu- und Abgangsverkehr, wie Wohnhausgaragen, genügt eine natürliche Lüftung durch Lüftungsöffnungen oder über Lüftungsschächte, wenn

---

[1)] § 14 Abs. 3, Abs. 4 Satz 2, Abs. 6 Satz 2 geänd. durch VO v. 8. 12. 1997 (GVBl S. 827); Abs. 3 und Abs. 4 Satz 2 geänd. mWv 1. 8. 2009 durch VO v. 8. 7. 2009 (GVBl S. 332).

1. die Lüftungsöffnungen oder die Lüftungsschächte einen freien Gesamtquerschnitt von mindestens 1500 cm^2 je Einstellplatz haben,
2. die Lüftungsöffnungen in den Außenwänden oberhalb der Geländeoberfläche in einer Entfernung von höchstens 35 m einander gegenüberliegen,
3. die Lüftungsschächte untereinander einen Abstand von höchstens 20 m haben und
4. Lüftungsöffnungen und Lüftungsschächte unverschließbar und so angeordnet sind, daß eine ausreichende Durchlüftung der Garage ständig gesichert ist.

[2] Die Mündungen der Lüftungsschächte müssen zu Fenstern von Aufenthaltsräumen einen ausreichenden Abstand einhalten. [3] Bei Lüftungsschächten mit mehr als 2 m Höhe ist der Querschnitt nach Nummer 1 zu verdoppeln.

(3) Für geschlossene Mittel- und Großgaragen genügt abweichend von den Absätzen 1 und 2 eine natürliche Lüftung, wenn im Einzelfall auf Grund einer Bescheinigung eines Prüfsachverständigen zu erwarten ist, daß der Mittelwert des Volumengehalts an Kohlenmonoxid in der Luft, gemessen über jeweils eine halbe Stunde und in einer Höhe von 1,50 m über dem Fußboden (CO-Halbstundenmittelwert), auch während der regelmäßigen Verkehrsspitzen im Mittel nicht mehr als 100 ppm (= 100 cm^3/m^3) betragen wird und wenn dies auf der Grundlage von ununterbrochenen Messungen, die nach Inbetriebnahme der Garage über einen Zeitraum von mindestens einem Monat durchzuführen sind, von einem Prüfsachverständigen bescheinigt wird.

(4) [1] Die maschinellen Abluftanlagen sind so zu bemessen, daß der CO-Halbstundenmittelwert unter Berücksichtigung der regelmäßig zu erwartenden Verkehrsspitzen nicht mehr als 100 ppm beträgt. [2] Diese Anforderungen gelten als erfüllt, wenn die Abluftanlage in Garagen mit geringem Zu- und Abgangsverkehr mindestens 6 m^3, bei anderen Garagen mindestens 12 m^3 Abluft in der Stunde je m^2 Garagennutzfläche abführen kann; für Garagen mit regelmäßig besonders hohen Verkehrsspitzen kann im Einzelfall verlangt werden, daß die nach Satz 1 erforderliche Leistung der Abluftlanlage durch einen Prüfsachverständigen bescheinigt wird.

(5) [1] Maschinelle Abluftanlagen müssen in jedem Lüftungssystem mindestens zwei gleich große Ventilatoren haben, die bei gleichzeitigem Betrieb zusammen den erforderlichen Gesamtvolumenstrom erbringen. [2] Jeder End- und Hilfsstromkreis einer maschinellen Zu- oder Abluftanlage ist so auszuführen, daß ein elektrischer Fehler nicht zum Ausfall der gesamten Lüftungsanlage führt. [3] Andere elektrische Anlagen dürfen nicht an die Stromkreise für die Lüftungsanlage angeschlossen werden. [4] Soll das Lüftungssystem zeitweise nur mit einem Ventilator betrieben werden, müssen die Ventilatoren so geschaltet sein, daß sich bei Ausfall eines Ventilators der andere selbständig einschaltet.

(6) [1] Geschlossene Großgaragen mit nicht nur geringem Zu- und Abgangsverkehr müssen CO-Anlagen zur Messung und Warnung (CO-Warnanlagen) haben. [2] Die CO-Warnanlagen müssen so beschaffen sein, daß bei einem CO-Gehalt der Luft von mehr als 250 ppm über ein akustisches Signal und durch Blinkzeichen dazu aufgefordert wird, die Motoren abzustellen und die Garage zügig zu verlassen. [3] Während dieses Zeitraums müssen die Garagenausfahrten ständig offen gehalten werden. [4] Die CO-Warnanlagen müssen an eine Ersatzstromquelle angeschlossen sein.

(7) Die Absätze 1 bis 6 gelten nicht für automatische Garagen.

§ 15 Feuerlöschanlagen, Rauch- und Wärmeabzug. (1) [1] Nichtselbständige Feuerlöschanlagen müssen vorhanden sein

1. in geschlossenen Garagen mit mehr als 20 Einstellplätzen auf kraftbetriebenen Hebebühnen, wenn jeweils mehr als zwei Kraftfahrzeuge übereinander angeordnet werden können,
2. in automatischen Garagen mit nicht mehr als 20 Einstellplätzen.

[2] Automatische Löschanlagen müssen vorhanden sein

1. in Geschossen von Großgaragen, die unter dem ersten unterirdischen Geschoß liegen, wenn das Gebäude nicht allein der Garagennutzung dient,
2. in automatischen Garagen mit mehr als 20 Einstellplätzen.

[3] Die Art der Feuerlöschanlage ist im Einzelfall im Benehmen mit der für den abwehrenden Brandschutz zuständigen Dienststelle festzulegen.

(2) Geschlossene Großgaragen müssen für den Rauch- und Wärmeabzug

1. Öffnungen ins Freie haben, die insgesamt mindestens 1000 cm^2 je Einstellplatz groß, von keinem Einstellplatz mehr als 20 m entfernt und im Decken- oder oberen Wandbereich angeordnet sind, oder
2. maschinelle Rauch- und Wärmeabzugsanlagen haben, die sich bei Raucheinwirkung selbsttätig einschalten, mindestens für eine Stunde einer Temperatur von 300°C standhalten, deren elektrische Leitungsanlagen bei äußerer Brandeinwirkung für mindestens die gleiche Zeit funktionsfähig bleiben und die in der Stunde einen mindestens zehnfachen Luftwechsel gewährleisten.

(3) Absatz 2 gilt nicht für Garagen, die

1. Lüftungsöffnungen oder Lüftungsschächte nach § 14 Abs. 2 oder 3 haben,
2. automatische Löschanlagen und eine maschinelle Abluftanlage nach § 14 Abs. 4 haben, die mindestens 12 m^3 Abluft in der Stunde je m^2 Garagennutzfläche abführen kann.

§ 16 Brandmeldeanlagen. [1] Geschlossene Großgaragen müssen Brandmeldeanlagen haben. [2] Geschlossene Mittelgaragen müssen Brandmeldeanlagen haben, wenn sie in Verbindung stehen mit baulichen Anlagen oder Räumen, für die Brandmeldeanlagen erforderlich sind. [3] Jedes Auslösen automatischer Feuerlöschanlagen ist über eine Brandmeldeanlage anzuzeigen.

Teil III. Betriebsvorschriften

§ 17 Betriebsvorschriften für Garagen. (1) Die Zu- und Abfahrten und die Rettungswege sind bis zur öffentlichen Verkehrsfläche verkehrssicher und frei zu halten; das gilt auch bei Eis- und Schneeglätte.

(2) In Mittel- und Großgaragen muß die allgemeine elektrische Beleuchtung nach § 13 Abs. 1 während der Benutzungszeit mit einer Beleuchtungsstärke von mindestens 20 Lux, während der Betriebszeit ständig mit einer Beleuchtungsstärke von mindestens 1 Lux eingeschaltet sein, soweit nicht Tageslicht mit einer entsprechenden Beleuchtungsstärke vorhanden ist.

(3) [1] Lüftungsöffnungen und -schächte dürfen nicht verschlossen oder zugestellt werden. [2] Maschinelle Lüftungsanlagen und CO-Warnanlagen müssen so gewartet werden, daß sie ständig betriebsbereit sind. [3] CO-Warnanlagen müssen

ständig eingeschaltet sein. [4] Maschinelle Abluftanlagen müssen so betrieben werden, daß der CO-Halbstundenmittelwert nicht mehr als 100 ppm beträgt (§ 14 Abs. 4).

(4) [1] In Mittel- und Großgaragen dürfen brennbare Stoffe außerhalb von Kraftfahrzeugen nur in unerheblichen Mengen aufbewahrt werden. [2] In Kleingaragen dürfen bis zu 200 l Dieselkraftstoff und bis zu 20 l Benzin in dicht verschlossenen, bruchsicheren Behältern aufbewahrt werden.

§ 18[1)] Abstellen von Kraftfahrzeugen in anderen Räumen als Garagen.

(1) Kraftfahrzeuge dürfen in Treppenräumen, Fluren und Kellergängen nicht abgestellt werden.

(2) Kraftfahrzeuge dürfen in sonstigen Räumen, die keine Garagen sind, nur abgestellt werden, wenn

1. das Gesamtfassungsvermögen der Kraftstoffbehälter aller abgestellten Kraftfahrzeuge nicht mehr als 12 l beträgt,
2. Kraftstoff außer dem Inhalt der Kraftstoffbehälter abgestellter Kraftfahrzeuge in diesen Räumen nicht aufbewahrt wird und
3. diese Räume keine Zündquellen oder leicht entzündlichen Stoffe enthalten.

(3) Abs. 2 gilt nicht für Kraftfahrzeuge,

1. die Arbeitsmaschinen oder landwirtschaftliche Zugmaschinen sind,
2. deren Batterie ausgebaut ist oder
3. die in Ausstellungs-, Verkaufs-, Werk- oder Lagerräumen für Kraftfahrzeuge stehen.

Teil IV. Bauvorlagen, Prüfungen

§ 19 Bauvorlagen. Die Bauvorlagen müssen zusätzliche Angaben enthalten über:

1. die Zahl, Abmessung und Kennzeichnung der Einstellplätze und Fahrgassen sowie über die Rettungswege,
2. die Brandmelde- und Feuerlöschanlagen,
3. den Rauch- und Wärmeabzug,
4. die CO-Warnanlagen,
5. die natürliche Lüftung oder die maschinellen Lüftungsanlagen,
6. die Sicherheitsbeleuchtung.

Teil V.[2)] Notwendige Stellplätze

§ 20[3)] Notwendige Stellplätze. [1] Die Zahl der notwendigen Stellplätze im Sinn des Art. 47 Abs. 1 Satz 1, Abs. 2 Satz 1 BayBO[4)] bemisst sich nach der

---

[1)] § 18 Abs. 3 neu gef. mWv 1. 6. 2015 durch VO v. 25. 4. 2015 (GVBl S. 148).
[2)] Neuer Teil V eingef. mWv 1. 1. 2008 durch VO v. 29. 11. 2007 (GVBl S. 847).
[3)] Neuer § 20 eingef. mWv 1. 1. 2008 durch VO v. 29. 11. 2007 (GVBl S. 847).
[4)] Nr. 1.

Anlage. [2] Ist eine Nutzung nicht in der Anlage aufgeführt, ist die Zahl der notwendigen Stellplätze in Anlehnung an eine oder mehrere vergleichbare Nutzungen zu ermitteln.

Teil VI.[1] Schlußvorschriften

§ 21[2] Weitergehende Anforderungen. (1) Soweit eine Garage für Kraftfahrzeuge bestimmt ist, deren Länge mehr als 5 m und deren Breite mehr als 2 m beträgt, können weitergehende Anforderungen als nach dieser Verordnung zur Erfüllung des Art. 3 Abs. 1 BayBO[3] im Einzelfall gestellt werden.

(2) Für geschlossene Großgaragen können im Einzelfall von den Brandschutzdienststellen Feuerwehrpläne gefordert werden.

§ 22[4] Ordnungswidrigkeiten. Nach Art. 79 Abs. 1 Satz 1 Nr. 1 BayBO[3] kann mit Geldbuße bis zu fünfhunderttausend Euro belegt werden, wer vorsätzlich oder fahrlässig

1. entgegen § 17 Abs. 1 die Zu- oder Abfahrten oder die Rettungswege nicht verkehrssicher oder frei hält,
2. entgegen § 17 Abs. 2 Mittel- und Großgaragen nicht ständig beleuchtet,
3. entgegen § 17 Abs. 3 Satz 1 Lüftungsöffnungen oder -schächte verschließt oder zustellt,
4. entgegen § 17 Abs. 3 Satz 3 CO-Warnanlagen nicht ständig eingeschaltet läßt,
5. entgegen § 17 Abs. 3 Satz 4 maschinelle Lüftungsanlagen so betreibt, daß der genannte Wert des CO-Gehaltes der Luft überschritten wird.

§ 23[5] Übergangsvorschriften. Auf die zum Zeitpunkt des Inkrafttretens dieser Verordnung bestehenden Garagen sind die Betriebsvorschriften (§ 17) sowie die Vorschriften über Prüfung sicherheitsrelevanter technischer Anlagen und Einrichtungen (§ 20) entsprechend anzuwenden.

§ 24 Inkrafttreten. Diese Verordnung tritt am 1. Januar 1994 in Kraft.

---

[1] Bish. Teil V wird Teil VI mWv 1. 1. 2008 durch VO v. 29. 11. 2007 (GVBl S. 847).

[2] § 21 Abs. 2 angef. mWv 1. 8. 2009 durch VO v. 8. 7. 2009 (GVBl S. 332).

[3] Nr. **1**.

[4] § 22 einl. Satzteil und Nr. 6 geänd. durch VO v. 8. 12. 1997 (GVBl S. 827), einl. Satzteil geänd. mWv 1. 1. 2002 durch VO v. 28. 3. 2001 (GVBl S. 174), Nr. 6 aufgeh. mWv 1. 1. 2002 durch VO v. 3. 8. 2001 (GVBl S. 593); einl. Satzteil geänd. mWv 1. 1. 2008 durch VO v. 29. 11. 2007 (GVBl S. 847).

[5] § 23 geänd. durch VO v. 8. 12. 1997 (GVBl S. 827).

Anlage[1)]

Nr.	Verkehrsquelle	Zahl der Stellplätze	hiervon in Vomhundertsätzen für Besucher
1.	**Wohngebäude**		
1.1	Einfamilienhäuser	1 Stellplatz je Wohnung	–
1.2	Mehrfamilienhäuser und sonstige Gebäude mit Wohnungen	1 Stellplatz je Wohnung	10
1.3	Gebäude mit Altenwohnungen	0,2 Stellplätze je Wohnung	20
1.4	Wochenend- und Ferienhäuser	1 Stellplatz je Wohnung	–
1.5	Kinder-, Schüler- und Jugendwohnheime	1 Stellplatz je 20 Betten, mindestens 2 Stellplätze	75
1.6	Studentenwohnheime	1 Stellplatz je 5 Betten	10
1.7	Schwestern-/ Pflegerwohnheime	1 Stellplatz je 2 Betten, mindestens 3 Stellplätze	10
1.8	Arbeitnehmerwohnheime	1 Stellplatz je 4 Betten, mindestens 3 Stellplätze	20
1.9	Altenwohnheime	1 Stellplatz je 15 Betten, mindestens 3 Stellplätze	50
1.10	Altenheime, Langzeit- und Kurzzeitpflegeheime	1 Stellplatz je 12 Betten bzw. Pflegeplätze, mindestens 3 Stellplätze	50
1.11	Tagespflegeeinrichtungen	1 Stellplatz je 12 Pflegeplätze, mindestens 3 Stellplätze	50
1.12	Obdachlosenheime, Gemeinschaftsunterkünfte für Leistungsberechtigte nach dem Asylbewerberleistungsgesetz	1 Stellplatz je 30 Betten, mindestens 3 Stellplätze	10
2.	**Gebäude mit Büro-, Verwaltungs- und Praxisräumen**		
2.1	Büro- und Verwaltungsräume allgemein	1 Stellplatz je 40 m^2 NF[2)]	20
2.2	Räume mit erheblichem Besucherverkehr (Schalter-, Abfertigungs oder Beratungsräume, Arztpraxen und dergl.)	1 Stellplatz, je 30 m^2 NF[3)], mindestens 3 Stellplätze	75
3.	**Verkaufsstätten**		
3.1	Läden	1 Stellplatz je 40 m^2 NF (V)[4)], mindestens 2 Stellplätze je Laden	75
3.2	Waren- und Geschäftshäuser (einschließlich Einkaufszen-	1 Stellplatz je 40 m^2 NF (V)[4)]	75

[1)] Anlage eingef. mWv 1. 1. 2008 durch VO v. 29. 11. 2007 (GVBl S. 847); geänd. mWv 1. 8. 2009 durch VO v. 8. 7. 2009 (GVBl S. 332).

[2)] **Amtl. Anm.:** NF = Nutzfläche nach DIN 277 Teil 3

[3)] **Amtl. Anm.:** NF = Nutzfläche nach DIN 277 Teil 2

[4)] **Amtl. Anm.:** NF (V) = Verkaufsnutzfläche

Nr.	Verkehrsquelle	Zahl der Stellplätze	hiervon in Vomhundertsätzen für Besucher
	tren, großflächigen Einzelhandelsbetrieben)		
4.	**Versammlungsstätten (außer Sportstätten), Kirchen**		
4.1	Versammlungsstätten von überörtlicher Bedeutung (z.B. Theater, Konzerthäuser, Mehrzweckhallen)	1 Stellplatz je 5 Sitzplätze	90
4.2	Sonstige Versammlungsstätten (z.B. Lichtspieltheater, Schulaulen, Vortragssäle)	1 Stellplatz je 10 Sitzplätze	90
4.3	Gemeindekirchen	1 Stellplatz je 30 Sitzplätze	90
4.4	Kirchen von überörtlicher Bedeutung	1 Stellplatz je 20 Sitzplätze	90
5.	**Sportstätten**		
5.1	Sportplätze ohne Besucherplätze (z.B. Trainingsplätze)	1 Stellplatz je 300 m² Sportfläche	–
5.2	Sportplätze und Sportstadien mit Besucherplätzen	1 Stellplatz je 300 m² Sportfläche, zusätzlich 1 Stellplatz je 15 Besucherplätze	–
5.3	Turn- und Sporthallen ohne Besucherplätze	1 Stellplatz je 50 m² Hallenflächen	–
5.4	Turn- und Sporthallen mit Besucherplätzen	1 Stellplatz je 50 m² Hallenfläche; zusätzlich 1 Stellplatz je 15 Besucherplätze	–
5.5	Freibäder und Freiluftbäder	1 Stellplatz je 300 m² Grundstücksfläche	–
5.6	Hallenbäder ohne Besucherplätze	1 Stellplatz je 10 Kleiderablagen	–
5.7	Hallenbäder mit Besucherplätzen	1 Stellplatz je 10 Kleiderablagen, zusätzlich 1 Stellplatz je 15 Besucherplätze	–
5.8	Tennisplätze ohne Besucherplätze	2 Stellplätze je Spielfeld	–
5.9	Tennisplätze mit Besucherplätzen	2 Stellplätze je Spielfeld, zusätzlich 1 Stellplatz je 15 Besucherplätze	–
5.10	Squashanlagen	2 Stellplätze je Court	–
5.11	Minigolfplätze	6 Stellplätze je Minigolfanlage	–
5.12	Kegel-, Bowlingbahnen	4 Stellplätze je Bahn	–
5.13	Bootshäuser und Bootsliegeplätze	1 Stellplatz je 5 Boote	–
5.14	Fitnesscenter	1 Stellplatz je 40 m² Sportfläche	–
6.	**Gaststätten und Beherbergungsbetriebe**		
6.1	Gaststätten	1 Stellplatz je 10 m² Gastfläche	75
6.2	Spiel- und Automatenhallen, Billard-Salons, sonst. Vergnügungsstätten	1 Stellplatz je 20 m² NF[1)], mind. 3 Stellplätze	90

[1)] **Amtl. Anm.:** NF = Nutzfläche nach DIN 277 Teil 3

Nr.	Verkehrsquelle	Zahl der Stellplätze	hiervon in Vomhundertsätzen für Besucher
6.3	Hotels, Pensionen, Kurheime und andere Beherbergungsbetriebe	1 Stellplatz je 6 Betten, bei Restaurationsbetrieb Zuschlag nach 6.1 oder 6.2	75
6.4	Jugendherbergen	1 Stellplatz je 15 Betten	75
7.	**Krankenanstalten**		
7.1	Krankenanstalten von überörtlicher Bedeutung	1 Stellplatz je 4 Betten	60
7.2	Krankenanstalten von örtlicher Bedeutung	1 Stellplatz je 6 Betten	60
7.3	Sanatorien, Kuranstalten, Anstalten für langfristig Kranke	1 Stellplatz je 4 Betten	25
7.4	Ambulanzen	1 Stellplatz je 30 m^2 NF[1)], mindestens 3 Stellplätze	75
8.	**Schulen, Einrichtungen der Jugendförderung**		
8.1	Grundschulen, Schulen für Lernbehinderte	1 Stellplatz je Klasse	–
8.2	Hauptschulen, sonstige allgemeinbildende Schulen, Berufsschulen, Berufsfachschulen	1 Stellplatz je Klasse, zusätzlich 1 Stellplatz je 10 Schüler über 18 Jahre	10
8.3	Sonderschulen für Behinderte	1 Stellplatz je 15 Schüler	–
8.4	Hochschulen	1 Stellplatz je 10 Studierende	–
8.5	Tageseinrichtungen für Kinder	1 Stellplatz je 30 Kinder, mindestens 2 Stellplätze	–
8.6	Jugendfreizeitheime und dergl.	1 Stellplatz je 15 Besucherplätze	–
8.7	Berufsbildungswerke, Ausbildungswerkstätten und dergl.	1 Stellplatz je 10 Auszubildende	–
9.	**Gewerbliche Anlagen**		
9.1	Handwerks- und Industriebetriebe	1 Stellplatz je 70 m^2 NF[2)] oder je 3 Beschäftigte	10
9.2	Lagerräume, -plätze, Ausstellungs-, Verkaufsplätze	1 Stellplatz je 100 m^2 NF[2)] oder je 3 Beschäftigte	–
9.3	Kraftfahrzeugwerkstätten	6 Stellplätze je Wartungs- oder Reparaturstand	–
9.4	Tankstellen	Bei Einkaufsmöglichkeit über Tankstellenbedarf hinaus: Zuschlag nach 3.1 (ohne Besucheranteil)	–
9.5	Automatische Kfz-Waschanlagen	5 Stellplätze je Waschanlage[3)]	–
10.	**Verschiedenes**		

[1)] **Amtl. Anm.:** NF = Nutzfläche nach DIN 277 Teil 2
[2)] **Amtl. Anm.:** NF = Nutzfläche nach DIN 277 Teil 3
[3)] **Amtl. Anm.:** Zusätzlich muss ein Stauraum für mindestens 10 Kraftfahrzeuge vorhanden sein.

Nr.	Verkehrsquelle	Zahl der Stellplätze	hiervon in Vomhundertsätzen für Besucher
10.1	Kleingartenanlagen	1 Stellplatz je 3 Kleingärten	–
10.2	Friedhöfe	1 Stellplatz je 1 500 m^2 Grundstücksfläche, jedoch mindestens 10 Stellplätze	–

7. Feuerungsverordnung[1] (FeuV)

Vom 11. November 2007
(GVBl S. 800)
BayRS 2132-1-3-I
zuletzt geänd. durch § 2 ÄndVO v. 7. 12. 2012 (GVBl S. 732)

Auf Grund des Art. 80 Abs. 1 Satz 1 Nrn. 1 und 2 sowie Abs. 6 der Bayerischen Bauordnung (BayBO)[2] in der Fassung der Bekanntmachung vom 14. August 2007 (GVBl S. 588, BayRS 2132-1-I) erlässt das Bayerische Staatsministerium des Innern folgende Verordnung:

§ 1 Einschränkung des Anwendungsbereichs. [1] Für Feuerstätten, Wärmepumpen und Blockheizkraftwerke gilt diese Verordnung nur, soweit diese Anlagen der Beheizung von Räumen oder der Warmwasserversorgung dienen oder Gas-Haushalts-Kochgeräte sind. [2] Sie gilt nicht für Brennstoffzellen und ihre Anlagen zur Abführung der Prozessgase.

§ 2 Begriffe. (1) Als Nennleistung gilt

1. die auf dem Typenschild der Feuerstätte angegebene höchste Leistung, bei Blockheizkraftwerken die Gesamtleistung,
2. die in den Grenzen des auf dem Typenschild angegebenen Leistungsbereichs festeingestellte und auf einem Zusatzschild angegebene höchste nutzbare Leistung der Feuerstätte oder
3. bei Feuerstätten ohne Typenschild die aus dem Brennstoffdurchsatz mit einem Wirkungsgrad von 80 v.H. ermittelte Leistung.

(2) [1] Raumluftunabhängig sind Feuerstätten, denen die Verbrennungsluft über Leitungen oder Schächte nur direkt vom Freien zugeführt wird und bei denen kein Abgas in gefahrdrohender Menge in den Aufstellraum austreten kann. [2] Andere Feuerstätten sind raumluftabhängig.

§ 3 Verbrennungsluftversorgung von Feuerstätten. (1) Für raumluftabhängige Feuerstätten mit einer Nennleistung von insgesamt nicht mehr als 35 kW reicht die Verbrennungsluftversorgung aus, wenn jeder Aufstellraum

1. mindestens eine Tür ins Freie oder ein Fenster, das geöffnet werden kann (Räume mit Verbindung zum Freien), und einen Rauminhalt von mindestens 4 m^3 je 1 kW Nennleistung dieser Feuerstätten hat,

---

[1] **Amtl. Anm.:** Die Verpflichtungen aus der Richtlinie 98/34/EG des Europäischen Parlaments und des Rates vom 22. Juni 1998 über ein Informationsverfahren auf dem Gebiet der Normen und technischen Vorschriften (ABl EG Nr. L 204 S. 37), geändert durch die Richtlinie 98/48/EG des Europäischen Parlaments und des Rates vom 20. Juli 1998 (ABl EG Nr. L 217 S. 18), jetzt Richtlinie des Europäischen Parlaments und des Rates über ein Informationsverfahren auf dem Gebiet der Normen und technischen Vorschriften und der Vorschriften für die Dienste der Informationsgesellschaft, sind beachtet worden.

[2] Nr. **1**.

2. mit anderen Räumen mit Verbindung zum Freien nach Maßgabe des Abs. 2 verbunden ist (Verbrennungsluftverbund) oder
3. eine ins Freie führende Öffnung mit einem lichten Querschnitt von mindestens 150 cm^2 oder zwei Öffnungen von je 75 cm^2 oder Leitungen ins Freie mit strömungstechnisch äquivalenten Querschnitten hat.

(2) [1] Der Verbrennungsluftverbund im Sinn des Abs. 1 Nr. 2 zwischen dem Aufstellraum und Räumen mit Verbindung zum Freien muss durch Verbrennimgsluftöffnungen von mindestens 150 cm^2 zwischen den Räumen hergestellt sein. [2] Der Gesamtrauminhalt der Räume, die zum Verbrennungsluftverbund gehören, muss mindestens 4 m^3 je 1 kW Nennleistung der Feuerstätten, die gleichzeitig betrieben werden können, betragen. [3] Räume ohne Verbindung zum Freien sind auf den Gesamtrauminhalt nicht anzurechnen.

(3) Für raumluftabhängige Feuerstätten mit einer Nennleistung von insgesamt mehr als 35 kW und nicht mehr als 50 kW reicht die Verbrennungsluftversorgung aus, wenn jeder Aufstellraum die Anforderungen nach Abs. 1 Nr. 3 erfüllt.

(4) [1] Für raumluftabhängige Feuerstätten mit einer Nennleistung von insgesamt mehr als 50 kW reicht die Verbrennungsluftversorgung aus, wenn jeder Aufstellraum eine ins Freie führende Öffnung oder Leitung hat. [2] Der Querschnitt der Öffnung muss mindestens 150 cm^2 und für jedes über 50 kW hinausgehende Kilowatt 2 cm^2 mehr betragen. [3] Leitungen müssen strömungstechnisch äquivalent bemessen sein. [4] Der erforderliche Querschnitt darf auf höchstens zwei Öffnungen oder Leitungen aufgeteilt sein.

(5) [1] Verbrennungsluftöffnungen und -leitungen dürfen nicht verschlossen oder zugestellt werden, sofern nicht durch besondere Sicherheitseinrichtungen gewährleistet ist, dass die Feuerstätten nur bei geöffnetem Verschluss betrieben werden können. [2] Der erforderliche Querschnitt darf durch den Verschluss oder durch Gitter nicht verengt werden.

(6) Abweichend von Abs. 1 bis 4 kann für raumluftabhängige Feuerstätten eine ausreichende Verbrennungsluftversorgung auf andere Weise nachgewiesen werden.

(7) [1] Abs. 1 und 2 gelten nicht für Gas-Haushalts-Kochgeräte. [2] Abs. 1 bis 4 gelten nicht für offene Kamine.

§ 4 Aufstellung von Feuerstätten, Gasleitungsanlagen. (1) Feuerstätten dürfen nicht aufgestellt werden

1. in notwendigen Treppenräumen, in Räumen zwischen notwendigen Treppenräumen und Ausgängen ins Freie und in notwendigen Fluren,
2. in Garagen, ausgenommen raumluftunabhängige Feuerstätten, deren Oberflächentemperatur bei Nennleistung nicht mehr als 300°C beträgt.

(2) [1] Die Betriebssicherheit von raumluftabhängigen Feuerstätten darf durch den Betrieb von Raumluft absaugenden Anlagen wie Lüftungs- oder Warmluftheizungsanlagen, Dunstabzugshauben, Abluft-Wäschetrockner nicht beeinträchtigt werden. [2] Dies gilt als erfüllt, wenn

1. ein gleichzeitiger Betrieb der Feuerstätten und der Luft absaugenden Anlagen durch Sicherheitseinrichtungen verhindert wird,
2. die Abgasabführung durch besondere Sicherheitseinrichtungen überwacht wird,

3. die Abgase der Feuerstätten über die Luft absaugenden Anlagen abgeführt werden oder
4. anlagentechnisch sichergestellt ist, dass während des Betriebs der Feuerstätten kein gefährlicher Unterdruck entstehen kann.

(3) [1] Feuerstätten für gasförmige Brennstoffe ohne Flammenüberwachung dürfen nur in Räumen aufgestellt werden, wenn durch mechanische Lüftungsanlagen während des Betriebs der Feuerstätten stündlich mindestens ein fünffacher Luftwechsel sichergestellt ist. [2] Für Gas-Haushalts-Kochgeräte genügt ein Außenluftvolumenstrom von 100 m^3/h.

(4) Feuerstätten für gasförmige Brennstoffe mit Strömungssicherung dürfen unbeschadet des § 3 in Räumen aufgestellt werden,

1. mit einem Rauminhalt von mindestens 1 m^3 je kW Nennleistung dieser Feuerstätten, soweit sie gleichzeitig betrieben werden können,
2. in denen durch unten und oben angeordnete Öffnungen mit einem Mindestquerschnitt von jeweils 75 cm^2 ins Freie eine Durchlüftung sichergestellt ist oder
3. in denen durch andere Maßnahmen wie beispielsweise unten und oben in derselben Wand angeordnete Öffnungen mit einem Mindestquerschnitt von jeweils 150 cm^2 zu unmittelbaren Nachbarräumen ein zusammenhängender Rauminhalt der Größe nach Nr. 1 eingehalten wird.

(5) [1] Gasleitungsanlagen in Räumen müssen so beschaffen, angeordnet oder mit Vorrichtungen ausgerüstet sein, dass bei einer äußeren thermischen Beanspruchung von bis zu 650°C über einen Zeitraum von 30 Minuten keine gefährlichen Gas-Luft-Gemische entstehen können. [2] Alle Gasentnahmestellen müssen mit einer Vorrichtung ausgerüstet sein, die im Brandfall die Brennstoffzufuhr selbsttätig absperrt. [3] Satz 2 gilt nicht, wenn Gasleitungsanlagen durch Ausrüstung mit anderen selbsttätigen Vorrichtungen die Anforderungen nach Satz 1 erfüllen.

(6) Feuerstätten für Flüssiggas (Propan, Butan und deren Gemische) dürfen in Räumen, deren Fußboden an jeder Stelle mehr als 1 m unter der Geländeoberfläche liegt, nur aufgestellt werden, wenn

1. die Feuerstätten eine Flammenüberwachung haben und
2. sichergestellt ist, dass auch bei abgeschalteter Feuerungseinrichtung Flüssiggas aus den im Aufstellraum befindlichen Brennstoffleitungen in gefahrdrohender Menge nicht austreten kann oder über eine mechanische Lüftungsanlage sicher abgeführt wird.

(7) [1] Feuerstätten müssen von Bauteilen aus brennbaren Baustoffen so weit entfernt oder so abgeschirmt sein, dass an diesen bei Nennleistung der Feuerstätten keine höheren Temperaturen als 85°C auftreten können. [2] Dies gilt als erfüllt, wenn mindestens die vom Hersteller angegebenen Abstandsmaße eingehalten werden oder, wenn diese Angaben fehlen, ein Mindestabstand von 40 cm eingehalten wird.

(8) [1] Vor den Feuerungsöffnungen von Feuerstätten für feste Brennstoffe sind Fußböden aus brennbaren Baustoffen durch einen Belag aus nichtbrennbaren Baustoffen zu schützen. [2] Der Belag muss sich nach vorn auf mindestens 50 cm und seitlich auf mindestens 30 cm über die Feuerungsöffnung hinaus erstrecken.

(9) [1] Bauteile aus brennbaren Baustoffen müssen von den Feuerraumöffnungen offener Kamine nach oben und nach den Seiten einen Abstand von mindestens 80 cm haben. [2] Bei Anordnung eines beiderseits belüfteten Strahlungsschutzes genügt ein Abstand von 40 cm.

§ 5 Aufstellräume für Feuerstätten. (1) [1] In einem Raum dürfen Feuerstätten mit einer Nennleistung von insgesamt mehr als 100 kW, die gleichzeitig betrieben werden sollen, nur aufgestellt werden, wenn dieser Raum

1. nicht anderweitig genutzt wird, ausgenommen zur Aufstellung von Wärmepumpen, Blockheizkraftwerken und ortsfesten Verbrennungsmotoren sowie für zugehörige Installationen und zur Lagerung von Brennstoffen,
2. gegenüber anderen Räumen keine Öffnungen, ausgenommen Öffnungen für Türen, hat,
3. dicht- und selbstschließende Türen hat und
4. gelüftet werden kann.

[2] In einem Raum nach Satz 1 dürfen Feuerstätten für feste Brennstoffe jedoch nur aufgestellt werden, wenn deren Nennleistung insgesamt nicht mehr als 50 kW beträgt.

(2) [1] Brenner und Brennstofffördereinrichtungen der Feuerstätten für flüssige und gasförmige Brennstoffe mit einer Gesamtnennleistung von mehr als 100 kW müssen durch einen außerhalb des Aufstellraums angeordneten Schalter (Notschalter) jederzeit abgeschaltet werden können. [2] Neben dem Notschalter muss ein Schild mit der Aufschrift „NOTSCHALTERFEUERUNG“ vorhanden sein.

(3) Wird in dem Aufstellraum nach Abs. 1 Heizöl gelagert oder ist der Raum für die Heizöllagerung nur von diesem Aufstellraum zugänglich, muss die Heizölzufuhr von der Stelle des Notschalters nach Abs. 2 aus durch eine entsprechend gekennzeichnete Absperreinrichtung unterbrochen werden können.

(4) Abweichend von Abs. 1 dürfen die Feuerstätten auch in anderen Räumen aufgestellt werden, wenn die Nutzung dieser Räume dies erfordert und die Feuerstätten sicher betrieben werden können.

§ 6 Heizräume. (1) [1] Feuerstätten für feste Brennstoffe mit einer Nennleistung von insgesamt mehr als 50 kW, die gleichzeitig betrieben werden sollen, dürfen nur in besonderen Räumen (Heizräumen) aufgestellt werden. [2] § 5 Abs. 3 und 4 gelten entsprechend. [3] Die Heizräume dürfen

1. nicht anderweitig genutzt werden, ausgenommen zur Aufstellung von Feuerstätten für flüssige und gasförmige Brennstoffe, Wärmepumpen, Blockheizkraftwerke, ortsfesten Verbrennungsmotoren und für zugehörige Installationen sowie zur Lagerung von Brennstoffen und
2. mit Aufenthaltsräumen, ausgenommen solchen für das Betriebspersonal, sowie mit notwendigen Treppenräumen nicht in unmittelbarer Verbindung stehen.

[4] Wenn in Heizräumen Feuerstätten für flüssige und gasförmige Brennstoffe aufgestellt werden, gilt § 5 Abs. 2 entsprechend.

(2) Heizräume müssen

1. mindestens einen Rauminhalt von 8 m^3 und eine lichte Höhe von 2 m,
2. einen Ausgang, der ins Freie oder einen Flur führt und die Anforderungen an notwendige Flure erfüllt, und

3. Türen, die in Fluchtrichtung aufschlagen,

haben.

(3) [1] Wände, ausgenommen nichttragende Außenwände, und Stützen von Heizräumen sowie Decken über und unter ihnen müssen feuerbeständig sein. [2] Öffnungen in Decken und Wänden müssen, soweit sie nicht unmittelbar ins Freie führen, mindestens feuerhemmende und selbstschließende Abschlüsse haben. [3] Sätze 1 und 2 gelten nicht für Trennwände zwischen Heizräumen und den zum Betrieb der Feuerstätten gehörenden Räumen, wenn diese Räume die Anforderungen der Sätze 1 und 2 erfüllen.

(4) [1] Heizräume müssen zur Raumlüftung jeweils eine obere und eine untere Öffnung ins Freie mit einem Querschnitt von mindestens je 150 cm^2 oder Leitungen ins Freie mit strömungstechnisch äquivalenten Querschnitten haben. [2] § 3 Abs. 5 gilt sinngemäß. [3] Der Querschnitt einer Öffnung oder Leitung darf auf die Verbrennungsluftversorgung nach § 3 Abs. 4 angerechnet werden.

(5) [1] Lüftungsleitungen für Heizräume müssen eine Feuerwiderstandsfähigkeit von mindestens 90 Minuten haben, soweit sie durch andere Räume führen, ausgenommen angrenzende, zum Betrieb der Feuerstätten gehörende Räume, die die Anforderungen nach Abs. 3 Sätze 1 und 2 erfüllen. [2] Die Lüftungsleitungen dürfen mit anderen Lüftungsanlagen nicht verbunden sein und nicht der Lüftung anderer Räume dienen.

(6) Lüftungsleitungen, die der Lüftung anderer Räume dienen, müssen, soweit sie durch Heizräume führen,

1. eine Feuerwiderstandsfähigkeit von mindestens 90 Minuten oder selbsttätige Absperrvorrichtungen mit einer Feuerwiderstandsfähigkeit von mindestens 90 Minuten haben und
2. ohne Öffnungen sein.

§ 7 Abgasanlagen. (1) Abgasanlagen müssen nach lichtem Querschnitt und Höhe, soweit erforderlich auch nach Wärmedurchlasswiderstand und Beschaffenheit der inneren Oberfläche, so bemessen sein, dass die Abgase bei allen bestimmungsgemäßen Betriebszuständen ins Freie abgeführt werden und gegenüber Räumen kein gefährlicher Überdruck auftreten kann.

(2) [1] Die Abgase von Feuerstätten für feste Brennstoffe müssen in Schornsteine, die Abgase von Feuerstätten für flüssige oder gasförmige Brennstoffe dürfen auch in Abgasleitungen eingeleitet werden. [2] Art. 39 Abs. 4 BayBO[1)] bleibt unberührt.

(3) [1] Abweichend von Abs. 2 Satz 1 sind Feuerstätten für gasförmige Brennstoffe ohne Abgasanlage zulässig, wenn durch einen sicheren Luftwechsel im Aufstellraum gewährleistet ist, dass Gefahren oder unzumutbare Belästigungen nicht entstehen. [2] Dies gilt insbesondere als erfüllt, wenn

1. durch maschinelle Lüftungsanlagen während des Betriebs der Feuerstätten ein Luftvolumenstrom von mindestens 30 m^3/h je kW Nennleistung aus dem Aufstellraum ins Freie abgeführt wird oder
2. besondere Sicherheitseinrichtungen verhindern, dass die Kohlenmonoxid-Konzentration in den Aufstellräumen einen Wert von 30 ppm überschreitet,

---

1) Nr. **1**.

3. bei Gas-Haushalts-Kochgeräten, soweit sie gleichzeitig betrieben werden können, mit einer Nennleistung von nicht mehr als 11 kW der Aufstellraum einen Rauminhalt von mehr als 15 m^3 aufweist und mindestens eine Tür ins Freie oder ein Fenster hat, das geöffnet werden kann.

(4) Mehrere Feuerstätten dürfen an einen gemeinsamen Schornstein, an eine gemeinsame Abgasleitung oder an ein gemeinsames Verbindungsstück nur angeschlossen werden, wenn

1. durch die Bemessung nach Abs. 1 und die Beschaffenheit der Abgasanlage die Ableitung der Abgase für jeden Betriebszustand sichergestellt ist,
2. eine Übertragung von Abgasen zwischen den Aufstellräumen und ein Austritt von Abgasen über nicht in Betrieb befindliche Feuerstätten ausgeschlossen sind,
3. die gemeinsame Abgasleitung aus nichtbrennbaren Baustoffen besteht oder eine Brandübertragung zwischen den Geschossen durch selbsttätige Absperrvorrichtungen oder andere Maßnahmen verhindert wird und
4. die Anforderungen des § 4 Abs. 2 für alle angeschlossenen Feuerstätten gemeinsam erfüllt sind.

(5) [1] In Gebäuden muss jede Abgasleitung, die Geschosse überbrückt, in einem eigenen Schacht angeordnet sein. [2] Dies gilt nicht

1. für Abgasleitungen in Gebäuden der Gebäudeklassen 1 und 2, die durch nicht mehr als eine Nutzungseinheit führen,
2. für einfach belegte Abgasleitungen im Aufstellraum der Feuerstätte und
3. für Abgasleitungen, die eine Feuerwiderstandsfähigkeit von mindestens 90 Minuten, in Gebäuden der Gebäudeklassen 1 und 2 eine Feuerwiderstandsfähigkeit von mindestens 30 Minuten haben.

[3] Schächte für Abgasleitungen dürfen nicht anderweitig genutzt werden. [4] Die Anordnung mehrerer Abgasleitungen in einem gemeinsamen Schacht ist zulässig, wenn

1. die Abgasleitungen aus nichtbrennbaren Baustoffen bestehen,
2. die zugehörigen Feuerstätten in demselben Geschoss aufgestellt sind oder
3. eine Brandübertragung zwischen den Geschossen durch selbsttätige Absperrvorrichtungen oder andere Maßnahmen verhindert wird.

[5] Die Schächte müssen eine Feuerwiderstandsfähigkeit von mindestens 90 Minuten, in Gebäuden der Gebäudeklassen 1 und 2 von mindestens 30 Minuten haben.

(6) [1] Abgasleitungen aus normalentflammbaren Baustoffen innerhalb von Gebäuden müssen, soweit sie nicht gemäß Abs. 5 in Schächten zu verlegen sind, zum Schutz gegen mechanische Beanspruchung von außen in Schutzrohren aus nichtbrennbaren Baustoffen angeordnet oder mit vergleichbaren Schutzvorkehrungen aus nichtbrennbaren Baustoffen ausgestattet sein. [2] Dies gilt nicht für Abgasleitungen im Aufstellraum der Feuerstätten. [3] § 8 Abs. 1 bis 3, 5 und 6 bleiben unberührt.

(7) Schornsteine müssen

1. gegen Rußbrände beständig sein,
2. in Gebäuden, in denen sie Geschosse überbrücken, eine Feuerwiderstandsfähigkeit von mindestens 90 Minuten haben oder in durchgehenden Schäch-

ten mit einer Feuerwiderstandsfähigkeit von mindestens 90 Minuten angeordnet sein,

3. unmittelbar auf dem Baugrund gegründet oder auf einem feuerbeständigen Unterbau errichtet sein; es genügt ein Unterbau aus nichtbrennbaren Baustoffen für Schornsteine in Gebäuden der Gebäudeklassen 1 bis 3, für Schornsteine, die oberhalb der obersten Geschossdecke beginnen, sowie für Schornsteine an Gebäuden,
4. durchgehend, insbesondere nicht durch Decken unterbrochen sein und
5. für die Reinigung Öffnungen mit Schornsteinreinigungsverschlüssen haben.

(8) Schornsteine, Abgasleitungen und Verbindungsstücke, die unter Überdruck betrieben werden, müssen innerhalb von Gebäuden

1. in vom Freien dauernd gelüfteten Räumen liegen,
2. in Räumen liegen, die § 3 Abs. 1 Nr. 3 entsprechen,
3. soweit sie in Schächten liegen, über die gesamte Länge und den ganzen Umfang hinterlüftet sein oder
4. der Bauart nach so beschaffen sein, dass Abgase in gefahrdrohender Menge nicht austreten können.

(9) Verbindungsstücke dürfen nicht in Decken, Wänden oder unzugänglichen Hohlräumen angeordnet sowie nicht in andere Geschosse oder Nutzungseinheiten geführt werden.

(10) [1] Luft-Abgas-Systeme sind zur Abgasabführung nur zulässig, wenn sie getrennte, durchgehende Luft- und Abgasführungen haben. [2] An diese Systeme dürfen nur raumluftunabhängige Feuerstätten angeschlossen werden, deren Bauart sicherstellt, dass sie für diese Betriebsweise geeignet sind. [3] Im Übrigen gelten für Luft-Abgas-Systeme Abs. 4 bis 9 sinngemäß.

§ 8[1)] Abstände von Abgasanlagen zu brennbaren Bauteilen. (1) Abgasanlagen müssen zu Bauteilen aus brennbaren Baustoffen so weit entfernt oder so abgeschirmt sein, dass an den genannten Bauteilen

1. bei Nennleistung keine höheren Temperaturen als 85°C und
2. bei Rußbränden in Schornsteinen keine höheren Temperaturen als 100°C auftreten können.

(2) [1] Die Anforderungen des Abs. 1 gelten für den Fall der Hinterlüftung der Abgasanlagen als erfüllt, wenn

1. die auf Grund von harmonisierten technischen Spezifikationen in der Produktbezeichnung angegebenen Mindestabstände eingehalten sind,
2. bei Abgasanlagen für Abgastemperaturen der Feuerstätten bei Nennleistung bis zu 400°C, deren Wärmedurchlasswiderstand mindestens 0,12 m^2K/W und deren Feuerwiderstandsdauer mindestens 90 Minuten beträgt, ein Mindestabstand von 5 cm eingehalten ist oder
3. bei Abgasanlagen für Abgastemperaturen der Feuerstätten bei Nennleistung bis zu 400°C ein Mindlestabstand von 40 cm eingehalten ist.

[2] Im Fall von Satz 1 Nr. 2 ist

---

1) § 8 neu gef. mWv 1. 8. 2009 durch VO v. 8. 7. 2009 (GVBl S. 332).

1. zu Holzbalken und Bauteilen entsprechender Abmessungen ein Mindestabstand von 2 cm ausreichend,
2. zu Bauteilen mit geringer Fläche wie Fußleisten und Dachlatten, soweit die Ableitung der Wärme aus diesen Bauteilen nicht durch Wärmedämmung behindert wird, kein Mindestabstand erforderlich.

[3] Abweichend von Satz 1 Nr. 3 genügt bei Abgasleitungen für Abgastemperaturen der Feuerstätten bei Nennleistung bis zu 300°C außerhalb von Schächten

1. ein Mindestabstand von 20 cm oder
2. wenn die Abgasleitungen mindestens 2 cm dick mit nichtbrennbaren Baustoffen mit geringer Wärmeleitfähigkeit ummantelt sind oder die Abgastemperatur der Feuerstätte bei Nennleistung nicht mehr als 160°C betragen kann, ein Mindestabstand von 5 cm.

[4] Abweichend von Satz 1 Nr. 3 genügt für Verbindungsstücke zu Schornsteinen ein Mindestabstand von 10 cm, wenn die Verbindungsstücke mindestens 2 cm dick mit nichtbrennbaren Baustoffen mit geringer Wärmeleitfähigkeit ummantelt sind.

(3) [1] Bei Abgasleitungen und Verbindungsstücken zu Schornsteinen für Abgastemperaturen der Feuerstätten bei Nennleistung bis zu 400°C, die durch Bauteile aus brennbaren Baustoffen führen, gelten die Anforderungen des Abs. 1 insbesondere als erfüllt, wenn diese Leitungen und Verbindungsstücke

1. in einem Mindestabstand von 20 cm mit einem Schutzrohr aus nichtbrennbaren Baustoffen versehen oder
2. in einer Dicke von mindestens 20 cm mit nichtbrennbaren Baustoffen mit geringer Wärmeleitfähigkeit ummantelt werden.

[2] Abweichend von Satz 1 genügt bei Feuerstätten für flüssige und gasförmige Brennstoffe ein Maß von 5 cm, wenn die Abgastemperatur bei Nennleistung der Feuerstätten nicht mehr als 160°C betragen kann.

(4) Werden bei Durchführungen von Abgasanlagen durch Bauteile aus brennbaren Baustoffen Zwischenräume verschlossen, müssen dafür nichtbrennbare Baustoffe mit geringer Wärmeleitfähigkeit verwendet und die Anforderungen des Abs. 1 erfüllt werden.

§ 9 Abführung von Abgasen. (1) Die Mündungen von Abgasanlagen müssen

1. den First um mindestens 40 cm überragen oder von der Dachfläche mindestens 1 m entfernt sein; ein Abstand von der Dachfläche von 40 cm genügt, wenn nur raumluftunabhängige Feuerstätten für flüssige oder gasförmige Brennstoffe angeschlossen sind, die Summe der Nennleistungen der angeschlossenen Feuerstätten nicht mehr als 50 kW beträgt und das Abgas durch Ventilatoren abgeführt wird,
2. Dachaufbauten, Gebäudeteile, Öffnungen zu Räumen und ungeschützte Bauteile aus brennbaren Baustoffen, ausgenommen Bedachungen, um mindestens 1 m überragen, soweit deren Abstand zu den Abgasanlagen weniger als 1,5 m beträgt,

3. bei Feuerstätten für feste Brennstoffe in Gebäuden, deren Bedachung überwiegend nicht den Anforderungen des Art. 30 Abs. 1 BayBO[1] entspricht, am First des Daches austreten und diesen um mindestens 80 cm überragen,
4. die Oberkanten von Lüftungsöffnungen, Fenstern oder Türen um mindestens 1 m überragen
   a) in einem Umkreis von 15 m bei Feuerstätten für feste Brennstoffe mit einer Gesamtnennwärmeleistung bis 50 kW; der Umkreis vergrößert sich um 2 m je weitere angefangene 50 kW bis auf höchstens 40 m,
   b) in einem Umkreis von 8 m bei Feuerstätten für flüssige oder gasförmige Brennstoffe mit einer Gesamtnennwärmeleistung bis 50 kW; der Umkreis vergrößert sich um 1 m je weitere angefangene 50 kW bis auf höchstens 40 m.

(2) Die Abgase von raumluftünabhängigen Feuerstätten für gasförmige Brennstoffe dürfen durch die Außenwand ins Freie geleitet werden, wenn
1. eine Ableitung der Abgase über Dach nicht oder nur mit unverhältnismäßig hohem Aufwand möglich ist,
2. die Nennleistung der Feuerstätte 11 kW zur Beheizung und 28 kW zur Warmwasseraufbereitung nicht überschreitet und
3. Gefahren oder unzumutbare Belästigungen nicht entstehen.

§ 10 Wärmepumpen, Blockheizkraftwerke, und ortsfeste Verbrennungsmotoren. (1) Für die Aufstellung von
1. Sorptionswärmepumpen mit feuerbeheizten Austreibern,
2. Blockheizkraftwerken in Gebäuden und
3. ortsfesten Verbrennungsmotoren

gelten § 3 Abs. 1 bis 6 sowie § 4 Abs. 1 bis 7 entsprechend.

(2) Es dürfen
1. Sorptionswärmepumpen mit einer Nennleistung der Feuerung von mehr als 50 kW,
2. Wärmepumpen, die die Abgaswärme von Feuerstätten mit einer Nennleistung von insgesamt mehr als 50 kW nutzen,
3. Kompressionswärmepumpen mit elektrisch angetriebenen Verdichtern mit Antriebsleistungen von mehr als 50 kW,
4. Kompressionswärmepumpen mit Verbrennungsmotoren,
5. Blockheizkraftwerke mit mehr als 35 kW Nennleistung in Gebäuden und
6. ortsfeste Verbrennungsmotoren

nur in Räumen aufgestellt werden, die die Anforderungen nach § 5 erfüllen.

(3) [1] Die Verbrennungsgase von Blockheizkraftwerken und ortsfesten Verbrennungsmotoren in Gebäuden sind durch eigene, dichte Leitungen über Dach abzuleiten. [2] Mehrere Verbrennungsmotoren dürfen an eine gemeinsame Leitung nach Maßgabe des § 7 Abs. 4 angeschlossen werden. [3] Die Leitungen müssen außerhalb der Aufstellräume der Verbrennungsmotoren nach Maßgabe des § 7 Abs. 5 und 8 sowie § 8 beschaffen oder angeordnet sein.

---

[1] Nr. 1.

(4) [1] Die Einleitung der Verbrennungsgase von Blockheizkraftwerken oder ortsfesten Verbrennungsmotoren in Abgasanlagen für Feuerstätten ist zulässig, wenn die einwandfreie Abführung der Verbrennungsgase und, soweit Feuerstätten angeschlossen sind, auch die einwandfreie Abführung der Abgase nachgewiesen ist. [2] § 7 Abs. 1 gilt entsprechend.

(5) Für die Abführung der Abgase von Sorptionswärmepumpen mit feuerbeheizten Austreibern und Abgaswärmepumpen gelten die §§ 7 bis 9 entsprechend.

§ 11 Brennstofflagerung in Brennstofflagerräumen. (1) [1] Je Gebäude oder Brandabschnitt darf die Lagerung von

1. Holzpellets von mehr als 10 000 l,
2. sonstigen festen Brennstoffen in einer Menge von mehr als 15 000 kg,
3. Heizöl und Dieselkraftstoff in Behältern mit mehr als insgesamt 5 000 l oder
4. Flüssiggas in Behältern mit einem Füllgewicht von mehr als insgesamt 16 kg

nur in besonderen Räumen (Brennstofflagerräumen) erfolgen, die nicht zu anderen Zwecken genutzt werden dürfen. [2] Das Fassungsvermögen der Behälter darf insgesamt 100 000 l Heizöl oder Dieselkraftstoff oder 6500 l Flüssiggas je Brennstofflagerraum und 30 000 l Flüssiggas je Gebäude oder Brandabschnitt nicht überschreiten.

(2) [1] Wände und Stützen von Brennstofflagerräumen sowie Decken über oder unter ihnen müssen feuerbeständig sein. [2] Öffnungen in Decken und Wänden müssen, soweit sie nicht unmittelbar ins Freie führen, mindestens feuerhemmende und selbstschließende Abschlüsse haben. [3] Durch Decken, und Wände von Brennstofflagerräumen dürfen keine Leitungen geführt werden, ausgenommen Leitungen, die zum Betrieb dieser Räume erforderlich sind sowie Heizrohrleitungen, Wasserleitungen und Abwasserleitungen. [4] Sätze 1 und 2 gelten nicht für Trennwände zwischen Brennstofflagerräumen und Heizräumen.

(3) Brennstofflagerräume für flüssige Brennstoffe müssen

1. gelüftet und von der Feuerwehr vom Freien aus beschäumt werden können und
2. an den Zugängen mit der Aufschrift „HEIZÖLLAGERUNG“ oder „DIESELKRAFTSTOFFLAGERUNG“ gekennzeichnet sein.

(4) Brennstofflagerräume für Flüssiggas

1. müssen über eine ständig wirksame Lüftung verfügen,
2. dürfen keine Öffnungen zu anderen Räumen, ausgenommen Öffnungen für Türen, und keine offenen Schächte und Kanäle haben,
3. dürfen mit ihren Fußböden nicht allseitig unterhalb der Geländeoberfläche liegen,
4. dürfen in ihren Fußböden keine Öffnungen haben,
5. müssen an ihren Zugängen mit der Aufschrift „FLÜSSIGGASANLAGE“ gekennzeichnet sein und
6. dürfen nur mit elektrischen Anlagen ausgestattet sein, die den Anforderungen der Vorschriften auf Grund des § 14 des Geräte- und Produktsicherheitsgesetzes (GPSG) für elektrische Anlagen in explosionsgefährdeten Räumen entsprechen.

(5) Für Brennstofflagerräume für Holzpellets gilt Abs. 4 Nr. 6 entsprechend.

§ 12[1)] Brennstofflagerung außerhalb von Brennstofflagerräumen. (1) Feste Brennstoffe sowie Behälter zur Lagerung von brennbaren Gasen und Flüssigkeiten dürfen nicht in notwendigen Treppenräumen, in Räumen zwischen notwendigen Treppenräumen und Ausgängen ins Freie und in notwendigen Fluren gelagert oder aufgestellt werden.

(2) Heizöl oder Dieselkraftstoff dürfen gelagert werden

1. in Wohnungen bis zu 100 l,
2. in Räumen außerhalb von Wohnungen bis zu 1 000 l,
3. in Räumen außerhalb von Wohnungen bis zu 5 000 l je Gebäude oder Brandabschnitt, wenn diese Räume gelüftet werden können und gegenüber anderen Räumen keine Öffnungen, ausgenommen Öffnungen mit dichtschließenden Türen, und nur Bodenabläufe mit Heizölsperren oder Leichtflüssigkeitsabscheidern haben,
4. in Räumen in Gebäuden der Gebäudeklasse 1 mit nicht mehr als einer Nutzungseinheit, die keine Aufenthaltsräume sind und den Anforderungen nach Nr. 3 genügen, bis zu 5 000 l.

(3) [1] Sind in den Räumen nach Abs. 2 Nrn. 2 bis 4 Feuerstätten aufgestellt, müssen diese

1. außerhalb erforderlicher Auffangräume für auslaufenden Brennstoff stehen und
2. einen Abstand von mindestens 1 m zu Behältern für Heizöl oder Dieselkraftstoff haben.

[2] Dieser Abstand kann bis auf die Hälfte verringert werden, wenn ein beiderseits belüfteter Strahlungsschutz vorhanden ist. [3] Ein Abstand von 0,1 m genügt, wenn nachgewiesen ist, dass die Oberflächentemperatur der Feuerstätte 40°C nicht überschreitet.

(4) Flüssiggas darf in Wohnungen und in Räumen außerhalb von Wohnungen jeweils in Behältern mit einem Füllgewicht von insgesamt nicht mehr als 16 kg gelagert werden, wenn die Fußböden allseitig oberhalb der Geländeoberfläche liegen und außer Abläufen mit Flüssigkeitsverschluss keine Öffnungen haben.

§ 13[2)] Flüssiggasanlagen und Dampfkesselanlagen. (1) [1] Für Flüssiggasanlagen und Dampfkesselanlagen, die weder gewerblichen noch wirtschaftlichen Zwecken dienen oder durch die keine Beschäftigten gefährdet werden können, gelten die materiellen Anforderungen und Festlegungen über erstmalige Prüfungen vor Inbetriebnahme und wiederkehrende Prüfungen der auf Grund des § 34 ProdSG erlassenen Vorschriften entsprechend. [2] Dies gilt nicht für die in diesen Vorschriften genannten Flüssiggasanlagen und Dampfkesselanlagen, auf die diese Vorschriften keine Anwendung finden.

(2) [1] Zuständige Behörden im Sinn der Vorschriften nach Abs. 1 sind die Gewerbeaufsichtsämter der Regierungen. [2] Im Rahmen des Vollzugs dieser Verordnung nehmen sie auch die Aufgaben und Befugnisse der Bauaufsichtsbehörden wahr.

[1)] § 12 Abs. 4 geänd. mWv 1. 8. 2009 durch VO v. 8. 7. 2009 (GVBl S. 332).
[2)] § 13 Abs. 1 Satz 1 geänd. mWv 1. 1. 2013 durch VO v. 7. 12. 2012 (GVBl S. 732).

§ 14 Ordnungswidrigkeiten. Nach Art. 79 Abs. 1 Nr. 1 BayBO[1] kann mit Geldbuße belegt werden, wer als am Bau Beteiligter nach Art. 49 bis 52 BayBO vorsätzlich oder fahrlässig

1. Feuerstätten aufstellt oder Bauteile aus brennbaren Baustoffen oder Einbaumöbel anordnet, ohne die Abstände nach § 4 Abs. 7 einzuhalten,
2. Fußböden vor Feuerungsöffnungen entgegen § 4 Abs. 8 nicht schützt,
3. Bauteile aus brennbaren Baustoffen oder offene Kamine anordnet, ohne die Abstände nach § 4 Abs. 9 einzuhalten,
4. Abgasleitungen außerhalb von Schächten oder Bauteile aus brennbaren Baustoffen anordnet, ohne die Abstände nach § 8 Abs. 1 Satz 2 Nr. 3 in Verbindung mit § 8 Abs. 3 einzuhalten,
5. Verbindungsstücke zu Kaminen oder Bauteile aus brennbaren Baustoffen anordnet, ohne die Abstände nach § 8 Abs. 1 Satz 2 Nr. 3 in Verbindung mit § 8 Abs. 4 einzuhalten,
6. Abgasleitungen oder Verbindungsstücke zu Kaminen durch Bauteile aus brennbaren Baustoffen führt, ohne die Abstände nach § 8 Abs. 5 einzuhalten.

§ 15 Inkrafttreten, Außerkrafttreten. [1] Diese Verordnung tritt am 1. Januar 2008 in Kraft. [2] Mit Ablauf des 31. Dezember 2007 tritt die Verordnung über Feuerungsanlagen, Wärme- und Brennstoffversorgungsanlagen (Feuerungsverordnung - FeuV) vom 6. März 1998 (GVBl S. 112, BayRS 2132-1-3-I), geändert durch § 2 der Verordnung vom 19. Juli 2005 (GVBl S. 310), außer Kraft.

Nr. 8 *(nicht belegt)*

[1] Nr. 1.

9. Verordnung über die Prüfingenieure, Prüfämter und Prüfsachverständigen im Bauwesen (PrüfVBau)

Vom 29. November 2007

(GVBl S. 829)

BayRS 2132-1-10-I

zuletzt geänd. durch § 1 Nr. 179 VO zur Anpassung des LandesR an die geltende Geschäftsverteilung v. 22. 7. 2014 (GVBl S. 286)

Auf Grund des Art. 80 Abs. 2 der Bayerischen Bauordnung (BayBO)[1] in der Fassung der Bekanntmachung vom 14. August 2007 (GVBl S. 588, BayRS 2132-1-I) erlässt das Bayerische Staatsministerium des Innern folgende Verordnung:

Inhaltsverzeichnis[2]

[1] Nr. 1.
[2] Inhaltsverzeichnis geänd. mWv 1. 11. 2009 durch VO v. 22. 10. 2009 (GVBl S. 542).

Erster Teil. Allgemeine Vorschriften

§ 1 Anwendungsbereich. [1] Diese Verordnung regelt die Anerkennung und Tätigkeit der Prüfingenieure und Prüfsachverständigen in den Fachbereichen nach Satz 2, ferner die Rechtsverhältnisse der Prüfämter und die Typenprüfung. [2] Prüfingenieure und Prüfsachverständige werden anerkannt im Fachbereich Standsicherheit; Prüfsachverständige werden darüber hinaus anerkannt in den Fachbereichen

1. Brandschutz,
2. Vermessung im Bauwesen,
3. sicherheitstechnische Anlagen und Einrichtungen sowie
4. Erd- und Grundbau.

§ 2[1] **Prüfingenieure und Prüfsachverständige.** (1) [1] Prüfingenieure nehmen in ihrem jeweiligen Fachbereich bauaufsichtliche Prüfaufgaben auf Grund der Bayerischen Bauordnung oder von Vorschriften auf Grund der Bayerischen Bauordnung im Auftrag der Bauaufsichtsbehörde wahr. [2] Sie unterstehen der Fachaufsicht des Staatsministeriums des Innern, für Bau und Verkehr (Staatsministerium).

(2) [1] Prüfsachverständige prüfen und bescheinigen in ihrem jeweiligen Fachbereich im Auftrag des Bauherrn oder des sonstigen nach Bauordnungsrecht Verantwortlichen die Einhaltung bauordnungsrechtlicher Anforderungen, soweit dies in der Bayerischen Bauordnung oder in Vorschriften auf Grund der Bayerischen Bauordnung vorgesehen ist; sie nehmen keine hoheitlichen bauaufsichtlichen Prüfaufgaben wahr. [2] Die Prüfsachverständigen sind im Rahmen der ihnen obliegenden Pflichten unabhängig und an Weisungen des Auftraggebers nicht gebunden.

§ 3[2] **Voraussetzungen der Anerkennung.** Soweit nachfolgend nichts anderes geregelt ist, werden als Prüfingenieure und Prüfsachverständige nur Personen anerkannt, welche die allgemeinen Voraussetzungen des § 4 sowie die besonderen Voraussetzungen ihres jeweiligen Fachbereichs und, soweit erforderlich, ihrer jeweiligen Fachrichtung nachgewiesen haben.

§ 4[3] **Allgemeine Voraussetzungen.** [1] Prüfingenieure und Prüfsachverständige können nur Personen sein, die

1. nach ihrer Persönlichkeit Gewähr dafür bieten, dass sie ihre Aufgaben ordnungsgemäß im Sinn des § 5 erfüllen,
2. die Fähigkeit besitzen, öffentliche Ämter zu bekleiden,
3. eigenverantwortlich und unabhängig tätig sind,
4. den Geschäftssitz im Freistaat Bayern haben und
5. die deutsche Sprache in Wort und Schrift beherrschen.

[2] Eigenverantwortlich tätig im Sinn des Satzes 1 Nr. 3 ist,

1. wer seine berufliche Tätigkeit als einziger Inhaber eines Büros selbstständig auf eigene Rechnung und Verantwortung ausübt,
2. wer
   a) sich mit anderen Prüfingenieuren/Prüfsachverständigen, Ingenieuren oder Architekten zum Zweck der Berufsausübung zusammengeschlossen hat,
   b) innerhalb dieses Zusammenschlusses Vorstand, Geschäftsführer oder persönlich haftender Gesellschafter mit einer rechtlich gesicherten leitenden Stellung ist und
   c) kraft Satzung, Statut oder Gesellschaftsvertrag dieses Zusammenschlusses seine Aufgaben als Prüfingenieur und Prüfsachverständiger selbstständig, auf eigene Rechnung und Verantwortung und frei von Weisungen ausüben kann

   oder

---

[1] § 2 Abs. 1 Satz 2 geänd. mWv 30. 8. 2014 durch VO v. 22. 7. 2014 (GVBl S. 286).
[2] § 3 Abs. 2 aufgeh. mWv 1. 1. 2013 durch VO v. 7. 12. 2012 (GVBl S. 732).
[3] § 4 Satz 2 Nr. 2 Buchst. c und Satz 3 geänd. mWv 1. 11. 2009 durch VO v. 22. 10. 2009 (GVBl S. 542); Satz 2 Nr. 2 Buchst. c geänd. mWv 1. 1. 2012 durch VO v. 11. 12. 2011 (GVBl S. 720).

3. wer als Hochschullehrer im Rahmen einer Nebentätigkeit in selbstständiger Beratung tätig ist.

[3] Unabhängig tätig im Sinn des Satzes 1 Nr. 3 ist, wer bei Ausübung seiner Tätigkeit weder eigene Produktions-, Handels- oder Lieferinteressen hat noch fremde Interessen dieser Art vertritt, die unmittelbar oder mittelbar im Zusammenhang mit seiner Tätigkeit stehen.

§ 5[1)] Allgemeine Pflichten. (1) [1] Prüfingenieure und Prüfsachverständige haben ihre Tätigkeit unparteiisch, gewissenhaft und gemäß den bauordnungsrechtlichen Vorschriften zu erfüllen; sie müssen sich darüber und über die Entwicklungen in ihrem Fachbereich stets auf dem Laufenden halten und über die für ihre Aufgabenerfüllung erforderlichen Geräte und Hilfsmittel verfügen. [2] Die Prüfung der bautechnischen Nachweise muss am Geschäftssitz des Prüfingenieurs oder des Prüfsachverständigen, für den die Anerkennung als Prüfingenieur oder Prüfsachverständiger ausgesprochen worden ist, erfolgen. [3] Unbeschadet weitergehender Vorschriften dürfen sich Prüfingenieure und Prüfsachverständige bei ihrer Tätigkeit der Mitwirkung befähigter und zuverlässiger, an ihrem Geschäftssitz fest angestellter Mitarbeiter nur in einem solchen Umfang bedienen, dass sie deren Tätigkeit jederzeit voll überwachen können. [4] Prüfingenieure und Prüfsachverständige müssen mit einer Haftungssumme von mindestens je 500 000 € für Personen- sowie für Sach- und Vermögensschäden je Schadensfall, die mindestens zweimal im Versicherungsjahr zur Verfügung stehen muss, haftpflichtversichert sein; die Anerkennungsbehörde ist zuständige Stelle im Sinn des § 117 Abs. 2 des Versicherungsvertragsgesetzes.

(2) Ergeben sich Änderungen der Verhältnisse der Prüfingenieure und Prüfsachverständigen nach § 6 Abs. 2 Satz 2 Nrn. 4 und 5, sind sie verpflichtet, dies der Anerkennungsbehörde (§ 6 Abs. 1) unverzüglich anzuzeigen.

(3) [1] Die Errichtung einer Zweitniederlassung als Prüfingenieur oder Prüfsachverständiger in der Bundesrepublik Deutschland bedarf der Genehmigung durch die Anerkennungsbehörde. [2] Dem Antrag sind die für die Genehmigung erforderlichen Nachweise beizugeben, insbesondere sind Angaben zur Eigenverantwortlichkeit der Tätigkeit in der Zweitniederlassung, zu den Mitarbeitern, die bei der Prüftätigkeit mitwirken sollen, sowie zur Sicherstellung der Überwachung der ordnungsgemäßen Bauausführung zu machen. [3] Die Genehmigung ist zu versagen, wenn wegen der Zahl der Mitarbeiter, die bei der Prüftätigkeit mitwirken sollen, der Entfernung zwischen den Niederlassungen oder aus anderen Gründen Bedenken gegen die ordnungsgemäße Aufgabenerledigung bestehen. [4] Liegt die Zweitniederlassung in einem anderen Land, entscheidet die Anerkennungsbehörde im Einvernehmen mit der Anerkennungsbehörde des anderen Landes. [5] Für die Prüftätigkeit an der Zweitniederlassung gelten Abs. 1 Sätze 2 und 3 sowie § 13 Abs. 3 Satz 2 und § 30 Abs. 6 Satz 1 entsprechend.

(4) Prüfingenieure und Prüfsachverständige dürfen nicht tätig werden, wenn sie, ihre Mitarbeiter oder Angehörige des Zusammenschlusses nach § 4 Satz 2 Nr. 2 bereits, insbesondere als Entwurfsverfasser, Nachweisersteller, Bauleiter oder Unternehmer, mit dem Gegenstand der Prüfung oder der Bescheinigung befasst waren oder wenn ein sonstiger Befangenheitsgrund vorliegt.

[1)] § 5 Abs. 1 Satz 4 geänd. mWv 1. 8. 2009 durch VO v. 8. 7. 2009 (GVBl S. 332); Abs. 1 Satz 2 neu gef., Satz 3 geänd., Abs. 3 eingef., bish. Abs. 3–5 werden Abs. 4–6 mWv 1. 11. 2009 durch VO v. 22. 10. 2009 (GVBl S. 542).

(5) [1] Der Prüfingenieur oder Prüfsachverständige, der aus wichtigem Grund einen Auftrag nicht annehmen kann, muss die Ablehnung unverzüglich erklären. [2] Er hat den Schaden zu ersetzen, der aus einer schuldhaften Verzögerung dieser Erklärung entsteht.

(6) Ergibt sich bei der Tätigkeit der Prüfingenieure und Prüfsachverständigen, dass der Auftrag teilweise einem anderen Fachbereich oder einer anderen Fachrichtung zuzuordnen ist, sind sie verpflichtet, den Auftraggeber zu unterrichten.

§ 6[1)] Anerkennungsverfahren. (1) [1] Über den Antrag auf Anerkennung entscheidet

1. bei Prüfingenieuren für Standsicherheit das Staatsministerium,
2. bei Prüfsachverständigen für Brandschutz der Eintragungsausschuss bei der Bayerischen Architektenkammer,
3. im Übrigen der Eintragungsausschuss bei der Bayerischen Ingenieurekammer-Bau

(Anerkennungsbehörde). [2] Örtlich zuständig ist die Anerkennungsbehörde des Geschäftssitzes des Bewerbers.

(2) [1] Im Antrag auf Anerkennung muss angegeben sein,

1. für welche Fachbereiche und, soweit vorgesehen, für welche Fachrichtungen die Anerkennung beantragt wird, und
2. ob und wie oft der Bewerber sich bereits erfolglos auch in einem anderen Land der Bundesrepublik Deutschland einem Anerkennungsverfahren in diesen Fachbereichen und, soweit vorgesehen, in diesen Fachrichtungen unterzogen hat.

[2] Dem Antrag sind die für die Anerkennung erforderlichen Nachweise beizugeben, insbesondere

1. ein Lebenslauf mit lückenloser Angabe des fachlichen Werdegangs bis zum Zeitpunkt der Antragstellung,
2. je eine Kopie der Abschluss- und Beschäftigungszeugnisse,
3. der Nachweis über den Antrag auf Erteilung eines Führungszeugnisses zur Vorlage bei einer Behörde, der nicht älter als drei Monate sein soll, oder ein gleichwertiges Dokument eines Mitgliedstaates der Europäischen Union,
4. Angaben über etwaige sonstige Niederlassungen,
5. Angaben über eine etwaige Beteiligung an einer Gesellschaft, deren Zweck die Planung oder Durchführung von Bauvorhaben ist, und
6. die Nachweise über die Erfüllung der besonderen Voraussetzungen für die Anerkennung in den jeweiligen Fachbereichen und, soweit vorgesehen, in den jeweiligen Fachrichtungen.

[3] Die Anerkennungsbehörde kann, soweit erforderlich, weitere Unterlagen anfordern.

(3) [1] Über die Erteilung ist innerhalb von drei Monaten nach Vorlage der vollständigen Unterlagen zu entscheiden; die Anerkennungsbehörde kann die

---

1) § 6 Abs. 2 Satz 1 Nr. 2, Satz 2 Nr. 2–4 geänd., Abs. 3 eingef., bish. Abs. 3 und 4 werden Abs. 4 und 5 mWv 1. 11. 2009 durch VO v. 22. 10. 2009 (GVBl S. 542); Abs. 5 Satz 3 geänd. mWv 1. 1. 2012 durch VO v. 11. 12. 2011 (GVBl S. 720); Abs. 1 Satz 1 Nr. 1 und Abs. 4 geänd. mWv 30. 8. 2014 durch VO v. 22. 7. 2014 (GVBl S. 286).

Frist gegenüber dem Bewerber einmal um bis zu zwei Monate verlängern. [2] Der Antrag gilt als genehmigt, wenn über ihn nicht innerhalb der nach Satz 1 maßgeblichen Frist entschieden worden ist. [3] Das Verfahren kann über eine einheitliche Stelle nach den Vorschriften des Bayerischen Verwaltungsverfahrensgesetzes abgewickelt werden.

(4) Das Staatsministerium führt in den Fällen des Abs. 1 Satz 1 Nr. 1, die Bayerische Architektenkammer in den Fällen des Abs. 1 Satz 1 Nr. 2 und die Bayerische Ingenieurekammer-Bau in den Fällen des Abs. 1 Satz 1 Nr. 3 nach Fachbereichen und Fachrichtungen gesonderte Listen der Prüfingenieure und Prüfsachverständigen, die in geeigneter Weise bekannt zu machen sind.

(5) [1] Verlegt der Prüfingenieur oder der Prüfsachverständige seinen Geschäftssitz, für den die Anerkennung als Prüfingenieur oder als Prüfsachverständiger ausgesprochen worden ist, in ein anderes Land der Bundesrepublik Deutschland, hat er dies der Anerkennungsbehörde anzuzeigen. [2] Die Anerkennungsbehörde übersendet die über den Prüfingenieur oder Prüfsachverständigen vorhandenen Akten der Anerkennungsbehörde des Landes, in dem der Prüfingenieur oder Prüfsachverständige seinen neuen Geschäftssitz begründen will. [3] Diese trägt den Prüfingenieur oder Prüfsachverständigen in die von ihr geführte Liste nach Abs. 4 ein; damit erlischt die Eintragung in die Liste nach Abs. 4 in dem Land des ursprünglichen Geschäftssitzes. [4] Im Übrigen findet ein neues Anerkennungsverfahren nicht statt.

§ 7[1)] Erlöschen, Widerruf und Rücknahme der Anerkennung. (1) Die Anerkennung erlischt, wenn

1. der Prüfingenieur oder der Prüfsachverständige gegenüber der Anerkennungsbehörde schriftlich darauf verzichtet,
2. der Prüfingenieur oder der Prüfsachverständige die Fähigkeit zur Bekleidung öffentlicher Ämter verliert,
3. der erforderliche Versicherungsschutz (§ 5 Abs. 1 Satz 4) nicht mehr besteht oder
4. der Prüfingenieur oder der Prüfsachverständige das 68. Lebensjahr vollendet hat.

(2) Unbeschadet des Art. 49 BayVwVfG kann die Anerkennung widerrufen werden, wenn der Prüfingenieur oder der Prüfsachverständige

1. in Folge geistiger und körperlicher Gebrechen nicht mehr in der Lage ist, seine Tätigkeit ordnungsgemäß auszuüben,
2. gegen die ihm obliegenden Pflichten schwerwiegend, wiederholt oder mindestens grob fahrlässig verstoßen hat,
3. seine Tätigkeit in einem Umfang ausübt, die eine ordnungsgemäße Erfüllung seiner Pflichten nicht erwarten lässt, oder
4. in der Bundesrepublik Deutschland außerhalb des Geschäftssitzes, für den die Anerkennung als Prüfingenieur oder Prüfsachverständiger ausgesprochen worden ist, ohne die erforderliche Genehmigung nach § 5 Abs. 3 Zweitniederlassungen als Prüfingenieur oder Prüfsachverständiger einrichtet.

(3) Art. 48 BayVwVfG bleibt unberührt.

---

1) § 7 Abs. 2 Nr. 4 geänd. mWv 1. 11. 2009 durch VO v. 22. 10. 2009 (GVBl S. 542).

(4) Die Anerkennungsbehörde soll in Abständen von mindestens fünf Jahren nachprüfen, ob die Anerkennungsvoraussetzungen noch vorliegen.

§ 8 Führung der Bezeichnung Prüfingenieur oder Prüfsachverständiger. Wer nicht als Prüfingenieur oder Prüfsachverständiger in einem bestimmten Fachbereich oder, soweit vorgesehen, in einer bestimmten Fachrichtung nach dieser Verordnung anerkannt ist, darf die Bezeichnung Prüfingenieur oder Prüfsachverständiger für diesen Fachbereich und für diese Fachrichtung nicht führen.

§ 9[1] Gleichwertigkeit, gegenseitige Anerkennung. (1) [1] Die Anerkennung als Prüfingenieur und die Anerkennung als Prüfsachverständiger für den jeweiligen Fachbereich und, soweit vorgesehen, für die jeweilige Fachrichtung sind gleichwertig. [2] Vergleichbare Anerkennungen anderer Länder gelten auch im Freistaat Bayern, solange der Prüfingenieur oder der Prüfsachverständige das 68. Lebensjahr noch nicht vollendet hat; eine weitere Eintragung in die von der Anerkennungsbehörde nach § 6 Abs. 4 geführte Liste erfolgt nicht.[2]

(2) [1] Personen, die in einem anderen Mitgliedstaat der Europäischen Union oder einem nach dem Recht der Europäischen Gemeinschaften gleichgestellten Staat zur Wahrnehmung von Aufgaben im Sinn dieser Verordnung niedergelassen sind, sind berechtigt, als Prüfingenieur oder Prüfsachverständiger Aufgaben nach dieser Verordnung auszuführen, wenn sie

1. hinsichtlich des Tätigkeitsbereichs eine vergleichbare Berechtigung besitzen,
2. dafür hinsichtlich der Anerkennungsvoraussetzungen und des Nachweises von Kenntnissen vergleichbare Anforderungen erfüllen mussten und
3. die deutsche Sprache in Wort und Schrift beherrschen.

[2] Sie haben das erstmalige Tätigwerden vorher der Anerkennungsbehörde anzuzeigen und dabei

1. eine Bescheinigung darüber, dass sie in einem Mitgliedstaat der Europäischen Union oder einem nach dem Recht der Europäischen Gemeinschaften gleichgestellten Staat rechtmäßig zur Wahrnehmung von Aufgaben im Sinn dieser Verordnung niedergelassen sind und ihnen die Ausübung dieser Tätigkeiten zum Zeitpunkt der Vorlage der Bescheinigung nicht, auch nicht vorübergehend, untersagt ist, und
2. einen Nachweis darüber, dass sie im Staat ihrer Niederlassung dafür die Voraussetzungen des Satzes 1 Nr. 2 erfüllen mussten,

vorzulegen. [3] Die Anerkennungsbehörde soll das Tätigwerden untersagen, wenn die Voraussetzungen des Satzes 1 nicht erfüllt sind; sie hat auf Antrag zu bestätigen, dass die Anzeige nach Satz 2 erfolgt ist.

(3) [1] Personen, die in einem anderen Mitgliedstaat der Europäischen Union oder einem nach dem Recht der Europäischen Gemeinschaften gleichgestellten Staat zur Wahrnehmung von Aufgaben im Sinn dieser Verordnung niedergelassen

---

[1] § 9 Abs. 2–4 angef. mWv 1. 11. 2009 durch VO v. 22. 10. 2009 (GVBl S. 542); Abs. 1 Satz 2 geänd. mWv 1. 1. 2012 durch VO v. 11. 12. 2011 (GVBl S. 720); Abs. 1 Satz 2 Halbs. 1 neu gef. mWv 1. 1. 2012 durch VO v. 15. 3. 2012 (GVBl S. 91); Abs. 1 Satz 2 geänd. mWv 1. 4. 2012 durch VO v. 15. 3. 2012 (GVBl S. 91).

[2] § 9 Abs. 1 Satz 2 PrüfVBau in der Fassung vom 1. Januar 2012 gilt für Prüfingenieure und Prüfsachverständige, die am 31. März 2012 über eine vergleichbare Anerkennung eines anderen Landes verfügt haben, bis zum Ablauf des 31. Dezember 2013.

sind, ohne im Sinn des Abs. 2 Satz 1 Nr. 2 vergleichbar zu sein, sind berechtigt, als Prüfingenieur oder Prüfsachverständiger Aufgaben nach dieser Verordnung auszuführen, wenn ihnen die Anerkennungsbehörde bescheinigt hat, dass sie die Anforderungen hinsichtlich der Anerkennungsvoraussetzungen, des Nachweises von Kenntnissen und des Tätigkeitsbereichs nach dieser Verordnung erfüllen. [2] Die Bescheinigung wird auf Antrag erteilt, dem die zur Beurteilung erforderlichen Unterlagen beizufügen sind. [3] § 6 Abs. 3 gilt entsprechend.

(4) [1] Anzeigen und Bescheinigungen nach den Abs. 2 und 3 sind nicht erforderlich, wenn bereits in einem anderen Land eine Anzeige erfolgt ist oder eine Bescheinigung erteilt wurde. [2] Verfahren nach den Abs. 2 und 3 können über eine einheitliche Stelle nach den Vorschriften des Bayerischen Verwaltungsverfahrensgesetzes abgewickelt werden.

Zweiter Teil. Prüfingenieure und Prüfsachverständige für Standsicherheit; Prüfämter für Standsicherheit, Typenprüfung

Erster Abschnitt. Prüfingenieure und Prüfsachverständige für Standsicherheit

§ 10[1)] Besondere Voraussetzungen. (1) [1] Als Prüfingenieure und Prüfsachverständige für Standsicherheit in den Fachrichtungen Massivbau, Metallbau und Holzbau werden nur Personen anerkannt, die

1. das Studium des Bauingenieurwesens an einer deutschen Hochschule oder ein gleichwertiges Studium an einer ausländischen Hochschule abgeschlossen haben,
2. seit mindestens zwei Jahren als mit der Tragwerksplanung befasster Ingenieur eigenverantwortlich und unabhängig oder als hauptberuflicher Hochschullehrer tätig sind,
3. mindestens zehn Jahre mit der Aufstellung von Standsicherheitsnachweisen, der technischen Bauleitung oder mit vergleichbaren Tätigkeiten betraut gewesen sind, wovon sie mindestens fünf Jahre lang Standsicherheitsnachweise aufgestellt haben und mindestens ein Jahr lang mit der technischen Bauleitung betraut gewesen sein müssen; die Zeit einer technischen Bauleitung darf jedoch nur bis zu höchstens drei Jahren angerechnet werden,
4. über die erforderlichen Kenntnisse der einschlägigen bauordnungsrechtlichen Vorschriften verfügen.
5. durch ihre Leistungen als Ingenieure überdurchschnittliche Fähigkeiten bewiesen haben und
6. die für einen Prüfingenieur oder Prüfsachverständigen erforderlichen Fachkenntnisse und Erfahrungen besitzen.

[2] Das Vorliegen der Anerkennungsvoraussetzungen nach Satz 1 Nrn. 3 bis 6 ist durch eine Bescheinigung des Prüfungsausschusses nachzuweisen.

(2) [1] Prüfsachverständige für Standsicherheit sind auch

1. Prüfingenieure für Standsicherheit sowie

---

1) § 10 Abs. 1 Satz 2 angef. mWv 1. 11. 2009 durch VO v. 22. 10. 2009 (GVBl S. 542).

2. die Leiter und stellvertretenden Leiter der Prüfämter (§ 14), die im Auftrag und auf Rechnung des jeweiligen Prüfamts und abweichend von § 4 Satz 1 Nr. 3 nicht eigenverantwortlich und unabhängig tätig werden.

[2] Die Rechtswirkung des Satzes 1 tritt nicht ein, wenn die Personen nach Satz 1 gegenüber dem Eintragungsausschuss bei der Bayerischen Ingenieurekammer-Bau erklären, dass sie nicht als Prüfsachverständige für Standsicherheit tätig werden wollen.

§ 11[1)] **Prüfungsausschuss.** (1) Beim Staatsministerium wird ein Prüfungsausschuss gebildet.

(2) [1] Der Prüfungsausschuss besteht aus mindestens sechs Mitgliedern. [2] Das Staatsministerium beruft die Mitglieder des Prüfungsausschusses sowie, soweit erforderlich, stellvertretende Mitglieder für den Verhinderungsfall. [3] Dem Prüfungsausschuss sollen mindestens angehören:

1. ein Hochschulprofessor für jede Fachrichtung,
2. ein Mitglied aus dem Bereich der Bauwirtschaft oder der freiberuflich tätigen Bauingenieure,
3. ein von der Vereinigung der Prüfingenieure in Bayern vorgeschlagenes Mitglied und
4. ein Mitglied aus dem Geschäftsbereich des Staatsministeriums, das die Voraussetzungen für den Einstieg in der vierten Qualifikationsebene in der Fachlaufbahn Naturwissenschaft und Technik, fachlicher Schwerpunkt bautechnischer und umweltfachlicher Verwaltungsdienst, erfüllt .

[4] Die Berufung erfolgt für fünf Jahre; Wiederberufungen sind zulässig. [5] Abweichend von Satz 4 endet die Mitgliedschaft im Prüfungsausschuss, wenn die Voraussetzungen für die Berufung nach Satz 3 nicht mehr vorliegen oder mit der Vollendung des 68. Lebensjahres; der Abschluss eines eingeleiteten Prüfungsverfahrens bleibt unberührt. [6] Das Staatsministerium ist berechtigt, an den Sitzungen und Beratungen des Prüfungsausschusses ohne Stimmrecht teilzunehmen.

(3) [1] Die Mitglieder des Prüfungsausschusses sind unabhängig und an Weisungen nicht gebunden. [2] Sie sind zur Unparteilichkeit und Verschwiegenheit verpflichtet. [3] Sie sind ehrenamtlich tätig und haben Anspruch auf Ersatz der notwendigen Auslagen einschließlich der Reisekosten.

(4) Der Prüfungsausschuss gibt sich eine Geschäftsordnung.

§ 12[2)] **Prüfungsverfahren.** (1) [1] Die Anerkennungsbehörde leitet die Antragsunterlagen nach § 6 Abs. 2 Satz 2 Nrn. 1, 2 und 6 dem Prüfungsausschuss zu. [2] Der Prüfungsausschuss bescheinigt gegenüber der Anerkennungsbehörde das Vorliegen der Anerkennungsvoraussetzungen nach § 10 Abs. 1 Satz 1 Nrn. 3 bis 6. [3] Die Entscheidung ist zu begründen.

(2) [1] Der Prüfungsausschuss kann verlangen, dass der Bewerber seine Kenntnisse schriftlich und mündlich nachweist. [2] Der Bewerber kann bei mündlichen Prüfungsleistungen verlangen, dass ihm der Prüfungsausschuss die Gründe für die

---

[1)] § 11 Abs. 2 Satz 3 Nr. 3 geänd. mWv 1. 11. 2009 durch VO v. 22. 10. 2009 (GVBl S. 542); Abs. 2 Satz 3 Nr. 4 geänd. mWv 1. 1. 2011 durch VO v. 3. 1. 2011 (GVBl S. 22); Abs. 1, Abs. 2 Satz 2 und Satz 3 Nr. 4 und Satz 6 geänd. mWv 30. 8. 2014 durch VO v. 22. 7. 2014 (GVBl S. 286).

[2)] § 12 Abs. 1 Sätze 1 und 2 neu gef., Abs. 3 Satz 1 geänd. mWv 1. 11. 2009 durch VO v. 22. 10. 2009 (GVBl S. 542).

vorgenommene Bewertung unmittelbar im Anschluss an die Eröffnung des Ergebnisses mündlich darlegt. [3] Die Einwendungen gegen die Bewertung der Prüfungsleistungen sind innerhalb von zwei Wochen nach Bekanntgabe der Bewertung gegenüber der Anerkennungsbehörde schriftlich zu begründen. [4] Sie werden dem Prüfungsausschuss zur Überprüfung seiner Bewertung zugeleitet. [5] § 74 Abs. 1 Satz 2 und Abs. 2 der Verwaltungsgerichtsordnung bleiben unberührt.

(3) [1] Ein Bewerber, der die Prüfung nach Abs. 2 nicht bestanden hat, kann sie insgesamt nur zweimal wiederholen; dies gilt auch, soweit die Prüfung in einem anderen Land der Bundesrepublik Deutschland nicht bestanden worden ist. [2] Die Prüfung ist im gesamten Umfang zu wiederholen.

§ 13[1)] Aufgabenerledigung. (1) [1] Prüfingenieure für Standsicherheit dürfen bauaufsichtliche Prüfaufgaben nur wahrnehmen, Prüfsachverständige für Standsicherheit Bescheinigungen nur hinsichtlich baulicher Anlagen ausstellen, für deren Fachrichtung sie anerkannt sind. [2] Sie sind auch berechtigt, einzelne Bauteile mit höchstens durchschnittlichem Schwierigkeitsgrad der anderen Fachrichtungen zu prüfen. [3] Gehören wichtige Teile einer baulichen Anlage mit überdurchschnittlichem oder sehr hohem Schwierigkeitsgrad zu Fachrichtungen, für die der Prüfingenieur oder der Prüfsachverständige für Standsicherheit nicht anerkannt ist, hat er unter seiner Federführung weitere, für diese Fachrichtungen anerkannte Prüfingenieure oder Prüfsachverständige für Standsicherheit hinzuzuziehen, deren Ergebnisse der Überprüfung in den Prüfbericht oder in die Bescheinigung aufzunehmen sind; der Auftraggeber ist darüber zu unterrichten.

(2) Prüfingenieure und Prüfsachverständige dürfen Prüfaufträge nur annehmen, wenn sie unter Berücksichtigung des Umfangs ihrer Prüftätigkeit und der Zeit, die sie benötigen, um auf der Baustelle anwesend zu sein, die Überwachung der ordnungsgemäßen Bauausführung nach Art. 77 BayBO[2)] sicherstellen können.

(3) [1] Prüfingenieure und Prüfsachverständige für Standsicherheit können sich als Hochschullehrer vorbehaltlich der dienstrechtlichen Regelungen auch hauptberuflicher Mitarbeiter aus dem ihnen zugeordneten wissenschaftlichen Personal bedienen. [2] Angehörige des Zusammenschlusses nach § 4 Satz 2 Nr. 2 stehen fest angestellten Mitarbeitern nach § 5 Abs. 1 Satz 3 gleich, sofern der Prüfingenieur oder der Prüfsachverständige für Standsicherheit hinsichtlich ihrer Mitwirkung bei der Prüftätigkeit ein Weisungsrecht hat und die Prüfung der Standsicherheitsnachweise am Geschäftssitz des Prüfingenieurs oder des Prüfsachverständigen, für den die Anerkennung als Prüfingenieur oder Prüfsachverständiger ausgesprochen worden ist, erfolgt.

(4) [1] Prüfingenieure und Prüfsachverständige für Standsicherheit prüfen die Vollständigkeit und Richtigkeit der Standsicherheitsnachweise. [2] Das Staatsministerium kann für den Prüfbericht des Prüfingenieurs und die Bescheinigung des Prüfsachverständigen ein Muster einführen und dessen Verwendung vorschrei-

---

[1)] § 13 Abs. 4 Satz 4 neu gef. mWv 1. 8. 2009 durch VO v. 8. 7. 2009 (GVBl S. 332); Abs. 2 eingef., bish. Abs. 2 wird Abs. 3, Satz 2 geänd., bish. Abs. 3–6 werden Abs. 4–7 mWv 1. 11. 2009 durch VO v. 22. 10. 2009 (GVBl S. 542); Abs. 6 geänd. mWv 1. 1. 2012 durch VO v. 11. 12. 2011 (GVBl S. 720); Abs. 4 Satz 2 und Abs. 7 Sätze 1 und 3 geänd. mWv 30. 8. 2014 durch VO v. 22. 7. 2014 (GVBl S. 286).

[2)] Nr. **1**.

ben. [3] Verfügt der Prüfingenieur oder der Prüfsachverständige für Standsicherheit nicht über die zur Beurteilung der Gründung erforderliche Sachkunde oder hat er Zweifel hinsichtlich der verwendeten Annahmen oder der bodenmechanischen Kenngrößen, sind von ihm im Einvernehmen mit dem Auftraggeber Prüfsachverständige für den Erd- und Grundbau einzuschalten.

(5) [1] Prüfingenieure und Prüfsachverständige für Standsicherheit überwachen die ordnungsgemäße Bauausführung hinsichtlich der von ihnen geprüften oder bescheinigten Standsicherheitsnachweise. [2] Für die Bescheinigung der ordnungsgemäßen Bauausführung darf sich der Bauherr nur aus wichtigem Grund eines anderen Prüfsachverständigen für Standsicherheit als desjenigen bedienen, der den Standsicherheitsnachweis bescheinigt hat. [3] Ein wichtiger Grund liegt insbesondere vor, wenn der zuvor bescheinigende Prüfsachverständige verstorben oder auf unbestimmte Zeit erkrankt ist. [4] Es genügt eine stichprobenartige Überwachung der ordnungsgemäßen Bauausführung.

(6) Liegen die Voraussetzungen für die Erteilung der Bescheinigungen nach Abs. 4 und 5 nicht vor, unterrichtet der Prüfsachverständige unverzüglich die Bauaufsichtsbehörde.

(7) [1] Die Prüfingenieure und die Prüfsachverständigen für Standsicherheit haben ein Verzeichnis über die von ihnen ausgeführten Prüfaufträge und die von ihnen erteilten Bescheinigungen nach einem vom Staatsministerium festgelegten Muster zu führen. [2] Das Verzeichnis ist jeweils für ein Kalenderjahr, spätestens am 31. Januar des folgenden Jahres, der Anerkennungsbehörde vorzulegen. [3] Der Eintragungsausschuss bei der Bayerischen Ingenieurekammer-Bau und das Staatsministerium unterrichten sich über Tatsachen, die Zweifel an der ordnungsgemäßen Erfüllung der Pflichten durch die Prüfsachverständigen für Standsicherheit, die zugleich Prüfingenieure sind, begründen.

Zweiter Abschnitt. Prüfämter für Standsicherheit, Typenprüfung

§ 14[1)] Prüfämter für Standsicherheit. (1) [1] Prüfämter für Standsicherheit sind vom Staatsministerium anerkannte Behörden, die bauaufsichtliche Prüfaufgaben im Bereich der Standsicherheit wahrnehmen. [2] Organisationen der Technischen Überwachung können für die Bereiche Fliegende Bauten und Windenergieanlagen als Prüfamt anerkannt werden. [3] Die Prüfämter unterstehen der Fachaufsicht des Staatsministeriums.

(2) [1] Die Prüfämter müssen mit geeigneten Ingenieuren besetzt sein. [2] Sie müssen von einer im Bauingenieurwesen besonders vorgebildeten und erfahrenen Person, die die Voraussetzungen für den Einstieg in der vierten Qualifikationsebene in der Fachlaufbahn Naturwissenschaft und Technik, fachlicher Schwerpunkt bautechnischer und umweltfachlicher Verwaltungsdienst, erfüllt, geleitet werden. [3] Für Organisationen der Technischen Überwachung kann das Staatsministerium Ausnahmen von den Anforderungen des Satzes 2 zulassen.

(3) Anerkennungen anderer Länder der Bundesrepublik Deutschland gelten auch im Freistaat Bayern.

[1)] § 14 Abs. 1 Satz 1 geänd., Satz 2 eingef., bish. Satz 2 wird Satz 3 und geänd., Abs. 2 Satz 3 geänd. mWv 1. 11. 2009 durch VO v. 22. 10. 2009 (GVBl S. 542); Abs. 2 Satz 2 neu gef. mWv 1. 1. 2011 durch VO v. 3. 1. 2011 (GVBl S. 22); Abs. 1 Sätze 1 und 3, Abs. 2 Satz 3 geänd. mWv 30. 8. 2014 durch VO v. 22. 7. 2014 (GVBl S. 286).

§ 15[1] **Typenprüfung.** (1) Sollen prüf- oder bescheinigungspflichtige bauliche Anlagen oder Teile von baulichen Anlagen (Art. 62 Abs. 3 BayBO[2]) in gleicher Ausführung an mehreren Stellen errichtet oder verwendet werden, ohne dass deren Standsicherheit bauaufsichtlich geprüft oder durch einen Prüfsachverständigen bescheinigt ist, müssen die Standsicherheitsnachweise von einem Prüfamt geprüft sein (Typenprüfung).

(2) [1] Die Geltungsdauer der Typenprüfung ist zu befristen; sie soll nicht mehr als fünf Jahre betragen. [2] Sie kann auf schriftlichen Antrag um jeweils höchstens fünf Jahre verlängert werden.

Dritter Teil. Prüfsachverständige für Brandschutz

§ 16[3] **Besondere Voraussetzungen.** [1] Als Prüfsachverständige für Brandschutz werden nur Personen anerkannt, die

1. als Angehörige der Fachrichtung Architektur, Hochbau, Bauingenieurwesen oder eines Studiengangs mit Schwerpunkt Brandschutz ein Studium an einer deutschen Hochschule, ein gleichwertiges Studium an einer ausländischen Hochschule abgeschlossen haben oder für ein Amt mindestens der Besoldungsgruppe A 10 in der Fachlaufbahn Naturwissenschaft und Technik, fachlicher Schwerpunkt feuerwehrtechnischer Dienst, qualifiziert sind,
2. danach mindestens fünf Jahre Erfahrung in der brandschutztechnischen Planung und Ausführung von Gebäuden, insbesondere von Sonderbauten unterschiedlicher Art mit höherem brandschutztechnischen Schwierigkeitsgrad, oder deren Prüfung,
3. die erforderlichen Kenntnisse im Bereich des abwehrenden Brandschutzes,
4. die erforderlichen Kenntnisse des Brandverhaltens von Bauprodukten und Bauarten,
5. die erforderlichen Kenntnisse im Bereich des anlagentechnischen Brandschutzes und
6. die erforderlichen Kenntnisse der einschlägigen bauordnungsrechtlichen Vorschriften besitzen.

[2] Das Vorliegen der Anerkennungsvoraussetzungen nach Satz 1 Nrn. 2 bis 6 ist durch eine Bescheinigung des Prüfungsausschusses nachzuweisen.

§ 17[4] **Prüfungsausschuss.** (1) [1] Bei der Bayerischen Architektenkammer wird ein Prüfungsausschuss gebildet. [2] Der Prüfungsausschuss besteht aus sechs Mitgliedern. [3] Dem Prüfungsausschuss sollen angehören:

1. ein von der Bayerischen Architektenkammer benanntes Mitglied,
2. ein von der Bayerischen Ingenieurekammer-Bau benanntes Mitglied,
3. ein vom Staatsministerium benanntes Mitglied aus dem Bereich der Bauaufsicht,

---

[1] § 15 Abs. 2 Satz 2 geänd. mWv 1. 11. 2009 durch VO v. 22. 10. 2009 (GVBl S. 542).

[2] Nr. **1**.

[3] § 16 Satz 2 angef. mWv 1. 11. 2009 durch VO v. 22. 10. 2009 (GVBl S. 542); Satz 1 Nr. 1 geänd. mWv 1. 1. 2011 durch VO v. 3. 1. 2011 (GVBl S. 22).

[4] § 17 Abs. 1 Satz 3 Nr. 3 und 4 geänd. mWv 30. 8. 2014 durch VO v. 22. 7. 2014 (GVBl S. 286).

4. ein vom Staatsministerium benanntes Mitglied aus dem Bereich der Feuerwehr,
5. ein von der Bayerischen Architektenkammer berufenes Mitglied aus dem Bereich der Sachversicherer und
6. ein von der Bayerischen Architektenkammer berufenes Mitglied aus dem Bereich der Baustoffforschung oder -prüfung.

(2) § 11 Abs. 2 Sätze 4 bis 6, Abs. 3 und 4 gelten entsprechend.

§ 18[1)] **Prüfungsverfahren.** (1) [1] Die Anerkennungsbehörde leitet die Antragsunterlagen nach § 6 Abs. 2 Satz 2 Nrn. 1, 2 und 6 dem Prüfungsausschuss zu. [2] Der Prüfungsausschuss bescheinigt gegenüber der Anerkennungsbehörde das Vorliegen der Anerkennungsvoraussetzungen nach § 16 Satz 1 Nrn. 2 bis 6.

(2) § 12 Abs. 1 Satz 3, Abs. 2 und 3 gelten entsprechend.

§ 19[2)] **Aufgabenerledigung.** (1) [1] Prüfsachverständige für Brandschutz prüfen die Vollständigkeit und Richtigkeit der Brandschutznachweise; sie haben sich bei der örtlichen Feuerwehr (örtlicher Kommandant und Kreisbrandrat, ggf. Stadtbrandrat) über örtliche Festlegungen, die vorhandene Ausrüstung und die im Brandfall zur Verfügung stehenden Einsatzkräfte zu informieren sowie die von den Feuerwehren zur Wahrung der Belange des Brandschutzes erhobenen Forderungen zu würdigen. [2] Prüfsachverständige für Brandschutz überwachen die ordnungsgemäße Bauausführung hinsichtlich der Verwirklichung der von ihnen bescheinigten Brandschutznachweise.

(2) § 13 Abs. 2, 3 und 4 Satz 2, Abs. 5 Sätze 2 bis 4, Abs. 6 und 7 gelten entsprechend.

Vierter Teil. Prüfsachverständige für Vermessung im Bauwesen

§ 20 Besondere Voraussetzungen. Als Prüfsachverständige für Vermessung im Bauwesen werden Personen anerkannt, die

1. ein Studium im Studiengang Vermessungswesen an einer deutschen Hochschule oder ein gleichwertiges Studium an einer ausländischen Hochschule mit Erfolg abgeschlossen haben und
2. über eine dreijährige Berufserfahrung im Vermessungswesen verfügen.

§ 21[3)] **Aufgabenerledigung.** [1] Prüfsachverständige für Vermessung im Bauwesen bescheinigen die Einhaltung der in den Bauvorlagen oder bauaufsichtlich festgelegten Grundfläche und Höhenlage im Sinn von Art. 68 Abs. 6 Satz 2 BayBO[4)]. [2] § 5 Abs. 4 gilt nicht.

[1)] § 18 Abs. 1 neu gef., Abs. 2 geänd. mWv 1. 11. 2009 durch VO v. 22. 10. 2009 (GVBl S. 542).

[2)] § 19 Abs. 1 Satz 2 geänd. mWv 1. 8. 2009 durch VO v. 8. 7. 2009 (GVBl S. 332); Abs. 2 neu gef. mWv 1. 11. 2009 durch VO v. 22. 10. 2009 (GVBl S. 542).

[3)] § 21 Satz 2 geänd. mWv 1. 1. 2012 durch VO v. 11. 12. 2011 (GVBl S. 720).

[4)] Nr. **1**.

Fünfter Teil. Prüfsachverständige für die Prüfung sicherheitstechnischer Anlagen und Einrichtungen

§ 22[1)] Besondere Voraussetzungen. (1) Als Prüfsachverständige für die Prüfung sicherheitstechnischer Anlagen und Einrichtungen im Sinn von § 1 Satz 1, § 2 Abs. 1 der Sicherheitsanlagen-Prüfverordnung (SPrüfV) werden nur Personen anerkannt, die

1. ein Ingenieurstudium an einer deutschen Hochschule oder ein gleichwertiges Studium an einer ausländischen Hochschule abgeschlossen haben,
2. den Nachweis ihrer besonderen Sachkunde in der Fachrichtung im Sinn von § 23, auf die sich ihre Prüftätigkeit beziehen soll, durch ein Fachgutachten einer vom Staatsministerium bestimmte Stelle erbracht haben,
3. als Ingenieure mindestens fünf Jahre in der Fachrichtung, in der die Prüftätigkeit ausgeübt werden soll, praktisch tätig gewesen sind und dabei mindestens zwei Jahre bei Prüfungen mitgewirkt haben.

(2) Abweichend von § 4 Satz 1 Nr. 3 müssen Prüfsachverständige für die Prüfung sicherheitstechnischer Anlagen und Einrichtungen nicht eigenverantwortlich tätig sein, wenn sie Beschäftigte eines Unternehmens oder einer Organisation sind, deren Zweck in der Durchführung vergleichbarer Prüfungen besteht und deren Beschäftigte für die Prüftätigkeit nach Abs. 1 keiner fachlichen Weisung unterliegen.

(3) [1] Bedienstete einer öffentlichen Verwaltung mit den für die Ausübung der Tätigkeit als Prüfsachverständige erforderlichen Kenntnissen und Erfahrungen für technische Anlagen und Einrichtungen gelten im Zuständigkeitsbereich dieser Verwaltung als Prüfsachverständige nach Abs. 1. [2] Sie werden in der Liste nach § 6 Abs. 4 nicht geführt.

§ 23 Fachrichtungen. [1] Prüfsachverständige für die Prüfung sicherheits-technischer Anlagen und Einrichtungen können für folgende Fachrichtungen anerkannt werden:

1. Lüftungsanlagen (§ 2 Abs. 1 Nr. 1 SPrüfV),
2. CO-Warnanlagen (§ 2 Abs. 1 Nr. 2 SPrüfV),
3. Rauch- und Wärmeabzugsanlagen (§ 2 Abs. 1 Nr. 3 SPrüfV),
4. Brandmelde- und Alarmierungsanlagen (§ 2 Abs. 1 Nr. 6 SPrüfV),
5. Sicherheitsstromversorgungen (§ 2 Abs. 1 Nr. 7 SPrüfV),
6. Feuerlöschanlagen (§ 2 Abs. 1 Nrn. 4 und 5 SPrüfV).

[2] Die Anerkennung nach Satz 1 Nr. 1 kann auf Lüftungsanlagen für Garagen (§ 14 Abs. 1 der Verordnung über den Bau und Betrieb von Garagen[2)] sowie über die Zahl der notwendigen Stellplätze) beschränkt werden.

[1)] § 22 Abs. 1 Nr. 2 geänd. mWv 1. 11. 2009 durch VO v. 22. 10. 2009 (GVBl S. 542); Abs. 3 Satz 2 geänd. mWv 1. 1. 2012 durch VO v. 11. 12. 2011 (GVBl S. 720); Abs. 1 Nr. 2 geänd. mWv 30. 8. 2014 durch VO v. 22. 7. 2014 (GVBl S. 286).

[2)] Nr. **6**.

§ 24[1)] Aufgabenerledigung. [1] Die Prüfsachverständigen für die Prüfung sicherheitstechnischer Anlagen und Einrichtungen bescheinigen die Übereinstimmung der technischen Anlagen und Einrichtungen mit den öffentlich-rechtlichen Anforderungen im Sinn von §§ 1 und 2 SPrüfV. [2] Werden festgestellte Mängel nicht in der von den Prüfsachverständigen festgelegten Frist beseitigt, haben sie die Bauaufsichtsbehörde unverzüglich zu unterrichten.

Sechster Teil. Prüfsachverständige für den Erd- und Grundbau

§ 25[2)] Besondere Voraussetzungen. (1) [1] Als Prüfsachverständige für den Erd- und Grundbau werden nur Personen anerkannt, die

1. als Angehörige der Fachrichtung Bauingenieurwesen, der Geotechnik oder eines Studiengangs mit Schwerpunkt Ingenieurgeologie ein Studium an einer deutschen Hochschule oder ein gleichwertiges Studium an einer ausländischen Hochschule abgeschlossen haben,
2. neun Jahre im Bauwesen tätig, davon mindestens drei Jahre im Erd- und Grundbau mit der Anfertigung oder Beurteilung von Standsicherheitsnachweisen betraut gewesen sind,
3. über vertiefte Kenntnisse und Erfahrungen im Erd- und Grundbau verfügen,
4. weder selbst noch ihre Mitarbeiter noch Angehörige des Zusammenschlusses nach § 4 Satz 2 Nr. 2 an einem Unternehmen der Bauwirtschaft oder an einem Bohrunternehmen beteiligt sind.

[2] Der Nachweis der Anerkennungsvoraussetzungen nach Satz 1 Nr. 3 ist durch ein Fachgutachten eines Beirats, der bei einer vom Staatsministerium bestimmten Stelle gebildet ist, zu erbringen. [3] Über das Vorliegen der Zulassungsvoraussetzung nach Satz 1 Nr. 4 hat der Bewerber eine besondere Erklärung abzugeben.

(2) Abweichend von § 4 Satz 1 Nr. 3 müssen Prüfsachverständige für den Erd- und Grundbau nicht eigenverantwortlich tätig sein, wenn sie in fachlicher Hinsicht für ihre Tätigkeit allein verantwortlich sind und Weisungen nicht unterliegen.

§ 26[3)] Verfahren. [1] Dem Beirat ist ein Verzeichnis aller innerhalb eines Zeitraums von zwei Jahren vor Antragstellung erstellten Baugrundgutachten vorzulegen, von denen mindestens zehn Gutachten, wovon zwei wiederum gesondert vorzulegen sind, die Bewältigung überdurchschnittlicher Aufgaben zeigen müssen. [2] Der Beirat erstellt ein Fachgutachten über die Ankennungsvoraussetzungen nach § 25 Abs. 1 Satz 1 Nr. 3. [3] § 12 Abs. 1 Satz 3 und Abs. 3 gelten entsprechend.

§ 27[4)] Aufgabenerledigung. [1] Prüfsachverständige für Erd- und Grundbau bescheinigen die Vollständigkeit und Richtigkeit der Angaben über den Baugrund hinsichtlich Stoffbestand, Struktur und geologischer Einflüsse, dessen

---

[1)] § 24 Satz 3 aufgeh. mWv 1. 1. 2012 durch VO v. 11. 12. 2011 (GVBl S. 720).

[2)] § 25 Abs. 1 Satz 2 neu gef. mWv 1. 11. 2009 durch VO v. 22. 10. 2009 (GVBl S. 542); Abs. 1 Satz 2 geänd. mWv 30. 8. 2014 durch VO v. 22. 7. 2014 (GVBl S. 286).

[3)] § 26 neu gef. mWv 1. 11. 2009 durch VO v. 22. 10. 2009 (GVBl S. 542).

[4)] § 27 Satz 2 geänd. mWv 1. 1. 2012 durch VO v. 11. 12. 2011 (GVBl S. 720).

Tragfähigkeit und die getroffenen Annahmen zur Gründung oder Einbettung der baulichen Anlage. [2] § 13 Abs. 3 gilt entsprechend.

Siebter Teil. Vergütung

Erster Abschnitt. Vergütung für die Prüfämter, Prüfingenieure und Prüfsachverständigen für Standsicherheit

§ 28 Allgemeines. (1) [1] Die Prüfingenieure und Prüfsachverständigen für Standsicherheit erhalten für ihre Leistungen eine Vergütung. [2] Die Vergütung besteht

1. bei den Prüfingenieuren aus der Gebühr,
2. bei den Prüfsachverständigen aus dem Honorar

sowie den notwendigen Auslagen.

(2) [1] Die Gebühr und das Honorar richten sich nach den anrechenbaren Bauwerten (§ 29 Abs. 1 und 2) und der Bauwerksklasse (§ 29 Abs. 4), soweit die Leistungen nicht nach dem Zeitaufwand (§ 31 Abs. 5) zu vergüten sind; der zeitliche Prüfaufwand ist für jeden Auftrag festzuhalten. [2] Für die Bestimmung der anrechenbaren Bauwerte ist **Anlage 1** in der zum Zeitpunkt der Erteilung des Prüf- oder Bescheinigungsauftrags geltenden Fassung, für die Berechnung der Gebühr oder des Honorars **Anlage 3** in der zum Zeitpunkt der abschließenden Leistungserbringung geltenden Fassung maßgeblich.

(3) Wird die Prüfung aus Gründen abgebrochen, die vom Prüfingenieur oder vom Prüfsachverständigen für Standsicherheit nicht zu vertreten sind, so wird die Prüfung entsprechend der anteilig erbrachten Leistung vergütet.

(4) Schuldner der Vergütung ist, wer die Prüfung in Auftrag gegeben hat.

(5) Ein Nachlass auf die Gebühr und das Honorar ist unzulässig.

§ 29[1)] Anrechenbare Bauwerte und Bauwerksklassen. (1) [1] Für die in Anlage 1 aufgeführten baulichen Anlagen sind die anrechenbaren Bauwerte aus dem Brutto-Rauminhalt der baulichen Anlage, vervielfältigt mit dem jeweils angegebenen Wert je Kubikmeter Brutto-Rauminhalt, zu berechnen. [2] Die anrechenbaren Bauwerte in Anlage 1 basieren auf der Indexzahl 1,000 für das Jahr 2005. [3] Für die folgenden Jahre sind die dort angegebenen anrechenbaren Bauwerte jährlich mit einer Indexzahl zu vervielfältigen, die sich aus dem arithmetischen Mittel der vom Statistischen Bundesamt ermittelten jährlichen Baupreisindizes für Bauleistungen am Bauwerk für den Neubau von Wohngebäuden, Bürogebäuden und gewerblichen Betriebsgebäuden errechnet; maßgeblich sind die jeweiligen Baupreisindizes des Vorjahres ohne Umsatzsteuer. [4] Die fortgeschriebenen anrechenbaren Bauwerte gelten jeweils ab dem 1. Juni jeden Jahres.

(2) [1] Für die nicht in der Anlage 1 aufgeführten baulichen Anlagen sind die anrechenbaren Bauwerte die Kosten nach § 48 Abs. 1 bis 3 der Honorarordnung für Architekten und Ingenieure (HOAI). [2] Zu den anrechenbaren Bauwerten zählen auch die nicht in den Kosten nach Satz 1 enthaltenen Kosten für Bauteile, für die ein Standsicherheitsnachweis geprüft werden muss, ausgenommen die

---

1) § 29 Abs. 1 Satz 2 und Abs. 2 Sätze 1, 2 und 4 geänd. mWv 1. 11. 2009 durch VO v. 22. 10. 2009 (GVBl S. 542); Abs. 1 Sätze 3 und 4 neu gef. mWv 1. 1. 2012 durch VO v. 11. 12. 2011 (GVBl S. 720).

Kosten für Außenwandbekleidungen und für Fassaden. [3] Bei Umbauten sind auch die Kosten für Abbrucharbeiten anrechenbar. [4] Nicht anrechenbar sind die auf die Kosten nach den Sätzen 1 bis 3 entfallende Umsatzsteuer und die in § 48 Abs. 4 HOAI genannten Kosten. [5] Bei der Ermittlung der anrechenbaren Bauwerte ist von den Kosten der Kostenberechnung auszugehen, die ortsüblich im Zeitpunkt der Auftragserteilung für die Herstellung der baulichen Anlagen erforderlich sind. [6] Einsparungen durch Eigenleistungen oder Vergünstigungen sind nicht zu berücksichtigen.

(3) Die anrechenbaren Bauwerte sind jeweils auf volle tausend Euro aufzurunden.

(4) [1] Die zu prüfenden baulichen Anlagen werden entsprechend ihrem statischen und konstruktiven Schwierigkeitsgrad in fünf Bauwerksklassen nach **Anlage 2** eingeteilt. [2] Besteht eine bauliche Anlage aus Bauteilen mit unterschiedlichem Schwierigkeitsgrad, so ist sie entsprechend dem überwiegenden Leistungsumfang einzustufen.

(5) Mit dem Prüfauftrag teilt die untere Bauaufsichtsbehörde dem Prüfingenieur die anrechenbaren Bauwerte, die für die Gebührenberechnung anzuwendende Bauwerksklasse und etwaige Zuschläge mit.

§ 30 Berechnungsart der Vergütung. (1) [1] Die Grundgebühr und das Grundhonorar errechnen sich in Abhängigkeit von den anrechenbaren Bauwerten (§ 29 Abs. 1 und 2) und der Bauwerksklasse (§ 29 Abs. 4) nach Maßgabe der Gebühren- und Honorartafel nach Anlage 3. [2] Für Zwischenwerte der anrechenbaren Bauwerte sind die Grundgebühr und das Grundhonorar durch geradlinige Interpolation zu ermitteln.

(2) [1] Umfasst ein Prüfauftrag mehrere in statisch-konstruktiver Hinsicht unterschiedliche bauliche Anlagen, so sind die Gebühr und das Honorar für jede einzelne bauliche Anlage getrennt zu ermitteln. [2] Gehören bauliche Anlagen jedoch der gleichen Bauwerksklasse an, so sind, wenn sie auch im Übrigen in statisch-konstruktiver Hinsicht weitgehend vergleichbar sind und die Bauvorlagen gleichzeitig zur Prüfung vorgelegt werden, die anrechenbaren Bauwerte dieser baulichen Anlagen zusammenzufassen; die Gebühr und das Honorar sind danach wie für eine einzige bauliche Anlage zu ermitteln. [3] Abs. 3 und 4 bleiben unberührt.

(3) [1] Umfasst ein Prüfauftrag mehrere bauliche Anlagen mit gleichen Standsicherheitsnachweisen einschließlich gleichen Nachweisen der Feuerwiderstandsfähigkeit der tragenden Bauteile, so ermäßigen sich die Gebühren und die Honorare nach § 31 Abs. 1 Nrn. 1 bis 5 sowie nach Abs. 2 und 3 für die zweite und jede weitere bauliche Anlage auf ein Zehntel. [2] Für Abweichungen in einzelnen baulichen Anlagen mit zusätzlichen rechnerischen Nachweisen und zugehörigen Konstruktionszeichnungen ist die Gebühr nach § 31 Abs. 5 zu berechnen.

(4) [1] Besteht eine bauliche Anlage aus gleichartigen durch Dehnfugen unterteilten Abschnitten, für welche zumindest derselbe rechnerische Standsicherheitsnachweis und dieselben Nachweise der Feuerwiderstandsfähigkeit der tragenden Bauteile gelten sollen, so ermäßigen sich die Gebühr und das Honorar nach § 31 Abs. 1 Nrn. 1 bis 5 sowie Abs. 2 und 3 für den zweiten und jeden weiteren gleichartigen Abschnitt auf die Hälfte. [2] Das gilt nicht, wenn nur Deckenfelder, Stützenzüge oder Binder in einer baulichen Anlage gleich sind.

(5) Bauhilfskonstruktionen, ausgenommen Baugrubensicherungen, ohne direkte Verbindung zum oder Abhängigkeit vom Bauwerk oder ohne direkte Verbindung zu oder Abhängigkeit von neu zu erstellenden Bauteilen, für die Standsicherheitsnachweise zu prüfen sind, gelten als gesonderte bauliche Anlagen.

(6) [1] Fahrtkosten für notwendige Reisen, die über den Umkreis von 15 km vom Geschäftssitz des Prüfingenieurs oder des Prüfsachverständigen für Standsicherheit hinausgehen, können in Höhe der steuerlich zulässigen Pauschalsätze in Ansatz gebracht werden. [2] Fahrt- und Wartezeiten sind nach dem Zeitaufwand (§ 31 Abs. 5) zu ersetzen. [3] Sonstige Auslagen werden nur erstattet, wenn dies bei Auftragserteilung schriftlich vereinbart worden ist.

§ 31[1)] Höhe der Vergütung. (1) Der Prüfingenieur und der Prüfsachverständige für Standsicherheit erhalten:

1. für die Prüfung der rechnerischen Nachweise der Standsicherheit
   die Grundgebühr oder das Grundhonorar nach Anlage 3,
2. für die Prüfung der zugehörigen Konstruktionszeichnungen in statisch-konstruktiver Hinsicht
   die Hälfte der Gebühr oder des Honorars nach Nr. 1,
3. für die Prüfung von Elementplänen des Fertigteilbaus sowie Werkstattzeichnungen des Metall- und Ingenieurholzbaus
   je nach dem zusätzlichen Aufwand einen Zuschlag zur Gebühr oder zum Honorar nach Nr. 2 bis zur Hälfte der Gebühr oder des Honorars nach Nr. 1,
4. für die Prüfung
   a) des Nachweises der Feuerwiderstandsfähigkeit der tragenden Bauteile
      ein Zwanzigstel der Gebühr oder des Honorars nach Nr. 1, höchstens jedoch ein Zwanzigstel der sich aus der Bauwerksklasse 3 ergebenden Gebühr oder des Honorars nach Nr. 1,
   b) der Konstruktionszeichnungen auf Übereinstimmung mit dem Nachweis bzw. auf Einhaltung weiterer Forderungen nach lfd. Nr. 3.1 der Liste der Technischen Baubestimmungen, falls eine Feuerwiderstandsfähigkeit höher als feuerhemmend zu berücksichtigen ist,
      ein Zehntel der Gebühr oder des Honorars nach Nr. 1, höchstens jedoch je ein Zehntel der sich aus der Bauwerksklasse 3 ergebenden Gebühr oder des Honorars nach Nr. 1,
5. für die Prüfung der rechnerischen Nachweise für bauliche Anlagen der Bauwerksklassen 3 bis 5 (Anlage 2), wenn diese nur durch besondere elektronische Vergleichsrechnungen an komplexen räumlichen Tragsystemen (Untersuchung am Gesamtsystem) geprüft werden können,
   je nach dem zusätzlichen Aufwand einen Zuschlag bis zu drei Vierteln der Gebühr oder des Honorars nach Nr. 1,
6. für die Prüfung einer Lastvorberechnung
   zusätzlich bis zu ein Viertel der Gebühr oder des Honorars nach Nr. 1,
7. für die Prüfung von Nachträgen zu den Nachweisen infolge von Änderungen oder Fehlern bei einem Umfang der Nachträge von mehr als einem Zwanzigstel

---

1) § 31 Abs. 5 Satz 5 aufgeh., bish. Satz 6 wird Satz 5 mWv 1. 1. 2012 durch VO v. 11. 12. 2011 (GVBl S. 720).

eine Gebühr oder ein Honorar je nach dem zusätzlichen Aufwand, in der Regel eine Gebühr oder ein Honorar nach den Nrn. 1, 2, 3, 4 oder Nr. 6 vervielfacht mit dem Verhältnis des Umfangs der Nachträge zum ursprünglichen Umfang, höchstens jedoch jeweils die Gebühren oder die Honorare nach den Nrn. 1, 2, 3, 4 oder Nr. 6.

(2) Für die Prüfung von Standsicherheitsnachweisen bei Nutzungsänderungen, Umbauten und Aufstockungen wird je nach dem zusätzlichen Aufwand ein Zuschlag bis zur Hälfte der Gebühr oder des Honorars nach Abs. 1 Nrn. 1 und 2 vergütet.

(3) Werden Teile des rechnerischen Nachweises der Standsicherheit in größeren Zeitabständen vorgelegt und wird dadurch der Prüfaufwand erheblich erhöht, wird ein Zuschlag bis zur Hälfte der Gebühr oder des Honorars nach Abs. 1 Nr. 1 vergütet.

(4) In besonderen Fällen können, wenn die Gebühren oder die Honorare nach Abs. 1 bis 3 in einem groben Missverhältnis zum Aufwand für die Leistung stehen, abweichend davon höhere oder niedrigere Gebühren oder Honorare berechnet werden, die den besonderen Schwierigkeitsgrad oder den veränderten Umfang einer Leistung berücksichtigen.

(5) [1] Nach Zeitaufwand werden vergütet

1. Leistungen, die durch anrechenbare Bauwerte nicht zu erfassende bauliche Anlagen oder Bauteile zum Gegenstand haben oder bei denen die über die anrechenbaren Bauwerte nach § 29 Abs. 1 und 2 ermittelten Gebühren oder Honorare in einem groben Missverhältnis zum Aufwand stehen,
2. die Prüfung von Nachweisen der Standsicherheit von Außenwandbekleidungen und Fassaden, für die ein Standsicherheitsnachweis geführt werden muss,
3. die Prüfung von besonderem rechnerischen Nachweisen für die Feuerwiderstandsfähigkeit der tragenden Bauteile,
4. die Prüfung von zusätzlichen Nachweisen wie Erdbebenschutz, Militärlastklassen, Bergschädensicherung, Bauzustände und Baugrubensicherung,
5. die Überwachung von Baumaßnahmen in statisch-konstruktiver Hinsicht,
6. sonstige Leistungen, die in den Nrn. 1 bis 5 und in Abs. 1 bis 4 nicht aufgeführt sind.

[2] Bei der Berechnung der Gebühr und des Honorars ist die Zeit anzusetzen, die üblicherweise von einer entsprechend ausgebildeten Fachkraft benötigt wird. [3] Für jede Arbeitsstunde wird ein Betrag von 1,847 v.H. des Monatsgrundgehalts eines Landesbeamten in der Endstufe der Besoldungsgruppe A 15 berechnet. [4] Der Betrag ist auf volle Euro aufzurunden. [5] In dem Stundensatz ist die Umsatzsteuer enthalten.

(6) Als Mindestgebühr und als Mindesthonorar für eine Prüfung wird der zweifache Stundensatz nach Abs. 5 vergütet.

§ 32 Abrechnungsstelle. Die Prüfsachverständigen für Standsicherheit sollen sich zur einheitlichen Vertragsgestaltung und zur Abrechnung ihrer Honorare der Bewertungs- und Verrechnungsstelle der Prüfsachverständigen für Bayern GmbH an der Bayerischen Ingenieurekammer-Bau bedienen.

§ 33 Vergütung der Prüfämter. (1) Die Prüfämter erhalten eine Vergütung nach Maßgabe der §§ 28 bis 31 sowie nach den folgenden Vorschriften.

(2) Für die Typenprüfung (§ 15) einschließlich der Prüfung von Bemessungstabellen und für die Verlängerung der Geltungsdauer von Typenprüfungen ist das Zweifache der nach dem Zeitaufwand ermittelten Gebühr zu erheben.

§ 34 Umsatzsteuer, Fälligkeit. (1) [1] Mit der Gebühr für den Prüfingenieur für Standsicherheit ist die Umsatzsteuer abgegolten. [2] Der Prüfsachverständige für Standsicherheit hat die in seinem Honorar enthaltene Umsatzsteuer in seiner Rechnung gesondert auszuweisen, sofern sie nicht nach § 19 Abs. 1 des Umsatzsteuergesetzes unerhoben bleibt.

(2) [1] Die Gebühr und das Honorar werden mit Eingang der Rechnung fällig. [2] Bis zur Schlussabrechnung kann eine Berichtigung der anrechenbaren Bauwerte, der Bauwerksklasse und der Zuschläge verlangt oder ein besonderer Fall (§ 31 Abs. 4) geltend gemacht werden.

Zweiter Abschnitt. Vergütung für die Prüfsachverständigen für Brandschutz, für die Prüfung sicherheitstechnischer Anlagen und Einrichtungen sowie für Erd- und Grundbau

§ 35[1)] Vergütung für die Prüfsachverständigen für Brandschutz, für die Prüfung sicherheitstechnischer Anlagen und Einrichtungen sowie für Erd- und Grundbau. (1) [1] Die Prüfsachverständigen für Brandschutz, für die Prüfung sicherheitstechnischer Anlagen und Einrichtungen sowie für Erd- und Grundbau erhalten für ihre Tätigkeit ein Honorar und die notwendigen Auslagen. [2] Das Honorar wird nach dem Zeitaufwand abgerechnet. [3] Bei der Berechnung des Honorars ist die Zeit anzusetzen, die unter regelmäßigen Verhältnissen von einer entsprechend ausgebildeten Fachkraft benötigt wird. [4] § 28 Abs. 1, 3 bis 5, § 30 Abs. 6, § 31 Abs. 5 Sätze 2 bis 5, § 34 Abs. 1 Satz 2, Abs. 2 Satz 1 sowie § 37 Abs. 2 gelten entsprechend.

(2) Als Mindesthonorar gilt der zweifache Stundensatz nach § 31 Abs. 5 Sätze 2 bis 5.

Dritter Abschnitt. Vergütung für die Prüfsachverständigen für Vermessung im Bauwesen

§ 36[2)] Vergütung für die Prüfsachverständigen für Vermessung im Bauwesen. Die Prüfsachverständigen für Vermessung im Bauwesen erhalten für ihre Tätigkeit eine Vergütung auf der Grundlage von Nr. 1.5 der Anlage 1 der Honorarordnung für Architekten und Ingenieure (HOAI) in der Fassung der Bekanntmachung vom 11. August 2009 (BGBl I S. 2732).

[1)] § 35 Abs. 1 Satz 4 und Abs. 2 geänd. mWv 1. 1. 2013 durch VO v. 7. 12. 2012 (GVBl S. 732).
[2)] § 36 geänd. mWv 1. 11. 2009 durch VO v. 22. 10. 2009 (GVBl S. 542).

Achter Teil. Ordnungswidrigkeiten

§ 37[1] Ordnungswidrigkeiten. (1) Nach Art. 79 Abs. 1 Satz 1 Nr. 1 BayBO[2] kann mit Geldbuße bis zu fünfhunderttausend Euro belegt werden, wer entgegen § 8 die Bezeichnung Prüfingenieur oder Prüfsachverständiger führt.

(2) Nach Art. 79 Abs. 1 Satz 1 Nr. 1 BayBO kann mit Geldbuße bis zu fünfhunderttausend Euro belegt werden, wer entgegen § 28 Abs. 5 einen Nachlass auf das Honorar gewährt.

Neunter Teil. Schlussvorschriften

§ 38[3] Inkrafttreten, Außerkrafttreten, Übergangsvorschriften.

(1) Diese Verordnung tritt am 1. Januar 2008 in Kraft.

(2) Nach der Verordnung über die verantwortlichen Sachverständigen im Bauwesen (SachverständigenverordnungBau – SVBau) vom 24. September 2001 (GVBl S. 578, BayRS 2132-1-10-I) anerkannte verantwortliche Sachverständige für die Fachbereiche Standsicherheit, vorbeugender Brandschutz, Vermessung im Bauwesen, sicherheitstechnische Anlagen und Einrichtungen sowie Erd- und Grundbau gelten als Prüfsachverständige im Sinn dieser Verordnung für die entsprechenden Fachbereiche.

Anlage 1[4]
(zu § 29 Abs. 1 Satz 1 PrüfVBau[5])

Tabelle der durchschnittlichen anrechenbaren Bauwerte je Kubikmeter Brutto-Rauminhalt

Bezugsjahr 2005 = 100 v.H.

	Art der baulichen Anlage	**anrechenbare Bauwerte** in Euro/m³
1.	Wohngebäude	98
2.	Wochenendhäuser	86
3.	Büro- und Verwaltungsgebäude, Banken und Arztpraxen	132
4.	Schulen	125
5.	Kindertageseinrichtungen	112
6.	Hotels, Pensionen und Heime bis jeweils 60 Betten, Gaststätten	112
7.	Hotels, Heime und Sanatorien mit jeweils mehr als 60 Betten	130
8.	Krankenhäuser	146

[1] § 37 Abs. 3 aufgeh. mWv 20. 11. 2009 durch VO v. 27. 10. 2009 (GVBl S. 552).
[2] Nr. **1**.
[3] § 38 Abs. 1 Satz 2 sowie Abs. 3 und 4 aufgeh. mWv 30. 4. 2013 durch G v. 8. 4. 2013 (GVBl S. 174).
[4] Anlage 1 geänd. mWv 1. 11. 2009 durch VO v. 22. 10. 2009 (GVBl S. 542).
[5] Nr. **9**.

	Art der baulichen Anlage	anrechenbare Bauwerte in Euro/m³
9.	Versammlungsstätten, wie Mehrzweckhallen, soweit nicht unter Nrn. 11 und 12, Theater, Kinos	112
10.	Hallenbäder	121
11.	eingeschossige, hallenartige Gebäude mit nicht mehr als 30 000 m³ Brutto-Rauminhalt, wie Verkaufsstätten, Fabrik-, Werkstatt- und Lagergebäude in einfachen Rahmen- oder Stiel-Konstruktionen sowie einfache Sporthallen und landwirtschaftliche Betriebsgebäude, soweit nicht unter Nr. 19	
11.1	bis 2 500 m³ Brutto-Rauminhalt	
	Bauart schwer*1)	48
	sonstige Bauart	40
11.2	der 2 500 m³ übersteigende Brutto-Rauminhalt bis 5 000 m³	
	Bauart schwer	40
	sonstige Bauart	33
11.3	der 5 000 m³ übersteigende Brutto-Rauminhalt bis 30 000 m³	
	Bauart schwer	33
	sonstige Bauart	26
12.	konstruktiv andere eingeschossige Verkaufsstätten, Sportstätten	74
13.	konstruktiv andere eingeschossige Fabrik-, Werkstatt- und Lagergebäude	66
14.	mehrgeschossige Verkaufsstätten	
14.1	bis 30 000 m³ Brutto-Rauminhalt	100
14.2	der 30 000 m³ übersteigende Brutto-Rauminhalt bis 60 000 m³	81
14.3	der 60 000 m³ übersteigende Brutto-Rauminhalt	70
15.	mehrgeschossige Fabrik-, Werkstatt- und Lagergebäude	
15.1	bis 30 000 m³ Brutto-Rauminhalt	87
15.2	der 30 000 m³ übersteigende Brutto-Rauminhalt bis 60 000 m³	70
15.3	der 60 000 m³ übersteigende Brutto-Rauminhalt	60
16.	eingeschossige Garagen, ausgenommen offene Kleingaragen	72
17.	mehrgeschossige Mittel- und Großgaragen	87
18.	Tiefgaragen	134
19.	Schuppen, Kaltställe, offene Feldscheunen, offene Kleingaragen und ähnliche Gebäude	35
20.	Gewächshäuser	
20.1	bis 1 500 m³ Brutto-Rauminhalt	26
20.2	der 1 500 m³ übersteigende Brutto-Rauminhalt	15

Zuschläge auf die anrechenbaren Bauwerte:

–	bei Gebäuden mit mehr als fünf Vollgeschossen oder beim Nachweis nach lfd. Nr. 2.2.1 (DIN 1053-1, Abschnitt 7) der Liste der Technischen Baubestimmungen	5 v.H.
–	mit Hochhäusern vergleichbar hohe Gebäude	10 v.H.
–	bei Geschossdecken außer bei den Nrn. 16 bis 18, die mit Gabelstaplern, Schwerlastwagen oder Schienenfahrzeugen befahren werden, für die betreffenden Geschosse	10 v.H.
–	bei Hallenbauten mit Kränen, bei denen der Standsicherheitsnachweis für die Kranbahnen geprüft werden muss, für den von den Kranbahnen erfassten Hallenbereich, vervielfacht mit der Indexzahl nach § 29 Abs. 1	39 €/m²

Sonstiges:

*1) **Amtl. Anm.:** Gebäude mit Tragwerken, die überwiegend in Massivbauart errichtet werden.

- Für die Berechnung des Brutto-Rauminhalts ist DIN 277-1: 2005-02 maßgebend.
- Die in der Tabelle angegebenen Werte berücksichtigen nur Flachgründungen mit Streifen- oder Einzelfundamenten. Mehrkosten für andere Gründungen, wie Pfahlgründungen, Schlitzwände, sind getrennt zu ermitteln und den anrechenbaren Bauwerten hinzuzurechnen. Bei Flächengründungen, für die rechnerische Nachweise zu prüfen sind (z.B. bei elastisch gebetteten Sohlplatten), sind je Quadratmeter Sohlplatte 2,00 m^3 abzüglich dem Volumenanteil der Sohlplatte je Quadratmeter zum Brutto-Rauminhalt hinzuzurechnen, höchstens jedoch 1,50 m^3 je Quadratmeter Sohlplatte.
- Bei Gebäuden mit gemischter Nutzung ist, soweit Nutzungsarten nicht nur Nebenzwecken dienen, für die Ermittlung der anrechenbaren Bauwerte die offensichtlich überwiegende Nutzung maßgebend. Liegt ein offensichtliches Überwiegen einer Nutzung nicht vor, sind für die Gebäudeteile mit verschiedenen Nutzungsarten, im Hochbau in der Regel geschossweise, die anrechenbaren Bauwerte anteilig zu ermitteln. Dies gilt auch für Wohngebäude mit darunter liegender Tiefgarage.

Anlage 2
(zu § 29 Abs. 4 PrüfVBau)

Bauwerksklassen

Bauwerksklasse 1

Tragwerke mit sehr geringem Schwierigkeitsgrad, insbesondere einfache statisch bestimmte ebene Tragwerke aus Holz, Stahl, Stein oder unbewehrtem Beton mit vorwiegend ruhenden Lasten, ohne Nachweis horizontaler Aussteifung;

Bauwerksklasse 2

Tragwerke mit geringem Schwierigkeitsgrad, insbesondere statisch bestimmte ebene Tragwerke in gebräuchlichen Bauarten ohne vorgespannte Konstruktionen und Verbundkonstruktionen mit vorwiegend ruhenden Lasten,

- einfache Dach- und Fachwerkbinder,
- Kehlbalkendächer,
- Deckenkonstruktionen mit vorwiegend ruhenden Flächenlasten, die nach gebräuchlichen Tabellen berechnet werden können,
- Mauerwerksbauten mit bis zur Gründung durchgehenden tragenden Wänden ohne Nachweis der horizontalen Aussteifung des Gebäudes,
- Stützwände einfacher Art,
- Flachgründungen einfacher Art (Einzel- und Streifenfundamente);

Bauwerksklasse 3

Tragwerke mit durchschnittlichem Schwierigkeitsgrad, insbesondere schwierige statisch bestimmte und statisch unbestimmte ebene Tragwerke in gebräuchlichen

Bauarten ohne vorgespannte Konstruktionen und ohne schwierige Stabilitätsuntersuchungen,
- einfache Verbundkonstruktionen des Hochbaus ohne Berücksichtigung des Einflusses von Kriechen und Schwinden,
- Tragwerke für Gebäude mit Abfangung von tragenden beziehungsweise aussteifenden Wänden,
- Tragwerke für Rahmen- und Skelettbauten, bei denen die Stabilität der einzelnen Bauteile mit Hilfe von einfachen Formeln oder Tabellen nachgewiesen werden kann,
- Behälter einfacher Konstruktion,
- Schornsteine ohne Schwingungsberechnung,
- Maste mit einfachen Abspannungen, bei denen der Seildurchhang vernachlässigt werden kann,
- ein- und zweiachsig gespannte mehrfeldrige Decken unter ruhenden Lasten, soweit sie nicht der Bauwerksklasse 2 zuzuordnen sind,
- Flächengründungen einfacher Art,
- Stützwände ohne Rückverankerung bei schwierigen Baugrund- und Belastungsverhältnissen und einfach verankerte Stützwände,
- ebene Pfahlrostgründungen;

Bauwerksklasse 4

Tragwerke mit überdurchschnittlichem Schwierigkeitsgrad, insbesondere statisch und konstruktiv schwierige Tragwerke in gebräuchlichen Bauarten und Tragwerke, für deren Standsicherheits- und Festigkeitsnachweis schwierig zu ermittelnde Einflüsse zu berücksichtigen sind
- statisch bestimmte räumliche Fachwerke,
- weitgespannte Hallentragwerke in Ingenieurholzbaukonstruktion,
- mehrgeschossige Bauwerke mit unregelmäßiger Grundrissgestaltung und wiederholt im Grundriss verspringenden Aussteifungselementen, bei deren Schnittgrößenermittlung die Formänderungen zu berücksichtigen sind,
- Bauwerke, bei denen Aussteifung und Stabilität durch Zusammenwirken von Fertigteilen sichergestellt und nachgewiesen werden muss,
- unregelmäßige mehrgeschossige Rahmentragwerke und Skelettbauten, Kesselgerüste,
- einfache Trägerroste und einfache orthotrope Platten,
- Hallentragwerke mit Kranbahnen,
- vorgespannte Fertigteile,
- Tragwerke für schwierige Rahmen- und Skelettbauten sowie turmartige Bauten, bei denen der Nachweis der Stabilität und Aussteifung die Anwendung besonderer Berechnungsverfahren erfordert,
- einfache Faltwerke nach der Balkentheorie,
- statisch bestimmte und einfache statisch unbestimmte Tragwerke, deren Schnittkraftermittlung nach Theorie II. Ordnung erfolgen muss,

- statisch bestimmte und statisch unbestimmte Tragwerke des Hochbaus unter Einwirkung von Vorspannung, soweit sie nicht der Bauwerksklasse 5 zuzuordnen sind,
- Verbundkonstruktionen, soweit sie nicht den Bauwerksklassen 3 oder 5 zuzuordnen sind,
- einfache Tragwerke nach dem Traglastverfahren,
- einfache Rotationsschalen,
- Tankbauwerke aus Stahl mit einfachen Stabilitätsnachweisen,
- Behälter und Silos schwieriger Konstruktion, auch in Gruppenbauweise,
- Maste, Schornsteine, Maschinenfundamente mit einfachen Schwingungsuntersuchungen,
- schwierige Abspannungen von Einzelmasten oder Mastgruppen,
- Seilbahnkonstruktionen,
- schwierige verankerte Stützwände, schwierige statisch unbestimmte Flächengründungen, schwierige ebene oder räumliche Pfahlgründungen, besondere Gründungsverfahren, Unterfahrungen;

Bauwerksklasse 5

Tragwerke mit sehr hohem Schwierigkeitsgrad, insbesondere statisch und konstruktiv ungewöhnlich schwierige Tragwerke und schwierige Tragwerke in neuen Bauarten,

- räumliche Stabtragwerke,
- statisch unbestimmte räumliche Fachwerke,
- Faltwerke, Schalentragwerke, soweit sie nicht der Bauwerksklasse 4 zuzuordnen sind,
- statisch unbestimmte Tragwerke, die Schnittkraftermittlungen nach Theorie II. Ordnung unter Berücksichtigung des nichtlinearen Werkstoffverhaltens erfordern,
- Tragwerke mit Standsicherheitsnachweisen, die nur unter Zuhilfenahme modellstatischer Untersuchungen beurteilt werden können,
- Tragwerke mit Schwingungsuntersuchungen, soweit sie nicht der Bauwerksklasse 4 zuzuordnen sind,
- seilverspannte Zeltdachkonstruktionen und Traglufthallen bei Behandlung nach der Membrantheorie,
- mit Hochhäusern vergleichbar hohe Gebäude, bei denen ein Stabilitätsnachweis nach Theorie II. Ordnung erforderlich sowie das Schwingungsverhalten zu untersuchen ist,
- Verbundkonstruktionen nach der Plastizitätstheorie oder mit Vorspannung,
- schwierige Trägerroste und schwierige orthotrope Platten,
- Turbinenfundamente.

Anlage 3
(zu § 30 Abs. 1 Satz 1 und § 31 Abs. 1 Nr. 1 PrüfVBau)

Gebührentafel und Honorartafel in Euro[1]

Anrechenbare Bauwerte	Grundgebühr und Grundhonorar Prüfung Standsicherheitsnachweis				
	Bauwerksklasse				
Euro	1	2	3	4	5
10 000	102	136	203	271	339
15 000	141	188	281	375	469
20 000	177	236	354	472	590
25 000	212	282	423	565	706
30 000	245	327	490	653	817
35 000	277	370	554	739	924
40 000	308	411	617	822	1 028
45 000	339	452	678	903	1 130
50 000	369	492	737	983	1 229
75 000	510	680	1 020	1 360	1 700
100 000	642	856	1 284	1 711	2 140
150 000	887	1 184	1 775	2 367	2 959
200 000	1 117	1 490	2 235	2 980	3 725
250 000	1 336	1 782	2 672	3 562	4 453
300 000	1 545	2 062	3 091	4 121	5 153
350 000	1 748	2 332	3 497	4 662	5 829
400 000	1 945	2 595	3 891	5 188	6 486
450 000	2 137	2 852	4 275	5 701	7 127
500 000	2 325	3 102	4 652	6 202	7 754
1 000 000	4 048	5 401	8 099	10 798	13 500
1 500 000	5 600	7 472	11 202	14 936	18 672
2 000 000	7 048	9 404	14 100	18 800	23 504
3 500 000	11 029	14 714	22 064	29 418	36 778
5 000 000	14 670	19 575	29 350	39 130	48 920
10 000 000	25 540	34 080	51 100	68 130	85 180
15 000 000	35 325	47 130	70 680	94 230	117 810
20 000 000	44 480	59 340	88 960	118 620	148 300
25 000 000	53 175	70 925	106 350	141 800	177 300
Bei anrechenbaren Bauwerten über 25 000 000 € errechnen sich die Gebühr und das Honorar aus dem Tausendstel der jeweiligen anrechenbaren Bauwerte, vervielfältigt mit *nachsthend*[2] aufgeführten Faktoren.					
	2,127	2,837	4,254	5,672	7,091

Nrn. 10 und 11 *(nicht belegt)*

[1] **Amtl. Anm.:** In der Gebühr und in dem Honorar ist die Umsatzsteuer enthalten.
[2] Richtig wohl: „nachstehend“.

12. Verordnung über den Bau von Betriebsräumen für elektrische Anlagen (EltBauV)[1)]

Vom 13. April 1977

BayRS 2132-1-8-I

zuletzt geänd. durch § 6 ÄndVO v. 8. 12. 1997 (GVBl S. 827)

Auf Grund des Art. 90 Abs. 1 Satz 1 Nrn. 1 und 3 der Bayerischen Bauordnung (BayBO)[2)] in der Fassung der Bekanntmachung vom 4. August 1997 (GVBl S. 433, BayRS 2132-1-I) erläßt das Bayerische Staatsministerium des Innern folgende Verordnung:

§ 1 Geltungsbereich. (1) Diese Verordnung gilt für elektrische Betriebsräume mit den in § 3 Abs. 1 Nrn. 1 bis 3 genannten elektrischen Anlagen in

1. Waren- und Geschäftshäusern,
2. Versammlungsstätten, ausgenommen Versammlungsstätten in fliegenden Bauten,
3. Büro- und Verwaltungsgebäuden,
4. Krankenhäusern, Altenpflegeheimen, Entbindungs- und Säuglingsheimen,
5. Schulen und Sportstätten,
6. Beherbergungsstätten, Gaststätten,
7. geschlossenen Großgaragen und
8. Wohngebäuden.

(2) Diese Verordnung gilt nicht für elektrische Betriebsräume in freistehenden Gebäuden oder durch Brandwände abgetrennten Gebäudeteilen, wenn diese nur die elektrischen Betriebsräume enthalten.

§ 2 Begriffsbestimmung. Betriebsräume für elektrische Anlagen (elektrische Betriebsräume) sind Räume, die ausschließlich zur Unterbringung von Einrichtungen zur Erzeugung oder Verteilung elektrischer Energie oder zur Aufstellung von Batterien dienen.

§ 3 Allgemeine Anforderungen. [1] Innerhalb von Gebäuden nach § 1 Abs. 1 müssen

1. Transformatoren und Schaltanlagen für Nennspannungen über 1 kV, Transformatoren und Kondensatoren mit polychlorierten Biphenylen (PCB) und einer Leistungen von mehr als 3 kVA,
2. ortsfeste Stromerzeugungsaggregate und
3. Zentralbatterien für Sicherheitsbeleuchtung

---

1) Änderungen vor dem 1. 1. 1999 sind nicht in Fußnoten nachgewiesen.

2) Nr. **1**.

in jeweils eigenen elektrischen Betriebsräumen untergebracht sein. [2] Schaltanlagen für Sicherheitsbeleuchtung dürfen nicht in elektrischen Betriebsräumen mit Anlagen nach Satz 1 Nrn. 1 und 2 aufgestellt werden. [3] Es kann verlangt werden, daß sie in eigenen elektrischen Betriebsräumen aufzustellen sind.

§ 4 Anforderungen an elektrische Betriebsräume. (1) [1] Die elektrischen Betriebsräume müssen so angeordnet sein, daß sie im Gefahrenfall von allgemein zugänglichen Räumen oder vom Freien leicht und sicher erreichbar sind und ungehindert verlassen werden können; sie dürfen von Treppenräumen mit notwendigen Treppen nicht unmittelbar zugänglich sein. [2] Der Rettungsweg innerhalb elektrischer Betriebsräume bis zu einem Ausgang darf nicht länger als 40 m sein.

(2) [1] Die Räume müssen so groß sein, daß die elektrischen Anlagen ordnungsgemäß errichtet und betrieben werden können; sie müssen eine lichte Höhe von mindestens 2 m haben. [2] Über Bedienungs- und Wartungsgängen muß eine Durchgangshöhe von mindestens 1,8 m vorhanden sein.

(3) Die Räume müssen ständig so wirksam be- und entlüftet werden, daß die beim Betrieb der Transformatoren und Stromerzeugungsaggregate entstehende Verlustwärme, bei Batterien die Gase, abgeführt werden.

(4) In den Räumen sollen Leitungen und Einrichtungen, die nicht zum Betrieb der elektrischen Anlagen erforderlich sind, nicht vorhanden sein.

§ 5 Zusätzliche Anforderungen an elektrische Betriebsräume für Transformatoren und Schaltanlagen mit Nennspannungen über 1 kV oder für Transformatoren und Kondensatoren mit PCB. (1) [1] Elektrische Betriebsräume für Transformatoren und Schaltanlagen mit Nennspannungen über 1 kV oder für Transformatoren und Kondensatoren mit PCB und einer Leistung von mehr als 3 kVA müssen von anderen Räumen feuerbeständig abgetrennt sein. [2] Wände von Räumen mit Öltransformatoren oder mit Transformatoren und Kondensatoren mit PCB und einer Leistung von mehr als 3 kVA müssen außerdem so dick wie Brandwände sein. [3] Öffnungen zur Durchführung von Kabeln sind mit nichtbrennbaren Baustoffen zu schließen. [4] Transformatoren oder Kondensatoren mit PCB und einer Leistung von mehr als 3 kVA dürfen nicht in Räumen mit Öltransformatoren aufgestellt werden.

(2) [1] Türen müssen mindestens feuerhemmend und selbstschließend sein sowie aus nichtbrennbaren Baustoffen bestehen; soweit sie ins Freie führen, genügen selbstschließende Türen aus nichtbrennbaren Baustoffen. [2] Türen müssen nach außen aufschlagen. [3] Türschlösser in Türen von Betriebsräumen von Transformatoren und Schaltanlagen mit Nennspannungen über 1 kV müssen so beschaffen sein, daß der Zutritt unbefugter Personen jederzeit verhindert ist, der Betriebsraum jedoch ungehindert verlassen werden kann; an den Türen muß außen ein Hochspannungswarnschild angebracht sein. [4] Betriebsräume mit Transformatoren oder Kondensatoren mit PCB und einer Leistung von mehr als 3 kVA sind bei den Zugängen mit einem zinkgelben Warnschild aus Aluminium mit schwarzem Rand und schwarzer Beschriftung „PCB“ in der Größe 297 × 148 mm zu versehen.

(3) [1] Elektrische Betriebsräume für Öltransformatoren oder für Transformatoren und Kondensatoren mit PCB und einer Leistung von mehr als 3 kVA dürfen sich nicht in Geschossen befinden, deren Fußboden mehr als 4 m unter der

festgelegten Geländeoberfläche liegt. [2] Sie dürfen auch nicht in Geschossen über dem Erdgeschoß liegen.

(4) [1] Die Zuluft für die Räume muß unmittelbar oder über besondere Lüftungsleitungen dem Freien entnommen, die Abluft unmittelbar oder über besondere Lüftungsleitungen ins Freie geführt werden. [2] Lüftungsleitungen, die durch andere Räume führen, sind so herzustellen, daß Feuer und Rauch nicht in andere Räume übertragen werden können. [3] Öffnungen von Lüftungsleitungen zum Freien müssen Schutzgitter haben.

(5) Fußböden müssen mindestens aus schwer entflammbaren Baustoffen bestehen.

(6) [1] Unter Transformatoren muß auslaufende Isolier- und Kühlflüssigkeit sicher aufgefangen werden können. [2] Für höchstens drei Transformatoren mit jeweils bis zu 1000 l Isolierflüssigkeit in einem elektrischen Betriebsraum genügt es, wenn die Wände in der erforderlichen Höhe sowie der Fußboden undurchlässig ausgebildet sind; an den Türen müssen entsprechend hohe und undurchlässige Schwellen vorhanden sein.

(7) Fenster, die von außen leicht erreichbar sind, müssen so beschaffen oder gesichert sein, daß Unbefugte nicht in den elektrischen Betriebsraum eindringen können.

(8) [1] Räume mit Transformatoren oder Kondensatoren nach § 3 Abs. 1 Satz 1 Nr. 1 dürfen vom Gebäudeinnern aus nur von Fluren und über Sicherheitsschleusen zugänglich sein. [2] Bei Räumen mit Öltransformatoren oder mit Transformatoren und Kondensatoren mit PCB und einer Leistung von mehr als 3 kVA muß mindestens ein Ausgang unmittelbar ins Freie oder über einen Vorraum ins Freie führen. [3] Der Vorraum darf auch mit dem Schaltraum, jedoch nicht mit anderen Räumen in Verbindung stehen. [4] Sicherheitsschleusen mit mehr als 20 m³ Luftraum müssen Rauchabzüge haben.

(9) [1] Abweichend von Absatz 8 Sätze 1 und 2 sind Sicherheitsschleusen und unmittelbar oder über einen Vorraum ins Freie führende Ausgänge nicht erforderlich bei Räumen mit Transformatoren in

1. Waren- oder Geschäftshäusern mit Verkaufsstätten, die nicht dem Geltungsbereich der Warenhausverordnung unterliegen.
2. Versammlungsstätten, die nicht dem Geltungsbereich der Versammlungsstättenverordnung[1)] unterliegen,
3. Büro- oder Verwaltungsgebäuden, die keine Hochhäuser sind,
4. Krankenhäusern, Altenpflegeheimen, Entbindungs- und Säuglingsheimen mit nicht mehr als 30 Betten,
5. Schulen und Sportstätten, die keine Räume enthalten, auf welche die Versammlungsstättenverordnung anzuwenden ist,
6. Beherbergungsstätten mit nicht mehr als 30 Betten,
7. Wohngebäuden, die keine Hochhäuser sind.

[2] Türen in Trennwänden von Räumen mit Öltransformatoren oder mit Transformatoren und Kondensatoren mit PCB müssen feuerbeständig und selbstschließend sein.

[1)] Nr. **15**.

§ 6 Zusätzliche Anforderungen an elektrische Betriebsräume für ortsfeste Stromerzeugungsaggregate. (1) [1] Für elektrische Betriebsräume für ortsfeste Stromerzeugungsaggregate gelten § 5 Abs. 1, 2, 4 und 5 sinngemäß. [2] Wände in der erforderlichen Höhe sowie der Fußboden müssen gegen wassergefährdende Flüssigkeiten undurchlässig ausgebildet sein; an den Türen muß eine mindestens 10 cm hohe Schwelle vorhanden sein.

(2) [1] Die Abgase von Verbrennungsmaschinen sind über besondere Leitungen ins Freie zu führen. [2] Die Abgasrohre müssen von Bauteilen aus brennbaren Baustoffen einen Abstand von mindestens 10 cm haben. [3] Werden Abgasrohre durch Bauteile aus brennbaren Baustoffen geführt, so sind die Bauteile im Umkreis von 10 cm aus nichtbrennbaren, formbeständigen Baustoffen herzustellen, wenn ein besonderer Schutz gegen strahlende Wärme nicht vorhanden ist.

(3) Die Räume müssen frostfrei sein oder beheizt werden können.

§ 7 Zusätzliche Anforderungen an Batterieräume. (1) [1] Räume für Zentralbatterien müssen von Räumen mit erhöhter Brandgefahr feuerbeständig, von anderen Räumen mindestens feuerhemmend getrennt sein. [2] Dies gilt auch für Batterieschränke. [3] § 5 Abs. 4 gilt sinngemäß. [4] Die Räume müssen frostfrei sein oder beheizt werden können. [5] Öffnungen zur Durchführung von Kabeln sind mit nichtbrennbaren Baustoffen zu schließen.

(2) Türen müssen nach außen aufschlagen, in feuerbeständigen Trennwänden mindestens feuerhemmend und selbstschließend sein und in allen anderen Fällen aus nichtbrennbaren Baustoffen bestehen.

(3) [1] Fußböden sowie Sockel für Batterien müssen gegen die Einwirkungen von Elektrolyten widerstandsfähig sein. [2] An den Türen muß eine Schwelle vorhanden sein, die auslaufende Elektrolyten zurückhält.

(4) Der Fußboden von Batterieräumen muß an allen Stellen für elektrostatische Ladungen einheitlich und ausreichend ableitfähig sein.

(5) Lüftungsanlagen müssen gegen die Einwirkungen von Elektrolyten widerstandsfähig sein.

(6) Das Rauchen und das Verwenden von offenem Feuer sind in den Batterieräumen verboten; hierauf ist durch Schilder an der Außenseite der Türen hinzuweisen.

§ 8 Zusätzliche Bauvorlagen. [1] Die Bauvorlagen müssen Angaben über die Lage des Betriebsraums und die Art der elektrischen Anlagen enthalten. [2] Soweit erforderlich, müssen sie ferner Angaben über die Schallschutzmaßnahmen enthalten.

§ 9 Inkrafttreten. Diese Verordnung tritt am 1. Oktober 1977 in Kraft[*4)].

[*4)] **Amtl. Anm.:** Betrifft die ursprüngliche Fassung vom 13. April 1977 (GVBl. S. 421)

13. Vollzug des Baugesetzbuchs und der Bayerischen Bauordnung; Träger öffentlicher Belange

Vom 26. Juni 1987
(MABl. S. 446)

An die Regierungen
die Landratsämter
die Gemeinden

I. Träger öffentlicher Belange nach § 4 BauGB

[1] Nach § 4 Abs. 1 BauGB sollen bei der Aufstellung eines Bauleitplans als Träger öffentlicher Belange die Behörden und Stellen beteiligt werden, deren Aufgabenbereich durch die Planung konkret berührt werden kann. [2] Welche Belange insbesondere zu berücksichtigen sind, ergibt sich aus § 1 Abs. 3 bis 5 BauGB.

1. Im Bauleitplanverfahren sind regelmäßig folgende Behörden und Stellen zu beteiligen:
   a) die Kreisverwaltungsbehörde, z.B. als untere Bauaufsichtsbehörde, untere Immissionsschutzbehörde, untere Naturschutzbehörde; an die Stelle der Kreisverwaltungsbehörde tritt die Regierung als höhere Naturschutzbehörde, solange die Kreisverwaltungsbehörde nicht über eine hauptamtliche Fachkraft des Naturschutzes, die Regierung als Immissionsschutzbehörde, solange die Kreisverwaltungsbehörde nicht über einen sogenannten Umweltschutzingenieur verfügt,
   b) die höhere Landesplanungsbehörde
   c) das Wasserwirtschaftsamt
   d) das Vermessungsamt
   e) das Landesamt für Denkmalpflege
   f) der Regionale Planungsverband
   g) das Straßenbauamt.
2. Je nach Lage des Einzelfalls, z.B. Aufstellung eines Flächennutzungsplans, Größe des Planungsgebiets eines Bebauungsplans, Inhalt des Bauleitplans, kommt die Beteiligung auch folgender Träger öffentlicher Belange in Betracht:
   a) die Autobahndirektion
   b) das Gesundheitsamt
   c) das Forstamt
   d) das Amt für Landwirtschaft
   e) das Bergamt
   f) die Flurbereinigungsdirektion

g) die Bezirksfinanzdirektion
h) die Bayerische Verwaltung der staatlichen Schlösser, Gärten und Seen
i) der Landkreis, z.B. als Straßenbaulastträger
j) die Kirchen und die Religionsgemeinschaften des öffentlichen Rechts
k) der für Gemeindebedarfsflächen zuständige Bedarfsträger
l) die Luftfahrtbehörde und die Flughafengesellschaften
m) die zuständigen Energieversorgungsunternehmen
n) die Bundesbahndirektion
o) die Oberpostdirektion
p) die Wehrbereichsverwaltung
q) die Industrie- und Handelskammer
r) die Handwerkskammer und die Kreishandwerkschaft
s) der Kreisjugendring
t) der Bayerische Bauernverband
u) der Kreisheimatpfleger.[1)]

Diese Auflistung ist nicht abschließend, sondern kann durch weitere Träger öffentlicher Belange ergänzt werden, deren Interessen im engen sachlichen Zusammenhang mit den Planungsabsichten der Gemeinde stehen. So soll bei Bauleitplänen in der Umgebung kerntechnischer Anlagen oder von Standorten, die für die Errichtung solcher Anlagen vorgesehen sind, das Staatsministerium für Landesentwicklung und Umweltfragen als atomrechtliche Fachbehörde, bei Bauleitplänen in der Nähe von Steinbrüchen, bei denen das Material durch Sprengung gewonnen wird, oder in der Nähe eines Lagers für explosionsgefährliche Stoffe das Gewerbeaufsichtsamt angehört werden, und bei einer Bauleitplanung in einer Universitätsstadt die Universität, soweit ihre Belange berührt werden. Andererseits ist z.B. die Flurbereinigungsdirektion nur zu beteiligen, wenn ein Flurbereinigungsverfahren zu erwarten ist oder durchgeführt wird, die Wehrbereichsverwaltung nur bei Planungen in der Nähe von Anlagen für Verteidigungszwecke im Gebiet der Bauleitplanung oder in dessen Nähe. Der Kreisjugendring wird nur bei Planungen zu hören sein, die Jugendeinrichtungen betreffen.

3. Den zu beteiligenden Behörden und Stellen ist entweder ein Planentwurf mit Erläuterung bzw. Begründung zu übersenden oder der vorgesehene Geltungsbereich und der beabsichtigte Inhalt des Bauleitplans in sonstiger Weise detailliert bekanntzugeben. Den Beteiligten soll für die Abgabe ihrer Stellungnahme eine angemessene Frist gesetzt werden. Äußern sie sich nicht fristgemäß, kann die Gemeinde davon ausgehen, daß die von den Beteiligten wahrzunehmenden öffentlichen Belange durch die Bauleitplanung nicht berührt werden. Allerdings bedeutet der Fristablauf nicht, daß die von dem Träger vertretenen öffentlichen Belange bei der Abwägung vernachlässigt werden können.
Die Träger öffentlicher Belange haben sich in ihren Stellungnahmen nur zu den Fragen des von ihnen vertretenen Aufgabenbereichs zu äußern.

[1)] Beachte hierzu Bek. betr. Heimatpfleger in den Landkreisen, kreisfreien Städten und Großen Kreisstädten v. 17. 2. 1981 (MABl. S. 97), geänd. durch Bek. v. 1. 8. 1986 (MABl. S. 348).

4. Die Beteiligung der Träger öffentlicher Belange und die förmliche Auslegung des Planentwurfs können gemäß § 4 Abs. 2 BauGB parallel erfolgen. Diese Vorschrift führt aber nur dann zu einer Verfahrensbeschleunigung, wenn sich die Gemeinde vorher schon informell mit den wichtigsten Trägern abgestimmt hat.
5. Im Genehmigungsverfahren nach § 6 und § 11 BauGB und im Anzeigeverfahren nach § 11 BauGB ist zu prüfen, ob § 4 BauGB beachtet worden ist.

II. Träger öffentlicher Belange nach § 139 BauGB

[1] Bei der Vorbereitung und Durchführung der Sanierung soll die Gemeinde möglichst frühzeitig den Trägern öffentlicher Belange, deren Aufgabenbereich durch die Sanierung berührt werden kann, Gelegenheit zur Stellungnahme geben (§ 139 Abs. 2 BauGB). [2] Es sollen auch die Träger öffentlicher Belange beteiligt werden, die in dem betroffenen Bereich Haus- und Grundbesitz verwalten oder Aufgabenträger für bestimmte Maßnahmen sind. [3] Ferner kann für die Abgrenzung von Sanierungsgebieten die Stellungnahme mit Sozialaufgaben befaßter Behörden und Stellen bedeutsam sein. [4] Das Landesamt für Denkmalpflege ist regelmäßig zu beteiligen.

III.

[1] Zum Bauantrag, zum Antrag auf einen Vorbescheid oder eine Typengenehmigung und zum Antrag auf Zustimmung nach Art. 86 BayBO[1)] sollen die Behörden und Stellen als Träger öffentlicher Belange gehört werden, deren Aufgabenbereich durch das Vorhaben berührt wird (Art. 71 Abs. 1,[2)] Art. 75 Abs. 2, Art. 77 Abs. 3, Art. 86 Abs. 3 BayBO[1)]). [2] In Betracht kommen insbesondere die Behörden und Stellen nach Abschnitt I Nummer 1 Buchst. a, c, d, e, g und Nummer 2 Buchst. b und u ferner

1. die Bayerische Versicherungskammer – Abteilung Brandversicherung –
2. das Landesamt für Brand- und Katastrophenschutz
3. das Veterinäramt
4. das Gewerbeaufsichtsamt
5. die Straßenverkehrsbehörde bei Bauvorhaben mit erheblichen Auswirkungen auf den Straßenverkehr.

[3] Im übrigen gelten Nummer 2 Abs. 2 und Nummer 3 des Abschnitts I sinngemäß.

IV.

Die Bekanntmachung vom 2. Februar 1976 (MABl. S. 66) wird aufgehoben.

---

1) Nr. **1**.
2) Jetzt Art. 69 Abs. 1 BayBO (Nr. **1**).

14. Verordnung über den Bau und Betrieb von Verkaufsstätten (Verkaufsstättenverordnung – VkV)[1]

Vom 6. November 1997
(GVBl S. 751)

BayRS 2132-1-6-I

zuletzt geänd. durch § 6 VO zur Änd. der ZuständigkeitsVO im Bauwesen und weiterer RechtsVOen v. 29. 11. 2007 (GVBl S. 847)

Auf Grund von Art. 90 Abs. 1 Nrn. 3 und 5 der Bayerischen Bauordnung (BayBO)[2] und Art. 38 Abs. 3 des Landesstraf- und Verordnungsgesetzes[3] erläßt das Bayerische Staatsministerium des Innern folgende Verordnung:

Inhaltsübersicht[4]

---

[1] **Die VO tritt mWv 31. 12. 2017 außer Kraft**, vgl. § 34.
[2] Nr. **1**.
[3] Nr. **26**.
[4] Inhaltsübersicht geänd. mWv 1. 1. 2008 durch VO v. 29. 11. 2007 (GVBl S. 847).

§ 1[1] **Anwendungsbereich.** Die Vorschriften dieser Verordnung gelten für jede Verkaufsstätte, deren Verkaufsräume und Ladenstraßen eine Fläche von insgesamt mehr als 2.000 m² haben.

§ 2[2] **Begriffe.**

(1) [1] Verkaufsstätten sind Gebäude oder Gebäudeteile, die

1. ganz oder teilweise dem Verkauf von Waren dienen,
2. mindestens einen Verkaufsraum haben und
3. keine Messebauten sind.

[2] Zu einer Verkaufsstätte gehören alle Räume, die unmittelbar oder mittelbar, insbesondere durch Aufzüge oder Ladenstraßen, miteinander in Verbindung stehen; als Verbindung gilt nicht die Verbindung durch Treppenräume notwendiger Treppen sowie durch Leitungen, Schächte und Kanäle haustechnischer Anlagen.

(2) Erdgeschossige Verkaufsstätten sind Gebäude mit nicht mehr als einem Geschoß, dessen Fußboden an keiner Stelle mehr als 1 m unter der Geländeoberfläche liegt; dabei bleiben Treppenraumerweiterungen sowie Geschosse außer Betracht, die ausschließlich der Unterbringung von haustechnischen Anlagen und Feuerungsanlagen dienen.

(3) [1] Verkaufsräume sind Räume, in denen Waren zum Verkauf oder sonstige Leistungen angeboten werden oder die dem Kundenverkehr dienen, ausgenommen Treppenräume notwendiger Treppen, Treppenraumerweiterungen sowie Garagen. [2] Ladenstraßen gelten nicht als Verkaufsräume.

(4) Ladenstraßen sind überdachte oder überdeckte Flächen, an denen Verkaufsräume liegen und die dem Kundenverkehr dienen.

(5) Treppenraumerweiterungen sind Räume, die Treppenräume mit Ausgängen ins Freie verbinden.

(6) Flächen von Gebäuden, Geschossen und Räumen sind als Brutto-Grundfläche zu ermitteln, wenn nichts anderes geregelt ist.

§ 3[3] **Tragende Wände, Pfeiler und Stützen.** Tragende Wände, Pfeiler und Stützen sind

1. in erdgeschossigen Verkaufsstätten mit Sprinkleranlagen ohne Feuerwiderstandsfähigkeit zulässig,
2. in erdgeschossigen Verkaufsstätten ohne Sprinkleranlagen mindestens feuerhemmend herzustellen,
3. in sonstigen Verkaufsstätten feuerbeständig herzustellen.

§ 4 Außenwände. Außenwände sind herzustellen

---

[1] § 1 geänd. mWv 1. 1. 2008 durch VO v. 29. 11. 2007 (GVBl S. 847).
[2] § 2 Abs. 6 angef. mWv 1. 1. 2008 durch VO v. 29. 11. 2007 (GVBl S. 847).
[3] § 3 Nr. 1 geänd. mWv 1. 1. 2008 durch VO v. 29. 11. 2007 (GVBl S. 847).

1. in erdgeschossigen Verkaufsstätten aus mindestens schwerentflammbaren Baustoffen, soweit sie nicht mindestens feuerhemmend sind,
2. in sonstigen Verkaufsstätten aus nichtbrennbaren Baustoffen, soweit sie nicht feuerbeständig sind.

§ 5[1)] Trennwände. (1) Trennwände zwischen einer Verkaufsstätte und Räumen, die nicht zur Verkaufsstätte gehören, müssen feuerbeständig sein und dürfen keine Öffnungen haben.

(2) [1] In Verkaufsstätten ohne Sprinkleranlagen sind Lagerräume mit einer Nutzfläche von mehr als jeweils 100 m² sowie Werkräume mit erhöhter Brandgefahr, wie Schreinereien, Maler- oder Dekorationswerkstätten, von anderen Räumen durch feuerbeständige Trennwände zu trennen. [2] Diese Werk- und Lagerräume müssen durch feuerbeständige Trennwände so unterteilt werden, daß Abschnitte von nicht mehr als 500 m² Nutzfläche entstehen. [3] Öffnungen in den Trennwänden müssen mindestens feuerhemmende, dicht- und selbstschließende Abschlüsse haben.

§ 6[2)] Brandabschnitte.

(1) [1] Verkaufsstätten sind durch innere Brandwände in Brandabschnitte zu unterteilen. [2] Abweichend von Art. 28 Abs. 2 Nr. 2 BayBO[3)] darf die Fläche je Geschoß betragen in

1. erdgeschossigen Verkaufsstätten mit Sprinkleranlagen nicht mehr als 10.000 m²,
2. erdgeschossigen Verkaufsstätten ohne Sprinkleranlagen nicht mehr als 3.000 m²,
3. sonstigen Verkaufsstätten mit Sprinkleranlagen nicht mehr als 5.000 m²,
4. sonstigen Verkaufsstätten ohne Sprinkleranlagen nicht mehr als 1.500 m².

(2) Abweichend von Absatz 1 können Verkaufsstätten mit Sprinkleranlagen auch durch Ladenstraßen an Stelle von durchgehenden Brandwänden in Brandabschnitte unterteilt werden, wenn

1. die Ladenstraßen bis zu ihrem Dach in voller Höhe mindestens 10 m breit sind; Einbauten oder Einrichtungen sind innerhalb dieser Breite unzulässig,
2. die Ladenstraßen ausreichende Rauchabzugsanlagen haben,
3. das Tragwerk der Dächer der Ladenstraßen aus nichtbrennbaren Baustoffen und
4. die Bedachung der Ladenstraßen aus nichtbrennbaren Baustoffen besteht.

(3) Abweichend von Absatz 1 brauchen in Verkaufsstätten mit Sprinkleranlagen Brandwände im Kreuzungsbereich mit Ladenstraßen nicht hergestellt zu werden, wenn die Ladenstraßen über eine Länge von mindestens 10 m beiderseits der Brandwände den Anforderungen des Absatzes 2 entsprechen; Einbauten oder Einrichtungen sind Innerhalb dieser Fläche unzulässig.

(4) [1] Öffnungen in den Brandwänden nach Absatz 1 sind zulässig, wenn sie feuerbeständige, dicht- und selbstschließende Abschlüsse haben. [2] Die Abschlüsse

---

1) § 5 Abs. 2 Sätze 1, 2 und 3 geänd. mWv 1. 1. 2008 durch VO v. 29. 11. 2007 (GVBl S. 847).

2) § 6 Abs. 1 Satz 1 und Satz 2 einl. Satzteil, Abs. 4 Satz 1 geänd., Abs. 6 neu gef. mWv 1. 1. 2008 durch VO v. 29. 11. 2007 (GVBl S. 847).

3) Nr. **1**.

müssen Feststellanlagen haben, die bei Raucheinwirkung ein selbsttätiges Schließen bewirken.

(5) Brandwände sind mindestens 30 cm über Dach zu führen oder in Höhe der Dachhaut mit einer beiderseits 50 cm auskragenden feuerbeständigen Platte aus nichtbrennbaren Baustoffen abzuschließen; darüber dürfen brennbare Teile des Dachs oder Teile des Dachs mit Hohlräumen nicht hinweggeführt werden.

(6) Verkaufsstätten müssen zu anderen Gebäuden Brandwände als Gebäudeabschlusswände haben, soweit sie aneinander gebaut sind.

§ 7[1)] Decken. (1) [1] Decken sind

1. in erdgeschossigen Verkaufsstätten mit Sprinkleranlagen aus nichtbrennbaren Baustoffen,
2. in erdgeschossigen Verkaufsstätten ohne Sprinkleranlagen mindestens feuerhemmend und aus nichtbrennbaren Baustoffen,
3. in sonstigen Verkaufsstätten feuerbeständig und aus nichtbrennbaren Baustoffen

herzustellen. [2] Bei der Beurteilung der Feuerwiderstandsfähigkeit bleiben abgehängte Unterdecken außer Betracht.

(2) [1] Unterdecken einschließlich ihrer Aufhängungen müssen in Verkaufsräumen, Treppenräumen, Treppenraumerweiterungen, notwendigen Fluren und in Ladenstraßen aus nichtbrennbaren Baustoffen bestehen. [2] In Verkaufsräumen mit Sprinkleranlagen dürfen Unterdecken aus brennbaren Baustoffen bestehen, wenn auch der Deckenhohlraum durch die Sprinkleranlagen geschützt ist.

(3) [1] In Decken sind Öffnungen unzulässig. [2] Dies gilt nicht für Öffnungen in Decken zwischen Verkaufsräumen sowie in Decken zwischen Ladenstraßen

1. in Verkaufsstätten mit Sprinkleranlagen,
2. in Verkaufsstätten ohne Sprinkleranlagen, soweit die Öffnungen für nicht notwendige Treppen erforderlich sind.

§ 8[2)] Dächer.

(1) Das Tragwerk von Dächern, die den oberen Abschluß von Räumen der Verkaufsstätten bilden oder die von diesen Räumen nicht durch feuerbeständige Bauteile getrennt sind, ist

1. in erdgeschossigen Verkaufsstätten mit Sprinkleranlagen ohne Feuerwiderstandsfähigkeit aus brennbaren Baustoffen zulässig,
2. in erdgeschossigen Verkaufsstätten ohne Sprinkleranlagen mindestens feuerhemmend,
3. in sonstigen Verkaufsstätten mit Sprinkleranlagen aus nichtbrennbaren Baustoffen,
4. in sonstigen Verkaufsstätten ohne Sprinkleranlagen feuerbeständig

herzustellen.

(2) Bedachungen ausgenommen Dachhaut und Dampfsperre müssen bei Dächern, die den oberen Abschluß von Räumen der Verkaufsstätten bilden oder die

---

[1)] § 7 Abs. 1 Satz 2 geänd. mWv 1. 1. 2008 durch VO v. 29. 11. 2007 (GVBl S. 847).

[2)] § 8 Abs. 1 Nr. 1 geänd., Abs. 3 Satz 2 neu gef. mWv 1. 1. 2008 durch VO v. 29. 11. 2007 (GVBl S. 847).

von diesen Räumen nicht durch feuerbeständige Bauteile getrennt sind, aus nichtbrennbaren Baustoffen bestehen.

(3) [1] Lichtdurchlässige Bedachungen über Verkaufsräumen und Ladenstraßen sind

1. in Verkaufsstätten ohne Sprinkleranlagen nur aus nichtbrennbaren Baustoffen,
2. in Verkaufsstätten mit Sprinkleranlagen auch aus mindestens schwerentflammbaren Baustoffen zulässig; sie dürfen im Brandfall nicht brennend abtropfen.

[2] Art. 30 Abs. 1 BayBO[1)] ist für Bedachungen nach Satz 1 Nr. 2 nicht anzuwenden.

§ 9[2)] Bekleidungen, Dämmstoffe, Bodenbeläge. (1) Außenwandbekleidungen einschließlich der Dämmstoffe und Unterkonstruktionen sind

1. in erdgeschossigen Verkaufsstätten aus mindestens schwerentflammbaren Baustoffen,
2. in sonstigen Verkaufsstätten aus nichtbrennbaren Baustoffen

herzustellen.

(2) Deckenbekleidungen einschließlich der Dämmstoffe und Unterkonstruktionen müssen aus nichtbrennbaren Baustoffen bestehen.

(3) Wandbekleidungen einschließlich der Dämmstoffe und Unterkonstruktionen müssen in Treppenräumen, Treppenraumerweiterungen, notwendigen Fluren und in Ladenstraßen aus nichtbrennbaren Baustoffen bestehen.

(4) Bodenbeläge müssen in Treppenräumen und Treppenraumerweiterungen nichtbrennbar, in notwendigen Fluren für Kunden und in Ladenstraßen mindestens schwerentflammbar sein.

§ 10 Rettungswege in Verkaufsstätten. (1) [1] Für jeden Verkaufsraum, Aufenthaltsraum und für jede Ladenstraße müssen in demselben Geschoß mindestens zwei voneinander unabhängige Rettungswege zu Ausgängen ins Freie oder zu Treppenräumen notwendiger Treppen vorhanden sein. [2] Die Rettungswege dürfen auch über Außentreppen ohne Treppenräume, Rettungsbalkone, Terrassen und begehbare Dächer auf das Grundstück führen, wenn wegen des Brandschutzes keine Bedenken bestehen; diese Rettungswege gelten als Ausgang ins Freie.

(2) [1] Von jeder Stelle

1. eines Verkaufsraums in höchstens 25 m Entfernung,
2. eines sonstigen Aufenthaltsraums oder einer Ladenstraße in höchstens 35 m Entfernung

muß mindestens ein Ausgang ins Freie oder ein Treppenraum notwendiger Treppen erreichbar sein (erster Rettungsweg). [2] Die Entfernung nach Satz 1 Nr. 1 wird in der Luftlinie, jedoch nicht durch Bauteile, die Entfernung nach Satz 1 Nr. 2 wird in der Lauflinie gemessen.

(3) Der erste Rettungsweg darf, soweit er über eine Ladenstraße führt, auf der Ladenstraße eine zusätzliche Länge von höchstens 35 m haben, wenn die Ladenstraße Rauchabzugsanlagen hat und der nach Absatz 1 erforderliche zweite

---

[1)] Nr. 1.

[2)] § 9 Überschrift, Abs. 1 bis 3 geänd. mWv 1. 1. 2008 durch VO v. 29. 11. 2007 (GVBl S. 847).

Rettungsweg für Verkaufsräume mit einer Fläche von mehr als 100 m^2 nicht über diese Ladenstraße führt.

(4) In erdgeschossigen Verkaufsstätten sowie in sonstigen Verkaufsstätten mit Sprinkleranlagen darf der Rettungsweg nach den Absätzen 2 und 3 innerhalb von Brandabschnitten, soweit er über einen notwendigen Flur für Kunden mit einem unmittelbaren Ausgang ins Freie oder in einen Treppenraum notwendiger Treppen führt, in diesem Flur eine zusätzliche Länge von höchstens 35 m haben.

(5) Von jeder Stelle eines Verkaufsraums muß ein Hauptgang oder eine Ladenstraße in höchstens 10 m Entfernung, gemessen in der Luftlinie, jedoch nicht durch Bauteile, erreichbar sein.

(6) [1] In Rettungswegen ist nur eine Folge von mindestens drei Stufen zulässig. [2] Die Stufen müssen eine Stufenbeleuchtung haben.

(7) [1] An Kreuzungen der Ladenstraßen und der Hauptgänge sowie an Türen im Zug von Rettungswegen ist durch beleuchtete Sicherheitszeichen deutlich und dauerhaft auf die Ausgänge hinzuweisen. [2] Von jeder Stelle der Verkaufsräume oder der Ladenstraßen muß mindestens ein Sicherheitszeichen erkennbar sein.

(8) Rettungswege dürfen innerhalb der nach § 11 Abs. 2, § 12 Abs. 3 Satz 1 Nr. 3 und § 13 Abs. 1, 3 und 4 erforderlichen Breiten nicht durch Einbauten oder Einrichtungen eingeengt werden.

§ 11[1)] Treppen.

(1) [1] Notwendige Treppen müssen feuerbeständig sein, aus nichtbrennbaren Baustoffen bestehen und an den Unterseiten geschlossen sein. [2] Dies gilt nicht für notwendige Treppen nach § 10 Abs. 1 Satz 2, wenn wegen des Brandschutzes keine Bedenken bestehen.

(2) [1] Notwendige Treppen für Kunden müssen mindestens 2 m breit sein und dürfen eine Breite von 2,50 m nicht überschreiten. [2] Für notwendige Treppen für Kunden genügt eine Breite von mindestens 1,25 m, wenn die Treppen für Verkaufsräume bestimmt sind, deren Fläche insgesamt nicht mehr als 500 m^2 beträgt.

(3) Notwendige Treppen brauchen nicht in Treppenräumen zu liegen und die Anforderungen nach Absatz 1 Satz 1 nicht zu erfüllen in Verkaufsräumen, die

1. eine Nutzfläche von nicht mehr als 100 m^2 haben oder
2. eine Nutzfläche von mehr als 100 m^2, aber nicht mehr als 500 m^2 haben, wenn diese Treppen im Zug nur eines der zwei erforderlichen Rettungswege liegen.

(4) [1] Notwendige Treppen mit gewendelten Läufen sind in Verkaufsräumen unzulässig. [2] Dies gilt nicht für notwendige Treppen nach Absatz 3.

(5) [1] Treppen für Kunden müssen auf beiden Seiten Handläufe ohne freie Enden haben. [2] Die Handläufe müssen fest und griffsicher sein; sie sind über Treppenabsätze fortzuführen.

§ 12 Treppenräume, Treppenraumerweiterungen. (1) Jede notwendige Treppe muß in einem eigenen, durchgehenden Treppenraum liegen.

---

1) § 11 Abs. 3 Nr. 1 und 2 geänd. mWv 1. 1. 2008 durch VO v. 29. 11. 2007 (GVBl S. 847).

(2) Die Wände von Treppenräumen notwendiger Treppen müssen in der Bauart von Brandwänden hergestellt sein.

(3) [1] Treppenraumerweiterungen müssen

1. die Anforderungen an Treppenräume erfüllen,
2. feuerbeständige Decken aus nichtbrennbaren Baustoffen haben und
3. mindestens so breit sein wie die notwendigen Treppen, mit denen sie in Verbindung stehen.

[2] Sie dürfen nicht länger als 35 m sein und keine Öffnungen zu anderen Räumen haben.

§ 13[1)] Ladenstraßen, Flure, Hauptgänge.

(1) Ladenstraßen müssen mindestens 5 m breit sein.

(2) [1] Notwendige Flure für Kunden müssen mindestens 2 m breit sein. [2] Für notwendige Flure für Kunden genügt eine Breite von 1,40 m, wenn die Flure für Verkaufsräume bestimmt sind, deren Nutzfläche insgesamt nicht mehr als 500 m^2 beträgt.

(3) [1] Hauptgänge müssen mindestens 2 m breit sein. [2] Sie müssen auf möglichst kurzem Weg zu Ausgängen ins Freie, zu Treppenräumen notwendiger Treppen, zu notwendigen Fluren für Kunden oder zu Ladenstraßen führen. [3] Verkaufsstände an Hauptgängen müssen unverrückbar sein. [4] Nebengänge müssen auf möglichst kurzem Weg zu Hauptgängen führen und mindestens 1 m breit sein.

(4) Wände und Decken notwendiger Flure für Kunden sind

1. in Verkaufsstätten mit Sprinkleranlagen mindestens feuerhemmend und in den wesentlichen Teilen aus nichtbrennbaren Baustoffen,
2. in Verkaufsstätten ohne Sprinkleranlagen feuerbeständig und aus nichtbrennbaren Baustoffen

herzustellen.

(5) Im Übrigen gilt Art. 34 BayBO[2)] entsprechend.

§ 14[3)] Ausgänge.

(1) [1] Jeder Verkaufsraum und jede Ladenstraße müssen mindestens zwei Ausgänge haben, die zum Freien oder zu Treppenräumen notwendiger Treppen führen. [2] Für Verkaufsräume mit einer Nutzfläche von nicht mehr als 50 m^2 genügt ein Ausgang.

(2) [1] Ausgänge aus Verkaufsräumen müssen mindestens 2 m breit sein; für Ausgänge aus Verkaufsräumen mit einer Nutzfläche von nicht mehr als 500 m^2 genügt eine Breite von 1 m. [2] Ausgänge in Flure dürfen nicht breiter sein als die Flure.

(3) [1] Die Ausgänge aus einem Geschoß einer Verkaufsstätte ins Freie oder in Treppenräume notwendiger Treppen müssen mindestens 2 m breit sein und insgesamt eine Breite von mindestens 30 cm je 100 m^2 der Nutzflächen der

---

1) § 13 Abs. 2 Satz 2 geänd., Abs. 5 neu gef. mWv 1. 1. 2008 durch VO v. 29. 11. 2007 (GVBl S. 847).

2) Nr. 1.

3) § 14 Abs. 1 Satz 2, Abs. 2 Satz 1, Abs. 3 Satz 1 geänd. mWv 1. 1. 2008 durch VO v. 29. 11. 2007 (GVBl S. 847).

Verkaufsräume haben; dabei bleiben die Flächen von Ladenstraßen außer Betracht. [2] Ausgänge in Treppenräume dürfen nicht breiter sein als die Treppen.

(4) Ausgänge aus Treppenräumen notwendiger Treppen ins Freie oder in Treppenraumerweiterungen und aus diesen ins Freie müssen mindestens so breit sein wie die notwendigen Treppen.

§ 15[1)] Türen in Rettungswegen.

(1) Türen von Treppenräumen notwendiger Treppen und von notwendigen Fluren für Kunden, ausgenommen Türen, die ins Freie führen, müssen

1. in Verkaufsstätten mit Sprinkleranlagen rauchdicht und selbstschließend,
2. in Verkaufsstätten ohne Sprinkleranlagen mindestens feuerhemmend, rauchdicht und selbstschließend

sein.

(2) [1] Türen im Verlauf von Rettungswegen dürfen nur in Fluchtrichtung aufschlagen und keine Schwellen haben. [2] Sie müssen während der Betriebszeit von innen mit einem einzigen Griff leicht in voller Breite zu öffnen sein. [3] Elektrische Verriegelungen sind nur zulässig, wenn die Türen im Gefahrenfall jederzeit durch Betätigung einer Nottaste unmittelbar im Bereich der Tür geöffnet werden können.

(3) Türen, die selbstschließend sein müssen, dürfen offengehalten werden, wenn sie Feststellanlagen haben, die bei Raucheinwirkung ein selbsttätiges Schließen der Türen bewirken; sie müssen auch von Hand geschlossen werden können.

(4) [1] Drehtüren und Schiebetüren sind im Verlauf von Rettungswegen unzulässig; dies gilt nicht für automatische Dreh- und Schiebetüren, die die Rettungswege im Gefahrenfall nicht beeinträchtigen. [2] Pendeltüren müssen in Rettungswegen Schließvorrichtungen haben, die ein Durchpendeln der Türen verhindern.

(5) Rolläden, Scherengitter oder ähnliche Abschlüsse von Türöffnungen, Toröffnungen oder Durchfahrten im Zug von Rettungswegen müssen so beschaffen sein, daß sie von Unbefugten nicht geschlossen werden können.

§ 16[2)] Rauchabführung.

(1) [1] Verkaufsräume ohne notwendige Fenster nach Art. 45 Abs. 2 BayBO[3)] sowie Ladenstraßen müssen ausreichende Rauchabzugsanlagen haben; in Verkaufsstätten mit Sprinkleranlagen genügen statt dessen Lüftungsanlagen, die im Brandfall so betrieben werden können, daß sie nur entlüften und die Zweckbestimmung von Absperrvorrichtungen gegen Brandübertragung dies zuläßt.

(2) [1] Rauchabzugsanlagen müssen von Hand und automatisch durch Rauchmelder ausgelöst werden können; sie sind an den Bedienungsstellen mit der Aufschrift „Rauchabzug" zu versehen. [2] An den Bedienungseinrichtungen muß erkennbar sein, ob die Rauchabzugsanlage offen oder geschlossen ist.

(3) [1] Innenliegende Treppenräume notwendiger Treppen müssen Rauchabzugsanlagen haben. [2] Sonstige Treppenräume notwendiger Treppen, die durch

---

1) § 15 Abs. 1 Nr. 1 geänd. mWv 1. 1. 2008 durch VO v. 29. 11. 2007 (GVBl S. 847).
2) § 16 Abs. 1 Satz 1 geänd. mWv 1. 1. 2008 durch VO v. 29. 11. 2007 (GVBl S. 847).
3) Nr. 1.

mehr als zwei Geschosse führen, müssen an ihrer obersten Stelle eine Rauchabzugsvorrichtung mit einem freien Querschnitt von mindestens fünf v.H. der Grundfläche der Treppenräume, jedoch nicht weniger als 1 m² haben. [3] Die Rauchabzugsvorrichtungen müssen von jedem Geschoß aus zu öffnen sein.

§ 17 Beheizung. Feuerstätten dürfen in Verkaufsräumen, Ladenstraßen, Lagerräumen und Werkräumen zur Beheizung nicht aufgestellt werden.

§ 18 Sicherheitsbeleuchtung. Verkaufsstätten müssen eine Sicherheitsbeleuchtung haben
1. in Verkaufsräumen,
2. in Rettungswegen,
3. in Arbeits- und Pausenräumen,
4. in Toilettenräumen,
5. in elektrischen Betriebsräumen und Räumen für haustechnische Anlagen,
6. für Hinweisschilder auf Ausgänge und für Stufenbeleuchtung.

§ 19 Blitzschutzanlagen. Gebäude mit Verkaufsstätten müssen Blitzschutzanlagen haben.

§ 20[1)] Feuerlöscheinrichtungen, Brandmeldeanlagen und Alarmierungseinrichtungen.

(1) [1] Verkaufsstätten müssen Sprinkleranlagen haben. [2] Dies gilt nicht für
1. erdgeschossige Verkaufsstätten mit nicht mehr als 3.000 m² Fläche der Brandabschnitte,
2. sonstige Verkaufsstätten, wenn sie sich über nicht mehr als drei Geschosse erstrecken und die Gesamtfläche aller Geschosse innerhalb eines Brandabschnitts nicht mehr als 3.000 m² beträgt.

[3] Verkaufsstätten nach Satz 2 Nr. 2 müssen Sprinkleranlagen haben, wenn sie Verkaufsräume mit einer Nutzfläche von mehr als 500 m² haben, die mit ihrem Fußboden im Mittel mehr als 3 m unter der Geländeoberfläche liegen.

(2) In Verkaufsstätten müssen vorhanden sein:
1. geeignete Feuerlöscher und Wandhydranten an geeigneter Stelle in ausreichender Zahl, gut sichtbar und leicht zugänglich,
2. geeignete Brandmeldeanlagen zur unmittelbaren Alarmierung der dafür zuständigen Stelle und
3. Alarmierungseinrichtungen, durch die alle Betriebsangehörigen alarmiert und Anweisungen an sie und an die Kunden gegeben werden können.

(3) Es kann verlangt werden, daß das Auslösen von Sprinkleranlagen oder die Meldung von Brandmeldeanlagen der Feuerwehr selbsttätig gemeldet werden.

§ 21 Sicherheitsstromversorgungsanlagen. Verkaufsstätten müssen eine Sicherheitsstromversorgungsanlage haben, die bei Störung der allgemeinen Stromversorgung den Betrieb der sicherheitstechnischen Anlagen und Einrichtungen übernimmt, insbesondere der

---

[1)] § 20 Abs. 1 Satz 3 geänd. mWv 1. 1. 2008 durch VO v. 29. 11. 2007 (GVBl S. 847).

1. Sicherheitsbeleuchtung,
2. Stufenbeleuchtung und der Hinweisschilder auf Ausgänge,
3. Sprinkleranlagen,
4. Rauchabzugsanlagen,
5. Schließeinrichtungen für Feuerschutzabschlüsse,
6. Brandmeldeanlagen,
7. Alarmierungseinrichtungen.

§ 22 Lage der Verkaufsräume. [1] Verkaufsräume, ausgenommen Gaststätten, dürfen mit ihrem Fußboden nicht mehr als 22 m über der Geländeoberfläche liegen. [2] Verkaufsräume dürfen mit ihrem Fußboden im Mittel nicht mehr als 5 m unter der Geländeoberfläche liegen.

§ 23[1)] Räume für Abfälle zur Beseitigung und Verwertung. [1] Verkaufsstätten müssen besondere Räume für Abfälle zur Beseitigung und Verwertung haben, die mindestens den Abfall von zwei Tagen aufnehmen können. [2] Die Räume müssen feuerbeständige Wände und Decken sowie mindestens feuerhemmende und dicht- und selbstschließende Türen haben.

§ 24 Gefahrenverhütung. (1) [1] Das Rauchen und das Verwenden von offenem Feuer ist in Verkaufsräumen und Ladenstraßen verboten. [2] Dies gilt nicht für Bereiche, in denen Getränke oder Speisen verabreicht oder Besprechungen abgehalten werden. [3] Auf das Verbot ist dauerhaft und leicht erkennbar hinzuweisen.

(2) [1] In Ladenstraßen nach § 6 Abs. 2 innerhalb der erforderlichen Breiten, in Ladenstraßen nach § 6 Abs. 3 innerhalb der erforderlichen Flächen, in Treppenräumen notwendiger Treppen, in Treppenraumerweiterungen und in notwendigen Fluren dürfen Dekorationen nicht angebracht oder Gegenstände nicht abgestellt werden. [2] In Ladenstraßen und Gängen innerhalb der nach § 13 Abs. 1 und 4 erforderlichen Breiten dürfen Gegenstände nicht abgestellt werden. [3] Für Dekorationen in Verkaufsräumen und Ladenstraßen gelten § 20 Abs. 1 und 2 der Verordnung über die Verhütung von Bränden (BayRS 215-2-1-I).

§ 25 Rettungswege auf dem Grundstück, Flächen für die Feuerwehr. (1) Kunden und Betriebsangehörige müssen aus der Verkaufsstätte unmittelbar oder über Flächen auf dem Grundstück auf öffentliche Verkehrsflächen gelangen können.

(2) Die erforderlichen Zufahrten, Durchfahrten und Aufstell- und Bewegungsflächen für die Feuerwehr müssen vorhanden sein.

(3) [1] Die als Rettungswege dienenden Flächen auf dem Grundstück sowie die Flächen für die Feuerwehr nach Absatz 2 müssen ständig freigehalten werden. [2] Hierauf ist dauerhaft und leicht erkennbar hinzuweisen.

§ 26 Verantwortliche Personen. (1) Während der Betriebszeit einer Verkaufsstätte muß die Person, die die Verkaufsstätte betreibt (Betreiber) oder eine von ihr bestimmte Person als Vertreter ständig anwesend sein.

(2) [1] Der Betreiber einer Verkaufsstätte hat

[1)] § 23 Satz 2 geänd. mWv 1. 1. 2008 durch VO v. 29. 11. 2007 (GVBl S. 847).

1. eine Person als Brandschutzbeauftragte und
2. für Verkaufsstätten, deren Verkaufsräume eine Fläche von insgesamt mehr als 5.000 m^2 haben, Selbsthilfekräfte für den Brandschutz mindestens in der nach Absatz 4 festgelegten Anzahl

zu bestellen. 2 Die Namen dieser Personen und jeder Wechsel sind der für den Brandschutz zuständigen Dienststelle auf Verlangen mitzuteilen. 3 Der Betreiber hat für die Ausbildung dieser Personen im Einvernehmen mit der für den Brandschutz zuständigen Dienststelle zu sorgen.

(3) 1 Die Brandschutzbeauftragten haben darüber zu wachen, daß die Vorschriften über Einbauten oder Einrichtungen, Dekorationen oder Gegenstände (§ 6 Abs. 2 und 3, § 10 Abs. 8, § 13 Abs. 4, § 24 Abs. 2, § 25 Abs. 3), über Brandverhütung (§ 17, § 24 Abs. 1), über Türen im Verlauf von Rettungswegen (§ 15) sowie Brandschutztüren beachtet werden und daß die Selbsthilfe- und sicherheitstechnischen Anlagen und Einrichtungen betriebsbereit sind. 2 Sie haben für die Einhaltung von § 26 Abs. 5 und § 27 zu sorgen.

(4) Die erforderliche Anzahl der Selbsthilfekräfte für den Brandschutz ist von der Bauaufsichtsbehörde im Einvernehmen mit der für den Brandschutz zuständigen Dienststelle festzulegen.

(5) Selbsthilfekräfte für den Brandschutz müssen in erforderlicher Anzahl während der Betriebszeit der Verkaufsstätte anwesend sein.

§ 27 Brandschutzordnung. (1) 1 Der Betreiber einer Verkaufsstätte hat im Einvernehmen mit der für den Brandschutz zuständigen Dienststelle eine Brandschutzordnung aufzustellen. 2 In der Brandschutzordnung sind insbesondere die Aufgaben des Brandschutzbeauftragten und der Selbsthilfekräfte für den Brandschutz sowie die Maßnahmen festzulegen, die zur Räumung der Verkaufsstätte im Gefahrenfall und zur Rettung Behinderter, insbesondere Rollstuhlbenutzer, erforderlich sind.

(2) Die Betriebsangehörigen sind bei Beginn des Arbeitsverhältnisses und danach mindestens einmal jährlich zu belehren über

1. die Lage und die Bedienung der Feuerlöschgeräte, Brandmelde- und Feuerlöscheinrichtungen und
2. die Brandschutzordnung, über das Verhalten bei einem Brand oder einer sonstigen Gefahr insbesondere bei einer Panik.

(3) 1 Im Erdgeschoß sind an gut sichtbarer Stelle ein Lageplan und Grundrißpläne aller Geschosse anzubringen. 2 In den Plänen sind die Rettungswege, die für die Brandbekämpfung freizuhaltenden Flächen, die Brandmelde- und Feuerlöscheinrichtungen, die Löschwasserversorgung und die Bedienungseinrichtungen der technischen Anlagen einzutragen. 3 Eine Fertigung der Pläne ist der örtlichen Feuerwehr zu überlassen.

§ 28 Stellplätze für Behinderte. 1 Mindestens drei v.H. der notwendigen Stellplätze, mindestens jedoch ein Stellplatz, müssen für Behinderte vorgesehen sein. 2 Auf diese Stellplätze ist dauerhaft und leicht erkennbar hinzuweisen.

§ 29 Zusätzliche Bauvorlagen. Die Bauvorlagen müssen zusätzliche Angaben enthalten über

1. eine Berechnung der Flächen der Verkaufsräume und der Brandabschnitte,

2. eine Berechnung der erforderlichen Breiten der Ausgänge aus den Geschossen ins Freie oder in Treppenräume notwendiger Treppen,
3. den Verlauf und die Länge der Rettungswege einschließlich ihres Verlaufs im Freien sowie über die Ausgänge und die Art der Türen,
4. die Sprinkleranlagen, die sonstigen Feuerlöscheinrichtungen und die Feuerlöschgeräte,
5. die Brandmeldeanlagen,
6. die Alarmierungseinrichtungen,
7. die Sicherheitsbeleuchtung und die Sicherheitsstromversorgung,
8. die Rauchabzugsvorrichtungen und Rauchabzugsanlagen,
9. die Rettungswege auf dem Grundstück und die Flächen für die Feuerwehr.

§ 30[1] *(aufgehoben)*

§ 31 Weitergehende Anforderungen. An Verkaufsräume und Lagerräume mit einer lichten Höhe von mehr als 8 m können aus Gründen des Brandschutzes weitergehende Anforderungen gestellt werden.

§ 32 Übergangsvorschriften. [1] Auf die im Zeitpunkt des Inkrafttretens der Verordnung bestehenden Verkaufsstätten sind § 10 Abs. 8, § 13 Abs. 4, die §§ 24 bis 27 sowie 30 anzuwenden. [2] Im übrigen gelten für sie die bisherigen Vorschriften.

§ 33[2] **Ordnungswidrigkeiten.** Nach Art. 79 Abs. 1 Satz 1 Nr. 1 BayBO[3] kann mit Geldbuße bis zu fünfhunderttausend Euro belegt werden, wer vorsätzlich oder fahrlässig
1. entgegen § 10 Abs. 8 Rettungswege einengt oder einengen läßt,
2. entgegen § 15 Abs. 2 Sätze 2 oder 3 nicht dafür Sorge trägt, daß Türen im Verlauf von Rettungswegen während der Betriebszeit in der dort vorgeschriebenen Weise geöffnet werden können,
3. entgegen § 24 Abs. 2 Satz 1 in Ladenstraßen nach § 6 Abs. 2 oder 3, in Treppenräumen notwendiger Treppen, in Treppenraumerweiterungen oder in notwendigen Fluren Dekorationen anbringt oder anbringen läßt oder Gegenstände abstellt oder abstellen läßt,
4. entgegen § 24 Abs. 2 Satz 2 in Ladenstraßen oder Gängen Gegenstände abstellt oder abstellen läßt,
5. entgegen § 25 Abs. 3 Satz 1 Rettungswege auf dem Grundstück oder Flächen für die Feuerwehr nicht freihält oder freihalten läßt,
6. der Vorschrift des § 26 Abs. 1 über die Anwesenheitspflicht zuwiderhandelt,
7. entgegen § 26 Abs. 2 Satz 1 auch in Verbindung mit Absatz 4 eine Person als Brandschutzbeauftragte oder Selbsthilfekräfte für den Brandschutz nicht oder nicht in der festgelegten Anzahl bestellt,

---

[1] § 30 aufgeh. mWv 1. 1. 2002 durch VO v. 3. 8. 2001 (GVBl S. 593).

[2] § 33 geänd. mWv 1. 1. 2002 durch VO v. 28. 3. 2001 (GVBl S. 174), Nr. 9 aufgeh. mWv 1. 1. 2002 durch VO v. 3. 8. 2001 (GVBl S. 593); einl. Satzteil geänd. mWv 1. 1. 2008 durch VO v. 29. 11. 2007 (GVBl S. 847).

[3] Nr. **1**.

8. entgegen § 26 Abs. 5 nicht sicherstellt, daß Selbsthilfekräfte für den Brandschutz in der erforderlichen Anzahl während der Betriebszeit anwesend sind oder

§ 34 Inkrafttreten. Diese Verordnung tritt am 1. Januar 1998 in Kraft, sie tritt mit Ablauf des 31. Dezember 2017 außer Kraft.

15. Verordnung über den Bau und Betrieb von Versammlungsstätten (Versammlungsstättenverordnung – VStättV)[1]

Vom 2. November 2007
(GVBl S. 736)

BayRS 2132-1-5-I

zuletzt geänd. durch § 1 Nr. 62 LandesrechtbereinigungsG v. 8. 4. 2013 (GVBl S. 174)

Auf Grund des Art. 80 Abs. 1 Satz 1 Nrn. 4 und 6 der Bayerischen Bauordnung (BayBO)[2] in der Fassung der Bekanntmachung vom 14. August 2007 (GVBl S. 588, BayRS 2132-1-I) und Art. 38 Abs. 1 Nrn. 2 bis 4 und Abs. 3 des Gesetzes über das Landesstrafrecht und das Verordnungsrecht auf dem Gebiet der öffentlichen Sicherheit und Ordnung – Landesstraf- und Verordnungsgesetz – LStVG –[3] (BayRS 2011-2-I), zuletzt geändert durch § 2 des Gesetzes vom 27. Dezember 2004 (GVBl S. 540), erlässt das Bayerische Staatsministerium des Innern folgende Verordnung:

Inhaltsverzeichnis

---

[1] **Amtl. Anm.:** Die Verpflichtungen aus der Richtlinie 98/34/EG des Europäischen Parlaments und des Rates vom 22. Juni 1998 über ein Informationsverfahren auf dem Gebiet der Normen und technischen Vorschriften (ABl EG Nr. L 204 S. 37), zuletzt geändert durch die Richtlinie 98/48/EG des Europäischen Parlaments und des Rates vom 20. Juli 1998 (ABl EG Nr. L 217 S. 18) sind beachtet worden.

[2] Nr. **1**.

[3] Nr. **26**.

Teil 1. Allgemeine Vorschriften

§ 1[1)] Anwendungsbereich. (1) Die Vorschriften dieser Verordnung gelten für den Bau und Betrieb von

1. Versammlungsstätten mit Versammlungsräumen, die einzeln mehr als 200 Besucher fassen; sie gelten auch für Versammlungsstätten mit mehreren Versammlungsräumen, die insgesamt mehr als 200 Besucher fassen, wenn diese Versammlungsräume gemeinsame Rettungswege haben;
2. Versammlungsstätten im Freien mit Szenenflächen sowie Freisportanlagen jeweils mit Tribünen, die keine fliegenden Bauten sind und insgesamt mehr als 1 000 Besucher fassen;
3. Sportstadien, die mehr als 5000 Besucher fassen.

(2) [1] Die Anzahl der Besucher ist wie folgt zu bemessen:

1. für Sitzplätze an Tischen:
   ein Besucher je m^2 Grundfläche des Versammlungsraums,
2. für Sitzplätze in Reihen und für Stehplätze:
   zwei Besucher je m^2 Grundfläche des Versammlungsraums,
3. für Stehplätze auf Stufenreihen:
   zwei Besucher je laufendem Meter Stufenreihe,
4. bei Ausstellungsräumen:
   ein Besucher je m^2 Grundfläche des Versammlungsraums.

[2] Für Besucher nicht zugängliche Flächen werden in die Berechnung nicht einbezogen. [3] Für Versammlungsstätten im Freien und für Sportstadien gelten Satz 1 Nrn. 1 bis 3 und Satz 2 entsprechend.

(3) Die Vorschriften dieser Verordnung gelten nicht für

1. Räume, die dem Gottesdienst gewidmet sind,
2. Unterrichtsräume in allgemein- und berufsbildenden Schulen,
3. Ausstellungsräume in Museen,
4. Fliegende Bauten.

(4) [1] Soweit in dieser Verordnung nichts Abweichendes geregelt ist, sind auf tragende und aussteifende sowie auf raumabschließende Bauteile die Anforderungen der Bayerischen Bauordnung[2)] an diese Bauteile in Gebäuden der Gebäudeklasse 5 anzuwenden. [2] Die Erleichterungen der Art. 28 Abs. 3 Satz 2, Art. 29 Abs. 4 Nrn. 1 und 2, Art. 34 Abs. 1 Satz 2 Nr. 2, Art. 37 Abs. 1 Satz 3 Nr. 4, Art. 38 Abs. 1 Nrn. 1 und 3 sowie des Art. 39 Abs. 5 Nrn. 1 und 3 BayBO sind nicht anzuwenden.

(5) Bauprodukte, Bauarten und Prüfverfahren, die den in Vorschriften eines anderen Mitgliedstaates der Europäischen Union, der Türkei oder eines Vertragsstaates des Abkommens über den Europäischen Wirtschaftsraum genannten technischen Anforderungen entsprechen, dürfen verwendet werden, wenn das geforderte Schutzniveau in Bezug auf Sicherheit, Gesundheit und Gebrauchstauglichkeit gleichermaßen dauerhaft erreicht und die Verwendbarkeit nachgewiesen wird.

[1)] § 1 Abs. 1 Nr. 2 neu gef. mWv 1. 1. 2013 durch VO v. 7. 12. 2012 (GVBl S. 732).
[2)] Nr. **1**.

§ 2 Begriffe. (1) Versammlungsstätten sind bauliche Anlagen oder Teile baulicher Anlagen, die für die gleichzeitige Anwesenheit vieler Menschen bei Veranstaltungen, insbesondere erzieherischer, wirtschaftlicher, geselliger, kultureller, künstlerischer, politischer, sportlicher oder unterhaltender Art, bestimmt sind sowie Schank- und Speisewirtschaften.

(2) Erdgeschossige Versammlungsstätten sind Gebäude mit nur einem Geschoss ohne Ränge oder Emporen, dessen Fußboden an keiner Stelle mehr als 1 m unter der Geländeoberfläche liegt; dabei bleiben Geschosse außer Betracht, die ausschließlich der Unterbringung technischer Anlagen und Einrichtungen dienen.

(3) [1] Versammlungsräume sind Räume für Veranstaltungen oder für den Verzehr von Speisen und Getränken. [2] Hierzu gehören auch Aulen und Foyers, Vortragssäle, Hörsäle sowie Studios.

(4) Szenenflächen sind Flächen für künstlerische und andere Darbietungen; für Darbietungen bestimmte Flächen unter 20 m^2 gelten nicht als Szenenflächen.

(5) In Versammlungsstätten mit einem Bühnenhaus ist

1. das Zuschauerhaus der Gebäudeteil, der die Versammlungsräume und die mit ihnen in baulichem Zusammenhang stehenden Räume umfasst,
2. das Bühnenhaus der Gebäudeteil, der die Bühnen und die mit ihnen in baulichen[1)] Zusammenhang stehenden Räume umfasst,
3. die Bühnenöffnung die Öffnung in der Trennwand zwischen der Hauptbühne und dem Versammlungsraum,
4. die Bühne der hinter der Bühnenöffnung liegende Raum mit Szenenflächen; zur Bühne zählen die Hauptbühne sowie die Hinter- und Seitenbühnen einschließlich der jeweils zugehörigen Ober- und Unterbühnen,
5. eine Großbühne eine Bühne
   a) mit einer Szenenfläche hinter der Bühnenöffnung von mehr als 200 m^2,
   b) mit einer Oberbühne mit einer lichten Höhe von mehr als 2,5 m über der Bühnenöffnung oder
   c) mit einer Unterbühne,
6. die Unterbühne der begehbare Teil des Bühnenraums unter dem Bühnenboden, der zur Unterbringung einer Untermaschinerie geeignet ist,
7. die Oberbühne der Teil des Bühnenraums über der Bühnenöffnung, der zur Unterbringung einer Obermaschinerie geeignet ist.

(6) Mehrzweckhallen sind überdachte Versammlungsstätten für verschiedene Veranstaltungsarten.

(7) Studios sind Produktionsstätten für Film, Fernsehen und Hörfunk und mit Besucherplätzen.

(8) Foyers sind Empfangs- und Pausenräume für Besucher.

(9) [1] Ausstattungen sind Bestandteile von Bühnen oder Szenenbildern. [2] Hierzu gehören insbesondere Wand-, Fußboden- und Deckenelemente, Bildwände, Treppen und sonstige Bühnenbildteile.

---

1) Richtig wohl: „baulichem".

(10) 1 Requisiten sind bewegliche Einrichtungsgegenstände von Bühnen- oder Szenenbildern. 2 Hierzu gehören insbesondere Möbel, Leuchten, Bilder und Geschirr.

(11) 1 Ausschmückungen sind vorübergehend eingebrachte Dekorationsgegenstände. 2 Zu den Ausschmückungen gehören insbesondere Drapierungen, Girlanden, Fahnen und künstlicher Pflanzenschmuck.

(12) Sportstadien sind Versammlungsstätten mit Tribünen für Besucher und mit nicht überdachten Sportflächen.

(13) Tribünen sind bauliche Anlagen mit ansteigenden Steh- oder Sitzplatzreihen (Stufenreihen) für Besucher.

(14) Innenbereich ist die von Tribünen umgebene Fläche für Darbietungen.

Teil 2. Allgemeine Bauvorschriften

Abschnitt 1. Höhenlage

§ 3 Versammlungsräume in Kellergeschossen. Versammlungsräume in Kellergeschossen sind unzulässig, wenn

1. ihre Fußbodenoberfläche tiefer als 5 m unter der natürlichen oder festgelegten Geländeoberfläche liegt oder
2. sie mit Bühnen oder Szenenflächen von mehr als 100 m² verbunden sind.

Abschnitt 2. Bauteile und Baustoffe

§ 4 Wände, Decken, Dächer. (1) 1 Tragende und aussteifende Bauteile, wie Wände, Pfeiler, Stützen und Decken müssen feuerbeständig, in erdgeschossigen Versammlungsstätten feuerhemmend sein. 2 Satz 1 gilt nicht für erdgeschossige Versammlungsstätten mit automatischen Feuerlöschanlagen.

(2) Außenwände mehrgeschossiger Versammlungsstätten müssen aus nichtbrennbaren Baustoffen bestehen.

(3) 1 Trennwände sind erforderlich zum Abschluss von Versammlungsräumen und Bühnen. 2 Diese Trennwände müssen feuerbeständig, in erdgeschossigen Versammlungsstätten mindestens feuerhemmend sein. 3 In der Trennwand zwischen der Bühne und dem Versammlungsraum ist eine Bühnenöffnung zulässig.

(4) Werkstätten, Magazine und Lagerräume sowie Räume unter Tribünen und Podien müssen feuerbeständige Trennwände und Decken haben.

(5) 1 Der Fußboden von Szenenflächen muss fugendicht sein. 2 Betriebsbedingte Öffnungen sind zulässig. 3 Die Unterkonstruktion mit Ausnahme der Lagerhölzer muss aus nichtbrennbaren Baustoffen bestehen. 4 Räume unter dem Fußboden, die nicht zu einer Unterbühne gehören, müssen feuerbeständige Wände und Decken haben.

(6) Die Unterkonstruktion der Fußböden von Tribünen und Podien, die veränderbare Einbauten in Versammlungsräumen sind, muss aus nichtbrennbaren Baustoffen bestehen; dies gilt nicht für Podien mit insgesamt nicht mehr als 20 m² Fläche.

(7) Veränderbare Einbauten sind so auszubilden, dass sie in ihrer Standsicherheit nicht durch dynamische Schwingungen gefährdet werden können.

(8) [1] Tragwerke von Dächern, die den oberen Abschluss von Räumen der Versammlungsstätte bilden oder die von diesen Räumen nicht durch feuerbeständige Bauteile getrennt sind, müssen feuerhemmend sein. [2] Tragwerke von Dächern über Tribünen und Szenenflächen im Freien müssen mindestens feuerhemmend sein oder aus nichtbrennbaren Baustoffen bestehen. [3] Satz 1 gilt nicht für Versammlungsstätten mit automatischen Feuerlöschanlagen.

(9) [1] Bedachungen, ausgenommen Dachhaut und Dampfsperre, müssen bei Dächern, die den oberen Abschluss von Räumen der Versammlungsstätte bilden oder die von diesen Räumen nicht durch feuerbeständige Bauteile getrennt sind, aus nichtbrennbaren Baustoffen hergestellt werden. [2] Dies gilt nicht für Bedachungen von Versammlungsstätten mit Versammlungsräumen von insgesamt nicht mehr als 1000 m^2 Grundfläche.

(10) [1] Lichtdurchlässige Bedachungen über Versammlungsräumen müssen aus nichtbrennbaren Baustoffen bestehen. [2] Bei Versammlungsräumen mit automatischen Feuerlöschanlagen genügen schwerentflammbare Baustoffe, die nicht brennend abtropfen können.

§ 5 Dämmstoffe, Unterdecken, Bekleidungen, Bodenbeläge und Sitze.

(1) Dämmstoffe müssen aus nichtbrennbaren Baustoffen bestehen.

(2) [1] Bekleidungen an Wänden in Versammlungsräumen müssen aus mindestens schwerentflammbaren Baustoffen bestehen. [2] In Versammlungsräumen mit nicht mehr als 1000 m^2 Grundfläche genügen geschlossene, nicht hinterlüftete Holzbekleidungen.

(3) [1] Unterdecken und Bekleidungen an Decken in Versammlungsräumen müssen aus nichtbrennbaren Baustoffen bestehen. [2] In Versammlungsräumen mit nicht mehr als 1000 m^2 Grundfläche genügen Bekleidungen aus mindestens schwerentflammbaren Baustoffen oder geschlossene, nicht hinterlüftete Holzbekleidungen.

(4) In Foyers, durch die Rettungswege aus anderen Versammlungsräumen führen, in notwendigen Treppenräumen, Räumen zwischen notwendigen Treppenräumen und Ausgängen ins Freie sowie notwendigen Fluren müssen Unterdecken und Bekleidungen aus nichtbrennbaren Baustoffen bestehen.

(5) Unterdecken und Bekleidungen, die mindestens schwerentflammbar sein müssen, dürfen nicht brennend abtropfen.

(6) [1] Unterkonstruktionen, Halterungen und Befestigungen von Unterdecken und Bekleidungen nach den Abs. 2 bis 4 müssen aus nichtbrennbaren Baustoffen bestehen; dies gilt nicht für Versammlungsräume mit nicht mehr als 100 m^2 Grundfläche. [2] In den Hohlräumen hinter Unterdecken und Bekleidungen aus brennbaren Baustoffen dürfen Kabel und Leitungen nur in Installationsschächten oder Installationskanälen aus nichtbrennbaren Baustoffen verlegt werden.

(7) [1] In notwendigen Treppenräumen sowie Räumen zwischen notwendigen Treppenräumen und Ausgängen ins Freie müssen Bodenbeläge nichtbrennbar sein. [2] In notwendigen Fluren sowie Foyers, durch die Rettungswege aus anderen Versammlungsräumen führen, müssen Bodenbeläge mindestens schwerentflammbar sein.

(8) [1] Sitze von Versammlungsstätten mit mehr als 5000 Besucherplätzen müssen aus mindestens schwerentflammbarem Material bestehen. [2] Die Unterkonstruktion muss aus nichtbrennbarem Material bestehen.

Abschnitt 3. Rettungswege

§ 6[1)] Führung der Rettungswege. (1) [1] Rettungswege müssen ins Freie unmittelbar oder über Verkehrsflächen auf dem Grundstück zu öffentlichen Verkehrsflächen führen. [2] Zu den Rettungswegen von Versammlungsstätten gehören insbesondere die frei zu haltenden Gänge und Stufengänge, die Ausgänge aus Versammlungsräumen, die notwendigen Flure und notwendigen Treppen, die Ausgänge ins Freie, die als Rettungsweg dienenden Balkone, Dachterrassen und Außentreppen sowie die Rettungswege im Freien auf dem Grundstück.

(2) [1] Versammlungsstätten müssen in jedem Geschoss mit Aufenthaltsräumen mindestens zwei voneinander unabhängige bauliche Rettungswege haben; dies gilt für Tribünen entsprechend. [2] Die Führung beider Rettungswege innerhalb eines Geschosses durch einen gemeinsamen notwendigen Flur ist zulässig. [3] Rettungswege dürfen über Balkone, Dachterrassen und Außentreppen auf das Grundstück führen, wenn sie im Brandfall sicher begehbar sind.

(3) Rettungswege dürfen über offene Gänge und Treppen durch Foyers oder Hallen zu Ausgängen ins Freie geführt werden, wenn für jedes Geschoss mindestens ein weiterer von dem Foyer oder der Halle unabhängiger baulicher Rettungsweg vorhanden ist.

(4) Versammlungsstätten müssen für Geschosse mit jeweils mehr als 800 Besucherplätzen nur diesen Geschossen zugeordnete Rettungswege haben.

(5) Versammlungsräume und sonstige Aufenthaltsräume mit mehr als 100 m^2 Grundfläche müssen jeweils mindestens zwei möglichst weit auseinander und entgegengesetzt liegende Ausgänge ins Freie oder zu Rettungswegen haben.

(6) Ausgänge und Rettungswege müssen durch Sicherheitszeichen dauerhaft und gut sichtbar gekennzeichnet sein.

§ 7[2)] Bemessung der Rettungswege. (1) Die Entfernung von jedem Besucherplatz bis zum nächsten Ausgang aus dem Versammlungsraum oder bei Tribünen außerhalb von Versammlungsräumen bis zum Ausgang aus dem Tribunenbereich darf nicht länger als 30 m sein.

(2) [1] Die Entfernung von jeder Stelle einer Bühne bis zum nächsten Ausgang darf nicht länger als 30 m sein. [2] Gänge zwischen den Wänden der Bühne und dem Rundhorizont oder den Dekorationen müssen eine lichte Breite von 1,20 m haben; in Großbühnen müssen diese Gänge vorhanden sein.

(3) Die Entfernung von jeder Stelle eines notwendigen Flurs oder eines Foyers bis zum Ausgang ins Freie oder zu einem notwendigen Treppenraum darf nicht länger als 30 m sein.

(4) [1] Die Breite der Rettungswege ist nach der größtmöglichen Personenzahl zu bemessen. [2] Die lichte Breite eines jeden Teils von Rettungswegen muss mindestens 1,20 m betragen. [3] Die lichte Breite eines jeden Teils von Rettungswegen muss für die darauf angewiesenen Personen mindestens betragen bei

1. Versammlungsstätten im Freien sowie Sportstadien 1,20 m je 600 Personen,
2. anderen Versammlungsstätten 1,20 m je 200 Personen.

[1)] § 6 Abs. 3 geänd. mWv 1. 8. 2009 durch VO v. 8. 7. 2009 (GVBl S. 332).
[2)] § 7 Abs. 4 Satz 7 aufgeh. mWv 1. 7. 2013 durch VO v. 7. 12. 2012 (GVBl S. 732).

[4] Staffelungen sind nur in Schritten von 0,60 m zulässig. [5] Bei Rettungswegen von Versammlungsräumen mit nicht mehr als 200 Besucherplätzen und bei Rettungswegen im Bühnenhaus genügt eine lichte Breite von 0,90 m. [6] Für Rettungswege von Arbeitsgalerien genügt eine Breite von 0,80 m.

(5) [1] Ausstellungshallen müssen durch Gänge so unterteilt sein, dass die Tiefe der zur Aufstellung von Ausstellungsständen bestimmten Grundflächen (Ausstellungsflächen) nicht mehr als 30 m beträgt. [2] Die Entfernung von jeder Stelle auf einer Ausstellungsfläche bis zu einem Gang darf nicht mehr als 20 m betragen; sie wird auf die nach Abs. 1 bemessene Entfernung nicht angerechnet. [3] Die Gänge müssen auf möglichst geradem Weg zu entgegengesetzt liegenden Ausgängen führen. [4] Die lichte Breite der Gänge und der zugehörigen Ausgänge muss mindestens 3 m betragen.

(6) Die Entfernungen werden in der Lauflinie gemessen.

§ 8[1)] Treppen. (1) [1] Art. 33 Abs. 1 Satz 3 Nrn. 1 und 2 BayBO[2)] sind nicht anzuwenden; § 6 Abs. 3 bleibt unberührt. [2] Die Führung der jeweils anderen Geschossen zugeordneten notwendigen Treppen in einem gemeinsamen notwendigen Treppenraum (Schachteltreppen) ist zulässig.

(2) [1] Notwendige Treppen müssen feuerbeständig sein. [2] Für notwendige Treppen in notwendigen Treppenräumen oder als Außentreppen genügen nichtbrennbare Baustoffe. [3] Für notwendige Treppen von Tribünen und Podien als veränderbaren Einbauten genügen Bauteile aus nichtbrennbaren Baustoffen und Stufen aus Holz.

(3) Die lichte Breite notwendiger Treppen darf nicht mehr als 2,40 m betragen.

(4) [1] Notwendige Treppen und dem allgemeinen Besucherverkehr dienende Treppen müssen auf beiden Seiten feste und griffsichere Handläufe ohne freie Enden haben. [2] Die Handläufe sind über Treppenabsätze fortzuführen.

(5) Notwendige Treppen und dem allgemeinen Besucherverkehr dienende Treppen müssen geschlossene Trittstufen haben; dies gilt nicht für Außentreppen.

(6) Wendeltreppen sind als notwendige Treppen für Besucher unzulässig.

(7) Zwischen Türen und Stufen oder Rampen müssen Absätze von mindestens 90 cm liegen.

§ 9[3)] Türen und Tore. (1) Türen und Tore in raumabschließenden Innenwänden, die feuerbeständig sein müssen, müssen mindestens feuerhemmend, rauchdicht und selbstschließend sein.

(2) Türen und Tore in raumabschließenden Innenwänden, die feuerhemmend sein müssen, müssen mindestens rauchdicht und selbstschließend sein.

(3) [1] Türen, in Rettungswegen müssen in Fluchtrichtung aufschlagen und dürfen keine Schwellen haben. [2] Während des Aufenthalts von Personen in der Versammlungsstätte müssen die Türen der jeweiligen Rettungswege jederzeit von innen leicht und in voller Breite geöffnet werden können.

[1)] § 8 Abs. 7 angef. mWv 1. 8. 2009 durch VO v. 8. 7. 2009 (GVBl S. 332).
[2)] Nr. **1**.
[3)] § 9 Abs. 3 Satz 2 geänd. mWv 1. 8. 2009 durch VO v. 8. 7. 2009 (GVBl S. 332).

(4) [1] Schiebetüren sind im Zuge von Rettungswegen unzulässig, dies gilt nicht für automatische Schiebetüren, die die Rettungswege nicht beeinträchtigen. [2] Pendeltüren müssen in Rettungswegen Vorrichtungen haben, die ein Durchpendeln der Türen verhindern.

(5) Türen, die selbstschließend sein müssen, dürfen offengehalten werden, wenn sie Einrichtungen haben, die bei Raucheinwirkung ein selbsttätiges Schließen der Türen bewirken; sie müssen auch von Hand geschlossen werden können.

(6) Mechanische Vorrichtungen zur Vereinzelung oder Zählung von Besuchern, wie Drehtüren oder -kreuze, sind in Rettungswegen unzulässig; dies gilt nicht für mechanische Vorrichtungen, die im Gefahrenfall von innen leicht und in voller Breite geöffnet werden können.

Abschnitt 4. Besucherplätze und Einrichtungen für Besucher

§ 10 Bestuhlung, Gänge und Stufengänge. (1) [1] In Reihen angeordnete Sitzplätze müssen unverrückbar befestigt sein; werden nur vorübergehend Stühle aufgestellt, so sind sie in den einzelnen Reihen fest miteinander zu verbinden. [2] Satz 1 gilt nicht für Gaststätten und Kantinen sowie für abgegrenzte Bereiche von Versammlungsräumen mit nicht mehr als 20 Sitzplätzen und ohne Stufen, wie Logen.

(2) Die Sitzplatzbereiche der Tribünen von Versammlungsstätten mit mehr als 5000 Besucherplätzen müssen unverrückbar befestigte Einzelsitze haben.

(3) [1] Sitzplätze müssen mindestens 0,50 m breit sein. [2] Zwischen den Sitzplatzreihen muss eine lichte Durchgangsbreite von mindestens 0,40 m vorhanden sein.

(4) [1] Sitzplätze müssen in Blöcken von höchstens 30 Sitzplatzreihen angeordnet sein. [2] Hinter und zwischen den Blöcken müssen Gänge mit einer Mindestbreite von 1,20 m vorhanden sein. [3] Die Gänge müssen auf möglichst kurzem Weg zum Ausgang führen.

(5) [1] Seitlich eines Gangs dürfen höchstens zehn Sitzplätze, bei Versammlungsstätten im Freien und Sportstadien höchstens 20 Sitzplätze angeordnet sein. [2] Zwischen zwei Seitengängen dürfen 20 Sitzplätze, bei Versammlungsstätten im Freien und Sportstadien höchstens 40 Sitzplätze angeordnet sein. [3] In Versammlungsräumen dürfen zwischen zwei Seitengängen höchstens 50 Sitzplätze angeordnet sein, wenn auf jeder Seite des Versammlungsraums für jeweils vier Sitzreihen eine Tür mit einer lichten Breite von 1,20 m angeordnet ist.

(6) [1] Von jedem Tischplatz darf der Weg zu einem Gang nicht länger als 10 m sein. [2] Der Abstand von Tisch zu Tisch soll 1,50 m nicht unterschreiten.

(7) [1] In Versammlungsräumen müssen für Rollstuhlbenutzer mindestens 1 v.H. der Besucherplätze, mindestens jedoch 2 Plätze auf ebenen Standflächen vorhanden sein. [2] Den Plätzen für Rollstuhlbenutzer sind Besucherplätze für Begleitpersonen zuzuordnen. [3] Die Plätze für Rollstuhlbenutzer und die Wege zu ihnen sind durch Hinweisschilder gut sichtbar zu kennzeichnen.

(8) [1] Stufen in Gängen (Stufengänge) müssen eine Steigung von mindestens 0,10 m und höchstens 0,19 m und einem Auftritt von mindestens 0,26 m haben. [2] Der Fußboden des Durchgangs zwischen Sitzplatzreihen und der Fußboden von Stehplatzreihen muss mit dem anschließenden Auftritt des Stufengangs auf

einer Höhe liegen. [3] Stufengänge in Mehrzweckhallen mit mehr als 5000 Besucherplätzen und in Sportstadien müssen sich durch farbliche Kennzeichnung von den umgebenden Flächen deutlich abheben.

§ 11[1)] Abschrankungen und Schutzvorrichtungen. (1) [1] Flächen, die im Allgemeinen zum Begehen bestimmt sind und unmittelbar an tiefer liegende Flächen angrenzen, sind mit Abschrankungen zu umwehren, soweit sie nicht durch Stufengänge oder Rampen mit der tiefer liegenden Fläche verbunden sind. [2] Satz 1 ist nicht anzuwenden:

1. für die den Besuchern zugewandten Seiten von Bühnen und Szenenflächen,
2. vor Stufenreihen, wenn die Stufenreihe nicht mehr als 0,50 m über dem Fußboden der davor liegenden Stufenreihe oder des Versammlungsraums liegt oder
3. vor Stufenreihen, wenn die Rückenlehnen der Sitzplätze der davor liegenden Stufenreihe den Fußboden der hinteren Stufenreihe um mindestens 0,65 m überragen.

(2) Abschrankungen, wie Umwehrungen, Geländer, Wellenbrecher, Zäune, Absperrgitter oder Glaswände, müssen mindestens 1,10 m hoch sein.

(3) [1] Vor Sitzplatzreihen genügen Umwehrungen von 0,90 m Höhe; bei mindestens 0,20 m Brüstungsbreite der Umwehrung genügen 0,80 m; bei mindestens 0,50 m Brüstungsbreite genügen 0,70 m. [2] Liegt die Stufenreihe nicht mehr als 1 m über dem Fußboden der davor liegenden Stufenreihe oder des Versammlungsraums, genügen vor Sitzplatzreihen 0,65 m.

(4) Abschrankungen in den für Besucher zugänglichen Bereichen müssen so bemessen sein, dass sie dem Druck einer Personengruppe standhalten.

(5) Die Fußböden und Stufen von Tribünen, Podien, Bühnen oder Szenenflächen dürfen keine Öffnungen haben, durch die Personen abstürzen können.

(6) [1] Spielfelder, Manegen, Fahrbahnen für den Rennsport und Reitbahnen müssen durch Abschrankungen, Netze oder andere Vorrichtungen so gesichert sein, dass Besucher durch die Darbietung oder den Betrieb des Spielfelds, der Manege oder der Bahn nicht gefährdet werden. [2] Für Darbietungen und für den Betrieb technischer Einrichtungen im Luftraum über den Besucherplätzen gilt Satz 1 entsprechend.

(7) Werden Besucherplätze im Innenbereich von Fahrbahnen angeordnet, so muss der Innenbereich ohne Betreten der Fahrbahnen erreicht werden können.

§ 12 Toilettenräume. (1) [1] Versammlungsstätten müssen getrennte Toilettenräume für Damen und Herren haben. [2] Toiletten sollen in jedem Geschoss angeordnet werden. [3] Es sollen mindestens vorhanden sein:

Besucherplätze	Damentoiletten	Herrentoiletten	
	Toilettenbecken	Toilettenbecken	Urinalbecken
bis 1000 je 100	1,2	0,8	1,2
über 1000 je weitere 100	0,8	0,4	0,6

[1)] § 11 Abs. 1 Satz 2 Nr. 3 geänd. mWv 1. 8. 2009 durch VO v. 8. 7. 2009 (GVBl S. 332).

Besucherplätze	Damentoiletten	Herrentoiletten	
	Toilettenbecken	Toilettenbecken	Urinalbecken
über 20000 je weitere 100	0,4	0,3	0,6

[4] Die ermittelten Zahlen sind auf ganze Zahlen aufzurunden. [5] Soweit die Aufteilung der Toilettenräume nach Satz 2 nach der Art der Veranstaltung nicht zweckmäßig ist, kann für die Dauer der Veranstaltung eine andere Aufteilung erfolgen, wenn die Toilettenräume entsprechend gekennzeichnet werden. [6] Auf dem Gelände der Versammlungsstätte oder in der Nähe vorhandene Toiletten können angerechnet werden, wenn sie für die Besucher der Versammlungsstätte zugänglich sind.

(2) Für Rollstuhlbenutzer muss eine ausreichende Zahl geeigneter, stufenlos erreichbarer Toiletten, mindestens jedoch je zehn Plätze für Rollstuhlbenutzer eine Toilette, vorhanden sein.

(3) Jeder Toilettenraum muss einen Vorraum mit Waschbecken haben.

§ 13 Stellplätze für Menschen mit Behinderung. [1] Die Zahl der notwendigen Stellplätze für die Kraftfahrzeuge von Menschen mit Behinderung muss mindestens der Hälfte der Zahl der nach § 10 Abs. 7 erforderlichen Besucherplätze entsprechen. [2] Auf diese Stellplätze ist dauerhaft und leicht erkennbar hinzuweisen.

Abschnitt 5. Technische Anlagen und Einrichtungen, besondere Räume

§ 14 Sicherheitsstromversorgungsanlagen, elektrische Anlagen und Blitzschutzanlagen. (1) Versammlungsstätten müssen eine Sicherheitsstromversorgungsanlage haben, die bei Ausfall der Stromversorgung den Betrieb der sicherheitstechnischen Anlagen und Einrichtungen übernimmt, insbesondere der

1. Sicherheitsbeleuchtung,
2. automatischen Feuerlöschanlagen und Druckerhöhungsanlagen für die Löschwasserversorgung,
3. Rauchabzugsanlagen,
4. Brandmeldeanlagen,
5. Alarmierungsanlagen.

(2) In Versammlungsstätten für verschiedene Veranstaltungsarten, wie Mehrzweckhallen, Theater und Studios, sind für die vorübergehende Verlegung beweglicher Kabel und Leitungen bauliche Vorkehrungen, wie Installationsschächte und -kanäle oder Abschottungen, zu treffen, die die Ausbreitung von Feuer und Rauch verhindern und die sichere Begehbarkeit insbesondere der Rettungswege gewährleisten.

(3) Elektrische Schaltanlagen dürfen für Besucher nicht zugänglich sein.

(4) Versammlungsstätten müssen Blitzschutzanlagen haben, die auch die sicherheitstechnischen Einrichtungen schützen (äußerer und innerer Blitzschutz).

§ 15 Sicherheitsbeleuchtung. (1) In Versammlungsstätten muss eine Sicherheitsbeleuchtung vorhanden sein, die so beschaffen ist, dass Arbeitsvorgänge auf

Bühnen und Szenenflächen sicher abgeschlossen werden können und sich Besucher, Mitwirkende und Betriebsangehörige auch bei vollständigem Versagen der allgemeinen Beleuchtung bis zu öffentlichen Verkehrsflächen hin gut zurechtfinden können.

(2) Eine Sicherheitsbeleuchtung muss vorhanden sein

1. in notwendigen Treppenräumen, in Räumen zwischen notwendigen Treppenräumen und Ausgängen ins Freie und in notwendigen Fluren,
2. in Versammlungsräumen sowie in allen übrigen Räumen für Besucher,
3. für Bühnen und Szenenflächen,
4. in den Räumen für Mitwirkende und Beschäftigte mit mehr als 20 m^2 Grundfläche, ausgenommen Büroräume,
5. in elektrischen Betriebsräumen, in Räumen für haustechnische Anlagen sowie in Scheinwerfer- und Bildwerferräumen,
6. in Versammlungsstätten im Freien und Sportstadien, die während der Dunkelheit benutzt werden,
7. für Sicherheitszeichen von Ausgängen und Rettungswegen,
8. für Stufenbeleuchtungen.

(3) [1] In betriebsmäßig verdunkelten Versammlungsräumen, auf Bühnen und Szenenflächen muss eine Sicherheitsbeleuchtung in Bereitschaftsschaltung vorhanden sein. [2] Die Ausgänge, Gänge und Stufen im Versammlungsraum müssen auch bei Verdunklung unabhängig von der übrigen Sicherheitsbeleuchtung erkennbar sein. [3] Bei Gängen in Versammlungsräumen mit auswechselbarer Bestuhlung sowie bei Sportstadien mit Sicherheitsbeleuchtung ist eine Stufenbeleuchtung nicht erforderlich.

§ 16 Rauchableitung. (1) Versammlungsräume und sonstige Aufenthaltsräume mit mehr als 200 m^2 Grundfläche, Versammlungsräume in Kellergeschossen, Bühnen sowie notwendige Treppenräume müssen entraucht werden können.

(2) Versammlungsräume müssen Rauchableitungsöffnungen mit einer freien Öffnungsfläche von insgesamt 1 v.H. der Grundfläche, Fenster mit einer freien Öffnungsfläche von insgesamt 2 v.H. der Grundfläche oder maschinelle Rauchabzugsanlagen mit einem Luftvolumenstrom von 36 m^3/h je Quadratmeter Grundfläche haben

(3) [1] Bühnen und Szenenflächen müssen Rauchableitungsöffnungen mit einer freien Öffnungsfläche von insgesamt mindestens 3 v.H. ihrer Grundfläche haben. [2] Großbühnen müssen Rauchableitungsöffnungen mit einer freien Öffnungsfläche von mindestens 8 v.H. ihrer Grundfläche haben. [3] Anstelle der Öffnungen nach Satz 1 und Satz 2 können maschinelle Rauchabzugsanlagen verwendet werden, wenn sie für eine wirksame Brandbekämpfung ausreichend bemessen sind.

(4) Notwendige Treppenräume müssen Rauchableitungsöffnungen mit einer freien Öffnungsfläche von mindestens 1 m^2 haben.

(5) [1] Rauchableitungsöffnungen sollen an der höchsten Stelle des Raums liegen und müssen unmittelbar ins Freie führen. [2] Die Rauchableitung über Schächte mit strömungstechnisch äquivalenten Querschnitten ist zulässig, wenn die Wände der Schächte die Anforderungen nach § 4 Abs. 3 erfüllen. [3] Die Austrittsöffnungen müssen mindestens 0,25 m über der Dachfläche liegen.

[4] Fenster, die auch der Rauchableitung dienen, müssen im oberen Drittel der Außenwand angeordnet werden.

(6) Die Abschlüsse der Rauchableitungsöffnungen von Bühnen mit Schutzvorhang müssen bei einem Überdruck von 350 Pa selbsttätig öffnen; eine automatische Auslösung durch geeignete Temperaturmelder ist zulässig.

(7) [1] Maschinelle Rauchabzugsanlagen sind für eine Betriebszeit von 30 Minuten bei einer Rauchgastemperatur von 300°C auszulegen. [2] Maschinelle Lüftungsanlagen können als maschinelle Rauchabzugsanlage betrieben werden, wenn sie die an diese gestellten Anforderungen erfüllen.

(8) [1] Die Vorrichtungen zum Öffnen oder Einschalten der Rauchabzugsanlagen, der Abschlüsse der Rauchableitungsöffnungen und zum Öffnen der nach Abs. 5 angerechneten Fenster müssen von einer jederzeit zugänglichen Stelle im Raum aus leicht bedient werden können. [2] Bei notwendigen Treppenräumen muss die Vorrichtung zum Öffnen von jedem Geschoss aus leicht bedient werden können. [3] Die Vorrichtungen zum Öffnen oder Einschalten der Rauchabzugsanlagen oder der Abschlüsse der Rauchableitungsöffnungen von Bühnen müssen zusätzlich von einer jederzeit zugänglichen Stelle außerhalb der Bühne aus leicht bedient werden können.

(9) [1] Jede Bedienungsstelle muss mit einem Hinweisschild mit der Bezeichnung „RAUCHABZUG" und der Bezeichnung des jeweiligen Raums gekennzeichnet sein. [2] An der Bedienungsvorrichtung muss die Betriebssteilung der Anlage oder Öffnung erkennbar sein.

§ 17 Heizungs- und Lüftungsanlagen. (1) [1] Heizungsanlagen in Versammlungsstätten müssen dauerhaft fest eingebaut sein. [2] Sie müssen so angeordnet sein, dass ausreichende Abstände zu Personen, brennbaren Bauprodukten und brennbarem Material eingehalten werden und keine Beeinträchtigungen durch Abgase entstehen.

(2) Versammlungsräume und sonstige Aufenthaltsräume mit mehr als 200 m^2 Grundfläche müssen Lüftungsanlagen haben.

§ 18[1)] Stände und Arbeitsgalerien für Licht-, Ton-, Bild- und Regieanlagen. (1) [1] Stände und Arbeitsgalerien für den Betrieb von Licht-, Ton-, Bild- und Regieanlagen, wie Schnürböden, Beleuchtungstürme oder Arbeitsbrücken, müssen aus nichtbrennbaren Baustoffen bestehen. [2] Der Abstand zwischen Arbeitsgalerien und Raumdecken muss mindestens 2 m betragen.

(2) [1] Von Arbeitsgalerien müssen mindestens zwei Rettungswege erreichbar sein. [2] Jede Arbeitsgalerie einer Hauptbühne muss auf beiden Seiten der Hauptbühne einen Ausgang zu Rettungswegen außerhalb des Bühnenraums haben.

(3) Öffnungen in Arbeitsgalerien müssen so gesichert sein, dass Personen oder Gegenstände nicht herabfallen können.

§ 19 Feuerlöscheinrichtungen und -anlagen. (1) [1] Versammlungsräume, Bühnen, Foyers, Werkstätten, Magazine, Lagerräume und notwendige Flure sind mit geeigneten Feuerlöschern in ausreichender Zahl auszustatten. [2] Die Feuerlöscher sind gut sichtbar und leicht zugänglich anzubringen.

[1)] § 18 Abs. 1 Satz 1 geänd. mWv 1. 8. 2009 durch VO v. 8. 7. 2009 (GVBl S. 332).

(2) In Versammlungsstätten mit Versammlungsräumen von insgesamt mehr als 1000 m² Grundfläche müssen Wandhydranten in ausreichender Zahl gut sichtbar und leicht zugänglich an geeigneten Stellen angebracht sein.

(3) Foyers oder Hallen, durch die Rettungswege aus anderen Versammlungsräumen führen, müssen eine automatische Feuerlöschanlage haben; dies gilt nicht für Foyers oder Hallen, die nicht dazu bestimmt sind, als Versammlungsraum genutzt zu werden.

(4) Versammlungsräume, bei denen eine Fußbodenebene höher als 22 m über der Geländeoberfläche liegt, sind nur in Gebäuden mit automatischer Feuerlöschanlage zulässig.

(5) In Versammlungsräumen müssen offene Küchen oder ähnliche Einrichtungen mit einer Grundfläche von mehr als 30 m² eine dafür geeignete automatische Feuerlöschanlage haben.

(6) Die Wirkung automatischer Feuerlöschanlagen darf durch Einbauten, Raumausstattungen oder sonstige Gegenstände nicht beeinträchtigt werden.

(7) Automatische Feuerlöschanlagen müssen an eine Brandmelderzentrale angeschlossen sein.

§ 20 Brandmelde- und Alarmierungsanlagen, Brandmelder- und Alarmzentrale, Brandfallsteuerung der Aufzüge. (1) Versammlungsstätten mit Versammlungsräumen von insgesamt mehr als 1000 m² Grundfläche müssen Brandmeldeanlagen mit automatischen und nichtautomatischen Brandmeldern haben.

(2) Versammlungsstätten mit Versammlungsräumen von insgesamt mehr als 1000 m² Grundfläche müssen Alarmierungs- und Lautsprecheranlagen haben, mit denen im Gefahrenfall Besucher, Mitwirkende und Betriebsangehörige alarmiert und Anweisungen erteilt werden können.

(3) In Versammlungsstätten mit Versammlungsräumen von insgesamt mehr als 1000 m² Grundfläche müssen zusätzlich zu den örtlichen Bedienungsvorrichtungen zentrale Bedienungsvorrichtungen für Rauchabzugs-, Feuerlösch-, Brandmelde-, Alarmierungs- und Lautsprecheranlagen in einem für die Feuerwehr leicht zugänglichen Raum (Brandmelder- und Alarmzentrale) zusammen gefasst werden.

(4) [1] In Versammlungsstätten mit Versammlungsräumen von insgesamt mehr als 1000 m² Grundfläche müssen die Aufzüge mit einer Brandfallsteuerung ausgestattet sein, die durch die automatische Brandmeldeanlage ausgelöst wird. [2] Die Brandfallsteuerung muss sicherstellen, dass die Aufzüge ein Geschoss mit Ausgang ins Freie oder das diesem nächstgelegene, nicht von der Brandmeldung betroffene Geschoss unmittelbar anfahren und dort mit geöffneten Türen außer Betrieb gehen.

§ 21 Werkstätten, Magazine und Lagerräume. (1) Für feuergefährliche Arbeiten, wie Schweiß-, Löt- oder Klebearbeiten, müssen dafür geeignete Werkstätten vorhanden sein.

(2) Für das Aufbewahren von Dekorationen, Requisiten und anderem brennbaren Material müssen eigene Lagerräume (Magazine) vorhanden sein.

(3) Für die Sammlung von Abfällen und Werkstoffen müssen dafür geeignete Behälter im Freien oder besondere Lagerräume vorhanden sein.

(4) Werkstätten, Magazine und Lagerräume dürfen mit notwendigen Treppenräumen nicht in unmittelbarer Verbindung stehen.

Teil 3. Besondere Bauvorschriften

Abschnitt 1. Großbühnen

§ 22 Bühnenhaus. (1) In Versammlungsstätten mit Großbühnen sind alle für den Bühnenbetrieb notwendigen Räume und Einrichtungen in einem eigenen, von dem Zuschauerhaus getrennten Bühnenhaus unterzubringen.

(2) [1] Die Trennwand zwischen Bühnen- und Zuschauerhaus muss feuerbeständig und in der Bauart einer Brandwand hergestellt sein. [2] Türen in dieser Trennwand müssen feuerbeständig und selbstschließend sein.

§ 23 Schutzvorhang. (1) [1] Die Bühnenöffnung von Großbühnen muss gegen den Versammlungsraum durch einen Vorhang aus nichtbrennbarem Material dicht geschlossen werden können (Schutzvorhang). [2] Der Schutzvorhang muss durch sein Eigengewicht schließen können. [3] Die Schließzeit darf 30 Sekunden nicht überschreiten. [4] Der Schutzvorhang muss einem Druck von 450 Pa nach beiden Richtungen standhalten. [5] Eine höchstens I m breite, zur Hauptbühne sich öffnende, selbsttätig schließende Tür im Schutzvorhang ist zulässig.

(2) [1] Der Schutzvorhang muss so angeordnet sein, dass er im geschlossenen Zustand an allen Seiten an feuerbeständige Bauteile anschließt. [2] Der Bühnenboden darf unter dem Schutzvorhang durchgeführt werden. [3] Das untere Profil dieses Schutzvorhangs muss ausreichend steif sein oder mit Stahldornen in entsprechende stahlbewehrte Aussparungen im Bühnenboden eingreifen.

(3) [1] Die Vorrichtung zum Schließen des Schutzvorhangs muss mindestens an zwei Stellen von Hand ausgelöst werden können. [2] Beim Schließen muss auf der Bühne ein Warnsignal zu hören sein.

§ 24 Feuerlösch- und Brandmeldeanlagen. (1) Großbühnen müssen eine automatische Sprühwasserlöschanlage haben, die auch den Schutzvorhang beaufschlagt.

(2) Die Sprühwasserlöschanlage muss zusätzlich mindestens von zwei Stellen aus von Hand in Betrieb gesetzt werden können.

(3) In Großbühnen müssen neben den Ausgängen zu den Rettungswegen in Höhe der Arbeitsgalerien und des Schnürbodens Wandhydranten vorhanden sein.

(4) Großbühnen und Räume mit besonderen Brandgefahren müssen eine Brandmeldeanlage mit automatischen und nichtautomatischen Brandmeldern haben.

(5) Die Auslösung eines Alarms muss optisch und akustisch am Platz der Brandsicherheitswache erkennbar sein.

§ 25 Platz für die Brandsicherheitswache. (1) [1] Auf jeder Seite der Bühnenöffnung muss für die Brandsicherheitswache ein besonderer Platz mit einer Grundfläche von mindestens 1 m mal 1 m und einer Höhe von mindestens

2,20 m vorhanden sein. [2]Die Brandsicherheitswache muss die Fläche, die bespielt wird, überblicken und betreten können.

(2) [1]Am Platz der Brandsicherheitswache müssen die Vorrichtung zum Schließen des Schutzvorhangs und die Auslösevorrichtungen der Rauchabzugs- und Sprühwasserlöschanlagen der Bühne sowie ein nichtautomatischer Brandmelder leicht erreichbar angebracht und durch Hinweisschilder gekennzeichnet sein. [2]Die Auslösevorrichtungen müssen beleuchtet sein. [3]Diese Beleuchtung muss an die Sicherheitsstromversorgung angeschlossen sein. [4]Die Vorrichtungen sind gegen unbeabsichtigtes Auslösen zu sichern.

Abschnitt 2. Versammlungsstätten mit mehr als 5000 Besucherplätzen

§ 26 Räume für Lautsprecherzentrale, Polizei, Feuerwehr, Sanitäts- und Rettungsdienst. (1) [1]Mehrzweckhallen und Sportstadien müssen einen Raum für eine Lautsprecherzentrale haben, von dem aus die Besucherbereiche und der Innenbereich überblickt und Polizei, Feuerwehr und Rettungsdienste“ benachrichtigt werden können. [2]Die Lautsprecheranlage muss eine Vorrangschaltung für die Einsatzleitung der Polizei haben.

(2) [1]In Mehrzweckhallen und Sportstadien sind ausreichend große Räume für die Polizei und die Feuerwehr einzuordnen. [2]Der Raum für die Einsatzleitung der Polizei muss eine räumliche Verbindung mit der Lautsprecherzentrale haben und mit Anschlüssen für eine Videoanlage zur Überwachung der Besucherbereiche ausgestattet sein; von ihm aus müssen die Besucherbereiche und der Innenbereich überblickt werden können.

(3) Wird die Funkkommunikation der Einsatzkräfte von Polizei und Feuerwehr innerhalb der Versammlungsstätte durch die bauliche Anlage gestört, ist die Versammlungsstätte mit technischen Anlagen zur Unterstützung des Funkverkehrs auszustatten.

(4) In Mehrzweckhallen und Sportstadien muss mindestens ein ausreichend großer Raum für den Sanitäts- und Rettungsdienst vorhanden sein.

§ 27 Abschrankung und Blockbildung in Sportstadien mit mehr als 10000 Besucherplätzen. (1) [1]Die Besucherplätze müssen vom Innenbereich durch mindestens 2,20 m hohe Abschrankungen abgetrennt sein. [2]In diesen Abschrankungen sind den Stufengängen zugeordnete, mindestens 1,80 m breite Tore anzuordnen, die sich im Gefahrenfall leicht zum Innenbereich hin öffnen lassen. [3]Die Tore dürfen nur vom Innenbereich oder von zentralen Stellen aus zu öffnen sein und müssen in geöffnetem Zustand durch selbsteinrastende Feststeller gesichert werden. [4]Der Übergang in den Innenbereich muss niveaugleich sein.

(2) Stehplätze müssen in Blöcken für höchstens 2500 Besucher angeordnet werden, die durch mindestens 2,20 m hohe Abschrankungen mit eigenen Zugängen abgetrennt sind.

(3) Die Anforderungen nach Abs. 1 oder Abs. 2 gelten nicht, soweit in dem mit den für öffentliche Sicherheit und Ordnung zuständigen Behörden, insbesondere der Polizei, der Feuerwehr und der Rettungsdienste, abgestimmten Sicherheitskonzept nachgewiesen wird, dass abweichende Abschrankungen oder Blockbildungen unbedenklich sind.

§ 28 Wellenbrecher. [1] Werden mehr als fünf Stufen von Stehplatzreihen hintereinander angeordnet, so ist vor der vordersten Stufe eine durchgehende Schranke von 1,10 m Höhe anzuordnen. [2] Nach jeweils fünf weiteren Stufen sind Schranken gleicher Höhe (Wellenbrecher) anzubringen, die einzeln mindestens 3 m und höchstens 5,50 m lang sind. [3] Die seitlichen Abstände zwischen den Wellenbrechern dürfen nicht mehr als 5 m betragen. [4] Die Abstände sind nach höchstens fünf Stehplatzreihen durch versetzt angeordnete Wellenbrecher zu überdecken, die auf beiden Seiten mindestens 0,25 m länger sein müssen als die seitlichen Abstände zwischen den Wellenbrechern. [5] Die Wellenbrecher sind im Bereich der Stufenvorderkante anzuordnen.

§ 29 Abschrankung von Stehplätzen vor Szenenflächen. (1) Werden vor Szenenflächen Stehplätze für Besucher angeordnet, so sind die Besucherplätze von der Szenenfläche durch eine Abschrankung so abzutrennen, dass zwischen der Szenenfläche und der Abschrankung ein Gang von mindestens 2 m Breite für den Ordnungsdienst und Rettungskräfte vorhanden ist.

(2) [1] Werden vor Szenenflächen mehr als 5000 Stehplätze für Besucher angeordnet, so sind durch mindestens zwei weitere Abschrankungen vor der Szenenfläche nur von den Seiten zugängliche Stehplatzbereiche zu bilden. [2] Die Abschrankungen müssen voneinander an den Seiten einen Abstand von jeweils mindestens 5 m und über die Breite der Szenenfläche einen Abstand von mindestens 10 m haben.

§ 30 Einfriedungen und Eingänge von Stadionanlagen. (1) Stadionanlagen müssen eine mindestens 2,20 m hohe Einfriedung haben, die das Überklettern erschwert.

(2) [1] Vor den Eingängen sind Geländer so anzuordnen, dass Besucher nur einzeln und hintereinander Einlass finden. [2] Es sind Einrichtungen für Zugangskontrollen sowie für die Durchsuchung von Personen und Sachen vorzusehen. [3] Für die Einsatzkräfte von Polizei, Feuerwehr und Rettungsdiensten sind von den Besuchereingängen getrennte Eingänge anzuordnen.

(3) [1] Für Einsatz- und Rettungsfahrzeuge müssen besondere Zufahrten, Aufstell- und Bewegungsflächen vorhanden sein. [2] Von den Zufahrten und Aufstellflächen aus müssen die Eingänge der Versammlungsstätten unmittelbar erreichbar sein. [3] Für Einsatz- und Rettungsfahrzeuge muss eine Zufahrt zum Innenbereich vorhanden sein. [4] Die Zufahrten, Aufstell- und Bewegungsflächen müssen gekennzeichnet sein.

Teil 4. Betriebsvorschriften

Abschnitt 1. Rettungswege, Besucherplätze

§ 31 Rettungswege, Flächen für die Feuerwehr. (1) [1] Rettungswege auf dem Grundstück sowie Zufahrten, Aufstell- und Bewegungsflächen für Einsatzfahrzeuge von Polizei, Feuerwehr und Rettungsdiensten müssen ständig frei gehalten werden. [2] Darauf ist dauerhaft und gut sichtbar hinzuweisen.

(2) Rettungswege in der Versammlungsstätte müssen ständig frei gehalten werden.

(3) Während des Betriebs müssen alle Türen von Rettungswegen unverschlossen sein.

§ 32 Besucherplätze nach dem Bestuhlungs- und Rettungswegeplan.

(1) Die Zahl der im Bestuhlungs- und Rettungswegeplan genehmigten Besucherplätze darf nicht überschritten und die genehmigte Anordnung der Besucherplätze darf nicht geändert werden.

(2) Eine Ausfertigung des für die jeweilige Nutzung genehmigten Plans ist in der Nähe des Haupteingangs eines jeden Versammlungsraums gut sichtbar anzubringen.

(3) Ist nach Art der Veranstaltung die Abschrankung der Stehflächen vor Szenenflächen erforderlich, sind Abschrankungen nach § 29 auch in Versammlungsstätten mit nicht mehr als 5000 Stehplätzen einzurichten.

Abschnitt 2. Brandverhütung

§ 33 Vorhänge, Ausstattungen, Requisiten und Ausschmückungen.

(1) Für Vorhänge von Bühnen und Szenenflächen muss mindestens schwerentflammbares Material verwendet werden.

(2) [1] Für Ausstattungen muss mindestens schwerentflammbares Material verwendet werden. [2] Bei Bühnen oder Szenenflächen mit automatischen Feuerlöschanlagen genügen Ausstattungen aus normalentflammbarem Material.

(3) Für Requisiten muss mindestens normalentflammbares Material verwendet werden.

(4) [1] Für Ausschmückungen muss mindestens schwerentflammbares Material verwendet werden. [2] Für Ausschmückungen in notwendigen Fluren und notwendigen Treppenräumen muss nichtbrennbares Material verwendet werden.

(5) [1] Ausschmückungen müssen unmittelbar an Wänden, Decken oder Ausstattungen angebracht werden. [2] Frei im Raum hängende Ausschmückungen sind zulässig, wenn sie einen Abstand von mindestens 2,50 m zum Fußboden haben. [3] Ausschmückungen aus natürlichem Pflanzenschmuck dürfen sich nur, so lange sie frisch sind, in den Räumen befinden.

(6) Der Raum unter dem Schutzvorhang ist von Ausstattungen, Requisiten oder Ausschmückungen so freizuhalten, dass die Funktion des Schutzvorhangs nicht beeinträchtigt wird.

(7) Brennbares Material muss von Zündquellen, wie Scheinwerfern oder Heizstrahlern, so weit entfernt sein, dass das Material durch diese nicht entzündet werden kann.

§ 34 Aufbewahrung von Ausstattungen, Requisiten, Ausschmückungen und brennbarem Material. (1) Ausstattungen, Requisiten und Ausschmückungen dürfen nur außerhalb der Bühnen und der Szenenflächen aufbewahrt werden; dies gilt nicht für den Tagesbedarf.

(2) Auf den Bühnenerweiterungen dürfen Szenenaufbauten der laufenden Spielzeit nur bereitgestellt werden, wenn die Bühnenerweiterungen durch dichtschließende Abschlüsse aus nichtbrennbaren Baustoffen gegen die Hauptbühne abgetrennt sind.

(3) An den Zügen von Bühnen oder Szenenflächen dürfen nur Ausstattungsteile für einen Tagesbedarf aufgehängt werden.

(4) Pyrotechnische Gegenstände, brennbare Flüssigkeiten und anderes brennbares Material, insbeondere Packmaterial, dürfen nur in den dafür vorgesehenen Magazinen aufbewahrt werden.

§ 35 Rauchen, Verwendung von offenem Feuer und pyrotechnischen Gegenständen. (1) [1] Auf Bühnen und Szenenflächen, in Werkstätten und Magazinen ist das Rauchen verboten. [2] Das Rauchverbot gilt nicht für Darsteller und Mitwirkende auf Bühnen- und Szenenflächen während der Proben und Veranstaltungen, soweit das Rauchen in der Art der Veranstaltungen begründet ist.

(2) [1] In Versammlungsräumen, auf Bühnen- und Szenenflächen und in Sportstadien ist das Verwenden von offenem Feuer, brennbaren Flüssigkeiten und Gasen, pyrotechnischen Gegenständen und anderen explosionsgefährlichen Stoffen verboten. [2] § 17 Abs. 1 bleibt unberührt. [3] Das Verwendungsverbot gilt nicht, soweit das Verwenden von offenem Feuer, brennbaren Flüssigkeiten und Gasen sowie pyrotechnischen Gegenständen in der Art der Veranstaltung begründet ist und der Veranstalter die erforderlichen Brandschutzmaßnahmen im Einzelfall mit der Feuerwehr abgestimmt hat. [4] Die Verwendung pyrotechnischer Gegenstände muss durch eine nach Sprengstoffrecht geeignete Person überwacht werden.

(3) Die Verwendung von Kerzen und ähnlichen Lichtquellen als Tischdekoration sowie die Verwendung von offenem Feuer in dafür vorgesehenen Kücheneinrichtungen zur Zubereitung von Speisen ist zulässig.

(4) Auf die Verbote nach Abs. 1 und 2 Sätze 1 bis 3 ist dauerhaft und gut sichtbar hinzuweisen.

Abschnitt 3. Betrieb technischer Einrichtungen

§ 36 Bedienung und Wartung der technischen Einrichtungen.

(1) [1] Der Schutzvorhang muss täglich vor der ersten Vorstellung oder Probe durch Aufziehen und Herablassen auf seine Betriebsbereitschaft geprüft werden. [2] Der Schutzvorhang ist nach jeder Vorstellung herabzulassen und zu allen arbeitsfreien Zeiten geschlossen zu halten.

(2) Die Automatik der Sprühwasserlöschanlage kann während der Dauer der Anwesenheit der Verantwortlichen für Veranstaltungstechnik abgeschaltet werden.

(3) Die automatische Brandmeldeanlage kann abgeschaltet werden, soweit dies in der Art der Veranstaltung begründet ist und der Veranstalter die erforderlichen Brandschutzmaßnahmen im Einzelfall mit der Feuerwehr abgestimmt hat.

(4) Während des Aufenthalts von Personen in Räumen, für die eine Sicherheitsbeleuchtung vorgeschrieben ist, muss diese in Betrieb sein, soweit die Räume nicht ausreichend durch Tageslicht erhellt sind.

§ 37 Laseranlagen. Auf den Betrieb von Laseranlagen in den für Besucher zugänglichen Bereichen sind die arbeitsschutzrechtlichen Vorschriften entsprechend anzuwenden.

Abschnitt 4. Verantwortliche Personen, besondere Betriebsvorschriften

§ 38 Pflichten der Betreiber, Veranstalter und Beauftragten. (1) Der Betreiber ist für die Sicherheit der Veranstaltung und die Einhaltung der Vorschriften verantwortlich.

(2) Während des Betriebs von Vesammlungsstätten muss der Betreiber oder ein von ihm beauftragter Veranstaltungsleiter ständig anwesend sein.

(3) Der Betreiber muss die Zusammenarbeit von Ordnungsdienst, **Brandsicherheitswache** und **Sanitätswache mit** der Polizei, der Feuerwehr und dem Rettungsdienst gewährleisten.

(4) Der Betreiber ist zur Einstellung des Betriebs verpflichtet, wenn für die Sicherheit der Versammlungsstätte notwendige Anlagen, Einrichtungen oder Vorrichtungen nicht betriebsfähig sind oder wenn Betriebsvorschriften nicht eingehalten werden können.

(5) [1] Der Betreiber kann die Verpflichtungen nach den Abs. 1 bis 4 durch schriftliche Vereinbarung auf den Veranstalter übertragen, wenn dieser oder dessen beauftragter Veranstaltungsleiter mit der Versammlungsstätte und deren Einrichtungen vertraut ist. [2] Der Veranstalter ist verantwortlich für die Verpflichtungen, die er vertraglich übernommen hat. [3] Die Verantwortung des Betreibers bleibt unberührt.

§ 39[1)] Verantwortliche für Veranstaltungstechnik. (1) [1] Verantwortliche für Veranstaltungstechnik sind

1. die Geprüften Meister für Veranstaltungstechnik,
2. technische Fachkräfte mit bestandenem fachrichtungsspezifischen Teil der Prüfung nach § 3 Abs. 1 Nr. 2 in Verbindung mit den §§ 5, 6 oder 7 der Verordnung über die Prüfung zum anerkannten Abschluss „Geprüfter Meister für Veranstaltungstechnik/Geprüfte Meisterin für Veranstaltungstechnik“ in den Fachrichtungen Bühne/Studio, Beleuchtung, Halle in der jeweiligen Fachrichtung,
3. Hochschulabsolventen mit berufsqualifizierendem Hochschulabschluss der Fachrichtung Theater- oder Veranstaltungstechnik mit mindestens einem Jahr Berufserfahrung im technischen Betrieb von Bühnen, Studios oder Mehrzweckhallen in der jeweiligen Fachrichtung,
4. technische Bühnen- und Studiofachkräfte, die das Befähigungszeugnis nach den bis zum Inkrafttreten dieser Verordnung geltenden Vorschriften erworben haben,
5. Personen, die die Tätigkeit als technische Fachkraft ohne Befähigungszeugnis ausüben durften und in den letzten drei Jahren ausgeübt haben.

[2] Auf Antrag stellen die Industrie- und Handelskammern den Personen nach Satz 1 Nrn. 1 bis 4 ein Befähigungszeugnis aus. [3] Das Verfahren kann über eine einheitliche Stelle nach den Vorschriften des Bayerischen Verwaltungsverfahrensgesetzes abgewickelt werden. [4] Die in einem anderen Land der Bundesrepublik Deutschland ausgestellten Befähigungszeugnisse werden anerkannt.

---

1) § 39 Abs. 1 Satz 3 eingef., bish. Satz 3 wird Satz 4, Abs. 2 Satz 2 geänd. mWv 1. 11. 2009 durch VO v. 22. 10. 2009 (GVBl S. 542); Abs. 1 Satz 1 Nr. 1 geänd. mWv 1. 5. 2012 durch VO v. 12. 4. 2012 (GVBl S. 144).

(2) [1] Gleichwertige Ausbildungen, die in einem anderen Mitgliedstaat der Europäischen Union oder einem Vertragsstaat des Abkommens über den Europäischen Wirtschaftsraum erworben und durch einen Ausbildungsnachweis belegt werden, sind entsprechend den europäischen Richtlinien zur Anerkennung von Berufsqualifikationen den in Abs. 1 genannten Ausbildungen gleichgestellt. [2] Abs. 1 Sätze 2 bis 4 gelten entsprechend.

§ 40[1)] Aufgaben und Pflichten der Verantwortlichen für Veranstaltungstechnik, technische Probe. (1) Die Verantwortlichen für Veranstaltungstechnik müssen mit den bühnen-, studio- und beleuchtungstechnischen und sonstigen technischen Einrichtungen der Versammlungsstätte vertraut sein und deren Sicherheit und Funktionsfähigkeit, insbesondere hinsichtlich des Brandschutzes, während des Betriebs gewährleisten.

(2) Auf- oder Abbau bühnen-, studio- und beleuchtungstechnischer Einrichtungen von Großbühnen oder Szenenflächen mit mehr als 200 m² Grundfläche oder in Mehrzweckhallen mit mehr als 5000 Besucherplätzen, wesentliche Wartungs- und Instandsetzungsarbeiten an diesen Einrichtungen und technische Proben müssen von einem Verantwortlichen für Veranstaltungstechnik geleitet und beaufsichtigt werden.

(3) Bei Generalproben, Veranstaltungen, Sendungen oder Aufzeichnungen von Veranstaltungen auf Großbühnen oder Szenenflächen mit mehr als 200 m² Grundfläche oder in Mehrzweckhallen mit mehr als 5 000 Besucherplätzen müssen mindestens ein für die bühnen- oder studiotechnischen Einrichtungen sowie ein für die beleuchtungstechnischen Einrichtungen zuständiger Verantwortlicher für Veranstaltungstechnik anwesend sein.

(4) [1] Bei Szenenflächen mit mehr als 50 m² und nicht mehr als 200 m² Grundfläche oder in Mehrzweckhallen mit nicht mehr als 5000 Besucherplätzen müssen die Aufgaben nach den Abs. 1 bis 3 zumindest von einer Fachkraft für Veranstaltungstechnik mit mindestens drei Jahren Berufserfahrung wahrgenommen werden. [2] Die Aufgaben können auch von erfahrenen Bühnenhandwerkern oder Beleuchtern wahrgenommen werden, die diese Aufgaben nach den bis zum Inkrafttreten dieser Verordnung geltenden Vorschriften wahrnehmen durften und in den letzten drei Jahren ausgeübt haben.

(5) [1] Die Anwesenheit nach Abs. 3 ist nicht erforderlich, wenn

1. die Sicherheit und Funktionsfähigkeit der bühnen-, studio- und beleuchtungstechnischen sowie der sonstigen technischen Einrichtungen der Versammlungsstätte vom Verantwortlichen für Veranstaltungstechnik überprüft wurden,
2. diese Einrichtungen während der Veranstaltung nicht bewegt oder sonst verändert werden,
3. von Art oder Ablauf der Veranstaltung keine Gefahren ausgehen können und
4. die Aufsicht durch eine Fachkraft für Veranstaltungstechnik geführt wird, die mit den technischen Einrichtungen vertraut ist.

[2] Im Fall des Abs. 4 können die Aufgaben nach Abs. 1 bis 3 von einer aufsichtführenden Person wahrgenommen werden, wenn

---

[1)] § 40 Abs. 6 Satz 5 angef. mWv 1. 8. 2009 durch VO v. 8. 7. 2009 (GVBl S. 332); Abs. 3 neu gef. mWv 1. 5. 2012 durch VO v. 12. 4. 2012 (GVBl S. 144).

1. von Auf- und Abbau sowie dem Betrieb der bühnen-, studio- und beleuchtungstechnischen Einrichtungen keine Gefahren ausgehen können,
2. von Art oder Ablauf der Veranstaltung keine Gefahren ausgehen können und
3. die aufsichtführende Person mit den technischen Einrichtungen vertraut ist.

(6) [1] Bei Großbühnen sowie bei Szenenflächen mit mehr als 200 m^2 Grundfläche und bei Gastspielveranstaltungen mit eigenem Szenenaufbau in Versammlungsräumen muss vor der ersten Veranstaltung eine nichtöffentliche technische Probe mit vollem Szenenaufbau und voller Beleuchtung stattfinden. [2] Diese technische Probe ist der Bauaufsichtsbehörde mindestens 24 Stunden vorher anzuzeigen. [3] Beabsichtigte wesentliche Änderungen des Szenenaufbaus nach der technischen Probe sind der zuständigen Bauaufsichtsbehörde rechtzeitig anzuzeigen. [4] Die Bauaufsichtsbehörde kann auf die technische Probe verzichten, wenn dies nach der Art der Veranstaltung oder nach dem Umfang des Szenenaufbaus unbedenklich ist. [5] Art. 73 Abs. 3 Satz 1 BayBO[1)] bleibt unberührt.

§ 41 Brandsicherheitswache, Sanitäts- und Rettungsdienst. (1) Bei Veranstaltungen mit erhöhten Brandgefahren hat der Betreiber eine Brandsicherheitswache einzurichten.

(2) [1] Bei jeder Veranstaltung auf Großbühnen sowie Szenenflächen mit mehr als 200 m^2 Grundfläche muss eine Brandsicherheitswache der Feuerwehr anwesend sein. [2] Den Anweisungen der Brandsicherheitswache ist zu folgen. [3] Eine Brandsicherheitswache der Feuerwehr ist nicht erforderlich, wenn der Betreiber über eine ausreichende Zahl ausgebildeter Kräfte verfügt, die die Aufgaben der Brandsicherheitswache wahrnehmen und die Brandschutzdienststelle dies dem Betreiber bestätigt hat.

(3) Veranstaltungen mit voraussichtlich mehr als 5000 Besuchern sind der für den Sanitäts- und Rettungsdienst zuständigen Behörde durch den Betreiber rechtzeitig anzuzeigen.

§ 42 Brandschutzordnung, Feuerwehrpläne. (1) [1] Der Betreiber oder ein von ihm Beauftragter hat im Einvernehmen mit der Brandschutzdienststelle eine Brandschutzordnung aufzustellen und durch Aushang bekannt zu machen. [2] In der Brandschutzordnung sind insbesondere die Erforderlichkeit und die Aufgaben eines Brandschutzbeauftragten und der Kräfte für den Brandschutz sowie die Maßnahmen festzulegen, die zur Rettung von Menschen mit Behinderung, insbesondere Rollstuhlbenutzern, erforderlich sind.

(2) [1] Der Betreiber oder ein von ihm Beauftragter hat das Betriebspersonal bei Beginn des Arbeitsverhältnisses und danach mindestens einmal jährlich zu unterweisen über

1. die Lage und die Bedienung der Feuerlöscheinrichtungen und -anlagen, Rauchabzugsanlagen, Brandmelde- und Alarmierungsanlagen und der Brandmelder- und Alarmzentrale,
2. die Brandschutzordnung, insbesondere über das Verhalten bei einem Brand oder bei einer Panik und die Maßnahmen zur Rettung von Menschen mit Behinderung sowie
3. die Betriebsvorschriften.

---

1) Nr. 1.

[2] Den Brandschutzdienststellen ist Gelegenheit zu geben, an der Unterweisung teilzunehmen. [3] Über die Unterweisung ist eine Niederschrift zu fertigen, die der Bauaufsichtsbehörde auf Verlangen vorzulegen ist.

(3) Im Einvernehmen mit der Brandschutzdienststelle sind Feuerwehrpläne anzufertigen und der örtlichen Feuerwehr zur Verfügung zu stellen.

§ 43 Sicherheitskonzept, Ordnungsdienst. (1) Erfordert es die Art der Veranstaltung, hat der Betreiber ein Sicherheitskonzept aufzustellen und einen Ordnungsdienst einzurichten.

(2) [1] Für Versammlungsstätten mit mehr als 5000 Besucherplätzen hat der Betreiber im Einvernehmen mit den für Sicherheit oder Ordnung zuständigen Behörden, insbesondere der Polizei, der Feuerwehr und der Rettungsdienste, ein Sicherheitskonzept aufzustellen. [2] Im Sicherheitskonzept sind die Mindestzahl der Kräfte des Ordnungsdienstes gestaffelt nach Besucherzahlen und Gefährdungsgraden sowie die betrieblichen Sicherheitsmaßnahmen und die allgemeinen und besonderen Sicherheitsdurchsagen festzulegen.

(3) Der Betreiber oder der Veranstalter haben für den nach dem Sicherheitskonzept erforderlichen Ordnungsdienst einen Ordnungsdienstleiter zu bestellen.

(4) [1] Der Ordnungsdienstleiter und die Ordnungsdienstkräfte sind für die betrieblichen Sicherheitsmaßnahmen verantwortlich. [2] Sie sind insbesondere für die Kontrolle an den Ein- und Ausgängen und den Zugängen zu den Besucherblöcken, die Beachtung der maximal zulässigen Besucherzahl und der Anordnung der Besucherplätze, die Beachtung der Verbote des § 35, die Sicherheitsdurchsagen sowie für die geordnete Evakuierung im Gefahrenfall verantwortlich.

Teil 5. Zusätzliche Bauvorlagen

§ 44 Zusätzliche Bauvorlagen, Bestuhlungs- und Rettungswegeplan. (1) Mit den bautechnischen Nachweisen sind Standsicherheitsnachweise für dynamische Belastungen vorzulegen.

(2) [1] Zusätzlich zu den Angaben nach § 11 Abs. 1 der Bauvorlagenverordnung (BauVorlV) müssen die Bauvorlagen mindestens Angaben enthalten über

1. die Sicherheitsstromversorgung,
2. die Sicherheitsbeleuchtung,
3. die Einrichtungen zur Rauchableitung,
4. die Feuerlöscheinrichtungen,
5. die Brandmeldeanlage,
6. die Alarmierungsanlage,
7. den Verlauf der Rettungswege im Freien.

[2] Im Übrigen bleibt § 11 Abs. 2 BauVorlV unberührt.

(3) [1] Die Anordnung der Sitz- und Stehplätze, einschließlich der Plätze für Rollstuhlbenutzer, der Bühnen-, Szenen- oder Spielflächen sowie der Verlauf der Rettungswege sind in einem Bestuhlungs- und Rettungswegeplan im Maßstab von mindestens 1:200 darzustellen. [2] Sind verschiedene Anordnungen vorgesehen, so ist für jede ein besonderer Plan vorzulegen.

§ 45 Gastspielprüfbuch. (1) Für den eigenen, gleich bleibenden Szenenaufbau von wiederkehrenden Gastspielveranstaltungen kann auf schriftlichen Antrag ein Gastspielprüfbuch erteilt werden.

(2) [1] Das Gastspielprüfbuch muss dem Muster der **Anlage** entsprechen. [2] Der Veranstalter ist durch das Gastspielprüfbuch von der Verpflichtung entbunden, an jedem Gastspielort die Sicherheit des Szenenaufbaus und der dazu gehörenden technischen Einrichtungen erneut nachzuweisen. [3] Anforderungen, die sich aus den örtlichen Verhältnissen des jeweiligen Gastspielorts ergeben, bleiben unberührt.

(3) [1] Das Gastspielprüfbuch wird von der für den ersten Spielort zuständigen unteren Bauaufsichtsbehörde erteilt. [2] Die untere Bauaufsichtsbehörde kann dazu die Vorlage einer Bescheinigung der TÜV SÜD Industrie Service GmbH, München, oder der LGA (Landesgewerbeanstalt Bayern), Nürnberg, welche die Rechtswirkung einer Bescheinigung nach Art. 62 Abs. 4 Satz 2 BayBO[1)] hat, verlangen. [3] Die Geltungsdauer ist auf die Dauer der Tournee zu befristen und kann auf schriftlichen Antrag verlängert werden. [4] Vor der Erteilung ist eine technische Probe durchzuführen. [5] Die in einem anderen Land der Bundesrepublik Deutschland ausgestellten Gastspielprüfbücher werden anerkannt.

(4) [1] 1 Das Gastspielprüfbuch ist der für den Gastspielort zuständigen Bauaufsichtsbehörde rechtzeitig vor der ersten Veranstaltung am Gastspielort vorzulegen. [2] Werden für die Gastspielveranstaltung Fliegende Bauten genutzt, ist das Gastspielprüfbuch mit der Anzeige der Aufstellung der Fliegenden Bauten vorzulegen. [3] Die Befugnisse nach Art. 54 BayBO bleiben unberührt.

Teil 6. Bestehende Versammlungsstätten

§ 46 Anwendung der Vorschriften auf bestehende Versammlungsstätten. (1) Die zum Zeitpunkt des Inkrafttretens dieser Verordnung bestehenden Versammlungsstätten mit mehr als 5000 Besucherplätzen sind durch den Betreiber innerhalb von zwei Jahren folgenden Vorschriften anzupassen:

1. Kennzeichnung der Ausgänge und Rettungswege (§ 6 Abs. 6),
2. Sitzplätze (§ 10 Abs. 2),
3. Lautsprecheranlage (§ 20 Abs. 2 und § 26 Abs. 1),
4. Einsatzzentrale für die Polizei (§ 26 Abs. 2),
5. Abschrankung von Besucherbereichen (§ 27 Abs. 1 und 3),
6. Wellenbrecher (§ 28),
7. Abschrankung von Stehplätzen vor Szenenflächen (§ 29).

(2) Auf die zum Zeitpunkt des Inkrafttretens der Verordnung bestehenden Versammlungsstätten sind die Betriebsvorschriften des Teils 4 sowie § 10 Abs. 1, § 14 Abs. 3 und § 19 Abs. 6 entsprechend anzuwenden.

(3) [1] Die Bauaufsichtsbehörde hat Versammlungsstätten in Zeitabständen von höchstens drei Jahren zu prüfen. [2] Dabei ist auch die Einhaltung der Betriebsvorschriften zu überwachen und festzustellen, ob die vorgeschriebenen wiederkehrenden Prüfungen der sicherheitstechnischen Anlagen fristgerecht durch-

---

1) Nr. **1**.

geführt und etwaige Mängel beseitigt worden sind. ³Den Ordnungsbehörden, der Gewerbeaufsicht und der Brandschutzdienststelle ist Gelegenheit zur Teilnahme an den Prüfungen zu geben. ⁴Art. 73 Abs. 3 Satz 1 BayBO[1] bleibt unberührt.

§ 47[2] Vorübergehende Verwendung von Räumen. ¹Sollen Veranstaltungen nach § 2 Abs. 1 vor mehr als 200 Besuchern nur vorübergehend in Räumen durchgeführt werden, die nicht den Vorschriften dieser Verordnung entsprechen, ist dies der zuständigen Bauaufsichtsbehörde unter Angabe von Art, Ort, Zeitpunkt und Dauer der Veranstaltung sowie der voraussichtlichen Teilnehmerzahl rechtzeitig anzuzeigen; dies gilt nicht für die Durchführung von Veranstaltungen in Räumen, die als Versammlungsräume genehmigt sind, wenn die Genehmigung die Art der Veranstaltung einschließt. ²Die Bauaufsichtsbehörde bestätigt dem Betreiber oder Veranstalter den Eingang der Anzeige und teilt ihm mit, ob sie beabsichtigt, Maßnahmen nach Art. 54 Abs. 2 Satz 2 BayBO[1] zu treffen. ³Art. 73 Abs. 3 Satz 1 BayBO bleibt unberührt.

Teil 7. Schlussvorschriften

§ 48[3] Ordnungswidrigkeiten. Ordnungswidrig nach Art. 79 Abs. 1 Satz 1 Nr. 1 BayBO[1] und Art. 38 Abs. 4 LStVG[4] handelt, wer vorsätzlich oder fahrlässig

1. als Betreiber entgegen § 31 Abs. 1 Satz 1 nicht sicherstellt, dass die Rettungswege sowie die Zufahrten, Aufstell- und Bewegungsflächen ständig frei gehalten werden,
2. als Betreiber oder Veranstalter entgegen § 31 Abs. 2 nicht sicherstellt, dass die Rettungswege ständig frei gehalten werden,
3. entgegen § 31 Abs. 3 Türen in Rettungswegen verschließt,
4. als Betreiber oder Veranstalter entgegen § 32 Abs. 1 nicht sicherstellt, dass die Zahl der genehmigten Besucherplätze nicht überschritten und die genehmigte Anordnung der Besucherplätze nicht geändert wird,
5. als Betreiber oder Veranstalter entgegen § 32 Abs. 3 nicht sicherstellt, dass Abschrankungen eingerichtet werden,
6. entgegen § 33 Abs. 1, 2, 3 oder Abs. 4 andere als die dort genannten Materialien verwendet oder entgegen § 33 Abs. 5 Sätze 1 und 2 Ausschmückungen anbringt,
7. als Betreiber oder Veranstalter entgegen § 33 Abs. 5 Satz 3 nicht sicherstellt, dass Ausschmückungen aus natürlichem Pflanzenschmuck sich nur, solang sie frisch sind, in den Räumen befinden,
8. als Betreiber oder Veranstalter entgegen § 33 Abs. 6 nicht sicherstellt, dass der Raum unter dem Schutzvorhang von Ausstattungen, Requisiten oder Ausschmückungen so freigehalten wird, dass die Funktion des Schutzvorhangs nicht beeinträchtigt wird,

---

[1] Nr. **1**.
[2] § 47 Satz 1 neu gef. mWv 1. 8. 2009 durch VO v. 8. 7. 2009 (GVBl S. 332).
[3] § 48 bish. Nr. 6 a–20 wird Nr. 7–25 mWv 1. 8. 2009 durch VO v. 8. 7. 2009 (GVBl S. 332).
[4] Nr. **26**.

9. als Betreiber oder Veranstalter entgegen § 33 Abs. 7 nicht sicherstellt, dass brennbares Material von Zündquellen wie Scheinwerfern so weit entfernt ist, dass das Material durch diese nicht entzündet werden kann,
10. entgegen § 34 Abs. 1 Halbsatz 1 Ausstattungen, Requisiten oder Ausschmückungen aufbewahrt oder entgegen § 34 Abs. 2 Szenenaufbauten bereitstellt,
11. als Betreiber oder Veranstalter entgegen § 34 Abs. 3 nicht sicherstellt, dass an den Zügen von Bühnen und Szenenflächen nur Ausstattungsteile für einen Tagesbedarf aufgehängt werden,
12. entgegen § 34 Abs. 4 pyrotechnische Gegenstände, brennbare Flüssigkeiten oder anderes brennbares Material aufbewahrt,
13. entgegen § 35 Abs. 1 oder Abs. 2 Sätze 1 bis 3 raucht oder offenes Feuer, brennbare Flüssigkeiten oder Gase, explosionsgefährliche Stoffe oder pyrotechnische Gegenstände verwendet,
14. als Betreiber entgegen § 36 Abs. 4 nicht sicherstellt, dass die Sicherheitsbeleuchtung in Betrieb ist,
15. entgegen § 38 Abs. 2 auch in Verbindung mit Abs. 5 Satz 1 während des Betriebs nicht oder nicht ständig anwesend ist,
16. entgegen § 38 Abs. 4 auch in Verbindung mit Abs. 5 Satz 1 den Betrieb der Versammlungsstätte nicht einstellt,
17. als Betreiber oder Veranstalter entgegen § 40 Abs. 2 oder Abs. 3, auch in Verbindung mit Abs. 4, nicht sicherstellt, dass die dort genannten Personen anwesend sind,
18. entgegen § 40 Abs. 2 oder Abs. 3, auch in Verbindung mit Abs. 4, die Großbühne, Szenenfläche oder Mehrzweckhalle während des Betriebs verlässt,
19. entgegen § 41 Abs. 1 eine Brandsicherheitswache nicht einrichtet oder entgegen § 41 Abs. 3 die Veranstaltung nicht, nicht richtig, nicht vollständig oder nicht rechtzeitig anzeigt,
20. als Betreiber oder Veranstalter entgegen § 41 Abs. 2 Satz 1 nicht sicherstellt, dass eine Brandsicherheitswache der Feuerwehr anwesend ist,
21. entgegen § 42 Abs. 2 Satz 1 das Betriebspersonal nicht, nicht richtig, nicht vollständig oder nicht rechtzeitig unterweist,
22. entgegen § 43 Abs. 1 oder Abs. 2 Satz 1 ein Sicherheitskonzept nicht aufstellt oder nicht abstimmt, entgegen § 43 Abs. 1 keinen Ordnungsdienst einrichtet oder entgegen § 43 Abs. 3 keinen Ordnungsdienstleiter bestellt,
23. den in § 43 Abs. 4 Satz 2 bezeichneten Aufgaben nicht oder nicht ordnungsgemäß nachkommt,
24. als Betreiber den in § 46 Abs. 1 bezeichneten Pflichten nicht oder nicht rechtzeitig nachkommt,
25. als Betreiber oder Veranstalter entgegen § 47 Satz 1 die dort genannten Veranstaltungen nicht, nicht richtig oder nicht rechtzeitig anzeigt.

§ 49[1] Inkrafttreten, Außerkrafttreten, Übergangsregelung. Diese Verordnung tritt am 1. Januar 2008 in Kraft.

---

[1] § 49 Abs. 2 und 3 aufgeh. mWv 30. 4. 2013 durch G v. 8. 4. 2013 (GVBl S. 174).

Anlage[1)]
(zu § 45 VStättV)

GASTSPIELPRÜFBUCH

Gastspielveranstaltung	

Art der Veranstaltung	

Veranstalter	
Straße, Hausnummer	
PLZ, Ort	
Telefon	
Fax	
E-Mail	

das Gastspielprüfbuch gilt bis zum	

Auf der Grundlage der Angaben in diesem Gastspielprüfbuch, evtl. Auflagen und einer

nichtöffentlichen Probe am	
in der Veranstaltungsstätte	

ist der Nachweis der Sicherheit der Gastspielveranstaltung erbracht.

Dieses Gastspielprüfbuch ist in drei Ausfertigungen ausgestellt worden, davon verbleibt eine Ausfertigung bei der ausstellenden Behörde

ausgestellt am	
durch	

1) Anlage geänd. mWv 1. 1. 2013 durch VO v. 7. 12. 2012 (GVBl S. 732).

- Seite 2 –

Name des Geschäftsführers / Vertreters des Veranstalters:	

(Anschrift, falls diese nicht mit der des Veranstalters identisch ist.)

Straße, Hausnummer	
PLZ, Ort	
Telefon	
Fax	
E-Mail	

Dieses Gastspielprüfbuch hat fünf Seiten und folgende Anhänge:

☐		Seiten statische Berechnungen (Anhang 1)
☐		Seiten Angaben über das Brandverhalten der Materialien (Anhang 2)
☐		Seiten Angaben über die feuergefährlichen Handlungen (Anhang 3)
☐		Seiten Angaben über pyrotechnische Effekte (Anhang 4)
☐		Seiten sonstige Angaben z. B. über Prüfzeugnisse, Baumuster (Anhang 5)

☐		Seiten	
☐		Seiten	

Veranstaltungsleiter gemäß § 38 Abs. 2 und 5 VStättV für die geplanten Gastspiele ist

Herr / Frau:	

Verantwortliche für Veranstaltungstechnik der Fachrichtung nach § 40 VStättV sind

1. **Bühne/Studio:**

Herr / Frau:	
Befähigungszeugnis-Nr.:	
Ausstellungsdatum:	
ausstellende Behörde:	

2. **Halle:**

Herr / Frau:	
Befähigungszeugnis-Nr.:	
Ausstellungsdatum:	
ausstellende Behörde:	

3. **Beleuchtung:**

Herr / Frau:	
Befähigungszeugnis-Nr.:	
Ausstellungsdatum:	
ausstellende Behörde:	

4. **Fachkraft für Veranstaltungstechnik** (§ 40 Abs. 4 VStättV)
   Bei Szenenflächen mit nicht mehr als 200 m² Grundfläche

Herr / Frau:	

- Seite 3 –

1. Ausführliche Beschreibung der Veranstaltung

(Angaben zur Veranstaltungsart zu den vorgesehenen Gastspielen, zur Anzahl der Mitwirkenden, zu feuergefährlichen Handlungen, pyrotechnischen Effekten, anderen technischen Einrichtungen, z.B. Laser, zur Ausstattung, zum Ablauf der Veranstaltung und zu sonstigen Vorgängen, die Maßnahmen zur Gefahrenabwehr erforderlich machen.)

2. Darstellung der Aufbauten, Ausstattungen, technischen Einrichtungen

(Die Aufbauten und Ausstattungen sind zu beschreiben, zeichnerisch ist der Bühnenaufbau mindestens durch einen Grundriss und möglichst durch einen Schnitt darzustellen. Werden Ausrüstungen in größerem Umfang gehangen, ist ein Hängeplan erforderlich, auf bewegliche Teile der Dekoration und zum Aufbau gehörende maschinen- und elektrotechnische Einrichtungen und die damit verbundenen Gefahren ist hinzuweisen. Es sind Angaben zu mitgeführten Bühnen/Szenenflächen, Zuschauertribünen und Bestuhlungen zu machen, sonstige Angaben.)

- Seite 4 –

3. Gefährdungsanalyse

a) Bei gefährlichen szenischen Vorgängen ist eine Gefährdungsanalyse durchzuführen. Gefährliche szenische Vorgänge sind z. B. offene Verwandlungen, maschinentechnische Bewegungen, künstlerische Tätigkeiten im oder über dem Zuschauerbereich

Beschreibung der gefährlichen szenischen Handlung:	
Unterwiesene Personen:	
Schutzmaßnahmen:	

Einweisung vor jeder Probe und Vorstellung erforderlich: ☐ ja ☐ nein

b) Vor dem Einsatz gefährlicher szenischer Einrichtungen ist eine Gefährdungsanalyse durchzuführen. Gefährliche szenische Einrichtungen sind Geräte, Einrichtungen und Einbauten in kritischen Bereichen von Bühnen, Szenenflächen und Zuschauerbereichen, z. B. Unterbauen des Schutzvorhangs, Anordnung von Regieeinrichtungen, Vorführgeräten, Scheinwerfern, Kameras, Laseranlagen usw. im Zuschauerraum, Leitungsverbindungen zwischen Brandabschnitten.

Geräte, Einrichtungen und Einbauten:	
Unterbauen des Schutzvorhangs:	
Ortsveränderliche technische Einrichtungen im Zuschauerraum:	
Laseranlagen / Standort:	
Leitungsverbindungen:	
Sonstiges:	

- Seite 5 –

4. Auflagen

5. Rechtsbehelfsbelehrung

Gegen diesen Bescheid kann innerhalb eines Monats nach Bekanntgabe Klage erhoben werden. Die Klage ist schriftlich oder zur Niederschrift beim

Bayerischen Verwaltungsgericht	
in	

zu erheben.

Ort, Datum	Behörde
Unterschrift	Dienstsiegel

- Seite 6 –

Anhang 1

zum Gastspielprüfbuch

Titel der Gastspielveranstaltung

Standsicherheitsnachweis[*)]

(ggf. Hinweis auf beigefügte statische Berechnungen)

[*)] *ggf. weitere Seiten anfügen*

- Seite 7 –

Anhang 2

zum Gastspielprüfbuch

Titel der Gastspielveranstaltung

Baustoff- und Materialliste

In der VStättV werden an die zur Verwendung kommenden Baustoffe und Materialien brandschutztechnische Anforderungen gestellt. Folgende Mindestanforderungen sind zu erfüllen:

Ort: Gegenstand:	Szenenfläche ohne automatische Feuerlöschanlage	Szenenfläche mit automatischer Feuerlöschanlage	Großbühne	Zuschauerraum und Nebenräume	Foyer
Szenenpodien: Fußboden/Bodenbeläge	normal-entflammbar	normal-entflammbar	normal-entflammbar	normal-entflammbar	normal-entflammbar
Szenenpodien: Unterkonstruktion	nicht-brennbar	nicht-brennbar	nicht-brennbar	nicht-brennbar	nicht-brennbar
Vorhänge:	schwer-entflammbar	schwer-entflammbar	schwer-entflammbar	-	-
Ausstattungen:	schwer-entflammbar	normal-entflammbar	normal-entflammbar	-	-
Requisiten:	normal-entflammbar	normal-entflammbar	normal-entflammbar	-	-
Ausschmückungen:	schwer-entflammbar	schwer-entflammbar	schwer-entflammbar	schwer-entflammbar	schwer-entflammbar

Erläuterungen:

Nach Bauregelliste A Teil1, Anlage 0.2 sind den bauordnungsrechtlichen Anforderungen an Baustoffe folgende Baustoffklassen nach DIN 4102-1 zugeordnet:

nichtbrennbare Baustoffe:	**A (A1, A2)**
brennbare Baustoffe:	**B**
- schwerentflammbare Baustoffe:	**B1**
- normalentflammbare Baustoffe:	**B2**

Soweit die eingesetzten Materialien keine Baustoffe sind, werden die Bezeichnungen entsprechend den für Baustoffe geltenden Klassifizierungen verwendet.

Ort bezeichnet den Einsatzort des Baustoffes oder Materials:

B = Bühne
S = Szenenfläche
SmF = Szenenfläche mit automatischer Feuerlöschanlage
SoL = Szenenfläche ohne automatische Feuerlöschanlage
Z = Zuschauerraum (bei Versammlungsstätten mit Bühnenhaus)
V = Versammlungsraum
F = Foyer

Für Baustoffe und Materialien sind die Verwendungsnachweise nach Art. 15 ff. BayBO zu führen. Für Textilien und Möbel können gleichwertige Klassifizierungen nach den dafür geltenden Normen nachgewiesen werden.

Ist das Material nach DIN 4102-1 geprüft und klassifiziert, so wird das Brandverhalten mit dem (allgemeinen bauaufsichtlichen) Prüfzeugnis nachgewiesen. Ansonsten ist das Material mit einem dafür durch allgemeines bauaufsichtliches Prüfzeugnis zugelassenen Feuerschutzmittel zu behandeln, durch das die Zuordnung zu einer angestrebten Baustoffklasse erreicht wird.

- Seite 8 –

(noch Anhang 2)

zum Gastspielprüfbuch

Titel der Gastspielveranstaltung

Zur Verwendung kommen folgende Baustoffe und Materialien[*]:

Baustoff oder Material				**Feuerschutz**		
lfd. Nr.	Beschreibung	Baustoffklasse - Klassifizierung nachgewiesen	Ort	Feuerschutzmittel - Nr. des allgemeinen bauaufsichtlichen Prüfzeugnisses	damit erreichte Baustoff-klasse	aufgebracht am

[*] *ggf. weitere Seiten anfügen*

- Seite 9 –

Anhang 3

zum Gastspielprüfbuch

Titel der Gastspielveranstaltung

Angaben über feuergefährliche Handlungen
Dieser Anhang ist erforderlich, wenn auf der Bühne/Szenenfläche oder im Versammlungsraum szenisch bedingt geraucht oder offenes Feuer verwendet wird. Feuergefährliche Handlungen sind der zuständigen Behörde am Gastspielort anzuzeigen. Für feuergefährliche Handlungen, von denen eine besondere Gefahr wegen ihrer Art oder der Nähe des Abbrennortes zu Ausstattungen oder Personen ausgeht, ist eine Gefährdungsanalyse durchzuführen. Für die Einhaltung der sich daraus ergebenden Auflagen ist der Veranstalter verantwortlich.

Handlungen mit offenem Feuer*):

Zeitpunkt im Ablauf	Anzahl	Art (Zigarette, Kerze o. Ä.)	Szenischer Ablauf (Ablauf der Aktion)	Ort auf der Bühne / Szenenfläche	Löschen / Aschenablage	Nummer der Gefährdungs-analyse

Erläuterungen:
Der Zeitpunkt im Ablauf kann, je nach Veranstaltungstyp, in Akten, Szenen, Bildern, Programmpunkten oder Musikstücken oder in Minuten von einer Nullzeit ausgehend, angegeben werden. Unter Anzahl ist die Stückzahl der zu diesem Zeitpunkt entzündeten Effekte einzutragen. Art bezeichnet den Typ des Effektes (z. B. Zigarette, Kerze, Fackel, Brennpaste, Gas usw.), Ort auf der Bühne/Szenenfläche bezeichnet, in welchem Teilraum oder auf welcher Teilfläche die Aktion hauptsächlich stattfindet. Unter Löschen/Aschenablage sind die Vorrichtungen einzutragen, die für das sichere Löschen der feuergefährlichen Gegenstände oder für die Ablage der Asche vorgesehen sind.

---

*) *ggf. weitere Seiten anfügen*

- Seite 10 –

(noch Anhang 3)

zum Gastspielprüfbuch	Titel der Gastspielveranstaltung

Brandschutztechnische Gefährdungsanalyse*):

(Für feuergefährliche Handlungen, von denen eine besondere Gefahr wegen ihrer Art oder der Nähe des Abbrennortes zu Ausstattungen oder Personen ausgeht, ist eine Gefährdungsanalyse durchzuführen).

Feuergefährliche Handlungen

Gefahren durch:

- ☐ Flammbildung
- ☐ Funkenflug
- ☐ Blendung
- ☐ Wärmestrahlung
- ☐ Abtropfen heißer Schlacke
- ☐ Druckwirkung
- ☐ Splittereinwirkung
- ☐ Staubablagerung
- ☐ Schallwirkung
- ☐ Gegenseitige Beeinflussung verschiedener Effekte
- ☐ Gesundheitsgefährdende Gase, Stäube, Dämpfe, Rauch

Schutzmaßnahmen:

Abstände zu Personen:	
Abstände zu Dekorationen:	
Unterwiesene Personen:	
Lösch- und Feuerbekämpfungsmittel:	

Sonstige Maßnahmen:

*) *ggf. weitere Seiten anfügen*

- Seite 11 –

Anhang 4

zum Gastspielprüfbuch

Titel der Gastspielveranstaltung

Angaben über die pyrotechnischen Effekte

Diese Angaben sind erforderlich, wenn auf der Bühne/Szenenfläche oder im Versammlungsraum szenisch bedingte pyrotechnische Effekte durchgeführt werden. Pyrotechnische Effekte sind der zuständigen Behörde anzuzeigen und bedürfen der Genehmigung. Für pyrotechnische Effekte, von denen eine besondere Gefahr wegen ihrer Art oder der Nähe des Abbrennortes zu Ausstattungen oder Personen ausgeht, ist eine Gefährdungsanalyse durchzuführen. Für die Einhaltung der sich daraus ergebenden Auflagen ist der Veranstalter verantwortlich.

Hinweis:
Pyrotechnische Effekte der Klassen III, IV und T2 dürfen nur von verantwortlichen Personen im Sinne der §§ 19 und 21 SprengG durchgeführt werden. Pyrotechnische Gegenstände der Klassen I, II und T1 dürfen auch von Personen ohne Befähigungsschein verwendet werden, wenn sie vom Veranstalter hierzu beauftragt sind.

Nach Sprengstoffrecht verantwortliche Personen:

Erlaubnisscheininhaber:

Name, Vorname:	
Erlaubnisschein-Nr.:	
Ausstellungsdatum:	
ausstellende Behörde:	

Befähigungsscheininhaber:

Name, Vorname:	
Befähigungsschein-Nr.:	
Ausstellungsdatum:	
ausstellende Behörde:	

Beauftragte Person: (nur Klasse I, II, T1)

Herr / Frau:	

- Seite 12 –

(noch Anhang 4)

zum Gastspielprüfbuch

Titel der Gastspielveranstaltung

Pyrotechnische Effekte*)

lfd. Nr.	Zeitpunkt im Ablauf	Anzahl	Art des Effektes	BAM-Nummer	Ort auf der Bühne / Szenenfläche	Dauer des Effektes	Nummer der Gefährdungs-analyse

Erläuterungen:
Unter lfd. Nr. sind die vorgesehenen Effekte fortlaufend in der Reihenfolge des Abbrennens zu nummerieren. Der Zeitpunkt im Ablauf kann, je nach Veranstaltungstyp, in Akten, Szenen, Bildern, Programmpunkten oder Musikstücken oder in Minuten von einer Nullzeit ausgehend, angegeben werden. Unter Anzahl ist die Stückzahl der zu diesem Zeitpunkt gezündeten, identischen Effekte einzutragen. Art bezeichnet den Typ des Effektes (Bühnenblitz, Fontäne o. a.). BAM-Nummer meint das Zulassungszeichen der Bundesanstalt für Materialprüfung. Bei Ort auf der Bühne / Szenenfläche ist anzugeben, wo die Effekte gezündet werden. Dauer des Effektes bezeichnet die Zeitspanne vom Zünden des Effektes bis zum endgültigen Verlöschen in Sekunden. Bei extrem kurzzeitigen Effekten, wie Blitzen oder Knallkörpern, ist eine "0" einzutragen.

- Seite 13 –

(noch Anhang 4)

zum Gastspielprüfbuch	Titel der Gastspielveranstaltung

Pyrotechnische Gefährdungsanalyse[*)]

(Vor dem Einsatz pyrotechnischer Effekte ist eine Gefährdungsanalyse durchzuführen.)

Pyrotechnische Effekte

Gefahren durch:

- ☐ Flammbildung
- ☐ Funkenflug
- ☐ Blendung
- ☐ Wärmestrahlung
- ☐ Abtropfen heißer Schlacke
- ☐ Druckwirkung
- ☐ Splittereinwirkung
- ☐ Staubablagerung
- ☐ Schallwirkung
- ☐ Gegenseitige Beeinflussung verschiedener Effekte
- ☐ Gesundheitsgefährdende Gase, Stäube, Dämpfe, Rauch

Schutzmaßnahmen:

Abstände zu Personen:	
Abstände zu Dekorationen:	
Unterwiesene Personen:	
Lösch- und Feuerbekämpfungsmittel:	

Sonstige Maßnahmen:

- Seite 14 –

Anhang 5

zum Gastspielprüfbuch

Titel der Gastspielveranstaltung

Sonstige Angaben

Für folgende Bauprodukte liegen Prüfzeugnisse vor:

Für folgende Fliegende Bauten liegen Ausführungsgenehmigungen vor:

16. Verordnung über den Bau und Betrieb von Beherbergungsstätten (Beherbergungsstättenverordnung – BStättV)[1]

Vom 2. Juli 2007
(GVBl S. 538)

BayRS 2132-1-19-I

zuletzt geänd. durch § 5 VO v. 8. 7. 2009 (GVBl S. 332)

Auf Grund des Art. 90 Abs. 1 Satz 1 Nr. 3 der Bayerischen Bauordnung (BayBO)[2] in der Fassung der Bekanntmachung vom 4. August 1997 (GVBl S. 433, BayRS 2132-1-I), zuletzt geändert durch Gesetz vom 10. März 2006 (GVBl S. 120), erlässt das Bayerische Staatsministerium des Innern folgende Verordnung:

§ 1 Anwendungsbereich. (1) Die Vorschriften dieser Verordnung gelten für Beherbergungsstätten mit mehr als 30 Gastbetten.

(2) Die Vorschriften dieser Verordnung gelten nicht für Berghütten.

§ 2[3] Begriffe und allgemeine Anforderungen. (1) Beherbergungsstätten sind Gebäude oder Gebäudeteile, die ganz oder teilweise für die Beherbergung von Gästen, ausgenommen die Beherbergung in Ferienwohnungen, bestimmt sind.

(2) [1] Beherbergungsräume sind Räume, die dem Wohnen oder Schlafen von Gästen dienen. [2] Eine Folge unmittelbar zusammenhängender Beherbergungsräume (Suite) gilt als ein Beherbergungsraum.

(3) Gasträume sind Räume, die für den Aufenthalt von Gästen, jedoch nicht zum Wohnen oder Schlafen bestimmt sind, wie Speiseräume und Tagungsräume.

(4) Soweit in dieser Verordnung nichts Abweichendes geregelt ist, gelten die Anforderungen der Bayerischen Bauordnung; nicht anzuwenden sind die Erleichterungen für Gebäude der Gebäudeklassen 1 und 2 sowie die Erleichterungen innerhalb derselben Nutzungseinheit mit nicht mehr als 400 m².

§ 3 Rettungswege. (1) [1] Für jeden Beherbergungsraum müssen mindestens zwei voneinander unabhängige Rettungswege vorhanden sein; sie dürfen jedoch innerhalb eines Geschosses über denselben notwendigen Flur führen. [2] Der erste Rettungsweg muss für Beherbergungsräume, die nicht zu ebener Erde liegen,

---

[1] **Amtl. Anm.:** Die Verpflichtungen aus der Richtlinie 98/34/EG des Europäischen Parlaments und des Rates vom 22. Juni 1998 über ein Informationsverfahren auf dem Gebiet der Normen und technischen Vorschriften (ABl EG Nr. L 204 S. 37), geändert durch die Richtlinie 98/48/EG des Europäischen Parlaments und des Rates vom 20. Juli 1998 (ABl EG Nr. L 217 S. 18), jetzt Richtlinie des Europäischen Parlaments und des Rates über ein Informationsverfahren auf dem Gebiet der Normen und technischen Vorschriften und der Vorschriften für die Dienste der Informationsgesellschaft, sind beachtet worden.

[2] Nr. **1**.

[3] § 2 Überschrift geänd., Abs. 4 angef. mWv 1. 1. 2008 durch VO v. 29. 11. 2007 (GVBl S. 847).

über eine notwendige Treppe führen, der zweite Rettungsweg über eine weitere notwendige Treppe oder eine Außentreppe. [3] In Beherbergungsstätten mit insgesamt nicht mehr als 60 Gastbetten genügt als zweiter Rettungsweg eine mit Rettungsgeräten der Feuerwehr erreichbare Stelle des Beherbergungsraums; dies gilt nicht, wenn in einem nicht zu ebener Erde liegenden Geschoss mehr als 30 Gastbetten vorhanden sind.

(2) [1] An den Abzweigungen notwendiger Flure, an den Zugängen zu notwendigen Treppenräumen und an den Ausgängen ins Freie ist durch Sicherheitszeichen auf die Ausgänge hinzuweisen. [2] Die Sicherheitszeichen müssen beleuchtet sein.

§ 4[1)] Tragende Wände, Stützen, Decken. (1) [1] Tragende Wände, Stützen und Decken müssen feuerbeständig sein. [2] Dies gilt nicht für oberste Geschosse von Dachräumen, wenn sich dort keine Beherbergungsräume befinden; § 5 Abs. 4 bleibt unberührt.

(2) Tragende Wände, Stützen und Decken brauchen nur feuerhemmend zu sein

1. in Gebäuden mit nicht mehr als zwei oberirdischen Geschossen,
2. in obersten Geschossen von Dachräumen mit Beherbergungsräumen.

(3) Die Anforderungen gelten nicht für Balkone, ausgenommen offene Gänge, die als notwendige Flure dienen.

§ 5[2)] Trennwände, Brandwände. (1) [1] Trennwände müssen feuerbeständig sein

1. zwischen Räumen einer Beherbergungsstätte und Räumen, die nicht zu der Beherbergungsstätte gehören,

sowie

2. zwischen Beherbergungsräumen und
   a) Gasträumen,
   b) Küchen.

[2] Soweit in Beherbergungsstätten die tragenden Wände, Stützen und Decken nur feuerhemmend zu sein brauchen, genügen feuerhemmende Trennwände.

(2) Trennwände zwischen Beherbergungsräumen sowie zwischen Beherbergungsräumen und sonstigen Räumen müssen feuerhemmend sein.

(3) [1] In Trennwänden nach Abs. 1 Satz 1 Nr. 2 und nach Abs. 2 sind Öffnungen unzulässig. [2] Öffnungen in Trennwänden nach Abs. 1 Satz 1 Nr. 1 müssen feuerhemmende, rauchdichte und selbstschließende Abschlüsse haben.

(4) Trennwände sind bis zur Rohdecke, im Dachraum bis unter die Dachhaut zu führen; werden in Dachräumen Trennwände nur bis zur Rohdecke geführt, ist diese Decke als raumabschließendes Bauteil einschließlich der sie tragenden und aussteifenden Bauteile feuerhemmend herzustellen.

(5) Brandwände müssen auch unter zusätzlicher mechanischer Beanspruchung feuerbeständig sein und aus nichtbrennbaren Baustoffen bestehen.

[1)] § 4 Abs. 1 Satz 2 geänd., Abs. 3 angef. mWv 1. 1. 2008 durch VO v. 29. 11. 2007 (GVBl S. 847).

[2)] § 5 Überschrift neu gef., Abs. 4 und 5 angef. mWv 1. 1. 2008 durch VO v. 29. 11. 2007 (GVBl S. 847).

§ 6[1)] Notwendige Treppen und Treppenräume, notwendige Flure, Fahrschächte. (1) [1] Notwendige Treppen sind in einem Zuge zu allen angeschlossenen Geschossen zu führen. [2] Die Wände notwendiger Treppenräume müssen die Feuerwiderstandsfähigkeit der tragenden Wände haben; in Gebäuden mit mehr als drei oberirdischen Geschossen müssen sie in der Bauart von Brandwänden hergestellt sein.

(2) In notwendigen Fluren müssen Bodenbeläge aus mindestens schwerentflammbaren Baustoffen bestehen.

(3) In notwendigen Fluren mit nur einer Fluchtrichtung (Stichfluren) darf die Entfernung zwischen Türen von Beherbergungsräumen und notwendigen Treppenräumen oder Ausgängen ins Freie nicht länger als 15 m sein.

(4) Stufen in notwendigen Fluren müssen beleuchtet sein.

(5) [1] In Gebäuden mit mehreren notwendigen Treppen darf der Ausgang eines Treppenraums in eine Eingangshalle mit Rezeption und von dort ins Freie führen. [2] Die Entfernung von der Treppe bis ins Freie darf nicht mehr als 20 m betragen. [3] Die Halle muss zu anderen Räumen Trennwände nach § 5 Abs. 1 und Öffnungen mit Abschlüssen nach § 5 Abs. 3 Satz 2 haben.

(6) [1] Fahrschachtwände müssen als raumabschließende Bauteile feuerbeständig und aus nichtbrennbaren Baustoffen sein. [2] In Gebäuden mit nicht mehr als zwei oberirdischen Geschossen genügen feuerhemmende Wände.

§ 7 Türen. (1) Feuerhemmende, rauchdichte und selbstschließende Türen müssen vorhanden sein in Öffnungen

1. von notwendigen Treppenräumen zu anderen Räumen, ausgenommen zu notwendigen Fluren, und
2. von notwendigen Fluren in Kellergeschossen zu Räumen, die von Gästen nicht benutzt werden.

(2) Rauchdichte und selbstschließende oder vollwandige, dicht- und selbstschließende Türen müssen vorhanden sein in Öffnungen

1. von notwendigen Treppenräumen zu notwendigen Fluren,
2. von notwendigen Fluren zu Beherbergungsräumen und
3. von notwendigen Fluren zu Gasträumen und Eingangshallen, wenn an den Fluren in demselben Rauchabschnitt Öffnungen zu Beherbergungsräumen liegen.

(3) Türen von Beherbergungsräumen müssen im Brandfall von der Feuerwehr geöffnet werden können.

§ 8 Sicherheitsbeleuchtung, Sicherheitsstromversorgung. (1) Beherbergungsstätten müssen

1. in notwendigen Fluren und in notwendigen Treppenräumen,
2. in Räumen zwischen notwendigen Treppenräumen und Ausgängen ins Freie,
3. für Sicherheitszeichen, die auf Ausgänge hinweisen, und
4. für Stufen in notwendigen Fluren

[1)] § 6 Überschrift und Abs. 1 neu gef., Abs. 2 Satz 1 aufgeh., bish. Satz 2 wird alleiniger Wortlaut und geänd., Abs. 5 Satz 1 geänd., Abs. 6 angef. mWv 1. 1. 2008 durch VO v. 29. 11. 2007 (GVBl S. 847).

eine Sicherheitsbeleuchtung haben.

(2) Beherbergungsstätten müssen eine Sicherheitsstromversorgung haben, die bei Ausfall der allgemeinen Stromversorgung den Betrieb der sicherheitstechnischen Anlagen und Einrichtungen übernimmt, insbesondere

1. der Sicherheitsbeleuchtung,
2. der Alarmierungseinrichtungen und
3. der Brandmeldeanlage.

§ 9 Alarmierungseinrichtungen, Brandmeldeanlagen, Brandfallsteuerung von Aufzügen. (1) [1] Beherbergungsstätten müssen Alarmierungseinrichtungen haben, durch die im Gefahrenfall die Betriebsangehörigen und Gäste gewarnt werden können. [2] Bei Beherbergungsstätten mit mehr als 60 Gastbetten müssen sich die Alarmierungseinrichtungen bei Auftreten von Rauch in den notwendigen Fluren auch selbsttätig auslösen.

(2) [1] Beherbergungsstätten mit mehr als 60 Gastbetten müssen Brandmeldeanlagen mit automatischen Brandmeldern und mit nichtautomatischen Brandmeldern (Handfeuermeldern) haben. [2] Die automatischen Brandmelder müssen auf die Kenngröße Rauch ansprechen und mindestens die notwendigen Flure überwachen. [3] Die nichtautomatischen Brandmelder sind in den notwendigen Fluren in ausreichender Zahl und an gut sichtbarer Stelle anzubringen.

(3) [1] Aufzüge von Beherbergungsstätten mit mehr als 60 Gastbetten sind mit einer Brandfallsteuerung auszustatten, die durch die automatische Brandmeldeanlage ausgelöst wird. [2] Die Brandfallsteuerung hat sicherzustellen, dass die Aufzüge das nicht vom Rauch betroffene Eingangsgeschoss, ansonsten das in Fahrtrichtung davor liegende Geschoss, anfahren und dort mit geöffneten Türen außer Betrieb gehen.

§ 10 Weitergehende Anforderungen. An Beherbergungsstätten in Hochhäusern können aus Gründen des Brandschutzes weitergehende Anforderungen gestellt werden.

§ 11 Freihalten der Rettungswege, Brandschutzordnung, verantwortliche Personen. (1) [1] Die Rettungswege müssen frei von Hindernissen sein. [2] Türen im Zug von Rettungswegen dürfen nicht versperrt werden und müssen von innen leicht zu öffnen sein.

(2) [1] In jedem Beherbergungsraum sind an dessen Ausgang ein Rettungswegplan mit Angaben zur Lage des Beherbergungsraums, zum Verlauf der Rettungswege und zur Art des Alarmzeichens sowie Hinweise zum Verhalten bei einem Brand anzubringen. [2] Die Hinweise müssen auch in den Fremdsprachen, die der Herkunft der üblichen Gäste Rechnung tragen, abgefasst sein.

(3) Für Beherbergungsstätten mit mehr als 60 Gastbetten sind im Einvernehmen mit der für den Brandschutz zuständigen Dienststelle

1. eine Brandschutzordnung zu erstellen und
2. Feuerwehrpläne anzufertigen; die Feuerwehrpläne sind der örtlichen Feuerwehr zur Verfügung zu stellen.

(4) Die Betriebsangehörigen sind bei Beginn des Arbeitsverhältnisses und danach mindestens einmal jährlich

1. über die Bedienung der Alarmierungseinrichtungen und der Brandmelder zu unterweisen und
2. über die Brandschutzordnung und das Verhalten bei einem Brand und über die Hilfestellung für behinderte Menschen zu belehren.

(5) [1] Während des Betriebs von Beherbergungsstätten muss der Betreiber oder ein von ihm Beauftragter herbeigerufen werden können. [2] Für die Einhaltung der in den Abs. 1 bis 4 gestellten Anforderungen ist der Betreiber oder der von ihm Beauftragte verantwortlich.

§ 12[1)] Zusätzliche Bauvorlagen. [1] Zusätzlich zu den Angaben nach § 11 Abs. 1 Bauvorlagenverordnung (BauVorlV)[2)] müssen die Bauvorlagen mindestens Angaben enthalten über

1. die Sicherheitsbeleuchtung,
2. die Sicherheitsstromversorgung,
3. die Alarmierungseinrichtungen,
4. die Brandmeldeanlage,
5. den Verlauf der Rettungswege im Freien,
6. die Anzahl und Art der die bauliche Anlage nutzenden Personen.

[2] Im Übrigen bleibt § 11 Abs. 2 BauVorlV unberührt.

§ 13 Anwendung der Vorschriften auf bestehende Beherbergungsstätten. Auf die im Zeitpunkt des Inkrafttretens dieser Verordnung bestehenden Beherbergungsstätten sind die Vorschriften des § 11 anzuwenden.

§ 14[3)] Ordnungswidrigkeiten. Ordnungswidrig nach Art. 79 Abs. 1 Satz 1 Nr. 1 BayBO[4)] handelt, wer vorsätzlich oder fahrlässig

1. entgegen § 11 Abs. 1 auch in Verbindung mit Abs. 5 Satz 2 Rettungswege nicht frei von Hindernissen hält, Türen im Zug von Rettungswegen versperrt oder versperren lässt oder als Verantwortlicher nicht dafür sorgt, dass diese Türen von innen leicht geöffnet werden können,
2. entgegen § 11 Abs. 2 Satz 1 auch in Verbindung mit Abs. 5 Satz 2 den Rettungswegplan und Hinweise zum Verhalten bei einem Brand nicht oder nicht in jedem Beherbergungsraum anbringt oder anbringen lässt.

§ 15 Inkrafttreten. Diese Verordnung tritt am 1. September 2007 in Kraft.

Nrn. 17–19 *(nicht belegt)*

---

1) § 12 Satz 1 einleit. Satzteil und Nr. 5 und Satz 2 geänd., Nr. 6 angef., mWv 1. 1. 2008 durch VO v. 29. 11. 2007 (GVBl S. 847).

2) Nr. **3**.

3) § 14 geänd. mWv 1. 1. 2008 durch VO v. 29. 11. 2007 (GVBl S. 847); geänd. mWv 1. 8. 2009 durch VO v. 8. 7. 2009 (GVBl S. 332).

4) Nr. **1**.

20. Zuständigkeitsverordnung im Bauwesen (ZustVBau)[1]

Vom 5. Juli 1994
(GVBl S. 573)

BayRS 2130-3-I

zuletzt geänd. durch § 1 ÄndVO v. 14. 8. 2015 (GVBl S. 317)

Es erlassen auf Grund

1. von § 19 Abs. 5 und § 203 Abs. 1 und 3 des Baugesetzbuchs (BauGB) in der Fassung der Bekanntmachung vom 27. August 1997 (BGBl I S. 2141),
   die Bayerische Staatsregierung
2. von § 11 Abs. 1, 2, 3 und 7, § 13 Abs. 1 und 2 sowie § 16 Abs. 4 des Bauproduktengesetzes (BauPG) vom 10. August 1992 (BGBl I S. 1495), zuletzt geändert durch § 16 des Gesetzes vom 22. April 1997 (BGBl I S. 934),
   Art. 59 Abs. 2 und 3, Art. 90 Abs. 7 und 8 und Art. 92 der Bayerischen Bauordnung (BayBO)[2] in der Fassung der Bekanntmachung vom 4. August 1997 (GVBl.S. 433, BayRS 2132-1-I)
   das Bayerische Staatsministerium des Innern

folgende Verordnung:

Inhaltsübersicht[3]

---

[1] Änderungen vor dem 1. 1. 1999 sind nicht in Fußnoten nachgewiesen.

[2] Nr. **1**.

[3] Inhaltsübers. geänd. mWv 1. 10. 2006 durch VO v. 13. 9. 2006 (GVBl S. 748); geänd. mWv 1. 1. 2008 durch VO v. 29. 11. 2007 (GVBl S. 847); geänd. mWv 1. 12. 2010 durch VO v. 28. 10. 2010 (GVBl S. 734); geänd. mWv 1. 9. 2013 durch VO v. 3. 9. 2013 (GVBl S. 575); geänd. mWv 1. 9. 2015 durch VO v. 14. 8. 2015 (GVBl S. 317).

Erster Abschnitt. Zuständigkeiten zur Durchführung des Baugesetzbuchs und des Einkommensteuergesetzes

§ 1[1] Zuständigkeiten der Regierungen. (1) Die Regierung ist zuständige Behörde für die Zustimmung zur Beschränkung der Kosten- und Finanzierungsübersicht nach § 149 Abs. 4 Satz 1 BauGB.

(2) Die Regierung ist zuständige Behörde zum Erlaß von Rechtsverordnungen nach § 203 Abs. 1 BauGB; soweit Gemeinden aus verschiedenen Regierungsbezirken betroffen sind, ist das Staatsministerium des Innern, für Bau und Verkehr zuständige Behörde.

§ 2[2] Zuständigkeiten der Landratsämter. (1) Die Genehmigung von Flächennutzungsplänen (§ 6 BauGB) und von Bebauungsplänen (§ 10 Abs. 2 Satz 1 BauGB) kreisangehöriger Gemeinden erteilen die Landratsämter.

(2) Abs. 1 gilt nicht für Flächennutzungspläne und Bebauungspläne der Großen Kreisstädte.

(3) Das Verlangen, daß bestimmte Verfahrensabschnitte wiederholt werden (§ 204 Abs. 3 Satz 3 BauGB), obliegt für kreisangehörige Gemeinden mit Ausnahme der in Abs. 2 genannten Gemeinden den Landratsämtern.

(4) Schließen sich Gemeinden, die demselben Landkreis angehören, zur Wahrnehmung von Aufgaben nach dem BauGB zusammen (gemäß §§ 204, 205 BauGB oder im Sinn von § 205 Abs. 6 BauGB), so obliegen die in Abs. 1 und 3 genannten Befugnisse ebenfalls den Landratsämtern, sofern diese jeweils gemäß Abs. 1 bis 3 im Fall jeder der beteiligten Gemeinden zuständig wären.

§ 3 Zuständigkeit für Enteignungen und vergleichbare Verfahren. (1) Enteignungen nach dem Baugesetzbuch und Verfahren, in denen die Enteignungsbehörde in entsprechender Anwendung der Vorschriften des Fünften Teils des Ersten Kapitels des Baugesetzbuchs zu entscheiden hat, führen die Kreisverwaltungsbehörden durch (Enteignungsbehörden).

---

[1] § 1 Abs. 1 neu gef. mWv 1. 10. 2006 durch VO v. 13. 9. 2006 (GVBl S. 748); Abs. 2 Halbs. 2 geänd. mWv 30. 8. 2014 durch VO v. 22. 7. 2014 (GVBl S. 286).

[2] § 2 Abs. 7 geänd. mWv 1. 1. 2001 durch VO v. 7 12. 2000 (GVBl S. 966); Abs. 2 Nr. 2 neu gef., Abs. 3 und 4 geänd., Abs 6 aufgeh., bish Abs. 7 wird Abs. 6 und geänd. mWv 1. 10. 2006 durch VO v. 13. 9. 2006 (GVBl S. 748); Abs. 1 geänd., Abs. 2 neu gef., Abs. 3 und 4 aufgeh., bish. Abs. 5 wird Abs. 3 und geänd., bish. Abs. 6 wird Abs. 4 und geänd. mWv 1. 9. 2013 durch VO v. 3. 9. 2013 (GVBl S. 575).

(2) Ist in von Absatz 1 nicht erfaßten Fällen eine Entschädigung in Geld, durch Übernahme eines Grundstücks oder Begründung eines Rechts zu leisten, werden die Aufgaben der höheren Verwaltungsbehörde, die darüber mangels Einigung des Entschädigungsberechtigten und des Entschädigungsverpflichteten zu entscheiden hat, den Kreisverwaltungsbehörden übertragen (§ 18 Abs. 2 Satz 4, § 28 Abs. 6 Satz 3, § 43 Abs. 2 Satz 1, § 126 Abs. 2 Satz 2, § 150 Abs. 2, § 185 Abs. 2 Satz 2 und Abs. 3 Satz 3, § 209 Abs. 2 Satz 1 Halbsatz 2 BauGB).

(3) Die Zustimmung zum Antrag auf Durchführung einer Unternehmensflurbereinigung (§ 190 Abs. 1 Satz 1 BauGB) erteilt die Kreisverwaltungsbehörde.

§ 4 Zuständigkeit für die Bescheinigung nach § 6 b Abs. 9 EStG. Die unteren Bauaufsichtsbehörden sind zuständige Behörden für die Bescheinigung nach § 6 b Abs 9 des Einkommensteuergesetzes.

§ 4 a *(aufgehoben)*

Zweiter Abschnitt. Übertragung von Aufgaben der Kreisverwaltungsbehörden an kreisangehörige Gemeinden[1]

§ 5[2] Übertragung nach Art. 53 Abs. 2 BayBO.[3] (1) Die Aufgaben der unteren Bauaufsichtsbehörde im Sinn von Art. 53 Abs. 2 Satz 1 Nr. 1 BayBO werden den Städten Burghausen, Feuchtwangen, Friedberg, Sulzbach-Rosenberg, Waldkraiburg und Alzenau i. UFr. sowie dem Markt Garmisch-Partenkirchen und der Gemeinde Vaterstetten übertragen.

(2) Die Aufgaben der unteren Bauaufsichtsbehörde im Sinn von Art. 53 Abs. 2 Satz 1 Nr. 2 BayBO werden den Städten Neustadt a.d. Aisch, Pfaffenhofen a.d. Ilm, Waldsassen, Bad Wörishofen und Wunsiedel übertragen.

Dritter Abschnitt. Zuständigkeiten zur Erteilung der Ausführungsgenehmigung für fliegende Bauten

§ 6[4] Zuständigkeit für fliegende Bauten. Zur Entscheidung über die Ausführungsgenehmigung für fliegende Bauten nach Art. 72 Abs. 2 BayBO[3] sind

– die TÜV SÜD Industrie Service GmbH, München, für die Regierungsbezirke Oberbayern, Niederbayern, Oberpfalz und Schwaben und

---

[1] Überschr. geänd. mWv 1. 10. 2006 durch VO v. 13. 9. 2006 (GVBl S. 748).

[2] § 5 Abs. 2 geänd. mWv 1. 5. 2000 durch G v. 4. 4. 2000 (GVBl S. 286); Abs. 1 geänd. mWv 1. 1. 2001 durch VO v. 7. 12. 2000 (GVBl S. 966); Abs. 1 neu gef., Abs. 2 geänd. mWv 1. 1. 2003 durch VO v. 7. 7. 2002 (GVBl S. 345); Abs. 1 geänd. mWv 1. 1. 2005 durch VO v. 24. 11. 2004 (GVBl S. 502); Überschrift, Abs. 1 und 2 geänd. mWv 1. 1. 2008 durch VO v. 29. 11. 2007 (GVBl S. 847); Abs. 2 geänd. mWv 1. 5. 2014 durch VO v. 7. 4. 2014 (GVBl S. 171).

[3] Nr. **1**.

[4] § 6 geänd. mWv 1. 1. 2005 durch VO v. 24. 11. 2004 (GVBl S. 502); geänd. mWv 1. 10. 2006 durch VO v. 13. 9. 2006 (GVBl S. 748); geänd. mWv 1. 1. 2008 durch VO v. 29. 11. 2007 (GVBl S. 847).

– die LGA (Landesgewerbeanstalt Bayern), Nürnberg, für die Regierungsbezirke Oberfranken, Mittelfranken und Unterfranken zuständig.

§ 7[1)] Vergütung. (1) [1] Der TÜV SÜD Industrie Service GmbH, München und der LGA (Landesgewerbeanstalt Bayern) steht für Amtshandlungen im Vollzug von Art. 72 BayBO[2)] eine Vergütung zu. [2] Die Vergütung besteht aus Gebühren und Auslagen.

(2) [1] Die Höhe der Gebühren bemisst sich nach dem dieser Verordnung als Anlage beigefügten Verzeichnis. [2] Soweit sich die Gebühr nach dem Zeitaufwand bestimmt, ist die Zeit anzusetzen, die unter regelmäßigen Verhältnissen von einer entsprechend ausgebildeten Fachkraft benötigt wird. [3] Für jede Arbeitsstunde wird ein Betrag von 1,552 v.H. des Monatsgrundgehalts eines Staatsbeamten in der Endstufe der Besoldungsgruppe A 15 zuzüglich der gesetzlichen Umsatzsteuer berechnet; angefangene Arbeitstunden werden zeitanteilig verrechnet. [4] Der Betrag ist auf volle Euro aufzurunden. [5] Bei der Abnahme von fliegenden Bauten im Rahmen der Erteilung der Ausführungsgenehmigung kann bei dringlichen vom Benutzer veranlassten Arbeiten an Samstagen oder an Sonn- und Feiertagen ein Zuschlag bis zu 70 v.H. und bei Nachtarbeit ein Zuschlag bis zu 40 v.H. erhoben werden.

(3) Als Auslagen werden die Reisekosten nach den für Landesbeamte geltenden Vorschriften und die anderen Behörden oder anderen Personen für ihre Tätigkeit zustehenden Beträge erhoben.

(4) Im übrigen findet der Erste Abschnitt des Kostengesetzes entsprechende Anwendung.

§ 8[3)] Rechts- und Fachaufsicht. Beim Vollzug von Art. 72 BayBO[2)] führt die Regierung von Oberbayern die Aufsicht über die TÜV SÜD Industrie Service GmbH, München, die Regierung von Mittelfranken die Aufsicht über die LGA (Landesgewerbeanstalt Bayern).

Vierter Abschnitt. Zuständigkeiten nach dem Bauproduktengesetz

§ 9[4)] Anerkennung von Prüf-, Überwachungs- und Zertifizierungsstellen. Das Deutsche Institut für Bautechnik in Berlin ist zuständige Behörde für die Anerkennung von Prüf-, Überwachungs- und Zertifizierungsstellen nach § 7 Abs. 1 der Verordnung über das Inverkehrbringen von Heizkesseln und Geräten nach dem Bauproduktengesetz (BauPGHeizkesselV) vom 28. April 1998 (BGBl I S. 796) in der jeweils geltenden Fassung.

[1)] § 7 Abs. 2 Satz 3 geänd. mWv 1. 1. 2002 durch VO v. 28. 3. 2001 (GVBl S. 174); Abs. 1 Satz 1 und Abs. 3 geänd., Abs. 2 neu gef. mWv 1. 1. 2005 durch VO v. 24. 11. 2004 (GVBl S. 502); Abs. 1 Satz 1, Abs. 2 Sätze 3 und 5 geänd. mWv 1. 10. 2006 durch VO v. 13. 9. 2006 (GVBl S. 748); Abs. 1 Satz 1 geänd. mWv 1. 1. 2008 durch VO v. 29. 11. 2007 (GVBl S. 847); Abs. 2 Satz 5 aufgeh., bish. Satz 6 wird Satz 5 mWv 1. 5. 2012 durch VO v. 12. 4. 2012 (GVBl S. 144).

[2)] Nr. **1**.

[3)] § 8 geänd. mWv 1. 1. 2005 durch VO v. 24. 11. 2004 (GVBl S. 502); geänd. mWv 1. 10. 2006 durch VO v. 13. 9. 2006 (GVBl S. 748); geänd. mWv 1. 1. 2008 durch VO v. 29. 11. 2007 (GVBl S. 847).

[4)] § 9 neu gef. durch VO v. 20. 9. 1999 (GVBl S. 424); geänd. mWv 1. 5. 2012 durch VO v. 12. 4. 2012 (GVBl S. 144); geänd. mWv 1. 7. 2013 durch VO v. 17. 5. 2013 (GVBl S. 353).

§ 10[1)] *(aufgehoben)*

§ 11[2)] **Marktüberwachung.** (1) Marktüberwachungsbehörden sind

1. die Kreisverwaltungsbehörden und, wenn ein Bauprodukt nur im bauaufsichtlichen Bereich zur Verwendung kommt, die Gemeinden, denen nach § 5 Abs. 1 die Aufgaben der unteren Bauaufsichtsbehörde ganz übertragen sind, sowie die Großen Kreisstädte nach § 1 Nr. 11 der Verordnung über Aufgaben der Großen Kreisstädte (untere Marktüberwachungsbehörden),
2. die Autobahndirektion Nordbayern (höhere Marktüberwachungsbehörde),
3. das Staatsministerium des Innern, für Bau und Verkehr (oberste Marktüberwachungsbehörde),
4. das Deutsche Institut für Bautechnik (gemeinsame Marktüberwachungsbehörde).

(2) [1] Die Marktüberwachungsbehörden nehmen die Aufgaben und Befugnisse wahr nach

1. Kapitel III der Verordnung (EG) Nr. 765/2008 bezüglich Bauprodukten im Sinn des Art. 15 Abs. 1 Satz 1 Nr. 2 Buchst. a BayBO,
2. dem Produktsicherheitsgesetz (ProdSG), soweit es auf die Marktüberwachung nach dem Bauproduktengesetz Anwendung findet,
3. der Verordnung (EU) Nr. 305/2011 und
4. dem Bauproduktengesetz.

[2] Die Aufgaben der Marktüberwachung sind Staatsaufgaben; für die Gemeinden sind sie übertragene Aufgaben. [3] Die Aufsicht über die gemeinsame Marktüberwachungsbehörde richtet sich nach Art. 5 des DIBt-Abkommens.

(3) [1] Die untere Marktüberwachungsbehörde ist zuständig für die Untersagung des Inverkehrbringens und des Warenverkehrs mit Bauprodukten und die Entwertung oder Beseitigung ihrer Kennzeichnung mit der CE-Kennzeichnung oder mit dieser verwechselbaren Zeichen nach Kapitel IV der Verordnung (EG) Nr. 765/2008 in Verbindung mit Art. 8 der Verordnung (EU) Nr. 305/2011. [2] Die höhere Marktüberwachungsbehörde ist zuständig für

1. Marktüberwachungsmaßnahmen nach Art. 19 Abs. 1 der Verordnung (EG) Nr. 765/2008,
2. Maßnahmen zum Vollzug von Anordnungen der obersten Marktüberwachungsbehörde.

[3] Im Übrigen ist die oberste Marktüberwachungsbehörde zuständig. [4] Die oberste Marktüberwachungsbehörde führt die Fachaufsicht über die höhere Marktüberwachungsbehörde und die unteren Marktüberwachungsbehörden; bei Gefahr im Verzug stehen ihr auch die Befugnisse der höheren Marktüberwachungsbehörde zu.

---

1) § 10 aufgeh. mWv 1. 7. 2013 durch VO v. 17. 5. 2013 (GVBl S. 353).

2) § 11 neu gef. mWv 1. 12. 2010 durch VO v. 28. 10. 2010 (GVBl S. 734); Abs. 1 Nr. 2 eingef., bish. Nr. 2 wird Nr. 3 und geänd., Abs. 2 Satz 1 geänd., Abs. 3 Satz 2 eingef., bish. Satz 2 wird Satz 3 und geänd., Satz 4 angef. mWv 1. 5. 2012 durch VO v. 12. 4. 2012 (GVBl S. 144); Abs. 2 Satz 1 neu gef., Abs. 3 Satz 1 und Satz 2 Nr. 1 geänd. mWv 1. 7. 2013 durch VO v. 17. 5. 2013 (GVBl S. 353); Abs. 1 Nr. 3 geänd. mWv 30. 8. 2014 durch VO v. 22. 7. 2014 (GVBl S. 286); Abs. 1 Nr. 3 geänd., Nr. 4 angef., Abs. 2 Satz 1 neu gef., Satz 3 und Abs. 4–7 angef. mWv 1. 9. 2015 durch VO v. 14. 8. 2015 (GVBl S. 317).

(4) Die gemeinsame Marktüberwachungsbehörde ist zuständig

1. für die einheitliche Prüfung und Bewertung von Bauprodukten in technischer Hinsicht,
2. in Fällen, in denen Bauprodukte nach den Anforderungen der Verordnung (EU) Nr. 305/2011 die in Bezug auf die wesentlichen Merkmale erklärte Leistung nicht erbringen oder eine Gefahr im Sinn des Art. 58 der Verordnung (EU) Nr. 305/2011 darstellen, Maßnahmen nach Art. 56 und 58 der Verordnung (EU) Nr. 305/2011, nach § 26 ProdSG und Art. 16, 19, 20, 28 und 29 der Verordnung (EG) Nr. 765/2008 zu ergreifen.

(5) [1] Stellt eine Marktüberwachungsbehörde nach Abs. 1 Satz 1 Nr. 1 bis 3 fest, dass Maßnahmen nach Abs. 3 in Betracht kommen, gibt sie die Sachbehandlung für das Bauprodukt an die gemeinsame Marktüberwachungsbehörde ab. [2] Die ausschließliche Zuständigkeit der gemeinsamen Marktüberwachungsbehörde für das Bauprodukt beginnt mit dem Zugang der Abgabeerklärung; das gilt auch für eine Zuständigkeit der gemeinsamen Marktüberwachungsbehörde für ein Bauprodukt, die durch eine Abgabeerklärung eines anderen Landes begründet worden ist. [3] Die Zuständigkeit der Marktüberwachungsbehörden bei Gefahr im Verzug bleibt unberührt.

(6) Verwaltungsakte der gemeinsamen Marktüberwachungsbehörde gelten auch im Freistaat Bayern.

(7) Die Vollstreckung von Verwaltungsakten der gemeinsamen Marktüberwachungsbehörde obliegt, abweichend von Art. 30 Abs. 1 des Verwaltungszustellungs- und Vollstreckungsgesetzes, der höheren Marktüberwachungsbehörde.

Fünfter Abschnitt. Übertragung von Zuständigkeiten auf das Deutsche Institut für Bautechnik

§ 12[1)] Anerkennung von Prüf-, Überwachungs- und Zertifizierungsstellen. Dem Deutschen Institut für Bautechnik in Berlin wird die Zuständigkeit für die Anerkennung von Prüf-, Überwachungs- und Zertifizierungsstellen nach Art. 23 Abs. 1 BayBO[2)] übertragen.

Sechster Abschnitt. Schlußbestimmungen[3)]

§ 13[4)] *(aufgehoben)*

§ 14[5)] Inkrafttreten. Diese Verordnung tritt am 1. September 1994 in Kraft.

---

1) § 12 neu gef. durch VO v. 20. 9. 1999 (GVBl S 424); geänd. mWv 1. 1. 2008 durch VO v. 29. 11. 2007 (GVBl S. 847); geänd. mWv 1. 1. 2013 durch VO v. 7. 12. 2012 (GVBl S. 732).

2) Nr. **1**.

3) 6. Abschn. Überschr. geänd. mWv 1. 10. 2006 durch VO v. 13. 9. 2006 (GVBl S. 748).

4) § 13 aufgeh. mWv 1. 9. 2014 durch VO v. 3. 9. 2013 (GVBl S. 575).

5) § 14 Abs. 2 neu gef. mWv 1. 9. 2013 durch VO v. 3. 9. 2013 (GVBl S. 575); Überschrift geänd., Abs. 2 aufgeh. mWv 1. 9. 2015 durch VO v. 14. 8. 2015 (GVBl S. 317).

Anlage[1]

Die Gebühr für Amtshandlungen beim Vollzug von Art. 72 BayBO[2] beträgt:

1. Für die Erteilung der Ausführungsgenehmigung (Art. 72 Abs. 2 Satz 1 BayBO[2]) 5 v.T. der Herstellungskosten (Anschaffungs- und Aufstellungskosten) zuzüglich einer gemäß § 7 Abs. 2 Sätze 2 und 3 nach dem Zeitaufwand bemessenen Gebühr für die technische Prüfung,
2. für die Verlängerung der Ausführungsgenehmigung (Art. 72 Abs. 2 Satz 2 Halbsatz 2 BayBO[2]) 15 bis 1250 € zuzüglich einer gemäß § 7 Abs. 2 Sätze 2 und 3 nach dem Zeitaufwand bemessenen Gebühr für die technische Prüfung,
3. für die Eintragung der Änderung der für die Ausführungsgenehmigung zuständigen Behörde oder Stelle (Art. 72 Abs. 4 Satz 3 Nr. 3 BayBO[2]) 5 bis 50 €,
4. für die Eintragung der Übertragung von fliegenden Bauten an Dritte in das Prüfbuch (Art. 72 Abs. 4 Satz 3 Nr. 2 BayBO[2]) 1/10 bis 1/3 der Gebühr nach Nummer 1, mindestens 13 €, zuzüglich einer gemäß § 7 Abs. 2 Sätze 2 und 3 nach dem Zeitaufwand bemessenen Gebühr für die technische Prüfung.

Nrn. 21–24 *(nicht belegt)*

[1] Anl. neu gef. mWv 1. 1. 2002 durch VO v. 28. 3. 2001 (GVBl S. 174); geänd. mWv 1. 1. 2008 durch VO v. 29. 11. 2007 (GVBl S. 847).

[2] Nr. **1**.

25. Strafgesetzbuch (StGB)

In der Fassung der Bekanntmachung vom 13. November 1998[1]
(BGBl. I S. 3322)

FNA 450-2

zuletzt geänd. durch Art. 1 GVVG-Änderungsgesetz v. 12. 6. 2015 (BGBl. I S. 926)

– Auszug –

§ 319 Baugefährdung. (1) Wer bei der Planung, Leitung oder Ausführung eines Baues oder des Abbruchs eines Bauwerks gegen die allgemein anerkannten Regeln der Technik verstößt und dadurch Leib oder Leben eines anderen Menschen gefährdet, wird mit Freiheitsstrafe bis zu fünf Jahren oder mit Geldstrafe bestraft.

(2) Ebenso wird bestraft, wer in Ausübung eines Berufs oder Gewerbes bei der Planung, Leitung oder Ausführung eines Vorhabens, technische Einrichtungen in ein Bauwerk einzubauen oder eingebaute Einrichtungen dieser Art zu ändern, gegen die allgemein anerkannten Regeln der Technik verstößt und dadurch Leib oder Leben eines anderen Menschen gefährdet.

(3) Wer die Gefahr fahrlässig verursacht, wird mit Freiheitsstrafe bis zu drei Jahren oder mit Geldstrafe bestraft.

(4) Wer in den Fällen der Absätze 1 und 2 fahrlässig handelt und die Gefahr fahrlässig verursacht, wird mit Freiheitsstrafe bis zu zwei Jahren oder mit Geldstrafe bestraft.

---

[1] Neubekanntmachung des StGB idF der Bek. v. 10. 3. 1987 (BGBl. I S. 945, 1160) in der seit 1. 1. 1999 geltenden Fassung.

26. Gesetz über das Landesstrafrecht und das Verordnungsrecht auf dem Gebiet der öffentlichen Sicherheit und Ordnung (Landesstraf- und Verordnungsgesetz – LStVG –)[1]

in der Fassung der Bekanntmachung vom 13. Dezember 1982

BayRS 2011-2-I

zuletzt geänd. durch § 5 ÄndG v. 22. 5. 2015 (GVBl S. 154)

– Auszug –

Erster Teil. Allgemeine Vorschriften über Straftaten und Ordnungswidrigkeiten

Art. 1 Einteilung der Tatbestände. (1) Die im Landesrecht mit Freiheitsstrafe oder mit Geldstrafe bedrohten Handlungen sind Straftaten.

(2) Die im Landesrecht mit Geldbuße bedrohten Handlungen sind Ordnungswidrigkeiten.

Art. 2 Straftaten. Auf die Straftaten des Landesrechts sind die im Allgemeinen Teil des Strafgesetzbuchs[2)3)] enthaltenen Vorschriften sowie die Vorschriften des Jugendgerichtsgesetzes[4], der Strafprozeßordnung[5] und des Gerichtsverfassungsgesetzes[6] anzuwenden, soweit gesetzlich nichts anderes bestimmt ist.

Art. 3 Ordnungswidrigkeiten. Für die Ordnungswidrigkeiten des Landesrechts gilt das Gesetz über Ordnungswidrigkeiten (OWiG)[7], soweit gesetzlich nichts anderes bestimmt ist.

Art. 4 Zuwiderhandlungen gegen Rechtsvorschriften oder Anordnungen für den Einzelfall. (1) Zuwiderhandlungen gegen Rechtsvorschriften im Rang unter dem Gesetz können auf Grund eines Landesgesetzes mit Strafe oder Geldbuße nur geahndet werden, wenn die Rechtsvorschrift für einen bestimmten Tatbestand auf die zugrundeliegende gesetzliche Straf- oder Bußgeldvorschrift verweist.

(2) Zuwiderhandlungen gegen Anordnungen der Verwaltungsbehörden für den Einzelfall können nach Landesrecht mit Strafe oder Geldbuße nur geahndet werden, wenn die Anordnung nicht mehr mit ordentlichen Rechtsbehelfen angefochten werden kann oder ihre Vollziehung angeordnet ist.

---

1) Änderungen vor dem 1. 1. 1999 sind nicht in Fußnoten nachgewiesen.
2) Auszugsweise abgedruckt unter Nr. **25**.
3) **Amtl. Anm.:** BGBl. FN 450-2
4) **Amtl. Anm.:** BGBl. FN 451-1
5) **Amtl. Anm.:** BGBl. FN 312-2
6) **Amtl. Anm.:** BGBl. FN 300-2
7) **Amtl. Anm.:** BGBl. FN 454-1

Art. 5 Vollstreckung des Bußgeldbescheids. Der Bußgeldbescheid wird nach den Vorschriften des Bayerischen Verwaltungszustellungs- und Vollstreckungsgesetzes[1] vollstreckt, soweit nicht das Gesetz über Ordnungswidrigkeiten[2] etwas anderes bestimmt.

Dritter Teil. Einzelne Ermächtigungen und Ordnungswidrigkeiten

3. Abschnitt. Weitere Vorschriften zum Schutz der öffentlichen Sicherheit und Ordnung

Art. 25[3] Zelten, Aufstellen von Wohnwagen. (1) Zur Sicherung der Erholung in der freien Natur, zum Schutz der Natur und Landschaft, zur Verhütung von Gefahren für Leben, Gesundheit, Eigentum oder Besitz, zum Schutz der Jagdausübung und zur Aufrechterhaltung der öffentlichen Ruhe können die Gemeinden, Landkreise und das Staatsministerium des Innern, für Bau und Verkehr durch Verordnung den Betrieb und die Benutzung von Plätzen, die zum Aufstellen und Bewohnen von mehr als drei Zelten oder Wohnwagen bestimmt sind (Campingplätze), regeln.

(2) [1] Wer einen Campingplatz errichten und betreiben will, bedarf der Erlaubnis der Gemeinde. [2] Die Erlaubnis darf nur erteilt werden, wenn Rechtsgüter im Sinn des Absatzes 1 nicht gefährdet werden. [3] Versagungsgründe, die sich aus anderen Rechtsvorschriften, insbesondere des Naturschutzrechts, ergeben, bleiben unberührt. [4] Die Sätze 1 bis 3 gelten nicht für Campingplätze, die einer Genehmigung nach der Bayerischen Bauordnung (BayBO)[4][5] bedürfen.

(3) Mit Geldbuße kann belegt werden, wer

1. einer auf Grund des Absatzes 1 erlassenen Verordnung zuwiderhandelt oder
2. ohne die nach Absatz 2 erforderliche Erlaubnis einen Campingplatz errichtet oder betreibt oder einer mit einer solchen Erlaubnis verbundenen vollziehbaren Auflage zuwiderhandelt.

Art. 28 Öffentliche Anschläge. (1) [1] Zum Schutz des Orts- und Landschaftsbilds oder eines Natur-, Kunst- oder Kulturdenkmals können die Gemeinden durch Verordnung Anschläge, insbesondere Plakate, und Darstellungen durch Bildwerfer in der Öffentlichkeit auf bestimmte Flächen beschränken. [2] Dies gilt nicht für Werbeanlagen, die von der Bayerischen Bauordnung[4][5] erfaßt werden.

(2) Wer vorsätzlich oder fahrlässig einer auf Grund des Absatzes 1 erlassenen Verordnung zuwiderhandelt, kann mit Geldbuße belegt werden.

(3) Die Gemeinde kann die Beseitigung von Anschlägen, insbesondere Plakaten, und von Darstellungen durch Bildwerfer in der Öffentlichkeit anordnen, wenn sie Rechtsgüter im Sinn des Absatzes 1 beeinträchtigen.

---

[1] **Amtl. Anm.:** BayRS 2010-2-I
[2] **Amtl. Anm.:** BGBl. FN 454-1
[3] Art. 25 Abs. 1 geänd. mWv 30. 8. 2014 durch VO v. 22. 7. 2014 (GVBl S. 286).
[4] Nr. **1**.
[5] **Amtl. Anm.:** BayRS 2132-1-I

Art. 29[1] **Fliegende Verkaufsanlagen.** (1) [1] Zum Schutz des Orts- und Landschaftsbilds, eines Natur-, Kunst- oder Kulturdenkmals sowie zur Aufrechterhaltung der öffentlichen Reinlichkeit können die Gemeinden durch Verordnung oder Anordnung für den Einzelfall das Aufstellen fliegender Verkaufsanlagen an bestimmten Orten außerhalb der öffentlichen Wege, Straßen und Plätze verbieten oder davon abhängig machen, daß Störungen durch geeignete Vorkehrungen verhütet werden. [2] Fliegende Verkaufsanlagen sind vorübergehend aufgestellte, dem Vertrieb von Waren dienende Stände oder ähnliche Verkaufsstellen. [3] Art. 72 BayBO[2][3] bleibt unberührt.

(2) Wer vorsätzlich oder fahrlässig einer auf Grund des Absatzes 1 erlassenen Verordnung oder vollziehbaren Anordnung zuwiderhandelt, kann mit Geldbuße belegt werden.

Art. 38[4] **Verhütung von Bränden.** (1) Zur Verhütung von Gefahren für Leben, Gesundheit, Eigentum oder Besitz durch Brand kann, soweit nicht bundesrechtliche oder besondere landesrechtliche Vorschriften bestehen, das Staatsministerium des Innern, für Bau und Verkehr Verordnungen erlassen über

1. die der Feuerbeschau unterliegenden Gebäude, Feuerungsanlagen und sonstigen Anlagen und Gegenstände, von denen Brandgefahren ausgehen können, die Ausübung der Feuerbeschau und die Beseitigung der bei der Feuerbeschau festgestellten Mängel; dabei kann bestimmt werden, dass die zuständige Behörde die Durchführung der Feuerbeschau auf Betriebe oder sonstigen Einrichtungen, für die nach Art. 15 des Bayerischen Feuerwehrgesetzes Werkfeuerwehren bestehen, auf deren Kosten übertragen kann,
2. Lichtspielvorführungen und die Einrichtung von Lichtspieltheatern, insbesondere der Zuschauer- und Bildwerferräume, sowie die Ausbildungs- und Bedienungsvorschriften für Filmvorführer,
3. Theateraufführungen und sonstige Schaustellungen, die Einrichtung von Theatern und sonstigen Versammlungsstätten, insbesondere die Zuschauer- und Bühnenräume, ferner über die Ausbildung und Prüfung der technischen Bühnenvorstände,
4. die Errichtung, die Einrichtung und den Betrieb elektrischer Anlagen.

(2) In den Verordnungen nach Absatz 1 kann zugelassen werden, daß bestimmte Gemeinden abweichende Vorschriften erlassen.

(3) Zur Verhütung von Gefahren für Leben, Gesundheit, Eigentum oder Besitz durch Brand können ferner, soweit nicht bundesrechtliche oder besondere landesrechtliche Vorschriften bestehen, die Gemeinden und das Staatsministerium des Innern , für Bau und Verkehr Verordnungen erlassen über

1. die Verwendung von Feuer und offenem Licht in Gebäuden oder in der Nähe von Gebäuden oder brandgefährlichen Stoffen,
2. Herstellung, Abgabe, Lagerung und Verwendung von Brennstoffen und brandgefährlichen Stoffen,

---

[1] Art. 29 Abs. 1 Satz 3 geänd. durch G v. 12. 4. 1999 (GVBl S. 130); Abs. 1 Satz 3 geänd. mWv 1. 1. 2008 durch G v. 20. 12. 2007 (GVBl S. 958).

[2] Nr. **1**.

[3] **Amtl. Anm.:** BayRS 2132-1-I

[4] Art. 38 Abs. 1 Nr. 1 geänd. durch G v. 12. 4. 1999 (GVBl S. 130); Abs. 1 einl. Satzteil, Abs. 3 einl. Satzteil geänd. mWv 30. 8. 2014 durch VO v. 22. 7. 2014 (GVBl S. 286).

3. Auflagen und Schutzmaßnahmen für die Errichtung, die Einrichtung und den Betrieb brandgefährlicher Anlagen, die nicht unter Absatz 1 fallen,
4. Blitzableiter, Feuerlöscheinrichtungen und andere Schutzmaßnahmen zur Verhütung oder Beseitigung feuergefährlicher Zustände sowie zur Bekämpfung von Bränden.

(4) Mit Geldbuße kann belegt werden, wer einer auf Grund der Absätze 1 bis 3 erlassenen Verordnung oder einer vollziehbaren Anordnung, die auf Grund einer solchen Verordnung getroffen wurde, vorsätzlich oder fahrlässig zuwiderhandelt.

(5) [1] Die Eigentümer und Besitzer von Gebäuden, Anlagen oder Gegenständen, auf die sich Verordnungen nach den Absätzen 1 bis 3 beziehen, haben gegenüber den Beauftragten der Gemeinden und Landratsämter die in Art. 33 Abs. 1 Satz 1 genannten Pflichten, wenn das zur Prüfung der Brandgefährlichkeit erforderlich ist. [2] Art. 33 Abs. 1 Satz 2 gilt entsprechend.

(6) Wer den Pflichten nach Absatz 5 zuwiderhandelt, kann mit Geldbuße belegt werden.

Fünfter Teil. Übergangs- und Schlußvorschriften

Art. 60[1)] Fortbestand alten Verordnungsrechts. (1) [1] Die auf Grund des bisherigen Rechts erlassenen orts-, distrikts-, bezirks-, kreis- und oberpolizeilichen Vorschriften sowie die anderen auf gesetzlicher Ermächtigung beruhenden Vorschriften des Landesrechts, deren Übertretung mit Strafe oder als Ordnungswidrigkeit mit Geldbuße bedroht ist, treten ohne Rücksicht auf ihre Bezeichnung 20 Jahre nach dem Tag ihres Inkrafttretens, frühestens jedoch am 31. Dezember 1960, außer Kraft, wenn sie nicht aus einem anderen Grund ihre Geltung vorher verlieren. [2] Bis zu ihrem Außerkrafttreten gilt Art. 49.

(2) Absatz 1 gilt nicht
1. für Vorschriften, die auf einer fortgeltenden Ermächtigung des Bundesrechts beruhen,
2. für Satzungen der Gemeinden, Landkreise und Bezirke,
3. für Anordnungen durch amtliche Verkehrszeichen,
4. für Rechtsvorschriften, die auf dem Naturschutzrecht beruhen.

Art. 61 Einstweilige Vorschriften über die Stillegung und Beseitigung von Anlagen und Geräten. (1) [1] Werden Anlagen oder Geräte unter Zuwiderhandlung gegen ein Gesetz, eine Verordnung oder eine Anordnung für den Einzelfall errichtet, aufgestellt, verändert, betrieben oder in einem ordnungswidrigen Zustand erhalten und verwirklicht die rechtswidrige Tat den Tatbestand eines Strafgesetzes oder einer Ordnungswidrigkeit, so können die kreisfreien Gemeinden und die Landratsämter die Vornahme notwendiger Sicherungs- oder Ausbesserungsarbeiten oder die Stillegung anordnen. [2] Sie können auch die teilweise oder gänzliche Beseitigung der Anlage oder des Geräts anordnen, wenn Gefahr im Verzug oder ein dringendes öffentliches Interesse an einem sofortigen Vollzug besteht oder ein Straf- oder Bußgeldverfahren nicht durchgeführt wer-

---

[1)] Art. 60 Abs. 2 Nr. 4 geänd. durch G v. 12. 4. 1999 (GVBl S. 130).

den kann. [3] Liegen diese Voraussetzungen nicht vor, so kann die Beseitigung der Anlage oder des Geräts nur angeordnet werden, wenn die Zuwiderhandlung rechtskräftig festgestellt ist. [4] Im Fall einer Genehmigungspflicht für die Anlage oder das Gerät darf die Beseitigung nach Satz 2 oder Satz 3 nur angeordnet werden, wenn die nachträgliche Genehmigung nach den Vorschriften des geltenden Rechts nicht erteilt werden kann.

(2) Absatz 1 gilt nicht, soweit Rechtsvorschriften außerhalb dieses Gesetzes besondere Bestimmungen über die Stillegung und Beseitigung von Anlagen oder Geräten enthalten.

C. Bürgerliches Recht

27. Bürgerliches Gesetzbuch (BGB)

In der Fassung der Bekanntmachung vom 2. Januar 2002[1]
(BGBl. I S. 42, ber. S. 2909 und BGBl. 2003 I S. 738)

FNA 400-2

zuletzt geänd. durch Art. 16 G zum Internationalen Erbrecht und zur Änd. von Vorschriften zum Erbschein sowie zur Änd. sonstiger Vorschriften v. 29. 6. 2015 (BGBl. I S. 1042)

– Auszug –

§ 93 Wesentliche Bestandteile einer Sache. Bestandteile einer Sache, die voneinander nicht getrennt werden können, ohne dass der eine oder der andere zerstört oder in seinem Wesen verändert wird (wesentliche Bestandteile), können nicht Gegenstand besonderer Rechte sein.[2]

§ 94 Wesentliche Bestandteile eines Grundstücks oder Gebäudes.

(1) [1] Zu den wesentlichen Bestandteilen eines Grundstücks gehören die mit dem Grund und Boden fest verbundenen Sachen, insbesondere Gebäude, sowie die Erzeugnisse des Grundstücks, solange sie mit dem Boden zusammenhängen. [2] Samen wird mit dem Aussäen, eine Pflanze wird mit dem Einpflanzen wesentlicher Bestandteil des Grundstücks.

(2) Zu den wesentlichen Bestandteilen eines Gebäudes gehören die zur Herstellung des Gebäudes eingefügten Sachen.

§ 95 Nur vorübergehender Zweck. (1) [1] Zu den Bestandteilen eines Grundstücks gehören solche Sachen nicht, die nur zu einem vorübergehenden Zweck mit dem Grund und Boden verbunden sind. [2] Das Gleiche gilt von einem Gebäude oder anderen Werk, das in Ausübung eines Rechts an einem fremden Grundstück[3] von dem Berechtigten mit dem Grundstück verbunden worden ist.

(2) Sachen, die nur zu einem vorübergehenden Zwecke in ein Gebäude eingefügt sind, gehören nicht zu den Bestandteilen des Gebäudes.

§ 226 Schikaneverbot. Die Ausübung eines Rechts ist unzulässig, wenn sie nur den Zweck haben kann, einem anderen Schaden zuzufügen.

§ 823 Schadensersatzpflicht. (1) Wer vorsätzlich oder fahrlässig das Leben, den Körper, die Gesundheit, die Freiheit, das Eigentum oder ein sonstiges Recht

---

[1] Neubekanntmachung des BGB v. 18. 8. 1896 (RGBl. S. 195) in der ab 1. 1. 2002 geltenden Fassung.

[2] Beachte hierzu das WohnungseigentumsG v. 15. 3. 1951 (BGBl. I S. 175), zuletzt geänd. durch G v. 5. 12. 2014 (BGBl. I S. 1962).

[3] Siehe G über das Erbbaurecht v. 15. 1. 1919 (RGBl. S. 72), zuletzt geänd. durch G v. 1. 10. 2013 (BGBl. I S. 3719), ferner G über das Wohnungseigentum und das Dauerwohnrecht (Wohnungseigentumsgesetz) v. 15. 3. 1951 (BGBl. I S. 175), zuletzt geänd. durch G v. 5. 12. 2014 (BGBl. I S. 1962).

eines anderen widerrechtlich verletzt, ist dem anderen zum Ersatz des daraus entstehenden Schadens verpflichtet.

(2) [1] Die gleiche Verpflichtung trifft denjenigen, welcher gegen ein den Schutz eines anderen bezweckendes Gesetz verstößt. [2] Ist nach dem Inhalt des Gesetzes ein Verstoß gegen dieses auch ohne Verschulden möglich, so tritt die Ersatzpflicht nur im Falle des Verschuldens ein.

§ 836 Haftung des Grundstücksbesitzers. (1) [1] Wird durch den Einsturz eines Gebäudes oder eines anderen mit einem Grundstück verbundenen Werkes oder durch die Ablösung von Teilen des Gebäudes oder des Werkes ein Mensch getötet, der Körper oder die Gesundheit eines Menschen verletzt oder eine Sache beschädigt, so ist der Besitzer des Grundstücks, sofern der Einsturz oder die Ablösung die Folge fehlerhafter Errichtung oder mangelhafter Unterhaltung ist, verpflichtet, dem Verletzten den daraus entstehenden Schaden zu ersetzen. [2] Die Ersatzpflicht tritt nicht ein, wenn der Besitzer zum Zwecke der Abwendung der Gefahr die im Verkehr erforderliche Sorgfalt beobachtet hat.

(2) Ein früherer Besitzer des Grundstücks ist für den Schaden verantwortlich, wenn der Einsturz oder die Ablösung innerhalb eines Jahres nach der Beendigung seines Besitzes eintritt, es sei denn, dass er während seines Besitzes die im Verkehr erforderliche Sorgfalt beobachtet hat oder ein späterer Besitzer durch Beobachtung dieser Sorgfalt die Gefahr hätte abwenden können.

(3) Besitzer im Sinne dieser Vorschriften ist der Eigenbesitzer.

§ 837 Haftung des Gebäudebesitzers. Besitzt jemand auf einem fremden Grundstück in Ausübung eines Rechts ein Gebäude oder ein anderes Werk, so trifft ihn anstelle des Besitzers des Grundstücks die im § 836 bestimmte Verantwortlichkeit.

§ 838 Haftung des Gebäudeunterhaltungspflichtigen. Wer die Unterhaltung eines Gebäudes oder eines mit einem Grundstück verbundenen Werkes für den Besitzer übernimmt oder das Gebäude oder das Werk vermöge eines ihm zustehenden Nutzungsrechts zu unterhalten hat, ist für den durch den Einsturz oder die Ablösung von Teilen verursachten Schaden in gleicher Weise verantwortlich wie der Besitzer.

§ 903 Befugnisse des Eigentümers. [1] Der Eigentümer einer Sache kann, soweit nicht das Gesetz oder Rechte Dritter entgegenstehen, mit der Sache nach Belieben verfahren und andere von jeder Einwirkung ausschließen. [2] Der Eigentümer eines Tieres hat bei der Ausübung seiner Befugnisse die besonderen Vorschriften zum Schutz der Tiere zu beachten.

§ 904 Notstand. [1] Der Eigentümer einer Sache ist nicht berechtigt, die Einwirkung eines anderen auf die Sache zu verbieten, wenn die Einwirkung zur Abwendung einer gegenwärtigen Gefahr notwendig und der drohende Schaden gegenüber dem aus der Einwirkung dem Eigentümer entstehenden Schaden unverhältnismäßig groß ist. [2] Der Eigentümer kann Ersatz des ihm entstehenden Schadens verlangen.

§ 905 Begrenzung des Eigentums. [1] Das Recht des Eigentümers eines Grundstücks erstreckt sich auf den Raum über der Oberfläche und auf den Erdkörper unter der Oberfläche. [2] Der Eigentümer kann jedoch Einwirkungen nicht verbieten, die in solcher Höhe oder Tiefe vorgenommen werden, dass er an der Ausschließung kein Interesse hat.

§ 906[1)] Zuführung unwägbarer Stoffe. (1) [1] Der Eigentümer eines Grundstücks kann die Zuführung von Gasen, Dämpfen, Gerüchen, Rauch, Ruß, Wärme, Geräusch, Erschütterungen und ähnliche von einem anderen Grundstück ausgehende Einwirkungen insoweit nicht verbieten, als die Einwirkung die Benutzung seines Grundstücks nicht oder nur unwesentlich beeinträchtigt. [2] Eine unwesentliche Beeinträchtigung liegt in der Regel vor, wenn die in Gesetzen oder Rechtsverordnungen festgelegten Grenz- oder Richtwerte von den nach diesen Vorschriften ermittelten und bewerteten Einwirkungen nicht überschritten werden. [3] Gleiches gilt für Werte in allgemeinen Verwaltungsvorschriften, die nach § 48 des Bundes-Immissionsschutzgesetzes erlassen worden sind und den Stand der Technik wiedergeben.

(2) [1] Das Gleiche gilt insoweit, als eine wesentliche Beeinträchtigung durch eine ortsübliche Benutzung des anderen Grundstücks herbeigeführt wird und nicht durch Maßnahmen verhindert werden kann, die Benutzern dieser Art wirtschaftlich zumutbar sind. [2] Hat der Eigentümer hiernach eine Einwirkung zu dulden, so kann er von dem Benutzer des anderen Grundstücks einen angemessenen Ausgleich in Geld verlangen, wenn die Einwirkung eine ortsübliche Benutzung seines Grundstücks oder dessen Ertrag über das zumutbare Maß hinaus beeinträchtigt.

(3) Die Zuführung durch eine besondere Leitung ist unzulässig.

§ 907 Gefahr drohende Anlagen. (1) [1] Der Eigentümer eines Grundstücks kann verlangen, dass auf den Nachbargrundstücken nicht Anlagen hergestellt oder gehalten werden, von denen mit Sicherheit vorauszusehen ist, dass ihr Bestand oder ihre Benutzung eine unzulässige Einwirkung auf sein Grundstück zur Folge hat. [2] Genügt eine Anlage den landesgesetzlichen Vorschriften, die einen bestimmten Abstand von der Grenze oder sonstige Schutzmaßregeln vorschreiben, so kann die Beseitigung der Anlage erst verlangt werden, wenn die unzulässige Einwirkung tatsächlich hervortritt.

(2) Bäume und Sträucher gehören nicht zu den Anlagen im Sinne dieser Vorschriften.

§ 908 Drohender Gebäudeeinsturz. Droht einem Grundstück die Gefahr, dass es durch den Einsturz eines Gebäudes oder eines anderen Werkes, das mit einem Nachbargrundstück verbunden ist, oder durch die Ablösung von Teilen des Gebäudes oder des Werkes beschädigt wird, so kann der Eigentümer von

---

[1)] Vgl. ferner §§ 14 und 14 a Bundes-ImmissionsschutzG idF der Bek. v. 17. 5. 2013 (BGBl. I S. 1274, 3753), zuletzt geänd. durch G v. 20. 11. 2014 (BGBl. I S. 1740).

„**§ 14 Ausschluss von privatrechtlichen Abwehransprüchen**. Auf Grund privatrechtlicher, nicht auf besonderen Titeln beruhender Ansprüche zur Abwehr benachteiligender Einwirkungen von einem Grundstück auf ein benachbartes Grundstück kann nicht die Einstellung des Betriebs einer Anlage verlangt werden, deren Genehmigung unanfechtbar ist; es können nur Vorkehrungen verlangt werden, die die benachteiligenden Wirkungen ausschließen. Soweit solche Vorkehrungen nach dem Stand der Technik nicht durchführbar oder wirtschaftlich nicht vertretbar sind, kann lediglich Schadenersatz verlangt werden.

§ 14 a Vereinfachte Klageerhebung. Der Antragsteller kann eine verwaltungsgerichtliche Klage erheben, wenn über seinen Widerspruch nach Ablauf von drei Monaten seit der Einlegung nicht entschieden ist, es sei denn, dass wegen besonderer Umstände des Falles eine kürzere Frist geboten ist.“

demjenigen, welcher nach dem § 836 Abs. 1 oder den §§ 837, 838 für den eintretenden Schaden verantwortlich sein würde, verlangen, dass er die zur Abwendung der Gefahr erforderliche Vorkehrung trifft.

§ 909 Vertiefung. Ein Grundstück darf nicht in der Weise vertieft werden, dass der Boden des Nachbargrundstücks die erforderliche Stütze verliert, es sei denn, dass für eine genügende anderweitige Befestigung gesorgt ist.

§ 912 Überbau; Duldungspflicht. (1) Hat der Eigentümer eines Grundstücks bei der Errichtung eines Gebäudes über die Grenze gebaut, ohne dass ihm Vorsatz oder grobe Fahrlässigkeit zur Last fällt, so hat der Nachbar den Überbau zu dulden, es sei denn, dass er vor oder sofort nach der Grenzüberschreitung Widerspruch erhoben hat.

(2) [1] Der Nachbar ist durch eine Geldrente zu entschädigen. [2] Für die Höhe der Rente ist die Zeit der Grenzüberschreitung maßgebend.

§ 913 Zahlung der Überbaurente. (1) Die Rente für den Überbau ist dem jeweiligen Eigentümer des Nachbargrundstücks von dem jeweiligen Eigentümer des anderen Grundstücks zu entrichten.

(2) Die Rente ist jährlich im Voraus zu entrichten.

§ 914 Rang, Eintragung und Erlöschen der Rente. (1) [1] Das Recht auf die Rente geht allen Rechten an dem belasteten Grundstück, auch den älteren, vor. [2] Es erlischt mit der Beseitigung des Überbaus.

(2) [1] Das Recht wird nicht in das Grundbuch eingetragen. [2] Zum Verzicht auf das Recht sowie zur Feststellung der Höhe der Rente durch Vertrag ist die Eintragung erforderlich.

(3) Im Übrigen finden die Vorschriften Anwendung, die für eine zugunsten des jeweiligen Eigentümers eines Grundstücks bestehende Reallast gelten.

§ 915 Abkauf. (1) [1] Der Rentenberechtigte kann jederzeit verlangen, dass der Rentenpflichtige ihm gegen Übertragung des Eigentums an dem überbauten Teil des Grundstücks den Wert ersetzt, den dieser Teil zur Zeit der Grenzüberschreitung gehabt hat. [2] Macht er von dieser Befugnis Gebrauch, so bestimmen sich die Rechte und Verpflichtungen beider Teile nach den Vorschriften über den Kauf.

(2) Für die Zeit bis zur Übertragung des Eigentums ist die Rente fortzuentrichten.

§ 916 Beeinträchtigung von Erbbaurecht oder Dienstbarkeit. Wird durch den Überbau ein Erbbaurecht oder eine Dienstbarkeit an dem Nachbargrundstück beeinträchtigt, so finden zugunsten des Berechtigten die Vorschriften der §§ 912 bis 914 entsprechende Anwendung.

§ 917 Notweg. (1) [1] Fehlt einem Grundstück die zur ordnungsmäßigen Benutzung notwendige Verbindung mit einem öffentlichen Wege, so kann der Eigentümer von den Nachbarn verlangen, dass sie bis zur Hebung des Mangels die Benutzung ihrer Grundstücke zur Herstellung der erforderlichen Verbindung dulden. [2] Die Richtung des Notwegs und der Umfang des Benutzungsrechts werden erforderlichenfalls durch Urteil bestimmt.

(2) [1] Die Nachbarn, über deren Grundstücke der Notweg führt, sind durch eine Geldrente zu entschädigen. [2] Die Vorschriften des § 912 Abs. 2 Satz 2 und der §§ 913, 914, 916 finden entsprechende Anwendung.

§ 918 Ausschluss des Notwegrechts. (1) Die Verpflichtung zur Duldung des Notwegs tritt nicht ein, wenn die bisherige Verbindung des Grundstücks mit dem öffentlichen Wege durch eine willkürliche Handlung des Eigentümers aufgehoben wird.

(2) [1] Wird infolge der Veräußerung eines Teils des Grundstücks der veräußerte oder der zurückbehaltene Teil von der Verbindung mit dem öffentlichen Wege abgeschnitten, so hat der Eigentümer desjenigen Teils, über welchen die Verbindung bisher stattgefunden hat, den Notweg zu dulden. [2] Der Veräußerung eines Teils steht die Veräußerung eines von mehreren demselben Eigentümer gehörenden Grundstücken gleich.

§ 921 Gemeinschaftliche Benutzung von Grenzanlagen. Werden zwei Grundstücke durch einen Zwischenraum, Rain, Winkel, einen Graben, eine Mauer, Hecke, Planke oder eine andere Einrichtung, die zum Vorteil beider Grundstücke dient, voneinander geschieden, so wird vermutet, dass die Eigentümer der Grundstücke zur Benutzung der Einrichtung gemeinschaftlich berechtigt seien, sofern nicht äußere Merkmale darauf hinweisen, dass die Einrichtung einem der Nachbarn allein gehört.

§ 922 Art der Benutzung und Unterhaltung. [1] Sind die Nachbarn zur Benutzung einer der in § 921 bezeichneten Einrichtungen gemeinschaftlich berechtigt, so kann jeder sie zu dem Zwecke, der sich aus ihrer Beschaffenheit ergibt, insoweit benutzen, als nicht die Mitbenutzung des anderen beeinträchtigt wird. [2] Die Unterhaltungskosten sind von den Nachbarn zu gleichen Teilen zu tragen. [3] Solange einer der Nachbarn an dem Fortbestand der Einrichtung ein Interesse hat, darf sie nicht ohne seine Zustimmung beseitigt oder geändert werden. [4] Im Übrigen bestimmt sich das Rechtsverhältnis zwischen den Nachbarn nach den Vorschriften über die Gemeinschaft.

§ 946 Verbindung mit einem Grundstück. Wird eine bewegliche Sache mit einem Grundstück dergestalt verbunden, dass sie wesentlicher Bestandteil des Grundstücks wird, so erstreckt sich das Eigentum an dem Grundstück auf diese Sache.

§ 951 Entschädigung für Rechtsverlust. (1) [1] Wer infolge der Vorschriften der §§ 946 bis 950 einen Rechtsverlust erleidet, kann von demjenigen, zu dessen Gunsten die Rechtsänderung eintritt, Vergütung in Geld nach den Vorschriften über die Herausgabe einer ungerechtfertigten Bereicherung fordern. [2] Die Wiederherstellung des früheren Zustands kann nicht verlangt werden.

(2) [1] Die Vorschriften über die Verpflichtung zum Schadensersatz wegen unerlaubter Handlungen sowie die Vorschriften über den Ersatz von Verwendungen und über das Recht zur Wegnahme einer Einrichtung bleiben unberührt. [2] In den Fällen der §§ 946, 947 ist die Wegnahme nach den für das Wegnahmerecht des Besitzers gegenüber dem Eigentümer geltenden Vorschriften auch dann zulässig, wenn die Verbindung nicht von dem Besitzer der Hauptsache bewirkt worden ist.

§ 1004 Beseitigungs- und Unterlassungsanspruch. (1) [1] Wird das Eigentum in anderer Weise als durch Entziehung oder Vorenthaltung des Besitzes beeinträchtigt, so kann der Eigentümer von dem Störer die Beseitigung der Beeinträchtigung verlangen. [2] Sind weitere Beeinträchtigungen zu besorgen, so kann der Eigentümer auf Unterlassung klagen.

(2) Der Anspruch ist ausgeschlossen, wenn der Eigentümer zur Duldung verpflichtet ist.

§ 1018 Gesetzlicher Inhalt der Grunddienstbarkeit. Ein Grundstück kann zugunsten des jeweiligen Eigentümers eines anderen Grundstücks in der Weise belastet werden, dass dieser das Grundstück in einzelnen Beziehungen benutzen darf oder dass auf dem Grundstück gewisse Handlungen nicht vorgenommen werden dürfen oder dass die Ausübung eines Rechts ausgeschlossen ist, das sich aus dem Eigentum an dem belasteten Grundstück dem anderen Grundstück gegenüber ergibt (Grunddienstbarkeit).

§ 1019 Vorteil des herrschenden Grundstücks. [1] Eine Grunddienstbarkeit kann nur in einer Belastung bestehen, die für die Benutzung des Grundstücks des Berechtigten Vorteil bietet. [2] Über das sich hieraus ergebende Maß hinaus kann der Inhalt der Dienstbarkeit nicht erstreckt werden.

§ 1020 Schonende Ausübung. [1] Bei der Ausübung einer Grunddienstbarkeit hat der Berechtigte das Interesse des Eigentümers des belasteten Grundstücks tunlichst zu schonen. [2] Hält er zur Ausübung der Dienstbarkeit auf dem belasteten Grundstück eine Anlage, so hat er sie in ordnungsmäßigem Zustand zu erhalten, soweit das Interesse des Eigentümers es erfordert.

§ 1021 Vereinbarte Unterhaltungspflicht. (1) [1] Gehört zur Ausübung einer Grunddienstbarkeit eine Anlage auf dem belasteten Grundstück, so kann bestimmt werden, dass der Eigentümer dieses Grundstücks die Anlage zu unterhalten hat, soweit das Interesse des Berechtigten es erfordert. [2] Steht dem Eigentümer das Recht zur Mitbenutzung der Anlage zu, so kann bestimmt werden, dass der Berechtigte die Anlage zu unterhalten hat, soweit es für das Benutzungsrecht des Eigentümers erforderlich ist.

(2) Auf eine solche Unterhaltungspflicht finden die Vorschriften über die Reallasten entsprechende Anwendung.

§ 1022 Anlagen auf baulichen Anlagen. [1] Besteht die Grunddienstbarkeit in dem Recht, auf einer baulichen Anlage des belasteten Grundstücks eine bauliche Anlage zu halten, so hat, wenn nicht ein anderes bestimmt ist, der Eigentümer des belasteten Grundstücks seine Anlage zu unterhalten, soweit das Interesse des Berechtigten es erfordert. [2] Die Vorschrift des § 1021 Abs. 2 gilt auch für diese Unterhaltungspflicht.

§ 1030 Gesetzlicher Inhalt des Nießbrauchs an Sachen. (1) Eine Sache kann in der Weise belastet werden, dass derjenige, zu dessen Gunsten die Belastung erfolgt, berechtigt ist, die Nutzungen der Sache zu ziehen (Nießbrauch).

(2) Der Nießbrauch kann durch den Ausschluss einzelner Nutzungen beschränkt werden.

§ 1090 Gesetzlicher Inhalt der beschränkten persönlichen Dienstbarkeit. (1) Ein Grundstück kann in der Weise belastet werden, dass derjenige, zu dessen Gunsten die Belastung erfolgt, berechtigt ist, das Grundstück in einzelnen Beziehungen zu benutzen, oder dass ihm eine sonstige Befugnis zusteht, die den Inhalt einer Grunddienstbarkeit bilden kann (beschränkte persönliche Dienstbarkeit).

(2) Die Vorschriften der §§ 1020 bis 1024, 1026 bis 1029, 1061 finden entsprechende Anwendung.

28. Einführungsgesetz zum Bürgerlichen Gesetzbuche

In der Fassung der Bekanntmachung vom 21. September 1994[1]
(BGBl. I S. 2494, ber. BGBl. 1997 I S. 1061)

FNA 400-1

zuletzt geänd. durch Art. 15 G v. 29. 6. 2015 (BGBl. I S. 1042)

– Auszug –

Art. 109 [Enteignung] [1] Unberührt bleiben die landesgesetzlichen Vorschriften über die im öffentlichen Interesse erfolgende Entziehung, Beschädigung oder Benutzung einer Sache, Beschränkung des Eigentums und Entziehung oder Beschränkung von Rechten. [2] Auf die nach landesgesetzlicher Vorschrift wegen eines solchen Eingriffs zu gewährende Entschädigung finden die Vorschriften der Artikel 52 und 53 Anwendung, soweit nicht die Landesgesetze ein anderes bestimmen.[2] [3] Die landesgesetzlichen Vorschriften können nicht bestimmen, daß für ein Rechtsgeschäft, für das notarielle Beurkundung vorgeschrieben ist, eine andere Form genügt.

Art. 111 [Öffentlich-rechtliche Eigentumsbeschränkungen] Unberührt bleiben die landesgesetzlichen Vorschriften, welche im öffentlichen Interesse das Eigentum in Ansehung tatsächlicher Verfügungen beschränken.

Art. 113 [Flurbereinigung] [1] Unberührt bleiben die landesgesetzlichen Vorschriften über die Zusammenlegung von Grundstücken, über die Gemeinheitsteilung, die Regulierung der Wege, die Ordnung der gutsherrlich-bäuerlichen Verhältnisse sowie über die Ablösung, Umwandlung oder Einschränkung von Dienstbarkeiten und Reallasten.[3] [2] Dies gilt insbesondere auch von den Vorschriften, welche die durch ein Verfahren dieser Art begründeten gemeinschaftlichen Angelegenheiten zum Gegenstand haben oder welche sich auf den Erwerb des Eigentums, auf die Begründung, Änderung und Aufhebung von anderen Rechten an Grundstücken und auf die Berichtigung des Grundbuchs beziehen.

Art. 124 [Nachbarrecht; Eigentumsbeschränkungen] [1] Unberührt bleiben die landesgesetzlichen Vorschriften, welche das Eigentum an Grundstücken zugunsten der Nachbarn noch anderen als den im Bürgerlichen Gesetzbuch bestimmten Beschränkungen unterwerfen. [2] Dies gilt insbesondere auch von den

---

[1] Neubekanntmachung des EGBGB v. 18. 8. 1896 (RGBl. S. 604) in der ab 1. 10. 1994 geltenden Fassung.

[2] Vgl. hierzu Art. 14 Abs. 3 GG v. 23. 5. 1949 (BGBl. I S. 1), zuletzt geänd. durch G v. 23. 12. 2014 (BGBl. I S. 2438) und Bayerisches Gesetz über die entschädigungspflichtige Enteignung (BayEG) v. 25. 7. 1978 (BayRS III S. 601), zuletzt geänd. durch VO v. 22. 7. 2014 (GVBl S. 286).

[3] Siehe FlurbereinigungsG idF der Bek. v. 16. 3. 1976 (BGBl. I S. 546), zuletzt geänd. durch G v. 19. 12. 2008 (BGBl. I S. 2794), sowie AGFlurG v. 8. 2. 1994 (GVBl S. 127), zuletzt geänd. durch G v. 20. 12. 2011 (GVBl S. 689, ber. S. 655).

Vorschriften, nach welchen Anlagen sowie Bäume und Sträucher nur in einem bestimmten Abstand von der Grenze gehalten werden dürfen.

29. Gesetz zur Ausführung des Bürgerlichen Gesetzbuchs und anderer Gesetze (AGBGB)

Vom 20. September 1982

BayRS 400-1-J

zuletzt geänd. durch § 1 Nr. 335 VO v. 22. 7. 2014 (GVBl S. 286)

– Auszug –

Siebter Abschnitt. Nachbarrecht

Art. 43 Fensterrecht. (1) [1] Sind Fenster weniger als 0,60 m von der Grenze eines Nachbargrundstücks entfernt, auf dem Gebäude errichtet sind oder das als Hofraum oder Hausgarten dient, so müssen sie auf Verlangen des Eigentümers dieses Grundstücks so eingerichtet werden, daß bis zur Höhe von 1,80 m über dem hinter ihnen befindlichen Boden weder das Öffnen noch das Durchblicken möglich ist. [2] Die Entfernung wird von dem Fuß der Wand, in der sich das Fenster befindet, unterhalb der zunächst an der Grenze befindlichen Außenkante der Fensteröffnung ab gemessen.

(2) Den Fenstern stehen Lichtöffnungen jeder Art gleich.

Art. 44 Balkone und ähnliche Anlagen. [1] Balkone, Erker, Galerien und ähnliche Anlagen, die weniger als 0,60 m von der Grenze eines Nachbargrundstücks abstehen, auf dem Gebäude errichtet sind oder das als Hofraum oder Hausgarten dient, müssen auf der dem Nachbargrundstück zugekehrten Seite auf Verlangen des Nachbarn mit einem der Vorschrift des Art. 43 entsprechenden Abschluß versehen werden. [2] Der Abstand wird bei vorspringenden Anlagen von dem zunächst an der Grenze befindlichen Vorsprung ab, bei anderen Anlagen nach Art. 43 Abs. 1 Satz 2 gemessen.

Art. 45 Besondere Vorschriften für Fenster, Balkone und ähnliche Anlagen. (1) [1] Art. 43 und 44 gelten auch zugunsten von Grundstücken, die einer öffentlichen Eisenbahnanlage dienen. [2] Die Fenster und andere Lichtöffnungen sowie der Abschluß der in Art. 44 bezeichneten Anlagen dürfen jedoch so eingerichtet werden, daß sie das Durchblicken gestatten.

(2) Für die zur Zeit des Inkrafttretens dieses Gesetzes bestehenden, begonnenen oder baurechtlich genehmigten Anlagen der in Art. 43 und 44 bezeichneten Art sind die vor diesem Zeitpunkt geltenden Vorschriften weiterhin anzuwenden, soweit sie eine geringere Beschränkung festgelegt haben als die Art. 43 und 44 sowie Absatz 1.

Art. 46 Erhöhung einer Kommunmauer. (1) Werden zwei Grundstücke durch eine Mauer geschieden, zu deren Benutzung die Eigentümer der Grundstücke gemeinschaftlich berechtigt sind, so kann der Eigentümer des einen

Grundstücks dem Eigentümer des anderen Grundstücks nicht verbieten, die Mauer ihrer ganzen Dicke nach zu erhöhen, wenn ihm nachgewiesen wird, daß durch die Erhöhung die Mauer nicht gefährdet wird.

(2) [1] Der Eigentümer des Grundstücks, von dem aus die Erhöhung erfolgt ist, kann dem Eigentümer des anderen Grundstücks die Benutzung des Aufbaus verbieten, bis ihm für die Hälfte oder, wenn nur ein Teil des Aufbaus benutzt werden soll, für den entsprechenden Teil der Baukosten Ersatz geleistet wird. [2] Ist der Bauwert geringer als der Betrag der Baukosten, so bestimmt sich der zu ersetzende Betrag nach dem Bauwert. [3] Die Ersatzleistung kann auch durch Hinterlegung oder durch Aufrechnung erfolgen. [4] Solange die Befugnis nach Satz 1 besteht, hat der Berechtigte den Mehraufwand zu tragen, den die Unterhaltung der Mauer infolge der Erhöhung verursacht.

(3) [1] Wird die Mauer zum Zweck der Erhöhung verstärkt, so ist die Verstärkung auf dem Grundstück anzubringen, dessen Eigentümer die Erhöhung unternimmt. [2] Der nach Absatz 2 von dem Eigentümer des anderen Grundstücks zu ersetzende Betrag erhöht sich um den entsprechenden Teil des Werts der zu der Verstärkung verwendeten Grundfläche. [3] Verlangt der Eigentümer des Grundstücks, auf dem die Verstärkung angebracht worden ist, die Ersatzleistung, so ist er verpflichtet, dem Eigentümer des anderen Grundstücks das Eigentum an der zu der Mauer verwendeten Grundfläche seines Grundstücks soweit zu übertragen, daß die neue Grenzlinie durch die Mitte der verstärkten Mauer geht; die Vorschriften über den Kauf sind anzuwenden.

(4) [1] Die Befugnis nach Absatz 2 Satz 1 erlischt durch Verzicht des Berechtigten. [2] Der Verzicht ist gegenüber dem Eigentümer des Nachbargrundstücks zu erklären. [3] Ist das Grundstück des Berechtigten mit dem Recht eines Dritten belastet, so gilt § 876 des Bürgerlichen Gesetzbuchs entsprechend. [4] Im Fall der Belastung mit einer Reallast, einer Hypothek, einer Grundschuld oder einer Rentenschuld ist der Verzicht dem Dritten gegenüber wirksam, wenn er erklärt wurde, bevor das Grundstück zugunsten des Dritten in Beschlag genommen worden ist.

Art. 46 a[1)] Überbau durch Wärmedämmung. (1) [1] Der Eigentümer und der Nutzungsberechtigte eines Grundstücks haben zu dulden, dass die auf einer vorhandenen Grenzmauer oder Kommunmauer nachträglich aufgebrachte Wärmedämmung und sonstige mit ihr in Zusammenhang stehende untergeordnete Bauteile auf das Grundstück übergreifen, soweit und solange

1. diese die Benutzung des Grundstücks nicht oder nur geringfügig beeinträchtigen und eine zulässige beabsichtigte Nutzung des Grundstücks nicht behindern,
2. die übergreifenden Bauteile öffentlich-rechtlichen Vorschriften nicht widersprechen und
3. eine vergleichbare Wärmedämmung auf andere Weise als durch eine Außendämmung mit vertretbarem Aufwand nicht vorgenommen werden kann.

[2] § 912 Abs. 2 und §§ 913, 914 des Bürgerlichen Gesetzbuchs[2)] gelten entsprechend.

[1)] Art. 46 a eingef. mWv 1. 1. 2012 durch G v. 20. 12. 2011 (GVBl S. 714).
[2)] Nr. **27**.

(2) Der Eigentümer und jeder Nutzungsberechtigte des überbauten Grundstücks können verlangen, dass der Eigentümer des durch den Wärmeschutzüberbau begünstigten Grundstücks die Wärmedämmung in einem ordnungsgemäßen Zustand erhält.

(3) Schaden, der dem Eigentümer oder Nutzungsberechtigten des Grundstücks durch einen Überbau nach Abs. 1 entsteht, ist von dem Veranlasser des Überbaus ohne Rücksicht auf Verschulden zu ersetzen.

Art. 46 b[1)] Hammerschlags- und Leiterrecht. (1) [1] Der Eigentümer und der Nutzungsberechtigte eines Grundstücks müssen dulden, dass das Grundstück von dem Eigentümer oder dem Nutzungsberechtigten des Nachbargrundstücks und von diesem beauftragten Personen zwecks Errichtung, Veränderung, Instandhaltung oder Beseitigung einer baulichen Anlage betreten wird und dass auf dem Grundstück Gerüste und Geräte aufgestellt werden oder auf dieses übergreifen sowie die zu den Arbeiten erforderlichen Baustoffe über das Grundstück gebracht oder dort niedergelegt werden, wenn und soweit

1. das Vorhaben anders nicht oder nur mit unverhältnismäßig hohen Kosten durchgeführt werden kann,
2. die mit der Duldung verbundenen Nachteile oder Belästigungen nicht außer Verhältnis zu dem von dem Berechtigten erstrebten Vorteil stehen und
3. das Vorhaben öffentlich-rechtlichen Vorschriften nicht widerspricht.

[2] Das Recht ist so schonend wie möglich auszuüben. [3] Es darf nicht zur Unzeit geltend gemacht werden.

(2) Abs. 1 findet auf den Eigentümer öffentlicher Verkehrsflächen keine Anwendung.

(3) [1] Die Absicht, das Recht nach Abs. 1 auszuüben, sowie Art und Dauer der Arbeiten sind mindestens einen Monat vor deren Beginn dem Eigentümer und Nutzungsberechtigten des betroffenen Grundstücks von dem die Arbeiten veranlassenden Eigentümer oder Nutzungsberechtigten anzuzeigen. [2] Ist ein Betroffener, dem Anzeige zu machen ist, unbekannten Aufenthalts oder nicht alsbald erreichbar und hat er auch keinen Vertreter bestellt, so genügt statt der Anzeige an diesen Betroffenen die Anzeige an den unmittelbaren Besitzer.

(4) [1] Schaden, der bei der Ausübung der Rechte nach Abs. 1 dem Eigentümer oder Nutzungsberechtigten des betroffenen Grundstücks entsteht, ist ohne Rücksicht auf Verschulden von dem Eigentümer oder Nutzungsberechtigten, der die Arbeiten veranlasst hat, zu ersetzen. [2] Auf Verlangen ist Sicherheit in Höhe des voraussichtlichen Schadensbetrags zu leisten; in einem solchen Fall darf das Recht erst nach Leistung der Sicherheit ausgeübt werden.

(5) Ist die Ausübung des Rechts nach Abs. 1 zur Abwendung einer gegenwärtigen erheblichen Gefahr erforderlich, entfällt die Verpflichtung zur Anzeige und zur Sicherheitsleistung.

(6) [1] Der Eigentümer oder Nutzungsberechtigte, der ein Nachbargrundstück länger als eine Woche nach Abs. 1 benutzt, hat demjenigen, dessen dingliches Recht auf Nutzung des Grundstücks beeinträchtigt ist, für die gesamte Zeit der Benutzung eine Entschädigung in Höhe der ortsüblichen Miete für einen dem benutzten Grundstücksteil vergleichbaren gewerblichen Lagerplatz zu zahlen.

[1)] Art. 46 b eingef. mWv 1. 1. 2012 durch G v. 20. 12. 2011 (GVBl S. 714).

²Eine Nutzungsentschädigung kann nicht verlangt werden, soweit nach Abs. 4 Ersatz für entgangene anderweitige Nutzung gefordert wird.

Art. 47 Grenzabstand von Pflanzen. (1) Der Eigentümer eines Grundstücks kann verlangen, daß auf einem Nachbargrundstück nicht Bäume, Sträucher oder Hecken, Weinstöcke oder Hopfenstöcke in einer geringeren Entfernung als 0,50 m oder, falls sie über 2 m hoch sind, in einer geringeren Entfernung als 2 m von der Grenze seines Grundstücks gehalten werden.

(2) ¹Zugunsten eines Waldgrundstücks kann nur die Einhaltung eines Abstands von 0,50 m verlangt werden. ²Das gleiche gilt, wenn Wein oder Hopfen auf einem Grundstück angebaut wird, in dessen Lage dieser Anbau nach den örtlichen Verhältnissen üblich ist.

Art. 48 Grenzabstand bei landwirtschaftlichen Grundstücken. (1) Gegenüber einem landwirtschaftlich genutzten Grundstück, dessen wirtschaftliche Bestimmung durch Schmälerung des Sonnenlichts erheblich beeinträchtigt werden würde, ist mit Bäumen von mehr als 2 m Höhe ein Abstand von 4 m einzuhalten.

(2) Die Einhaltung des in Absatz 1 bestimmten Abstands kann nur verlangt werden, wenn das Grundstück die bezeichnete wirtschaftliche Bestimmung schon zu der Zeit gehabt hat, zu der die Bäume die Höhe von 2 m überschritten haben.

Art. 49 Messung des Grenzabstands. Der Abstand nach Art. 47 und 48 wird von der Mitte des Stammes an der Stelle, an der dieser aus dem Boden hervortritt, bei Sträuchern und Hecken von der Mitte der zunächst an der Grenze befindlichen Triebe, bei Hopfenstöcken von der Hopfenstange oder dem Steigdraht ab gemessen.

Art. 50 Ausnahmen vom Grenzabstand. (1) ¹Art. 47 und 48 sind nicht auf Gewächse anzuwenden, die sich hinter einer Mauer oder einer sonstigen dichten Einfriedung befinden und diese nicht oder nicht erheblich überragen. ²Sie gelten ferner nicht für Bepflanzungen, die längs einer öffentlichen Straße oder auf einem öffentlichen Platz gehalten werden, sowie für Bepflanzungen, die zum Uferschutz, zum Schutz von Abhängen oder Böschungen oder zum Schutz einer Eisenbahn dienen.

(2) Art. 48 Abs. 1 gilt auch nicht für Stein- und Kernobstbäume sowie Bäume, die sich in einem Hofraum oder einem Hausgarten befinden.

(3) ¹Im Fall einer Aufforstung kann die Einhaltung des in Art. 48 Abs. 1 bestimmten Abstands nicht verlangt werden, wenn die Aufforstung nach der Lage des aufzuforstenden Grundstücks der wirtschaftlichen Zweckmäßigkeit entspricht. ²Im übrigen bleiben die besonderen Vorschriften über den Grenzabstand bei der Erstaufforstung unberührt.

Art. 51 Ältere Gewächse und Waldungen. (1) Für die bereits zur Zeit des Inkrafttretens des Bürgerlichen Gesetzbuchs[1)] vorhandenen Bäume, Sträucher und Hecken sind die vor diesem Zeitpunkt geltenden Vorschriften weiterhin anzuwenden, soweit sie das Halten der Gewächse in einer geringeren als der nach

---

[1)] Auszugsweise abgedruckt unter Nr. **27**.

Art. 47 bis 50 einzuhaltenden Entfernung von der Grenze des Nachbargrundstücks gestatten.

(2) [1] Bei einem Grundstück, das bereits zur Zeit des Inkrafttretens des Bürgerlichen Gesetzbuchs[1)] mit Wald bestanden war, gilt bis zur ersten Verjüngung des Waldes nach Inkrafttreten des Bürgerlichen Gesetzbuchs[1)] das gleiche auch für neue Bäume und Sträucher. [2] Auch nach der Verjüngung ist Art. 48 nicht anzuwenden.

(3) Der Eigentümer eines Waldgrundstücks ist verpflichtet, die Wurzeln eines Baums oder Strauchs, die von einem Nachbargrundstück eingedrungen sind, das bereits zur Zeit des Inkrafttretens des Bürgerlichen Gesetzbuchs[1)] mit Wald bestanden war, sowie die von einem solchen Grundstück herüberragenden Zweige bis zur ersten Verjüngung des Waldes auf dem Nachbargrundstück nach Inkrafttreten des Bürgerlichen Gesetzbuchs[1)] zu dulden.

(4) [1] Dem Eigentümer eines anderen Grundstücks obliegt die Duldungspflicht nach Absatz 3 nur gegenüber den herüberragenden Zweigen, soweit diese mindestens 5 m vom Boden entfernt sind; die Entfernung wird bis zu den unteren Spitzen der Zweige gemessen. [2] Herüberragende Zweige, die weniger als 5 m vom Boden entfernt sind, müssen auf der westlichen, nordwestlichen, südwestlichen und südlichen Seite des mit Wald bestandenen Grundstücks geduldet werden, wenn durch ihre Beseitigung der Fortbestand eines zum Schutz des Waldes erforderlichen Baums oder Strauchs gefährdet oder die Ertragsfähigkeit des Waldbodens infolge des Eindringens von Wind und Sonne beeinträchtigt werden würde.

Art. 52[2)] Verjährung der nachbarrechtlichen Ansprüche. (1) [1] Die sich aus Art. 43 bis 45 und 46 Abs. 1 ergebenden Ansprüche unterliegen nicht der Verjährung. [2] Der Anspruch auf Beseitigung eines die Art. 47 bis 50 und 51 Abs. 1 und 2 verletzenden Zustands verjährt in fünf Jahren. [3] Die Verjährung beginnt mit dem Schluss des Jahres, in dem

1. der Anspruch entstanden ist, und
2. der Eigentümer des Grundstücks von den den Anspruch begründenden Umständen Kenntnis erlangt oder ohne grobe Fahrlässigkeit erlangen müsste.

(2) Sind Ansprüche nach Absatz 1 Sätze 2 und 3 verjährt und werden die Gewächse durch neue ersetzt, so kann hinsichtlich der neuen Gewächse die Einhaltung des in Art. 47 bis 50 und 51 Abs. 1 und 2 vorgeschriebenen Abstands verlangt werden.

Art. 53[3)] Erlöschen von Anwenderechten. (1) Eine im Zeitpunkt des Inkrafttretens des Bürgerlichen Gesetzbuchs[1)] nach örtlichem Herkommen bestehende Befugnis, bei der Bestellung landwirtschaftlicher Grundstücke die Grenze eines Nachbargrundstücks zu überschreiten (Anwenderecht), erlischt mit dem Ablauf von zehn Jahren nach der letzten Ausübung oder durch Verzicht.

(2) [1] Die für die Verjährung geltenden Vorschriften der §§ 203, 204 Abs. 1 Nrn. 1, 4, 6 bis 9, 11 bis 14, Abs. 2 und 3, §§ 205 bis 207, 209 bis 213 des Bürgerlichen Gesetzbuchs sind entsprechend anzuwenden. [2] Ein Verzicht muß in

---

[1)] Auszugsweise abgedruckt unter Nr. **27**.
[2)] Art. 52 Abs. 1 Satz 3 neu gef. mWv 1. 1. 2003 durch G v. 24. 12. 2002 (GVBl S. 975).
[3)] Art. 53 Abs. 2 Satz 1 neu gef. mWv 1. 1. 2003 durch G v. 24. 12. 2002 (GVBl S. 975).

öffentlich beglaubigter Form abgegeben werden; im übrigen gelten Art. 46 Abs. 4 Sätze 2 und 3 entsprechend.

Art. 54 Ausschluß von privatrechtlichen Ansprüchen bei Verkehrsunternehmen. § 14 des Bundes-Immissionsschutzgesetzes gilt für Eisenbahn-, Dampfschiffahrts- und ähnliche Unternehmen, die dem öffentlichen Verkehr dienen, entsprechend.

30. Bundesfernstraßengesetz (FStrG)

In der Fassung der Bekanntmachung vom 28. Juni 2007[1)]
(BGBl. I S. 1206)

FNA 911-1

zuletzt geänd. durch Art. 7 PlanfeststellungsverfahrenVereinheitlichungsG v. 31. 5. 2013 (BGBl. I S. 1388, geänd. durch Art. 1 b G v. 24. 5. 2014, BGBl. I S. 538)

– Auszug –

§ 9 Bauliche Anlagen an Bundesfernstraßen. (1) [1] Längs der Bundesfernstraßen dürfen nicht errichtet werden

1. Hochbauten jeder Art in einer Entfernung bis zu 40 Meter bei Bundesautobahnen und bis zu 20 Meter bei Bundesstraßen außerhalb der zur Erschließung der anliegenden Grundstücke bestimmten Teile der Ortsdurchfahrten, jeweils gemessen vom äußeren Rand der befestigten Fahrbahn,
2. bauliche Anlagen, die außerhalb der zur Erschließung der anliegenden Grundstücke bestimmten Teile der Ortsdurchfahrten über Zufahrten oder Zugänge an Bundesstraßen unmittelbar oder mittelbar angeschlossen werden sollen.

[2] Satz 1 Nr. 1 gilt entsprechend für Aufschüttungen oder Abgrabungen größeren Umfangs. [3] Weitergehende bundes- oder landesrechtliche Vorschriften bleiben unberührt.

(2) [1] Im Übrigen bedürfen Baugenehmigungen oder nach anderen Vorschriften notwendige Genehmigungen der Zustimmung der obersten Landesstraßenbaubehörde, wenn

1. bauliche Anlagen längs der Bundesautobahnen in einer Entfernung bis zu 100 Meter und längs der Bundesstraßen außerhalb der zur Erschließung der anliegenden Grundstücke bestimmten Teile der Ortsdurchfahrten bis zu 40 Meter, gemessen vom äußeren Rand der befestigten Fahrbahn, errichtet, erheblich geändert oder anders genutzt werden sollen,
2. bauliche Anlagen auf Grundstücken, die außerhalb der zur Erschließung der anliegenden Grundstücke bestimmten Teile der Ortsdurchfahrten über Zufahrten oder Zugänge an Bundesstraßen unmittelbar oder mittelbar angeschlossen sind, erheblich geändert oder anders genutzt werden sollen.

[2] Die Zustimmungsbedürftigkeit nach Satz 1 gilt entsprechend für bauliche Anlagen, die nach Landesrecht anzeigepflichtig sind. [3] Weitergehende bundes- oder landesrechtliche Vorschriften bleiben unberührt.

(3) Die Zustimmung nach Absatz 2 darf nur versagt oder mit Bedingungen und Auflagen erteilt werden, soweit dies wegen der Sicherheit oder Leichtigkeit des Verkehrs, der Ausbauabsichten oder der Straßenbaugestaltung nötig ist.

[1)] Neubekanntmachung des FStrG idF der Bek. v. 20. 2. 2003 (BGBl. I S. 286) in der ab 17. 12. 2006 geltenden Fassung.

(3 a) Die Belange nach Absatz 3 sind auch bei Erteilung von Baugenehmigungen innerhalb der zur Erschließung der anliegenden Grundstücke bestimmten Teile der Ortsdurchfahrten von Bundesstraßen zu beachten.

(4) Bei geplanten Bundesfernstraßen gelten die Beschränkungen der Absätze 1 und 2 vom Beginn der Auslegung der Pläne im Planfeststellungsverfahren oder von dem Zeitpunkt an, zu dem den Betroffenen Gelegenheit gegeben wird, den Plan einzusehen.

(5) Bedürfen die baulichen Anlagen im Sinne des Absatzes 2 außerhalb der zur Erschließung der anliegenden Grundstücke bestimmten Teile der Ortsdurchfahrten keiner Baugenehmigung oder keiner Genehmigung nach anderen Vorschriften, so tritt an die Stelle der Zustimmung die Genehmigung der obersten Landesstraßenbaubehörde.

(5 a) Als bauliche Anlagen im Sinne dieses Gesetzes gelten auch die im Landesbaurecht den baulichen Anlagen gleichgestellten Anlagen.

(6) [1] Anlagen der Außenwerbung stehen außerhalb der zur Erschließung der anliegenden Grundstücke bestimmten Teile der Ortsdurchfahrten den Hochbauten des Absatzes 1 und den baulichen Anlagen des Absatzes 2 gleich. [2] An Brücken über Bundesfernstraßen außerhalb dieser Teile der Ortsdurchfahrten dürfen Anlagen der Außenwerbung nicht angebracht werden. [3] Weitergehende bundes- oder landesrechtliche Vorschriften bleiben unberührt.

(7) Die Absätze 1 bis 5 gelten nicht, soweit das Bauvorhaben den Festsetzungen eines Bebauungsplans entspricht (§ 9 des Baugesetzbuchs), der mindestens die Begrenzung der Verkehrsflächen sowie an diesen gelegene überbaubare Grundstücksflächen enthält und unter Mitwirkung des Trägers der Straßenbaulast zustande gekommen ist.

(8) [1] Die oberste Landesstraßenbaubehörde kann im Einzelfall Ausnahmen von den Verboten der Absätze 1, 4 und 6 zulassen, wenn die Durchführung der Vorschriften im Einzelfall zu einer offenbar nicht beabsichtigten Härte führen würde und die Abweichung mit den öffentlichen Belangen vereinbar ist oder wenn Gründe des Wohls der Allgemeinheit die Abweichungen erfordern. [2] Ausnahmen können mit Bedingungen und Auflagen versehen werden.

(9) [1] Wird infolge der Anwendung der Absätze 1, 2, 4 und 5 die bauliche Nutzung eines Grundstücks, auf deren Zulassung bisher ein Rechtsanspruch bestand, ganz oder teilweise aufgehoben, so kann der Eigentümer insoweit eine angemessene Entschädigung in Geld verlangen, als seine Vorbereitungen zur baulichen Nutzung des Grundstücks in dem bisher zulässigen Umfang für ihn an Wert verlieren oder eine wesentliche Wertminderung des Grundstücks eintritt. [2] Zur Entschädigung ist der Träger der Straßenbaulast verpflichtet.

(10) Im Fall des Absatzes 4 entsteht der Anspruch nach Absatz 9 erst, wenn der Plan rechtskräftig festgestellt oder genehmigt oder mit der Ausführung begonnen worden ist, spätestens jedoch nach Ablauf von vier Jahren, nachdem die Beschränkungen der Absätze 1 und 2 in Kraft getreten sind.

31. Verordnung zur Übertragung der Befugnisse der obersten Landesstraßenbaubehörde nach dem Bundesfernstraßengesetz

Vom 18. November 1974

BayRS 91-2-2-I

zuletzt geänd. durch § 6 VO zur Änd. der BaukammernverfahrensVO und weiterer RechtsVOen v. 22. 10. 2009 (GVBl S. 542)

Auf Grund von *Art. 5 des Gesetzes zum Vollzug des Bundesfernstraßengesetzes vom 25. Juli 1969 (GVBl. S. 182)* [1] in Verbindung mit § 22 Abs. 4 des Bundesfernstraßengesetzes (FStrG) erläßt das Bayerische Staatsministerium des Innern folgende Verordnung:

§ 1 (Zu § 5 FStrG). Die Befugnisse der obersten Landesstraßenbaubehörde nach § 5 Abs. 3a Satz 2 und Abs. 4 Satz 4 FStrG werden auf die Regierungen übertragen.

§ 2 (Zu § 8 FStrG). Die Befugnisse der obersten Landesstraßenbaubehörde nach § 8 Abs. 1 Satz 5 FStrG werden auf die Rechtsaufsichtsbehörden der Gemeinden (Art. 110 der Gemeindeordnung) übertragen.

§ 3[2] (Zu § 9 FStrG[3]). (1) Die Befugnisse der obersten Landesstraßenbaubehörde nach § 9 Abs. 2, 5 und 8 FStrG[3] werden übertragen

1. für die Bundesautobahnen den Autobahndirektionen,
2. für die Bundesstraßen
   a) den Regierungen, wenn ein Verfahren nach Art. 73 der Bayerischen Bauordnung (BayBO)[4] durchgeführt wird,
   b) den Staatlichen Bauämtern, wenn nach § 9 Abs. 5 FStrG[3] bauliche Anlagen keiner Baugenehmigung, keiner Abweichung gemäß Art. 63 BayBO und keiner sonstigen Genehmigung bedürfen,
   c) im übrigen den unteren Bauaufsichtsbehörden Art. 53 Abs. 1 Satz 1, Abs. 2 Satz 1 Nr. 1 der Bayerischen Bauordnung (BayBO), die im Einvernehmen mit den Staatlichen Bauämtern entscheiden.

(2) Abweichend von Absatz 1 Nr. 2 ist zuständig

a) die Autobahndirektion Südbayern für die Bundesstraße 13 (neu) von der südlichen Grenze der Ortsdurchfahrt München bis zur Anschlußstelle Sauerlach,

---

[1] **Amtl. Anm.:** Nunmehr Art. 62a Abs. 5 Satz 1 Bayerisches Straßen- und Wegegesetz.

[2] § 3 Abs. 1 Nr 2 Buchst. b geänd. mWv 1. 1. 2006 durch G v. 26. 7. 2005 (GVBl S. 287); Abs. 1 Nr. 2 Buchst. a und b geänd. mWv 1. 1. 2008 durch VO v. 29. 11. 2007 (GVBl S. 847); Abs. 1 Nr. 2 Buchst. b eingef., bish. Buchst. b wird Buchst. c mWv 1. 11. 2009 durch VO v. 22. 10. 2009 (GVBl S. 542).

[3] Nr. **30**.

[4] Nr. **1**.

b) die Autobahndirektion Nordbayern für die Bundesstraße 8 von der südlichen Grenze der Ortsdurchfahrt Nürnberg bis zur Anschlußstelle Nürnberg-Zollhaus der Autobahn A 73.

§ 4 (Zu § 9 a FStrG). Die Befugnisse der obersten Landesstraßenbaubehörde nach § 9 a Abs. 5 FStrG werden auf die Regierungen übertragen.

§ 5[1)] **(Zu § 17 FStrG).** Die Befugnisse der obersten Landesstraßenbaubehörde nach § 17 b Abs. 1 Nr. 6 FStrG zur Erteilung einer Plangenehmigung und zur Entscheidung über das Entfallen von Planfeststellung und Plangenehmigung werden auf die Regierungen übertragen.

§ 6[2)] **[Inkrafttreten]** Diese Verordnung tritt am 1. Januar 1975 in Kraft[3)]

---

1) § 5 neu gef. mWv 1. 1. 2008 durch VO v. 29. 11. 2007 (GVBl S. 847).
2) Bish. § 7 wird § 6 durch VO v. 17. 4. 1994 (GVBl S. 312).
3) **Amtl. Anm.:** Betrifft die ursprüngliche Fassung vom 18. November 1974 (GVBl S. 791).

32. Bayerisches Straßen- und Wegegesetz (BayStrWG)

in der Fassung der Bekanntmachung vom 5. Oktober 1981

BayRS 91-1-I

zuletzt geänd. durch § 2 ÄndG v. 22. 5. 2015 (GVBl S. 154)

– Auszug –

Erster Teil. Allgemeine Vorschriften

Abschnitt 4. Anbau an Straßen und Schutzmaßnahmen

Art. 23[1] Errichtung baulicher Anlagen. (1) [1] Außerhalb der zur Erschließung der anliegenden Grundstücke bestimmten Teile der Ortsdurchfahrten dürfen bauliche Anlagen

1. an Staatsstraßen in einer Entfernung bis zu 20 m,
2. an Kreisstraßen in einer Entfernung bis zu 15 m,

jeweils gemessen vom äußeren Rand der Fahrbahndecke, nicht errichtet werden. [2] Dies gilt nicht für Aufschüttungen und Abgrabungen geringeren Umfangs. [3] Sind besondere Fahrbahnen, wie Radwege, getrennt von der Hauptfahrbahn angelegt, dann werden die Entfernungen vom Rand der Decke der Hauptfahrbahn ab gerechnet.

(2) [1] Ausnahmen von den Anbauverboten nach Absatz 1 können zugelassen werden, wenn dies die Sicherheit und Leichtigkeit des Verkehrs, besonders wegen der Sichtverhältnisse, Verkehrsgefährdung, Bebauungsabsichten und Straßenbaugestaltung gestattet. [2] Die Entscheidung wird im Baugenehmigungsverfahren durch die untere Bauaufsichtsbehörde im Einvernehmen mit der Straßenbaubehörde oder, wenn kein Baugenehmigungsverfahren durchgeführt wird, in einem eigenen Verfahren durch die Straßenbaubehörde getroffen. [3] Soweit nach Art. 73 Abs. 1 BayBO[2] die Regierung zuständig ist, trifft diese die Entscheidung.

(3) Absatz 1 gilt nicht, wenn das Bauvorhaben den Festsetzungen eines Bebauungsplans im Sinn des Bundesbaugesetzes entspricht, der mindestens die Begrenzung der Verkehrsflächen und die an diesen gelegenen überbaubaren Grundstücksflächen enthält und unter Mitwirkung der Straßenbaubehörde zustande gekommen ist.

(4) [1] Die Gemeinden können durch Satzung vorschreiben, daß bestimmte Gemeindeverbindungsstraßen vom Anbau nach Absatz 1 freizuhalten sind, soweit dies für die Sicherheit oder Leichtigkeit des Verkehrs, besonders im Hinblick auf Sichtverhältnisse, Verkehrsgefährdung, Bebauungsabsichten und Stra-

---

[1] Art. 23 Abs. 2 Satz 3 geänd. mWv 1. 1. 2008 durch G v. 20. 12. 2007 (GVBl S. 958).
[2] Nr. **1**.

ßenbaugestaltung erforderlich ist. [2] Das Anbauverbot darf sich nur auf eine Entfernung bis zu 10 m, gemessen vom Rand der Fahrbahndecke, erstrecken.

Art. 24[1)] Errichtung oder Änderung baulicher Anlagen. (1) [1] Unbeschadet der Vorschrift des Art. 23 dürfen baurechtliche oder nach anderen Vorschriften erforderliche Genehmigungen nur im Einvernehmen mit der Straßenbaubehörde erteilt werden, wenn bauliche Anlagen längs

1. von Staatsstraßen in einer Entfernung bis zu 40 m und
2. von Kreisstraßen in einer Entfernung bis zu 30 m,

jeweils gemessen vom Rand der Fahrbahndecke, errichtet, erheblich geändert oder so anders genutzt werden sollen, daß Auswirkungen auf die Sicherheit und Leichtigkeit des Verkehrs zu erwarten sind. [2] Das Einvernehmen darf nur verweigert oder von Auflagen abhängig gemacht werden, soweit dies für die Sicherheit oder Leichtigkeit des Verkehrs, besonders wegen der Sichtverhältnisse, Verkehrsgefährdung, Bebauungsabsichten und Straßenbaugestaltung erforderlich ist.

(2) Das Einvernehmen ist auch erforderlich, wenn infolge der Errichtung, Änderung oder anderen Nutzung von baulichen Anlagen außerhalb der zur Erschließung der anliegenden Grundstücke bestimmten Teile der Ortsdurchfahrten

1. Grundstücke eine Zufahrt (Art. 19 Abs. 1) zu einer Staatsstraße oder Kreisstraße erhalten sollen oder
2. die Änderung einer bestehenden Zufahrt zu einer Staats- oder Kreisstraße erforderlich würde.

(3) [1] Ist in den Fällen der Absätze 1 und 2 eine baurechtliche oder anderweitige Genehmigung nicht erforderlich, so entscheidet die Straßenbaubehörde. [2] Art. 23 Abs. 2 Satz 3 gilt entsprechend.

(4) Art. 23 Abs. 3 gilt entsprechend

Art. 25 *(aufgehoben)*

Art. 26 Freihaltung von Sichtdreiecken. [1] Bauliche Anlagen dürfen nicht errichtet oder geändert werden, wenn die Sichtverhältnisse bei höhengleichen Kreuzungen von Straßen mit dem öffentlichen Verkehr dienenden Eisenbahnen dadurch beeinträchtigt werden. [2] Das gleiche gilt für höhengleiche Kreuzungen und Einmündungen von Straßen außerhalb der geschlossenen Ortslage.

Art. 27 Baubeschränkungen für geplante Straßen. [1] Für geplante Straßen gelten die Beschränkungen der Art. 23 bis 26 vom Beginn der Auslegung der Pläne im Planfeststellungsverfahren an. [2] Wird auf die Auslegung verzichtet, so gelten sie von dem Zeitpunkt an, zu dem den Betroffenen Gelegenheit gegeben wird, den Plan einzusehen.

Art. 27 a Entschädigung wegen Baubeschränkungen. (1) [1] Wird nach den Art. 23 bis 26 die bauliche Nutzung eines Grundstücks, auf deren Zulassung bisher ein Rechtsanspruch bestand, ganz oder teilweise aufgehoben, so kann der

---

1) Art. 24 Abs. 3 Satz 2 neu gef. mWv 1. 1. 2008 durch G v. 20. 12. 2007 (GVBl S. 958).

Eigentümer und ein sonst zur Nutzung Berechtigter insoweit nach den Vorschriften des Bayerischen Gesetzes über die entschädigungspflichtige Enteignung Entschädigung in Geld verlangen, als seine Vorbereitungen zur baulichen Nutzung des Grundstücks in dem bisher zulässigen Umfang für ihn an Wert verlieren oder eine wesentliche Wertminderung des Grundstücks eintritt. [2] Zur Entschädigung ist der Träger der Straßenbaulast verpflichtet, im Fall des Art. 26 Satz 1 unbeschadet seiner Ausgleichsansprüche nach dem Eisenbahnkreuzungsgesetz.

(2) Im Fall des Art. 27 entsteht der Anspruch nach Absatz 1 erst, wenn der Plan unanfechtbar festgestellt oder mit der Ausführung begonnen worden ist, spätestens jedoch vier Jahre nach Auslegung der Pläne.

Art. 27b Veränderungssperre. (1) [1] Vom Beginn der Auslegung der Pläne im Planfeststellungsverfahren oder von dem Zeitpunkt an, zu dem den Betroffenen Gelegenheit gegeben wird, den Plan einzusehen, dürfen auf den vom Plan betroffenen Flächen bis zu ihrer Übernahme durch den Träger der Straßenbaulast wesentlich wertsteigernde oder das Straßenbauvorhaben erheblich erschwerende Veränderungen nicht vorgenommen werden. [2] Veränderungen, die in rechtlich zulässiger Weise vorher begonnen worden sind, Unterhaltungsarbeiten und die Fortführung einer bisher ausgeübten Nutzung sind hiervon ausgenommen.

(2) [1] Dauern diese Beschränkungen länger als vier Jahre, so können die Eigentümer und die sonst zur Nutzung Berechtigten für danach eintretende Vermögensnachteile vom Träger der Straßenbaulast nach den Vorschriften des Bayerischen Gesetzes über die entschädigungspflichtige Enteignung Entschädigung in Geld verlangen. [2] Der Eigentümer einer vom Plan betroffenen Fläche kann vom Träger der Straßenbaulast ferner verlangen, daß er die Fläche zu Eigentum übernimmt, wenn es dem Eigentümer wegen dieser Beschränkungen wirtschaftlich nicht mehr zuzumuten ist, die Fläche in der bisherigen oder einer anderen zulässigen Art zu nutzen. [3] Kommt eine Einigung über die Übernahme nicht zustande, kann der Eigentümer das Enteignungsverfahren beantragen; im übrigen gelten die Vorschriften des Bayerischen Gesetzes über die entschädigungspflichtige Enteignung sinngemäß.

(3) [1] Zur Sicherung der Planung neuer Staatsstraßen und Kreisstraßen können die Regierungen nach Anhörung der Gemeinden, deren Gebiet betroffen wird, Planungsgebiete festlegen. [2] Für diese gilt Absatz 1 entsprechend. [3] Die Festlegung ist auf höchstens zwei Jahre zu befristen. [4] Die Frist kann, wenn besondere Umstände es erfordern, auf höchstens vier Jahre verlängert werden. [5] Sie tritt mit Beginn der Auslegung der Pläne im Planfeststellungsverfahren oder von dem Zeitpunkt an, zu dem den Betroffenen Gelegenheit gegeben wird, den Plan einzusehen, außer Kraft. [6] Ihre Dauer ist auf die Vierjahresfrist nach Absatz 2 anzurechnen.

(4) [1] Die Festlegung eines Planungsgebiets ist in den Gemeinden, deren Gebiet betroffen wird, auf ortsübliche Weise bekanntzumachen. [2] Planungsgebiete sind außerdem in Karten einzutragen, die in den Gemeinden während der Geltungsdauer der Festlegung zur Einsicht auszulegen sind.

(5) Die Regierungen können im Einzelfall Ausnahmen von den Absätzen 1 und 3 zulassen, wenn keine überwiegenden öffentlichen Belange entgegenstehen.

33. Luftverkehrsgesetz (LuftVG)

In der Fassung der Bekanntmachung vom 10. Mai 2007[1]
(BGBl. I S. 698)

FNA 96-1

zuletzt geänd. durch Art. 2 Abs. 175 G zur Strukturreform des Gebührenrechts des Bundes v. 7. 8. 2013 (BGBl. I S. 3154)

– Auszug –

Erster Abschnitt. Luftverkehr

2. Unterabschnitt. Flugplätze

§ 6[2] **[Genehmigung]** (1) [1] Flugplätze (Flughäfen, Landeplätze und Segelfluggelände) dürfen nur mit Genehmigung angelegt oder betrieben werden. [2] Im Genehmigungsverfahren für Flugplätze, die einer Planfeststellung bedürfen, ist die Umweltverträglichkeit zu prüfen. [3] § 15 Abs. 1 Satz 2 des Gesetzes über die Umweltverträglichkeitsprüfung bleibt unberührt. [4] Die Genehmigung kann mit Auflagen verbunden und befristet werden.

(2) [1] Vor Erteilung der Genehmigung ist besonders zu prüfen, ob die geplante Maßnahme den Erfordernissen der Raumordnung entspricht und ob die Erfordernisse des Naturschutzes und der Landschaftspflege sowie des Städtebaus und der Schutz vor Fluglärm angemessen berücksichtigt sind. [2] §§ 4 und 5 des Raumordnungsgesetzes bleiben unberührt. [3] Ist das in Aussicht genommene Gelände ungeeignet oder rechtfertigen Tatsachen die Annahme, dass die öffentliche Sicherheit oder Ordnung gefährdet wird, ist die Genehmigung zu versagen. [4] Ergeben sich später solche Tatsachen, so kann die Genehmigung widerrufen werden.

(3) Die Genehmigung eines Flughafens, der dem allgemeinen Verkehr dienen soll, ist außerdem zu versagen, wenn durch die Anlegung und den Betrieb des beantragten Flughafens die öffentlichen Interessen in unangemessener Weise beeinträchtigt werden.

(4) [1] Die Genehmigung ist zu ergänzen oder zu ändern, wenn dies nach dem Ergebnis des Planfeststellungsverfahrens (§§ 8 bis 10) notwendig ist. [2] Eine Änderung der Genehmigung ist auch erforderlich, wenn die Anlage oder der Betrieb des Flugplatzes wesentlich erweitert oder geändert werden soll.

(5) [1] Für das Genehmigungsverfahren gelten § 73 Absatz 3 a, § 75 Absatz 1 a sowie § 74 Abs. 4 und 5 des Verwaltungsverfahrensgesetzes über die Bekanntgabe entsprechend. [2] Für die in § 8 Abs. 1 bezeichneten Flugplätze gilt für die

---

[1] Neubekanntmachung des LuftVG idF der Bek. v. 27. 3. 1999 (BGBl. I S. 550) in der ab 17. 12. 2006 geltenden Fassung.

[2] § 6 Abs. 2 Satz 2 geänd. mWv 30. 6. 2009 durch G v. 22. 12. 2008 (BGBl. I S. 2986); Abs. 5 Sätze 1 und 2 geänd. mWv 1. 6. 2015 durch G v. 31. 5. 2013 (BGBl. I S. 1388, geänd. durch G v. 24. 5. 2014, BGBl. I S. 538).

Durchführung des Genehmigungsverfahrens auch § 10 Absatz 4 und 5 entsprechend.

(6) [1] Im Falle des Absatzes 5 Satz 2 hat der Widerspruch eines Dritten gegen die Erteilung der Genehmigung keine aufschiebende Wirkung. [2] Der Antrag auf Anordnung der aufschiebenden Wirkung nach § 80 Abs. 5 Satz 1 der Verwaltungsgerichtsordnung kann nur innerhalb eines Monats nach Zustellung des Genehmigungsbescheides gestellt und begründet werden. [3] Darauf ist in der Rechtsbehelfsbelehrung hinzuweisen.

(7) Ist nach dem Gesetz über die Umweltverträglichkeitsprüfung im Genehmigungsverfahren eine Umweltverträglichkeitsprüfung durchzuführen, so bedarf es keiner förmlichen Erörterung im Sinne des § 9 Abs. 1 Satz 3 des Gesetzes über die Umweltverträglichkeitsprüfung.

§ 7 [Vorarbeiten] (1) Die Genehmigungsbehörde kann dem Antragsteller die zur Vorbereitung seines Antrags (§ 6) oder die zur Durchführung des Vorhabens notwendigen Vermessungen, Boden- und Grundwasseruntersuchungen einschließlich der vorübergehenden Anbringung von Markierungszeichen und sonstigen Vorarbeiten gestatten, wenn eine Prüfung ergeben hat, dass die Voraussetzungen für die Erteilung einer Genehmigung voraussichtlich vorliegen.

(2) [1] Die Dauer der Erlaubnis soll zwei Jahre nicht überschreiten. [2] Diese Erlaubnis gibt keinen Anspruch auf Erteilung der Genehmigung nach § 6.

(3) [1] Die Beauftragten der Genehmigungsbehörde können Grundstücke, die für die Genehmigung in Betracht kommen, auch ohne Zustimmung des Berechtigten betreten, diese Grundstücke vermessen und sonstige Vorarbeiten vornehmen, die für die endgültige Entscheidung über die Eignung des Geländes notwendig sind. [2] Zum Betreten von Wohnungen sind sie nicht berechtigt.

(4) [1] Die Genehmigungsbehörde kann die Vorarbeiten von Auflagen abhängig machen. [2] Ist durch die Vorarbeiten ein erheblicher Schaden zu erwarten, hat die Genehmigungsbehörde Sicherheitsleistung durch den Antragsteller anzuordnen.

(5) [1] Wenn durch die Vorarbeiten Schäden verursacht werden, hat der Antragsteller unverzüglich nach Eintritt des jeweiligen Schadens volle Entschädigung in Geld zu leisten oder auf Verlangen des Geschädigten den früheren Zustand wiederherzustellen. [2] Über Art und Höhe der Entschädigung entscheiden im Streitfalle die ordentlichen Gerichte.

§ 8[1)] [Planfeststellung für Flughäfen] (1) [1] Flughäfen sowie Landeplätze mit beschränktem Bauschutzbereich nach § 17 dürfen nur angelegt, bestehende nur geändert werden, wenn der Plan nach § 10 vorher festgestellt ist. [2] Bei der Planfeststellung sind die von dem Vorhaben berührten öffentlichen und privaten Belange einschließlich der Umweltverträglichkeit im Rahmen der Abwägung zu berücksichtigen. [3] Hierbei sind zum Schutz der Allgemeinheit und der Nachbarschaft vor schädlichen Umwelteinwirkungen durch Fluglärm die jeweils anwendbaren Werte des § 2 Abs. 2 des Gesetzes zum Schutz gegen Fluglärm zu beachten. [4] Satz 3 ist auf Genehmigungen nach § 6 Abs. 1 und 4 Satz 2 ent-

---

1) § 8 Abs. 1 Sätze 3 und 4 angef. mWv 7. 6. 2007 durch G v. 1. 6. 2007 (BGBl. I S. 986); Abs. 8 Satz 1 geänd. mWv 18. 12. 2008 durch G v. 11. 12. 2008 (BGBl. I S. 2418); Abs. 1 Satz 5 angef., Abs. 2 neu gef., Abs. 3 aufgeh. mWv 1. 6. 2015 durch G v. 31. 5. 2013 (BGBl. I S. 1388, geänd. durch G v. 24. 5. 2014, BGBl. I S. 538).

sprechend anzuwenden. [5] Für das Planfeststellungsverfahren gelten die §§ 72 bis 78 des Verwaltungsverfahrensgesetzes nach Maßgabe dieses Gesetzes.

(2) Für die Plangenehmigung gilt § 9 Absatz 1 entsprechend.

(3) *(aufgehoben)*

(4) [1] Betriebliche Regelungen und die bauplanungsrechtliche Zulässigkeit von Hochbauten auf dem Flugplatzgelände können Gegenstand der Planfeststellung sein. [2] Änderungen solcherart getroffener betrieblicher Regelungen bedürfen nur einer Regelung entsprechend § 6 Abs. 4 Satz 2.

(5) [1] Für die zivile Nutzung eines aus der militärischen Trägerschaft entlassenen ehemaligen Militärflugplatzes ist eine Änderungsgenehmigung nach § 6 Abs. 4 Satz 2 durch die zuständige Zivilluftfahrtbehörde erforderlich, in der der Träger der zivilen Nutzung anzugeben ist. [2] Die Genehmigungsurkunde muss darüber hinaus die für die entsprechende Flugplatzart vorgeschriebenen Angaben enthalten (§ 42 Abs. 2, § 52 Abs. 2, § 57 Abs. 2 der Luftverkehrs-Zulassungs-Ordnung). [3] Eine Planfeststellung oder Plangenehmigung findet nicht statt, jedoch muss das Genehmigungsverfahren den Anforderungen des Gesetzes über die Umweltverträglichkeitsprüfung entsprechen, wenn die zivile Nutzung des Flugplatzes mit baulichen Änderungen oder Erweiterungen verbunden ist, für die nach dem Gesetz über die Umweltverträglichkeitsprüfung eine Umweltverträglichkeitsprüfung durchzuführen ist. [4] Ein militärischer Bauschutzbereich bleibt bestehen, bis die Genehmigungsbehörde etwas anderes bestimmt. [5] Spätestens mit der Bekanntgabe der Änderungsgenehmigung nach § 6 Abs. 4 Satz 2 gehen alle Rechte und Pflichten von dem militärischen auf den zivilen Träger über.

(6) Die Genehmigung nach § 6 ist nicht Voraussetzung für ein Planfeststellungsverfahren oder ein Plangenehmigungsverfahren.

(7) Absatz 5 Satz 1 bis 3 gilt entsprechend bei der zivilen Nutzung oder Mitbenutzung eines nicht aus der militärischen Trägerschaft entlassenen Militärflugplatzes.

(8) [1] § 7 gilt für das Planfeststellungsverfahren entsprechend. [2] Vorarbeiten zur Baudurchführung sind darüber hinaus auch vor Eintritt der Bestandskraft eines Planfeststellungsbeschlusses oder einer Plangenehmigung zu dulden.

§ 8a [Veränderungssperre] (1) [1] Sobald der Plan ausgelegt oder andere Gelegenheit gegeben ist, den Plan einzusehen, dürfen auf den vom Plan betroffenen Flächen bis zu ihrer Inanspruchnahme wesentlich wertsteigernde oder die geplanten Baumaßnahmen erheblich erschwerende Veränderungen nicht vorgenommen werden (Veränderungssperre). [2] Als vom Plan betroffen gelten Flächen auch insoweit, als für die Erteilung einer Baugenehmigung nach dem im Plan für den Ausbau bezeichneten Bauschutzbereich (§§ 12, 17) ein Zustimmungsvorbehalt der Luftfahrtbehörde besteht. [3] Veränderungen, die in rechtlich zulässiger Weise vorher begonnen worden sind, Unterhaltungsarbeiten und die Fortführung einer bisher ausgeübten Nutzung werden davon nicht berührt. [4] Unzulässige Veränderungen bleiben bei der Anordnung von Vorkehrungen und Anlagen und im Entschädigungsverfahren unberücksichtigt.

(2) Dauert die Veränderungssperre über vier Jahre, können die Eigentümer für die dadurch entstandenen Vermögensnachteile Entschädigung verlangen.

(3) In den Fällen des Absatzes 1 Satz 1 steht dem Unternehmer an den betroffenen Flächen ein Vorkaufsrecht zu.

§ 9[1)] **[Inhalt der Planfeststellung]** (1) § 75 Absatz 1 des Verwaltungsverfahrensgesetzes gilt nicht für Entscheidungen des Bundesministeriums für Verkehr, Bau und Stadtentwicklung nach § 27 d Absatz 1 und 4 und Entscheidungen der Baugenehmigungsbehörden auf Grund des Baurechts.

(2) [1] Wird der Plan nicht innerhalb von fünf Jahren nach Rechtskraft durchgeführt, so können die vom Plan betroffenen Grundstückseigentümer verlangen, dass der Unternehmer ihre Grundstücke und Rechte insoweit erwirbt, als nach § 28 die Enteignung zulässig ist. [2] Kommt keine Einigung zustande, so können sie die Durchführung des Enteignungsverfahrens bei der Enteignungsbehörde beantragen. [3] Im Übrigen gilt § 28.

(3) Wird mit der Durchführung des Plans nicht innerhalb von zehn Jahren nach Eintritt der Unanfechtbarkeit begonnen, so tritt er außer Kraft, es sei denn, er wird vorher auf Antrag des Trägers des Vorhabens von der Planfeststellungsbehörde um höchstens fünf Jahre verlängert.

§ 10[2)] **[Planfeststellungsbehörde, Verfahren]** (1) [1] Planfeststellungsbehörde und Anhörungsbehörde sind die von der Landesregierung bestimmten Behörden des Landes, in dem das Gelände liegt. [2] Erstreckt sich das Gelände auf mehrere Länder, so trifft die Bestimmung nach Satz 1 die Landesregierung des Landes, in dem der überwiegende Teil des Geländes liegt.

(2) [1] Für das Anhörungsverfahren gilt § 73 des Verwaltungsverfahrensgesetzes mit folgenden Maßgaben:

1. § 73 Absatz 3 a des Verwaltungsverfahrensgesetzes gilt für Äußerungen der Kommission nach § 32 b entsprechend.
2. [1] Bei der Änderung eines Flughafens oder eines Landeplatzes mit beschränktem Bauschutzbereich nach § 17 kann von einer förmlichen Erörterung im Sinne des § 73 Abs. 6 des Verwaltungsverfahrensgesetzes und des § 9 Abs. 1 Satz 2 des Gesetzes über die Umweltverträglichkeitsprüfung abgesehen werden. [2] Vor dem Abschluss des Planfeststellungsverfahrens ist den Einwendern Gelegenheit zur Äußerung zu geben. [3] Die Stellungnahme der Anhörungsbehörde nach § 73 Abs. 9 des Verwaltungsverfahrensgesetzes ist innerhalb von sechs Wochen nach Ablauf der Einwendungsfrist abzugeben.
3. [1] Soll ein ausgelegter Plan geändert werden, so sind auch die vom Bund oder Land anerkannten Naturschutzvereinigungen entsprechend § 73 Abs. 8 Satz 1 des Verwaltungsverfahrensgesetzes zu beteiligen. [2] Im Falle des § 73 Abs. 8 Satz 2 des Verwaltungsverfahrensgesetzes erfolgt die Beteiligung in entsprechender Anwendung der Nummer 3 Satz 3 und 4. [3] Von einer Erörterung im Sinne des § 73 Abs. 6 des Verwaltungsverfahrensgesetzes und des § 9 Abs. 1

[1)] § 9 Abs. 1 neu gef., Abs. 2 und 3 aufgeh., bish. Abs. 4 wird Abs. 2, bish. Abs. 5 wird Abs. 3 und Sätze 2 und 3 aufgeh. mWv 1. 6. 2015 durch G v. 31. 5. 2013 (BGBl. I S. 1388, geänd. durch G v. 24. 5. 2014, BGBl. I S. 538).

[2)] § 10 Abs. 2 Satz 1 Nr. 3 Satz 4, Nr. 6 Satz 1, Abs. 4 Satz 2 geänd. mWv 1. 3. 2010 durch G v. 29. 7. 2009 (BGBl. I S. 2542); Abs. 1 Satz 1 neu gef., Satz 3 aufgeh., Abs. 2 Satz 1 Nr. 1 neu gef., Nr. 2–4 aufgeh., bish. Nr. 5 und 6 werden Nr. 2 und 3, Abs. 4, 5 und 8 aufgeh., bish. Abs. 6 und 7 werden Abs. 4 und 5 mWv 1. 6. 2015 durch G v. 31. 5. 2013 (BGBl. I S. 1388, geänd. durch G v. 24. 5. 2014, BGBl. I S. 538).

Satz 3 des Gesetzes über die Umweltverträglichkeitsprüfung kann abgesehen werden.

[2] Die Maßgaben gelten entsprechend, wenn das Verfahren landesrechtlich durch ein Verwaltungsverfahrensgesetz geregelt ist.

(3) Werden öffentliche Interessen berührt, für die die Zuständigkeit von Bundesbehörden oder von Behörden, die im Auftrag des Bundes tätig werden, gegeben ist, und kommt eine Verständigung zwischen der Planfeststellungsbehörde und den genannten Behörden nicht zustande, so hat die Planfeststellungsbehörde im Benehmen mit dem Bundesministerium für Verkehr, Bau und Stadtentwicklung zu entscheiden.

(4) [1] Die Anfechtungsklage gegen einen Planfeststellungsbeschluss oder eine Plangenehmigung für den Bau oder die Änderung von Flughäfen oder Landeplätzen mit beschränktem Bauschutzbereich hat keine aufschiebende Wirkung. [2] Der Antrag auf Anordnung der aufschiebenden Wirkung der Anfechtungsklage gegen einen Planfeststellungsbeschluss oder eine Plangenehmigung nach § 80 Abs. 5 Satz 1 der Verwaltungsgerichtsordnung kann nur innerhalb eines Monats nach Zustellung des Planfeststellungsbeschlusses oder der Plangenehmigung gestellt und begründet werden. [3] § 58 der Verwaltungsgerichtsordnung gilt entsprechend. [4] Treten später Tatsachen ein, die die Wiederherstellung der aufschiebenden Wirkung rechtfertigen, so kann der durch den Planfeststellungsbeschluss oder die Plangenehmigung Beschwerte einen hierauf gestützten Antrag nach § 80 Abs. 5 Satz 1 der Verwaltungsgerichtsordnung innerhalb von einem Monat stellen. [5] Die Frist beginnt in dem Zeitpunkt, in dem der Beschwerte von den Tatsachen Kenntnis erlangt.

(5) [1] Der Kläger hat innerhalb einer Frist von sechs Wochen die zur Begründung seiner Klage dienenden Tatsachen und Beweismittel anzugeben. [2] § 87 b Abs. 3 und § 128 a der Verwaltungsgerichtsordnung gelten entsprechend.

§ 11 [Einwirkungen auf Nachbargrundstücke] Die Vorschrift des § 14 des Bundes-Immissionsschutzgesetzes gilt für Flugplätze entsprechend.

§ 12[1)] [Baubeschränkungen im Bauschutzbereich] (1) [1] Bei Genehmigung eines Flughafens ist für den Ausbau ein Plan festzulegen. [2] Dieser ist maßgebend für den Bereich, in dem die in den Absätzen 2 und 3 bezeichneten Baubeschränkungen gelten (Bauschutzbereich). [3] Der Plan muss enthalten

1. die Start- und Landebahnen einschließlich der sie umgebenden Schutzstreifen (Start- und Landeflächen),
2. die Sicherheitsflächen, die an den Enden der Start- und Landeflächen nicht länger als je 1 000 Meter und seitlich der Start- und Landeflächen bis zum Beginn der Anflugsektoren je 350 Meter breit sein sollen,
3. den Flughafenbezugspunkt, der in der Mitte des Systems der Start- und Landeflächen liegen soll,
4. die Startbahnbezugspunkte, die je in der Mitte der Start- und Landeflächen liegen sollen,
5. die Anflugsektoren, die sich beiderseits der Außenkanten der Sicherheitsflächen an deren Enden mit einem Öffnungswinkel von je 15 Grad anschließen;

---

1) § 12 Abs. 2 Satz 3 geänd. mWv 4. 8. 2009 durch G v. 29. 7. 2009 (BGBl. I S. 2424).

sie enden bei Hauptstart- und Hauptlandeflächen in einer Entfernung von 15 Kilometern, bei Nebenstart- und Nebenlandeflächen in einer Entfernung von 8,5 Kilometern vom Startbahnbezugspunkt.

(2) [1] Nach Genehmigung eines Flughafens darf die für die Erteilung einer Baugenehmigung zuständige Behörde die Errichtung von Bauwerken im Umkreis von 1,5 Kilometer Halbmesser um den Flughafenbezugspunkt sowie auf den Start- und Landeflächen und den Sicherheitsflächen nur mit Zustimmung der Luftfahrtbehörden genehmigen. [2] Die Zustimmung der Luftfahrtbehörden gilt als erteilt, wenn sie nicht binnen zwei Monaten nach Eingang des Ersuchens der für die Erteilung einer Baugenehmigung zuständigen Behörde verweigert wird. [3] Ist die fachliche Beurteilung innerhalb dieser Frist wegen des Ausmaßes der erforderlichen Prüfungen nicht möglich, kann sie von der für die Baugenehmigung zuständigen Behörde im Benehmen mit dem Bundesaufsichtsamt für Flugsicherung verlängert werden. [4] Sehen landesrechtliche Bestimmungen für die Errichtung von Bauwerken nach Satz 1 die Einholung einer Baugenehmigung nicht vor, bedarf die Errichtung dieser Bauwerke der Genehmigung der Luftfahrtbehörde unter ausschließlich luftverkehrssicherheitlichen Erwägungen.

(3) [1] In der weiteren Umgebung eines Flughafens ist die Zustimmung der Luftfahrtbehörden erforderlich, wenn die Bauwerke folgende Begrenzung überschreiten sollen:

1. außerhalb der Anflugsektoren
   a) im Umkreis von 4 Kilometer Halbmesser um den Flughafenbezugspunkt eine Höhe von 25 Metern (Höhe bezogen auf den Flughafenbezugspunkt),
   b) im Umkreis von 4 Kilometer bis 6 Kilometer Halbmesser um den Flughafenbezugspunkt die Verbindungslinie, die von 45 Meter Höhe bis 100 Meter Höhe (Höhen bezogen auf den Flughafenbezugspunkt) ansteigt;
2. innerhalb der Anflugsektoren
   a) von dem Ende der Sicherheitsflächen bis zu einem Umkreis um den Startbahnbezugspunkt von 10 Kilometer Halbmesser bei Hauptstart- und Hauptlandeflächen und von 8,5 Kilometer bei Nebenstart- und Nebenlandeflächen die Verbindungslinie, die von 0 Meter Höhe an diesem Ende bis 100 Meter Höhe (Höhen bezogen auf den Startbahnbezugspunkt der betreffenden Start- und Landefläche) ansteigt,
   b) im Umkreis von 10 Kilometer bis 15 Kilometer Halbmesser um den Startbahnbezugspunkt bei Hauptstart- und Hauptlandeflächen die Höhe von 100 Metern (Höhe bezogen auf den Startbahnbezugspunkt der betreffenden Start- und Landeflächen).

[2] Absatz 2 Satz 2 bis 4 gilt entsprechend.

(4) Zur Wahrung der Sicherheit der Luftfahrt und zum Schutz der Allgemeinheit können die Luftfahrtbehörden ihre Zustimmung nach den Absätzen 2 und 3 davon abhängig machen, dass die Baugenehmigung unter Auflagen erteilt wird.

§ 13 [Bauhöhen] Sofern Baubeschränkungen im Bauschutzbereich infolge besonderer örtlicher Verhältnisse oder des Verwendungszwecks des Flughafens in bestimmten Geländeteilen für die Sicherheit der Luftfahrt nicht in dem nach § 12 festgelegten Umfang notwendig sind, können die Luftfahrtbehörden für diese Geländeteile Bauhöhen festlegen, bis zu welchen Bauwerke ohne ihre Zustimmung genehmigt werden können.

§ 14 [Bauwerke außerhalb des Bauschutzbereichs] (1) Außerhalb des Bauschutzbereichs darf die für die Erteilung einer Baugenehmigung zuständige Behörde die Errichtung von Bauwerken, die eine Höhe von 100 Metern über der Erdoberfläche überschreiten, nur mit Zustimmung der Luftfahrtbehörden genehmigen; § 12 Abs. 2 Satz 2 und 3 und Abs. 4 gilt entsprechend.

(2) [1] Das gleiche gilt für Anlagen von mehr als 30 Meter Höhe auf natürlichen oder künstlichen Bodenerhebungen, sofern die Spitze dieser Anlage um mehr als 100 Meter die Höhe der höchsten Bodenerhebung im Umkreis von 1,6 Kilometer Halbmesser um die für die Anlage vorgesehene Bodenerhebung überragt. [2] Im Umkreis von 10 Kilometer Halbmesser um einen Flughafenbezugspunkt gilt als Höhe der höchsten Bodenerhebung die Höhe des Flughafenbezugspunktes.

§ 15 [Andere Luftfahrthindernisse] (1) [1] Die §§ 12 bis 14 gelten sinngemäß für Bäume, Freileitungen, Masten, Dämme sowie für andere Anlagen und Geräte. [2] § 12 Abs. 2 ist auf Gruben, Anlagen der Kanalisation und ähnliche Bodenvertiefungen sinngemäß anzuwenden.

(2) [1] Die Errichtung der in Absatz 1 genannten Luftfahrthindernisse bedarf der Genehmigung. [2] Falls die Genehmigung von einer anderen als der Baugenehmigungsbehörde erteilt wird, bedarf diese der Zustimmung der Luftfahrtbehörde. [3] Ist eine andere Genehmigungsbehörde nicht vorgesehen, so ist die Genehmigung der Luftfahrtbehörde erforderlich.

§ 16 [Beseitigung von Luftfahrthindernissen] (1) [1] Die Eigentümer und anderen Berechtigten haben auf Verlangen der Luftfahrtbehörden zu dulden, dass Bauwerke und andere Luftfahrthindernisse (§ 15), welche die nach den §§ 12 bis 15 zulässige Höhe überragen, auf diese Höhe abgetragen werden. [2] Im Falle des § 15 Abs. 1 Satz 2 erstreckt sich die Verpflichtung zur Duldung auf die Beseitigung der Vertiefungen. [3] Ist die Abtragung oder Beseitigung der Luftfahrthindernisse im Einzelfall nicht durchführbar, so sind die erforderlichen Sicherungsmaßnahmen für die Luftfahrt zu dulden.

(2) Das Recht des Eigentümers oder eines anderen Berechtigten und eine nach anderen Vorschriften bestehende Verpflichtung, diese Maßnahmen auf eigene Kosten selbst durchzuführen, bleiben unberührt.

§ 16 a[1)] [Kennzeichnung von Luftfahrthindernissen] (1) [1] Die Eigentümer und anderen Berechtigten von Bauwerken und von Gegenständen im Sinne des § 15 Abs. 1 Satz 1, die die nach § 14 zulässige Höhe nicht überschreiten, haben auf Verlangen der zuständigen Luftfahrtbehörde zu dulden, dass die Bauwerke und Gegenstände in geeigneter Weise gekennzeichnet werden, wenn und insoweit dies zur Sicherheit des Luftverkehrs erforderlich ist. [2] Das Bestehen sowie der Beginn des Errichtens oder Abbauens von Freileitungen, Seilbahnen und ähnlichen Anlagen, die in einer Länge von mehr als 75 m Täler oder Schluchten überspannen oder Steilabhängen folgen und dabei die Höhe von 20 m über der Erdoberfläche überschreiten, sind der zuständigen Luftfahrtbehörde von den Eigentümern und anderen Berechtigten unverzüglich anzuzeigen.

(2) § 16 Abs. 2 gilt entsprechend.

[1)] § 16 a Abs. 1 Satz 1 u. 2 geänd. mWv 4. 8. 2009 durch G v. 29. 7. 2009 (BGBl. I S. 2424); Abs. 1 Sätze 1 und 2 geänd. mWv 12. 5. 2012 durch G v. 8. 5. 2012 (BGBl. I S. 1032).

§ 17[1)] **[Beschränkter Bauschutzbereich]** [1]Die Luftfahrtbehörden können bei der Genehmigung von Landeplätzen und Segelfluggeländen bestimmen, dass die zur Erteilung einer Baugenehmigung zuständige Behörde nur mit Zustimmung der Luftfahrtbehörde genehmigen darf (beschränkter Bauschutzbereich)

1. die Errichtung von Bauwerken jeder Höhe im Umkreis von 1,5 Kilometern Halbmesser um den dem Flugplatzbezugspunkt entsprechenden Punkt,
2. die Errichtung von Bauwerken, die eine Höhe von 25 Meter, bezogen auf den dem Flughafenbezugspunkt entsprechenden Punkt, überschreiten im Umkreis von 4 Kilometern Halbmesser um den Flugplatzbezugspunkt.

[2]Auf den beschränkten Bauschutzbereich sind § 12 Abs. 2 Satz 2 und 3 und Abs. 4 sowie die §§ 13, 15 und 16 sinngemäß anzuwenden.

§ 18 [Bekanntmachung des Bauschutzbereichs] Der Umfang des Bauschutzbereichs ist den Eigentümern von Grundstücken im Bauschutzbereich und den anderen zum Gebrauch oder zur Nutzung dieser Grundstücke Berechtigten sowie den dinglich Berechtigten, soweit sie der zuständigen Behörde bekannt oder aus dem Grundbuch ersichtlich sind, bekannt zu geben oder in ortsüblicher Weise öffentlich bekannt zu machen.

§ 18 a[2)] **[Verbot der Errichtung von Bauwerken]** (1) [1]Bauwerke dürfen nicht errichtet werden, wenn dadurch Flugsicherungseinrichtungen gestört werden können. [2]Das Bundesaufsichtsamt für Flugsicherung entscheidet auf der Grundlage einer gutachtlichen Stellungnahme der Flugsicherungsorganisation, ob durch die Errichtung der Bauwerke Flugsicherungseinrichtungen gestört werden können. [3]Das Bundesaufsichtsamt für Flugsicherung teilt seine Entscheidung der zuständigen Luftfahrtbehörde des Landes mit.

(1 a) [1]Das Bundesaufsichtsamt für Flugsicherung unterrichtet die jeweils zuständigen Luftfahrtbehörden der Länder über die Standorte aller Flugsicherungseinrichtungen und Bereiche um diese, in denen Störungen durch Bauwerke zu erwarten sind. [2]Die Flugsicherungsorganisation meldet ihre Flugsicherungseinrichtungen und die Bereiche nach Satz 1 dem Bundesaufsichtsamt für Flugsicherung. [3]Die jeweils zuständigen Luftfahrtbehörden der Länder unterrichten das Bundesaufsichtsamt für Flugsicherung, wenn sie von der Planung von Bauwerken innerhalb von Bereichen nach Satz 1 Kenntnis erhalten.

(2) [1]Die Eigentümer und anderen Berechtigten haben auf Verlangen des Bundesaufsichtsamtes für Flugsicherung zu dulden, dass Bauwerke, die den Betrieb von Flugsicherungseinrichtungen stören, in einer Weise verändert werden, dass Störungen unterbleiben. [2]Das gilt nicht, wenn die Störungen durch Maßnahmen der Flugsicherungsorganisation mit einem Kostenaufwand verhindert werden können, der nicht über dem Geldwert der beabsichtigten Veränderung liegt.

(3) [1]Die Absätze 1 und 2 gelten sinngemäß für die nach § 15 Abs. 1 Satz 1 genannten Gegenstände. [2]§ 30 Abs. 2 Satz 1, 2 und 4 bleibt unberührt.

[1)] § 17 Satz 1 neu gef. mWv 12. 5. 2012 durch G v. 8. 5. 2012 (BGBl. I S. 1032).

[2)] § 18 a Abs. 1 u. 2 neu gef., Abs. 1 a, Abs. 3 Satz 2 eingef. mWv 4. 8. 2009 durch G v. 29. 7. 2009 (BGBl. I S. 2424).

§ 18b[1] **[Gegenseitige Unterrichtung]** (1) Bauwerke dürfen in den Bereichen, die für die Einrichtung und Überwachung von Verfahren für Flüge nach Instrumentenflugregeln aus Gründen der Hindernisfreiheit zu bewerten sind, nur errichtet werden, wenn die zuständige Luftfahrtbehörde zuvor über das Vorhaben informiert wurde.

(2) [1] Das Bundesaufsichtsamt für Flugsicherung unterrichtet die zuständigen Luftfahrtbehörden der Länder über die Bereiche, die für die Einrichtung und Überwachung von Verfahren für Flüge nach Instrumentenflugregeln aus Gründen der Hindernisfreiheit zu bewerten sind. [2] Die zuständigen Luftfahrtbehörden der Länder unterrichten das Bundesaufsichtsamt für Flugsicherung über Bauwerke, welche in diesem Bereich errichtet werden sollen.

(3) [1] Die Absätze 1 und 2 gelten sinngemäß für die nach § 15 Abs. 1 Satz 1 genannten Gegenstände. [2] § 30 Abs. 2 Satz 1, 2 und 4 bleibt unberührt.

§ 19[2] **[Entschädigung]** (1) [1] Entstehen durch Maßnahmen auf Grund der Vorschriften der §§ 12, 14 bis 17 und 18 a dem Eigentümer oder einem anderen Berechtigten Vermögensnachteile, so ist hierfür eine angemessene Entschädigung in Geld zu leisten. [2] Hierbei ist die entzogene Nutzung, die Beschädigung oder Zerstörung einer Sache unter gerechter Abwägung der Interessen der Allgemeinheit und der Beteiligten zu berücksichtigen. [3] Für Vermögensnachteile, die nicht im unmittelbaren Zusammenhang mit der Beeinträchtigung stehen, ist den in Satz 1 bezeichneten Personen eine Entschädigung zu zahlen, wenn und soweit dies zur Abwendung oder zum Ausgleich unbilliger Härten geboten erscheint.

(2) Unterlässt der Berechtigte eine Änderung der Nutzung, die ihm zuzumuten ist, so mindert sich seine Entschädigung um den Wert der Vermögensvorteile, die ihm bei Ausübung der geänderten Nutzung erwachsen wären.

(3) [1] Werden Bauwerke und sonstige Luftfahrthindernisse (§ 15), deren entschädigungslose Entfernung oder Umgestaltung nach dem jeweils geltenden Recht gefordert werden kann, auf Grund von Maßnahmen nach § 16 ganz oder teilweise entfernt oder umgestaltet, so ist eine Entschädigung nur zu leisten, wenn es aus Gründen der Billigkeit geboten ist. [2] Sind sie befristet zugelassen und ist die Frist noch nicht abgelaufen, so ist eine Entschädigung nach dem Verhältnis der restlichen Frist zu der gesamten Frist zu leisten.

(4) Dinglich Berechtigte, die nicht zum Gebrauch oder zur Nutzung der Sache berechtigt sind, sind nach den Artikeln 52 und 53 des Einführungsgesetzes zum Bürgerlichen Gesetzbuch auf die Entschädigung des Eigentümers angewiesen.

(5) [1] Die Entschädigung ist in den Fällen der §§ 12 und 17 von dem Flugplatzunternehmer zu zahlen. [2] In den Fällen des § 18 a und soweit die bezeichneten Maßnahmen Grundstücke oder andere Sachen außerhalb der Bauschutzbereiche der §§ 12 und 17 betreffen, ist die Entschädigung, wenn es sich um Maßnahmen der Flugsicherung handelt, die sich nicht auf den Start- und Landevorgang beziehen, von demjenigen zu leisten, dessen Flugsicherungstätigkeit durch die Veränderung von Bauwerken unmittelbar gefördert und erleichtert wird; im Übrigen obliegt sie dem jeweiligen Flugplatzunternehmer. [3] In den Fällen des

[1] § 18 b Abs. 2 neu gef., Abs. 3 Satz 2 eingef. mWv 4. 8. 2009 durch G v. 29. 7. 2009 (BGBl. I S. 2424).

[2] § 19 Abs. 5 Satz 2 geänd. mWv 4. 8. 2009 durch G v. 29. 7. 2009 (BGBl. I S. 2424).

§ 16 a ist die Entschädigung von demjenigen zu leisten, der ein Interesse an der Kennzeichnung geltend macht.

(6) Im Übrigen sind die Vorschriften des § 13 Abs. 2, der §§ 14, 15, 17 bis 25, 31 und 32 des Schutzbereichgesetzes sinngemäß anzuwenden.

§ 19 a[1)] [Anlagen zur Messung des Fluglärms] [1] Der Unternehmer eines Flughafens oder eines Landeplatzes im Sinne von § 4 Abs. 1 Nr. 1 und 2 des Gesetzes zum Schutz gegen Fluglärm hat innerhalb einer von der Genehmigungsbehörde festzusetzenden Frist auf dem Flughafen oder Landeplatz und in dessen Umgebung Anlagen zur fortlaufend registrierenden Messung der durch die an- und abfliegenden Luftfahrzeuge entstehenden Geräusche einzurichten und zu betreiben. [2] Die Mess- und Auswertungsergebnisse sind der Genehmigungsbehörde und der Kommission nach § 32 b sowie auf Verlangen der Genehmigungsbehörde anderen Behörden mitzuteilen und regelmäßig zu veröffentlichen. [3] Sofern ein Bedürfnis für die Beschaffung und den Betrieb von Anlagen nach Satz 1 nicht besteht, kann die Genehmigungsbehörde Ausnahmen zulassen.

7. Unterabschnitt. Gemeinsame Vorschriften

§ 30[2)] [Ausnahmen für Bundeswehr, Bundespolizei und Polizei]

(1) [1] Die Bundeswehr sowie die auf Grund völkerrechtlicher Verträge in der Bundesrepublik Deutschland stationierten Truppen dürfen von den Vorschriften des Ersten Abschnitts dieses Gesetzes – ausgenommen die §§ 12, 13 und 15 bis 19 – und den zu seiner Durchführung erlassenen Vorschriften abweichen; soweit dies zur Erfüllung ihrer besonderen Aufgaben unter Berücksichtigung der öffentlichen Sicherheit oder Ordnung erforderlich ist. [2] Das in § 8 vorgesehene Planfeststellungsverfahren entfällt, wenn militärische Flugplätze angelegt oder geändert werden sollen. [3] Von den Vorschriften über das Verhalten im Luftraum darf nur abgewichen werden, soweit dies zur Erfüllung hoheitlicher Aufgaben zwingend notwendig ist.

(1 a) [1] Die Polizeien des Bundes und der Länder dürfen von den Vorschriften des Ersten Abschnitts dieses Gesetzes – ausgenommen die §§ 5 bis 10, 12, 13 sowie 15 bis 19 – und den zu seiner Durchführung erlassenen Vorschriften abweichen, soweit dies zur Erfüllung ihrer Aufgaben unter Berücksichtigung der öffentlichen Sicherheit oder Ordnung erforderlich ist. [2] Von den Vorschriften über das Verhalten im Luftraum darf nur abgewichen werden, soweit dies zur Erfüllung hoheitlicher Aufgaben zwingend notwendig ist.

(2) [1] Die Verwaltungszuständigkeiten auf Grund dieses Gesetzes werden für den Dienstbereich der Bundeswehr und, soweit völkerrechtliche Verträge nicht entgegenstehen, der stationierten Truppen durch Dienststellen der Bundeswehr nach Bestimmungen des Bundesministeriums der Verteidigung wahrgenommen. [2] Dies gilt nicht für die Aufgaben der Flugsicherung nach § 27 c mit Ausnahme der örtlichen Flugsicherung an den militärischen Flugplätzen; die notwendigen Vorbereitungen zur Wahrnehmung der Aufgaben nach Artikel 87 a des Grundgesetzes bleiben unberührt. [3] Das Bundesministerium der Verteidigung erteilt die

---

1) § 19 a Sätze 1 und 2 geänd. mWv 7. 6. 2007 durch G v. 1. 6. 2007 (BGBl. I S. 986).

2) § 30 Abs. 3 Satz 2 geänd. mWv 30. 6. 2009 durch G v. 22. 12. 2008 (BGBl. I S. 2986); Abs. 2 Satz 4 neu gef. mWv 4. 8. 2009 durch G v. 29. 7. 2009 (BGBl. I S. 2424); Abs. 1 Satz 1 geänd., Satz 4 aufgeh., Abs. 1 a eingef. mWv 13. 8. 2013 durch G v. 7. 8. 2013 (BGBl. I S. 3123).

Erlaubnisse nach § 2 Abs. 7 und § 27 auch für andere militärische Luftfahrzeuge. [4] In den §§ 12, 13 und 15 bis 19 treten bei militärischen Flugplätzen an Stelle der Flugsicherungsorganisation und der genannten Luftfahrtbehörden die Behörden der Bundeswehrverwaltung.

(3) [1] Bei der Anlegung und wesentlichen Änderung militärischer Flugplätze auf Gelände, das nicht durch Maßnahmen auf Grund des Landbeschaffungsgesetzes beschafft zu werden braucht, sind die Erfordernisse der Raumordnung, insbesondere des zivilen Luftverkehrs, nach Anhörung der Regierungen der Länder, die von der Anlegung oder Änderung betroffen werden, angemessen zu berücksichtigen. [2] §§ 4 und 5 des Raumordnungsgesetzes bleiben unberührt. [3] Das Bundesministerium der Verteidigung kann von der Stellungnahme dieser Länder hinsichtlich der Erfordernisse des zivilen Luftverkehrs nur im Einvernehmen mit dem Bundesministerium für Verkehr, Bau und Stadtentwicklung abweichen; es unterrichtet die Regierungen der betroffenen Länder von seiner Entscheidung. [4] Wird Gelände für die Anlegung und wesentliche Änderung militärischer Flugplätze nach den Vorschriften des Landbeschaffungsgesetzes beschafft, findet allein das Anhörungsverfahren nach § 1 Abs. 2 des Landbeschaffungsgesetzes statt; hierbei sind insbesondere die Erfordernisse des zivilen Luftverkehrs angemessen zu berücksichtigen.

E. Wasserrecht

34. Gesetz zur Ordnung des Wasserhaushalts (Wasserhaushaltsgesetz – WHG)[1) 2) 3)]

Vom 31. Juli 2009
(BGBl. I S. 2585)

FNA 753-13

zuletzt geänd. durch Art. 2 G zur Änd. des UmweltstatistikG und des WasserhaushaltsG v. 15. 11. 2014 (BGBl. I S. 1724)

– Auszug –

§ 17 Zulassung vorzeitigen Beginns. (1) In einem Erlaubnis- oder Bewilligungsverfahren kann die zuständige Behörde auf Antrag zulassen, dass bereits vor Erteilung der Erlaubnis oder der Bewilligung mit der Gewässerbenutzung begonnen wird, wenn

1. mit einer Entscheidung zugunsten des Benutzers gerechnet werden kann,
2. an dem vorzeitigen Beginn ein öffentliches Interesse oder ein berechtigtes Interesse des Benutzers besteht und

---

1) **Amtl. Anm.:** Dieses Gesetz dient der Umsetzung der

- Richtlinie 80/68/EWG des Rates vom 17. Dezember 1979 über den Schutz des Grundwassers gegen Verschmutzung durch bestimmte gefährliche Stoffe (ABl. L 20 vom 26. 1. 1980, S. 43), die durch die Richtlinie 2000/60/EG (ABl. L 327 vom 22. 12. 2000, S. 1) geändert worden ist,
- Richtlinie 91/271/EWG des Rates vom 21. Mai 1991 über die Behandlung von kommunalem Abwasser (ABl. L 135 vom 30. 5. 1991, S. 40), die zuletzt durch die Verordnung (EG) Nr. 1137/2008 (ABl. L 311 vom 21. 11. 2008, S. 1) geändert worden ist,
- Richtlinie 2000/60/EG des Europäischen Parlaments und des Rates vom 23. Oktober 2000 zur Schaffung eines Ordnungsrahmens für Maßnahmen der Gemeinschaft im Bereich der Wasserpolitik (ABl. L 327 vom 22. 12. 2000, S. 1), die zuletzt durch die Richtlinie 2008/105/EG (ABl. L 348 vom 24. 12. 2008, S. 84) geändert worden ist,
- Richtlinie 2004/35/EG des Europäischen Parlaments und des Rates vom 21. April 2004 über Umwelthaftung zur Vermeidung und Sanierung von Umweltschäden (ABl. L 143 vom 30. 4. 2004, S. 56), die durch die Richtlinie 2006/21/EG (ABl. L 102 vom 11. 4. 2006, S. 15) geändert worden ist,
- Richtlinie 2006/11/EG des Europäischen Parlaments und des Rates vom 15. Februar 2006 betreffend die Verschmutzung infolge der Ableitung bestimmter gefährlicher Stoffe in die Gewässer der Gemeinschaft (ABl. L 64 vom 4. 3. 2006, S. 52),
- Richtlinie 2006/118/EG des Europäischen Parlaments und des Rates vom 12. Dezember 2006 zum Schutz des Grundwassers vor Verschmutzung und Verschlechterung (ABl. L 372 vom 27. 12. 2006, S. 19, L 53 vom 22. 2. 2007, S. 30, L 139 vom 31. 5. 2007, S. 39),
- Richtlinie 2007/60/EG des Europäischen Parlaments und des Rates vom 23. Oktober 2007 über die Bewertung und das Management von Hochwasserrisiken (ABl. L 288 vom 6. 11. 2007, S. 27).

2) **Amtl. Anm.:** Die Verpflichtungen aus der Richtlinie 98/34/EG des Europäischen Parlaments und des Rates vom 22. Juni 1998 über ein Informationsverfahren auf dem Gebiet der Normen und technischen Vorschriften und der Vorschriften für die Dienste der Informationsgesellschaft (ABl. L 204 vom 21. 7. 1998, S. 37), die zuletzt durch die Richtlinie 2006/96/EG (ABl. L 363 vom 20. 12. 2006, S. 81) geändert worden ist, sind beachtet worden.

3) Verkündet als Art. 1 des G zur Neuregelung des Wasserrechts v. 31. 7. 2009 (BGBl. I S. 2585); Inkrafttreten gem. Art. 24 Abs. 2 Satz 1 dieses G am 1. 3. 2010 mit Ausnahme der §§ 23, 48 Abs. 1 Satz 2 und Abs. 2 Satz 3, § 57 Abs. 2, § 58 Abs. 1 Satz 2, § 61 Abs. 3, § 62 Abs. 4 und 7 Satz 2 und § 63 Abs. 2 Satz 2, die gem. Art. 24 Abs. 1 bereits am 7. 8. 2009 in Kraft getreten sind.

3. der Benutzer sich verpflichtet, alle bis zur Entscheidung durch die Benutzung verursachten Schäden zu ersetzen und, falls die Benutzung nicht erlaubt oder bewilligt wird, den früheren Zustand wiederherzustellen.

(2) [1] Die Zulassung des vorzeitigen Beginns kann jederzeit widerrufen werden. [2] § 13 gilt entsprechend.

§ 48 Reinhaltung des Grundwassers. (1) [1] Eine Erlaubnis für das Einbringen und Einleiten von Stoffen in das Grundwasser darf nur erteilt werden, wenn eine nachteilige Veränderung der Wasserbeschaffenheit nicht zu besorgen ist. [2] Durch Rechtsverordnung nach § 23 Absatz 1 Nummer 3 kann auch festgelegt werden, unter welchen Voraussetzungen die Anforderung nach Satz 1, insbesondere im Hinblick auf die Begrenzung des Eintrags von Schadstoffen, als erfüllt gilt. [3] Die Verordnung bedarf der Zustimmung des Bundestages. [4] Die Zustimmung gilt als erteilt, wenn der Bundestag nicht innerhalb von drei Sitzungswochen nach Eingang der Vorlage der Bundesregierung die Zustimmung verweigert hat.

(2) [1] Stoffe dürfen nur so gelagert oder abgelagert werden, dass eine nachteilige Veränderung der Grundwasserbeschaffenheit nicht zu besorgen ist. [2] Das Gleiche gilt für das Befördern von Flüssigkeiten und Gasen durch Rohrleitungen. [3] Absatz 1 Satz 2 bis 4 gilt entsprechend.

§ 49 Erdaufschlüsse. (1) [1] Arbeiten, die so tief in den Boden eindringen, dass sie sich unmittelbar oder mittelbar auf die Bewegung, die Höhe oder die Beschaffenheit des Grundwassers auswirken können, sind der zuständigen Behörde einen Monat vor Beginn der Arbeiten anzuzeigen. [2] Werden bei diesen Arbeiten Stoffe in das Grundwasser eingebracht, ist abweichend von § 8 Absatz 1 in Verbindung mit § 9 Absatz 1 Nummer 4 anstelle der Anzeige eine Erlaubnis nur erforderlich, wenn sich das Einbringen nachteilig auf die Grundwasserbeschaffenheit auswirken kann. [3] Die zuständige Behörde kann für bestimmte Gebiete die Tiefe nach Satz 1 näher bestimmen.

(2) Wird unbeabsichtigt Grundwasser erschlossen, ist dies der zuständigen Behörde unverzüglich anzuzeigen.

(3) [1] In den Fällen der Absätze 1 und 2 hat die zuständige Behörde die Einstellung oder die Beseitigung der Erschließung anzuordnen, wenn eine nachteilige Veränderung der Grundwasserbeschaffenheit zu besorgen oder eingetreten ist und der Schaden nicht anderweitig vermieden oder ausgeglichen werden kann; die zuständige Behörde hat die insoweit erforderlichen Maßnahmen anzuordnen. [2] Satz 1 gilt entsprechend, wenn unbefugt Grundwasser erschlossen wird.

(4) Durch Landesrecht können abweichende Regelungen getroffen werden.

§ 57[1] Einleiten von Abwasser in Gewässer. (1) Eine Erlaubnis für das Einleiten von Abwasser in Gewässer (Direkteinleitung) darf nur erteilt werden, wenn

1. die Menge und Schädlichkeit des Abwassers so gering gehalten wird, wie dies bei Einhaltung der jeweils in Betracht kommenden Verfahren nach dem Stand der Technik möglich ist,

---

[1] § 57 Abs. 3 geänd. mWv 18. 8. 2010 durch G v. 11. 8. 2010 (BGBl. I S. 1163); Abs. 2 Satz 3 aufgeh., Abs. 3 neu gef., Abs. 4 und 5 angef. mWv 2. 5. 2013 durch G v. 8. 4. 2013 (BGBl. I S. 734).

2. die Einleitung mit den Anforderungen an die Gewässereigenschaften und sonstigen rechtlichen Anforderungen vereinbar ist und
3. Abwasseranlagen oder sonstige Einrichtungen errichtet und betrieben werden, die erforderlich sind, um die Einhaltung der Anforderungen nach den Nummern 1 und 2 sicherzustellen.

(2) [1] Durch Rechtsverordnung nach § 23 Absatz 1 Nummer 3 können an das Einleiten von Abwasser in Gewässer Anforderungen festgelegt werden, die nach Absatz 1 Nummer 1 dem Stand der Technik entsprechen. [2] Die Anforderungen können auch für den Ort des Anfalls des Abwassers oder vor seiner Vermischung festgelegt werden.

(3) [1] Nach Veröffentlichung einer BVT-Schlussfolgerung ist bei der Festlegung von Anforderungen nach Absatz 2 Satz 1 unverzüglich zu gewährleisten, dass für Anlagen nach § 3 der Verordnung über genehmigungsbedürftige Anlagen und nach § 60 Absatz 3 Satz 1 Nummer 2 die Einleitungen unter normalen Betriebsbedingungen die in den BVT-Schlussfolgerungen genannten Emissionsbandbreiten nicht überschreiten. [2] Wenn in besonderen Fällen wegen technischer Merkmale der betroffenen Anlagenart die Einhaltung der in Satz 1 genannten Emissionsbandbreiten unverhältnismäßig wäre, können in der Rechtsverordnung für die Anlagenart geeignete Emissionswerte festgelegt werden, die im Übrigen dem Stand der Technik entsprechen müssen. [3] Bei der Festlegung der abweichenden Anforderungen nach Satz 2 ist zu gewährleisten, dass die in den Anhängen V bis VIII der Richtlinie 2010/75/EU festgelegten Emissionsgrenzwerte nicht überschritten werden, keine erheblichen nachteiligen Auswirkungen auf den Gewässerzustand hervorgerufen werden und zu einem hohen Schutzniveau für die Umwelt insgesamt beigetragen wird. [4] Die Notwendigkeit abweichender Anforderungen ist zu begründen.

(4) [1] Für vorhandene Abwassereinleitungen aus Anlagen nach § 3 der Verordnung über genehmigungsbedürftige Anlagen oder bei Anlagen nach § 60 Absatz 3 Satz 1 Nummer 2 ist

1. innerhalb eines Jahres nach Veröffentlichung von BVT-Schlussfolgerungen zur Haupttätigkeit eine Überprüfung und gegebenenfalls Anpassung der Rechtsverordnung vorzunehmen und
2. innerhalb von vier Jahren nach Veröffentlichung von BVT-Schlussfolgerungen zur Haupttätigkeit sicherzustellen, dass die betreffenden Einleitungen oder Anlagen die Emissionsgrenzwerte der Rechtsverordnung einhalten; dabei gelten die Emissionsgrenzwerte als im Einleitungsbescheid festgesetzt, soweit der Bescheid nicht weitergehende Anforderungen im Einzelfall festlegt.

[2] Sollte die Anpassung der Abwassereinleitung an die nach Satz 1 Nummer 1 geänderten Anforderungen innerhalb der in Satz 1 bestimmten Frist wegen technischer Merkmale der betroffenen Anlage unverhältnismäßig sein, soll die zuständige Behörde einen längeren Zeitraum festlegen.

(5) [1] Entsprechen vorhandene Einleitungen, die nicht unter die Absätze 3 bis 4 fallen, nicht den Anforderungen nach Absatz 2, auch in Verbindung mit Satz 2, oder entsprechenden Anforderungen der Abwasserverordnung in ihrer am 28. Februar 2010 geltenden Fassung, so hat der Betreiber die erforderlichen Anpassungsmaßnahmen innerhalb angemessener Fristen durchzuführen; Absatz 4 Satz 1 Nummer 2 zweiter Halbsatz gilt entsprechend. [2] Für Einleitungen nach Satz 1 sind in der Rechtsverordnung nach Absatz 2 Satz 1 abweichende Anfor-

derungen festzulegen, soweit die erforderlichen Anpassungsmaßnahmen unverhältnismäßig wären.

§ 58[1] Einleiten von Abwasser in öffentliche Abwasseranlagen.

(1) [1] Das Einleiten von Abwasser in öffentliche Abwasseranlagen (Indirekteinleitung) bedarf der Genehmigung durch die zuständige Behörde, soweit an das Abwasser in der Abwasserverordnung in ihrer jeweils geltenden Fassung Anforderungen für den Ort des Anfalls des Abwassers oder vor seiner Vermischung festgelegt sind. [2] Durch Rechtsverordnung nach § 23 Absatz 1 Nummer 5, 8 und 10 kann bestimmt werden,

1. unter welchen Voraussetzungen die Indirekteinleitung anstelle einer Genehmigung nach Satz 1 nur einer Anzeige bedarf,
2. dass die Einhaltung der Anforderungen nach Absatz 2 auch durch Sachverständige überwacht wird.

[3] Weitergehende Rechtsvorschriften der Länder, die den Maßgaben des Satzes 2 entsprechen oder die über Satz 1 oder Satz 2 hinausgehende Genehmigungserfordernisse vorsehen, bleiben unberührt. [4] Ebenfalls unberührt bleiben Rechtsvorschriften der Länder, nach denen die Genehmigung der zuständigen Behörde durch eine Genehmigung des Betreibers einer öffentlichen Abwasseranlage ersetzt wird.

(2) Eine Genehmigung für eine Indirekteinleitung darf nur erteilt werden, wenn

1. die nach der Abwasserverordnung in ihrer jeweils geltenden Fassung für die Einleitung maßgebenden Anforderungen einschließlich der allgemeinen Anforderungen eingehalten werden,
2. die Erfüllung der Anforderungen an die Direkteinleitung nicht gefährdet wird und
3. Abwasseranlagen oder sonstige Einrichtungen errichtet und betrieben werden, die erforderlich sind, um die Einhaltung der Anforderungen nach den Nummern 1 und 2 sicherzustellen.

(3) Entsprechen vorhandene Indirekteinleitungen nicht den Anforderungen nach Absatz 2, so sind die erforderlichen Maßnahmen innerhalb angemessener Fristen durchzuführen.

(4) [1] § 13 Absatz 1 und § 17 gelten entsprechend. [2] Eine Genehmigung kann auch unter dem Vorbehalt des Widerrufs erteilt werden.

§ 62[2] Anforderungen an den Umgang mit wassergefährdenden Stoffen.

(1) [1] Anlagen zum Lagern, Abfüllen, Herstellen und Behandeln wassergefährdender Stoffe sowie Anlagen zum Verwenden wassergefährdender Stoffe im Bereich der gewerblichen Wirtschaft und im Bereich öffentlicher Einrichtungen müssen so beschaffen sein und so errichtet, unterhalten, betrieben und stillgelegt

---

[1] § 58 Abs. 1 Satz 1, Abs. 2 Nr. 1 geänd. mWv 18. 8. 2010 durch G v. 11. 8. 2010 (BGBl. I S. 1163).

[2] § 62 Abs. 4 Nr. 4 neu gef. mWv 18. 8. 2010 durch G v. 11. 8. 2010 (BGBl. I S. 1163); Abs. 4 Nr. 1–3 neu gef., Nr. 4–6 eingef., bish. Nr. 4 wird Nr. 7 mWv 14. 10. 2011 durch G v. 6. 10. 2011 (BGBl. I S. 1986); Abs. 7 Sätze 1–3 geänd. mWv 15. 8. 2013 durch G v. 7. 8. 2013 (BGBl. I S. 3154).

werden, dass eine nachteilige Veränderung der Eigenschaften von Gewässern nicht zu besorgen ist. [2] Das Gleiche gilt für Rohrleitungsanlagen, die

1. den Bereich eines Werksgeländes nicht überschreiten,
2. Zubehör einer Anlage zum Umgang mit wassergefährdenden Stoffen sind oder
3. Anlagen verbinden, die in engem räumlichen und betrieblichen Zusammenhang miteinander stehen.

[3] Für Anlagen zum Umschlagen wassergefährdender Stoffe sowie zum Lagern und Abfüllen von Jauche, Gülle und Silagesickersäften sowie von vergleichbaren in der Landwirtschaft anfallenden Stoffen gilt Satz 1 entsprechend mit der Maßgabe, dass der bestmögliche Schutz der Gewässer vor nachteiligen Veränderungen ihrer Eigenschaften erreicht wird.

(2) Anlagen im Sinne des Absatzes 1 dürfen nur entsprechend den allgemein anerkannten Regeln der Technik beschaffen sein sowie errichtet, unterhalten, betrieben und stillgelegt werden.

(3) Wassergefährdende Stoffe im Sinne dieses Abschnitts sind feste, flüssige und gasförmige Stoffe, die geeignet sind, dauernd oder in einem nicht nur unerheblichen Ausmaß nachteilige Veränderungen der Wasserbeschaffenheit herbeizuführen.

(4) Durch Rechtsverordnung nach § 23 Absatz 1 Nummer 5 bis 11 können nähere Regelungen erlassen werden über

1. die Bestimmung der wassergefährdenden Stoffe und ihre Einstufung entsprechend ihrer Gefährlichkeit, über eine hierbei erforderliche Mitwirkung des Umweltbundesamtes und anderer Stellen sowie über Mitwirkungspflichten von Anlagenbetreibern im Zusammenhang mit der Einstufung von Stoffen,
2. die Einsetzung einer Kommission zur Beratung des Bundesministeriums für Umwelt, Naturschutz und Reaktorsicherheit in Fragen der Stoffeinstufung einschließlich hiermit zusammenhängender organisatorischer Fragen,
3. Anforderungen an die Beschaffenheit und Lage von Anlagen nach Absatz 1,
4. technische Regeln, die den allgemein anerkannten Regeln der Technik entsprechen,
5. Pflichten bei der Planung, der Errichtung, dem Betrieb, dem Befüllen, dem Entleeren, der Instandhaltung, der Instandsetzung, der Überwachung, der Überprüfung, der Reinigung, der Stilllegung und der Änderung von Anlagen nach Absatz 1 sowie Pflichten beim Austreten wassergefährdender Stoffe aus derartigen Anlagen; in der Rechtsverordnung kann die Durchführung bestimmter Tätigkeiten Sachverständigen oder Fachbetrieben vorbehalten werden,
6. Befugnisse der zuständigen Behörde, im Einzelfall Anforderungen an Anlagen nach Absatz 1 festzulegen und den Betreibern solcher Anlagen bestimmte Maßnahmen aufzuerlegen,
7. Anforderungen an Sachverständige und Sachverständigenorganisationen sowie an Fachbetriebe und Güte- und Überwachungsgemeinschaften.

(5) Weitergehende landesrechtliche Vorschriften für besonders schutzbedürftige Gebiete bleiben unberührt.

(6) Die §§ 62 und 63 gelten nicht für Anlagen im Sinne des Absatzes 1 zum Umgang mit

1. Abwasser,

2. Stoffen, die hinsichtlich der Radioaktivität die Freigrenzen des Strahlenschutzrechts überschreiten.

(7) [1] Das Umweltbundesamt erhebt für in einer Rechtsverordnung nach Absatz 4 Nummer 1 aufgeführte individuell zurechenbare öffentliche Leistungen Gebühren und Auslagen. [2] Die Bundesregierung wird ermächtigt, durch Rechtsverordnung ohne Zustimmung des Bundesrates die gebührenpflichtigen Tatbestände, die Gebührensätze und die Auslagenerstattung für individuell zurechenbare öffentliche Leistungen nach Satz 1 zu bestimmen. [3] Die zu erstattenden Auslagen können abweichend vom Bundesgebührengesetz geregelt werden.

§ 62 a[1)] Nationales Aktionsprogramm zum Schutz von Gewässern vor Nitrateinträgen aus Anlagen. [1] Das Bundesministerium für Umwelt, Naturschutz und Reaktorsicherheit erarbeitet im Einvernehmen mit dem Bundesministerium für Ernährung, Landwirtschaft und Verbraucherschutz ein nationales Aktionsprogramm im Sinne des Artikels 5 Absatz 1 in Verbindung mit Absatz 4 Buchstabe b, Artikel 4 Absatz 1 Buchstabe a und Anhang II Buchstabe A Nummer 5 der Richtlinie 91/676/EWG des Rates vom 12. Dezember 1991 zum Schutz der Gewässer vor Verunreinigung durch Nitrat aus landwirtschaftlichen Quellen (ABl. L 375 vom 31. 12. 1991, S. 1), die zuletzt durch die Verordnung (EG) Nr. 1137/2008 (ABl. L 311 vom 21. 11. 2008, S. 1) geändert worden ist. [2] Dieses enthält insbesondere Angaben zur Beschaffenheit, zur Lage, zur Errichtung und zum Betrieb von Anlagen zum Lagern und Abfüllen von Jauche, Gülle und Silagesickersäften sowie von vergleichbaren in der Landwirtschaft anfallenden Stoffen. [3] Zu dem Entwurf des Aktionsprogramms sowie zu Entwürfen zur Änderung des Aktionsprogramms wird eine Strategische Umweltprüfung nach dem Gesetz über die Umweltverträglichkeitsprüfung durchgeführt. [4] Das Aktionsprogramm und seine Änderungen sind bei Erlass der Rechtsverordnung auf Grund des § 23 Absatz 1 Nummer 5 bis 11 in Verbindung mit § 62 Absatz 4 zu berücksichtigen.

§ 63[2)] Eignungsfeststellung. (1) [1] Anlagen zum Lagern, Abfüllen oder Umschlagen wassergefährdender Stoffe dürfen nur errichtet und betrieben werden, wenn ihre Eignung von der zuständigen Behörde festgestellt worden ist. [2] Eine Eignungsfeststellung kann auch für Anlagenteile oder technische Schutzvorkehrungen erteilt werden. [3] Für die Errichtung von Anlagen, Anlagenteilen und technischen Schutzvorkehrungen nach den Sätzen 1 und 2 gilt § 58 Absatz 4 entsprechend.

(2) Absatz 1 gilt nicht

1. für Anlagen zum Lagern und Abfüllen von Jauche, Gülle und Silagesickersäften sowie von vergleichbaren in der Landwirtschaft anfallenden Stoffen,
2. wenn wassergefährdende Stoffe
   a) kurzzeitig in Verbindung mit dem Transport bereitgestellt oder aufbewahrt werden und die Behälter oder Verpackungen den Vorschriften und Anforderungen für den Transport im öffentlichen Verkehr genügen,

---

[1)] § 62 a eingef. mWv 29. 1. 2013 durch G v. 21. 1. 2013 (BGBl. I S. 95).

[2)] § 63 Abs. 3 Satz 1 Nr. 1 geänd. mWv 18. 8. 2010 durch G v. 11. 8. 2010 (BGBl. I S. 1163); Abs. 3 Satz 1 Nr. 1 neu gef. mWv 1. 7. 2013 durch G v. 5. 12. 2012 (BGBl. I S. 2449).

b) in Laboratorien in der für den Handgebrauch erforderlichen Menge bereitgehalten werden.

Durch Rechtsverordnung nach § 23 Absatz 1 Nummer 5, 6 und 10 kann bestimmt werden, unter welchen Voraussetzungen darüber hinaus keine Eignungsfeststellung erforderlich ist.

(3) [1] Die Eignungsfeststellung entfällt für Anlagen, Anlagenteile oder technische Schutzvorkehrungen,

1. wenn die Anlagen, Anlagenteile oder technischen Schutzvorkehrungen die Anforderungen zum Schutz der Gewässer nach Rechtsvorschriften der Europäischen Union zu Bauprodukten oder nach den zu ihrer Umsetzung oder Durchführung ergangenen Rechtsvorschriften erfüllen, wenn die nach den genannten Rechtsvorschriften erforderlichen CE-Kennzeichnungen angebracht wurden und wenn nach diesen Rechtsvorschriften zulässige Klassen und Leistungsstufen nach Maßgabe landesrechtlicher Vorschriften eingehalten werden,
2. bei denen nach den bauordnungsrechtlichen Vorschriften über die Verwendung von Bauprodukten, Bauarten oder Bausätzen auch die Einhaltung der wasserrechtlichen Anforderungen sichergestellt wird,
3. die nach immissionsschutzrechtlichen Vorschriften unter Berücksichtigung der wasserrechtlichen Anforderungen der Bauart nach zugelassen sind oder einer Bauartzulassung bedürfen oder
4. für die eine Genehmigung nach baurechtlichen Vorschriften erteilt worden ist, sofern bei Erteilung der Genehmigung die wasserrechtlichen Anforderungen zu berücksichtigen sind.

[2] Soweit in den Fällen des Satzes 1 Nummer 2 auf Grund bauordnungsrechtlicher Vorschriften ein Zulassungs- oder Nachweiserfordernis oder eine Zulassungs- oder Nachweismöglichkeit für Bauprodukte, Bauarten oder Bausätze als Teil einer Anlage oder als technische Schutzvorkehrung besteht, ist die entsprechende Zulassung oder der entsprechende Nachweis vorzulegen und der Eignungsfeststellung für die Anlage zugrunde zu legen.

35. Bayerisches Wassergesetz (BayWG)[1)]

Vom 25. Februar 2010
(GVBl S. 66, ber. S. 130)

BayRS 753-1-UG

zuletzt geänd. durch § 1 Nr. 363 VO zur Anpassung des LandesR an die geltende Geschäftsverteilung v. 22. 7. 2014 (GVBl S. 286)

– Auszug –

Art. 30 Erdaufschlüsse (Abweichend von § 49 WHG). (1) [1] Der Anzeige nach § 49 Abs. 1 Satz 1 WHG sind die zur Beurteilung erforderlichen Unterlagen beizufügen. [2] Werden Dritte mit der Durchführung der Arbeiten beauftragt, so obliegt diesen die Anzeige. [3] Bei erlaubnispflichtigen Gewässerbenutzungen, gestattungsbedürftigen Anlagen nach dem Bayerischen Abgrabungsgesetz oder nach der Bayerischen Bauordnung (BayBO) gilt der Antrag auf Genehmigung als Anzeige; in diesen Fällen kommt Abs. 2 nicht zur Anwendung. [4] Im Vollzug des § 49 Abs. 1 Satz 3 WHG ist zuständige Behörde die Kreisverwaltungsbehörde in Abstimmung mit dem Wasserwirtschaftsamt.

(2) Ist seit der Anzeige ein Monat vergangen, ohne dass eine Einstellungs- oder Beseitigungsanordnung nach § 49 Abs. 3 WHG ergangen ist, können die Arbeiten begonnen und so lange durchgeführt werden, bis auf das Grundwasser eingewirkt wird.

(3) [1] Ergibt sich, dass auf das Grundwasser eingewirkt wird, so sind die Arbeiten einzustellen, bis die Gewässerbenutzung oder der Gewässerausbau vorzeitig zugelassen oder die erforderliche Erlaubnis oder Bewilligung erteilt oder der Plan festgestellt oder genehmigt ist; dies gilt nicht für erlaubnisfreie Grundwasserbenutzungen. [2] Ist eine baurechtliche Genehmigung oder Zustimmung zu erteilen, so entfällt die wasserrechtliche Erlaubnis für das Einbringen von Stoffen in das Grundwasser.

(4) Abs. 1 und 2 gelten nicht für Arbeiten, die von Staatsbaubehörden oder unter deren Aufsicht ausgeführt werden oder die der bergbehördlichen Aufsicht unterliegen.

(5) Wird durch Arbeiten, die der bergbehördlichen Aufsicht unterliegen, unbefugt oder unbeabsichtigt Grundwasser erschlossen, so ist die Bergbehörde für die zum Schutz des Grundwassers erforderlichen Anordnungen zuständig.

Art. 61 Bauabnahme. (1) [1] Nach Fertigstellung von Baumaßnahmen, die einer Erlaubnis, Bewilligung, Genehmigung oder Planfeststellung nach dem Wasserhaushaltsgesetz oder nach diesem Gesetz bedürfen, hat der Bauherr der Kreisverwaltungsbehörde die Bestätigung eines privaten Sachverständigen nach Art. 65 vorzulegen, aus der sich ergibt, dass die Baumaßnahmen entsprechend dem Bescheid ausgeführt oder welche Abweichungen von der zugelassenen Bauausführung vorgenommen worden sind. [2] Die Kreisverwaltungsbehörde kann

---

[1)] Das Gesetz weicht in einzelnen Punkten vom Wasserhaushaltsgesetz ab, vgl. Hinweis v. 24. 10. 2012 (BGBl. I S. 2176) und Hinweis v. 19. 2. 2015 (BGBl. I S. 153).

Abweichungen von der zugelassenen Ausführung ohne Änderung der wasserrechtlichen Gestattung im Sinn des Satzes 1 genehmigen, sofern die Abweichung eine schädliche Gewässerveränderung nicht erwarten lässt. [3] Die Genehmigung kann unter Auflagen erteilt werden, soweit der zugrundeliegende Bescheid mit Auflagen verbunden werden kann. [4] Werden durch die Abweichungen Ansprüche Dritter berührt, über die im vorausgegangenen Verfahren zu entscheiden war, so können nach Anhörung der Dritten auch Ausgleichsmaßnahmen oder Entschädigungen festgesetzt werden.

(2) [1] Die Kreisverwaltungsbehörde kann im Einzelfall auf die Bauabnahme verzichten, wenn nach Größe und Art der baulichen Anlage nicht zu erwarten ist, dass durch sie erhebliche Gefahren oder Nachteile herbeigeführt werden können, oder eine Bauabnahme nach anderen Vorschriften durchgeführt wird; dies gilt nicht für Anlagen nach Art. 70 Abs. 1 Nr. 2. [2] Bauliche Anlagen des Bundes, der Länder und der Kommunen bedürfen keiner Bauabnahme nach Abs. 1, wenn der öffentliche Bauherr die Bauabnahme Beamten des höheren bautechnischen Verwaltungsdienstes übertragen hat.

36. Verordnung über Anlagen zum Umgang mit wassergefährdenden Stoffen und über Fachbetriebe (Anlagenverordnung – VAwS)[1]

Vom 18. Januar 2006
(GVBl S. 63)

BayRS 753-1-4-UG

zuletzt geänd. durch § 1 Nr. 364 VO zur Anpassung des LandesR an die geltende Geschäftsverteilung v. 22. 7. 2014 (GVBl S. 286)

Auf Grund des Art. 37 Abs. 1 Satz 3 und Abs. 4 des Bayerischen Wassergesetzes (BayWG) in der Fassung der Bekanntmachung vom 19. Juli 1994 (GVBl S. 822, BayRS 753-1-UG), zuletzt geändert durch Art. 24 des Gesetzes vom 26. Juli 2005 (GVBl S. 287), erlässt das Bayerische Staatsministerium für Umwelt, Gesundheit und Verbraucherschutz folgende Verordnung:

Inhaltsübersicht[2]

---

[1] **Amtl. Anm.:** Diese Verordnung dient in Teilen auch der Umsetzung der Richtlinie 91/676/EWG des Rates vom 12. Dezember 1991 zum Schutz der Gewässer vor Verunreinigung durch Nitrat aus landwirtschaftlichen Quellen (ABl EG Nr. L 375 S. 1), geändert durch Art. 3 der Verordnung (EG) Nr. 1832/2003 des Europäischen Parlaments und des Rates vom. 29. September 2003 (ABl EG Nr. L 284 S. 1)

[2] Inhaltsübersicht geänd. mWv 1. 11. 2008 durch VO v. 30. 9. 2008 (GVBl S. 830).

Erster Teil. Allgemeine Vorschriften

§ 1[1)] Anwendungsbereich. [1] Diese Verordnung gilt für Anlagen zum Umgang mit wassergefährdenden Stoffen nach § 19 g Abs. 1 und 2 Wasserhaushaltsgesetz (WHG), ausgenommen oberirdische Anlagen mit maßgebenden Volumina bzw. Massen nach § 6 Abs. 3 von nicht mehr als 0,2 m³ bzw. 0,2 t außerhalb von Schutzgebieten. [2] Für die nach Satz 1 vom Anwendungsbereich der Verordnung ausgenommenen Anlagen entfällt die Anzeigepflicht nach Art. 37 Abs. 1 BayWG, die Eignungsfeststellungspflicht nach § 19 h Abs. 1 WHG, die Fachbetriebspflicht nach § 19 i Abs. 1 WHG und die Prüfpflicht nach § 19 i Abs. 2 Satz 3 WHG. [3] Auf Anlagen zum Lagern und Abfüllen von Jauche, Gülle und Silagesickersäften und auf Anlagen zum Lagern von Festmist sind nur die §§ 3, 4, 7, 8, 9, 20 und 25 Abs. 1 anzuwenden.

§ 2[2)] Begriffsbestimmungen. (1) Im Sinn dieser Verordnung sind

1. Anlagen:

[1)] § 1 Satz 2 eingef., bish. Satz 2 wird Satz 3 mWv 1. 3. 2008 durch VO v. 15. 2. 2008 (GVBl S. 65).

[2)] § 2 Abs. 1 Nr. 28 Halbsatz angef. mWv 1. 3. 2008 durch VO v. 15. 2. 2008 (GVBl S. 65); Abs. 1 Nr. 19, 27, 28 geänd., Nr. 26 erster Spiegelstr. neu gef., Nr. 29 angef. mWv 1. 11. 2008 durch VO v. 30. 9. 2008 (GVBl S. 830); Abs. 1 Nr. 28 geänd. mWv 28. 12. 2009 durch VO v. 3. 12. 2009 (GVBl S. 621); Abs. 1 Nr. 28 geänd. mWv 30. 8. 2014 durch VO v. 22. 7. 2014 (GVBl S. 286).

selbstständige und ortsfeste oder ortsfest benutzte Funktionseinheiten, die nicht lediglich kurzzeitig oder an ständig wechselnden Orten eingesetzt werden; betrieblich verbundene unselbstständige Funktionseinheiten bilden eine Anlage,

2. unterirdische Anlagen oder Anlagenteile:
Anlagen oder Anlagenteile, wenn sie vollständig oder teilweise im Erdreich eingebettet und nicht leicht einsehbar sind; sind nicht leicht einsehbare Anlagen oder Anlagenteile in Bauteilen verlegt, so sind sie unterirdisch, soweit das Bauteil im Erdreich eingebettet ist,

3. leicht einsehbare Anlagen oder Anlagenteile:
Anlagen und Anlagenteile, die von außen auf Beschädigungen und Undichtheiten ihrer Wandungen durch Inaugenscheinnahme kontrolliert werden können; Auffangvorrichtungen sind auch dann leicht einsehbar, wenn sie von innen auf Beschädigungen und Undichtheiten durch Inaugenscheinnahme kontrolliert werden können,

4. oberirdische Anlagen oder Anlagenteile:
Anlagen oder Anlagenteile, die nicht unterirdisch nach Nr. 2 sind, Anlagen oder Anlagenteile in leicht einsehbaren oder begehbaren unterirdischen Räumen, Rohrleitungen verlegt in einem begehbaren unterirdischen Schutzrohr oder Schutzkanal,

5. Lagern:
das Vorhalten von wassergefährdenden Stoffen zur weiteren Nutzung, Abgabe oder Entsorgung,

6. Abfüllen:
das Befüllen oder Entleeren von Behältern oder Verpackungen mit wassergefährdenden Stoffen,

7. Umschlagen:
das Laden und Löschen von Schiffen sowie das Be- und Entladen von Transportmitteln mit Behältern oder Verpackungen, Umladen von wassergefährdenden Stoffen in Behältern oder Verpackungen von einem Transportmittel auf ein anderes,

8. Herstellen:
das Erzeugen, Gewinnen und Schaffen von wassergefährdenden Stoffen,

9. Behandeln:
das Einwirken auf wassergefährdende Stoffe, um deren Eigenschaften zu verändern,

10. Verwenden:
das Anwenden, Gebrauchen und Verbrauchen von wassergefährdenden Stoffen unter Ausnutzung ihrer Eigenschaften,

11. wassergefährdende Stoffe im Arbeitsgang:
wenn sie hergestellt, behandelt oder verwendet werden,

12. Rohrleitungen:
feste oder flexible Leitungen zum Befördern wassergefährdender Stoffe; flexible Rohrleitungen sind solche, deren Lage betriebsbedingt verändert wird, insbesondere Schlauchleitungen und Rohre mit Gelenkverbindungen; zu den Rohrleitungen gehören außer den Rohren insbesondere auch die Formstücke, Armaturen, Flansche und Dichtmittel,

13. Abfüllsicherungen:

Einrichtungen, die den Füllvorgang durch Schließen der Absperreinrichtung am Behälter (auch eines Tankfahrzeugs), aus dem abgefüllt wird, unterbrechen,

14. Leckschutzauskleidungen:
flexible oder steife, der Behälterform angepasste Einlagen, die dazu bestimmt sind, mit einer vorhandenen Behälterwand einen Überwachungsraum zur Kontrolle durch ein Leckanzeigegerät zu bilden,

15. Abdichtungsmittel:
Werkstoffe oder Bauteile wie Beschichtungen oder Auskleidungen mit ihren Fügestellen, die dazu bestimmt sind, Behälter oder Auffangvorrichtungen gegen ein Durchdringen der infrage kommenden wassergefährdenden Stoffe beständig auszubilden,

16. Auffangvorrichtungen:
flüssigkeitsdichte bauliche Einrichtungen und Räume von Gebäuden (Auffangräume) und flüssigkeitsdichte Bauteile (Auffangwannen), die dazu bestimmt sind, aus Behältern oder Rohrleitungen auslaufende wassergefährdende Stoffe aufzunehmen, und flüssigkeitsdichte Ableitflächen, die dazu bestimmt sind, aus Behältern oder Rohrleitungen ausgelaufene wassergefährdende Stoffe in Auffangvorrichtungen abzuleiten,

17. Lageranlagen:
Einrichtungen, die dem Vorhalten wassergefährdender Stoffe zur weiteren Nutzung, Abgabe oder Entsorgung dienen; dazu gehören auch Flächen einschließlich ihrer Einrichtungen, die dem Lagern von wassergefährdenden Stoffen in Transportbehältern und Verpackungen dienen; vorübergehendes Lagern in Transportbehältern oder kurzfristiges Bereitstellen oder Aufbewahren in Verbindung mit dem Transport liegen nicht vor, wenn eine Fläche dauernd oder wiederholt dem Vorhalten von wassergefährdenden Stoffen dient,

18. Abfüllanlagen:
Einrichtungen, die dem Abfüllen wassergefährdender Stoffe dienen; dazu gehören auch Flächen, auf denen wassergefährdende Stoffe von einem Transportbehälter in einen anderen gefüllt werden,

19. Wirkbereiche:
die vom Zapfventil in Arbeitshöhe betriebsmäßig waagerecht erreichbaren Bereiche zuzüglich eines Meters, bei der Befüllung von Lagerbehältern die waagerechte Schlauchführungslinie zwischen den Anschlüssen am Tankfahrzeug und am Lagerbehälter zuzüglich beidseitig 2,5 m sowie am Tankwagen- und Behälteranschluss im Radius von 2,5 m,

20. Abfüllplätze von Abfüllanlagen:
die Wirkbereiche im Sinn von Nr. 19 zuzüglich der Flächen bis zur Abtrennung von anderen Flächen durch Gefälle, Rinnen, Aufkantungen oder Wände sowie Flächen, von denen aus Lagerbehälter befüllt oder entleert werden,

21. Tankstellen:
ortsfeste und ortsfest genutzte Anlagen, an denen flüssige wassergefährdende Kraftstoffe zur Versorgung von Fahrzeugen gelagert und abgefüllt werden,

22. selbsttätige Aufmerksamkeitsüberwachungen:

Einrichtungen, die nach einer festgelegten Zeit einen Abfüllvorgang durch Schließen der Absperreinrichtung am ortsfesten Behälter unterbrechen, wenn die Überwachung nicht durch wiederkehrende Signalgebung des Personals nachgewiesen ist,

23. Umschlagsanlagen:
Einrichtungen, die dem Umschlagen wassergefährdender Stoffe dienen; dazu gehören auch Flächen zum Be- und Entladen von Transportmitteln mit Behältern oder Verpackungen von wassergefährdenden Stoffen,

24. Stilllegen:
das Außerbetriebnehmen einer Anlage mit restloser Entfernung aller wassergefährdenden Stoffe; dazu gehört nicht die bestimmungsgemäße Betriebsunterbrechung,

25. Schutzgebiete:

25.1. Wasserschutzgebiete nach § 19 Abs. 1 Nrn. 1 und 2 WHG; ist die weitere Schutzzone unterteilt, so gilt als Schutzgebiet nur deren innerer Bereich,

25.2. Heilquellenschutzgebiete nach Art. 40 BayWG,

25.3. Gebiete, für die eine Veränderungssperre zur Sicherung von Planungen für Vorhaben der Wassergewinnung nach § 36 a Abs. 1 WHG erlassen ist,

26. Überschwemmungsgebiete:
- Gebiete, die als Überschwemmungsgebiete nach Art. 61 e oder Art. 61 f BayWG durch Rechtsverordnung der Kreisverwaltungsbehörde festgesetzt oder gemäß Art. 61 g BayWG vorläufig gesichert sind,
- Gebiete zwischen oberirdischen Gewässern und Deichen oder Hochufern,
- sonstige Gebiete, bei denen die Gefahr besteht, dass sie bei Hochwasser überschwemmt oder durchflossen werden, und
- Gebiete, die für den Hochwasserabfluss oder die Rückhaltung beansprucht werden,

27. Heizölverbraucheranlagen:
private Heizölverbraucheranlagen sowie gewerbliche Heizölverbraucheranlagen, die nach Abfüllmenge und -häufigkeit mit privaten Anlagen vergleichbar sind und ausschließlich dem Heizen von Räumen oder dem Erwärmen von Trinkwasser dienen; als Heizölverbraucheranlagen gelten auch Notstromanlagen,

28. Umweltmanagementsysteme:
Systeme nach der Verordnung (EG) Nr. 761/2001 des europäischen Parlaments und des Rates vom 19. März 2001 über die freiwillige Beteiligung von Organisationen an einem Gemeinschaftssystem für das Umweltmanagement und die Umweltbetriebsprüfung – EMAS – (ABl EG Nr. L 114 S. 1) und gleichwertige Systeme; das Staatsministerium für Umwelt und Verbraucherschutz macht gleichwertige Umweltmanagementsysteme bekannt,

29. Eigenverbrauchstankstellen mit geringem Verbrauch:
für die Öffentlichkeit nicht zugängliche Tankstellen, die dafür bestimmt sind betriebseigene Kraftfahrzeuge oder vergleichbare Fahrzeuge und Geräte mit Kraftstoffen zu betanken und deren max. Jahresverbrauch nicht mehr als 40.000 l beträgt. Sie werden nur vom Betreiber oder bei ihm beschäftigten, eingewiesenen Personen bedient.

(2) Die Zuordnung von Anlagenteilen zu Anlagen (Anlagenabgrenzung) ist grundsätzlich vom Betreiber vorzunehmen.

§ 3 Grundsatzanforderungen. Für alle dieser Verordnung unterliegenden Anlagen gelten folgende Grundsatzanforderungen, soweit in den nachfolgenden Vorschriften nichts anderes bestimmt ist:

1. Anlagen müssen so beschaffen sein und betrieben werden, dass wassergefährdende Stoffe nicht austreten können. Sie müssen dicht, standsicher und gegen die zu erwartenden mechanischen, thermischen und chemischen Einflüsse hinreichend widerstandsfähig sein.
2. Undichtheiten aller Anlagenteile, die mit wassergefährdenden Stoffen in Berührung stehen, müssen schnell und zuverlässig erkennbar sein. Einwandige unterirdische Behälter sind grundsätzlich unzulässig. Satz 2 gilt nicht für Anlagen zum Lagern und Abfüllen von Jauche, Gülle und Silagesickersäften und für Anlagen zum Lagern von Festmist mit den besonderen Anforderungen in Anhang 5.
3. Austretende wassergefährdende Stoffe müssen schnell und zuverlässig erkannt, zurückgehalten und verwertet oder ordnungsgemäß entsorgt werden. Im Regelfall müssen die Anlagen mit einem dichten und beständigen Auffangraum ausgerüstet werden, sofern sie nicht doppelwandig und mit Leckanzeigegerät versehen sind.
4. Im Schadensfall anfallende Stoffe, die mit ausgetretenen Stoffen verunreinigt sein können, müssen zurückgehalten und verwertet oder ordnungsgemäß entsorgt werden.
5. Auffangräume dürfen grundsätzlich keine Abläufe haben.
6. Es ist grundsätzlich eine Betriebsanweisung mit Überwachungs-, Instandhaltungs- und Alarmplan aufzustellen und einzuhalten. Dies gilt nicht für Anlagen der Gefährdungsstufe A und für Anlagen zum Lagern und Abfüllen von Jauche, Gülle und Silagesickersäften und für Anlagen zum Lagern von Festmist. Die Betriebsanweisung kann bei Vorliegen eines Umweltmanagementsystems durch gleichwertige Unterlagen ersetzt werden, die in dessen Rahmen erstellt wurden. Bei Heizölverbraucheranlagen ist anstelle einer Betriebsanweisung das amtlich bekannt gemachte Merkblatt „Betriebs- und Verhaltensvorschriften für Betreiber von Heizölverbraucheranlagen" an gut sichtbarer Stelle in der Nähe der Anlage bzw. im Heizraum anzubringen.

§ 4[1)] Allgemeine Anforderungen an Anlagen, Anforderungen an bestimmte Anlagen. (1) [1] Allgemeine Anforderungen an den Aufbau, die Aufstellung und die Ausrüstung von Anlagen enthält Anhang 1. [2] Anforderungen für bestimmte Anlagen ergeben sich aus den weiteren Anhängen.

(2) [1] Soweit Anforderungen nach Abs. 1 nicht festgelegt sind, kann das Staatsministerium für Umwelt und Verbraucherschutz für Anlagen, die einem öffentlich-rechtlichen Verfahren unterliegen, durch öffentliche Bekanntmachung Verwaltungsvorschriften erlassen, in denen die für diese Anlagen zu stellenden Anforderungen näher umschrieben werden. [2] Dabei sind festzulegen

1. allgemeine Schutzmaßnahmen,

[1)] § 4 Abs. 2 Satz 1 geänd. mWv 28. 12. 2009 durch VO v. 3. 12. 2009 (GVBl S. 621); Abs. 2 Satz 1 geänd. mWv 30. 8. 2014 durch VO v. 22. 7. 2014 (GVBl S. 286).

2. besondere Schutzmaßnahmen,
3. Überwachungsmaßnahmen,
4. Maßnahmen im Schadensfall.

(3) Soweit in den Anhängen nach Abs. 1 und in den Bekanntmachungen nach Abs. 2 auf allgemein anerkannte Regeln der Technik verwiesen wird, ist zu beachten, dass Produkte aus anderen Mitgliedstaaten der Europäischen Union oder anderer Vertragsstaaten des Abkommens über den Europäischen Wirtschaftsraum, die diesen Regelungen nicht entsprechen, als gleichwertig behandelt werden, wenn mit ihnen das geforderte Schutzniveau gleichermaßen dauerhaft erreicht wird.

§ 5[1)] Allgemein anerkannte Regeln der Technik (zu § 19 g Abs. 3 WHG). [1] Als allgemein anerkannte Regeln der Technik im Sinn des § 19 g Abs. 3 WHG gelten insbesondere die technischen Vorschriften und Baubestimmungen, die das Staatsministerium für Umwelt und Verbraucherschutz nach Art. 37 Abs. 4 Nr. 1 BayWG durch öffentliche Bekanntmachung eingeführt hat; bei der Bekanntmachung kann die Wiedergabe des Inhalts der technischen Vorschriften und Baubestimmungen durch einen Hinweis auf ihre Fundstelle ersetzt werden. [2] Als allgemein anerkannte Regeln der Technik nach Satz 1 gelten auch gleichwertige Baubestimmungen und technische Vorschriften anderer Mitgliedstaaten der Europäischen Union.

§ 6 Gefährdungspotenzial, Gefährdungsstufen. (1) Die Anforderungen an Anlagen zum Umgang mit wassergefährdenden Stoffen, vor allem hinsichtlich der Anordnung, des Aufbaus, der Schutzvorkehrungen und der Überwachung, richten sich nach deren Gefährdungspotenzial.

(2) Das Gefährdungspotenzial wird bestimmt vom maßgebenden Volumen oder der maßgebenden Masse und der nach § 19 g Abs. 5 WHG eingestuften Gefährlichkeit der in der Anlage vorhandenen wassergefährdenden Stoffe sowie der hydrogeologischen Beschaffenheit und Schutzbedürftigkeit des Aufstellungsortes.

(3) [1] Die Gefährdungsstufe einer Anlage bestimmt sich nach der nach § 19 g Abs. 5 WHG eingestuften Gefährlichkeit (Wassergefährdungsklasse – WGK) der in der Anlage vorhandenen Stoffe und bei flüssigen Stoffen nach deren maßgebendem Volumen, bei gasförmigen oder festen Stoffen nach deren maßgebender Masse nach Maßgabe der nachstehenden **Tabelle**. [2] Für Anlagen mit Stoffen, deren Wassergefährdungsklasse nicht sicher bestimmt ist, wird die Gefährdungsstufe nach WGK 3 ermittelt.

Tabelle: Gefährdungstufen

WGK	1	2	3
Volumen in m^3 bzw. Masse in t			
bis 0,1	Stufe A	Stufe A	Stufe A
mehr als 0,1 bis 1,0	Stufe A	Stufe A	Stufe B
mehr als 1 bis 10	Stufe A	Stufe B	Stufe C

1) § 5 Satz 1 geänd. mWv 28. 12. 2009 durch VO v. 3. 12. 2009 (GVBl S. 621); Satz 1 geänd. mWv 30. 8. 2014 durch VO v. 22. 7. 2014 (GVBl S. 286).

WGK	1	2	3
mehr als 10 bis 100	Stufe A	Stufe C	Stufe D
mehr als 100 bis 1000	Stufe B	Stufe D	Stufe D
mehr als 1000	Stufe C	Stufe D	Stufe D

§ 7 Weitergehende Anforderungen, Ausnahmen. (1) Die Kreisverwaltungsbehörde kann im Einzelfall Anforderungen stellen, die über die in den allgemein anerkannten Regeln der Technik gemäß § 19 g Abs. 3 WHG, in dieser Verordnung, in einer Bauartzulassung oder in einer die Eignungsfeststellung nach § 19 h Abs. 3 WHG ersetzenden sonstigen Regelung festgelegten Anforderungen hinausgehen, wenn andernfalls auf Grund der besonderen Umstände des Einzelfalles die Voraussetzungen des § 19 g Abs. 1 oder 2 WHG nicht erfüllt sind.

(2) Die Kreisverwaltungsbehörde kann von Anforderungen nach dieser Verordnung oder in den Anhängen zu dieser Verordnung im Einzelfall Ausnahmen zulassen, wenn auf Grund der besonderen Umstände des Einzelfalls die Voraussetzungen des § 19 g Abs. 1 bis 3 WHG dennoch erfüllt sind.

§ 8 Allgemeine Betriebs- und Verhaltensvorschriften – Anzeigepflicht. (1) Wer eine Anlage betreibt, hat diese bei Schadensfällen und Betriebsstörungen unverzüglich außer Betrieb zu nehmen, wenn er eine Gefährdung oder Schädigung eines Gewässers nicht auf andere Weise verhindern oder unterbinden kann; soweit erforderlich ist die Anlage zu entleeren.

(2) [1] Wer eine Anlage betreibt, befüllt oder entleert, stilllegt, ausbaut oder beseitigt, instandhält, instandsetzt, reinigt, überwacht oder überprüft, hat das Austreten eines wassergefährdenden Stoffes von einer nicht nur unbedeutenden Menge unverzüglich der Kreisverwaltungsbehörde oder der nächsten Polizeidienststelle anzuzeigen, sofern die Stoffe in ein oberirdisches Gewässer, eine Abwasseranlage oder in den Boden eingedrungen sind oder aus sonstigen Gründen eine Verunreinigung oder Gefährdung eines Gewässers nicht auszuschließen ist. [2] Die Verpflichtung besteht auch beim Verdacht, dass wassergefährdende Stoffe bereits aus einer Anlage ausgetreten sind und eine Gefährdung eines Gewässers entstanden ist.

(3) Anzeigepflichtig nach Abs. 2 ist auch, wer das Austreten wassergefährdender Stoffe aus einer Anlage verursacht hat oder Maßnahmen zur Ermittlung, Eingrenzung und Beseitigung von Verunreinigungen bei Anlagen durchführt.

§ 9[1] Anlagen in Schutzgebieten und Überschwemmungsgebieten.

(1) [1] Im Fassungsbereich und in der engeren Zone von Schutzgebieten sind Anlagen nach § 19 g Abs. 1 und 2 WHG unzulässig. [2] Die Kreisverwaltungsbehörde kann für standortgebundene oberirdische Anlagen Ausnahmen zulassen, wenn überwiegende Gründe des Wohls der Allgemeinheit dies erfordern.

[1] § 9 Abs. 5 geänd. mWv 1. 11. 2008 durch VO v. 30. 9. 2008 (GVBl S. 830).

(2) In der weiteren Zone von Schutzgebieten dürfen oberirdische Anlagen der Gefährdungsstufe D, unterirdische Anlagen der Gefährdungsstufe C und D nicht aufgestellt, errichtet oder betrieben werden.

(3) In der weiteren Zone von Schutzgebieten dürfen nur verwendet werden

1. oberirdische Anlagen der Gefährdungsstufen A bis C, die in einem Auffangraum aufgestellt sind, sofern sie nicht doppelwandig ausgeführt und mit einem Leckanzeigegerät ausgerüstet sind; der Auffangraum muss das maximal in den Anlagen vorhandene Volumen wassergefährdender Stoffe aufnehmen können,
2. unterirdische Anlagen der Gefährdungsstufen A und B, die doppelwandig ausgeführt und mit einem Leckanzeigegerät ausgerüstet sind,
3. Anlagen zum Lagern von Festmist und zum Lagern und Abfüllen von Jauche, Gülle und Silagesickersäften, die den Anforderungen des Anhangs 5 für die Errichtung der Anlagen in Schutzgebieten entsprechen.

(4) Anlagen nach § 19 g Abs. 1 und 2 WHG dürfen in Überschwemmungsgebieten nur aufgestellt, errichtet oder betrieben werden, wenn

1. sie so aufgestellt sind, dass sie vom Hochwasser nicht erreicht werden können oder
2. Anlagen und Anlagenteile so gesichert sind, dass sie bei Hochwasser nicht aufschwimmen oder ihre Lage verändern; sie müssen mindestens eine 1,3 fache Sicherheit gegen Auftrieb der leeren Anlage oder des leeren Anlagenteils haben und
3. Anlagen und Anlagenteile so aufgestellt sind, dass bei Hochwasser kein Wasser in Entlüftungs-, Befüll- oder sonstige Öffnungen eindringen kann und eine mechanische Beschädigung z.B. durch Treibgut oder Eisstau ausgeschlossen ist.

(5) Weitergehende Anforderungen oder Beschränkungen und Ausnahmen durch Anordnungen oder Verordnungen nach § 19 WHG und Art. 35, 40, 61 e, 61 f und 61 j Abs. 2 BayWG bleiben unberührt.

§ 10[1)] Anlagenkataster. Die Kreisverwaltungsbehörde kann ein Anlagenkataster im Einzelfall verlangen, wenn von der Anlage erhebliche Gefahren für ein Gewässer ausgehen können.

Zweiter Teil. Anlagen zum Lagern, Abfüllen und Umschlagen wassergefährdender Stoffe

Abschnitt I. Anlagen einfacher oder herkömmlicher Art

§ 11[2)] Anlagen zum Lagern, Abfüllen und Umschlagen wassergefährdender flüssiger und gasförmiger Stoffe (zu § 19 h Abs. 1 Satz 1 WHG).

(1) Anlagen zum Lagern, Abfüllen und Umschlagen wassergefährdender gasförmiger Stoffe, die den öffentlich-rechtlichen Vorschriften entsprechen, sind einfach oder herkömmlich.

---

1) § 10 Absatzbez. „1" und Abs. 2–6 aufgeh. mWv 1. 3. 2008 durch VO v. 15. 2. 2008 (GVBl S. 65).
2) § 11 Abs. 4 Nr. 1 geänd. mWv 1. 11. 2008 durch VO v. 30. 9. 2008 (GVBl S. 830).

(2) Oberirdische Anlagen zum Lagern, Abfüllen und Umschlagen wassergefährdender flüssiger Stoffe sind einfach oder herkömmlich, wenn

1. die Anforderungen der Anhänge 1 und 2 eingehalten werden und
2. ihre Einzelteile technischen Vorschriften oder Baubestimmungen entsprechen, die gemäß § 5 eingeführt sind.

(3) Unterirdische Anlagen zum Lagern wassergefährdender flüssiger Stoffe sind einfach oder herkömmlich, wenn

1. die Lagerbehälter doppelwandig sind und Undichtheiten der Behälterwände durch ein zugelassenes Leckanzeigegerät selbsttätig angezeigt werden und
2. die Voraussetzungen nach Abs. 2 vorliegen.

(4) Abfüllanlagen an Tankstellen sind einfach oder herkömmlich, wenn

1. sie den Anforderungen des Anhangs 1 entsprechen und
2. ihre Einzelteile technischen Vorschriften oder Baubestimmungen entsprechen, die gemäß § 5 eingeführt sind.

§ 12 Anlagen zum Lagern, Abfüllen und Umschlagen wassergefährdender fester Stoffe (zu § 19h Abs. 1 Satz 1 WHG). Anlagen zum Lagern, Abfüllen und Umschlagen wassergefährdender fester Stoffe sind einfach oder herkömmlich, wenn sie den Anforderungen des Anhangs 1 entsprechen.

Abschnitt II. Eignungsfeststellung und Bauartzulassung

§ 13[1)] Verfahren. (1) Die Eignungsfeststellung nach § 19h Abs. 1 Satz 1 WHG wird auf Antrag für einzelne Anlagen und Anlagenteilen, eine Bauartzulassung nach § 19h Abs. 1 Satz 2 WHG auf Antrag für serienmäßig hergestellte Anlagen und Anlagenteile erteilt.

(2) [1] Den Anträgen nach Abs. 1 sind die zur Beurteilung der Anlage erforderlichen Unterlagen und Pläne, insbesondere bau- oder arbeitsschutzrechtliche Zulassungen, beizufügen. [2] Zum Nachweis der Eignung ist ein Sachverständigengutachten beizufügen, es sei denn die zuständige Behörde verzichtet darauf. [3] Als Nachweise gelten auch Prüfbescheinigungen und Gutachten von in anderen Mitgliedstaaten der Europäischen Union zugelassenen Prüfstellen oder Sachverständigen, wenn die Ergebnisse der zuständigen Behörde zur Verfügung stehen oder auf Verlangen zur Verfügung gestellt werden und die Prüfungsanforderungen denen nach dieser Verordnung gleichwertig sind. [4] Für die Prüfbescheinigungen und Gutachten nach Satz 3 gilt § 18 Abs. 2 Satz 3 entsprechend.

(3) Über Eignungsfeststellungen entscheidet die Kreisverwaltungsbehörde, über Bauartzulassungen das Landesamt für Umwelt.

(4) Eine Eignungsfeststellung gilt als erteilt, wenn

1. die Anlage zum Lagern, Abfüllen und Umschlagen wassergefährdender Stoffe in einem gewerblichen Betrieb, für den ein Umweltmanagementsystem eingerichtet ist, errichten wird,
2. der Betreiber die Anlage nach Art. 37 BayWG unabhängig von der Freistellung zur Anzeige nach § 20 Sätze 2 und 3 gegenüber der zuständigen Kreis-

---

[1)] § 13 Abs. 4 angef. mWv 1. 3. 2008 durch VO v. 15. 2. 2008 (GVBl S. 65); Abs. 4 Nr. 4 Halbs. 1 neu gef. mWv 1. 11. 2008 durch VO v. 30. 9. 2008 (GVBl S. 830); Abs. 2 Satz 4 angef. mWv 28. 12. 2009 durch VO v. 3. 12. 2009 (GVBl S. 621).

verwaltungsbehörde anzeigt und den neuesten Betriebsprüfungsbericht nach dem Umweltmangementsystem vorlegt,

3. schriftlich im Rahmen der Anzeige bestätigt wird, dass
   a) bei Errichtung oder Aufstellung und Betrieb der Anlage die dafür geltenden Regeln nach dem Stand der Technik eingehalten werden und
   b) zur Vorsorge für Schäden, die von der Anlage für Dritte oder für die Umwelt auch im Fall eines Unfalls ausgehen können, eine entsprechende Haftpflichtversicherung abgeschlossen ist, und
4. die zuständige Kreisverwaltungsbehörde den Eintritt der Fiktion einer Eignungsfeststellung nicht durch Widerspruch innerhalb eines Monats nach Eingang der Anzeige verhindert; widerspricht die zuständige Kreisverwaltungsbehörde kann der Betreiber die Durchführung eines Eignungsfeststellungsverfahrens beantragen.

§ 14 Voraussetzungen für Eignungsfeststellung und Bauartzulassung (zu § 19 h Abs. 1 Satz 1 und 2 WHG). Eine Eignungsfeststellung oder Bauartzulassung darf nur erteilt werden, wenn die Grundsatzanforderungen des § 3 und die Anforderungen an Anlagen nach § 4 erfüllt sind oder eine gleichwertige Sicherheit nachgewiesen wird.

§ 15 Eignungsfeststellung und andere behördliche Entscheidungen. [1] Neben einer Genehmigung oder Erlaubnis nach arbeitsschutz-, berg-, abfall- oder baurechtlichen Vorschriften bedarf es einer Eignungsfeststellung nach § 19 h Abs. 1 Satz 1 WHG nicht. [2] Die Genehmigung oder Erlaubnis darf nur im Einvernehmen mit der für die Eignungsfeststellung zuständigen Kreisverwaltungsbehörde erteilt werden.

§ 16 Vorzeitiger Einbau. [1] Anlagen und Anlagenteile, deren Verwendung nach § 19 h WHG nur nach Eignungsfeststellung, mit Bauartzulassung oder baurechtlichem Verwendbarkeits- oder Eignungsnachweis zulässig ist, dürfen vor deren Erteilung nicht eingebaut werden. [2] Die Kreisverwaltungsbehörde kann den vorzeitigen Einbau zulassen, § 9 a WHG ist entsprechend anzuwenden.

Dritter Teil. Anlagen zum Herstellen und Behandeln wassergefährdender Stoffe sowie Anlagen zum Verwenden dieser Stoffe im Bereich der gewerblichen Wirtschaft und im Bereich öffentlicher Einrichtungen

§ 17 Abwasseranlagen als Auffangvorrichtungen. (1) Sind bei Anlagen zum Herstellen, Behandeln und Verwenden sowie bei selbstständigen oberirdischen Rohrleitungsanlagen die Grundsatzanforderungen nach § 3 Nrn. 3 bis 5 nicht erfüllbar, so entsprechen die Anlagen dennoch dem Besorgnisgrundsatz nach § 19 g Abs. 1 WHG, wenn

1. die bei Leckagen oder Betriebsstörungen unvermeidbar aus der Anlage austretenden wassergefährdenden Stoffe in einer Auffangvorrichtung im betrieblichen Entwässerungssystem zurückgehalten werden, von wo aus sie schadlos entsorgt werden können,

2. die bei ungestörtem Betrieb der Anlage unvermeidbar in unerheblichen Mengen in das betriebliche Entwässerungssystem gelangenden wassergefährdenden Stoffe in eine geeignete betriebliche Abwasserbehandlungsanlage geleitet werden und nicht zu einer Überschreitung der nach § 7 a WHG an die Abwassereinleitung oder an die Indirekteinleitung zu stellenden oder der im wasserrechtlichen Bescheid festgesetzten Anforderungen führen.

(2) Auf Grund einer Bewertung der Anlage zum Herstellen, Behandeln und Verwenden wassergefährdender Stoffe oder der selbstständigen oberirdischen Rohrleitungsanlage, der möglichen Betriebsstörungen, des Anfalls wassergefährdender Stoffe, der Abwasseranlagen und der Gewässerbelastungen ist in der Betriebsanweisung nach § 3 Nr. 6 zu regeln, in welchem Umfang die wassergefährdenden Stoffe getrennt erfasst, kontrolliert und eingeleitet werden dürfen.

Vierter Teil. Überwachung

§ 18[1)] Sachverständige (zu § 19 i Abs. 2 Satz 3 WHG). (1) [1] Sachverständige im Sinn des § 19 i Abs. 2 Satz 3 WHG sind die von Organisationen für die Prüfung bestellten Personen. [2] Die Sachverständigenorganisationen mit Sitz in Bayern werden vom Landesamt für Umwelt anerkannt. [3] Die Anerkennung kann auf bestimmte Prüfbereiche beschränkt und unter Auflagen und Bedingungen erteilt werden. [4] Die Sachverständigenorganisationen unterliegen der Aufsicht durch das Landesamt für Umwelt.

(2) [1] Anerkennungen anderer Länder der Bundesrepublik Deutschland gelten auch in Bayern. [2] Gleichwertige Anerkennungen anderer Mitgliedstaaten der Europäischen Union oder anderer Vertragsstaaten des Abkommens über den europäischen Wirtschaftsraum stehen Anerkennungen nach Abs. 1 gleich. [3] Sie sind dem Landesamt für Umwelt vor Aufnahme der Prüftätigkeiten im Original oder in Kopie vorzulegen; eine Beglaubigung der Kopie kann verlangt werden. [4] Das Landesamt für Umwelt kann darüber hinaus verlangen, dass gleichwertige Anerkennungen nach Satz 2 in beglaubigter deutscher Übersetzung vorgelegt werden.

(3) [1] Organisationen werden als Sachverständigenorganisationen anerkannt, wenn sie

1. nachweisen, dass sie über wenigstens fünf für die Prüftätigkeit geeignete Personen verfügen; geeignet sind Personen, die zuverlässig sind und die persönlichen und fachlichen Voraussetzungen erfüllen:
   a) Zuverlässig sind Personen, die
      aa) die Fähigkeit besitzen, öffentliche Ämter zu bekleiden,
      bb) nicht in einem ordentlichen Strafverfahren wegen einer vorsätzlichen Tat rechtskräftig zu einer Freiheitsstrafe von mehr als sechs Monaten verurteilt worden sind und sich nicht aus dem der Verurteilung zugrun-

---

[1)] § 18 Abs. 6 Satz 2 aufgeh. mWv 1. 3. 2008 durch VO v. 15. 2. 2008 (GVBl S. 65); Abs. 3 Satz 1 Nr. 1 Buchst. b geänd. mWv 1. 11. 2008 durch VO v. 30. 9. 2008 (GVBl S. 830); Abs. 1 Satz 1 geänd., Satz 3 aufgeh., bish. Sätze 4 und 5 werden Sätze 3 und 4, Abs. 2 Sätze 2–4 eingef., bish. Satz 2 aufgeh., Abs. 3 Satz 1 geänd., Satz 2 aufgeh., bish. Sätze 3 und 4 werden Sätze 2 und 3, Abs. 4 geänd., Abs. 4 a eingef., Abs. 5 Sätze 2 und 3 aufgeh., bish. Satz 4 wird Satz 2 und geänd., bish. Satz 5 wird Satz 3 mWv 28. 12. 2009 durch VO v. 3. 12. 2009 (GVBl S. 621).

de liegenden Sachverhalt ergibt, dass sie zur Erfüllung der Sachverständigentätigkeit nicht geeignet sind, oder

cc) durch gerichtliche Anordnung in der Verfügung über ihr Vermögen nicht beschränkt sind,

b) persönliche Voraussetzungen erfüllen Personen, die hinsichtlich ihrer Prüftätigkeit unabhängig sind, bei denen insbesondere kein Zusammenhang zwischen ihrer Prüftätigkeit und anderen Leistungen besteht;

c) fachliche Voraussetzungen erfüllen Personen, die

aa) die Diplomprüfung in einem Studiengang der Ingenieur- oder Naturwissenschaften an einer inländischen (technischen) Universität oder ihr gleichgestellten Hochschule oder an einer inländischen Fachhochschule erfolgreich abgeschlossen haben und ausreichende Sach- und Fachkenntnisse auf dem Gebiet des Umgangs mit wassergefährdenden Stoffen nachweisen; mit Zustimmung des Landesamts für Umwelt kann hiervon im Einzelfall abgewichen werden, wenn die zu bestellende Person für die Überprüfung von Anlagen zum Umgang mit wassergefährdenden Stoffen nachweislich über eine ausreichende sonstige Ausbildung und über ausreichende sonstige Kenntnisse verfügt, und

bb) mindestens eine fünfjährige qualifizierte Tätigkeit auf dem Gebiet der Planung, Errichtung, Betrieb oder Prüfung von Anlagen zum Umgang mit wassergefährdenden Stoffen nachweisen,

2. Grundsätze darlegen, die bei den Prüfungen zu beachten sind,

3. die ordnungsgemäße Durchführung der Prüfungen stichprobenweise kontrollieren,

4. die bei den Prüfungen gewonnenen Erkenntnisse sammeln, auswerten und die Sachverständigen in einem regelmäßigen Erfahrungsaustausch darüber unterrichten,

5. den Nachweis über das Bestehen einer Haftpflichtversicherung für die Tätigkeit ihrer Sachverständigen für Gewässerschäden mit einer Deckungssumme von mindestens 2,5 Millionen Euro erbringen und

6. erklären, dass sie den Freistaat Bayern und die anderen Länder, in denen die Sachverständigen Prüfungen vornehmen, von jeder Haftung für die Tätigkeit ihrer Sachverständigen freistellen.

[2] Die fachlichen Voraussetzungen nach Satz 1 Nr. 1 Buchst. c Doppelbuchstabe aa können auch nach der Richtlinie 89/48/EWG des Rates vom 21. Dezember 1988 über eine allgemeine Regelung zur Anerkennung der Hochschuldiplome, die eine mindestens dreijährige Berufsausbildung abschließen (ABl EG 1989 L Nr. 19 S. 16), nachgewiesen werden. [3] Die Beherrschung der deutschen Sprache in Wort und Schrift ist Voraussetzung für die Bestellung.

(4) Als Organisationen im Sinn des Abs. 3 können auch Gruppen anerkannt werden, die in selbstständigen organisatorischen Einheiten eines Unternehmens zusammengefasst sind und hinsichtlich ihrer Prüftätigkeit nicht weisungsgebunden sind.

(4 a) [1] Über einen Antrag auf Anerkennung ist innerhalb einer Frist von drei Monaten zu entscheiden; Art. 42 a Abs. 2 Sätze 2 bis 4 des Bayerischen Verwaltungsverfahrensgesetzes gelten entsprechend. [2] Das Anerkennungsverfahren

kann über eine einheitliche Stelle nach den Vorschriften des Bayerischen Verwaltungsverfahrensgesetzes abgewickelt werden.

(5) [1] Die anerkannte Sachverständigenorganisation ist verpflichtet, die bestellten Sachverständigen durch schriftlichen Bescheid anzuhalten, ihre Prüfaufgaben unparteiisch und gewissenhaft gemäß den wasserrechtlichen und sonstigen einschlägigen Rechtsvorschriften zu erfüllen. [2] Die Sachverständigenorganisation hat sicherzustellen, dass die bestellten Sachverständigen ein Prüftagebuch führen, aus dem sich mindestens Art, Umfang und Zeitaufwand der jeweiligen Prüfung ergibt; die Sachverständigenorganisationen legen dem Landesamt für Umwelt jeweils zum 1. März eines jeden Jahres einen Jahresbericht vor. [3] Form und Inhalt des Jahresberichtes können vom Landesamt für Umwelt vorgegeben werden.

(6) Die anerkannte Sachverständigenorganisation hat die Bestellung von Sachverständigen zurückzunehmen oder zu widerrufen, wenn

1. die Bestellung durch arglistige Täuschung, Drohung oder Bestechung erwirkt worden ist oder
2. die Bestellung durch Angaben erwirkt worden ist, die in wesentlicher Beziehung unrichtig oder unvollständig waren, oder
3. die bestellte Person infolge geistiger oder körperlicher Gebrechen nicht mehr in der Lage ist, ihre Tätigkeit ordnungsgemäß auszuüben, oder
4. die bestellte Person ihre Prüfaufgaben wiederholt mangelhaft erfüllt oder durchgeführt hat und von der anerkannten Sachverständigenorganisation dafür bereits einmal abgemahnt worden ist oder
5. die bestellte Person wiederholt oder grobfahrlässig oder vorsätzlich gegen die ihr obliegenden Pflichten aus ihrer Bestellung verstoßen hat.

(7) Die Anerkennung erlischt

1. durch schriftlichen Verzicht gegenüber der Anerkennungsbehörde,
2. mit der Eröffnung des Insolvenzverfahrens oder der Abweisung des Antrags auf Eröffnung des Insolvenzverfahrens,
3. mit der Auflösung oder der Liquidation der anerkannten Sachverständigenorganisation,
4. wenn die anerkannte Sachverständigenorganisation länger als ein Jahr über weniger als fünf bestellte Sachverständige verfügt.

§ 19[1)] Überprüfung von Anlagen (zu § 19 i Abs. 2 Satz 3 WHG).

(1) [1] Die Betreiber haben nach Maßgabe des § 19 i Abs. 2 Satz 3 Nrn. 1, 2, 3 und 5 WHG durch Sachverständige nach § 18 überprüfen zu lassen

1. unterirdische Anlagen und Anlagenteile,
2. oberirdische Anlagen zum Umgang mit flüssigen wassergefährdenden Stoffen der Gefährdungsstufe C und D,
3. oberirdische Anlagen zum Umgang mit festen und gasförmigen wassergefährdenden Stoffen der Gefährdungsstufe D,
4. oberirdische Anlagen in Schutzgebieten zum Umgang mit flüssigen wassergefährdenden Stoffen der Stufe B, C und D und oberirdische Anlagen in

---

1) § 19 Abs. 2 Satz 4 angef. mWv 1. 11. 2008 durch VO v. 30. 9. 2008 (GVBl S. 830).

Schutzgebieten zum Umgang mit festen und gasförmigen wassergefährdenden Stoffen der Stufe C und D,

5. Anlagen, für welche Prüfungen in einer Eignungsfeststellung oder Bauartzulassung nach § 19h Abs. 1 und 2 WHG, in einer arbeitsschutzrechtlichen Bauartzulassung oder in einem baurechtlichen Verwendbarkeits- oder Eignungsnachweis vorgeschrieben sind; sind darin kürzere Prüffristen festgelegt, gelten diese.

[2] Darüber hinaus sind nach Maßgabe von § 19i Abs. 2 Satz 3 Nr. 1 WHG vor Inbetriebnahme und nach einer wesentlichen Änderung oberirdische Anlagen zum Umgang mit flüssigen wassergefährdenden Stoffen der Gefährdungsstufe B, die in einem Überschwemmungsgebiet gemäß § 2 Abs. 1 Nr. 26 erster und zweiter Spiegelstrich liegen, durch Sachverständige nach § 18 überprüfen zu lassen. [3] Anlagen im Sinn von Satz 2, die bereits in Betrieb genommen worden sind, sind innerhalb von zwei Jahren nach Eintritt der Prüfpflicht einmalig durch Sachverständige nach § 18 überprüfen zu lassen. [4] Die Fristen für die wiederkehrenden Prüfungen beginnen mit dem Tag des Abschlusses der Prüfung vor Inbetriebnahme bzw. der Prüfung nach einer wesentlichen Änderung.

(2) [1] Die Kreisverwaltungsbehörde kann wegen der Besorgnis einer Gewässergefährdung (§ 19i Abs. 2 Satz 3 Nr. 4 WHG) besondere Prüfungen anordnen, kürzere Prüffristen bestimmen oder die Überprüfung für andere als in Abs. 1 genannte Anlagen vorschreiben; [2] Sie kann insbesondere durch Allgemeinverfügung anordnen, dass in Überschwemmungsgebieten gemäß § 2 Abs. 1 Nr. 26, dritter Spiegelstrich, die in Abs. 1 Sätze 2 und 3 bezeichneten Prüfungen durchzuführen sind. [3] Sie kann im Einzelfall Anlagen nach Abs. 1 von der Prüfpflicht befreien, wenn gewährleistet ist, dass eine von der Anlage ausgehende Gewässergefährdung ebenso rechtzeitig erkannt wird wie bei Bestehen der allgemeinen Prüfpflicht. [4] Weitergehende Anforderungen oder Beschränkungen und Ausnahmen durch Anordnungen oder Verordnungen nach § 19 WHG und Art. 35, 40, 61e, 61f und 61j Abs. 2 BayWG bleiben unberührt.

(3) [1] Die Prüfungen nach Abs. 1 und 2 entfallen, soweit die Anlage zu denselben Zeitpunkten oder innerhalb gleicher oder kürzerer Zeiträume nach anderen Rechtsvorschriften von Sachverständigen zu prüfen ist und dabei die Anforderungen dieser Verordnung und des § 19g WHG berücksichtigt werden. [2] Satz 1 gilt entsprechend, wenn eine Anlage im Rahmen eines Umweltmanagementsystems überprüft wird und die Durchführung der Prüfung den Anforderungen nach § 19i Abs. 2 Satz 3 WHG und der §§ 18 und 19 entspricht. [3] Im Betriebsprüfungsbericht nach dem Umweltmanagementsystem sind Umfang und Ergebnis zu dokumentieren. [4] Der Betriebsprüfungsbericht ist der Kreisverwaltungsbehörde unverzüglich vorzulegen, soweit erhebliche oder gefährliche Mängel festgestellt wurden. [5] Unbeschadet der Regelung in Satz 4 kann die Kreisverwaltungsbehörde im Einzelfall die Vorlage des Betriebsprüfungsberichts verlangen. [6] Zum Nachweis, dass die Prüfung entsprechend den Anforderungen nach den Sätzen 1 und 2 durchgeführt wurde und die Anlage den wasserrechtlichen Anforderungen entspricht, ist eine Bestätigung des Umweltgutachters vorzulegen.

(4) Die Prüfungen nach den Abs. 1 und 2 entfallen bei Anlagen, die der Forschung, Entwicklung oder Erprobung neuer Stoffe oder Verfahren im Labor- oder Technikumsmaßstab dienen und nicht länger als ein Jahr betrieben werden.

(5) [1] Die Betreiber haben den Sachverständigen vor der Prüfung die für die Anlage erteilten behördlichen Bescheide und die von den Herstellern ausgehän-

digten Bescheinigungen sowie bei wiederkehrenden Prüfungen nach § 19i Abs. 2 Satz 3 Nr. 2 WHG den Prüfbericht über die letzte Sachverständigenprüfung und Bescheinigungen über die Beseitigung dort festgestellter Anlagenmängel vorzulegen. [2] Die Sachverständigen haben über jede durchgeführte Prüfung der Kreisverwaltungsbehörde und den Betreibern unverzüglich, spätestens innerhalb eines Monats, einen Prüfbericht vorzulegen. [3] Für die Prüfberichte kann die Verwendung eines amtlichen Musters vorgeschrieben werden. [4] In den Fällen des Abs. 3 Satz 2 genügt es, wenn die Bestätigung durch den Umweltgutachter innerhalb eines Monats nach Gültigkeitserklärung der Umwelterklärung vorgelegt wird, es sei denn, die Kreisverwaltungsbehörde hat eine besondere Prüfung nach Abs. 2 angeordnet.

(6) [1] Die Betreiber haben die bei Prüfungen festgestellten Mängel unverzüglich durch Fachbetriebe oder selbst, soweit sie die Anforderungen an Fachbetriebe erfüllen, beheben zu lassen oder zu beheben; § 25 Abs. 1 Satz 1 bleibt unberührt. [2] Die Beseitigung erheblicher Mängel bedarf der Nachprüfung durch die Sachverständigen. [3] Werden gefährliche Mängel durch die Sachverständigen festgestellt, ist die Anlage von den Betreibern unverzüglich außer Betrieb zu nehmen und soweit erforderlich nach Maßgabe der Sachverständigen zu entleeren. [4] Die Sachverständigen haben die zuständige Kreisverwaltungsbehörde spätestens am Tag nach Durchführung der Prüfung über die Pflicht der Betreiber, die Anlage außer Betrieb zu nehmen und gegebenenfalls zu entleeren, zu unterrichten. [5] Die Anlage kann erst wieder in Betrieb genommen werden, wenn die Betreiber eine Sachverständigenbestätigung über die Beseitigung der festgestellten Mängel vorgelegt haben.

(7) Art, Umfang und Ausmaß der Prüfungen durch Sachverständige werden durch Verwaltungsvorschrift nach § 4 Abs. 2 festgelegt.

§ 20 Anlagenkartei, Befreiung von der Anzeigepflicht. [1] Anzeigepflichtige Anlagen nach Art. 37 Abs. 1 BayWG sind von der Kreisverwaltungsbehörde in einer Anlagenkartei zu führen. [2] Außerhalb von Wasser- und Heilquellenschutzgebieten entfällt die Anzeigepflicht für oberirdische Anlagen der Gefährdungsstufe A, für Anlagen zum Lagern und Abfüllen von Jauche, Gülle und Silagesickersäften und für Anlagen zum Lagern von Festmist. [3] Bei Vorliegen eines Umweltmanagementsystems entfällt die Anzeigepflicht auch für Anlagen der Gefährdungsstufe B, die keiner Prüfung durch Sachverständige nach § 19 Abs. 1 oder 2 unterliegen.

Fünfter Teil. Fachbetriebe

§ 21 Ausnahmen von der Fachbetriebspflicht (zu § 191 Abs. 1 Satz 2 WHG). Tätigkeiten, die nicht von Fachbetrieben ausgeführt werden müssen, sind:

1. Alle Tätigkeiten gemäß § 191 WHG an
   a) Anlagen zum Umgang mit festen und gasförmigen wassergefährdenden Stoffen,
   b) Anlagen zum Umgang mit Lebensmitteln und Genussmitteln,

c) Anlagen zum Umgang mit flüssigen wassergefährdenden Stoffen der Gefährdungsstufen A und B; ausgenommen Tätigkeiten an Heizölverbraucheranlagen der Gefährdungsstufe B,

d) Feuerungsanlagen,

2. Tätigkeiten an Anlagen oder Anlagenteilen nach § 19g Abs. 1 und 2 WHG, die keine unmittelbare Bedeutung für die Sicherheit der Anlagen zum Umgang mit wassergefährdenden Stoffen haben; dazu gehören vor allem folgende Tätigkeiten:

   a) Herstellen von baulichen Einrichtungen für den Einbau von Anlagen, Grob- und Vormontagen von Anlagen und Anlagenteilen,

   b) Herstellen von Räumen oder Erdwällen für die spätere Verwendung als Auffangraum,

   c) Ausheben von Baugruben für alle Anlagen,

   d) Aufbringen von Isolierungen, Anstrichen und Beschichtungen, sofern diese nicht Schutzvorkehrungen sind,

   e) Einbauen, Aufstellen, Instandhalten und Instandsetzen von Elektroinstallationen einschließlich Mess-, Steuer- und Regelanlagen mit Ausnahme von Abfüll- und Überfüllsicherungen sowie von Leckanzeigegeräten und Leckageerkennungssystemen,

3. Instandsetzen, Instandhalten und Reinigen von Anlagen und Anlagenteilen zum Umgang mit wassergefährdenden Stoffen im Zuge der Herstellungs-, Behandlungs- und Verwendungsverfahren, wenn die Tätigkeit von eingewiesenem betriebseigenen Personal nach Betriebsvorschriften, die den Anforderungen des Gewässerschutzes genügen, durchgeführt werden,

4. Tätigkeiten, die in einer Bauartzulassung, einem baurechtlichen Brauchbarkeitsnachweis oder in einer Eignungsfeststellung näher festgelegt und beschrieben sind.

§ 22[1)] Technische Überwachungsorganisationen (zu § 191 Abs. 2 Nr. 2 WHG). [1] Technische Überwachungsorganisationen im Sinn des § 191 Abs. 2 Nr. 2 WHG sind die nach § 18 anerkannten Sachverständigenorganisationen jeweils für ihren Bereich. [2] Die Technischen Überwachungsorganisationen sind verpflichtet, die von ihnen überwachten Fachbetriebe der für den Sitz des jeweiligen Fachbetriebs zuständigen Kreisverwaltungsbehörde mitzuteilen. [3] Dabei sind neben Name und Anschrift auch Tätigkeitsbereiche und Datum der letzten Überwachung der Fachbetriebe zu übermitteln.

§ 23 Nachweis der Fachbetriebseigenschaft (zu § 19i Abs. 1 und § 191 WHG). (1) [1] Fachbetriebe nach § 191 WHG haben auf Verlangen gegenüber der Kreisverwaltungsbehörde, in deren Bezirk sie tätig werden, die Fachbetriebseigenschaft nach § 191 Abs. 2 WHG nachzuweisen. [2] Der Nachweis ist geführt, wenn der Fachbetrieb

1. eine Bestätigung einer baurechtlich anerkannten Überwachungs- oder Gütegemeinschaft vorlegt, wonach er zur Führung von Gütezeichen dieser Gemeinschaft für die Ausübung bestimmter Tätigkeiten berechtigt ist oder

---

[1)] § 22 Sätze 2 und 3 angef. mWv 1. 3. 2008 durch VO v. 15. 2. 2008 (GVBl S. 65).

2. eine Bestätigung einer Technischen Überwachungsorganisation über den Abschluss eines Überwachungsvertrags vorlegt
und
3. den aktuellen Prüfbericht der Überwachungs- oder Gütegemeinschaft oder der Technischen Überwachungsorganisation vorlegt.

(2) [1] Die Fachbetriebseigenschaft ist gegenüber den Betreibern einer Anlage nach § 19 g Abs. 1 und 2 WHG nachzuweisen, wenn diese den Fachbetrieb mit fachbetriebspflichtigen Tätigkeiten beauftragen. [2] Abs. 1 Satz 2 gilt entsprechend.

Sechster Teil. Bußgeldvorschrift

§ 24[1)] Ordnungswidrigkeiten. Nach Art. 95 Abs. 2 Nr. 1 Buchst. b BayWG kann mit Geldbuße bis zu fünfzigtausend Euro belegt werden, wer vorsätzlich oder fahrlässig

1. entgegen § 8 Abs. 1 bei Schadensfällen und Betriebsstörungen eine Anlage nicht unverzüglich außer Betrieb nimmt oder entleert,
2. entgegen § 8 Abs. 2 oder 3 das Austreten oder den Verdacht des Austretens wassergefährdender Stoffe nicht unverzüglich anzeigt,
3. entgegen § 9 Abs. 1 Satz 1, Abs. 2, 3 oder 4 in Schutzgebieten oder Überschwemmungsgebieten eine Anlage aufstellt, errichtet oder betreibt,
4. entgegen einer vollziehbaren Anordnung der Kreisverwaltungsbehörde nach § 10 ein Anlagenkataster nicht erstellt,
5. entgegen Nr. 3.1 Anhang 1 Behälter ohne selbsttätig schließende Abfüllsicherung befüllt oder befüllen lässt,
6. entgegen § 19 Abs. 1, entgegen einer vollziehbaren Anordnung nach § 19 Abs. 2 Satz 1 oder Satz 2 oder entgegen § 19 Abs. 6 Satz 2 Anlagen nicht oder nicht fristgemäß oder nicht durch einen Sachverständigen nach § 18 überprüfen lässt,
7. entgegen § 19 Abs. 6 Satz 1 festgestellte Mängel an einer Anlage nicht unverzüglich behebt oder beheben lässt,
8. entgegen § 19 Abs. 6 Satz 3 bei festgestellten gefährlichen Mängeln eine Anlage nicht unverzüglich außer Betrieb nimmt oder entleert.

Siebter Teil. Übergangs- und Schlussvorschriften

§ 25 Bestehende Anlagen. (1) [1] Werden durch diese Verordnung Anforderungen neu begründet oder verschärft, so gelten sie für bestehende Anlagen unbeschadet der Regelungen in den Anhängen zu § 4 erst auf Grund einer Anordnung der Kreisverwaltungsbehörde. [2] Jedoch kann auf Grund dieser Verordnung nicht verlangt werden, dass rechtmäßig bestehende oder begonnene Anlagen stillgelegt oder beseitigt werden.

[1)] § 24 Nr. 4 und 5 neu gef. mWv 1. 11. 2008 durch VO v. 30. 9. 2008 (GVBl S. 830).

(2) Anlagen, die nach der Anlagen- und Fachbetriebsverordnung vom 13. Februar 1984 (GVBl S. 66, BayRS 753-1-4-U) als einfach oder herkömmlich gelten, bedürfen auch weiterhin keiner Eignungsfeststellung.

(3) Wird auf Grundlage der Allgemeinen Verwaltungsvorschrift zum Wasserhaushaltsgesetz über die Einstufung wassergefährdender Stoffe in Wassergefährdungsklassen (Verwaltungsvorschrift wassergefährdende Stoffe – VwVwS) vom 17. Mai 1999 (BAnz Nr. 98 a) in der jeweils geltenden Fassung die bisherige Einstufung wassergefährdender Stoffe geändert, so gelten für Anlagen, die im Zeitpunkt des In-Kraft-Tretens der Änderung bereits eingebaut oder aufgestellt waren, die Abs. 1 und 2 entsprechend.

§ 26 In-Kraft-Treten, Außer-Kraft-Treten, Übergangsregelungen.

(1) [1] Diese Verordnung tritt am 1. Februar 2006 in Kraft. [2] Mit Ablauf des 31. Januar 2006 tritt die Verordnung über Anlagen zum Umgang mit wassergefährdenden Stoffen und über Fachbetriebe (Anlagenverordnung – VAwS) vom 3. August 1996 (GVBl S. 348, ber. 1997, S. 56, BayRS 753-1-4-UG), zuletzt geändert durch § 1 Nr. 107 des Gesetzes vom 7. August 2003 (GVBl S. 497), außer Kraft.

(2) Abweichend von § 21 Nr. 1 Buchst. c entfällt für Heizölverbraucheranlagen der Gefährdungsstufe B bis zum 31. Dezember 2007 die Fachbetriebspflicht, wenn vom beauftragten Handwerksbetrieb eine Unternehmererklärung über die vorgenommenen Tätigkeiten ausgestellt und der Kreisverwaltungsbehörde spätestens vier Wochen nach Abschluss der Tätigkeiten übermittelt wird.

(3) [1] Abweichend von Abs. 1 Satz 1 tritt Anhang 1 erst in Kraft, wenn eine technische Regel, die die allgemeinen Anforderungen an technische Anlagen festlegt, nach § 5 eingeführt worden ist und dabei auf die Übergangsregelung Bezug genommen wird. [2] Bis zu diesem Zeitpunkt gilt Anhang 1 der mit Ablauf des 31. Januar 2006 außer Kraft getretenen Anlagenverordnung vom 3. August 1996 weiter.

Anhang 1[1)]

Allgemeine Anforderungen an Anlagen

Vorbemerkung:
Die allgemeinen Anforderungen an Anlagen richten sich nach den folgenden Festsetzungen. Sie sind vorrangig gegenüber den Grundsatzanforderungen nach § 3 der Verordnung und den allgemein anerkannten Regeln der Technik, jedoch nachrangig gegenüber Anforderungen an bestimmte Anlagen in den weiteren Anhängen, baurechtlichen Verwendbarkeitsnachweisen nach Art. 15 BayBO[2)] und wasserrechtlichen Bauartzulassungen, soweit diese den nachfolgenden Anforderungen in Anhang 1 widersprechen. Sie ergänzen insbesondere die Anforderungen nach den allgemein anerkannten Regeln der Technik wie sie in DWA-A 779 (TRwS 779) niedergelegt sind.

[1)] Anhang 1 geänd. mWv 1. 3. 2008 durch VO v. 15. 2. 2008 (GVBl S. 65); geänd. mWv 1. 11. 2008 durch VO v. 30. 9. 2008 (GVBl S. 830).

[2)] Nr. **1**.

1. Anforderungen an Rohrleitungen außerhalb von Schutzgebieten

1.1 Rohrleitungen für die Beförderung von wassergefährdenden Stoffen müssen so beschaffen sein, errichtet und betrieben werden, dass sie den anerkannten Regeln der Technik und den jeweiligen betrieblichen Anforderungen entsprechen. Oberirdische Rohrleitungen für flüssige wassergefährdende Stoffe müssen zusätzlich den Anforderungen entsprechen, die sich aus Anhang 2 ergeben. Flexible Rohrleitungen in Anlagen dürfen nur über Flächen eingebaut und verwendet werden, die ausreichend dicht und widerstandsfähig sind. Dies gilt nicht, wenn flexible Rohrleitungen betriebsbedingt über oberirdischen Gewässern verwendet werden, z.B. beim Laden und Löschen von Schiffen. Saugleitungen müssen so ausgebildet sein, dass die Flüssigkeitssäule bei Undichtheiten abreißt und eine Heberwirkung ausgeschlossen ist; dazu ist die Saugleitung mit stetigem Gefälle zu dem Behälter zu verlegen, aus dem gesaugt wird, oder eine Hebersicherung zu verwenden.

1.2 Unterirdische Rohrleitungen für flüssige wassergefährdende Stoffe sind nur zulässig, wenn nach ihrem technischen Aufbau

- lösbare Verbindungen und Armaturen in dichten Kontrollschächten angeordnet sind, die durch regelmäßige Sichtkontrollen oder durch Leckageerkennungssysteme überwacht werden,
- sie doppelwandig sind und Undichtheiten der Rohrwände durch ein zugelassenes Leckanzeigegerät selbsttätig angezeigt werden;
- sie als Saugleitung ausgebildet sind;
- sie mit einem flüssigkeitsdichten Schutzrohr versehen oder in einem flüssigkeitsdichten Kanal verlegt sind; auslaufende Stoffe müssen in einer Kontrolleinrichtung sichtbar werden; in diesem Fall dürfen die Rohrleitungen keine Flüssigkeiten mit einem Flammpunkt ≤ 55°C führen. Flüssigkeiten mit Flammpunkten > 55°C dürfen nicht über ihren Flammpunkt hinaus erwärmt sein.

Satz 1, zweiter bis vierter Spiegelstrich, gelten nicht für Rohrleitungen von Wärmepumpen, wenn

- die als Wärmeträger verwendeten Gemische im Wesentlichen aus Ethylenglykol, Propylenglykol oder Calciumchlorid bestehen,
- Zusätze nur in solchen Konzentrationen enthalten sind, dass das Gemisch gemäß Anhang 4 VwVwS in die WGK 1 einzustufen ist,
- die Erdsonden und Bodenkollektoren durch selbsttätige Leckageüberwachungseinrichtungen (baumustergeprüfte Druckwächter) so gesichert sind, dass im Fall einer Leckage der Erdsonde oder der Bodenkollektoren die Umwälzpumpe sofort abgeschaltet und ein Störungssignal abgegeben wird, und
- die Rohrleitungen vor Inbetriebnahme einer Dichtheitsprüfung mit Wasser bei 0,5 MPa Überdruck unterzogen wurden.

2. Transportbehälter und Verpackungen von flüssigen wassergefährdenden Stoffen mit einem Rauminhalt bis zu 1000 Liter

Die Eignung von Transportbehältern und Verpackungen von flüssigen wassergefährdenden Stoffen mit einem Rauminhalt bis zu 1000 Litern als

Teile von Lager-, Abfüll- und Umschlagsanlagen gilt als nachgewiesen, wenn
- sie in einer Auffangvorrichtung aufgestellt sind oder
- für jeden verwendeten Behältertyp oder verwendete Verpackungsart der Kreisverwaltungsbehörde eine Zulassung nach den Vorschriften über den Transport gefährlicher Güter nachgewiesen wird.

3. Anforderungen an das Befüllen und Entleeren

3.1 Behälter von Tankfahrzeugen, Eisenbahnkesselwagen und Tankcontainer dürfen über offene Dome oder über direkt wirkende, zugelassene Inhaltsanzeigegeräte befüllt werden, wenn die Abfüllanlage mit einer Schnellschlusseinrichtung in Verbindung mit einer selbsttätigen Aufmerksamkeitsüberwachung ausgerüstet ist. Behälter in Anlagen zum Lagern von Heizöl EL, Dieselkraftstoffen und Ottokraftstoffen dürfen aus Straßentankwagen und Aufsetztanks nur unter Verwendung einer selbsttätig schließenden Abfüllsicherung befüllt werden.

3.2 Beim Befüllen und Entleeren von Behältern in Anlagen zum Lagern und Abfüllen flüssiger wassergefährdender Stoffe gilt § 17 der Verordnung entsprechend.

4. Anlagen zum Umgang mit festen wassergefährdenden Stoffen

4.1 Die Anforderungen in DWA-A 779 an
- die Lagerung fester wassergefährdender Stoffe gelten entsprechend auch für Anlagen zum Abfüllen, Umschlagen und Verwenden fester wassergefährdender Stoffe,
- die Lagerung fester wassergefährdender Stoffe, denen flüssige wassergefährdende Stoffe anhaften, gelten entsprechend für alle Anlagen zum Umgang mit diesen Stoffen.

4.2 Anlagen zum Lagern, Abfüllen und Umschlagen fester wassergefährdender Stoffe sind einfacher oder herkömmlicher Art, wenn sie die Anforderungen nach den allgemein anerkannten Regeln der Technik, wie sie in Nr. 8.3 DWA-A 779 (TRwS 779) niedergelegt sind, einhalten.

Anhang 2

Besondere Anforderungen an oberirdische Anlagen zum Umgang mit wassergefährdenden flüssigen Stoffen

Vorbemerkung:
Die Anforderungen an oberirdische Anlagen zum Lagern, Abfüllen und Umschlagen sowie an Anlagen zum Herstellen, Behandeln und Verwenden wassergefährdender flüssiger Stoffe im Bereich der gewerblichen Wirtschaft und im Bereich öffentlicher Einrichtungen richten sich nach den folgenden **Tabellen**. Diese Anforderungen gehen den allgemein anerkannten Regeln der Technik, den Grundsatzanforderungen nach § 3 Nrn. 2 und 3 der Verordnung und Anhang 1 vor, sie sind jedoch nachrangig gegen Anforderungen in den weiteren Anhängen, soweit diese den nachfolgenden Anforderungen widersprechen.

1. Bezeichnungen

1.1 Anforderungen an die Befestigung und Abdichtung von Bodenflächen

F_0: keine Anforderung an Befestigung und Abdichtung der Fläche über die betrieblichen Anforderungen hinaus

F_1: stoffundurchlässige Fläche

F_2: wie F_1, aber mit Nachweis der Beständigkeit.

1.2 Anforderungen an das Rückhaltevermögen für austretende wassergefährdende Flüssigkeiten

R_0: kein Rückhaltevermögen über die betrieblichen Anforderungen hinaus

R_1: Rückhaltevermögen für das Volumen wassergefährdender Flüssigkeiten, das bis zum Wirksamwerden geeigneter Sicherheitsvorkehrungen auslaufen kann (z.B. Absperren des undichten Anlagenteils oder Abdichten des Lecks)

R_2: Rückhaltevermögen für das Volumen wassergefährdender Flüssigkeiten, das bei Betriebsstörungen freigesetzt werden kann, ohne dass Gegenmaßnahmen berücksichtigt werden

R_3: Rückhaltevermögen ersetzt durch Doppelwandigkeit mit Leckanzeigegerät.

1.3 Anforderungen an infrastrukturelle Maßnahmen organisatorischer oder technischer Art

I_0: keine Anforderungen an die Infrastruktur über die betrieblichen Anforderungen hinaus. Soweit sich aus den betrieblichen Anforderungen nichts anderes ergibt, ist eine Betriebsanweisung nach § 3 Nr. 6 der Verordnung nicht erforderlich

I_1: Überwachung durch selbsttätige Störmeldeeinrichtungen in Verbindung mit ständig besetzter Betriebsstätte (z.B. Messwarte) oder Überwachung mittels regelmäßiger Kontrollgänge; Aufzeichnung der Abweichungen vom bestimmungsgemäßen Betrieb und Veranlassung notwendiger Maßnahmen

I_2: Alarm- und Maßnahmenplan, der wirksame Maßnahmen und Vorkehrungen zur Vermeidung von Gewässerschäden beschreibt und mit den in die Maßnahmen einbezogenen Stellen abgestimmt ist.

1.4 Zu Grunde zu legendes Volumen

In Tabelle 2.1 wird das Volumen zu Grunde gelegt, das für die Bestimmung der Gefährdungsstufe nach § 6 Abs. 3 der Verordnung maßgeblich ist. Bei Fass- und Gebindelägern (Tabelle 2.2) ist der Rauminhalt aller Fässer/Gebinde (V_{ges}) anzurechnen.

1.5 Einhaltung der Anforderungen

Die Anforderungen sind nach den Nrn. 1.1, 1.2 und 1.3 auch eingehalten, wenn die jeweiligen Anforderungen einer höheren Wassergefährdungsklasse oder eines höheren Volumenbereichs erfüllt werden.

2. Tabellen

2.1 Anforderungen an Anlagen zum Lagern, Herstellen, Behandeln und Verwenden wassergefährdender flüssiger Stoffe

Volumen in m^3	WGK 1		WGK 2		WGK 3	
mehr als 0,2 bis 1	$F_0+R_0+I_0$	A	$F_1+R_1+I_0$/ $F_1+R_0+I_1$/ $F_0+R_3+I_0$	A	$F_1+R_1+I_1$/ $F_2+R_2+I_0$/ $F_0+R_3+I_0$	B
mehr als 1 bis 10	$F_1+R_1+I_0$/ $F_1+R_0+I_1$/ $F_0+R_3+I_0$	A	$F_1+R_1+I_1$[1]/ $F_2+R_2+I_0$/ $F_0+R_3+I_0$	B	$F_1+R_1+I_1$ $+I_2$/ $F_2+R_2+I_1$/ $F_0+R_3+I_0$	C
mehr als 10 bis 100	$F_1+R_1+I_1$/ $F_1+R_2+I_0$/ $F_0+R_3+I_0$	A	$F_1+R_1+I_1$ $+I_2$/ $F_2+R_2+I_1$[2]/ $F_0+R_3+I_0$	C	$F_2+R_2+I_1$ $+I_2$/ $F_1+R_3+I_1+I_2$	D
mehr als 100	$F_1+R_1+I_1+I_2$/ $F_2+R_2+I_1$/ $F_0+R_3+I_0$	B/ C	$F_2+R_2+I_1$ $+I_2$/ $F_1+R_3+I_1+I_2$	D	$F_2+R_2+I_1$ $+I_2$/ $F_1+R_3+I_1+I_2$	D

Erläuterungen: +: zusätzlich
/: wahlweise

2.2 Besondere Anforderungen an oberirdische Fass- und Gebindelager

Die Größe des nach der Tabelle in Nr. 2.1 erforderlichen Rückhaltevermögens R_1 oder R_2 ist wie folgt zu staffeln:

Gesamtrauminhalt V_{ges} in m^3	Rauminhalt des Rückhaltevermögens
bis 100	10% von V_{ges}, wenigstens den Rauminhalt des größten Gefäßes
mehr als 100 bis 1000	3% von V_{ges}, wenigstens jedoch 10 m^3
mehr als 1000	2% von V_{ges}, wenigstens jedoch 30 m^3

Kleingebindeläger, bei denen der Rauminhalt eines Einzelgefäßes 20 l nicht übersteigt, bedürfen keines Rückhaltevermögens, wenn Schäden mit einfachen Mitteln beseitigt werden können und die Stoffe

1. im Freien in dauernd dicht verschlossenen, gegen Beschädigung geschützten und gegen Witterungseinflüsse beständigen Gefäßen oder Verpackungen oder
2. in geschlossenen Räumen gelagert werden.

Abweichend von Nr. 2.1 werden an die Befestigung und Abdichtung der Fläche bei den vorgenannten Kleingebindelägern keine über F_1

---

[1] **Amtl. Anm.:** Bei GFK - Behältern bis 2 m^3 Rauminhalt zur Lagerung von Heizöl und Dieselkraftstoff entfällt R_1 wenn die Behälter auf einem flüssigkeitsdichten Boden aufgestellt sind und am Aufstellungsort im Umkreis von fünf Metern keine Abläufe vorhanden sind.

[2] **Amtl. Anm.:** An Heizölverbraucheranlagen werden keine über die betrieblichen Anforderungen hinausgehenden Anforderungen an die Infrastruktur gestellt.

hinausgehenden Anforderungen gestellt, wenn die Erfüllung der sich aus F_1 ergebenden Anforderungen glaubhaft gemacht wird.

2.3 Anforderungen an Abfüll- und Umschlaganlagen

Behälter/Verpackungen	WGK 1	WGK 2	WGK 3
Befüllen und Entleeren von ortsbeweglichen Behältern	$F_1+R_1+I_0$	$F_2+R_1+I_0$	$F_2+R_1+I_0$
Umladen von Flüssigkeiten in Verpackungen, die den gefahrgutrechtlichen Anforderungen nicht genügen oder nicht gleichwertig sind	$F_1+R_0+I_1$	$F_1+R_1+I_1$	$F_1+R_1+I_2$
Umladen von Flüssigkeiten in Verpackungen, die den gefahrgutrechtlichen Anforderungen genügen oder gleichwertig sind	$F_0+R_0+I_0$	$F_1+R_0+I_2$	$F_1+R_0+I_2$

Erläuterungen: +: zusätzlich

2.4 Anforderungen an Abfüll- und Umschlagplätze zu Lande

2.4.1 Das Rückhaltevermögen der Abfüll- und Umschlagplätze ist mindestens so zu bemessen, dass die möglichen maximalen Auslaufmengen bis zum Wirksamwerden geeigneter Sicherheitsvorkehrungen zurückgehalten werden können. Für die Bemessung des Rückhaltevolumens ist dabei wie folgt vorzugehen:

2.4.1.1 die maximale Auslaufmenge ist bezogen auf die vorhandenen Anlagenteile und möglicherweise vorhandenen Einrichtungen zum Transport wassergefährdender Stoffe innerhalb der Anlagen anhand der Auslaufzeit und des anzunehmenden Volumenstroms bei höchstmöglichem Betriebsdruck zu ermitteln;

2.4.1.2 die Auslaufzeit ist die Summe aus Reaktionszeit und Schließzeit; bei der Berechnung der Reaktionszeit kann berücksichtigt werden, dass Befüll- und Entleervorgänge auch bei ungünstigen Betriebsbedingungen gemäß § 19k WHG und den darauf beruhenden Maßgaben der Betriebsanweisungen ständig zu überwachen sind; sofern Abfüllvorgänge unter Verwendung selbsttätig wirkender Sicherheitseinrichtungen erfolgen, ist als Auslaufzeit die Zeit bis zum Wirksamwerden der Einrichtungen anzusetzen;

2.4.1.3 Schließzeit ist die Zeit, die nach Erkennen der Leckage erforderlich ist, um den Austritt wassergefährdender Stoffe zuverlässig und vollständig zu unterbinden;

2.4.1.4 wenn keine gesicherten Daten vorliegen, können für die Auslaufzeit als Orientierungswert fünf Minuten angesetzt werden.

2.4.2 Beim Abfüll- und Umschlagsvorgang beteiligte Transportmittel sind gegen Wegrollen, Verschieben oder versehentliches Abfahren zu sichern.

2.4.3 An Abfüllplätze von Heizölverbraucheranlagen werden über die betrieblichen Anforderungen hinaus keine Anforderungen gestellt. Anhang 1 Nr. 3 bleibt unberührt.

2.5 Anforderungen an oberirdische Rohrleitungen

Wassergefährdungsklasse	Maßnahmen
1	$F_0 + R_0 + I_1$
2	$F_1 + R_0 + I_1 + I_2$
3	$F_1 + R_1 + I_1 + I_2$

Die Anforderungen an oberirdische Rohrleitungen sind auch eingehalten, wenn es sich um Rohrleitungen handelt, deren Aufbau Anhang 1 Nr. 1.2 entspricht, oder die Anforderungen einer höheren Wassergefährdungsklasse eingehalten werden.

Die Anforderungen an die Befestigung und Abdichtung von Bodenflächen und das Rückhaltevermögen für austretende wassergefährdende Flüssigkeiten können auf der Grundlage einer Gefährdungsabschätzung durch Anforderungen an infrastrukturelle Maßnahmen organisatorischer oder technischer Art ersetzt werden, wenn sicher gestellt ist, dass eine gleichwertige Sicherheit erreicht wird, ohne dass eine Verunreinigung eines Gewässers oder sonstige nachteilige Veränderung seiner Eigenschaften zu besorgen ist. Die Gefährdungsabschätzung ist analog dem ATV-DVWK-Arbeitsblatt A 780 Technische Regel wassergefährdender Stoffe (TRwS) Oberirdische Rohrleitungen, Teil 1 und Teil 2, in der aktuellen Ausgabe, durchzuführen.

Die Anforderungen an die Befestigung und Abdichtung von Bodenflächen und das Rückhaltevermögen für austretende wassergefährdende Flüssigkeiten entfallen für Rohrleitungen, die lediglich während des Befüllens von Lagerbehältern mit wassergefährdenden Stoffen beaufschlagt sind. Die Anforderungen an die Befestigung und Abdichtung von Abfüllplätzen bleiben davon unberührt.

Die Anforderungen an infrastrukturelle Maßnahmen organisatorischer oder technischer Art entfallen bei Rohrleitungen von Heizölverbraucheranlagen, die DIN 4755 Ölfeuerungsanlagen - Technische Regel Ölfeuerungsinstallation (TRÖ) - Prüfung, in der aktuellen Ausgabe entsprechen.

Anhang 3[1)]

Besondere Anforderungen an Anlagen zum Verwenden wassergefährdender Stoffe im Netzbereich von Elektrizitätsversorgungsunternehmen

Vorbemerkung:

Anforderungen an Anlagen zum Verwenden wassergefährdender flüssiger Stoffe im Netzbereich von Elektrizitätsversorgungsunternehmen richten sich nach den folgenden Festsetzungen.

Diese Anforderungen gehen den allgemein anerkannten Regeln der Technik, den Grundsatzanforderungen des § 3 der Verordnung und den Anforderungen in den Anhängen 1 und 2, soweit diese den nachfolgenden Anforderungen widersprechen, vor.

---

1) Anhang 3 geänd. mWv 1. 3. 2008 durch VO v. 15. 2. 2008 (GVBl S. 65).

1. Anwendungsbereich

Dieser Anhang gilt für elektrische Anlagen und Betriebsmittel zum Verwenden von flüssigen wassergefährdenden Stoffen als Isolier-, Kühl- oder Hydraulikmedien der Wassergefährdungsklassen (WGK 1 oder 2) mit einem Fassungsvermögen bis 100 m³ im Netzbereich von Elektrizitätsversorgungsunternehmen und für andere vergleichbare elektrische Anlagen.

2. Begriffe und Erläuterungen

2.1 Elektrizitätsversorgungsunternehmen

Elektrizitätsversorgungsunternehmen (EVU) sind solche im Sinn von § 2 Abs. 2 des Energiewirtschaftsgesetzes (EnWG).

2.2 Netzbereich

Zum Netzbereich zählen grundsätzlich alle Einrichtungen und miteinander verbundenen elektrischen Anlagen und Anlagenteile der Netze zur Übertragung und Verteilung elektrischer Energie, nicht jedoch Anlagen und Anlagenteile zur Erzeugung von Energie bzw. zur Umwandlung anderer Energieformen in elektrische Energie.

3. Anforderungen

3.1 Bezeichnungen

3.1.1 Anforderungen an die Befestigung und Abdichtung von Bodenflächen

F_0: keine Anforderungen an Befestigung und Abdichtung der Fläche über die betrieblichen Anforderungen hinaus

F_1: stoffundurchlässige Fläche

F_2: wie F_1, aber mit Nachweis der Beständigkeit.

3.1.2 Anforderungen an das Rückhaltevermögen für austretende wassergefährdende Flüssigkeiten

R_0: grundsätzlich kein Rückhaltevermögen; nur Rückhaltevermögen für Tropfen an Stellen, an denen wassergefährdende Stoffe betriebsbedingt austreten (z.B. unter Pumpen mit Stopfbuchsen)

R_1: Rückhaltevermögen für das Volumen wassergefährdender Flüssigkeiten, das bis zum Wirksamwerden geeigneter Sicherheitsvorkehrungen auslaufen kann (z.B. Absperren des undichten Anlagenteils oder Abdichten des Lecks)

R_2: Rückhaltevermögen für das Volumen wassergefährdender Flüssigkeiten, das bei Betriebsstörungen in der Anlage freigesetzt werden kann, ohne dass Gegenmaßnahmen berücksichtigt werden. Berücksichtigt wird aber ein Sicherheitssystem, das fähig ist, bei Auftreten von Störungen in einem sicheren Zustand zu bleiben oder in einen sicheren Zustand überzugehen, z.B. selbsttätig schließende Abscheider.

3.1.3 Anforderungen an infrastrukturelle Maßnahmen organisatorischer oder technischer Art

I_0: keine Anforderungen an die Infrastruktur über die betrieblichen Anforderungen hinaus

I_1: Überwachung durch selbsttätige Störmeldeeinrichtungen in Verbindung mit ständig besetzter Betriebsstätte (z.B. Messwarte) oder Überwachung mittels regelmäßiger Kontrollgänge; Aufzeichnung der Abweichungen vom bestimmungsgemäßen Betrieb und Veranlassung notwendiger Maßnahmen

I_2: Alarm- und Maßnahmenplan, der wirksame Maßnahmen und Vorkehrungen zur Vermeidung von Gewässerschäden beschreibt und mit den in die Maßnahmen einbezogenen Stellen abgestimmt ist.

3.2 Tabellarische Übersicht

Volumen der Anlage in m^3	WGK 1	WGK 2
mehr als 0,2 bis 1	$F_0 + R_0 + I_2$ a)	$F_0 + R_0 + I_2$ a)
	$F_1 + R_1 + I_1$ b)	$F_1 + R_1 + I_1$ b)
mehr als 1 bis 10	$F_1 + R_1 + I_1$	$F_1 + R_2 + I_1$
mehr als 10 bis 100	$F_1 + R_1 + I_1$	$F_2 + R_2 + I_1$/ $F_1 + R_1 + I_1 + I_2$
für Masttransformatoren:	a)	
Die Abstimmung mit den in die Maßnahmen einbezogenen Stellen kann anhand einer allgemeinen Betriebsanweisung (§ 3 Nr. 6) erfolgen		
für andere Freiluftanlagen:	wahlweise a) oder b)	
für andere Anlagen:	b)	

Volumenüberschreitungen bis 10% bleiben unberücksichtigt.

3.3 Rohrleitungen von Bodenausläufen in Auffangvorrichtungen zu Auffangräumen oder zu Abscheideeinrichtungen dürfen einwandig unterirdisch verlegt werden, wenn sie regelmäßig und nach einer Betriebsstörung auf Dichtheit überprüft werden und dabei eindeutige Aussagen bezüglich deren Dichtheit möglich sind.

Anhang 4[1]
(aufgehoben)

Anhang 5[2]

Besondere Anforderungen an Anlagen zum Lagern und Abfüllen von Jauche, Gülle, Festmist und Silagesickersäften (JGS-Anlagen)

Vorbemerkung:
Die nachfolgenden Anforderungen an JGS-Anlagen gehen den allgemein anerkannten Regeln der Technik, den Grundsatzanforderungen nach § 3 der Verordnung und den Anforderungen in den Anhängen 1 und 2 vor.

1. Allgemeines

1.1 Die allgemein anerkannten Regeln der Technik sind einzuhalten, insbesondere die DIN 11622 Gärfuttersilos und Güllebehälter, in der aktuellen Ausgabe, und DIN 1045 Tragwerke aus Beton, Stahlbeton und Spannbeton, in der aktuellen Ausgabe.

---

[1] Anhang 4 aufgeh. mWv 1. 11. 2008 durch VO v. 30. 9. 2008 (GVBl S. 830).

[2] Anhang 5 geänd. mWv 1. 3. 2008 durch VO v. 15. 2. 2008 (GVBl S. 65); geänd. mWv 1. 11. 2008 durch VO v. 30. 9. 2008 (GVBl S. 830).

1.2 Die Anlagen müssen bei den zu erwartenden Beanspruchungen standsicher und dauerhaft dicht sein. Die Korrosionsbeständigkeit der verwendeten Werkstoffe und deren Verträglichkeit mit Jauche, Gülle, Silagesickersäften und deren Mischungen müssen gegeben sein. Ein Ab- bzw. Überlaufen des Lagergutes, dessen Eindringen in das Grundwasser, in oberirdische Gewässer und in die Kanalisation muss zuverlässig verhindert werden.

1.3 Die Dichtheit der Anlagen muss schnell und zuverlässig kontrollierbar sein. Insbesondere ist die Anlage so zu errichten, dass alle Anschlüsse, Armaturen und insbesondere die Einrichtungen zur Leckageerkennung leicht zu kontrollieren sind.

1.4 **Fassungsvermögen, Lagerkapazität**

1.4.1 Die Kapazität der Anlagen, insbesondere der Behälter zur Lagerung von Jauche und Gülle, muss auf die klimatischen und pflanzenbaulichen Besonderheiten des jeweiligen landwirtschaftlichen Betriebs und die Belange des Gewässerschutzes abgestimmt sein.

1.4.2 Für die Lagerung von Jauche und Gülle ist eine Lagerkapazität von grundsätzlich sechs Monaten zu schaffen. Bei der Berechnung des Fassungsvermögens sind zusätzlich zu den Anfallmengen von Jauche und Gülle auch weitere Einleitungen sowie verbleibende Lagermengen, die betriebsmäßig nicht abgepumpt werden können, zu berücksichtigen.

1.4.3 Eine Unterschreitung der in Nr. 1.4.2 vorgeschriebenen Lagerkapazität auf dem Betrieb ist nur zulässig, wenn eine umweltgerechte Verwertung der anfallenden Jauche und Gülle nachweislich gewährleistet ist. Dies gilt auch für eine notwendige Anpassung gemäß Nr. 9.

1.4.4 Feststellungen zu den Sachverhalten nach Nrn. 1.4.2 und 1.4.3 treffen die landwirtschaftlichen Fachbehörden.

2. **Standort**

2.1 Der Abstand von JGS-Anlagen zu oberirdischen Gewässern muss mindestens 20 m betragen.

2.2 Der Abstand zu bestehenden Hausbrunnen, die der privaten Trinkwasserversorgung dienen, muss mindestens 50 m betragen. Die Anlage ist grundwasserunterstromig des Hausbrunnens zu errichten.

2.3 Bei JGS-Anlagen in Schutzgebieten (§ 2 Abs. 1 Nr. 25) und Überschwemmungsgebieten (§ 2 Abs. 1 Nr. 26) ist § 9 zu beachten. Dungstätten zur Lagerung von Festmist und Siloanlagen sind in Überschwemmungsgebieten unzulässig.

3. **Behälter zum Lagern von Jauche, Gülle und Silagesickersäften**

3.1 **Allgemeine bauliche Anforderungen**

3.1.1 Die jeweils einschlägigen Teile der DIN 11622 sind zu beachten.

3.1.2 Einrichtungen zur Befüllung und Entleerung des Behälters sollen an der Oberseite angeordnet werden.

3.1.3 Rohrdurchführungen oder Leitungsanschlüsse in den Behältern sind dauerhaft, dicht und beständig als gelenkige Einbindung auszuführen.

3.1.4 Fugen, Fertigteilstöße und Spannstellen (Abstandshalter) sind dauerhaft abzudichten. Sie müssen baurechtlich zugelassen sein. Die Bodenplatte ist möglichst fugenlos herzustellen.

3.1.5 Zum Schutz gegen mechanische Beschädigung ist im Fahr- und Rangierbereich ein Anfahrschutz in ausreichendem Abstand vom Behälter und von oberirdischen Rohrleitungen vorzusehen (z.B. Hochbord, Leitplanke).

3.1.6 Sollen die Behälter beschichtet werden, sind die Anforderungen der DIN EN 14879-1 Beschichtungen und Auskleidungen aus organischen Werkstoffen zum Schutz von industriellen Anlagen gegen Korrosion durch aggressive Medien – Teil 1: Terminologie, Konstruktion und Vorbereitung des Untergrundes, in der aktuellen Ausgabe, einzuhalten.

3.1.7 Aus Betonringen mit Mörtelfuge zusammengesetzte Behälter sind nicht zulässig.

3.2 Besondere Anforderungen an oberirdische Behälter

3.2.1 Oberirdische Behälter aus Holz sind mit einer umlaufenden Sammelrinne für austretende Lagerflüssigkeit mit Einleitung in die Vorgrube zu versehen.

3.2.2 Bei oberirdischen Behältern aus Stahl ist für den Anschluss Bodenplatte/Wand die Eignung der Dichtung nachzuweisen.

3.3 Besondere Anforderungen an unterirdische Behälter im Grundwasser

Unterirdische Behälter, bei denen der tiefste Punkt der Bodenplattenunterkante unter dem höchsten Grundwasserspiegel zu liegen kommt, sind als doppelwandige Behälter mit Leckanzeigegerät auszuführen. Außerhalb von Wasserschutzgebieten sind Leckageerkennungsmaßnahmen nach Nr. 4.2 ausreichend, wenn als Dichtungsschicht eine mindestens 1 mm dicke Kunststoffdichtungsbahn verwendet wird, die an den Seitenwänden bis zur Geländeoberkante hochgezogen wird, und Flüssigkeit im Kontrollrohr automatisch angezeigt wird, z.B. mit einer Schwimmerschaltung.
Die Behälter sind auftriebssicher auszuführen. Flutventile sind nicht zulässig.

3.4 Erdbecken

Erdbecken für Flüssigmist sind zulässig, wenn deren Verwendbarkeit oder Eignung nach den Vorschriften des Dritten Teils Abschnitt III der Bayerischen Bauordnung nachgewiesen ist.

4. Leckageerkennungsmaßnahmen für Behälter

a) Allgemeines
Bei der Statik der Behälter ist der Einfluss der Leckageerkennungsmaßnahmen zu berücksichtigen.

b) Behälter außerhalb von Wasserschutzgebieten
Bei Behältern außerhalb von Wasserschutzgebieten müssen die Fugen (Anschlusspunkt Bodenplatte/Wand) schnell und zuverlässig auf Dichtheit kontrollierbar sein, z.B. durch

– Leckageerkennungsmaßnahmen nach Nr. 4.1 oder Nr. 4.2 oder
– ständig einsehbare Fugen bei oberirdischen Behältern.

Dies gilt nicht bei werksgefertigten monolithischen Behältern.

c) Behälter in Wasserschutzgebieten
Bei zulässigen Behältern innerhalb von Wasserschutzgebieten sind Leckageerkennungsmaßnahmen nach Nr. 4.2 erforderlich.

4.1 Leckageerkennung für die Fuge Bodenplatte/Wand

Die Stahlbetonplatte ist allseitig über die Außenkante der Behälterwand zu ziehen und mit einer Aufkantung zu versehen. Der Ringraum zwischen Aufkantung und Behälterwand ist mit Filterkies zu verfüllen und mit einer Trennfolie gegen das Erdreich zu schützen. Das Kontrollstandrohr (Durchmesser mindestens 20 cm) ist zwecks Entnahme von Proben mit einem Sumpf zu versehen. Ist der Behälterdurchmesser größer als 10 m, sind zwei Kontrollstandrohre einzubauen.

4.2 Leckageerkennung für die Bodenplatte einschließlich Fuge Bodenplatte/Wand

Diese Leckageerkennungsmaßnahme besteht aus einer Dichtschicht und einem darüber liegenden Leckageerkennungsdrän mit Kontrollrohr.

4.2.1 Dichtschicht

Die Abdichtung des Untergrunds kann aus einer Kunststoffdichtungsbahn oder aus einer mineralischen Dichtung bestehen.

4.2.1.1 Kunststoffdichtungsbahn

Es ist eine Kunststoffdichtungsbahn mit einer Mindestdicke von 0,8 mm (Material: z.B. Polyethylen) einzubauen. Die verschweißten Dichtungsbahnen müssen eben auf einem Feinplanum mit einem Gefalle von mindestens 1% verlegt werden.

4.2.1.2 Mineralische Dichtung

Bei ausreichend naturdichtem Untergrund (z.B. Ton) in einer Mächtigkeit mehr als 1 m ist die obere Schicht in einer Dicke von mindestens 30 cm umzulagern und so zu verdichten, dass ein Durchlässigkeitsbeiwert (k_f-Wert) von mindestens 10^{-8} m/s erreicht wird.
Bei nicht ausreichend naturdichtem Untergrund ist eine mindestens 50 cm dicke Schicht aus Ton oder gleichwertigem Material aufzubringen. Diese ist in mindestens zwei Lagen lagenweise so zu verdichten, dass in jeder Lage ein k_f-Wert von mindestens 10^{-8} m/s erreicht wird. Die Dichtungsschichten müssen eine Dichte von 95% der Proctordichte D aufweisen.
Die ausführende Firma hat dem Betreiber eine Bestätigung über die ordnungsgemäße Ausführung auszuhändigen. Die Bestätigung ist der Kreisverwaltungsbehörde auf Verlangen vorzulegen.

4.2.2 Leckageerkennungsdräns

4.2.2.1 Allgemeines

a) Zwischen Bauwerksunterkante und Dichtschicht ist eine 10 - 20 cm dicke Dränschicht aus Kies (Körnung mind. 4/8 mm) einzubauen, sofern sie aus Frostschutzgründen nicht stärker ausgeführt werden muss. Die Dränschicht aus Kies kann durch eine gleichwertige Dränmatte ersetzt werden, wenn die Dichtschicht aus einer Kunststoffdichtungsbahn besteht. Der Leckageerkennungsdrän muss auch den kritischen Anschlusspunkt Bodenplatte/Wand erfassen. Die Dränschicht muss ein Gefälle von mindestens 1% zu den Dränrohren bzw. zum Kontrollschacht haben.

b) Bei Behältern bis 1000 m³ ist ein Ringdrän entsprechend Nr. 4.2.2.2 einzubauen, ab einem Volumen größer als 1000 m³ ein Flächendrän entsprechend Nr. 4.2.2.3. Bei Dränschichten aus gröberer Körnung (mind. 8/16 mm) oder bei Verwendung von Dränmatten kann wegen der guten Durchlässigkeit statt des Flächendräns ein Ringdrän verwendet werden.

c) Die Leckageerkennungsdräns dürfen nicht im Grundwasser liegen.

d) Dem Kontrollschacht soll kein Niederschlagswasser zufließen. Dies kann erreicht werden durch
   - eine wasserundurchlässige Befestigung der Oberfläche rings um den Behälter oder
   - eine seitliche Befestigung der Kunststoffdichtungsbahn an den aufgehenden Behälterwänden.

Aus dem Kontrollschacht muss eine Wasserprobe entnommen werden können.

Anstelle des Kontrollschachtes kann ein flüssigkeitsdichtes Kontrollrohr mit einem Durchmesser von mindestens 20 cm verwendet werden.

4.2.2.2 Ringdrän

Beim Ringdrän wird ein Dränrohr unterhalb der Außenkante der Bodenplatte in der Dränschicht verlegt. Die Dränrohre, Durchmesser mind. 10 cm, sind mit Gefälle zum Kontrollschacht oder -rohr zu verlegen. Ist der Behälterdurchmesser größer als 10 m, sind zwei Kontrollschächte oder -rohre einzubauen.

4.2.2.3 Flächendrän

Das Flächendrän besteht aus einem Ringdrän mit zusätzlichen Dränrohren (Sauger und Sammler) unter der Bodenplatte. Der Abstand der Sauger darf 2,5 m nicht überschreiten. Das Gefälle von Sauger und Sammler muss mindestens 1% betragen. Die Hochpunkte der Sauger sind durch eine Sammelleitung zu verbinden und an einer Stelle zur Entlüftung über das Geländeniveau hoch zu führen. Der Sammler ist im Bereich der Behältersohle als geschlitztes Rohr und außerhalb des Bereiches der Bodenplatte als geschlossenes Rohr einzubauen.

5. Lagerung von Silagesickersäften

Zusätzlich zu den in den Nrn. 3 und 4 beschriebenen Anforderungen an die Auffangbehälter sind die nachfolgenden Anforderungen zu beachten.

5.1 Ortsfeste Gärfuttersilos sind wasserundurchlässig und beständig auszuführen. Sie sind mit einem Auffangbehälter für Silagesickersaft

(Gärsaft und verunreinigtes Niederschlagswasser) zu versehen, sofern ein Ableiten in einen Gülle-/Jauchebehälter nicht möglich ist.

5.2 Das Auffangvolumen ist vom Gärsaftanfall und der Häufigkeit der Entleerung abhängig und entsprechend der **Tabelle** „Trockenmassegehalt und Gärsaftanfall" zu bemessen. Zusätzlich ist verunreinigtes Niederschlagswasser, das z.B. beim Befüllen des Silos oder bei der Entnahme des Siliergutes auftreten kann, im Behälter aufzufangen. Da der Trockenmassegehalt Schwankungen unterworfen ist und verunreinigtes Niederschlagswasser anfallen kann, ist bei nicht überdachten Flachsilos ein Behälter mit mindestens 3 m³ erforderlich, sofern nach der Tabelle kein größerer Behälter erforderlich ist.

Tabelle: Trockenmassegehalt und Gärsaftanfall

Trockenmassegehalt des Siliergutes %	durchschnittlicher Gärsaftanfall bezogen auf			
	Siliergut l/dt (dt = Dezitonne)	Silage l/dt	Siloraum l/m³ bei Lagerung des Gesamtvolumens	Siloraum l/m³ bei täglicher Entleerung
10	45	80	725	80
15	33	45	360	60
20	22	28	200	15
25	11	12	75	15
> 28	0	0	0	0

5.3 Durch geeignete Bauweisen und ausreichende Abdeckung des Siliergutes ist sicherzustellen, dass Niederschlagswasser nicht in den Silagestock eindringt. Dabei ist außerdem darauf zu achten, dass nicht verunreinigtes Niederschlagswasser nach außen abfließen kann und nicht zum Behälter für Silagesickersaft oder Jauche-/Güllebehälter gelangt.

5.4 Behälter für Silagesickersaft dürfen keinen Ablauf oder Überlauf ins Freie besitzen und sind spätestens bei 2/3 Füllung zu leeren.

6. Sammel- und Abfülleinrichtungen

6.1 Sammeleinrichtungen

6.1.1 Rohrleitungen, Schieber und Pumpen

Rohrleitungen, Schieber und Pumpen müssen aus korrosionsbeständigem Material bestehen. Die Rücklaufleitung vom Lagerbehälter zur Vorgrube oder zur Pumpstation muss zur sicheren Absperrung mit zwei Schiebern mit einem Mindestabstand von 2 m versehen sein. Einer davon soll ein Schnellschlussschieber sein. Für Schieber in Rücklaufleitungen ist DIN 11832 Landwirtschaftliche Hoftechnik Armaturen für Flüssigmist, Schieber für statische Drücke bis max. 1 bar, in der aktuellen Ausgabe, zu beachten. Schieber müssen leicht zugänglich sein. Sie sind in einem wasserundurchlässigen Schacht anzuordnen.

Pumpen müssen leicht zugänglich aufgestellt werden.

6.1.2 Vorgruben, Pumpstationen, Gerinne, Kanäle und Güllekeller

Vorgruben, Pumpstationen, offene oder abgedeckte Gerinne, Kanäle und Güllekeller müssen dicht und wasserundurchlässig hergestellt werden. Die baulichen Anforderungen nach Nr. 3 sind zu beachten. Bei Vorgruben und Pumpstationen mit einem Volumen über 50 m^3 gelten zusätzlich die Anforderungen an Behälter nach Nr. 4. Bei Gerinnen, Kanälen und Güllekellern mit einem maximal im bestimmungsgemäßen Betrieb vorhandenen Flüssigkeitsvolumen (z.B. Hohlraumvolumen bis zur Oberkante der Staunase) im Anlagenteil von mehr als 100 m^3 gelten für sie zusätzlich die Anforderungen an Behälter nach Nr. 4.

6.2 Abfülleinrichtungen

Plätze, auf denen Jauche oder Gülle abgefüllt wird, müssen mit einer Beton- oder Asphaltdecke befestigt sein. Niederschlagswasser ist in die Vorgrube, den Jauche-/Güllebehälter oder in die Pumpstation der Abfülleinrichtungen einzuleiten. Bei Saugentleerung von unterirdischen Behältern ist eine Befestigung im Bereich der Schlauchkupplung ausreichend.

7. Lagerung von Festmist

7.1 Dungstätten zum Lagern von Festmist sind auf einer dichten und wasserundurchlässigen Bodenplatte zu errichten. Zur Ableitung der Jauche ist die Bodenplatte seitlich einzufassen und gegen das Eindringen von Oberflächenwasser aus dem umgebenden Gelände zu schützen.

7.2 Sofern eine Ableitung der Jauche in einen vorhandenen Jauche- oder Güllebehälter nicht möglich ist, ist sie gesondert zu sammeln.

8. Prüfung neuerrichteter Anlagen

8.1 Prüfungen vor Inbetriebnahme einer Anlage

8.1.1 Vor Inbetriebnahme sind die Anlagen durch die ausführende Firma oder einen von ihr beauftragten unabhängigen Dritten, z.B. Fachbetrieb oder Sachverständige, auf ihre Dichtheit zu prüfen. Die ausführende Firma hat das zu erstellende Prüfprotokoll dem Betreiber und der Kreisverwaltungsbehörde vorzulegen.

8.1.2 Behälter sind nach DIN 11622 mittels Wasserstandsprüfung auf Dichtheit zu prüfen. In Wasserschutzgebieten ist der Baubeginn und Zeitpunkt der Dichtheitsprüfung (bei unterirdischen Behältern bei noch offener Baugrube) der zuständigen Kreisverwaltungsbehörde mindestens acht Tage vorher anzuzeigen. Die Dichtheitsprüfungen sollen in Wasserschutzgebieten in Anwesenheit der Kreisverwaltungsbehörde stattfinden. Dabei soll die sachgemäße Ausführung der Leckageerkennungsmaßnahmen, soweit möglich, mit geprüft werden.

8.1.3 Um die Dichtheit der unterirdischen Rohrleitungen nach Verfüllung des Rohrgrabens festzustellen, sind Druckprüfungen durchzuführen. Die Druckprüfungen sind nach DIN EN 1610 Verlegung und Prüfung von Abwasserleitungen und -kanälen, in der aktuellen Ausgabe, in Verbindung mit dem Arbeitsblatt DWA-A 139 Einbau und Prüfung von Abwasserleitungen und -kanälen, in der aktuellen Ausgabe, durchzuführen.

8.1.4 Vorgruben, Pumpstationen, Kanäle, Gerinne und Güllekeller sind durch Wasserstandsprüfung zu prüfen.

8.1.5 Die Dichtheit von Fugen, Fertigteilstößen, Spannstellen und Rohrdurchführungen ist zu überprüfen, z.B. durch Wasserstandsprüfung.

8.2 Wiederkehrende Prüfungen

8.2.1 Wiederkehrende Prüfungen an Anlagen sind in begründeten Einzelfällen als Dichtheitskontrolle durchzuführen.

8.2.2 Die zugänglichen Anlagenteile, wie Armaturen, Rohrleitungen und die sichtbaren Teile des Behälters - soweit kein Einstieg erforderlich ist - sowie insbesondere die Kontrollschächte der Leckageerkennungsmaßnahmen sind mindestens jährlich durch Sicht- oder Funktionskontrolle vom Betreiber zu prüfen. Bei Verdacht auf Undichtheit (z.B. Gülle im Kontrollschacht) ist die zuständige Kreisverwaltungsbehörde unverzüglich durch den Betreiber zu benachrichtigen.

9. Bestehende Anlagen

9.1 Prüfungen im Rahmen der Eigenüberwachung richten sich nach Nr. 8.2. Dies gilt bis 31. Dezember 2008 auch für die in Nr. 9.2 genannte Prüfung.

9.2 Anlagen in Wasserschutzgebieten sind zusätzlich einer Dichtheitsprüfung zu unterziehen. Art und Umfang der Prüfung können durch Verwaltungsvorschrift nach § 4 Abs. 2 festgelegt werden.

9.3 Werden durch diese Verordnung für Anlagen zur Lagerung von Jauche und Gülle, die bei In-Kraft-Treten dieser Verordnung bereits eingebaut oder aufgestellt waren (bestehende Anlagen), Anforderungen an die Lagerkapazität neu begründet oder verschärft, sind diese Anlagen bis zum 31. Dezember 2008 an diese Anforderungen anzupassen.

Anhang 6[1)]

Besondere Anforderungen an Anlagen zum Verwenden wassergefährdender Stoffe in Wasserkraftwerken

Vorbemerkung:
Anforderungen an Anlagen zum Verwenden wassergefährdender Stoffe in Wasserkraftwerken richten sich nach den folgenden Festsetzungen.
Diese Anforderungen gehen den allgemein anerkannten Regeln der Technik, den Grundsatzanforderungen des § 3 der Verordnung und den Anforderungen in den Anhängen 1 und 2, soweit diese den nachfolgenden Anforderungen widersprechen, vor.

---

1) Anhang 6 geänd. mWv 1. 11. 2008 durch VO v. 30. 9. 2008 (GVBl S. 830).

1. **Anwendungsbereich**

Dieser Anhang gilt für Anlagen zum Verwenden wassergefährdender Stoffe als Kühlmittel, Schmiermittel oder Hydraulikflüssigkeit

- in Wasserkraftwerken und in Einrichtungen des Wasserbaus, die typischerweise mit Wasserkraftwerken in Verbindung stehen oder stehen können (z.B. Pumpwerke, Wehre, Schleusen und Anlagen der Stauhaltung)
- der WGK 1 oder 2 und
- mit einem Fassungsvermögen bis 100 m³.

2. **Begriffe, Erläuterungen**

2.1 Anlagen zum Verwenden wassergefährdender Stoffe in Wasserkraftwerken können insbesondere aus folgenden Anlagenteilen bestehen:

- Kaplan-Laufrad
- Regeleinrichtung
- Windkessel
- Pumpengruppe zur Druckölerzeugung
- Ölbehälter
- Ölkühler
- Führungslager
- Spurlager
- Leitschaufellager
- Turbinengetriebe
- Sonstige offene Getriebe
- Sonstige geschlossene Getriebe
- Kupplungen
- Arbeitszylinder (Servomotoren)
- Rohrleitungen
- Druckschläuche
- Ausgleichsgefäße.

2.2 Ein Pumpwerk dient zur Wasserstandshaltung von Gewässern, die keine oder zeitweise keine natürliche Abflussmöglichkeit haben.

2.3 Ein Wehr ist ein Wasserabsperrbauwerk - kann Teil einer Staustufe sein - das der Hebung des Wasserstandes und meist auch der Regelung des Abflusses dient.

2.4 Eine Schleuse ermöglicht dem Schiffsverkehr das Überwinden der Höhendifferenz an einer Stauhaltung.

2.5 Anlagen einer Stauhaltung können auch Schütze und Grundablässe nach DIN 4048 Wasserbau - Begriffe Teil 1 und Teil 2, in der aktuellen Fassung, sein.

3. **Gefährdungspotenzial**

Anlagen zum Verwenden wassergefährdender Stoffe in Wasserkraftwerken wirken durch ihre ursächliche Zweckbestimmung (Wasserkraftnutzung) mehr oder weniger unmittelbar auf das zu schützende Gut „Wasser" ein. Das bei Betriebsstörungen freigesetzte Volumen wassergefährdender Stoffe ist, bezogen auf die Betriebswassermenge, sehr klein. Die Gewässerbeeinträchtigung kann durch geeignete organisatorische Maßnahmen bei Austritt wassergefährdender Stoffe gering gehalten werden (siehe Nr. 5).

4. **Anforderungen**

Soweit nachfolgend keine besonderen Anforderungen festgelegt sind, gelten für Anlagen in oder über Gewässern die Anforderungen $F_0+R_0+I_1+I_2$. Für Rohrleitungen gilt Anhang 1 Nr. 1.1 Sätze 3 und 4.

4.1 **Bezeichnungen**

4.1.1 **Anforderungen an die Befestigung und Abdichtung von Bodenflächen**

F_0: keine Anforderung an Befestigung und Abdichtung der Fläche über die betrieblichen Anforderungen hinaus

F_1: stoffundurchlässige Fläche

F_2: wie F_1, aber mit Nachweis der Beständigkeit.

4.1.2 **Anforderungen an das Rückhaltevermögen für austretende wassergefährdende Stoffe**

R_0: kein Rückhaltevermögen über die betrieblichen Anforderungen hinaus

R_1: Rückhaltevermögen für das Volumen wassergefährdender Flüssigkeiten, das bis zum Wirksamwerden geeigneter Sicherheitsvorkehrungen auslaufen kann (z.B. Absperren des undichten Anlagenteils oder Abdichten des Lecks)

R_2: Rückhaltevermögen für das Volumen wassergefährdender Flüssigkeiten, das bei Betriebsstörungen freigesetzt werden kann, ohne dass Gegenmaßnahmen berücksichtigt werden

R_3: Rückhaltevermögen ersetzt durch Doppelwandigkeit mit Leckanzeigegerät.

4.1.3 **Anforderungen an infrastrukturelle Maßnahmen organisatorischer oder technischer Art**

I_0: keine Anforderungen an die Infrastruktur über die betrieblichen Anforderungen hinaus

I_1: Überwachung durch selbsttätige Störmeldeeinrichtungen in Verbindung mit ständig besetzter Betriebsstätte (z.B. Messwarte) oder Überwachung mittels regelmäßiger Kontrollgänge; Aufzeichnung der Abweichungen vom bestimmungsgemäßen Betrieb und Veranlassung notwendiger Maßnahmen

I_2: Alarm- und Maßnahmenplan, der wirksame Maßnahmen und Vorkehrungen zur Vermeidung von Gewässerschäden beschreibt und mit den in die Maßnahmen einbezogenen Stellen abgestimmt ist.

4.2 **Besondere Anforderungen an bestimmte Teile von HBV-Anlagen in Wasserkraftwerken**

Auf Grund der Besonderheiten bei Wasserkraftwerken sind an bestimmte Teile von Anlagen zum Verwenden wassergefährdender Stoffe, die sich betriebsmäßig in oder über Gewässern befinden, andere Anforderungen als in Anhang 2 Nr. 2.1 festgelegt zu stellen.
Die nachfolgende **Tabelle** fasst die besonderen Anforderungen für bestimmte Anlagenteile zusammen. Die jeweiligen Anforderungen sind auch eingehalten, wenn die Anforderungen einer höheren Wassergefährdungsklasse oder eines höheren Volumenbereichs erfüllt werden.

Anlage/Anlagenteil	Rauminhalt	WGK 1	WGK 2
Kaplan-Laufrad	0,1 m^3 < V < 10 m^3	$F_0+R_0+I_1$	$F_0+R_0+I_1+I_2$
Regeleinrichtung, Windkessel, Pumpengruppe zur Druckölerzeugung, Ölbehälter	0,2 m^3 < V < 10 m^3	$F_1+R_0+I_1$[1]	$F_1+R_1+I_1$[1]
	10 m^3 < V < 100 m^3	$F_1+R_1+I_1$[1]	$F_1+R_1+I_1+I_2$[1]
außerhalb Betriebswasser: ölgeschmiertes Führungslager und Spurlager, Turbinengetriebe	V < 0,1 m^3	$F_0+R_0+I_0$	$F_0+R_0+I_0$
	0,1 m^3 < V < 10 m^3	$F_1+R_0+I_1$	$F_1+R_1+I_1$
innerhalb Betriebswasser: ölgeschmiertes Führungslager und Spurlager, Turbinengetriebe	V < 10 m^3	$F_0+R_0+I_1$	$F_0+R_0+I_1+I_2$
fettgeschmiertes unteres Führungslager	-	$F_0+R_0+I_0$	$F_0+R_0+I_0$
Leitschaufellager	V < 0,001 m^3	$F_0+R_0+I_0$	$F_0+R_0+I_0$
Kühler für Regleröle, Steueröle und Lageröle[2]	0,1 m^3 < V < 1 m^3 1 m^3 < V < 10 m^3	$F_0+R_0+I_0$ $F_1+R_0+I_1$	$F_0+R_0+I_0$ $F_1+R_1+I_1$/ $F_0+R_3+I_0$
Hydraulikanlagen in Wehren, Absperrorganen und Schützen: - Druckölerzeugung - Arbeitszylinder (Servomotoren) - Rohrleitungen - Druckschläuche	0,1 m^3 < V < 10 m^3	$F_0+R_0+I_1$	$F_1+R_1+I_1$[3]

5. Sonstige infrastrukturelle Anforderungen an HBV-Anlagen in Wasserkraftwerken

Zum Schutz des Gewässers ist ein Gewässerschutz-Alarmplan mit betriebsinternen Maßnahmen aufzustellen.

Der Betreiber hat die sachlichen und personellen Voraussetzungen zur Vermeidung von Gewässerschäden bei Störungen zu schaffen. Dazu gehören z.B. je nach Größe der Anlage Ölauffang- und Ölbindemittel sowie Umfüllmöglichkeiten und besonders unterwiesenes Personal mit geeigneter Ausrüstung. Diese Maßnahmen entfallen, wenn die örtlichen Voraussetzungen die Inanspruchnahme entsprechend ausgerüsteter Feuerwehren oder anderer Katastrophendienste gestatten.

---

[1] **Amtl. Anm.:** Die I_1-Maßnahme ist durch Ölstands- und Drucküberwachungen zu erfüllen.

[2] **Amtl. Anm.:** Die Kühler sind als Doppelrohrkühler, Zweikreiskühler oder als Luftkühler auszuführen. Die Kühlsysteme sind mit automatischen Störmeldeeinrichtungen auszurüsten. Doppelrohrkühler erfüllen die Anforderung R_3.

[3] **Amtl. Anm.:** Bei bestehenden Anlagen gelten abweichend davon die Anforderungen:
- $F_0+R_1+I_1+I_2$ für Druckölerzeugungseinheiten
- $F_0+R_0+I_1+I_2$ für Arbeitszylinder

37. Gesetz über die behördliche Organisation des Bau- und Wohnungswesens (OrgBauWoG)[1] [2]

in der Fassung der Bekanntmachung vom 5. Mai 1994
(GVBl S. 393)

BayRS 200-25-I

zuletzt geänd. durch § 2 ÄndG v. 17. 11. 2014 (GVBl S. 478)

Art. 1[3] **[Zuständigkeit Bau- und Wohnungswesen]** [1] Zuständig für die staatlichen Aufgaben des Bau- und Wohnungswesens einschließlich der übertragenen Bauaufgaben des Bundes ist die Oberste Baubehörde im Staatsministerium des Innern, für Bau und Verkehr. [2] Sie hat einen eigenen Personal- und Sachhaushalt. [3] Die Zuständigkeiten nach Satz 1 können durch Rechtsverordnung des Staatsministeriums des Innern, für Bau und Verkehr auf andere Behörden übertragen werden.

Art. 2[4] **[Inkrafttreten]** Dieses Gesetz tritt am 1. April 1948 in Kraft.[5]

[1] Neubekanntmachung des G v. 9. 4. 1948 (GVBl S. 56) in der ab 30. 12. 1993 geltenden Fassung.

[2] Überschrift neu gef. mWv 21. 11. 2014 durch G v. 17. 11. 2014 (GVBl S. 478); bis 20. 11. 2014: „Gesetz über die behördliche Organisation des Bauwesens, des Wohnungswesens und der Wasserwirtschaft (OrgBauWasG)".

[3] Art. 1 neu gef., Art. 2–4 aufgeh. mWv 21. 11. 2014 durch G v. 17. 11. 2014 (GVBl S. 478).

[4] Bish. Art. 6 wird Art. 2 mWv 21. 11. 2014 durch G v. 17. 11. 2014 (GVBl S. 478); Art. 5 bereits aufgeh. mWv 1. 6. 2013 durch G v. 7. 5. 2013 (GVBl S. 246).

[5] **Amtl. Anm.:** Diese Vorschrift betrifft das Inkrafttreten des Gesetzes in der ursprünglichen Fassung vom 9. 4. 1948 (GVBl S. 56). Der Zeitpunkt des Inkrafttretens der späteren Änderungen ergibt sich aus den jeweiligen Änderungsgesetzen.

38. Verordnung über den Erlass des Kostenverzeichnisses zum Kostengesetz (Kostenverzeichnis – KVz –)

Vom 12. Oktober 2001
(GVBl S. 766)

BayRS 2013-1-2-F

zuletzt geänd. durch § 1 ÄndVO v. 6. 5. 2015 (GVBl S. 170)

– Auszug –

§ 1 Auf Grund von Art. 5 und 10 des Kostengesetzes vom 20. Februar 1998 (GVBl S. 43, BayRS 2013-1-1-F), zuletzt geändert durch § 11 des Gesetzes vom 24. April 2001 (GVBl S. 140), erlässt das Bayerische Staatsministerium der Finanzen das als Anlage beigefügte Kostenverzeichnis, das Bestandteil dieser Verordnung ist.

§ 2 [1] Diese Verordnung tritt am 1. Januar 2002 in Kraft. [2] Die Verordnung über den Erlass des Kostenverzeichnisses zum Kostengesetz (Kostenverzeichnis – KVz) vom 18. Juli 1995 (GVBl S. 454, BayRS 2013-1-2-F), zuletzt geändert durch Verordnung vom 25. Juli 2001 (GVBl S. 406), tritt mit Ablauf des 31. Dezember 2001 außer Kraft.

Anlage[1)]

1. Allgemeine Bestimmungen

1.I. Allgemeine Amtshandlungen

Tarif-Nr.		Gegenstand	Gebühr Euro
Lfd. Nr.	Tarif-Stelle		
1.I.1/		**Beglaubigungen:**	
	1	Beglaubigung von Unterschriften oder Handzeichen	

[1)] Anl. geänd. mWv 1. 6. 2004 durch VO v. 17. 4. 2004 (GVBl S. 136); geänd. mWv 1. 1. 2005 durch VO v. 29. 11. 2004 (GVBl S. 504); geänd. mWv 1. 4. 2006 durch VO v. 5. 3. 2006 (GVBl S. 131); geänd. mWv 1. 7. 2007 durch VO v. 16. 6. 2007 (GVBl S. 396); geänd. mWv 1. 1. 2008 durch VO v. 18. 11. 2007 (GVBl S. 816); geänd. mWv 1. 5. 2008 durch VO v. 8. 4. 2008 (GVBl S. 152); geänd. mWv 20. 11. 2008, Lfd. Nr. 2.I.1/ mWv 1. 1. 2008, Lfd. Nr. 2.II.6/3.1 mWv 1. 11. 2007, Lfd. Nr. 2.III.1/ und Lfd. Nr. 6.III.5/ mWv 1. 1. 2009 durch VO v. 4. 11. 2008 (GVBl S. 861); geänd. mWv 1. 8. 2009 durch VO v. 1. 7. 2009 (GVBl S. 265); geänd. mWv 20. 11. 2009 bzw. 1. 1. 2010 durch VO v. 27. 10. 2009 (GVBl S. 559); geänd. mWv 1. 6. 2010 durch VO v. 10. 5. 2010 (GVBl S. 235); geänd. mWv 1. 10. 2011 durch VO v. 11. 8. 2011 (GVBl S. 406); geänd. mWv 1. 7. 2012 durch VO v. 6. 6. 2012 (GVBl S. 283); geänd. mWv 1. 9. 2012 durch VO v. 30. 7. 2012 (GVBl S. 409); geänd. mWv 1. 5. 2013 und mWv 1. 5. 2014 durch VO v. 24. 3. 2014 (GVBl S. 118); geänd. mWv 1. 6. 2015 durch VO v. 6. 5. 2015 (GVBl S. 170).

Tarif-Nr. Lfd. Nr.	Tarif-Stelle	Gegenstand	Gebühr Euro
	1.1	In Zusammenhang mit einer Zeugenaussage für Zwecke des Internationalen Suchdienstes Arolsen	kostenfrei
	1.2	Sonst	5 bis 60 €
	2	Beglaubigung von nicht von der Behörde selbst hergestellten Abschriften, Fotokopien und dergleichen:	
	2.1	Bei Schriftstücken in deutscher Sprache	0,75 € je angefangene Seite bis zu der für die Erteilung des Originals vorgesehenen Gebühr, mindestens 5 €
	2.2	Bei Schriftstücken, die nicht in deutscher Sprache abgefasst sind	1,50 € je angefangene Seite, mindestens 10 €
	3	Beglaubigung von durch die Behörde selbst hergestellten Abschriften, Fotokopien und dergleichen unabhängig von der Seitenzahl	5 € im Einzelfall
	4	Elektronische Übermittlung einer Amtsblatt-Ausgabe einschließlich Beglaubigung der Übereinstimmung der übersandten Ausgabe mit der auf der Verkündungsplattform eingestellten Fassung durch qualifizierte elektronische Signatur nach dem Signaturgesetz	10 € je übermittelte Ausgabe
		Werden mehrere Abschriften, Fotokopien und dergleichen gleichzeitig beglaubigt, kann die Gebühr je Beglaubigung auf 50 % ermäßigt werden.	
1.I.2/		**Bescheinigungen:**	
		Erteilung einer Bescheinigung	5 bis 75 €
1.I.3/		**Akteneinsicht:**	
		Einsichtgewährung in Akten und amtliche Bücher, soweit die Einsicht nicht in einem gebührenpflichtigen Verfahren gewährt wird	1 € je Akte oder Buch, mindestens 10 €
1.I.4/		**Fristverlängerungen:**	
	1	Verlängerung einer Frist, deren Ablauf einen neuen Antrag auf Erteilung einer gebührenpflichtigen Genehmigung, Erlaubnis, Zulassung, Verleihung oder Bewilligung erforderlich machen würde	10 bis 25 % der für die Genehmigung, Erlaubnis, Zulassung, Verleihung oder Bewilligung vorgesehenen Gebühr, mindestens 5 €
	2	Verlängerung einer Frist in anderen Fällen	5 bis 60 €
1.I.5/		**Zweitschriften:**	
		Erteilung einer Zweitschrift	10 bis 50 % der für die Erstschrift vorgesehenen Gebühr, mindestens 15 €
		Ist die Erteilung der Erstschrift gebührenfrei, beträgt die Gebühr 0,50 € je angefangene Seite, mindestens aber 15 €.	
1.I.6/		**Niederschriften:**	
		Aufnahme einer Niederschrift	7,50 bis 75 € je angefangene Stunde

Tarif-Nr. Lfd. Nr.	Tarif-Stelle	Gegenstand	Gebühr Euro
1.I.7/		**Rückständige Beträge:**	
		Anmahnung	5 bis 150 €
1.I.8/		**Amtshandlungen im Vollstreckungsverfahren:**	
	1	Androhung von Zwangsmitteln nach Art. 36 VwZVG, soweit sie nicht mit dem Verwaltungsakt verbunden ist, durch den die Handlung, Duldung oder Unterlassung aufgegeben wird	12,50 bis 150 €
	2	Anwendung der Zwangsmittel Ersatzvornahme (Art. 32, 35 VwZVG) oder unmittelbarer Zwang (Art. 34, 35 VwZVG)	50 bis 2.500 €
	3	Entscheidung nach Art. 21 VwZVG über unzulässige oder unbegründete Einwendungen gegen die Vollstreckung, die den zu vollstreckenden Anspruch betreffen	15 bis 250 €
1.I.9/		**Aufhebung eines Zuwendungs- oder Subventionsbescheids und Verfahren zur Rückforderung von Zuwendungen oder Subventionen:**	
	1	Aufhebung eines Zuwendungs- oder Subventionsbescheids, gegebenenfalls einschließlich Rückforderung der Beträge	15 bis 2.500 €
	2	Rückforderung von Zuwendungen oder Subventionen wegen Unwirksamkeit des Bescheids infolge Eintritts einer auflösenden Bedingung	wie zu Tarif-Stelle 1
	3	Die Kostenerhebung unterbleibt, wenn die Zuwendungs- oder Subventionsempfänger die Gründe für die Aufhebung des Bescheids oder die Rückforderung der Beträge nicht zu vertreten haben.	
	4	Kosten werden nicht erhoben, wenn die Rückforderung weniger als 50 € beträgt.	
1.I.10/		**Auskünfte:**	
	1	Allgemein: Erteilung von Auskünften einfacher Art aus Registern und Dateien, sofern nicht in den Lfd. Nrn. 2.I. ff bewertet	kostenfrei
	2	**Bayerisches Umweltinformationsgesetz:**	
	2.1	Eröffnung des Zugangs zu Umweltinformationen nach Art. 3 Abs. 2 Die Höhe der Gebühr bestimmt sich nach dem Bearbeitungsaufwand, Art. 6 Abs. 2 KG findet keine Anwendung (Art. 12 Abs. 1 Satz 3 BayUIG)	10 bis 2.500 €
	2.2	Erteilung mündlicher und einfacher schriftlicher Auskünfte, Einsichtnahme in Umweltinformationen vor Ort, Maßnahmen und Vorkehrungen nach Art. 5 Abs. 1 und 2 sowie Unterrichtung der Öffentlichkeit nach Art. 10 und 11	gebührenfrei
	2.3	Rücknahme oder Ablehnung eines Antrags	kostenfrei

Tarif-Nr. Lfd. Nr.	Tarif-Nr. Tarif-Stelle	Gegenstand	Gebühr Euro
	3	**Umwelthaftungsgesetz:**	
	3.1	Auskunft nach	
	3.1.1	§ 9 Satz 1 an den Geschädigten	10 bis 2.500 €
	3.1.2	§ 10 Abs. 1 an den Inhaber einer Anlage	10 bis 2.500 €
	3.2	Erteilung mündlicher und einfacher schriftlicher Auskünfte, Einsichtnahme in Umweltinformationen vor Ort	gebührenfrei
	3.3	Rücknahme oder Ablehnung eines Antrags	kostenfrei
	3.4	Anordnung nach § 19 Abs. 1 Satz 2, weiterhin entsprechende Deckungsvorsorge zu treffen	100 bis 2.000 €
	3.5	Untersagung des Betriebs einer Anlage nach § 19 Abs. 4	100 bis 3.500 €

1.II.0/ Anrechnung von Gebühren für Auskünfte:

Tarif-Nr. Lfd. Nr.	Tarif-Nr. Tarif-Stelle	Gegenstand	Gebühr Euro
		Wurde vor der Einleitung eines Verwaltungsverfahrens bereits eine kostenpflichtige Auskunft erteilt, kann die Gebühr dafür ganz oder teilweise auf die sich nach den Lfd. Nrn. 2.1 ff ergebende Gebühr angerechnet werden, wenn durch die vorweg erteilte Auskunft der mit dem Verwaltungsverfahren verbundene Aufwand vermindert wurde.	

1.III.0/ Herstellung und Überlassung von Kopien von Entscheidungen, Bescheiden oder sonstigen Unterlagen:

Tarif-Nr. Lfd. Nr.	Tarif-Nr. Tarif-Stelle	Gegenstand	Gebühr Euro
1.III.0/	**1**	**Entscheidung** über die Herstellung und Überlassung von Kopien:	
	1.1	von **gerichtlichen** Entscheidungen und von Unterlagen aus **Gerichtsakten** an nicht am Verfahren Beteiligte:	
	1.1.1	Bei Herstellung und Überlassung auf elektronischem Weg (unabhängig vom Umfang)	7,50 € je übermittelte Datei
	1.1.2	Bei Herstellung und Überlassung in Papierform oder per Telefax:	
	1.1.2.1	Für bis zu 10 Seiten	10 €
	1.1.2.2	Für mehr als 10 bis zu 50 Seiten	10 € zuzüglich 0,50 € je 10 Seiten übersteigende Seite
	1.1.2.3	Für mehr als 50 Seiten	30 € zuzüglich 0,15 € je 50 Seiten übersteigende Seite
	1.2	**aus Behördenakten:**	

Tarif-Nr.			
Lfd. Nr.	Tarif-Stelle	Gegenstand	Gebühr Euro
	1.2.1	Bei Herstellung und Überlassung auf elektronischem Weg (unabhängig vom Umfang)	
	1.2.1.1	an am Verfahren Beteiligte	5 € je übermittelte Datei
	1.2.1.2	an nicht am Verfahren Beteiligte	7,50 € je übermittelte Datei
	1.2.2	Bei Herstellung und Überlassung in Papierform oder per Telefax	
	1.2.2.1	an am Verfahren Beteiligte:	
	1.2.2.1.1	Für bis zu 10 Seiten	7,50 €
	1.2.2.1.2	Für mehr als 10 bis zu 50 Seiten	7,50 € zuzüglich 0,50 € je 10 Seiten übersteigende Seite
	1.2.2.1.3	Für mehr als 50 Seiten	27,50 € zuzüglich 0,15 € je 50 Seiten übersteigende Seite
	1.2.2.2	an nicht am Verfahren Beteiligte:	
	1.2.2.2.1	Für bis zu 10 Seiten	10 €
	1.2.2.2.2	Für mehr als 10 bis zu 50 Seiten	10 € zuzüglich 0,50 € je 10 Seiten übersteigende Seite
	1.2.2.2.3	Für mehr als 50 Seiten	30 € zuzüglich 0,15 € je 50 Seiten übersteigende Seite
	2	**Schreibauslagen** werden erhoben, für – auf besonderen Antrag – unabhängig vom Übermittlungsmedium (Papierform oder auf elektronischem Weg) erteilte Ausfertigungen und Kopien, wenn abweichend von Tarif-Stelle 1 **keine Entscheidung** über die Überlassung von Unterlagen erforderlich ist (z.B. für die Fertigung von mehrfachen Ausfertigungen von Bescheiden). Die Schreibauslagen betragen unabhängig von der Art der Herstellung	
	2.1	bei Bereitstellung auf elektronischem Weg	2,50 € je übermittelte Datei
	2.2	bei Bereitstellung in Papierform:	
		Für bis zu 50 Seiten	0,50 € je Seite
		Für mehr als 50 Seiten	25 € zuzüglich 0,15 € je 50 Seiten übersteigende Seite
		Angefangene Seiten werden voll berechnet.	
	3	Ist die Anfertigung einer Kopie besonders zeitaufwendig, kann der Betrag nach den Tarif-Stellen 1.1.2, 1.2.2 und 2.2 bis auf das Fünffache erhöht werden.	

1.IV.0/ Gebührenbefreiung des Bundes, der Bundesanstalt für Immobilienaufgaben (BImA), der NATO und der ausländischen Streitkräfte:

Tarif-Nr.			
Lfd. Nr.	Tarif-Stelle	Gegenstand	Gebühr Euro
		Amtshandlungen zur Durchführung von Bau- und Sanierungsvorhaben des Bundes, der BImA, der NATO und der ausländischen Streitkräfte im Auftrags- und Truppenbauverfahren, wenn sich der Bund oder die BImA zur Durchführung dieser Bauvorhaben der Staatsbauverwaltung im Wege der Organleihe bedient	gebührenfrei

2.I. Bau-, Wohnungs- und Siedlungswesen

Tarif-Nr.			
Lfd. Nr.	Tarif-Stelle	Gegenstand	Gebühr Euro
2.I.1/		**Bausachen, Abgrabungssachen:**	
	1	**Grundgebühren:**	
	1.1	Entscheidung über einen Antrag nach § 205 Abs. 2 oder 5 BauGB	kostenfrei
	1.2	Aufstellung und Festsetzung einer Satzung oder eines Plans nach § 205 Abs. 3 BauGB	kostenfrei
	1.3	Ausnahme nach § 14 Abs. 2 BauGB außerhalb eines bauaufsichtlichen Verfahrens	25 bis 3.000 €
	1.4	Entscheidung nach § 18 Abs. 2, § 28 Abs. 6 oder § 43 Abs. 2 BauGB	3 v.T. der Entschädigung, mindestens 25 €
	1.5	unbesetzt	
	1.6	Genehmigung nach § 22 BauGB	1 v.T. des auf volle 500 € aufzurundenden Verkehrswerts des Grundstücks, mindestens 40 €
		Bei erstmalig zu begründendem oder zu teilendem Wohnungs- oder Teileigentum ist der Verkehrswert des gesamten unbebauten Grundstücks zugrundezulegen.	
		Bei Begründung weiteren Wohnungs- oder Teileigentums sowie bei späteren Teilungen auf demselben Grundstück ist der Verkehrswert des unbebauten Grundstücksanteils zugrundezulegen, der dem Verhältnis des neu zu begründenden oder zu teilenden Wohnungs- oder Teileigentums zur Gesamtbebauung entspricht.	
		Gilt eine Genehmigung nach § 22 Abs. 5 Satz 4 BauGB als erteilt, ermäßigt sich die Gebühr um 10 v.H., höchstens jedoch auf 40 €. Damit entfällt eine weitere Gebühr für die Zeugniserteilung nach § 22 Abs. 5 Satz 5 BauGB.	
	1.7	Erteilung eines Zeugnisses nach § 22 Abs. 5 BauGB, soweit eine Genehmigung nicht erforderlich ist	25 bis 125 €
		Wird das Zeugnis ausschließlich im Interesse einer Umschreibung von Grund-	kostenfrei

Tarif-Nr.		Gegenstand	Gebühr Euro
Lfd. Nr.	Tarif-Stelle		
		buchblättern nach der Grundbuchverfügung erteilt	
	1.8	Auskunft aus der Kaufpreissammlung nach § 11 GutachterausschußV, über die Bodenrichtwerte nach § 196 Abs. 3 Satz 2 BauGB und über sonstige Daten für die Wertermittlung nach § 14 GutachterausschußV	20 bis 350 € je übermittelten Vergleichswert aus der Kaufpreissammlung, je übermittelten Bodenrichtwert oder je übermitteltes wertermittlungsrelevantes Datum
	1.9	Erteilung oder Verlängerung eines Prüfzeugnisses nach Art. 17 Abs. 2 BayBO[1]	250 bis 5.000 €
	1.10	Städtebauliche Sanierungs- oder Entwicklungsmaßnahmen: Amtshandlungen zur Vorbereitung oder Durchführung von städtebaulichen Sanierungsmaßnahmen (§ 151 Abs. 1 Nr. 1 BauGB) und von städtebaulichen Entwicklungsmaßnahmen (§ 169 Abs. 1 Nr. 5 BauGB), soweit sie durch ein städtebauliches Gebot der §§ 175 bis 179 BauGB veranlasst wurden	kostenfrei
	1.11	Amtshandlungen, die der Durchführung oder Vermeidung der Umlegung (§§ 45 ff., § 79 Abs. 1 BauGB) dienen	kostenfrei
	1.12	Zustimmung und Verzichtserklärung im Einzelfall nach Art. 18 Abs. 1, Art. 19 Abs. 1, Gestattung nach Art. 20 Abs. 2 Satz 4 BayBO[1], Zulassung von Abweichungen nach § 5 BauPAV	30 bis 4.500 €
	1.13	Anerkennung von Prüf-, Zertifizierungs- und Überwachungsstellen nach Art. 23 Abs. 1 BayBO[1]	250 bis 10.000 €
	1.14	*(aufgehoben)*	
	1.15	*(aufgehoben)*	
	1.16–1.21	*unbesetzt*	
	1.22	Anordnung nach Art. 54 Abs. 3 oder Abs. 4 BayBO[1]	25 bis 1.250 €
	1.23	Anordnung nach Art. 54 Abs. 5 BayBO[1]	25 bis 600 €
	1.24	Erteilung einer Genehmigung zur Errichtung oder Änderung baulicher Anlagen (Art. 55 BayBO[1]) einschließlich der Zulassung von Abweichungen im Rahmen eines Baugenehmigungsverfahrens nach Art. 60 BayBO mit Ausnahme der Abweichungen von Vorschriften nach Art. 81 BayBO[1] und einschließlich der einmaligen Abnahme von Absteckungen und Höhenlagen nach Art. 68 Abs. 6 BayBO[1]:	
	1.24.1	Allgemein	
	1.24.1.1	für den bauplanungsrechtlichen Teil (einschließlich örtlicher Bauvorschriften im Sinn des Art. 81 Abs. 1 BayBO):	

[1] Nr. **1**.

Tarif-Nr. Lfd. Nr.	Tarif-Stelle	Gegenstand	Gebühr Euro
	1.24.1.1.1	Wenn das Vorhaben im Geltungsbereich eines Bebauungsplans gemäß § 30 Abs. 1 oder Abs. 2 BauGB genehmigt wird	1 v.T. der Baukosten, mindestens 40 €
	1.24.1.1.2	In allen anderen Fällen	2 v.T. der Baukosten, mindestens 40 €
	1.24.1.2	für den bauordnungsrechtlichen Teil (einschließlich der Prüfung sonstiger öffentlich-rechtlicher Vorschriften):	
	1.24.1.2.1	Im vereinfachten Baugenehmigungsverfahren (Art. 59 BayBO)	
	1.24.1.2.1.1	wenn der Brandschutz bauaufsichtlich geprüft wird (Art. 62 Abs. 3 Satz 3 Nrn. 2 und 3 BayBO)	bis zu 1,5 v.T. der Baukosten, mindestens 20 €
	1.24.1.2.1.2	Sonst	kostenfrei
	1.24.1.2.2	In allen anderen Fällen,	
	1.24.1.2.2.1	wenn die Genehmigungsbehörde die Leistungen nach § 31 PrüfVBau selbst erbringt	bis zu 2 v.T. der Baukosten zuzüglich der Vergütung, die sich nach der PrüfVBau für die Leistungen nach § 31 PrüfVBau ergeben würde, mindestens 20 €
	1.24.1.2.2.2	wenn die Genehmigungsbehörde die Leistungen nach § 31 PrüfVBau nicht selbst erbringt	bis zu 2 v.T. der Baukosten, mindestens 20 €
	1.24.2	Können der Gebührenberechnung Baukosten nicht zugrundegelegt werden, beträgt die Gebühr	10 bis 3.000 €
	1.24.3	Genehmigung zur Errichtung, Aufstellung, Anbringung oder Änderung von Werbeanlagen (Art. 2 Abs. 1 Satz 2 BayBO[1])	10 bis 3.000 €
	1.24.4	Bei Aufschüttungen, die nicht dem Bayerischen Abgrabungsgesetz[2] unterliegen, beträgt die Gebühr	50 bis 10.000 €
	1.24.5	Bauaufsichtliche Prüfung des Brandschutzes in den Fällen des Art. 62 Abs. 3 Satz 3 Nrn. 2 und 3 i.V.m. Art. 58 Abs. 5 Satz 1 BayBO	bis zu 1,5 v.T. der Baukosten, mindestens 20 €
	1.25	Erteilung einer Genehmigung zur Änderung von baulichen Anlagen in Abweichung von bereits genehmigten Bauvorlagen:	
	1.25.1	Wenn das genehmigte Bauvorhaben wesentlich geändert wird Enthielt die Gebühr für die Erstgenehmigung einen anteiligen Betrag in Höhe der Vergütung nach der PrüfVBau (Tarif-Stelle 1.24.1.2.2.1), wird dieser Betrag nicht mit abgezogen. Die Gebühr beträgt mindestens 40 €.	wie zu Tarif-Stelle 1.24 abzüglich 50 v.H. der Gebühr für die Erstgenehmigung

[1] Nr. **1**.
[2] Nr. **4**.

Tarif-Nr.		Gegenstand	Gebühr Euro
Lfd. Nr.	Tarif-Stelle		
		Die Gebühr wird aus den Baukosten berechnet, die zur Ausführung des gesamten Bauvorhabens erforderlich sind.	
	1.25.2	Wenn das genehmigte Bauvorhaben nicht wesentlich geändert, insbesondere in seinen Grundzügen nicht berührt wird	40 bis 1.750 €
	1.26	Genehmigung nach Art. 55 BayBO[1] für die Nutzungsänderung baulicher Anlagen	40 bis 5.000 €
	1.27 bis 1.29	*unbesetzt*	
	1.30	Zulassung von Abweichungen nach Art. 63 Abs. 1 Satz 1 BayBO und von Ausnahmen nach Art. 63 Abs. 2 Satz 2 BayBO außerhalb eines Baugenehmigungsverfahrens nachArt. 60 BayBO oder im Rahmen eines vereinfachten Baugenehmigungsverfahrens nach Art. 59 BayBO sowie von Abweichungen von Vorschriften nach Art. 81 BayBO	5 v.H. des Werts des Nutzens, der durch die Abweichung in Aussicht steht, mindestens 40 €
		Für die Zulassung von Abweichungen nach Art. 63 Abs. 1 Satz 1 BayBO im Rahmen eines vereinfachten Baugenehmigungsverfahrens (Art. 59 BayBO) beträgt die Gebühr höchstens die Gebühr nach der Tarif-Stelle 1.24.1.2.2.2.	
		Wird für das Vorhaben, für das eine Abweichung von Vorschriften nach Art. 81 BayBO erforderlich ist, gleichzeitig eine Genehmigung zur Errichtung oder Änderung, eine Genehmigung zur Änderung in Abweichung von bereits genehmigten Bauvorlagen oder eine Genehmigung für die Nutzungsänderung (Art. 55 BayBO) erteilt, beträgt die Gebühr höchstens die Gebühr nach den Tarif-Stellen 1.24, 1.25 oder 1.26.	
	1.31	Befreiung von Festsetzungen des Bebauungsplans nach § 31 Abs. 2 BauGB	10 v.H. des Werts des Nutzens, der durch die Befreiung in Aussicht steht, mindestens 40 €
		Wird für das Vorhaben daneben eine Genehmigung zur Errichtung oder Änderung, eine Genehmigung zur Änderung in Abweichung von bereits genehmigten Bauvorlagen oder eine Genehmigung für die Nutzungsänderung (Art. 55 BayBO[1]) erteilt, beträgt die Gebühr höchstens das Doppelte der Gebühr nach den Tarif-Stellen 1.24, 1.25 oder 1.26.	
	1.32	Ausnahme nach § 9 Abs. 8 FStrG[2] oder Art. 23 Abs. 2 BayStrWG[3]	25 bis 3.000 €
	1.33	Benachrichtigung nach Art. 66 Abs. 1 Satz 3 BayBO[1]	25 €

[1] Nr. **1**.
[2] Nr. **30**.
[3] Nr. **32**.

Tarif-Nr. Lfd. Nr.	Tarif-Nr. Tarif-Stelle	Gegenstand	Gebühr Euro
	1.34	Vorbescheid nach Art. 71 BayBO[1]	40 bis 2.500 €
	1.35	Teilbaugenehmigung nach Art. 70 BayBO[1]	wie zu Tarif-Stelle 1.24
	1.36	Abnahme der Absteckung und der Höhenlagen nach Art. 68 Abs. 6 BayBO[1] auf Antrag des Bauherrn bei Vorhaben nach Art. 58 BayBO[1]	40 bis 1.500 €
	1.37	Verlängerung der Baugenehmigung (Art. 69 Abs. 2 BayBO[1]), eines Vorbescheids oder sonstiger baurechtlicher Genehmigungen	40 bis 10.000 €
	1.38	Bauüberwachung im Rahmen des Art. 77 BayBO[1]:	
	1.38.1	Ohne Beanstandung	kostenfrei
	1.38.2	Sonst	25 bis 1.250 €
	1.39	Zwischenabnahme aufgrund einer Anordnung nach Art. 78 Abs. 1 BayBO[1]	gebührenfrei
	1.40	Fliegende Bauten:	
	1.40.1	Gebrauchsabnahme fliegender Bauten (Art. 72 Abs. 5 Satz 2 Nr. 1 BayBO[1]) einschließlich einer nachfolgenden Gebrauchsuntersagung mit Einziehung des Prüfbuchs nach Art. 72 Abs. 4 BayBO[1]	40 bis 1.000 €
	1.40.2	Gebrauchsuntersagung nach Art. 72 Abs. 4 BayBO[1], die nicht auf Grund einer Gebrauchsabnahme ergeht	40 bis 100 €
	1.41	Zustimmung nach Art. 73 Abs. 1 BayBO[1]:	
	1.41.1	Allgemein	2 v.T. der Baukosten, mindestens 40 €
	1.41.2	Bei einer Nutzungsänderung	40 bis 5.000 €
	1.42	Erteilung einer Zustimmung zur Änderung von Bauvorhaben in Abweichung von Bauvorlagen, denen bereits zugestimmt worden ist:	
	1.42.1	Wenn das Bauvorhaben wesentlich geändert wird	wie zu Tarif-Stelle 1.41.1 abzüglich 50 v.H. der Gebühr für die Erstzustimmung. Die Gebühr beträgt mindestens 40 €.
		Die Gebühr wird aus den Baukosten berechnet, die zur Ausführung des gesamten Bauvorhabens erforderlich sind.	
	1.42.2	Wenn das Bauvorhaben nicht wesentlich geändert wird	40 bis 600 €
	1.43	Erst-, Wiederholungs- und Nachprüfungen aufgrund einer nach Art. 80 Abs. 1 Satz 1 Nr. 5 BayBO erlassenen Rechtsverordnung	25 bis 600 €
	1.44	Anerkennung von Prüfingenieuren und Prüfämtern (Art. 80 Abs. 2 Satz 1 Nr. 1 BayBO[1] i.V.m. der PrüfVBau[2])	125 bis 3.000 €

[1] Nr. **1**.
[2] Nr. **9**.

Tarif-Nr.			
Lfd. Nr.	Tarif-Stelle	Gegenstand	Gebühr Euro
	1.45	Verfügungen oder Maßnahmen, die durch Verstöße gegen öffentlich-rechtliche Vorschriften veranlasst werden (z.B. Einstellung von Arbeiten, Beseitigung von Anlagen, Nutzungsuntersagung oder Anordnungen nach Art. 54 Abs. 2 Satz 2 BayBO)	25 bis 2.500 €
	1.46	Genehmigung nach § 9 Abs. 5 FStrG[1] oder Art. 24 Abs. 3 BayStrWG[2]	25 bis 3.000 €
	1.47	*unbesetzt*	
	1.48	Untersagung der Verwendung von Bauprodukten und Anordnung der Entwertung oder Beseitigung der Kennzeichen nach Art. 74 BayBO[3]	40 bis 1.500 €
	1.49	Maßnahmen nach Kapitel III der Verordnung (EG) Nr. 765/2008 des Europäischen Parlaments und des Rates vom 9. Juli 2008 über die Vorschriften für die Akkreditierung und Marktüberwachung im Zusammenhang mit der Vermarktung von Produkten und zur Aufhebung der Verordnung (EWG) Nr. 339/93 des Rates (ABl L 218 S. 30) und in Verbindung mit Kapitel VIII der Verordnung (EU) Nr. 305/2011 des Europäischen Parlaments und des Rates vom 9. März 2011 zur Festlegung harmonisierter Bedingungen für die Vermarktung von Bauprodukten und zur Aufhebung der Richtlinie 89/106/EWG des Rates (ABl L 88 S. 5)	40 bis 1.500 €
	1.50	Genehmigung von Abgrabungen nach Art. 9 Abs. 1 Satz 1 BayAbgrG[4],	
	1.50.1	Bei Sand- und Kiesgruben, Steinbrüchen und ähnlichen Abgrabungen zur Gewinnung von Abbaugut für Vorhaben mit einem verwertbaren Abbaugut	
		bis zu 50.000 m^3	100 € zuzüglich 25 € je angefangene 1.000 m^3
		über 50.000 m^3 bis zu 500.000 m^3	1.350 € zuzüglich 55 € je 50.000 m^3 übersteigende angefangene 10.000 m^3
		über 500.000 m^3	3.825 € zuzüglich 110 € je 500.000 m^3 übersteigende angefangene 50.000 m^3
		Abraum und Mutterboden sind kein verwertbares Abbaugut.	
	1.50.2	Bei anderen selbstständigen Abgrabungen	50 bis 2.000 €
	1.50.3	Wenn mit der Erteilung der Genehmigung die Durchführung einer Umweltverträglichkeitsprüfung verbunden ist, erhöht sich	

[1] Nr. **30**.
[2] Nr. **32**.
[3] Nr. **1**.
[4] Nr. **4**.

Tarif-Nr. Lfd. Nr.	Tarif-Stelle	Gegenstand	Gebühr Euro
		die Gebühr nach den Tarif-Stellen 1.50.1 oder 1.50.2 um 40 %.	
	1.51	Vorbescheid nach Art. 9 Abs. 1 Satz 4 BayAbgrG[1]	40 bis 2.500 €
	1.52	Teilabgrabungsgenehmigung nach Art. 9 Abs. 1 Satz 5 BayAbgrG[1]	wie zu Tarif-Stelle 1.50
	1.53	Genehmigung von Aufschüttungen, die unmittelbare Folge von Abgrabungen sind (Art. 1 BayAbgrG[1])	50 bis 10.000 €
	1.54	Überwachung nach Art. 4 Abs. 2 Satz 1 BayAbgrG[1]:	
	1.54.1	Ohne Beanstandung	kostenfrei
	1.54.2	Sonst	50 bis 2.500 €
	1.55	Verfügungen oder Maßnahmen, die durch Verstöße gegen öffentlich-rechtliche Vorschriften veranlasst werden (Art. 4 Abs. 2 Satz 2 BayAbgrG[1])	25 bis 2.500 €
	1.56	Benachrichtigungen nach Art. 9 Abs. 2 Satz 1 BayAbgrG[1]	25 €
	1.57	Prüfung nach Art. 78 Abs. 3 BayBO[2]	
	1.57.1	von Abgasanlagen vor Inbetriebnahme der angeschlossenen Feuerstätten	1,14 € je Arbeitsminute
	1.57.2	von Leitungen zur Abführung von Verbrennungsgasen vor Inbetriebnahme der angeschlossenen ortsfesten Verbrennungsmotoren und Blockheizkraftwerke	1,14 € je Arbeitsminute
	1.57.3	Die Gebühr nach der Tarifstelle 1.57.1 oder 1.57.2 erhöht sich jeweils um die gesetzliceh Umsatzsteuer.	
	2	**Berechnung der Gebühren:**	
	2.1	Soweit die Gebühren nach den Baukosten berechnet werden, ist von den Kosten (einschließlich Umsatzsteuer) auszugehen, die am Ort der Bauausführung im Zeitpunkt der Erteilung der Genehmigung zur Vollendung des zu genehmigenden Vorhabens erforderlich sind. Einsparungen durch Eigenleistungen (Material und Arbeitsleistungen) sind dabei nicht zu berücksichtigen. Der Betrag wird auf volle 500 € aufgerundet.	
	2.2	Enthält ein Bauvorhaben Elemente eines Sonderbaus und Elemente eines Standardbauvorhabens die technisch-konstruktiv und funktional voneinander trennbar sind, so dass für diese „Prüfabschnitte“ unterschiedliche Prüfprogramme (Art. 59 oder 60 BayBO) anzuwenden sind, setzt sich die Gebühr für den bauordnungsrechtlichen Teil der Genehmigung nach der Tarif-Stelle 1.24.1.2 aus den einzelnen Prüfprogrammen der einzelnen Vorhabensteile zusammen.	

[1] Nr. **4**.
[2] Nr. **1**.

Tarif-Nr. Lfd. Nr.	Tarif-Stelle	Gegenstand	Gebühr Euro
	2.3	Der Nutzen im Sinn der Tarif-Stellen 1.30 und 1.31 ist unter Berücksichtigung aller Umstände des Einzelfalles nach pflichtgemäßem Ermessen zu schätzen. Dabei können der Verkaufsmehrwert, die Einsparungen bei der Bauausführung und ähnliches als Schätzungsgrundlage verwendet werden.	
	3	**Ermäßigungen:**	
	3.1	Für den Bau von Wohnungen und Wohnräumen einschließlich unselbstständiger Nebengebäude (z.B. Garagen und Holzlegen), für den der Bauherr Mittel aus öffentlichen Wohnraumförderungsprogrammen des Freistaats Bayern, der Kommunen oder der Bayerischen Landesbodenkreditanstalt erhält, wird die Gebühr nach den Tarif-Stellen 1.24.1, 1.25.1 und 1.35 bei Nachweis der entsprechenden Voraussetzungen ermäßigt.	
	3.1.1	Die Gebühr beträgt im Fall der Tarif-Stelle 1.24.1	
	3.1.1.1	im vereinfachten Verfahren	50 v.H. der Gebühr nach Tarif-Stelle 1.24.1.1 und 1.24.1.2.1, mindestens 20 €
	3.1.1.2	in allen anderen Fällen	
	3.1.1.2.1	wenn die Genehmigungsbehörde die Leistungen nach § 31 PrüfVBau selbst erbringt	50 v.H. der Gebühr nach Tarif-Stelle 1.24.1.1 und 1.24.1.2.2.2 zuzüglich der Vergütung, die sich nach der PrüfVBau für die Leistungen nach § 31 PrüfVBau ergeben würde, mindestens 20 €
	3.1.1.2.2	wenn die Genehmigungsbehörde die Leistungen nach § 31 PrüfVBau nicht selbst erbringt	50 v.H. der Gebühr nach Tarif-Stelle 1.24.1.1 und 1.24.1.2.2.2, mindestens 20 €
	3.1.2	Die Gebühr beträgt im Fall der Tarif-Stelle 1.25.1	
	3.1.2.1	im vereinfachten Verfahren	wie zu Tarif-Stelle 3.1.1.1 abzüglich 50 v.H. der Gebühr für die Erstgenehmigung. Die Gebühr beträgt mindestens 20 €
	3.1.2.2	in allen anderen Fällen	
	3.1.2.2.1	wenn die Genehmigungsbehörde die Leistungen nach § 31 PrüfVBau selbst erbringt	wie zu Tarif-Stelle 3.1.1.2.1 abzüglich 50 v.H. der Gebühr für die Erstgenehmigung. Die Gebühr beträgt mindestens 20 €

Tarif-Nr.			
Lfd. Nr.	Tarif-Stelle	Gegenstand	Gebühr Euro
	3.1.2.2.2	wenn die Genehmigungsbehörde die Leistungen nach § 31 PrüfVBau nicht selbst erbringt	wie zu Tarif-Stelle 3.1.1.2.2 abzüglich 50 v.H. der Gebühr für die Erstgenehmigung. Enthielt die Gebühr für die Erstgenehmigung einen anteiligen Betrag in Höhe der Vergütung nach § 31 PrüfVBau (Tarif-Stelle 1.24.1.2.2.1), ist die um diesen Anteil verminderte Gebühr Berechnungsgrundlage für den Abzug. Die Gebühr beträgt mindestens 20 €
	3.1.3	Die Gebühr beträgt im Fall der Tarif-Stelle 1.35	wie zu Tarif-Stelle 3.1.1
	3.1.4	Dient ein Vorhaben teilweise anderen als den vorgenannten begünstigten Zwecken, werden die anteilig auf diese Gebäudeteile entfallenden Gebühren nicht ermäßigt.	
	3.2	*unbesetzt*	
	3.3	Die Gebühren nach den Tarif-Stellen 1.24, 1.25 und 1.35 werden auf 1/4, jedoch höchstens auf 20 €, ermäßigt	
	3.3.1	bei baulichen Anlagen einer inländischen Körperschaft, Personenvereinigung, Stiftung oder Vermögensmasse, die nach der Satzung oder sonstigen Verfassung und nach ihrer tatsächlichen Geschäftsführung ausschließlich und unmittelbar gemeinnützigen oder mildtätigen Zwecken im Sinn des Abschnitts „Steuerbegünstigte Zwecke" der Abgabenordnung dient, wenn die bauliche Anlage unmittelbar für gemeinnützige oder mildtätige Zwecke im Sinn des Abschnitts „Steuerbegünstigte Zwecke" der Abgabenordnung benutzt wird.	
	3.3.2	bei baulichen Anlagen eines öffentlich-rechtlichen Sozialversicherungsträgers, wenn die bauliche Anlage von diesem unmittelbar für die besonderen Zwecke der Sozialversicherung benutzt wird.	
	3.3.3	bei baulichen Anlagen, die dem Gottesdienst einer Religionsgesellschaft, die Körperschaft des öffentlichen Rechts ist, oder einer jüdischen Kultusgemeinde gewidmet sind.	
	3.3.4	bei baulichen Anlagen, die von einer Religionsgesellschaft, die Körperschaft des öffentlichen Rechts ist, von einem ihrer Orden, von einer ihrer religiösen Genossenschaften oder von einem ihrer Verbände unmittelbar für Zwecke der religiösen Unterweisung, der Wissenschaft, des Unterrichts, der Erziehung oder unmittelbar für Zwecke der eigenen Verwaltung benutzt	

Tarif-Nr. Lfd. Nr.	Tarif-Stelle	Gegenstand	Gebühr Euro
		werden und entweder im Eigentum der benutzenden Körperschaft (Personenvereinigung) oder im Eigentum einer Körperschaft des öffentlichen Rechts stehen. Den Religionsgesellschaften stehen die jüdischen Kultusgemeinden gleich, die nicht Körperschaften des öffentlichen Rechts sind.	
	3.3.5	Dienen die in den Tarif-Stellen 3.3.1 bis 3.3.4 aufgeführten baulichen Anlagen nicht nur unmittelbar begünstigten Zwecken, sondern auch nicht begünstigten Zwecken (z.B. Wohnzwecken) oder nur mittelbar begünstigten Zwecken und wird jeweils ein räumlich abgrenzbarer Teil der baulichen Anlage für die einzelnen Zwecke benutzt, wird nur die anteilig auf die unmittelbar für begünstigte Zwecke benutzten Gebäudeteile entfallende Gebühr ermäßigt. Ist eine räumliche Abgrenzung nicht möglich, wird die Gebührenermäßigung nur gewährt, wenn die bauliche Anlage überwiegend unmittelbar den begünstigten Zwecken dient. § 5 Grundsteuergesetz (GrStG) gilt jedoch sinngemäß.	
	3.4	Bei der gleichzeitigen Behandlung einer Mehrzahl von baulichen Anlagen desselben Bauherrn nach dem gleichen Typ auf einem zusammenhängenden Baugelände in einem oder mehreren baurechtlichen Verfahren werden die Gebühren nach den Tarif-Stellen 1.24, 1.25 und 1.35 für die zweite und jede weitere bauliche Anlage auf die Hälfte ermäßigt.	
	3.5	*unbesetzt*	
	3.6	Die für einen Vorbescheid oder eine Teilbaugenehmigung festgesetzten Gebühren können auf die Gebühren nach Tarif-Stelle 1.24 bis zur Hälfte angerechnet werden. Tarif-Stelle 4 ist vor der Anrechnung anzuwenden. Die nach Tarif-Stelle 1.30 für Abweichungen außerhalb eines Baugenehmigungsverfahrens (Art. 60 BayBO) festgesetzten Gebühren können auf die Gebühren nach Tarif-Stelle 1.24 in gleicher Weise angerechnet werden.	
	3.7	Bei Zulassung einer Abweichung von Vorschriften im Sinn des Art. 81 BayBO[1] im Zusammenhang mit dem Vorbescheid ist die Gebühr nach Tarif-Stelle 1.30 auf höchstens die Gebühr nach den Tarif-Stellen 1.24, 1.25 oder 1.26 zu begrenzen. Bei Erteilung einer Befreiung im Zusammenhang mit dem Vorbescheid ist die Gebühr nach Tarif-Stelle 1.31 auf höchstens das	

[1] Nr. **1**.

Tarif-Nr. Lfd. Nr.	Tarif-Stelle	Gegenstand	Gebühr Euro
		Doppelte der Gebühr nach den Tarif-Stellen 1.24, 1.25 oder 1.26 zu begrenzen. Die Gebührenbegrenzung nach den Sätzen 1 und 2 wird nur gewährt, wenn die Baugenehmigung innerhalb der Geltungsdauer des Vorbescheids erteilt wird. Die Gebührenbegrenzung wird vorläufig bereits bei Erteilung des Vorbescheids auf Grundlage der voraussichtlich zu erwartenden Baugenehmigungsgebühren gewährt.	
	3.8	Die Ermäßigungen nach den Tarif-Stellen 3.1 bis 3.7 werden nebeneinander gewährt in der Weise, dass bei der Ermäßigung jeweils vom Betrag der ermäßigten Gebühr auszugehen ist. Abweichend davon wird im Fall der Tarif-Stelle 3.2 die Ermäßigung nach Tarif-Stelle 3.1 nicht gewährt.	
	3.9	Wird die genehmigte bauliche Anlage oder eine bauliche Anlage, der bereits zugestimmt wurde, endgültig nicht ausgeführt, wird die festgesetzte Gebühr in den Fällen der Tarif-Stellen 1.24, 1.25, 1.35, 1.37, 1.41 und 1.42 auf Antrag bis auf die Hälfte, jedoch höchstens auf 20 € herabgesetzt, wenn der Baugenehmigungs- bzw. Zustimmungsbescheid und die Bauvorlage der Bauaufsichtsbehörde ausgehändigt werden. Enthielt die Gebühr einen anteiligen Betrag in Höhe der Vergütung nach der PrüfVBau, wird dieser Betrag nicht in die Herabsetzung mit einbezogen. Der Antrag muss während der Gültigkeit des Bescheids gestellt werden.	
	3.10	Macht der Bauherr von einer außerhalb eines Genehmigungsverfahrens nach Art. 60 BayBO[1] zugelassenen Abweichung nach Art. 63 BayBO, von einer Abweichung von Vorschriften nach Art. 81 BayBO oder von einer Befreiung endgültig keinen Gebrauch und händigt er den entsprechenden Bescheid der Bauaufsichtsbehörde aus, kann die nach Tarif-Stelle 1.30 oder 1.31 festgesetzte und gegebenenfalls nach Tarif-Stelle 3.7 (auch vorläufig) begrenzte Gebühr auf Antrag bis auf ein Viertel, höchstens jedoch auf 20 € herabgesetzt werden. Bei genehmigungsfreien Bauvorhaben muss der Antrag innerhalb von vier Jahren nach Zulassung der Abweichung oder Befreiung gestellt werden. Im Übrigen ist der Antrag während der Gültigkeitsdauer des Genehmigungs- oder des Vorbescheids zu stellen.	

[1] Nr. **1**.

Tarif-Nr. Lfd. Nr.	Tarif-Nr. Tarif-Stelle	Gegenstand	Gebühr Euro
	3.11	Die für einen Vorbescheid nach Art. 9 Abs. 1 Satz 4 BayAbgrG[1] oder eine Teilabgrabungsgenehmigung festgesetzte Gebühr kann auf die Gebühr nach der Tarif-Stelle 1.50 bis zur Hälfte angerechnet werden.	
	3.12	Wird eine bereits genehmigte Abgrabung endgültig nicht ausgeführt, wird die festgesetzte Gebühr in den Fällen der Tarif-Stellen 1.50, 1.52 und 1.53 auf Antrag bis auf die Hälfte, jedoch höchstens auf 20 € herabgesetzt, wenn der Genehmigungsbescheid und der Abgrabungsplan der Genehmigungsbehörde ausgehändigt werden. Der Antrag muss während der Gültigkeit des Bescheids gestellt werden.	
	4	**Erhöhungen:**	
	4.1	Wenn eine **UVP** durchzuführen ist, erhöht sich die Gebühr nach Tarif-Stelle 1, soweit nicht die Tarif-Stelle 1.50.3 Anwendung findet, um 500 bis 3.000 €.	
	4.2	Entfällt aufgrund einer baurechtlichen Genehmigung die wasserrechtliche Genehmigung nach Art. 20 Abs. 5 Satz 1 BayWG, erhöht sich die – gegebenenfalls nach den Tarif-Stellen 3.1 bis 3.4 ermäßigte – Gebühr um den Betrag, der für die sonst erforderliche Genehmigung nach diesem Kostenverzeichnis oder nach Art. 6 Abs. 1 Satz 2 oder 3 KG als Gebühr zu erheben wäre, wenn sie gesondert ausgesprochen würde.	
	4.3	Führt die fachkundige Stelle der Genehmigungsbehörde im Rahmen der Erteilung einer baurechtlichen Genehmigung wasserwirtschaftliche Prüfungen als Sachverständige durch, erhöht sich die – gegebenenfalls nach den Tarif-Stellen 3.1 bis 3.4 ermäßigte – Gebühr um den Betrag, der der Gebühr nach § 2 UGebO entspricht.	
	4.4	Führt die Genehmigungsbehörde im Rahmen der Erteilung einer baurechtlichen Genehmigung Prüfungen durch das eigene Gesundheits- oder Veterinäramt als Sachverständigen durch, erhöht sich die – gegebenenfalls nach den Tarif-Stellen 3.1 bis 3.4 ermäßigte – Gebühr nach Tarif-Stelle 1.24, 1.25, 1.35, 1.41 und 1.42 um 10 v.H.	
	4.5	Entfällt aufgrund einer baurechtlichen Genehmigung eine naturschutzrechtliche Gestattung, erhöht sich die – gegebenenfalls nach den Tarif-Stellen 3.1 bis 3.4 ermäßigte – Gebühr um den Betrag, der für die sonst erforderliche Gestattung nach diesem Kostenverzeichnis oder nach Art. 6 Abs. 1	

[1] Nr. **4**.

Tarif-Nr.		Gegenstand	Gebühr Euro
Lfd. Nr.	Tarif-Stelle		
		Satz 2 oder Satz 3 KG als Gebühr zu erheben wäre, wenn sie gesondert ausgesprochen würde.	
	5	**Auslagen:** Neben den Gebühren werden Auslagen für Entgelte für Telekommunikationsdienstleistungen sowie Auslagen im Sinn des Art. 10 Abs. 1 Nr. 4 KG nicht erhoben. Bei Gebührenfreiheit werden alle Auslagen nach Art. 10 KG erhoben.	

39. Vollzug des Kostengesetzes (KG); Kosten (Gebühren und Auslagen) in Bausachen

Vom 14. Oktober 1985
(MABl. S. 630)

geänd. durch Änd. Vollzug des Kostengesetzes v. 1. 10. 1986 (MABl. S. 492)

Bekanntmachung des Bayerischen Staatsministeriums des Innern
Nr. I Z 6 – 1052–20/21

Zur Kostenerhebung in baurechtlichen Angelegenheiten werden im Einvernehmen mit dem Staatsministerium der Finanzen folgende Hinweise gegeben:

1. Innerdienstliche Mitwirkung von Behörden bei der Aufstellung von Bauleitplänen und bei der Behandlung von Bauanträgen

1.1 Wirken Behörden als Träger öffentlicher Belange gemäß § 2 Abs. 5 des Bundesbaugesetzes (BBauG) oder Art. 71 Abs. 1 der Bayer. Bauordnung (BayBO)[1] in baurechtlichen Verfahren mit (vgl. Bek vom 2. 2. 1976, MABl S. 66), so ist diese Tätigkeit keine Amtshandlung, Sachverständigentätigkeit, benutzungsgebührenpflichtige Tätigkeit oder Amtshilfe. Die **mitwirkende** Behörde hat deshalb hierfür keinen Anspruch auf Kosten (Gebühren und Auslagen), Sachverständigenentschädigung, Benutzungsgebühren oder besondere Aufwendungen gemäß Art. 8 Abs. 1 des Bayer. Verwaltungsverfahrensgesetzes (BayVwVfG). Auch ein sonstiger Anspruch auf Erstattung von Aufwendungen (z.B. anteiliger Personalaufwand, Fernsprechgebühren, Reisekostenvergütungen) besteht nicht.
Gleiches gilt z.B. für die

- Behandlung des Bauantrags durch die Gemeinden gemäß Art. 69 Abs. 1 Satz 2 BayBO[2],
- Erteilung oder Versagung des gemeindlichen Einvernehmens nach dem BBauG (z.B. § 31 Abs. 1 BBauG),
- Erteilung oder Versagung der Zustimmung oder des Einvernehmens der Straßenbaubehörde (z.B. gemäß § 9 Abs. 2 des Bundesfernstraßengesetzes – FStrG –[3] oder Art. 23 Abs. 2, Art. 24 Abs. 1 des Bayer. Straßen- und Wegegesetzes – BayStrWG –[4]).

1.2 Bei der Erhebung von Kosten (Gebühren und Auslagen) für Verwaltungsakte, an denen andere Behörden im Sinn der Nummer 1.1 mitgewirkt haben (z.B. Baugenehmigung), ist der durch diese Mitwirkung entstandene Verwaltungsaufwand wie folgt zu berücksichtigen:

---

[1] Jetzt Art. 69 Abs. 1 BayBO (Nr. **1**).
[2] Jetzt Art. 67 Abs. 1 Satz 2 BayBO (Nr. **1**).
[3] Nr. **30**.
[4] Nr. **32**.

1.2.1 Für den Verwaltungsakt ist eine **Festgebühr** vorgeschrieben (z.B. die Baugenehmigungsgebühr nach Tarif-Nr. 22.1.17.1. des Kostenverzeichnisses – KVz[1]).
Der **allgemeine Verwaltungsaufwand** (= Personalaufwand und allgemeiner Sachaufwand, der über die nach Art. 13 Abs. 1 KG abzugeltenden Auslagen hinausgeht), der durch die Tätigkeit der mitwirkenden Behörde entsteht, ist bereits in diese Gebühr eingerechnet.
Die bei der mitwirkenden Behörde in diesem Verfahren angefallenen **Auslagen** im Sinn des Art. 13 Abs. 1 KG sind von der Behörde, die den Verwaltungsakt erläßt (z.B. Baugenehmigungsbehörde), unter Berücksichtigung der Tarif-Nr. 22.5 KVz[1] zu erheben (Art. 13 Abs. 1 Halbsatz 1 KG).

1.2.2 Für den Verwaltungsakt ist eine **Rahmengebühr** zu erheben (z.B. Gebühr für die Zulassung einer Ausnahme nach Tarif-Nr. 22.1.23 KVz[1]).
Der allgemeine Verwaltungsaufwand und die nicht gesondert erhebungsfähigen Auslagen der mitwirkenden Behörde sind in dieser Gebühr gemäß Art. 8 KG zu berücksichtigen.
Für die sonstigen **Auslagen**, die der mitwirkenden Behörde entstehen, gilt Nummer 1.2.1 letzter Satz entsprechend.

1.3 Die mitwirkende Behörde teilt der Behörde, die den Verwaltungsakt erläßt, nur ihre **Auslagen** gemäß Art. 13 Abs. 1 Nrn. 1 **und** 5 KG mit (vgl. Tarif-Nr. 22.5 Satz 1 KVz[1]). Kann die den Verwaltungsakt erlassende Behörde auch die Auslagen nach Art. 13 Abs. 1 Nrn. 2, 3 und 4 KG bei der Kostenerhebung berücksichtigen (gemäß Tarif-Nr. 22.5 Satz 2 KVz[1] oder im Fall einer Rahmengebühr über Art. 8 KG als Verwaltungsaufwand), so hat sie die mitwirkende Behörde aufzufordern, ihr **alle Auslagen** mitzuteilen.
Die Mitteilung des **allgemeinen Aufwands** durch die mitwirkende Behörde unterbleibt, es sei denn, die mitwirkende Behörde wird hierzu in den Fällen gemäß Nummer 1.2.2 aufgefordert.

1.4 Die Nummern 1.1 bis 1.3 gelten nicht für die Zustimmung der Luftfahrtbehörden (Luftämter) nach §§ 12, 14, 15 des Luftverkehrsgesetzes (LuftVG)[2]. In diesen Fällen erheben die Luftfahrtbehörden Kosten nach der Kostenordnung der Luftfahrtverwaltung (LuftKostV) vom 14. Februar 1984 (BGBl. I S. 346) – vgl. Nummer V.11 des Gebührenverzeichnisses zur LuftKostV –.

2. Sachverständigentätigkeit von Behörden

2.1 Wird eine Behörde als Sachverständiger herangezogen (z.B. nach Art. 63 Abs. 4 BayBO),[3] so steht ihr – ebenso wie einem privaten Gutachter – für ihre Tätigkeit grundsätzlich eine Sachverständigenentschädigung nach Maßgabe der Verordnung über die Entschädigung von Zeugen und Sachverständigen in Verwaltungssachen – ZuSEVO – (BayRS 2013-3-1-F) zu (vgl. § 1 Abs. 1, § 2 ZuSEVO).

---

[1] Auszugsweise abgedruckt unter Nr. **38**.
[2] Nr. **33**.
[3] Jetzt Art. 60 Abs. 4 BayBO (Nr. **1**) .

Die Vergütung der Prüfämter für Baustatik nach § 15 der Bautechnischen Prüfungsverordnung (BayRS 2132-1-11-I) in Verbindung mit der Gebührenordnung der Prüfingenieure – GebOPI – (BayRS 2132-1-12-I) bleibt unberührt.

2.1.1 Soweit Staatsbehörden als Sachverständige herangezogen werden, ist in Verfahren der unteren Bauaufsichtsbehörden Art. 25 Abs. 2 KG, in Verfahren der Regierungen Nummer 2.2 der Verwaltungsvorschriften zu Art. 61 der Bayer. Haushaltsordnung (VV-BayHO) zu beachten.

2.1.2 Holt die Bauaufsichtsbehörde ein Gutachten des Landbauamts zu baukünstlerischen Fragen ein, so entsteht dadurch zwar ein Anspruch des Landbauamts auf Entschädigung nach der ZuSEVO. Wegen des öffentlichen Interesses an der baukünstlerischen Beratung der Bauaufsichtsbehörden sehen die Landbauämter aber in diesen Fällen davon ab, der Bauaufsichtsbehörde die Sachverständigenentschädigung in Rechnung zu stellen.

2.2 Die Heranziehung einer Behörde als Sachverständiger gemäß Art. 63 Abs. 4 BayBO[1] ist von der Anhörung einer Behörde als Träger öffentlicher Belange gemäß Art. 71 Abs. 1 BayBO[1] (s. Nr. 1.1) zu unterscheiden.

Die Stellungnahme als Träger öffentlicher Belange erstreckt sich insbesondere darauf, ob das Vorhaben den öffentlich-rechtlichen Vorschriften entspricht, die den Aufgabenbereich der Behörde berühren. Sachverständigentätigkeit ist dagegen eine darüber hinausgehende Beurteilung des Vorhabens aufgrund von Erfahrungssätzen, besonderer Sachkunde oder technischer Möglichkeiten, die auch ein privater Gutachter erbringen könnte.

Ob eine Behörde als Träger öffentlicher Belange gemäß Art. 71 Abs. 1 BayBO[1] oder als Sachverständiger gemäß Art. 63 Abs. 4 BayBO[1] herangezogen wird, hat die Bauaufsichtsbehörde im Einzelfall selbst zu entscheiden (vgl. hierzu Nr. 3.1 der Bek vom 7. 8. 1982, MABl S. 485). **Zur Vermeidung von Unklarheiten muß sie gegenüber der anderen Behörde eindeutig angeben, ob eine Stellungnahme nach Art. 71 Abs. 1 BayBO[1] oder zu welchem Problem eine sachverständige Beurteilung (Gutachten) gefordert wird.** Hierbei ist es möglich, daß eine Behörde gleichzeitig in beiden Funktionen beteiligt wird.

2.3 Sachverständigenentschädigungen gehören zu den Auslagen des jeweiligen Verfahrens, die (neben den Gebühren) vom Veranlasser zu erheben sind (Art. 13 Abs. 1 KG, Tarif-Nr. 22.5 KVz[2]). Dies gilt auch, wenn die Bauaufsichtsbehörde gemäß Art. 25 Abs. 2 KG oder VV Nr. 2.2 zu Art. 61 BayHO (s. Nr. 2.1.1) eine Sachverständigenentschädigung nicht zu zahlen hat (Art. 13 Abs. 2 KG).

3. Auskünfte über die Bebaubarkeit von Grundstücken

Derartige Auskünfte sind, auch wenn sie schriftlich ergehen, gemäß Art. 3 Abs. 1 Nr. 3 KG kostenfrei, wenn sie, wie in der Regel üblich,

---

[1] Nr. **1**.
[2] Auszugsweise abgedruckt unter Nr. **38**.

aufgrund der Aktenlage oder spezieller Kenntnisse **ohne besonderen Aufwand** erteilt werden können. Sofern dies ausnahmsweise nicht der Fall ist, sind hierfür Kosten zu erheben (Gebühr gemäß Art. 6 Abs. 1 Satz 3, Art. 8 KG) – vgl. IMS vom 25. Juli 1983 Nr. I Z 6 – 1052-55/14.
Allerdings sollten die Bauaufsichtsbehörden in diesen besonders aufwendigen Fällen dem Anfragenden nahelegen, die zu entscheidende Frage in einem Vorbescheidverfahren (Art. 75 BayBO[1]) klären zu lassen. Der Vorbescheid ist kostenpflichtig (Gebühr gemäß Tarif-Nr. 22.1.26 KVz[2]).

4. **Teilungsgenehmigungen und Zeugnisse nach § 19 BBauG und Art. 11 Abs. 1 BayBO[1] (Tarif-Nrn. 22.1.5, 22.1.6 und 22.1.8 KVz[2])**

4.1 Verkehrswert im Sinn der Tarif-Nr. 22.1.5 KVz[2] ist der Wert, der im gewöhnlichen Geschäftsverkehr nach der Beschaffenheit und der Lage des Grundstücks bei einer Veräußerung zu erzielen wäre.

4.2 Bei der Versagung von Teilungsgenehmigungen ist von der Möglichkeit des Art. 10 Abs. 1 Satz 1 KG, die Gebühr nach Tarif-Nr. 22.1.5 bzw. 22.1.8 KVz[2] bis auf ein Zehntel zu ermäßigen, grundsätzlich Gebrauch zu machen.

4.3 Bei Erteilung (Versagung) der bauplanungs- **und** bauordnungsrechtlichen Teilungsgenehmigung **in einem Bescheid** liegen zwei Gebührentatbestände vor. Es ist somit eine Gebühr nach Tarif-Nr. 22.1.5 **und** nach Tarif-Nr. 22.1.8 KVz[2] zu erheben, bei der Versagung unter Berücksichtigung der Nummer 4.2 (Art. 9 Abs. 1 KG). Für ein entsprechendes Zeugnis (§ 23 Abs. 2 BBauG und Art. 11 Abs. 2 BayBO[1]) fallen die Gebühren nach den Tarif-Nrn. 22.1.6 **und** 22.1.8 KVz[2] an.

5. **Auskunft nach § 11 a Abs. 2 der Gutachterausschußverordnung (BayRS 2130-2-I) oder § 143 b Abs. 5 BBauG (Tarif-Nr. 22.1.7 KVz[2])**

5.1 Wird die Auskunft dadurch erteilt, daß Ablichtungen aus der Kaufpreissammlung oder aus den Bodenrichtwertübersichten übersandt werden, so ist auch hier die Gebühr aus dem Rahmen der Tarif-Nr. 22.1.7 KVz[2] nach Art. 8 KG festzusetzen. Schreibauslagen (Art. 12 KG) fallen daneben nicht an.

5.2 Für entsprechende Auskünfte an Behörden oder Gerichte im Rahmen der Amtshilfe (Art. 4 BayVwVfG) dürfen Kosten nicht erhoben werden (Art. 1 Abs. 1 KG, Art. 8 Abs. 1 BayVwVfG).

6. **Genehmigung zur Errichtung oder Änderung baulicher Anlagen (Tarif-Nr. 22.1.17 KVz[2])**

6.1 Entscheidungen über Nachbareinwendungen nach Art. 73 BayBO[1] sind kostenrechtlich Bestandteil des Genehmigungsverfahrens und damit durch die Baugenehmigungsgebühr abgegolten (Tarif-

[1] Nr. **1**.
[2] Auszugsweise abgedruckt unter Nr. **38**.

Nr. 22.1.17 KVz[1]). Entstehen bei der Behandlung von Nachbareinwendungen Auslagen im Sinn des Art. 13 Abs. 1 KG, Tarif-Nr. 22.5 KVz[1], so hat diese grundsätzlich der Bauwerber zu tragen. Art. 2 Abs. 3 KG bleibt unberührt.

6.2 Auch die Entscheidung über die Zurückstellung von Bauanträgen nach § 15 BBauG ist durch die Baugenehmigungsgebühr nach Tarif-Nr. 22.1.17 KVz[1] abgegolten. Hierdurch entstehende Auslagen nach Art. 13 Abs. 1 KG, Tarif-Nr. 22.5 KVz[1] hat der Bauwerber zu tragen, soweit sie nicht nach Art. 2 Abs. 3 KG der Gemeinde aufzuerlegen sind.

7. Genehmigung für die Nutzungsänderung baulicher Anlagen (Tarif-Nr. 22.1.19 KVz[1])

7.1 Tarif-Nr. 22.1.19 KVz[1] ist nur anzuwenden, wenn Gegenstand eines Bauantrags

- ausschließlich die Nutzungsänderung einer baulichen Anlage ist;
- die Nutzungsänderung mit gleichzeitiger Änderung der baulichen Anlage ist und das Schwergewicht des Vorhabens bei der Nutzungsänderung liegt oder die Änderung der baulichen Anlage genehmigungsfrei ist.

Eine Gebühr nach Tarif-Nr. 22.1.17 fällt hier nicht an (vgl. Art. 9 Abs. 1 KG).

7.2 Im übrigen ist im Genehmigungsverfahren zur Änderung baulicher Anlagen die sich aus den Bauvorlagen ergebende (geänderte) Nutzung Gegenstand dieses Verfahrens. Die Gebühr für die dieses Verfahren abschließende Genehmigung richtet sich deshalb nur nach Tarif-Nr. 22.1.17 KVz[1] (vgl. Art. 9 Abs. 1 KG).

8. Befreiung von baurechtlichen Vorschriften oder von Festsetzungen des Bebauungsplans (Tarif-Nr. 22.1.24 KVz[1])

8.1 Werden in einem Verfahren mehrere Befreiungen gewährt, so ist für jede dieser Befreiungen eine Gebühr nach Tarif-Nr. 22.1.24 KVz[1] zu erheben (Art. 9 Abs. 1 KG).

8.2 Der durch die Befreiung in Aussicht stehende Nutzen, dessen Wert der Gebührenberechnung zugrunde zu legen ist, ist nach pflichtgemäßem Ermessen unter Berücksichtigung aller Umstände des Einzelfalls und der Tarif-Nr. 22.2 letzter Satz KVz[1] **zu schätzen.**

8.2.1 Wird durch die Befreiung zusätzliche Nutzfläche geschaffen, so kann der Nutzen mit Hilfe folgender Berechnungsmethode geschätzt werden:
Nutzfläche, die durch die Befreiung gewonnen wird

× ortsüblichen Mietpreis/m²

× 12 Monate

= Jahresbruttomiete;

./. geschätzter Jahresbetrag für den Nutzen mindernde Ausgaben und für die Abschreibung

---

[1] Auszugsweise abgedruckt unter Nr. **38**.

= Jahresnettomiete;

× Kapitalisierungsfaktor für Massivbauwerke, der im Regelfall 20 (bei zu vermietenden Nutzflächen) bzw. 10 (bei eigengenutzten Flächen) beträgt.

8.2.2 Die vorstehende Berechnungsmethode kann jedoch nicht angewendet werden, wenn die zusätzliche Nutzfläche durch eine Baugrenzenüberschreitung entsteht, die zu keiner Überschreitung der insgesamt zulässigen Nutzfläche führt, weil an anderer Stelle zum Ausgleich dafür die Baugrenzen unterschritten werden.

8.3 Die Befreiungsgebühr darf nach Tarif-Nr. 22.1.24 KVz[1] höchstens so hoch sein wie die Baugenehmigungsgebühr nach Tarif-Nr. 22.1.17 KVz[1].

8.3.1 Bemißt sich die Baugenehmigungsgebühr nach Tarif-Nr. 22.1.17.1. KVz[1], so ist auch dann von der Gebühr nach Tarif-Nr. 22.1.17.1. **Buchst. b** KVz[1] als zulässigen Befreiungs-Höchstbetrag auszugehen, wenn die Genehmigungsbehörde die Leistungen nach § 4 GebOPI selbst erbringt. Die Gebühr nach Tarif-Nr. 22.1.17.1 a KVz[1] kann hierfür nicht herangezogen werden. Sie beinhaltet die Vergütung nach § 4 GebOPI, die Auslagencharakter hat und daher zu einer nicht äquivalenten Befreiungsgebühr führen würde.

8.3.2 Die Befreiungs-Höchstgebühr richtet sich auch in den Fällen nach Tarif-Nr. 22.1.17.1 b KVz[1], in denen die Baugenehmigungsgebühr nach Tarif-Nr. 22.3 KVz[1] ermäßigt oder nach Tarif-Nr. 22.4 KVz[1] erhöht wird.
Gleiches gilt für Befreiungen, die zu Änderungsgenehmigungen im Sinn der Tarif-Nr. 22.1.18 KVz[1] erteilt werden.

9. Vorbescheid (Tarif-Nr. 22.1.26 KVz[1])

Auch für einen Vorbescheid, der eine der gestellten Fragen mit einem für den Bauwerber negativen Ergebnis beantwortet, ist eine Gebühr nach Tarif-Nr. 22.1.26 KVz[1] zu erheben. Art. 10 Abs. 1 KG ist nicht anwendbar. Der negative Inhalt des Bescheids ist jedoch bei der Beurteilung der Bedeutung der Angelegenheit gemäß Art. 8 KG (gebührenmindernd) zu berücksichtigen.

10. Bauüberwachung (Tarif-Nr. 22.1.30 KVz[1])

10.1 Von Tarif-Nr. 22.1.30 KVz[1] werden alle in Art. 79 Abs. 1 und 2 BayBO[2] genannten außenwirksamen Maßnahmen der Bauaufsichtsbehörde erfaßt, mit denen die Ausführung genehmigungspflichtiger Bauvorhaben überwacht wird (z.B. Prüfung, ob eine bauliche Anlage hinsichtlich Standort, Größe und Nutzung äußerlich erkennbar nach den genehmigten Plänen errichtet wird; Entnahme, Prüfung von Proben – vgl. Art. 79 Abs. 1 Satz 3 BayBO[3] –; Bauzustandsbesichtigungen).

---

[1] Auszugsweise abgedruckt unter Nr. **38**.
[2] Jetzt Art. 78 Abs. 1 und 3 BayBO (Nr. **1**).
[3] Jetzt Art. 78 Abs. 1 Satz 3 BayBO (Nr. **1**).

10.1.1 Eine kostenfreie Bauüberwachungsmaßnahme ohne Beanstandung (Tarif-Nr. 22.1.30.1. KVz[1]), liegt vor, wenn kein Verstoß gegen öffentlich-rechtliche Vorschriften (das sind auch Planabweichungen) festgestellt wird. Gleiches gilt, wenn der Baukontrolleur nur Hinweise an die am Bau Beteiligten gibt, daß Mängel oder Abweichungen vorhanden sind, die noch zu beseitigen sind.
Wird im Rahmen der Bauüberwachung festgestellt, daß vorgeschriebene Anzeigen (z.B. nach Art. 79 Abs. 2 Satz 1 BayBO)[2] oder Bescheinigungen (z.B. nach § 13 der Bauaufsichtlichen Verfahrensverordnung – BauVerfV) der Behörde nicht vorgelegt wurden, so liegt gleichfalls keine Beanstandung im Sinn der Tarif-Nr. 22.1.30 KVz[1] vor (s. hierzu auch Nr. 11.3).

10.1.2 Wird jedoch bei der Bauüberwachungsmaßnahme ein Verstoß festgestellt, dessen Behebung unter Fristsetzung mündlich oder schriftlich gefordert wird, oder ergehen daraufhin Anordnungen oder sonstige Maßnahmen nach der BayBO[3], so sind für die Bauüberwachungsmaßnahme Kosten (Gebühr nach Tarif-Nr. 22.1.30.2. KVz[1]; Auslagen nach Art. 13 Abs. 1 KG, Tarif-Nr. 22.5 KVz[1]) zu erheben.
Die Bauüberwachung mit Beanstandung wird von der Kostenfreiheit nach Tarif-Nr. 21 KVz[1] nicht erfaßt.

10.2 Ergehen als Folge der Bauüberwachung Schreiben mit der Aufforderung zur Mängelbeseitigung, Anordnungen nach Art. 81 oder Art. 82 Satz 1 BayBO[3] und dgl., so sollten hierbei auch die Kostenentscheidung hinsichtlich der Bauüberwachung getroffen und die Kosten angefordert werden.
Die selbständige Kostenpflicht der auf die Bauüberwachung folgenden Maßnahme (z.B. Anordnung) bleibt unberührt (s. hierzu auch Nrn. 11.1 und 11.2).

11. Verfügungen oder Maßnahmen, die durch Verstöße gegen öffentlich-rechtliche Vorschriften veranlaßt werden (Tarif-Nr. 22.1.37 KVz[1])

11.1 Außer den in Tarif-Nr. 22.1.37 KVz[1] beispielhaft erwähnten Anordnungen nach Art. 63 Abs. 2 Satz 2 BayBO,[4] der Baueinstellung (Art. 81 Abs. 1 BayBO[3]) und der Baubeseitigung (Art. 82 Satz 1 BayBO[3]) sind insbesondere noch folgende Amtshandlungen grundsätzlich kostenpflichtig (Art. 1 Abs. 1, Art. 2 Abs. 1, Art. 3 Abs. 1 Nr. 2 KG):

- Anordnung zur Beseitigung von Werbeanlagen nach Art. 68 Abs. 4 BayBO[3]
- Versiegelung, Überwachung, Ingewahrsamnahme nach Art. 81 Abs. 2 BayBO[3]
- Benutzungsuntersagung nach Art. 82 Satz 2 BayBO[3]
- Anordnung, einen Bauantrag zu stellen (Art. 82 Satz 4 BayBO[3])

---

[1] Auszugsweise abgedruckt unter Nr. **38**.
[2] Jetzt Art. 78 Abs. 3 Satz 1 BayBO.
[3] Nr. **1**.
[4] Jetzt Art. 60 Abs. 2 Satz 2 BayBO (Nr. **1**).

Die Gebühr bemißt sich in diesen Fällen nach Tarif-Nr. 22.1.37 KVz[1] in Verbindung mit Art. 8 KG.
Diese Amtshandlungen werden von der Kostenfreiheit nach Tarif-Nr. 21 KVz[1] nicht erfaßt.

11.2 Stellt die Bauaufsichtsbehörde Verstöße gegen öffentlich-rechtliche Vorschriften fest und wendet sie sich im Einzelfall aus Gründen der Verhältnismäßigkeit zunächst nur mit Hinweisen, Belehrungen oder Anregungen an die am Bau Beteiligten, so sind hierfür grundsätzlich keine Kosten (Gebühren und Auslagen) zu erheben (Art. 3 Abs. 1 Nrn. 2, 3 KG). Das gilt auch dann, wenn hierbei eine Frist zur Beseitigung der Mängel usw. gesetzt wird, nach deren Ablauf eine Anordnung ergehen wird.

11.3 Die baurechtlichen Vorschriften enthalten Regelungen, nach denen die am Bau Beteiligten verpflichtet sind, der Bauaufsichtsbehörde Anzeigen, Bescheinigungen und dgl. vorzulegen (z.B. nach Art. 74 Abs. 10, Art. 79 Abs. 2 Satz 1 oder § 13 BauVerfV). Wird diese Verpflichtung nicht erfüllt und fordert die Bauaufsichtsbehörde den Verpflichteten **erstmals** auf, dies bis zu einem bestimmten Zeitpunkt nachzuholen, so ist diese Amtshandlung im Regelfall aus Billigkeitsgründen kostenfrei (Art. 3 Abs. 1 Nr. 2 KG). Für jede weitere Aufforderung sind jedoch Kosten (Gebühren und Auslagen) zu erheben. Die Gebühr bemißt sich nach Tarif-Nr. 22.1.37 KVz[1] in Verbindung mit Art. 8 KG.

12. Berechnung der Gebühren

12.1 Soweit die Gebühren nach den Baukosten berechnet werden, richtet sich deren Ermittlung nach Tarif-Nr. 22.2 Satz 1–3 KVz[1].

12.1.1 Die nach dieser Tarif-Nr. zugrunde zu legenden Baukosten ergeben sich aus der Baubeschreibung (§ 4 Abs. 3 BauVerfV). Ergibt eine vergleichende Berechnung der Bauaufsichtsbehörde, daß diese Angaben unrichtig sind oder fehlen entsprechende Angaben in der Baubeschreibung, so ist von der Baukostenberechnung der Bauaufsichtsbehörde auszugehen. Das Recht der Bauaufsichtsbehörde, gemäß Art. 71 Abs. 2 BayBO[2] die Baubeschreibung zur Berichtigung zurückzugeben, bleibt unberührt.

12.1.2 Bei ihrer Baukostenberechnung hat die Bauaufsichtsbehörde auf die aus der Baubeschreibung und den Bauzeichnungen hervorgehenden Daten (insbesondere Maße, umbauter Raum, wesentliche Konstruktions- und Ausstattungsmerkmale) und auf allgemein gültige ortsübliche Erfahrungssätze (Preis pro m^3 umbauter Raum) abzustellen. Hierbei ist jedoch vom umbauten Raum im genehmigten Umfang auszugehen. Liegen für ein Bauvorhaben keine derartigen Erfahrungssätze vor (z.B. bei gewerblichen Objekten), so kann auf die Baupreisindices des Bayer. Landesamts für Statistik und Datenverarbeitung zurückgegriffen werden (vgl. Urt. des BayVGH vom 20. 6. 1983, BayVBl. 1984 S. 50).

---

[1] Auszugsweise abgedruckt unter Nr. **38**.
[2] Nr. **1**.

12.1.3[1] Zu den Baukosten im vorstehenden Sinn gehören alle Kosten, die mit dem Bauvorhaben, soweit es genehmigungspflichtig ist, ursächlich verbunden und zu seiner Vollendung erforderlich sind.
Das sind insbesondere:

- Kosten des Bauwerks im Sinn der DIN 276, Teil 2 Nummer 3, jedoch ohne den Wert wiederverwendeter Bauteile,
- Kosten der von der Baugenehmigung erfaßten Außenanlagen im Sinn der DIN 276, Teil 2 Nummer 5,
- Baunebenkosten im Sinn der DIN 276, Teil 2 Nummer 7 (Kosten, die bei der Planung und Durchführung auf der Grundlage von Honorarordnungen, Gebührenordnungen, Preisvorschriften oder nach besonderer vertraglicher Vereinbarung entstehen),
- als Teil der Kosten des Bauwerks, Kosten für betriebliche Einbauten im Sinn der DIN 276, Teil 2 Nummer 3.4
  jeweils einschließlich gezahlter Umsatzsteuer.

Dagegen gehören nicht zu den Baukosten im Sinn der genannten Tarif-Nummer:

- Kosten des Grundstücks im Sinn der DIN 276, Teil 2 Nummer 1,
- Kosten für Außenanlagen, die nicht von der Baugenehmigung erfaßt werden im Sinn der DIN 276, Teil 2 Nummer 5,
- Kosten des Geräts im Sinn der DIN 276, Teil 2 Nummer 4.

12.1.4 Stellt sich nach Vollendung des Bauvorhabens heraus, daß die der Gebührenberechnung zugrunde gelegten Baukosten höher oder niedriger als die tatsächlichen Baukosten waren, so ist die Kostenentscheidung aus diesem Grund nicht mehr zu ändern (vgl. Art. 16 Abs. 2 KG). Tarif-Nr. 22.2 Satz 1 KVz[2] stellt ausdrücklich auf die Baukosten ab, die im Zeitpunkt der Genehmigung erforderlich sind. Die tatsächlichen Baukosten entstehen aber in einem späteren Zeitpunkt (vgl. BayVGH a.a.O.).

12.2 Soweit Rahmengebühren vorgesehen sind, ist die Gebühr im Einzelfall nach Art. 8 KG festzusetzen. Der Verwaltungsaufwand kann mit Hilfe von Personaldurchschnitts- bzw. Vollkostensätzen geschätzt werden, die mit IMS vom 21. März 1985 Nr. I Z 6 – 1008-0/17 mitgeteilt wurden.
Es ist zu beachten, daß die für einen **Durchschnittsfall** dem Gebührenrahmen zu entnehmende Gebühr regelmäßig im unteren Drittel des Gebührenrahmens liegt (vgl. Ministerratsbeschluß vom 13. 3. 1984; IMS vom 30. 4. 1984 Nr. I Z 6 – 1052–55/4).

13. Ermäßigung nach Tarif-Nr. 22.3.1 KVz[2]

Obwohl die Anerkennung des begünstigten Zwecks bei der Erteilung der Baugenehmigung in der Regel noch nicht vorliegt, **ist** die Gebührenermäßigung zu diesem Zeitpunkt vorläufig zu gewähren, wenn die Anerkennung in Aussicht steht (Tarif-Nr. 22.3.1.4 Satz 1 KVz[2]). Dies ist schon dann der Fall, wenn die objektiven Voraus-

---

[1] Nr. 12.1.3 neugef. durch Bek. v. 1. 10. 1986 (MABl. S. 492).
[2] Auszugsweise abgedruckt unter Nr. **38**.

setzungen für die Anerkennung gegeben sind. Ein entsprechender Antrag muß hierzu nicht vorliegen.
Die vorläufige Gebührenermäßigung wird in der Weise gewährt, daß in der Kostenentscheidung

- vorläufig die ermäßigte Gebühr,
- für den Fall, daß der Anerkennungsbescheid bis zu einem von der Bauaufsichtsbehörde zu bestimmenden Zeitpunkt nicht vorgelegt wird, die volle Gebühr

festgesetzt wird.

Bei der Festlegung des Zeitpunkts und einer darauffolgenden Anforderung des Differenzbetrags ist zu beachten, daß der Anspruch auf den Differenzbetrag gemäß Art. 71 des Gesetzes zur Ausführung des Bürgerlichen Gesetzbuchs und anderer Gesetze (BayRS 400-1-J) in drei Jahren erlischt.

13.2 Die Ermäßigung nach Tarif-Nr. 22.3.1 KVz[1] ist auch für bauliche Anlagen zu gewähren, die nachträglich zu einem Bauvorhaben errichtet werden, wenn

- dieses Bauvorhaben den Tatbestand für die Gebührenermäßigung im Genehmigungszeitpunkt noch erfüllt und
- die nachträglich errichtete Anlage bei gleichzeitiger Erstellung mit dem zuerst genehmigten Bauwerk in die Gebührenermäßigung mit einbezogen worden wäre (das gilt z.B. für unselbständige Nebengebäude wie Garagen).

13.3 Wird die Genehmigung für ein Bauvorhaben versagt, das objektiv die Voraussetzungen für die Gebührenermäßigung erfüllt hätte (vgl. Nr. 13.1), so ist auch bei der Anwendung des Art. 10 Abs. 1 KG von der ermäßigten Gebühr auszugehen. Entsprechendes gilt für Art. 10 Abs. 2 KG.

14. Ermäßigung nach Tarif-Nr. 22.3.5 KVz[1]

14.1 Häuser gleichen Typs in Reihenhauszeilen und spiegelbildliche Eckhäuser oder Doppelhaushälften sind als eine Mehrzahl von baulichen Anlagen im Sinn dieser Tarif-Nummer anzusehen, wenn sie von der Bauaufsichtsbehörde selbständig geprüft werden können. Ob hierfür ein Bauantrag gestellt wird, oder ob mehrere Anträge vorliegen, ist dabei ohne Belang.
Der Ermäßigung steht nicht entgegen, wenn Doppelhäuser im zusammenhängenden Baugelände verschieden situiert sind und deshalb z.B. die Abstandsflächenproblematik differenziert betrachtet werden muß. Auch unterschiedliche Baukosten sind unerheblich, es sei denn, daß sie Folge typverändernder Bauausführung sind.

14.2 Soweit sich für eine Genehmigung nach den Tarif-Nrn. 22.1.17, 22.1.18 und 22.1.27 die Mindestgebühr ergibt, wird auch diese nach Tarif-Nr. 22.3.5 KVz[1] ermäßigt (z.B. bei typengleichen Garagen).

14.3 Obwohl in Tarif-Nr. 22.3.5 KVz[1] nur die Ermäßigung der Gebühren nach den Tarif-Nrn. 22.1.17, 22.1.18 und 22.1.27 KVz[1] be-

[1] Auszugsweise abgedruckt unter Nr. **38**.

stimmt ist, wird Tarif-Nr. 22.3.5 KVz[1] auch auf Gebühren nach diesen Tarif-Stellen angewendet, die gemäß Tarif-Nrn. 22.3.1, 22.3.2, 22.3.3 oder 22.3.4 KVz[1] ermäßigt werden (Tarif-Nr. 22.3.9 KVz[1]).

15. Herabsetzung nach Tarif-Nr. 22.3.8 KVz[1]

Diese Tarif-Nummer ist nicht anzuwenden, wenn die Genehmigungsgebühr nach Tarif-Nrn. 22.1.17, 22.1.18 oder 22.1.27 KVz[1] bzw. die Zustimmungsgebühren nach Tarif-Nrn. 22.1.33 oder 22.1.34 KVz[1] bereits nach den Tarif-Nrn. 22.3.1 bis 22.3.7 KVz[1] ermäßigt wurden (Tarif-Nr. 22.3.9 KVz[1]).

16. Erhöhung nach Tarif-Nr. 22.4.2 KVz[1]

Nach dieser Tarif-Nummer wird die Gebühr nur dann erhöht, wenn die Erlaubnis nach Art. 6 Abs. 1 des Denkmalschutzgesetzes (DSchG)[2] aufgrund Art. 6 Abs. 3 DSchG[2] entfällt **und** die Baumaßnahme nicht der Einhaltung, Renovierung oder Sanierung von Baudenkmälern dient. Art. 17 DSchG[2] steht dem nicht entgegen.

17. Erlaß von Baugenehmigungsgebühren bei Brandschäden und Teilerlaß von Baugenehmigungsgebühren für Almen, Alpen und sonstige landwirtschaftliche Gebäude in benachteiligten Gebieten

17.1 Gebühren für Baugenehmigungen, die aufgrund eines Brandschadens erteilt werden, können in besonders gelagerten Ausnahmefällen aufgrund des Art. 59 Abs. 1 Nr. 3 BayHO und den VV hierzu (bei den Gemeinden gemäß Art. 13 Abs. 1 Nr. 5 des Kommunalabgabengesetzes, § 32 Abs. 1 der Kommunalhaushaltsverordnung in Verbindung mit § 227 der Abgabenordnung) erlassen werden. Voraussetzung hierfür ist, daß die Einziehung der Gebühren nach Lage des einzelnen Falls für den Schuldner eine besondere Härte bedeuten würde. Dies ist jedoch nicht schon dann anzunehmen, wenn die Entschädigungsleistungen der Bayer. Landesbrandversicherungsanstalt hinter den Wiederaufbaukosten des abgebrannten Gebäudes zurückgeblieben sind. Denn diese Entschädigungsleistungen berücksichtigen nur Ausgaben, die anfallen, wenn das abgebrannte Gebäude in seinem ursprünglichen Zustand wieder aufgebaut würde (Wiederherstellungskosten, Brandschaden).

17.2 Werden Baugenehmigungen für

- Almen, Alpen oder
- sonstige landwirtschaftliche Gebäude im Berggebiet oder in den übrigen benachteiligten Gebieten nach den Richtlinien des Rates vom 18. April 1975 über die Landwirtschaft im Berggebiet und in bestimmten benachteiligten Gebieten Nr. 75/268/EWG (EG-Abl L 128 vom 19. Mai 1975)

erteilt, sind die Baukosten und damit die Genehmigungsgebühren in der Regel höher als für Bauten außerhalb dieser Gebiete. Die Gebührenmehrbelastung ist in der Regel als besondere Härte anzusehen, die

[1] Auszugsweise abgedruckt unter Nr. **38**.
[2] Nr. **41**.

einen Erlaß der Genehmigungsgebühr bis auf den Betrag, der für ein vergleichbares Bauwerk im Flachland zu erheben wäre, rechtfertigt (vgl. dazu die unter Nr. 17.1 genannten Erlaßvorschriften). Kein Erlaßgrund liegt allerdings vor, wenn der Bauwerber in besonders günstigen wirtschaftlichen Verhältnissen lebt. Zur Beurteilung können die Kriterien des einzelbetrieblichen Förderungsprogramms für die Land- und Forstwirtschaft herangezogen werden.

18. Aufhebung von Regelungen

18.1 Die Bekanntmachungen vom 7. Dezember 1957 (MABl. S. 863), vom 20. November 1958 (MABl. S. 774) und vom 23. Januar 1961 (MABl. S. 111) werden aufgehoben.

18.2 Folgende Schreiben, die zwar durch Zeitablauf außer Kraft getreten sind, jedoch vielfach noch angewendet werden, sind überholt:

IMS vom 3. September 1969	Nr. I A 5 – 1052–20/18,
IMS vom 1. Juli 1971	Nr. I A 5 – 1052–20/7,
IMS vom 27. August 1971	Nr. I A 5/IV R 2 – 1052–1 a/1,
IMS vom 21. Februar 1973	Nr. I Z 6 – 1052–20/2,
IMS vom 8. April 1975	Nr. I Z 6 – 1052–20/1,
IMS vom 19. Oktober 1979	Nr. I Z 6 – 1052–20/13,
IMS vom 18. August 1980	Nr. I Z 6 – 1052–20/9.

40. Gesetz über die Bayerische Architektenkammer und die Bayerische Ingenieurkammer-Bau (Baukammerngesetz – BauKaG)[1]

Vom 9. Mai 2007
(GVBl S. 308)

BayRS 2133-1-I

zuletzt geänd. durch § 1 G zur Änderung des BaukammernG, des G über das öffentliche Versorgungswesen und der BayBO v. 24. 7. 2015 (GVBl S. 296)

Der Landtag des Freistaates Bayern hat das folgende Gesetz beschlossen, das hiermit bekannt gemacht wird:

Inhaltsübersicht[2]

[1] Überschrift geänd. (Fußnote aufgeh.) mWv 1. 8. 2009 durch G v. 27. 7. 2009 (GVBl S. 385).
[2] Inhaltsübersicht geänd. mWv 1. 8. 2009 durch G v. 27. 7. 2009 (GVBl S. 385); geänd. mWv 1. 1. 2013 durch G v. 11. 12. 2012 (GVBl S. 633); geänd. mWv 1. 8. 2015 durch G v. 24. 7. 2015 (GVBl S. 296).

Erster Teil. Geschützte Berufsbezeichnungen, Berufsaufgaben

Art. 1 Geschützte Berufsbezeichnungen. (1) Die Berufsbezeichnungen „Architektin" und „Architekt", „Innenarchitektin" und „Innenarchitekt" sowie „Landschaftsarchitektin" und „Landschaftsarchitekt" darf nur führen, wer unter dieser Bezeichnung in die Architektenliste eingetragen oder wer zur Führung der Berufsbezeichnung nach Art. 2 berechtigt ist.

(2) Die Berufsbezeichnungen „Beratende Ingenieurin" und „Beratender Ingenieur" darf nur führen, wer unter dieser Bezeichnung in die Liste Beratender Ingenieure eingetragen oder wer zur Führung der Berufsbezeichnung nach Art. 2 berechtigt ist.

(3) Die Berufsbezeichnungen „Stadtplanerin" und „Stadtplaner" darf nur führen, wer in die Stadtplanerliste eingetragen oder zur Führung der Berufsbezeichnung nach Art. 2 berechtigt ist.

(4) Wortverbindungen mit den Berufsbezeichnungen nach Abs. 1 bis 3 oder ähnliche Bezeichnungen darf nur verwenden, wer die entsprechende Berufsbezeichnung zu führen befugt ist.

(5) Das Recht zum Führen akademischer Grade wird nicht berührt.

Art. 2[1)] Führung der geschützten Berufsbezeichnungen durch auswärtige Dienstleister. (1) [1] Wer in Bayern weder einen Wohnsitz noch eine Niederlassung oder überwiegende berufliche Beschäftigung hat, darf die Berufsbezeichnungen oder eine Wortverbindung nach Art. 1 ohne Eintragung in die jeweilige Liste nur führen, wenn er

1. die Bezeichnung auf Grund einer Regelung eines Landes, in dem er seinen Wohnsitz, seine Niederlassung oder überwiegende Beschäftigung hat, führen darf oder
2. hinsichtlich der Berufsbezeichnung nach Art. 1 Abs. 1 die Voraussetzungen des Art. 4 Abs. 1 bis 6, hinsichtlich der Berufsbezeichnung nach Art. 1 Abs. 2

---

1) Art. 2 Abs. 1 Satz 1 Nr. 1 und 2 und Satz 3, Abs. 2 und Abs. 3 Satz 1 geänd., Abs. 4 aufgeh., bish. Abs. 5 wird Abs. 4 und geänd. mWv 1. 8. 2015 durch G v. 24. 7. 2015 (GVBl S. 296).

die Voraussetzungen des Art. 5, hinsichtlich der Berufsbezeichnung nach Art. 1 Abs. 3 die Voraussetzungen des Art. 6 erfüllt. [2] Bei Staatsangehörigen eines Mitgliedstaates der Europäischen Union oder eines Vertragsstaates des Abkommens über den Europäischen Wirtschaftsraum genügt es, wenn sie zur Ausübung desselben Berufs rechtmäßig in einem Mitglied- oder Vertragsstaat niedergelassen sind und einen Beruf mit einer in Art. 1 genannten Berufsbezeichnung mindestens zwei Jahre während der vorhergehenden zehn Jahre in diesem Staat ausgeübt haben; die Bedingung, dass der Dienstleister den Beruf zwei Jahre ausgeübt haben muss, gilt nicht, wenn entweder der Beruf oder die Ausbildung zu diesem Beruf reglementiert ist. [3] Satz 2 gilt entsprechend für Drittstaatsangehörige, soweit sich nach dem Recht der Europäischen Union eine Gleichstellung ergibt.

(2) Auswärtige Architektinnen und Architekten, Innen- und Landschaftsarchitektinnen, Stadtplanerinnen und Stadtplaner und Innen- und Landschaftsarchitekten sind wie Mitglieder der Architektenkammer, auswärtige Beratende Ingenieurinnen und Beratende Ingenieure sind wie Mitglieder der Ingenieurekammer-Bau zu behandeln und haben die jeweiligen Berufspflichten zu beachten, wenn sie nicht bereits Mitglieder der entsprechenden Kammer eines anderen Landes sind.

(3) [1] Auswärtige Architektinnen und Architekten, Innen- und Landschaftsarchitektinnen und Innen- und Landschaftsarchitekten sowie Stadtplanerinnen und Stadtplaner, die nicht Mitglied einer deutschen Architektenkammer sind, haben das erstmalige Erbringen von Leistungen vorher der Architektenkammer anzuzeigen. [2] Auswärtige Beratende Ingenieurinnen und Beratende Ingenieure, die nicht Mitglied einer deutschen Ingenieurekammer sind, haben das erstmalige Erbringen von Leistungen vorher der Ingenieurekammer-Bau anzuzeigen. [3] Die in den Sätzen 1 und 2 genannten Personen sind in einem gesonderten Verzeichnis zu führen. [4] Hierüber ist ihnen eine auf fünf Jahre befristete Bescheinigung auszustellen, aus der sich auch die Berechtigung zur Führung der Berufsbezeichnung nach Art. 1 ergibt. [5] Die Bescheinigung ist auf Antrag um höchstens fünf Jahre zu verlängern. [6] Der Anzeige und der Eintragung in das Verzeichnis bedarf es nicht, wenn die auswärtige Person bereits über eine ihrer Berufsgruppe entsprechende Bescheinigung einer deutschen Architekten- oder Ingenieurekammer verfügt.

(4) Die Führung der Berufsbezeichnung kann in entsprechender Anwendung des Art. 7 untersagt werden.

Art. 3 Berufsaufgaben. (1) Berufsaufgaben der Architektin und des Architekten sind insbesondere die gestaltende, technische, wirtschaftliche, umweltgerechte und soziale Planung von Bauwerken sowie die Orts- und Stadtplanung innerhalb ihrer oder seiner Fachrichtung.

(2) Berufsaufgaben der Innenarchitektin und des Innenarchitekten sind insbesondere die gestaltende, technische, wirtschaftliche, umweltgerechte und soziale Planung von Innenräumen und der damit verbundenen baulichen Änderung von Gebäuden.

(3) Berufsaufgaben der Landschaftsarchitektin und des Landschaftsarchitekten sind insbesondere die gestaltende, technische, wirtschaftliche, umweltgerechte und soziale Planung von Landschaft, Freianlagen und Gärten sowie die Orts- und Stadtplanung innerhalb ihrer oder seiner Fachrichtung.

(4) Berufsaufgaben der Stadtplanerin und des Stadtplaners sind insbesondere die gestaltende, technische, wirtschaftliche, umweltgerechte und soziale Stadt- und Raumplanung sowie die Erarbeitung städtebaulicher Pläne.

(5) [1] Berufsaufgaben der Beratenden Ingenieurin und des Beratenden Ingenieurs sind insbesondere die eigenverantwortliche und unabhängige Beratung und Planung auf dem Gebiet des Ingenieurwesens. [2] Eigenverantwortlich ist, wer

1. seine berufliche Tätigkeit als alleinige Inhaberin oder alleiniger Inhaber eines Büros selbständig auf eigene Rechnung und Verantwortung ausübt oder
2. sich mit anderen zusammengeschlossen hat und innerhalb dieses Zusammenschlusses eine Rechtsstellung besitzt, kraft derer sie oder er ihre oder seine Berufsaufgaben nach Satz. 1 unbeeinflusst ausüben kann, oder
3. als leitende Angestellte oder leitender Angestellter in einem unabhängigen Ingenieurunternehmen nach Satz 3 im Wesentlichen selbständig Aufgaben nach Satz 1 wahrnimmt, die ihr oder ihm regelmäßig wegen ihrer Bedeutung übertragen werden, oder
4. als Hochschullehrerin oder Hochschullehrer in selbständiger Beratung tätig ist.

[3] Unabhängig ist, wer bei der Ausübung seiner Berufstätigkeit weder eigene Produktions-, Handels- oder Lieferinteressen hat noch fremde Interessen dieser Art vertritt, die unmittelbar oder mittelbar im Zusammenhang mit der beruflichen Tätigkeit stehen.

(6) Zu den Berufsaufgaben nach Abs. 1 bis 5 gehören auch die Beratung, Betreuung und Vertretung des Auftraggebers in den mit der Planung, Ausführung und Steuerung des Vorhabens zusammenhängenden Angelegenheiten sowie die Überwachung der Ausführung und die Projektentwicklung.

Zweiter Teil. Architektenliste, Liste Beratender Ingenieure, Stadtplanerliste

Art. 4[1)] Architektenliste, Eintragung. (1) [1] Die Architektenliste wird von der Architektenkammer geführt. [2] Aus der Architektenliste muss neben der Fachrichtung der oder des Eingetragenen die Tätigkeitsart (freiberuflich, angestellt, beamtet oder in der Bauwirtschaft tätig) ersichtlich sein.

(2) [1] In die Architektenliste ist auf Antrag einzutragen, wer

1. Wohnsitz, Niederlassung oder überwiegende berufliche Beschäftigung in Bayern,
2. eine erfolgreiche Abschlussprüfung in einem Studium
   a) mit einer mindestens vierjährigen Regelstudienzeit für die in Art. 3 Abs. 1 genannten Aufgaben der Fachrichtung Architektur (Hochbau) oder
   b) mit einer mindestens dreijährigen Regelstudienzeit für die in Art. 3 Abs. 2 und 3 genannten Aufgaben der Fachrichtungen Innen- oder Landschaftsarchitektur

---

[1)] Art. 4 Abs. 9 angef. mWv 1. 8. 2009 durch G v. 27. 7. 2009 (GVBl S. 385); Abs. 9 aufgeh. mWv 1. 1. 2010 durch G v. 22. 12. 2009 (GVBl S. 630); Abs. 4 Satz 2 geänd. mWv 1. 1. 2013 durch G v. 11. 12. 2012 (GVBl S. 633); Abs. 4 Sätze 2 und 3, Abs. 5 Satz 2, Abs. 6 Satz 5, Abs. 7 und 8 geänd. mWv 1. 8. 2015 durch G v. 24. 7. 2015 (GVBl S. 296).

an einer deutschen Hochschule, an einer deutschen öffentlichen oder staatlich anerkannten Ingenieurschule (Akademie) oder an einer dieser gleichwertigen deutschen Lehreinrichtung abgelegt und

3. eine nachfolgende praktische Tätigkeit in der betreffenden Fachrichtung von mindestens zwei Jahren ausgeübt

hat. [2] Auf die Zeit der praktischen Tätigkeit sind berufsfördernde Fort- und Weiterbildungsveranstaltungen der Architektenkammer im Aufgabenbereich der technischen und wirtschaftlichen Planung sowie des Baurechts anzurechnen.

(3) [1] Die Voraussetzung des Abs. 2 Satz 1 Nr. 2 Buchst. a und Nr. 3 erfüllt auch, wer ein entsprechendes deutsches oder ausländisches Studium mit einer mindestens dreijährigen Regelstudienzeit erfolgreich abgeschlossen und danach eine mindestens sechsjährige praktische Tätigkeit in der entsprechenden Fachrichtung unter Aufsicht einer Architektin oder eines Architekten ausgeübt hat. [2] Der Erwerb der entsprechenden Kenntnisse ist durch eine vom Eintragungsausschuss der Architektenkammer durchzuführende Prüfung auf Hochschulniveau nachzuweisen.

(4) [1] Die Voraussetzung nach Abs. 2 Satz 1 Nr. 2 Buchst. a erfüllt auch, wer einen gleichwertigen Studienabschluss an einer ausländischen Hochschule oder an einer sonstigen ausländischen Einrichtung nachweisen kann. [2] Bei Staatsangehörigen eines Mitgliedstaates der Europäischen Union oder eines Vertragsstaates des Abkommens über den Europäischen Wirtschaftsraum gelten als gleichwertig die nach Art. 21, 46 und 47 der Richtlinie 2005/36/EG des Europäischen Parlaments und des Rates vom 7. September 2005 über die Anerkennung von Berufsqualifikationen (ABl L 255 S. 22, ber. 2007 ABl L 271 S. 18, 2008 ABl L 93 S. 28, 2009 ABl L 33 S. 49), in der jeweils geltenden Fassung in Verbindung mit Anhang V Nr. 5.7.1. bekannt gemachten oder als genügend anerkannten Ausbildungsnachweise sowie die Nachweise nach Art. 23 und 49 der Richtlinie 2005/36/EG in Verbindung mit Anhang VI Nr. 6 der Richtlinie 2005/36/EG. [3] Satz 2 gilt entsprechend für Drittstaatsangehörige, soweit sich hinsichtlich der Anerkennung der Ausbildungsnachweise nach dem Recht der Europäischen Union eine Gleichstellung ergibt.

(5) [1] Die Voraussetzungen nach Abs. 2 Satz 1 Nr. 2 Buchst. a und Nr. 3 sind auch erfüllt, wenn ein Staatsangehöriger eines Mitgliedstaates der Europäischen Union oder eines Vertragsstaates des Abkommens über den Europäischen Wirtschaftsraum aus besonderen und außergewöhnlichen Gründen im Sinn des Art. 10 Buchst. b, c, d und g der Richtlinie 2005/36/EG die Voraussetzungen für eine Anerkennung seiner Ausbildungsnachweise auf der Grundlage der Koordinierung der Mindestanforderungen an die Ausbildung im Sinn der Richtlinie 2005/36/EG nicht erfüllt, wenn im Übrigen die Voraussetzungen des Art. 13 der Richtlinie 2005/36/EG vorliegen; dabei sind Ausbildungsgänge im Sinn des Art. 12 der Richtlinie 2005/36/EG gleichgestellt. [2] Satz 1 gilt entsprechend für Drittstaatsangehörige, soweit sich hinsichtlich der Anerkennung der Ausbildungsnachweise nach dem Recht der Europäischen Union eine Gleichstellung ergibt. [3] Satz 1 gilt entsprechend für Personen, die zur Führung der Berufsbezeichnung Architektin oder Architekt auf Grund eines Gesetzes ermächtigt worden sind, das der zuständigen Behörde eines Mitgliedstaates der Europäischen Union oder eines Vertragsstaates des Abkommens über den Europäischen Wirtschaftsraum die Befugnis zuerkennt, diesen Titel Staatsangehörigen der Mitgliedstaaten der Europäischen Union oder der Vertragsstaaten des Europäischen Wirt-

schaftsraums zu verleihen, die sich durch die Qualität ihrer Leistungen auf dem Gebiet der Architektur besonders ausgezeichnet haben.

(6) [1] Die Voraussetzung nach Abs. 2 Satz 1 Nr. 2 Buchst. b erfüllt auch, wer einen gleichwertigen Studienabschluss an einer ausländischen Hochschule oder an einer sonstigen ausländischen Einrichtung nachweisen kann. [2] Die Voraussetzungen nach Abs. 2 Satz 1 Nr. 2 Buchst. b und Nr. 3 erfüllt auch, wer als Angehöriger eines Mitgliedstaates der Europäischen Union oder eines Vertragsstaates des Abkommens über den Europäischen Wirtschaftsraum auf Grund eines Ausbildungsnachweises, der mindestens dem Niveau des Art. 11 Buchst. c der Richtlinie 2005/36/EG entspricht, in einem Mitgliedstaat der Europäischen Union oder einem Vertragsstaat des Abkommens über den Europäischen Wirtschaftsraum über die Voraussetzungen für die Aufnahme und Ausübung dieses Berufsverfügt. [3] Abweichend von Satz 2 genügt es, wenn die Antragstellerin oder der Antragsteller den Beruf vollzeitlich zwei Jahre lang in den vorhergehenden zehn Jahren in einem anderen Mitglied- oder Vertragsstaat, der diesen Beruf nicht reglementiert, ausgeübt hat, sofern sie oder er im Besitz eines oder mehrerer Befähigungs- oder Ausbildungsnachweise ist; die zweijährige Berufserfahrung darf nicht gefordert werden, wenn der Ausbildungsnachweis der Antragstellerin oder des Antragstellers eine reglementierte Ausbildung abschließt, die mindestens dem Niveau des Art. 11 Buchst. c der Richtlinie 2005/36/EG entspricht. [4] Für die Anerkennung nach den Sätzen 2 und 3 müssen im Übrigen die Voraussetzungen des Art. 13 der Richtlinie 2005/36/EG vorliegen; dabei sind Ausbildungsgänge oder -nachweise im Sinn der Art. 3 Abs. 3 und Art. 12 der Richtlinie 2005/36/EG gleichgestellt. [5] Sätze 2 bis 4 gelten entsprechend für Drittstaatsangehörige, soweit sich hinsichtlich der Anerkennung der Ausbildungsnachweise nach dem Recht der Europäischen Union eine Gleichstellung ergibt.

(7) Eine Bewerberin oder ein Bewerber, die oder der in die Liste der jeweiligen Fachrichtung bei der Architektenkammer eines anderen Landes eingetragen ist, ist auf Antrag ohne Prüfung der Befähigung nach Abs. 2 in die Liste ihrer oder seiner Fachrichtung einzutragen.

(8) Ist die Eintragung in die Liste der jeweiligen Fachrichtung bei der Architektenkammer eines anderen Landes nur gelöscht worden, weil die Wohnung oder berufliche Niederlassung in diesem Land aufgegeben worden ist, so ist die Bewerberin oder der Bewerber innerhalb eines Jahres nach Löschung aus der Liste des anderen Landes auf Antrag ohne Prüfung der Befähigung nach Abs. 2 in die Liste ihrer oder seiner Fachrichtung einzutragen.

Art. 5[1)] Liste Beratender Ingenieure, Eintragung. (1) [1] Die Liste Beratender Ingenieure wird von der Ingenieurekammer-Bau geführt. [2] Aus der Liste muss die Zugehörigkeit der oder des Eingetragenen zu den im Bauwesen tätigen oder den sonstigen Beratenden Ingenieurinnen oder Ingenieuren nach Art. 12 Abs. 5 Satz 1 Nr. 2 Buchst. a ersichtlich sein. [3] Im Bauwesen tätig ist eine Ingenieurin oder ein Ingenieur insbesondere, wenn sie oder er in einer oder mehreren Fachrichtungen des Bauingenieur-, Vermessungs-, Wasserwirtschafts- oder Verkehrswesens, der Ingenieurgeologie, der Bauphysik, der Energie-, Heizungs-, Klima-, Ver- und Entsorgungs-, Telekommunikations-, Elektro- und

[1)] Art. 5 Abs. 2 Satz 3 geänd. mWv 1. 8. 2009 durch G v. 27. 7. 2009 (GVBl S. 385); Abs. 2 Satz 3 geänd. mWv 1. 1. 2010 durch G v. 22. 12. 2009 (GVBl S. 630).

Lichttechnik, der Förder- und Lagertechnik oder der Arbeitssicherheit an baulichen Anlagen tätig ist.

(2) [1] In die Liste Beratender Ingenieure ist auf Antrag einzutragen, wer

1. Wohnsitz, Niederlassung oder überwiegende berufliche Beschäftigung in Bayern hat,
2. nach den Vorschriften des Gesetzes zum Schutze der Berufsbezeichnung „Ingenieur und Ingenieurin" (Ingenieurgesetz) berechtigt ist, die dort vorgesehenen Berufsbezeichnungen zu führen,
3. seit dem Zeitpunkt des Erwerbs der Berechtigung nach Nr. 2 eine nachfolgende entsprechende praktische Tätigkeit von mindestens drei Jahren ausgeübt hat und
4. seinen Beruf eigenverantwortlich und unabhängig ausübt.

[2] Auf die Zeit der praktischen Tätigkeit sind berufsfördernde Fort- und Weiterbildungsveranstaltungen der Ingenieurekammer-Bau im Aufgabenbereich der technischen und wirtschaftlichen Planung und des Baurechts sowie ein Jahr eines einschlägigen abgeschlossenen Master-Ingenieurstudiengangs anzurechnen. [3] Art. 4 Abs. 7 und 8 gelten entsprechend.

Art. 6[1)] Stadtplanerliste, Eintragung. (1) [1] Von der Architektenkammer wird eine Stadtplanerliste geführt. [2] Aus der Stadtplanerliste muss die Tätigkeitsart (freiberuflich, angestellt, beamtet oder in der Bauwirtschaft tätig) ersichtlich sein.

(2) In die Stadtplanerliste ist auf Antrag einzutragen, wer

1. Wohnsitz, Niederlassung oder überwiegende berufliche Beschäftigung in Bayern,
2. ein grundständiges Studium im Sinn von Art. 56 Abs. 3 Satz 1 des Bayerischen Hochschulgesetzes (BayHSchG), ein postgraduales Studium im Sinn von Art. 56 Abs. 3 Satz 2 BayHSchG oder eine andere gleichwertige Ausbildung, die jeweils für die Berufsaufgaben nach Art. 3 Abs. 4 befähigen, abgeschlossen und
3. danach eine mindestens zweijährige praktische Tätigkeit in der betreffenden Fachrichtung ausgeübt

hat.

(3) Art. 4 Abs. 6 bis 8 gelten entsprechend.

Art. 7[2)] Versagung und Löschung der Eintragung. (1) Die Eintragung in die Architektenliste, die Stadtplanerliste, die Liste Beratender Ingenieure oder das Verzeichnis nach Art. 2 Abs. 3 Satz 4 ist zu versagen, wenn Tatsachen vorliegen, aus denen sich ergibt, dass die Bewerberin oder der Bewerber nicht die für den jeweiligen Beruf erforderliche Zuverlässigkeit besitzt.

(2) [1] Die Eintragung ist zu löschen, wenn

1. die eingetragene Person dies schriftlich beantragt,
2. die eingetragene Person verstorben ist,
3. in einem berufsgerichtlichen Verfahren rechtskräftig auf Löschung der Eintragung erkannt worden ist oder

---

[1)] Bish. Art. 7 wird Art. 6, Abs. 3 neu gef. mWv 1. 8. 2015 durch G v. 24. 7. 2015 (GVBl S. 296).

[2)] Bish. Art 6 wird Art. 7, Abs. 1 neu gef. mWv 1. 8. 2015 durch G v. 24. 7. 2015 (GVBl S. 296).

4. die eingetragene Person ihren Wohnsitz, ihre Niederlassung oder ihre überwiegende berufliche Beschäftigung in Bayern dauerhaft aufgibt.

[2] Die Vorschriften des Bayerischen Verwaltungsverfahrensgesetzes über die Rücknahme und den Widerruf eines Verwaltungsaktes bleiben unberührt.

Dritter Teil. Gesellschaften

Art. 8[1)] Kapitalgesellschaften, Gesellschaftsverzeichnisse. (1) [1] Die Berufsbezeichnungen nach Art. 1 dürfen im Namen einer Kapitalgesellschaft nur geführt werden, wenn die Gesellschaft

1. im Fall des Art. 1 Abs. 1 oder Abs. 3 in das von der Architektenkammer geführte Gesellschaftsverzeichnis,
2. im Fall des Art. 1 Abs. 2 in das von der Ingenieurekammer-Bau geführte Gesellschaftsverzeichnis

eingetragen oder als auswärtige Gesellschaft hierzu berechtigt ist. [2] Art. 1 Abs. 4 gilt jeweils entsprechend. [3] Der Eintragung in das jeweilige Gesellschaftsverzeichnis steht die Eintragung in ein entsprechendes Gesellschaftsverzeichnis einer anderen deutschen Architekten- oder Ingenieurekammer gleich, wenn die Gesellschaft in Bayern weder Sitz noch Niederlassung hat.

(2) Aus dem Gesellschaftsverzeichnis müssen Firma, Sitz der Gesellschaft, Geschäftsgegenstand, Geschäftsführer und die Gesellschafter mit den für die Eintragung in die Architektenliste, in die Stadtplanerliste oder die Liste Beratender Ingenieure maßgeblichen Angaben ersichtlich sein.

(3) [1] Eine Gesellschaft ist auf Antrag in das jeweilige Gesellschaftsverzeichnis einzutragen, wenn sie

1. ihren Sitz oder ihre Niederlassung in Bayern hat,
2. das Bestehen einer ausreichenden Berufshaftpflichtversicherung nachweist und
3. in dem Gesellschaftsvertrag oder der Satzung regelt, dass
   a) Gegenstand des Unternehmens die Wahrnehmung von Berufsaufgaben nach Art. 3 ist,
   b) die Mehrheit des Kapitals und der Stimmanteile in Händen von Mitgliedern der jeweiligen Kammer ist; die Berufszugehörigkeit der Gesellschafter, die mindestens ein Viertel des Kapitals oder der Stimmanteile innehaben, ist in geeigneter Weise kenntlich zu machen,
   c) die Gesellschaft verantwortlich von Mitgliedern der jeweiligen Kammer geführt wird,
   d) Kapitalanteile nicht für Rechnung Dritter gehalten und Stimmrechte nur auf Mitglieder der jeweiligen Kammer oder auf Gesellschaften, die gemäß Satz 2 Anteile an der Gesellschaft halten dürfen, übertragen werden dürfen,

---

1) Art. 8 Abs. 3 Satz 1 Nr. 3 Buchst. d und Abs. 4 Satz 1 Nr. 3 Buchst. d geänd. mWv 1. 1. 2013 durch G v. 11. 12. 2012 (GVBl S. 633); Überschrift geänd., Abs. 1 Satz 1 neu gef., Satz 2 aufgeh., bish. Satz 3 wird Satz 2, bish. Satz 4 wird Satz 3 und geänd., Abs. 2 neu gef., Abs. 3 Satz 1 einl. Satzteil geänd., Nr. 3 einl. Satzteil neu gef., Buchst. a geänd., Buchst. b–d neu gef., Abs. 4 aufgeh., bish. Abs. 5 wird Abs. 4 und Satz 1 geänd., Satz 4 neu gef., bish. Abs. 6 wird Abs. 5 und Sätze 1 und 2 geänd., Satz 3 eingef., bish. Satz 3 wird Satz 4, Sätze 5 und 6 angef., Abs. 7 aufgeh. mWv 1. 8. 2015 durch G v. 24. 7. 2015 (GVBl S. 296).

e) bei einer Aktiengesellschaft und einer Kommanditgesellschaft auf Aktien die Aktien auf den Namen lauten,

f) die Übertragung von Gesellschafts- und Kapitalanteilen an die Zustimmung der Gesellschaft gebunden ist und

g) die für die Berufsangehörigen nach diesem Gesetz bestehenden Pflichten von der Gesellschaft beachtet werden.

[2] Abweichend von Satz 1 Nr. 3 Buchst. b dürfen Anteile auch von Gesellschaften gehalten werden, die die Voraussetzungen des Satzes 1 Nrn. 2 und 3 sinngemäß erfüllen.

(4) [1] Abweichend von Abs. 3 darf eine Gesellschaft Berufsbezeichnungen nach Art. 1 Abs. 1 in Verbindung mit Berufsbezeichnungen nach Art. 1 Abs. 2 führen, wenn beide Berufsgruppen zusammen mindestens zwei Drittel des Kapitals und der Stimmanteile innehaben und jede der im Namen der Gesellschaft genannten Berufsgruppen mindestens ein Viertel des Kapitals und der Stimmanteile hält. [2] Die Gesellschaft ist in diesem Fall in dem Gesellschaftsverzeichnis der Kammer einzutragen, deren Kammerangehörige innerhalb der Gesellschaft über das größere Gewicht des Kapitals und der Stimmanteile verfügen. [3] Bei gleichem Gewicht ist in das Gesellschaftsverzeichnis der Kammer einzutragen, die über den Schutz der Berufsbezeichnung wacht, die im Namen der Gesellschaft an vorderster Stelle steht. [4] Im Übrigen gilt Abs. 3 sinngemäß.

(5) [1] Die zur Deckung der sich aus der Tätigkeit der Gesellschaft ergebenden Haftpflichtgefahren erforderliche Berufshaftpflichtversicherung (Abs. 3 Satz 1 Nr. 2) ist für die Dauer der Eintragung in das jeweilige Gesellschaftsverzeichnis abzuschließen und für eine Nachhaftungszeit von mindestens fünf Jahren aufrecht zu erhalten. [2] Die Mindestversicherungssumme für jeden Versicherungsfall beträgt 2 500 000 € für Personenschäden und 600 000 € für sonstige Schäden. [3] Im Hinblick auf das ausschließliche Führen der Berufsbezeichnung nach Art. 1 Abs. 3 im Namen einer Gesellschaft genügt der Abschluss einer Berufshaftpflichtversicherung, die ausschließlich sonstige Schäden umfasst. [4] Die Leistungen des Versicherers für alle innerhalb eines Versicherungsjahres verursachten Schäden können auf den dreifachen Betrag der Mindestversicherungssumme begrenzt werden. [5] Zuständige Stelle im Sinn des § 117 Abs. 2 Satz 1 des Versicherungsvertragsgesetzes ist die jeweilige Kammer. [6] Diese erteilt Dritten zur Geltendmachung von Schadensersatzansprüchen auf Antrag Auskunft über den Namen, die Adresse und die Versicherungsnummer der Berufshaftpflichtversicherung der Gesellschaft, soweit diese kein überwiegendes schutzwürdiges Interesse an der Nichterteilung der Auskunft hat; dies gilt auch, wenn die Eintragung in das Gesellschaftsverzeichnis erloschen ist.

Art. 9[1)] Partnerschaftsgesellschaften, Haftungsbeschränkungen. (1) Auf Partnerschaftsgesellschaften nach § 1 Abs. 1 des Partnerschaftsgesellschaftsgesetzes (PartGG) findet Art. 8 mit Ausnahme von Art. 8 Abs. 3 Satz 1 Nrn. 2, 3 Buchst. b bis f und Abs. 5 Anwendung.

(2) Wird für die Deckung der sich aus der Tätigkeit der Partnerschaftsgesellschaft ergebenden Haftpflichtgefahren eine Berufshaftpflichtversicherung entsprechend Art. 8 Abs. 3 Satz 1 Nr. 2 und Abs. 5 abgeschlossen, kann der An-

[1)] Bish. Art. 10 wird Art. 9 und neu gef. mWv 1. 8. 2015 durch G v. 24. 7. 2015 (GVBl S. 296).

spruch des Auftraggebers wegen fehlerhafter Berufsausübung auf Ersatz eines fahrlässig verursachten Schadens beschränkt werden

1. durch schriftliche Vereinbarung im Einzelfall bis zur Höhe der Mindestversicherungssumme und
2. durch vorformulierte Vertragsbedingungen für Fälle einfacher Fahrlässigkeit auf den dreifachen Betrag der Mindestversicherungssumme für Sach- und Vermögensschäden, wenn insoweit Versicherungsschutz besteht.

(3) [1] Die Berufshaftpflichtversicherung einer Partnerschaftsgesellschaft mit beschränkter Berufshaftung (§ 8 Abs. 4 PartGG) muss die Haftpflichtgefahren decken, die sich aus der Wahrnehmung der Aufgaben nach Art. 3 ergeben. [2] Art. 8 Abs. 5 Sätze 2, 3, 5 und 6 gelten entsprechend. [3] Die Leistungen des Versicherers für alle innerhalb eines Versicherungsjahres verursachten Schäden können auf den Betrag der Mindestversicherungssumme vervielfacht mit der Zahl der Partner begrenzt werden. [4] Die Höchstleistung für alle in einem Versicherungsjahr verursachten Schäden muss sich jedoch mindestens auf den dreifachen Betrag der Mindestversicherungssumme belaufen.

Art. 10[1)] Eintragung, Löschung. (1) Mit dem Antrag auf Eintragung in das Gesellschaftsverzeichnis ist eine öffentlich beglaubigte Abschrift des Gesellschaftsvertrags oder der Satzung vorzulegen und die Anmeldung zum Handels- oder Partnerschaftsregister nachzuweisen.

(2) Die für die Eintragung zuständige Stelle hat gegenüber dem Registergericht zu bescheinigen, dass die einzutragende Gesellschaft die Voraussetzungen nach Art. 8 Abs. 3 und 4 oder Art. 9 erfüllt.

(3) Die Eintragung in die Gesellschaftsverzeichnisse ist zu versagen, wenn in der Person eines der Geschäftsführer oder eines der Gesellschafter, die nach Art. 8 Abs. 3 Satz 1 Nr. 3 Buchst. b die Mehrheit des Kapitals und der Stimmanteile innehaben müssen, oder eines Partners ein Versagungsgrund nach Art. 7 Abs. 1 vorliegt.

(4) [1] Die Eintragung einer Gesellschaft in das Gesellschaftsverzeichnis bei einer Kammer ist zu löschen, wenn

1. die Gesellschaft nicht mehr besteht,
2. die Gesellschaft die Berufsbezeichnung nicht mehr führt,
3. die Eintragungsvoraussetzungen nicht mehr vorliegen oder
4. die Gesellschaft dies schriftlich beantragt.

[2] Die Vorschriften des Bayerischen Verwaltungsverfahrensgesetzes über die Rücknahme und den Widerruf eines Verwaltungsaktes bleiben unberührt.

(5) [1] In den Fällen des Abs. 4 Satz 1 Nr. 3 ist der Gesellschaft eine Frist von höchstens einem Jahr zu setzen, innerhalb derer die Eintragungsvoraussetzungen wieder erfüllt werden müssen. [2] Im Fall des Todes eines Gesellschafters soll die Frist mindestens ein Jahr, höchstens jedoch zwei Jahre betragen.

(6) Die in die Gesellschaftsverzeichnisse eingetragenen Gesellschaften sind verpflichtet, Änderungen des Gesellschaftsvertrags oder der Satzung, der Gesellschafter und Geschäftsführer sowie Änderungen im Handels- oder Partner-

---

[1)] Bish. Art. 9 wird Art. 10 und Abs. 2 geänd., Abs. 3 und Abs. 4 Satz 2 neu gef. mWv 1. 8. 2015 durch G v. 24. 7. 2015 (GVBl S. 296).

schaftsregister unverzüglich der jeweiligen Kammer durch Vorlage beglaubigter Kopien mitzuteilen.

Art. 11[1]) Auswärtige Gesellschaften. (1) Gesellschaften, die in der Bundesrepublik Deutschland nicht in einem Gesellschaftsverzeichnis eingetragen sind (auswärtige Gesellschaften), dürfen in ihrer Firma oder ihrem Namen die in Art. 1 genannten Berufsbezeichnungen und Wortverbindungen nur führen, wenn sie nach dem Recht ihres Herkunftsstaates befugt sind, diese oder vergleichbare Berufsbezeichnungen zu führen.

(2) Die auswärtigen Gesellschaften mit einem Unternehmensgegenstand im Sinn von Art. 8 Abs. 3 Satz 1 Nr. 3 Buchst. a haben das erstmalige Erbringen von Leistungen der jeweiligen Kammer vorher anzuzeigen.

(3) Das Führen der Berufsbezeichnung ist einer auswärtigen Gesellschaft durch die zuständige Kammer zu untersagen, wenn die Gesellschaft auf Verlangen nicht nachweist, dass sie oder ihre Gesellschafter und gesetzlichen Vertreter die die Kammer betreffende Tätigkeit nach dem Recht des Herkunftsstaates der Gesellschaft rechtmäßig ausüben.

(4) Die auswärtigen Gesellschaften haben die Berufspflichten zu beachten.

Vierter Teil. Bayerische Architektenkammer, Bayerische Ingenieurekammer-Bau

Art. 12[2]) Kammern, Mitgliedschaft. (1) [1] Die Bayerische Architektenkammer und die Bayerische Ingenieurekammer-Bau sind Körperschaften des öffentlichen Rechts mit Sitz in München. [2] Sie führen ein Dienstsiegel.

(2) Die Kammern können Untergliederungen bilden.

(3) [1] Der Architektenkammer gehören an

1. in die Architektenliste eingetragene Architektinnen und Architekten, Innen- und Landschaftsarchitektinnen, Innen- und Landschaftsarchitekten sowie
2. in die Stadtplanerliste eingetragene Stadtplanerinnen und Stadtplaner.

[2] Die Mitgliedschaft endet durch Löschen der Eintragung.

(4) [1] Der Ingenieurekammer-Bau gehören als Pflichtmitglieder alle im Bauwesen tätigen Ingenieurinnen und Ingenieure an, die in die Liste Beratender Ingenieure eingetragen sind. [2] Die Mitgliedschaft endet durch Löschen der Eintragung.

(5) [1] Der Ingenieurekammer-Bau kann freiwillig als Mitglied beitreten, wer

1. Wohnsitz, Niederlassung oder überwiegende berufliche Beschäftigung in Bayern hat und
2. entweder
   a) in die Liste Beratender Ingenieure eingetragen ist, ohne im Bauwesen tätig zu sein, oder

---

[1]) Art. 11 Abs. 2 neu gef., Abs. 3 Satz 2 aufgeh. mWv 1. 8. 2015 durch G v. 24. 7. 2015 (GVBl S. 296).

[2]) Art. 12 Abs. 3 und Abs. 4 Satz 2 neu gef., Abs. 5 Satz 3 geänd. mWv 1. 8. 2015 durch G v. 24. 7. 2015 (GVBl S. 296).

b) im Bauwesen tätig ist, ohne in die Liste Beratender Ingenieure eingetragen zu sein, und berechtigt ist, die im Ingenieurgesetz genannten Berufsbezeichnungen zu führen.

[2] Über die Aufnahme freiwilliger Mitglieder entscheidet der Vorstand. [3] Art. 7 gilt entsprechend.

Art. 13 Aufgaben der Kammern. (1) [1] Aufgabe der Architektenkammer ist es, die Baukultur, die Baukunst, das Bauwesen, das behindertengerechte Bauen, die Orts- und Stadtplanung sowie die Landschaftspflege zu fördern. [2] Aufgabe der Ingenieurekammer-Bau ist es, die Baukultur sowie die Wissenschaft und die Technik des Bauwesens zu fördern. [3] Aufgabe beider Kammern ist es,

1. die beruflichen Belange der Gesamtheit ihrer Mitglieder sowie das Ansehen des Berufsstandes zu wahren, die Mitglieder in Fragen der Berufsausübung zu beraten und die Erfüllung der beruflichen Pflichten zu überwachen,
2. die berufliche Ausbildung zu fördern und für die berufliche Fort- und Weiterbildung zu sorgen,
3. die nach diesem Gesetz und anderen Rechtsvorschriften vorgeschriebenen Listen und Verzeichnisse zu führen und die danach notwendigen Bescheinigungen zu erteilen,
4. bei der Regelung des Wettbewerbswesens mitzuwirken,
5. Behörden und Gerichte in allen die Berufsaufgaben betreffenden Fragen zu unterstützen,
6. auf die Beilegung von Streitigkeiten, die sich aus der Berufsausübung ergeben, hinzuwirken und
7. bei der Regelung des Sachverständigenwesens mitzuwirken.

(2) [1] Die Kammern können Fürsorgeeinrichtungen für ihre Mitglieder und deren Familien schaffen. [2] Für Mitglieder, deren Versorgung gesetzlich geregelt ist, darf die Teilnahme hieran nicht zwingend sein.

(3) [1] Die Kammern sind berechtigt, sich im Rahmen der Aufgaben nach Abs. 1 an Arbeitsgemeinschaften mit anderen Organisationen zu beteiligen. [2] Eine Aufgabenübertragung ist dabei jedoch nicht zulässig.

Art. 14 Organe der Kammern. (1) Organe der Kammern sind jeweils

1. die Vertreterversammlung und
2. der Vorstand.

(2) [1] Den Organen der Kammern dürfen nur Kammermitglieder angehören. [2] Die in die Organe berufenen Mitglieder sind zur Annahme und Ausübung ihres Amtes verpflichtet, soweit nicht ein wichtiger Grund entgegensteht.

(3) [1] Die Mitglieder der Organe sind ehrenamtlich tätig. [2] Sie haben Anspruch auf angemessene Entschädigung für Auslagen und Zeitaufwand.

(4) [1] Die Mitglieder der Organe und Einrichtungen der Kammern einschließlich deren Hilfskräfte und hinzugezogenen Sachverständigen sind zur Verschwiegenheit über alle Angelegenheiten verpflichtet, die ihnen im Zusammenhang mit ihrer Tätigkeit bekannt geworden sind. [2] Dies gilt nicht für Mitteilungen im amtlichen Verkehr und über Tatsachen, die offenkundig sind oder ihrer Bedeutung nach keiner Geheimhaltung bedürfen. [3] Die Pflicht zur Verschwiegenheit besteht nach der Beendigung der Tätigkeit der oder des Verpflichteten fort.

Art. 15[1] Vertreterversammlungen. (1) [1] Die Mitglieder der Architektenkammer wählen in geheimer Wahl auf die Dauer von fünf Jahren 125 Vertreter und eine gleiche Zahl von Nachrückern; jede Fachrichtung (Art. 3 Abs. 1 bis 4) muss dabei durch mindestens zwei Mitglieder vertreten sein. [2] Die Mitglieder der Ingenieurekammer-Bau wählen in geheimer Wahl auf die Dauer von fünf Jahren 125 Vertreter, von denen mindestens 75 Pflichtmitglieder sein müssen, sowie eine gleiche Zahl von Nachrückern.

(2) Die Amtszeit der Mitglieder der Vertreterversammlung dauert bis zum Amtsantritt der neuen Mitglieder.

(3) Das Nähere regelt eine durch Satzung zu erlassende Wahlordnung.

Art. 16 Aufgaben der Vertreterversammlungen. (1) Die Vertreterversammlungen sind insbesondere zuständig für

1. den Erlass von Satzungen,
2. die Abnahme der Jahresrechnung und die Wahl der Rechnungsprüfer,
3. die Wahl, Entlastung und Abberufung der Vorstandsmitglieder,
4. die Festsetzung der Entschädigungen für die Mitglieder der Organe, der Eintragungsausschüsse und der Ausschüsse,
5. die Bildung von Ausschüssen sowie die Wahl und Abwahl der Mitglieder dieser Ausschüsse und
6. die Bildung von Fürsorgeeinrichtungen.

(2) [1] Die Vertreterversammlungen sind beschlussfähig, wenn die Ladung ordnungsgemäß erfolgt und mehr als die Hälfte der Mitglieder anwesend ist. [2] Ist eine Angelegenheit wegen Beschlussunfähigkeit der Vertreterversammlung zurückgestellt worden und tritt die Vertreterversammlung zur Verhandlung über denselben Gegenstand zum zweiten Mal zusammen, so ist sie ohne Rücksicht auf die Zahl der Erschienenen beschlussfähig. [3] In der Ladung zu dieser Sitzung muss hierauf hingewiesen werden.

(3) [1] Die Beschlüsse werden mit der Mehrheit der abgegebenen gültigen Stimmen gefasst. [2] Bei Stimmengleichheit ist der Antrag abgelehnt.

(4) Beschlüsse über Satzungen nach Art. 18 Abs. 2 Nrn. 1 bis 5 und zur vorzeitigen Abberufung eines Vorstandsmitglieds bedürfen der Mehrheit von zwei Dritteln der anwesenden Mitglieder der Vertreterversammlung, mindestens aber der Mehrheit der Mitglieder der Vertreterversammlung.

Art. 17 Vorstände. (1) [1] Die Vorstände bestehen aus der Präsidentin oder dem Präsidenten, bis zu drei Stellvertretern (Vizepräsidentinnen oder Vizepräsidenten) und mindestens vier weiteren Mitgliedern. [2] Sie werden auf die Dauer von fünf Jahren von der Vertreterversammlung gewählt. [3] Art. 15 Abs. 2 gilt entsprechend. [4] Bei der Ingenieurekammer-Bau müssen die Präsidentin oder der Präsident, eine Vizepräsidentin oder ein Vizepräsident und mindestens drei weitere Mitglieder des Vorstands Pflichtmitglieder sein.

(2) Die Präsidentin oder der Präsident vertritt die Kammer gerichtlich und außergerichtlich.

(3) Der Vorstand führt die Geschäfte der Kammer.

---

[1] Art. 15 Abs. 1 Satz 1 geänd. mWv 1. 8. 2015 durch G v. 24. 7. 2015 (GVBl S. 296).

(4) [1] Erklärungen, durch welche eine Kammer verpflichtet werden soll, bedürfen der Schriftform. [2] Sie sind von der Präsidentin oder vom Präsidenten zu unterzeichnen, soweit durch Satzung nichts anderes bestimmt ist.

Art. 18[1)] **Satzungen.** (1) Die Kammern können ihre Angelegenheiten durch Satzung regeln.

(2) Die Kammern haben durch Satzung Bestimmungen zu treffen über

1. die beruflichen Rechte und Pflichten ihrer Mitglieder (Berufsordnung),
2. die Wahl und die Zusammensetzung der Vorstände,
3. die Wahl, Einberufung und Geschäftsordnung der Vertreterversammlungen sowie deren Ausschüsse,
4. die Schlichtungsausschüsse,
5. die Beiträge und Gebühren,
6. die Bildung von Untergliederungen und
7. die Haushaltspläne.

(3) [1] Satzungen nach Abs. 2 bedürfen keiner Genehmigung. [2] Satzungen nach Abs. 2 Nrn. 1 bis 5 sind im Bayerischen Staatsanzeiger zu veröffentlichen.

Art. 19[2)] **Finanzwesen.** (1) [1] Der Finanzbedarf der Kammern wird, soweit er nicht anderweitig gedeckt werden kann, durch Beiträge der Mitglieder aufgebracht. [2] Die Beiträge können insbesondere für einzelne Mitgliedergruppen und nach der Höhe der Einnahmen aus der Berufstätigkeit unterschiedlich bemessen werden. [3] In die Stadtplanerliste eingetragene Stadtplanerinnen und Stadtplaner, die zum Zeitpunkt der Eintragung in die Stadtplanerliste bereits Mitglied einer anderen berufsständischen Kammer sind, sind in der Bayerischen Architektenkammer nicht beitragspflichtig, solange die Mitgliedschaft in der anderen Kammer fortbesteht.

(2) Für die Inanspruchnahme von Einrichtungen, für Amtshandlungen und sonstige Leistungen der Kammern sowie Amtshandlungen der Eintragungsausschüsse können die Kammern Gebühren und Auslagen erheben.

(3) [1] Die Kammern sind für die Vollstreckung ihrer Beitrags-, Gebühren- und Kostenforderungen Anordnungs- und Vollstreckungsbehörden im Sinn des Bayerischen Verwaltungszustellungs- und Vollstreckungsgesetzes. [2] Sie sind zur Anbringung der Vollstreckungsklausel befugt.

Art. 20[3)] **Auskünfte.** (1) [1] Jeder hat bei Darlegung eines berechtigten Interesses das Recht auf Auskunft aus den von den Kammern zu führenden Listen und Verzeichnissen über Namen, akademische Grade, Anschriften, Fachrichtung und Tätigkeitsart, falls vorhanden auch über Telefon- und Telefaxnummern sowie E-Mail-Adressen. [2] Die Angaben dürfen auch veröffentlicht oder zum Zweck der Veröffentlichung übermittelt werden, soweit der Betroffene nicht widerspricht.

(2) Die Kammern erteilen die nach der Richtlinie 2005/36/EG erforderlichen Auskünfte und stellen die notwendigen Bescheinigungen aus; sie sind insoweit zuständige Behörden.

---

1) Art. 18 Abs. 3 Satz 1 eingef. mWv 1. 8. 2009 durch G v. 27. 7. 2009 (GVBl S. 385).
2) Art. 19 Abs. 1 Satz 3 angef. mWv 1. 8. 2015 durch G v. 24. 7. 2015 (GVBl S. 296).
3) Art. 20 Abs. 3 Sätze 1 und 2 geänd. mWv 1. 8. 2015 durch G v. 24. 7. 2015 (GVBl S. 296).

(3) [1] Die Architektenkammer gibt der Bayerischen Architektenversorgung aus den von ihr geführten Listen die Eintragungen, Löschungen und sonstigen Veränderungen bekannt, die für die Mitgliedschaft der von der Eintragung Betroffenen bei der Bayerischen Architektenversorgung von Bedeutung sein können. [2] Die Lehreinrichtungen nach Art. 4 Abs. 2 Satz 1 Nr. 2 oder Art. 6 Abs. 2 Nr. 2 mit Sitz in Bayern geben der Bayerischen Architektenversorgung nach Abschluss der jeweiligen Prüfungen Namen, Vornamen und Anschriften derjenigen Personen bekannt, die sich erfolgreich einer Abschlussprüfung für die Berufsaufgaben nach Art. 3 Abs. 1 bis 4 unterzogen haben.

Art. 21[1)] Schlichtungsausschüsse. (1) [1] Zur gütlichen Beilegung von Streitigkeiten, die sich aus der Berufsausübung zwischen Kammermitgliedern oder zwischen diesen und Dritten ergeben, ist bei den Kammern je ein Schlichtungsausschuss zu bilden. [2] Die Mitglieder der Schlichtungsausschüsse werden vom Vorstand der jeweiligen Kammer für dessen Amtsdauer bestellt. [3] Sofern nach einer Neuwahl des Vorstands die Mitglieder des neuen Schlichtungsausschusses noch nicht bestellt worden sind, wird bis zur Bestellung der bisherige Schlichtungsausschuss tätig, soweit und solang dies erforderlich ist. [4] Die Mitglieder sind ehrenamtlich tätig.

(2) [1] Bei Streitigkeiten zwischen Mitgliedern einer Kammer hat der Schlichtungsausschuss auf Anrufung durch einen Beteiligten oder auf Anordnung des Vorstands dieser Kammer einen Schlichtungsversuch zu unternehmen. [2] Ist ein Dritter beteiligt, kann der Schlichtungsausschuss nur mit dessen Einverständnis tätig werden.

Fünfter Teil. Eintragungsausschüsse

Art. 22[2)] Errichtung, Zuständigkeit, Zusammensetzung. (1) [1] Bei den Kammern wird je ein Eintragungsausschuss gebildet. [2] Die Kosten eines Eintragungsausschusses trägt die jeweilige Kammer; ihr fließen die Gebühren und Auslagen zu.

(2) Die Eintragungsausschüsse sind zuständig für Entscheidungen oder die Entgegennahme von Anzeigen nach Art. 2, 4 bis 11 und 13 Abs. 1 Satz 3 Nr. 3 sowie für die Erteilung von nach dem Recht der Europäischen Gemeinschaft im Zusammenhang mit der Listeneintragung erforderlichen Bescheinigungen und Auskünfte.

(3) [1] Die Eintragungsausschüsse bestehen jeweils aus der oder dem Vorsitzenden und der erforderlichen Zahl von Beisitzerinnen und Beisitzern. [2] Für die Vorsitzende oder den Vorsitzenden ist mindestens eine Vertretung zu bestellen. [3] Die oder der Vorsitzende sowie die Vertreterinnen und Vertreter müssen die Befähigung zum Richteramt nach dem Deutschen Richtergesetz haben. [4] Die Beisitzerinnen und Beisitzer müssen Mitglieder der jeweiligen Kammer sein; bei Entscheidungen über die Eintragung in die Liste Beratender Ingenieure und in das Verzeichnis der auswärtigen Beratenden Ingenieure müssen sie in die Liste

---

1) Art. 21 Abs. 1 Sätze 2–4 angef. mWv 1. 8. 2009 durch G v. 27. 7. 2009 (GVBl S. 385).

2) Art. 22 Abs. 4 neu gef. mWv 1. 8. 2009 durch G v. 27. 7. 2009 (GVBl S. 385); Abs. 1 Satz 2 aufgeh., bish. Satz 3 wird Satz 2, Abs. 2 Satz 2 aufgeh., bish. Satz 1 geänd. mWv 1. 8. 2015 durch G v. 24. 7. 2015 (GVBl S. 296).

Beratender Ingenieure bzw. bei Entscheidungen über die Eintragung in die Stadtplanerliste und in das Verzeichnis der auswärtigen Stadtplaner in die Stadtplanerliste eingetragen sein. [5] Die Mitglieder der Eintragungsausschüsse dürfen weder dem Vorstand der jeweiligen Kammer angehören noch Bedienstete dieser Kammer oder der Aufsichtsbehörde sein.

(4) [1] Die Mitglieder der Eintragungsausschüsse werden vom Vorstand der jeweiligen Kammer für dessen Amtsdauer bestellt. [2] Sofern nach einer Neuwahl des Vorstands die Mitglieder des neuen Eintragungsausschusses noch nicht bestellt worden sind, wird bis zur Bestellung der bisherige Eintragungsausschuss tätig, soweit und solang dies erforderlich ist. [3] Die Mitglieder sind ehrenamtlich tätig.

Art. 23 Verfahren. (1) [1] Die Eintragungsausschüsse sind unabhängig und an Weisungen nicht gebunden. [2] Sie entscheiden nach ihrer freien, aus dem Gang des gesamten Verfahrens gewonnenen Überzeugung. [3] Die Sitzungen der Eintragungsausschüsse sind nicht öffentlich.

(2) [1] Die Eintragungsausschüsse sind fähig, am verwaltungsgerichtlichen Verfahren beteiligt zu werden. [2] Sie werden dabei durch die Vorsitzende oder den Vorsitzenden vertreten.

Sechster Teil. Berufspflichten, Berufsgerichtsbarkeit

Art. 24[1)] Berufspflichten. (1) [1] Die Mitglieder der Kammern sind verpflichtet, ihren Beruf gewissenhaft auszuüben, dem ihnen im Zusammenhang mit ihrem Berufsstand entgegen gebrachten Vertrauen zu entsprechen und alles zu unterlassen, was dem Ansehen ihres Berufsstandes schaden kann. [2] Sie sind insbesondere verpflichtet,

1. sich beruflich fortzubilden,
2. sich kollegial zu verhalten und unlauteren Wettbewerb zu unterlassen,
3. sich ausreichend gegen Haftpflichtansprüche zu versichern,
4. Dienstleistungsempfängern und den zuständigen Behörden Informationen und Kontaktdaten gemäß Art. 22, 27 und 28 Abs. 4 der Richtlinie 2006/123/EG des Europäischen Parlaments und des Rates vom 12. Dezember 2006 über die Dienstleistungen im Binnenmarkt (ABl L 376 S. 36) zur Verfügung zu stellen.

[3] Das Nähere regeln die Berufsordnungen.

(2) Ein außerhalb der Berufstätigkeit liegendes Verhalten ist eine Berufspflichtverletzung, wenn es nach den Umständen des Einzelfalls in besonderem Maß geeignet ist, Achtung und Vertrauen in einer für das Ansehen des Berufsstandes bedeutsamen Weise zu beeinträchtigen.

Art. 25 Rügerecht der Vorstände. (1) [1] Der Vorstand kann das Verhalten eines Kammermitglieds, durch das dieses ihm obliegende Berufspflichten verletzt hat, rügen, wenn die Schuld gering ist und ein Antrag auf Einleitung eines berufsgerichtlichen Verfahrens nicht erforderlich erscheint. [2] Kammermitglieder

---

[1)] Art. 24 Abs. 1 Satz 2 Nr. 3 geänd., Nr. 4 angef. mWv 1. 8. 2009 durch G v. 27. 7. 2009 (GVBl S. 385).

im öffentlichen Dienst unterliegen hinsichtlich ihrer dienstlichen Tätigkeit nicht dem Rügerecht.

(2) Das Rügerecht erlischt, sobald das berufsgerichtliche Verfahren gegen das Mitglied eingeleitet ist.

(3) Gegen den Bescheid kann das Mitglied binnen eines Monats nach Bekanntgabe die Einleitung eines berufsgerichtlichen Verfahrens beim zuständigen Gericht beantragen.

Art. 26[1] Berufsgerichtsbarkeit. (1) [1] Mitglieder der Kammern oder in das Verzeichnis nach Art. 2 Abs. 3 Satz 3 eingetragene Personen, die schuldhaft gegen Berufspflichten verstoßen, haben sich im berufsgerichtlichen Verfahren zu verantworten. [2] Kammermitglieder im öffentlichen Dienst unterliegen hinsichtlich ihrer dienstlichen Tätigkeit nicht dem berufsgerichtlichen Verfahren.

(2) [1] Einen Antrag auf Einleitung eines berufsgerichtlichen Verfahrens gegen ein Mitglied können stellen

1. der Vorstand der jeweiligen Kammer oder
2. Mitglieder gegen sich selbst.

[2] Gegen in das Verzeichnis nach Art. 2 Abs. 3 Satz 3 eingetragene Personen, die Staatsangehörige eines Mitgliedstaates der Europäischen Union oder eines Vertragsstaates des Abkommens über den Europäischen Wirtschaftsraum sind, kann der Vorstand die Einleitung eines berufsgerichtlichen Verfahrens nur unter Einhaltung des Amtshilfeverfahrens nach Art. 35 der Richtlinie 2006/123/EG beantragen und nur, wenn der Niederlassungsmitgliedstaat keine bzw. unzureichende Maßnahmen ergriffen hat.

Art. 27[2] Berufsgerichtliche Maßnahmen. (1) Im berufsgerichtlichen Verfahren kann erkannt werden auf

1. Verweis,
2. Geldbuße bis zu zwanzigtausend Euro,
3. Entziehung der Wählbarkeit zu Organen der jeweiligen Kammer für eine Dauer von bis zu fünf Jahren,
4. Entziehung der Mitgliedschaft in Organen der jeweiligen Kammer,
5. Löschung der Eintragung in der Architektenliste, Stadtplanerliste oder der Liste Beratender Ingenieure oder aus dem Verzeichnis nach Art. 2 Abs. 3 Satz 3 oder
6. Ausschluss aus der Ingenieurekammer-Bau bei freiwilligen Mitgliedern dieser Kammer.

(2) [1] Die Maßnahmen nach Abs. 1 Nrn. 2 bis 4 können nebeneinander verhängt werden. [2] Hat ein Gericht oder eine Behörde wegen desselben Verhaltens bereits eine Strafe, Geldbuße, Disziplinarmaßnahme oder ein Ordnungsmittel verhängt, so ist von einer Maßnahme nach Abs. 1 Nrn. 1 und 2 abzusehen, es sei denn, dass diese Maßnahme zusätzlich erforderlich ist, um das Mitglied zur Erfüllung seiner Berufspflichten anzuhalten und das Ansehen des Berufsstandes

---

[1] Art. 26 Abs. 1 Satz 1 geänd., Abs. 2 Satz 2 angef. mWv 1. 8. 2009 durch G v. 27. 7. 2009 (GVBl S. 385); Abs. 1 Satz 1 und Abs. 2 Satz 2 geänd. mWv 1. 8. 2015 durch G v. 24. 7. 2015 (GVBl S. 296).

[2] Art. 27 Abs. 1 Nr. 5 geänd. mWv 1. 1. 2013 durch G v. 11. 12. 2012 (GVBl S. 633); Abs. 1 Nr. 5 und Abs. 2 Satz 3 geänd. mWv 1. 8. 2015 durch G v. 24. 7. 2015 (GVBl S. 296).

zu wahren. [3] Ist zu erwarten, dass in einem berufsgerichtlichen Verfahren auf Löschung der Eintragung aus einer Liste nach Art. 1 Abs. 1 bis 3 erkannt wird, so kann das Berufsgericht auf Grund mündlicher Verhandlung die Führung der Berufsbezeichnung bis zur rechtskräftigen Entscheidung des berufsgerichtlichen Verfahrens vorläufig untersagen.

(3) [1] Die Verfolgung der Verletzung einer Berufspflicht verjährt in fünf Jahren. [2] Für den Beginn, die Unterbrechung und das Ruhen der Verjährung gelten die Vorschriften des Strafgesetzbuchs über die Verfolgungsverjährung entsprechend. [3] Verstößt die Tat auch gegen ein Strafgesetz, so verjährt die Verfolgung nicht, bevor die Strafverfolgung verjährt.

Art. 28 Berufsgerichte. (1) Das berufsgerichtliche Verfahren wird von den Berufsgerichten als erster Instanz und von dem Landesberufsgericht als Rechtsmittelinstanz durchgeführt.

(2) [1] Die Berufsgerichte verhandeln und entscheiden in der Besetzung mit einer Berufsrichterin oder einem Berufsrichter als Vorsitzender oder Vorsitzendem und zwei Kammermitgliedern als ehrenamtlichen Richterinnen oder Richtern. [2] Das Landesberufsgericht verhandelt und entscheidet in der Besetzung mit drei Berufsrichterinnen oder Berufsrichtern einschließlich der oder des Vorsitzenden und zwei Kammermitgliedern als ehrenamtlichen Richterinnen oder Richtern. [3] Bei Verfahren gegen Mitglieder der Architektenkammer soll eine ehrenamtliche Richterin oder ein ehrenamtlicher Richter der Fachrichtung der oder des Beschuldigten angehören. [4] Bei Beschlüssen außerhalb der mündlichen Verhandlung wirken die ehrenamtlichen Richterinnen und Richter nicht mit.

(3) [1] Das Berufsgericht für die Regierungsbezirke Oberbayern, Niederbayern und Schwaben wird beim Landgericht München I, das Berufsgericht für die Regierungsbezirke Oberfranken, Mittelfranken, Unterfranken und Oberpfalz beim Landgericht Nürnberg-Fürth errichtet. [2] Das Landesberufsgericht wird beim Oberlandesgericht München errichtet.

(4) Die Aufgaben der Geschäftsstelle werden von der Geschäftsstelle des jeweiligen Gerichts wahrgenommen.

Art. 29 Bestellung der Richterinnen und Richter. (1) Die Präsidentinnen oder Präsidenten des Oberlandesgerichts München und der Landgerichte München I und Nürnberg-Fürth bestellen für die Dauer von fünf Jahren jeweils für das bei ihrem Gericht errichtete Berufsgericht und Landesberufsgericht die Mitglieder und deren Vertreter sowie für jedes Berufsgericht eine Untersuchungsführerin oder einen Untersuchungsführer und deren oder dessen Vertreter.

(2) [1] Die ehrenamtlichen Richterinnen und Richter werden vom Vorstand der jeweiligen Kammer vorgeschlagen. [2] Der Vorschlag muss mindestens doppelt so viele Namen enthalten wie ehrenamtliche Richterinnen und Richter zu bestellen sind.

(3) [1] Bei jedem Gericht ist eine genügende Anzahl von ehrenamtlichen Richterinnen und Richtern zu bestellen. [2] Ehrenamtliche Richterin oder ehrenamtlicher Richter kann nicht sein, wer Mitglied eines Organs oder Bedienstete oder Bediensteter einer Kammer oder der Aufsichtsbehörde ist. [3] Die Vorsitzenden der Berufsgerichte und des Landesberufsgerichts bestimmen vor Beginn jedes Geschäftsjahres, in welcher Reihenfolge die ehrenamtlichen Richterinnen und Richter heranzuziehen sind.

Art. 30[1] **Anwendung des Heilberufe-Kammergesetzes und des Gerichtsverfassungsgesetzes.** [1] Für die Berufsgerichtsbarkeit der Mitglieder der Kammern gelten im Übrigen die Vorschriften des Heilberufe-Kammergesetzes über Zuständigkeit und Verfahren, Wiederaufnahme des Verfahrens und Verfahrenskosten mit Ausnahme des Art. 88 Abs. 2 und 3 sinngemäß. [2] Die Vorschriften des Siebzehnten Titels des Gerichtsverfassungsgesetzes sind entsprechend anzuwenden.

Siebter Teil. Aufsicht über die Kammern

Art. 31[2] **Aufsicht.** (1) Die Aufsicht über die Kammern und deren Eintragungsausschüsse führt das Staatsministerium des Innern, für Bau und Verkehr als Rechtsaufsicht.

(2) Für die Durchführung der Rechtsaufsicht gelten die Vorschriften der Gemeindeordnung entsprechend.

Achter Teil. Ordnungswidrigkeiten, Rechtsverordnungen, Übergangs- und Schlussbestimmungen

Art. 32[3] **Ordnungswidrigkeiten.** (1) Mit Geldbuße bis zu zwanzigtausend Euro kann belegt werden, wer entgegen Art. 1 Abs. 1 bis 4 oder entgegen Art. 8 Abs. 1 Sätze 1 und 2 Berufsbezeichnungen, Wortverbindungen oder ähnliche Bezeichnungen führt.

(2) [1] Die Architektenkammer ist zuständige Verwaltungsbehörde zur Verfolgung und Ahndung von Ordnungswidrigkeiten bei Verstößen gegen Art. 1 Abs. 1, 3 und 4 und Art. 8 Abs. 1 Sätze 1 und 2. [2] Die Ingenieurekammer-Bau ist zuständige Behörde zur Verfolgung und Ahndung von Ordnungswidrigkeiten bei Verstößen gegen Art. 1 Abs. 2 und 4 und Art. 8 Abs. 1 Sätze 1 und 2.

(3) [1] Geldbußen und Verwarnungsgelder fließen in die Kasse der jeweils zuständigen Kammer. [2] Diese trägt auch die notwendigen Auslagen abweichend von § 105 Abs. 2 des Gesetzes über Ordnungswidrigkeiten (OWiG) und ist ersatzpflichtig im Sinn des § 110 Abs. 4 OWiG.

Art. 33[4] **Rechtsverordnungen.** Das Staatsministerium des Innern, für Bau und Verkehr wird ermächtigt, durch Rechtsverordnung Vorschriften über das Verfahren vor den Eintragungsausschüssen und deren Zusammensetzung sowie über das Verfahren bei der Erfüllung der Aufgaben nach Art. 20 Abs. 2 zu erlassen.

---

[1] Art. 30 Überschrift geänd., Satz 2 angef. mWv 1. 1. 2013 durch G v. 11. 12. 2012 (GVBl S. 633).
[2] Art. 31 Abs. 1 geänd. mWv 30. 8. 2014 durch VO v. 22. 7. 2014 (GVBl S. 286).
[3] Art. 32 Abs. 1 und Abs. 2 Sätze 1 und 2 geänd. mWv 1. 8. 2015 durch G v. 24. 7. 2015 (GVBl S. 296).
[4] Art. 33 geänd. mWv 30. 8. 2014 durch VO v. 22. 7. 2014 (GVBl S. 286).

Art. 34[1] Inkrafttreten, Außerkrafttreten, Übergangsbestimmung.

(1) Art. 33 tritt am 1. Juni 2007 in Kraft, im Übrigen tritt dieses Gesetz am 1. Juli 2007 in Kraft.

(2) [1] Personen, die am 1. August 2015 in die Stadtplanerliste eingetragen sind, können der Mitgliedschaft in der Architektenkammer gemäß Art. 12 Abs. 3 Satz 1 bis einschließlich 31. Oktober 2015 schriftlich widersprechen. [2] Die Architektenkammer weist die betroffenen Personen unverzüglich auf die Widerspruchsmöglichkeit hin. [3] Der Widerspruch hat die Rechtswirkungen des Art. 12 Abs. 3 Satz 2.

(3) Abs. 2 tritt am 1. November 2015 außer Kraft.

[1] Früherer Art. 34 aufgeh., bish. Art. 35 wird Art. 34 mWv 1. 8. 2009 durch G v. 27. 7. 2009 (GVBl S. 385); Überschrift geänd., Satz 2 aufgeh., Abs. 2 und 3 angef. mWv 1. 8. 2015 durch G v. 24. 7. 2015 (GVBl S. 296).

41. Gesetz zum Schutz und zur Pflege der Denkmäler (Denkmalschutzgesetz – DSchG)[1)]

Vom 25. Juni 1973

BayRS 2242-1-K

zuletzt geänd. durch § 2 Nr. 44 G zur Änd. des Bayerischen StatistikG und anderer Rechtsvorschriften v. 12. 5. 2015 (GVBl S. 82)

I. Anwendungsbereich

Art. 1 Begriffsbestimmungen. (1) Denkmäler sind von Menschen geschaffene Sachen oder Teile davon aus vergangener Zeit, deren Erhaltung wegen ihrer geschichtlichen, künstlerischen, städtebaulichen, wissenschaftlichen oder volkskundlichen Bedeutung im Interesse der Allgemeinheit liegt.

(2) [1] Baudenkmäler sind bauliche Anlagen oder Teile davon aus vergangener Zeit, soweit sie nicht unter Absatz 4 fallen, einschließlich dafür bestimmter historischer Ausstattungsstücke und mit der in Absatz 1 bezeichneten Bedeutung. [2] Auch bewegliche Sachen können historische Ausstattungsstücke sein, wenn sie integrale Bestandteile einer historischen Raumkonzeption oder einer ihr gleichzusetzenden historisch abgeschlossenen Neuausstattung oder Umgestaltung sind. [3] Gartenanlagen, die die Voraussetzungen des Absatzes 1 erfüllen, gelten als Baudenkmäler.

(3) Zu den Baudenkmälern kann auch eine Mehrheit von baulichen Anlagen (Ensemble) gehören, und zwar auch dann, wenn nicht jede einzelne dazugehörige bauliche Anlage die Voraussetzungen des Absatzes 1 erfüllt, das Orts-, Platz- oder Straßenbild aber insgesamt erhaltenswürdig ist.

(4) Bodendenkmäler sind bewegliche und unbewegliche Denkmäler, die sich im Boden befinden oder befanden und in der Regel aus vor- oder frühgeschichtlicher Zeit stammen.

Art. 2 Denkmalliste. (1) [1] Die Baudenkmäler und die Bodendenkmäler sollen nachrichtlich in ein Verzeichnis (Denkmalliste) aufgenommen werden. [2] Die Eintragung erfolgt durch das Landesamt für Denkmalpflege von Amts wegen im Benehmen mit der Gemeinde. [3] Der Berechtigte und der zuständige Heimatpfleger können die Eintragung anregen. [4] Die Eintragung ist im Bebauungsplan kenntlich zu machen. [5] Die Liste kann von jedermann eingesehen werden.

(2) Auf Antrag des Berechtigten und in besonders wichtigen Fällen können bewegliche Denkmäler, soweit sie nicht nach Absatz 1 eingetragen sind, in das Verzeichnis eingetragen werden.

Art. 3 Geltung. (1) Die Schutzbestimmungen dieses Gesetzes gelten für Baudenkmäler, für Bodendenkmäler und für die eingetragenen beweglichen Denkmäler.

[1)] Änderungen vor dem 1. 1. 1999 sind nicht in Fußnoten nachgewiesen.

(2) Die Gemeinden nehmen bei ihrer Tätigkeit, vor allem im Rahmen der Bauleitplanung, auf die Belange des Denkmalschutzes und der Denkmalpflege, insbesondere auf die Erhaltung von Ensembles, angemessen Rücksicht.

II. Baudenkmäler

Art. 4 Erhaltung von Baudenkmälern. (1) [1] Die Eigentümer und die sonst dinglich Verfügungsberechtigten von Baudenkmälern haben ihre Baudenkmäler instandzuhalten, instandzusetzen, sachgemäß zu behandeln und vor Gefährdung zu schützen, soweit ihnen das zuzumuten ist. [2] Ist der Eigentümer oder der sonst dinglich Verfügungsberechtigte nicht der unmittelbare Besitzer, so gilt Satz 1 auch für den unmittelbaren Besitzer, soweit dieser die Möglichkeit hat, entsprechend zu verfahren.

(2) [1] Die in Absatz 1 genannten Personen können verpflichtet werden, bestimmte Erhaltungsmaßnahmen ganz oder zum Teil durchzuführen, soweit ihnen das insbesondere unter Berücksichtigung ihrer sonstigen Aufgaben und Verpflichtungen zumutbar ist; soweit sie die Maßnahmen nicht selbst durchzuführen haben, können sie zur Duldung der Maßnahmen verpflichtet werden. [2] Entscheidungen, durch die der Bund oder die Länder verpflichtet werden sollen, bedürfen der vorherigen Zustimmung der Obersten Denkmalschutzbehörde.

(3) [1] Macht der Zustand eines Baudenkmals Maßnahmen zu seiner Instandhaltung, Instandsetzung oder zu seinem Schutz erforderlich, ohne daß eine vollstreckbare Entscheidung nach Absatz 2 vorliegt, so kann die zuständige Denkmalschutzbehörde die Maßnahmen durchführen oder durchführen lassen. [2] Die dinglich und obligatorisch Berechtigten können zur Duldung der Maßnahmen verpflichtet werden. [3] Die Kosten der Maßnahmen tragen die in Absatz 1 genannten Personen, soweit sie nach Absatz 2 zur Durchführung der Maßnahmen verpflichtet wurden oder hätten verpflichtet werden können, im übrigen der Entschädigungsfonds (Art. 21 Abs. 2).

(4) Handlungen, die ein Baudenkmal schädigen oder gefährden, können untersagt werden.

Art. 5 Nutzung von Baudenkmälern. [1] Baudenkmäler sollen möglichst entsprechend ihrer ursprünglichen Zweckbestimmung genutzt werden. [2] Werden Baudenkmäler nicht mehr entsprechend ihrer ursprünglichen Zweckbestimmung genutzt, so sollen die Eigentümer und die sonst dinglich oder obligatorisch zur Nutzung Berechtigten eine der ursprünglichen gleiche oder gleichwertige Nutzung anstreben. [3] Soweit dies nicht möglich ist, soll eine Nutzung gewählt werden, die eine möglichst weitgehende Erhaltung der Substanz auf die Dauer gewährleistet. [4] Sind verschiedene Nutzungen möglich, so soll diejenige Nutzung gewählt werden, die das Baudenkmal und sein Zubehör am wenigsten beeinträchtigt. [5] Staat, Gemeinden und sonstige Körperschaften des öffentlichen Rechts sollen Eigentümer und Besitzer unterstützen. [6] Die Eigentümer und die sonst dinglich oder obligatorisch zur Nutzung Berechtigten können bei Vorliegen der Voraussetzungen des Art. 4 Abs. 2 verpflichtet werden, eine bestimmte Nutzungsart durchzuführen; soweit sie nicht zur Durchführung verpflichtet werden, können sie zur Duldung einer bestimmten Nutzungsart verpflichtet werden.

Art. 6[1] Maßnahmen an Baudenkmälern. (1) [1] Wer

1. Baudenkmäler beseitigen, verändern oder an einen anderen Ort verbringen oder
2. geschützte Ausstattungsstücke beseitigen, verändern, an einen anderen Ort verbringen oder aus einem Baudenkmal entfernen

will, bedarf der Erlaubnis. [2] Der Erlaubnis bedarf auch, wer in der Nähe von Baudenkmälern Anlagen errichten, verändern oder beseitigen will, wenn sich dies auf Bestand oder Erscheinungsbild eines der Baudenkmäler auswirken kann. [3] Wer ein Ensemble verändern will, bedarf der Erlaubnis nur, wenn die Veränderung eine bauliche Anlage betrifft, die für sich genommen ein Baudenkmal ist, oder wenn sie sich auf das Erscheinungsbild des Ensembles auswirken kann.

(2) [1] Die Erlaubnis kann im Fall des Abs. 1 Satz 1 Nrn. 1 und 2 versagt werden, soweit gewichtige Gründe des Denkmalschutzes für die unveränderte Beibehaltung des bisherigen Zustands sprechen. [2] Im Fall des Absatzes 1 Satz 2 kann die Erlaubnis versagt werden, soweit das Vorhaben zu einer Beeinträchtigung des Wesens, des überlieferten Erscheinungsbilds oder der künstlerischen Wirkung eines Baudenkmals führen würde und gewichtige Gründe des Denkmalschutzes für die unveränderte Beibehaltung des bisherigen Zustands sprechen.

(3) [1] Ist eine Baugenehmigung oder an ihrer Stelle eine bauaufsichtliche Zustimmung oder abgrabungsaufsichtliche Genehmigung erforderlich, entfällt die Erlaubnis. [2] Ist in den Fällen des Art. 18 Abs. 2 der Bayerischen Bauordnung (BayBO)[2] keine Baugenehmigung oder bauaufsichtliche Zustimmung, jedoch eine durch die Denkmaleigenschaft bedingte Abweichung nach Art. 63 Abs. 1 Satz 1 BayBO erforderlich, schließt die Erlaubnis nach diesem Gesetz die Zustimmung im Einzelfall nach Art. 18 Abs. 2 BayBO und die Abweichung nach Art. 63 Abs. 1 Satz 1 BayBO ein.

(4) Bei Entscheidungen nach dem Abs. 1 bis 3 sind auch die Belange von Menschen mit Behinderung und von Menschen mit sonstigen Mobilitätsbeeinträchtigungen zu berücksichtigen.

III. Bodendenkmäler

Art. 7 Ausgraben von Bodendenkmälern. (1) [1] Wer auf einem Grundstück nach Bodendenkmälern graben oder zu einem anderen Zweck Erdarbeiten auf einem Grundstück vornehmen will, obwohl er weiß oder vermutet oder den Umständen nach annehmen muß, daß sich dort Bodendenkmäler befinden, bedarf der Erlaubnis. [2] Die Erlaubnis kann versagt werden, soweit dies zum Schutz eines Bodendenkmals erforderlich ist.

(2) [1] Die Bezirke können durch Verordnung bestimmte Grundstücke, in oder auf denen Bodendenkmäler zu vermuten sind, zu Grabungsschutzgebieten erklä-

---

[1] Art. 6 Abs. 3 Sätze 1 und 2 geänd. durch G v. 27. 12. 1999 (GVBl S. 532); Abs. 4 angef. mWv 1. 8. 2003 durch G v. 9. 7. 2003 (GVBl S. 419); Überschr. neu gef., Abs. 1 Satz 3 angef., Abs. 2 Satz 1 geänd. mWv 1. 8. 2003 durch G v. 24. 7. 2003 (GVBl S. 475); Abs. 3 Satz 2 aufgeh., Satz 1 wird alleiniger Wortlaut mWv 1. 1. 2008 durch G v. 20. 12. 2007 (GVBl S. 958); Abs. 3 neu gef. mWv 1. 8. 2009 durch G v. 27. 7. 2009 (GVBl S. 385).

[2] Nr. 1.

ren. [2] In einem Grabungsschutzgebiet bedürfen alle Arbeiten, die Bodendenkmäler gefährden können, der Erlaubnis. [3] Art. 6 Abs. 2 Satz 2 und Abs. 3 gelten entsprechend. [4] Grabungsschutzgebiete sind im Flächennutzungsplan kenntlich zu machen.

(3) Absatz 1 und Absatz 2 Satz 2 gelten nicht für Grabungen, die vom Landesamt für Denkmalpflege oder unter seiner Mitwirkung vorgenommen oder veranlaßt werden.

(4) [1] Wer in der Nähe von Bodendenkmälern, die ganz oder zum Teil über der Erdoberfläche erkennbar sind, Anlagen errichten, verändern oder beseitigen will, bedarf der Erlaubnis, wenn sich dies auf Bestand oder Erscheinungsbild eines dieser Bodendenkmäler auswirken kann. [2] Art. 6 Abs. 2 Satz 2 und Abs. 3 gelten entsprechend.

(5) [1] Soll eine Grabung auf einem fremden Grundstück erfolgen, so kann der Eigentümer verpflichtet werden, die Grabung zuzulassen, wenn das Landesamt für Denkmalpflege festgestellt hat, daß ein besonderes öffentliches Interesse an der Grabung besteht. [2] Der Inhaber der Grabungsgenehmigung hat den dem Eigentümer entstehenden Schaden zu ersetzen.

Art. 8 Auffinden von Bodendenkmälern. (1) [1] Wer Bodendenkmäler auffindet, ist verpflichtet, dies unverzüglich der Unteren Denkmalschutzbehörde oder dem Landesamt für Denkmalpflege anzuzeigen. [2] Zur Anzeige verpflichtet sind auch der Eigentümer und der Besitzer des Grundstücks sowie der Unternehmer und der Leiter der Arbeiten, die zu dem Fund geführt haben. [3] Die Anzeige eines der Verpflichteten befreit die übrigen. [4] Nimmt der Finder an den Arbeiten, die zu dem Fund geführt haben, auf Grund eines Arbeitsverhältnisses teil, so wird er durch Anzeige an den Unternehmer oder den Leiter der Arbeiten befreit.

(2) Die aufgefundenen Gegenstände und der Fundort sind bis zum Ablauf von einer Woche nach der Anzeige unverändert zu belassen, wenn nicht die Untere Denkmalschutzbehörde die Gegenstände vorher freigibt oder die Fortsetzung der Arbeiten gestattet.

(3) Die Absätze 1 und 2 gelten nicht bei Arbeiten, die vom Landesamt für Denkmalpflege oder unter seiner Mitwirkung vorgenommen oder veranlaßt werden.

(4) Eigentümer, dinglich Verfügungsberechtigte und unmittelbare Besitzer eines Grundstücks, auf dem Bodendenkmäler gefunden werden, können verpflichtet werden, die notwendigen Maßnahmen zur sachgemäßen Bergung des Fundgegenstands sowie zur Klärung der Fundumstände und zur Sicherung weiterer auf dem Grundstück vorhandener Bodendenkmäler zu dulden.

(5) Aufgefundene Gegenstände sind dem Landesamt für Denkmalpflege oder einer Denkmalschutzbehörde unverzüglich zur Aufbewahrung zu übergeben, wenn die Gefahr ihres Abhandenkommens besteht.

Art. 9 Auswertung von Funden. Der Eigentümer eines beweglichen Bodendenkmals, die dinglich Verfügungsberechtigten und die unmittelbaren Besitzer können verpflichtet werden, dieses dem Landesamt für Denkmalpflege befristet zur wissenschaftlichen Auswertung und Dokumentation zu überlassen.

IV. Eingetragene bewegliche Denkmäler

Art. 10 Erlaubnispflicht. (1) [1] Wer ein eingetragenes bewegliches Denkmal beseitigen, verändern oder an einen anderen Ort verbringen will, bedarf der Erlaubnis. [2] Die Erlaubnis kann versagt werden, soweit dies zum Schutz des Denkmals erforderlich ist.

(2) [1] Die Veräußerung eines eingetragenen beweglichen Denkmals ist dem Landesamt für Denkmalpflege unverzüglich anzuzeigen. [2] Zur Anzeige sind der Veräußerer und der Erwerber verpflichtet.

V. Verfahrensbestimmungen

Art. 11[1)] Denkmalschutzbehörden. (1) [1] Untere Denkmalschutzbehörden sind die Kreisverwaltungsbehörden. [2] Soweit kreisangehörigen Gemeinden die Aufgaben der Unteren Bauaufsichtsbehörden übertragen sind oder übertragen werden, gilt diese Übertragung auch für die Aufgaben der Unteren Denkmalschutzbehörden. [3] Art. 115 Abs. 2 der Gemeindeordnung gilt entsprechend.

(2) Höhere Denkmalschutzbehörden sind die Regierungen.

(3) Oberste Denkmalschutzbehörde ist das für das Denkmalschutzrecht zuständige Staatsministerium.

(4) [1] Soweit nichts anderes bestimmt ist, sind die Unteren Denkmalschutzbehörden für den Vollzug dieses Gesetzes zuständig. [2] In den Fällen des Art. 73 Abs. 1 BayBO[2)] treten die Höheren an die Stelle der Unteren Denkmalschutzbehörden.

(5) Die Aufgaben der Denkmalschutzbehörden sind Staatsaufgaben; für die Gemeinden sind sie übertragene Aufgaben.

Art. 12[3)] Landesamt für Denkmalpflege. (1) [1] Das Landesamt für Denkmalpflege ist die staatliche Fachbehörde für alle Fragen des Denkmalschutzes und der Denkmalpflege. [2] Es ist dem Staatsministerium unmittelbar nachgeordnet.

(2) [1] Dem Landesamt für Denkmalpflege obliegen die Denkmalpflege und die Mitwirkung beim Denkmalschutz. [2] Die Denkmalpflege umfasst auch die Erforschung der Denkmäler, soweit solche Vorhaben mit den sonstigen Aufgaben des Landesamts für Denkmalpflege in unmittelbarem Zusammenhang stehen und mit diesen vereinbar sind. [3] Insbesondere hat es folgende Aufgaben:

1. Mitwirkung beim Vollzug dieses Gesetzes und anderer einschlägiger Vorschriften nach Maßgabe der hierzu ergangenen und ergehenden Bestimmungen;
2. Herausgabe von Richtlinien zur Pflege der Denkmäler unter Beteiligung der kommunalen Spitzenverbände;

[1)] Art. 11 Abs. 3 geänd., Abs. 4 bish. Wortlaut wird Satz 1, Satz 2 angef. mWv 1. 8. 2003 durch G v. 24. 7. 2003 (GVBl S. 475); Abs. 4 Satz 2 neu gef. mWv 1. 1. 2008 durch G v. 20. 12. 2007 (GVBl S. 958); Abs. 4 Satz 2 geänd. mWv 1. 8. 2009 durch G v. 27. 7. 2009 (GVBl S. 385).

[2)] Nr. 1.

[3)] Art. 12 Abs. 3 geänd. durch G v. 16. 12. 1999 (GVBl S. 521); Abs. 1 Satz 2 geänd., Satz 3 aufgeh., Abs. 2 Satz 2 neu gef., Sätze 3 und 4 geänd., Abs. 3 aufgeh., bish. Abs. 4 wird Abs. 3 mWv 1. 8. 2003 durch G v. 24. 7. 2003 (GVBl S. 475).

3. Erstellung und Fortführung der Inventare und der Denkmalliste;
4. Konservierung und Restaurierung von Denkmälern, soweit die Konservierung und die Restaurierung nicht von anderen dafür zuständigen staatlichen Stellen durchgeführt werden;
5. fachliche Beratung und Erstattung von Gutachten in allen Angelegenheiten des Denkmalschutzes und der Denkmalpflege;
6. Überwachung der Ausgrabungen sowie die Überwachung und Erfassung der anfallenden beweglichen Bodendenkmäler;
7. Fürsorge für Heimatmuseen und ähnliche Sammlungen, soweit diese nicht vom Staat verwaltet werden.

[4] Das Staatsministerium kann dem Landesamt für Denkmalpflege weitere einschlägige Aufgaben zuweisen.

(3) Die bisherigen Aufgaben der Bayerischen Verwaltung der staatlichen Schlösser, Gärten und Seen bleiben unberührt.

Art. 13 Heimatpfleger. (1) [1] Die Heimatpfleger beraten und unterstützen die Denkmalschutzbehörden und das Landesamt für Denkmalpflege in den Fragen der Denkmalpflege und des Denkmalschutzes. [2] Ihnen ist durch die Denkmalschutzbehörden in den ihren Aufgabenbereich betreffenden Fällen rechtzeitig Gelegenheit zur Äußerung zu geben.

(2) Die Denkmalschutzbehörden und das Landesamt für Denkmalpflege sollen sich in geeigneten Fällen der Unterstützung kommunaler Stellen sowie privater Initiativen bedienen.

Art. 14[1)] Landesdenkmalrat. (1) [1] Der Landesdenkmalrat hat die Aufgabe, die Staatsregierung zu beraten und in wichtigen Fragen der Denkmalpflege mitzuwirken. [2] Soll eine Mehrheit von baulichen Anlagen (Ensemble) festgelegt werden, so ist der Landesdenkmalrat zu beteiligen. [3] Die Mitglieder des Denkmalrats werden vom Landtag bestellt, die Mitglieder nach Absatz 2 Buchst. b bis n auf Vorschlag der entsendenden Stelle. [4] Die Bestellung der Mitglieder erfolgt für die Dauer der jeweiligen Legislaturperiode. [5] Sie sind ehrenamtlich tätig; die Bestellung je eines stellvertretenden Mitglieds nach den Sätzen 3 und 4 ist möglich. [6] Sie wählen einen Vorsitzenden aus ihrer Mitte. [7] Das für das Denkmalschutzrecht zuständige Staatsministerium sowie die Staatsministerien des Innern, für Bau und Verkehr (Oberste Baubehörde) und der Finanzen, für Landesentwicklung und Heimat sowie das Landesamt für Denkmalpflege sind zu allen Beratungen des Landesdenkmalrats einzuladen.

(2) Der Landesdenkmalrat besteht aus

a) sechs Abgeordneten des Landtags,
b) je einem Vertreter des Bayerischen Gemeindetags, des Bayerischen Städtetags und des Bayerischen Landkreistags,
c) einem Vertreter des Bayerischen Bezirketags,
d) je zwei Vertretern der Katholischen Kirche und der Evangelisch-Lutherischen Landeskirche,

---

1) Art. 14 Abs. 1 Satz 4 neu gef., Satz 7, Abs. 2 Buchst. k und l, Abs. 5 geänd. mWv 1. 8. 2003 durch G v. 24. 7. 2003 (GVBl S. 475); Abs. 1 Sätze 3, 5 und 7, Abs. 2 Buchst. b und c geänd., Buchst. l und m eingef., bish. Buchst. l wird Buchst. n mWv 1. 1. 2015 durch G v. 17. 12. 2014 (GVBl S. 548).

e) drei Vertretern der privaten Denkmaleigentümer,

f) einem Vertreter der Bayerischen Akademie der Schönen Künste,

g) je einem Vertreter der Architektenschaft und der Deutschen Akademie für Städtebau und Landesplanung, Landesgruppe Bayern,

h) einem Vertreter des Bayerischen Landesvereins für Heimatpflege,

i) einem Vertreter des Bayerischen Bauernverbands,

k) zwei vom Staatsministerium vorzuschlagenden sachverständigen Persönlichkeiten aus dem Gebiet der Kunstgeschichte und der Vor- und Frühgeschichte,

l) einem Vertreter der israelitischen Kultusgemeinden in Bayern,

m) einem Vertreter des bayerischen Handwerks,

n) bis zu fünf weiteren vom Staatsministerium vorzuschlagenden Persönlichkeiten.

(3) Fraktionen des Landtags, auf die im Landesdenkmalrat kein Sitz gemäß Absatz 2 Buchst. a entfällt, erhalten zusätzlich einen Sitz.

(4) Zur Klärung einzelner Sachfragen kann der Landesdenkmalrat Sachverständige ohne Stimmrecht als nicht ständige Mitglieder berufen.

(5) Das Staatsministerium wird ermächtigt, Regelungen über die Gliederung, die Einberufung und die Geschäftsführung des Landesdenkmalrats und die Berufung seiner Mitglieder sowie über die den Mitgliedern des Landesdenkmalrats zu gewährende Reisekostenvergütung durch Rechtsverordnung zu treffen.

Art. 15[1)] Erlaubnisverfahren und Wiederherstellung. (1) [1] Der Antrag auf Erteilung einer Erlaubnis nach Art. 6, 7 und 10 Abs. 1 und auf Verpflichtung des Eigentümers nach Art. 7 Abs. 5 ist schriftlich bei der Gemeinde einzureichen, die ihn mit ihrer Stellungnahme unverzüglich der Unteren Denkmalschutzbehörde vorlegt. [2] Art. 75 und 76 BayBO[2)] gelten in den Fällen der Art. 6, 7 und 8 Abs. 2 entsprechend.

(2) [1] Die Untere Denkmalschutzbehörde soll vor einer Entscheidung nach den Abschnitten II bis IV dieses Gesetzes das Landesamt für Denkmalpflege hören. [2] Art. 65 Abs. 1 Satz 3 BayBO gilt entsprechend.

(2a) Für eine Erlaubnis nach den Abschnitten II bis IV dieses Gesetzes gilt Art. 69 BayBO entsprechend.

(3) Werden Handlungen nach Art. 6, 7, 8 Abs. 2 oder Art. 10 Abs. 1 ohne die erforderliche Erlaubnis, Baugenehmigung oder abgrabungsaufsichtliche Genehmigung durchgeführt, so kann die Untere Denkmalschutzbehörde verlangen, daß der ursprüngliche Zustand wieder hergestellt wird, soweit dies noch möglich ist, oder daß Bau- und Bodendenkmäler und eingetragene bewegliche Denkmäler auf andere Weise wieder instandgesetzt werden.

(4) Wer widerrechtlich Bau- oder Bodendenkmäler oder eingetragene bewegliche Denkmäler vorsätzlich oder grob fahrlässig zerstört oder beschädigt, ist

---

[1)] Art. 15 Abs. 2 bish. Wortlaut wird Satz 1, Satz 2 angef., Abs. 2a eingef., Abs. 3 und 5 geänd. mWv 1. 8. 2003 durch G v. 24. 7. 2003 (GVBl S. 475); Abs. 1 Satz 2, Abs. 2 Satz 2, Abs. 2a geänd. mWv 1. 1. 2008 durch G v. 20. 12. 2007 (GVBl S. 958).

[2)] Nr. **1**.

unabhängig von der Verhängung einer Geldbuße zur Wiedergutmachung des von ihm angerichteten Schadens bis zu dessen vollem Umfang verpflichtet.

(5) Die zuständige Behörde kann die Entscheidung über einen Antrag auf Erlaubnis, Baugenehmigung, baurechtliche Zustimmung oder abgrabungsaufsichtliche Genehmigung auf höchstens zwei Jahre aussetzen, soweit dies zur Klärung der Belange des Denkmalschutzes, insbesondere für Untersuchungen des Baudenkmals und seiner Umgebung, erforderlich ist.

Art. 16 Betretungs- und Auskunftsrecht. (1) Die Denkmalschutzbehörden und das Landesamt für Denkmalpflege sind berechtigt, im Vollzug dieses Gesetzes Grundstücke auch gegen den Willen der Betroffenen zu betreten, soweit das zur Erhaltung eines Bau- oder Bodendenkmals oder eines eingetragenen beweglichen Denkmals dringend erforderlich erscheint.

(2) Eigentümer und Besitzer von Bau- und Bodendenkmälern und von eingetragenen beweglichen Denkmälern und sonstige Berechtigte sind verpflichtet, den Denkmalschutzbehörden und dem Landesamt für Denkmalpflege alle zum Vollzug dieses Gesetzes erforderlichen Auskünfte zu erteilen.

Art. 17[1] Kostenfreiheit. [1] Für Amtshandlungen nach diesem Gesetz werden Kosten nicht erhoben. [2] Schließt die Erlaubnis gemäß Art. 6 Abs. 3 Satz 2 die Zustimmung im Einzelfall nach Art. 18 Abs. 2 BayBO oder die Abweichung nach Art. 63 Abs. 1 Satz 1 BayBO ein, werden für die Zustimmung oder die Abweichung Kosten nach dem Kostengesetz erhoben.

VI. Enteignung

Art. 18 Zulässigkeit der Enteignung. (1) [1] Kann eine Gefahr für den Bestand oder die Gestalt eines Bau- oder Bodendenkmals oder eines eingetragenen beweglichen Denkmals auf andere Weise nicht nachhaltig abgewehrt werden, so ist die Enteignung zugunsten des Staates oder einer anderen juristischen Person des öffentlichen Rechts zulässig. [2] Zugunsten einer juristischen Person des Privatrechts ist die Enteignung dann zulässig, wenn die dauernde Erhaltung des Bau- oder Bodendenkmals oder des eingetragenen beweglichen Denkmals zu den satzungsmäßigen Aufgaben der juristischen Person gehört und bei Berücksichtigung aller Umstände gesichert erscheint.

(2) [1] Zugunsten des Staates ist die Enteignung außerdem zulässig bei beweglichen Bodendenkmälern, an deren Erhaltung für die Öffentlichkeit ein besonderes Interesse besteht. [2] Im Fall des Satzes 1 kann der Antrag nur gestellt werden, wenn dem Landesamt für Denkmalpflege im Zeitpunkt der Antragstellung die vollständige Bergung des Bodendenkmals nicht länger als ein Jahr bekannt war.

(3) bis (5) *(aufgehoben)*

Art. 19[2] Vorkaufsrecht. (1) [1] Dem Freistaat Bayern steht beim Kauf historischer Ausstattungsstücke, die nach Art. 1 Abs. 2 zusammen mit Baudenkmälern geschützt und in die Denkmalliste eingetragen sind, und beim Kauf von einge-

[1] Art. 17 Satz 2 angef. mWv 1. 8. 2009 durch G v. 27. 7. 2009 (GVBl S. 385).
[2] Art. 19 Abs. 2 Satz 2 geänd. mWv 1. 8. 2003 durch G v. 24. 7. 2003 (GVBl S. 475).

tragenen beweglichen Denkmälern ein Vorkaufsrecht zu. [2] Das Vorkaufsrecht darf nur ausgeübt werden, wenn das Wohl der Allgemeinheit dies rechtfertigt, insbesondere wenn die Ausstattungsstücke oder die eingetragenen beweglichen Denkmäler der Öffentlichkeit zugänglich gemacht oder in ihrer Gesamtheit erhalten werden sollen. [3] Das Vorkaufsrecht ist ausgeschlossen, wenn der Eigentümer Ausstattungsstücke oder eingetragene bewegliche Denkmäler an seinen Ehegatten oder an eine Person veräußert, die mit ihm in gerader Linie verwandt oder verschwägert oder in der Seitenlinie bis zum dritten Grad verwandt ist. [4] Das Vorkaufsrecht beim Kauf historischer Ausstattungsstücke ist ausgeschlossen, wenn diese mit dem Baudenkmal veräußert werden und in dem Baudenkmal verbleiben sollen.

(2) [1] Das Vorkaufsrecht kann nur binnen drei Monaten nach Mitteilung des Kaufvertrags an das Landesamt für Denkmalpflege durch das Landesamt für Denkmalpflege ausgeübt werden. [2] §§ 463 bis 468 Abs. 1, § 469 Abs. 1, § 471 des Bürgerlichen Gesetzbuchs sind anzuwenden. [3] Das Vorkaufsrecht ist nicht übertragbar. [4] Es geht unbeschadet bundesrechtlicher Vorschriften allen anderen Vorkaufsrechten im Rang vor. [5] Bei einem Eigentumserwerb auf Grund der Ausübung des Vorkaufsrechts erlöschen rechtsgeschäftliche Vorkaufsrechte.

Art. 20 Enteignende Maßnahmen. (1) [1] Soweit der Vollzug dieses Gesetzes eine über den Rahmen der Sozialgebundenheit des Eigentums (Art. 14 Abs. 2 des Grundgesetzes, Art. 103 Abs. 2 und Art. 158 der Verfassung) hinausgehende Wirkung hat, ist dem Betroffenen nach den Vorschriften des Bayerischen Gesetzes über die entschädigungspflichtige Enteignung Entschädigung in Geld zu gewähren. [2] Steuervorteile, die auf die Denkmaleigenschaft zurückzuführen sind, sind in allen Fällen in angemessenem Umfang auf die Entschädigung anzurechnen.

(2) [1] Die Kreisverwaltungsbehörde setzt auf Antrag des Betroffenen die Entschädigung fest. [2] Die Vorschriften des Bayerischen Gesetzes über die entschädigungspflichtige Enteignung über die Festsetzung der Entschädigung gelten sinngemäß.

(3) [1] Ergeht auf einen neuen Antrag hin eine Entscheidung, die für den Entschädigungsberechtigten günstiger ist als die der Entschädigungsfestsetzung nach Absatz 1 zugrunde liegende Entscheidung, so ist in allen Fällen die Entschädigung auf die Höhe herabzusetzen, die der entstandenen Beeinträchtigung entspricht. [2] Absatz 2 gilt entsprechend. [3] Ein überzahlter Betrag ist zurückzuerstatten, soweit der Entschädigungsberechtigte noch bereichert ist.

Art. 21[1)] Tragung des Entschädigungsaufwands. (1) [1] Der Freistaat Bayern und die Gemeinden haben die Entschädigung grundsätzlich gemeinsam zu tragen. [2] Absatz 5 bleibt unberührt. [3] Die Ansprüche des Berechtigten sind gegen den Freistaat Bayern zu richten. [4] Der Entschädigungsfonds erstattet dem Freistaat Bayern die dem Betroffenen gewährten Entschädigungsleistungen. [5] Für die Geltendmachung des Erstattungsanspruchs ist die Regierung zuständig.

(2) [1] Die Oberste Denkmalschutzbehörde errichtet und verwaltet mit Wirkung zum 1. Januar des auf das Inkrafttreten des Gesetzes folgenden Jahres einen

---

1) Art. 21 Abs. 2 Satz 3 geänd. mWv 1. 1. 2002 durch G v. 24. 4. 2001 (GVBl S. 140); Abs. 4 Satz 1 geänd. mWv 1. 1. 2015 durch G v. 17. 12. 2014 (GVBl S. 548); Abs. 4 Satz 2 geänd. mWv 1. 6. 2015 durch G v. 12. 5. 2015 (GVBl S. 82).

Entschädigungsfonds als staatliches Sondervermögen ohne eigene Rechtspersönlichkeit. [2] Die jährlichen Beiträge an den Fonds werden vom Freistaat Bayern und von den Gemeinden je zur Hälfte aufgebracht. [3] Sie betragen in der Regel je fünf Millionen Euro. [4] Durch Rechtsverordnung nach Absatz 4, die der Zustimmung des Landtags bedarf, können die Beiträge abweichend von Satz 3 festgesetzt werden; dabei kann nach Anhörung des Bayerischen Städtetags und des Bayerischen Gemeindetags die Beitragspflicht der Gemeinden bis auf 50 v. H. der vom Staat im Vorjahr nach Absatz 1 Satz 2 in Verbindung mit Art. 20 und nach Art. 4 Abs. 3 erbrachten Leistungen erhöht werden, wenn die Mittel des Fonds zur Deckung dieser Leistungen nicht ausreichen.

(3) Die Beiträge der einzelnen Gemeinden zu dem von ihnen insgesamt gemäß Absatz 2 zum Entschädigungsfonds zu leistenden Anteil bestimmen sich nach dem Verhältnis ihrer für das laufende Rechnungsjahr maßgebenden Umlagegrundlagen (Art. 18 Abs. 3, Art. 21 Abs. 3 des Finanzausgleichsgesetzes).

(4) [1] Die Oberste Denkmalschutzbehörde wird ermächtigt, im Einvernehmen mit den Staatsministerien des Innern, für Bau und Verkehr und der Finanzen, für Landesentwicklung und Heimat durch Rechtsverordnung die Einzelheiten, insbesondere auch des Berechnungs- und Erhebungsverfahrens, zu regeln. [2] Es kann vorgesehen werden, daß das Landesamt für Statistik die Beiträge ermittelt und festsetzt und daß die Erhebung bei den kreisangehörigen Gemeinden im Weg der Verrechnung über die Landkreise erfolgt.

(5) Erfolgt eine Enteignung auf Grund eines Enteignungsverfahrens zugunsten einer juristischen Person des öffentlichen Rechts, die nicht Gebietskörperschaft ist, oder zugunsten einer juristischen Person des Privatrechts, so hat diese die Entschädigung zu tragen.

VII. Finanzierung

Art. 22 Leistungen. (1) [1] Der Freistaat Bayern beteiligt sich unbeschadet bestehender Verpflichtungen in Höhe der jeweils im Staatshaushalt ausgewiesenen Mittel an den Kosten des Denkmalschutzes und der Denkmalpflege, insbesondere an den Kosten der Instandsetzung, Erhaltung, Sicherung und Freilegung von Denkmälern. [2] Die Höhe der Beteiligung richtet sich nach der Bedeutung und der Dringlichkeit des Falls und nach der Leistungsfähigkeit des Eigentümers.

(2) Die kommunalen Gebietskörperschaften beteiligen sich im Rahmen ihrer Leistungsfähigkeit in angemessenem Umfang an den Kosten der in Absatz 1 genannten Maßnahmen.

VIII. Ordnungswidrigkeiten

Art. 23[1)] [Ordnungswidrigkeiten] (1) Mit Geldbuße bis zu zweihundertfünfzigtausend Euro kann belegt werden, wer vorsätzlich oder fahrlässig

1. Handlungen nach Art. 4 Abs. 4 vornimmt, obwohl ihm dies durch vollziehbare Anordnung untersagt wurde,

---

1) Art. 23 Abs. 1 geänd. mWv 1. 1. 2002 durch G v. 24. 4. 2001 (GVBl S. 140); Abs. 1 Nr. 2 neu gef. mWv 1. 8. 2003 durch G v. 24. 7. 2003 (GVBl S. 475).

2. ohne die nach Art. 6 Abs. 1, Art. 7 Abs. 4 Satz 1 oder Art. 10 Abs. 1 erforderliche Erlaubnis oder die an ihre Stelle tretende baurechtliche oder abgrabungsaufsichtliche Genehmigung Maßnahmen an einem Denkmal durchführt,
3. ohne die nach Art. 7 Abs. 1 erforderliche Erlaubnis nach Bodendenkmälern gräbt oder zu einem anderen Zweck Erdarbeiten auf einem Grundstück vornimmt oder wer ohne die nach Art. 7 Abs. 2 erforderliche Erlaubnis Arbeiten in einem Grabungsschutzgebiet durchführt, die Bodendenkmäler gefährden können,
4. die gemäß Art. 8 Abs. 1 oder Art. 10 Abs. 2 erforderliche Anzeige nicht unverzüglich erstattet,
5. die aufgefundenen Gegenstände und den Fundort nicht gemäß Art. 8 Abs. 2 unverändert läßt,
6. seiner Übergabepflicht gemäß Art. 8 Abs. 5 nicht unverzüglich nachkommt.

(2) Die Verfolgung der Ordnungswidrigkeiten verjährt in fünf Jahren.

IX. Allgemeine Bestimmungen und Schlußbestimmungen

Art. 24 Grundrechtseinschränkung. Die Grundrechte der Unverletzlichkeit der Wohnung (Art. 13 des Grundgesetzes, Art. 106 Abs. 3 der Verfassung), der freien Entfaltung der Persönlichkeit (Art. 2 Abs. 1 des Grundgesetzes, Art. 101 der Verfassung) und des Eigentums (Art. 14 des Grundgesetzes, Art. 103 der Verfassung) werden durch dieses Gesetz eingeschränkt.

Art. 25[1)] Erteilung von Bescheinigungen für steuerliche Zwecke. Bescheinigungen für die Erlangung von Steuervergünstigungen werden vorbehaltlich anderweitiger Bestimmungen vom Landesamt für Denkmalpflege erteilt.

Art. 26[2)] Kirchliche Denkmäler. (1) Art. 10 §§ 3 und 4 des Konkordats mit dem Heiligen Stuhl vom 29. März 1924 und Art. 18 und 19 des Vertrags zwischen dem Freistaat Bayern und der Evangelisch-Lutherischen Kirche in Bayern rechts des Rheins vom 15. November 1924 bleiben unberührt.

(2) [1] Sollen Entscheidungen über Bau- oder Bodendenkmäler oder über eingetragene bewegliche Denkmäler getroffen werden, die unmittelbar gottesdienstlichen Zwecken der Katholischen Kirche oder der Evangelisch-Lutherischen Kirche dienen, so haben die Denkmalschutzbehörden die von den zuständigen kirchlichen Oberbehörden festgestellten kirchlichen Belange zu berücksichtigen. [2] Die Kirchen sind am Verfahren zu beteiligen. [3] Die zuständige kirchliche Oberbehörde entscheidet im Benehmen mit der Obersten Denkmalschutzbehörde, falls die Untere und Höhere Denkmalschutzbehörde die geltend gemachten kirchlichen Belange nicht anerkennen. [4] Gegenüber anderen Religionsgemeinschaften, die Körperschaften des öffentlichen Rechts sind, gelten die Sätze 1 bis 3 sinngemäß.

Art. 27 *(hier nicht wiedergegebene Änderungsvorschrift)*

---

1) Art. 25 geänd. mWv 1. 8. 2003 durch G v. 24. 7. 2003 (GVBl S. 475).
2) Art. 26 Abs. 2 Satz 1 geänd., Satz 4 angef. mWv 1. 8. 2003 durch G v. 24. 7. 2003 (GVBl S. 475).

Art. 28 Inkrafttreten. (1) Dieses Gesetz tritt am 1. Oktober 1973 in Kraft.[1)]
(2) *(gegenstandslos)*

[1)] **Amtl. Anm.:** Betrifft die ursprüngliche Fassung vom 25. Juni 1973 (GVBl S. 328).

42. Vollzug des Art. 3 Abs. 2 Satz 1 der Bayerischen Bauordnung (BayBO); Liste der als Technische Baubestimmungen eingeführten technischen Regeln[1]

Bekanntmachung des Bayerischen Staatsministeriums des Innern, für Bau und Verkehr vom 26. November 2014 Az.: IIB9-4132-014/91

(AllMBl S. 537)

Datenbank BAYERN-RECHT 2132.3-I

Anlage: Liste der Technischen Baubestimmungen – Fassung Januar 2015

1. Aufgrund des Art. 3 Abs. 2 Satz 1 BayBO[2] werden die in der anliegenden Liste enthaltenen technischen Regeln als Technische Baubestimmungen eingeführt, ausgenommen die Abschnitte in den technischen Regeln über Prüfzeugnisse.
   Zeilen und/oder Spalten in dieser Liste der als Technische Baubestimmungen eingeführten technischen Regeln (Liste der TB), in denen sich Änderungen gegenüber der Liste der TB – Fassung Januar 2014 – (Bekanntmachung vom 4. Dezember 2013, AllMBl S. 469) ergeben haben, sind grau hinterlegt.
2. Bezüglich der in dieser Liste genannten Normen, anderen Unterlagen und technischen Anforderungen, die sich auf Produkte beziehungsweise Prüfverfahren beziehen, gilt, dass auch Produkte bzw. Prüfverfahren angewandt werden dürfen, die Normen oder sonstigen Bestimmungen und/oder technischen Vorschriften anderer EU-Mitgliedstaaten und weiterer Vertragsstaaten des Europäischen Wirtschaftsraums (EWR) sowie der Schweiz und der Türkei entsprechen, sofern das geforderte Schutzniveau in Bezug auf Sicherheit, Gesundheit und Gebrauchstauglichkeit gleichermaßen dauerhaft erreicht wird.
3. Prüfungen, Überwachungen und Zertifizierungen, die von Stellen anderer EU-Mitgliedstaaten und weiterer Vertragsstaaten des Europäischen Wirtschaftsraums (EWR) sowie der Schweiz und der Türkei erbracht werden, sind ebenfalls anzuerkennen, sofern die Stellen aufgrund ihrer Qualifikation, Integrität, Unparteilichkeit und technischen Ausstattung Gewähr dafür bieten, die Prüfung, Überwachung beziehungsweise Zertifizierung gleichermaßen sachgerecht und aussagekräftig durchzuführen.
4. Diese Bekanntmachung tritt am 1. Januar 2015 in Kraft. Die Bekanntmachung vom 4. Dezember 2013 (AllMBl S. 469) tritt mit Ablauf des 31. Dezember 2014 außer Kraft.

---

[1] **Amtl. Anm.:** Die Verpflichtungen aus der Richtlinie 98/34/EG des Europäischen Parlaments und des Rates vom 22. Juni 1998 über ein Informationsverfahren auf dem Gebiet der Normen und technischen Vorschriften und der Vorschriften für die Dienste der Informationsgesellschaft (ABl L 204 vom 21. Juli 1998, S. 37), zuletzt geändert durch die Verordnung (EU) Nr. 1025/2012 des Europäischen Parlaments und des Rates vom 25. Oktober 2012 (ABl L 316 vom 14. November 2012, S. 12), sind beachtet.

[2] Nr. **1**.

5. Auf Bauvorhaben, für die das Baugenehmigungsverfahren vor dem 1. Januar 2015 eingeleitet worden ist (Art. 64 Abs. 1 Satz 1 BayBO[1]) oder die bis zu diesem Zeitpunkt der Gemeinde vorgelegt worden sind (Art. 58 Abs. 3 Satz 1 BayBO[1]), sowie auf verfahrensfreie Bauvorhaben mit Baubeginn vor dem 1. Januar 2015 dürfen auch die Technischen Baubestimmungen nach der bisherigen Fassung dieser Bekanntmachung angewendet werden.

Anlage

Liste der Technischen Baubestimmungen[2]
– Fassung Januar 2015 –

Vorbemerkungen

Die Liste der Technischen Baubestimmungen (Liste der TB) enthält technische Regeln für die Planung, Bemessung und Konstruktion baulicher Anlagen, deren Einführung als Technische Baubestimmungen auf der Grundlage des Art. 3 Abs. 2 Satz 1 BayBO[1] erfolgt. Technische Baubestimmungen sind allgemein verbindlich, da sie nach Art. 3 Abs. 2 Satz 1 BayBO[1] zu beachten sind.
Es werden nur die technischen Regeln eingeführt, die zur Erfüllung der Grundsatzanforderungen des Bauordnungsrechts unerlässlich sind. Die Bauaufsichtsbehörden sind allerdings nicht gehindert, im Rahmen ihrer Entscheidungen zur Ausfüllung unbestimmter Rechtsbegriffe auch auf nicht eingeführte allgemein anerkannte Regeln der Technik zurückzugreifen.
Soweit technische Regeln durch die Anlagen in der Liste der TB geändert oder ergänzt werden, gehören auch die Änderungen und Ergänzungen zum Inhalt der Technischen Baubestimmungen.
Wird in Technischen Baubestimmungen, die noch nicht an die Eurocodes angepasst sind, auf nationale Normen verwiesen, dürfen anstelle dieser die in der Liste enthaltenen Eurocodes in Verbindung mit ihren Nationalen Anhängen angewendet werden. Dabei ist Folgendes zu beachten: Beim Nachweis des Gesamttragwerks nach den in der Liste enthaltenen Eurocodes ist die Bemessung einzelner Bauteile nach den noch nicht an die Eurocodes angepassten nationalen Normen nur zulässig, wenn diese einzelnen Bauteile innerhalb des Tragwerkes Teiltragwerke bilden und die Schnittgrößen und Verformungen am Übergang vom Teiltragwerk zum Gesamttragwerk entsprechend der jeweiligen Norm berücksichtigt wurden. Gleiches gilt auch für den Fall, dass das Gesamttragwerk nach nationalen Normen bemessen wird und Teiltragwerke nach den Eurocodes.
Vorgenanntes gilt auch für Typenprüfungen und allgemeine bauaufsichtliche Zulassungen, die auf nationale technische Regeln Bezug nehmen. Für das von diesen Regeln betroffene Bauteil erfolgt die Bemessung nach den in der Typenprüfung oder Zulassung in Bezug genommenen technischen Regeln und die Nachweise des übrigen Tragwerks (Grenzzustände der Tragfähigkeit und der

---

[1] Nr. **1**.

[2] **Amtl. Anm.:** Die Verpflichtungen aus der Richtlinie 98/34/EG des Europäischen Parlaments und des Rates vom 22. Juni 1998 über ein Informationsverfahren auf dem Gebiet der Normen und technischen Vorschriften und der Vorschriften für die Dienste der Informationsgesellschaft (ABl L 204 vom 21. Juli 1998, S. 37), zuletzt geändert durch die Verordnung (EU) Nr. 1025/2012 des Europäischen Parlaments und des Rates vom 25. Oktober 2012 (ABl L 316 vom 14. November 2012, S. 12), sind beachtet.

Gebrauchstauglichkeit) nach den in der Liste enthaltenen Technischen Baubestimmungen.
Sofern die Nationalen Anhänge „NCI" (en: non-contradictory complementary information) enthalten, sind diese Bestandteil der Technischen Baubestimmungen und damit zu beachten.
Anlagen, in denen die Verwendung von Bauprodukten (Anwendungsregelungen) nach harmonisierten Normen nach der Bauproduktenverordnung (EU) Nr. 305/2011 geregelt ist, sind durch den Buchstaben „E" kenntlich gemacht.
Gibt es im Teil I der Liste keine technischen Regeln für die Verwendung von Bauprodukten nach harmonisierten Normen und ist die Verwendung auch nicht durch andere allgemein anerkannte Regeln der Technik geregelt, können Anwendungsregelungen auch im Teil II Abschnitt 5 der Liste enthalten sein.
Europäische Technische Bewertungen und vor dem 1. Juli 2013 gemäß Art. 9 der Bauproduktenrichtlinie (89/106/EWG) erteilte europäische technische Zulassungen enthalten im Allgemeinen keine Regelungen für die Planung, Bemessung und Konstruktion baulicher Anlagen und ihrer Teile, in die die Bauprodukte eingebaut werden. Die hierzu erforderlichen Anwendungsregelungen sind im Teil II Abschnitte 1 bis 4 der Liste aufgeführt.
Im Teil III sind Anwendungsregelungen für Bauprodukte und Bausätze, die in den Geltungsbereich von Verordnungen nach Art. 15 Abs. 4 und Art. 19 Abs. 2 BayBO[1)] fallen (zurzeit nur § 1 der Verordnung über bauordnungsrechtliche Regelungen für Bauprodukte und Bauarten: Feststellung der wasserrechtlichen Eignung durch Nachweise nach der BayBO), aufgeführt.
Die technischen Regeln für Bauprodukte werden nach Art. 15 Abs. 2 BayBO[1)] in der Bauregelliste A bekannt gemacht. Sofern die in Spalte 2 der Liste aufgeführten technischen Regeln Festlegungen zu Bauprodukten (Produkteigenschaften) enthalten, gelten vorrangig die Bestimmungen der Bauregellisten.

Teil I: Technische Regeln für die Planung, Bemessung und Konstruktion baulicher Anlagen und ihrer Teile

Inhaltsverzeichnis			
1.	Technische Regeln zu Grundlagen der Tragwerksplanung und Einwirkungen	3.	Technische Regeln zum Brandschutz
2.	Technische Regeln zur Bemessung und zur Ausführung	4.	Technische Regeln zum Wärme- und zum Schallschutz
2.1	Grundbau	4.1	Wärmeschutz
2.2	Mauerwerksbau	4.2	Schallschutz
2.3	Beton-, Stahlbeton- und Spannbetonbau	5.	Technische Regeln zum Bautenschutz
2.4	Metall- und Verbundbau	5.1	Schutz gegen seismische Einwirkungen
2.5	Holzbau	5.2	Holzschutz
2.6	Bauteile	6.	Technische Regeln zum Gesundheitsschutz
2.7	Sonderkonstruktionen	7.	Technische Regeln als Planungsgrundlagen

Übersicht der Technischen Baubestimmungen					
Norm	lfd. Nr.	Norm	lfd. Nr.	Norm	lfd. Nr.
DIN 1045	2.3.1	DIN V 11535	2.7.7	DIN EN 1992	2.3.2
DIN 1052	2.5.1	DIN 11622	2.7.8	DIN EN 1993	2.4.1
DIN 1053	2.2.1	DIN 18040	7.3	DIN EN 1994	2.4.2
DIN 1054	2.1.1	DIN 18065	7.1	DIN EN 1995	2.5.1

1) Nr. 1.

42 Technische Baubestimmungen

Übersicht der Technischen Baubestimmungen					
Norm	lfd. Nr.	Norm	lfd. Nr.	Norm	lfd. Nr.
DIN 1056	2.7.1	DIN 18069	2.6.3	DIN EN 1996	2.2.1
DIN 4102	3.1	DIN 18159	4.1.2	DIN EN 1997	2.1.1
DIN 4108	4.1.1	DIN 18168	2.6.4	DIN EN 1999	2.4.3
DIN 4109	4.2.1	DIN 18516	2.6.5	DIN EN 12699	2.1.3
DIN 4119	2.4.5	DIN 18551	2.3.6	DIN EN 13084	2.7.1
DIN 4121	2.6.1	DIN 18807	2.4.4	DIN EN 13670	2.3.1
DIN 4123	2.1.4	DIN 18008	2.6.6	DIN EN 13782	2.7.2
DIN 4131	2.7.3	DIN 68800	5.2.1	DIN EN 13814	2.7.2
DIN V 4133	2.7.1	DIN EN 206	2.3.1	DIN EN 14199	2.1.6
DIN 4134	2.7.4	DIN EN 1090-2	2.4.1	DIN EN 14487	2.3.6
DIN 4149	5.1.1	DIN EN 1090-3	2.4.3	DIN SPEC 18537	2.1.5
DIN 4178	2.7.5	DIN EN 1337	2.6.2	DIN SPEC 18538	2.1.3
DIN 4213	2.3.5	DIN EN 1536	2.1.2	DIN SPEC 18539	2.1.6
DIN 4223	2.3.8	DIN EN 1537	2.1.5	DIN SPEC 18140	2.1.2
DIN 4232	2.3.4	DIN EN 1990	1.1	DIN EN ISO 17660	2.3.3
		DIN EN 1991	1.2		

Richtlinie (Kurztitel)	lfd. Nr.	Richtlinie (Kurztitel)	lfd. Nr.
Asbest-Richtlinie	6.2	Leitungsanlagen-Richtlinie	3.6
ETB-Absturzrichtlinie	1.3	Löschwasser-Rückhalteanlagen-R.	3.4
Flächen für die Feuerwehr	7.4	Lüftung fensterloser Küchen u. Ä. m.	6.3
Harnstoff-Formaldehydharz-Orts.	4.1.3	Lüftungsanlagen-Richtlinie	3.5
Hochfeuerhemm. Holzbauweise	3.8	PCB-Richtlinie	6.1
Industriebau-Richtlinie	3.2	PCP-Richtlinie	6.4
Instandsetzungs-Richtlinie	2.3.7	Systemböden-Richtlinie	3.3
Kunststofflager-Richtlinie	3.7	Windenergieanlagen	2.7.9
Lehmbau-Regeln	2.7.11		

1. Technische Regeln zu Lastannahmen und Grundlagen der Tragwerksplanung

Lfd. Nr.	Bezeichnung	Titel	Ausgabe	Bezugsquelle/ Fundstelle*1)
1	2	3	4	5
1.1	DIN EN 1990	Eurocode – Grundlagen der Tragwerksplanung	Dezember 2010	*)
	Anlage 1.1/1 DIN EN 1990/NA	Nationaler Anhang – National festgelegte Parameter – Eurocode: Grundlagen der Tragwerksplanung	Dezember 2010	*)
1.2	DIN EN 1991	Eurocode 1: Einwirkungen auf Tragwerke		
	-1-1	-; Teil 1-1: Allgemeine Einwirkungen auf Tragwerke – Wichten, Eigengewicht und Nutzlasten im Hochbau	Dezember 2010	*)
	-1-1/NA	Nationaler Anhang – National festgelegte Parameter – Eurocode 1: Einwirkungen auf Tragwer-	Dezember 2010	*)

*1) Die Fußnoten *), **), ***), ****) und *****) befinden sich auf der Seite 374.

Lfd. Nr.	Bezeichnung	Titel	Ausgabe	Bezugs-quelle/ Fund-stelle*1)
1	2	3	4	5
		ke – Teil 1-1: Allgemeine Einwirkungen auf Tragwerke – Wichten, Eigengewicht und Nutzlasten im Hochbau		
	-1-2 -1-2/NA Anlagen 1.2/01 und 1.2/1	-; Teil 1-2: Allgemeine Einwirkungen – Brandeinwirkungen auf Tragwerke Nationaler Anhang – National festgelegte Parameter – Eurocode 1: Einwirkungen auf Tragwerke – Teil 1-2: Allgemeine Einwirkungen – Brandeinwirkungen auf Tragwerke	Dezember 2010 Dezember 2010	*) *)
	-1-3 Anlage 1.2/2 -1-3/NA	-; Teil 1-3: Allgemeine Einwirkungen, Schneelasten Nationaler Anhang – National festgelegte Parameter – Eurocode 1: Einwirkungen auf Tragwerke – Teil 1-3: Allgemeine Einwirkungen, Schneelasten	Dezember 2010 Dezember 2010	*) *)
	-1-4 Anlage 1.2/3 -1-4/NA	-; Teil 1-4: Allgemeine Einwirkungen, Windlasten Nationaler Anhang – National festgelegte Parameter – Eurocode 1: Einwirkungen auf Tragwerke – Teil 1-4: Allgemeine Einwirkungen, Windlasten	Dezember 2010 Dezember 2010	*) *)
	-1-7 Anlage 1.2/4 -1-7/NA	-; Teil 1-7: Allgemeine Einwirkungen – Außergewöhnliche Einwirkungen Nationaler Anhang – National festgelegte Parameter – Eurocode 1: Einwirkungen auf Tragwerke – Teil 1-7: Allgemeine Einwirkungen – Außergewöhnliche Einwirkungen	Dezember 2010 Dezember 2010	*) *)
	-3 Anlage 1.2/02 -3/NA	-; Teil 3: Einwirkungen infolge von Kranen und Maschinen Nationaler Anhang – National festgelegte Parameter – Eurocode 1: Einwirkungen auf Tragwerke – Teil 3: Einwirkungen infolge von Kranen und Maschinen	Dezember 2010 Dezember 2010	*) *)
	-4 Anlage 1.2/5 -4/NA DIN-Fachbericht 140	-; Teil 4: Einwirkungen auf Silos und Flüssigkeitsbehälter Nationaler Anhang – National festgelegte Parameter – Eurocode 1: Einwirkungen auf Tragwerke – Teil 4: Einwirkungen auf Silos und Flüssigkeitsbehälter Auslegung von Siloanlagen gegen Staubexplosionen	Dezember 2010 Dezember 2010 Januar 2005	*) *) *)
1.3	Richtlinie Anlage 1.3/1	ETB-Richtlinie – „Bauteile, die gegen Absturz sichern"	Juni 1985	*)

2. Technische Regeln zur Bemessung und zur Ausführung

2.1. Grundbau

Lfd. Nr.	Bezeichnung	Titel	Ausgabe	Bezugs-quelle/ Fund-stelle
1	2	3	4	5
2.1.1	DIN EN 1997	Eurocode 7: Entwurf, Berechnung und Bemessung in der Geotechnik		
	-1 Anlage 2.1/1 E	-; Teil 1: Allgemeine Regeln	September 2009	*)
	-1/NA	Nationaler Anhang – National festgelegte Parameter – Eurocode 7: Entwurf, Berechnung und Bemessung in der Geotechnik – Teil 1: Allgemeine Regeln	Dezember 2010	*)
	DIN 1054	Baugrund – Sicherheitsnachweise im Erd- und Grundbau – Ergänzende Regelungen zu DIN EN 1997-1	Dezember 2010	*)
	/A1	Baugrund – Sicherheitsnachweise im Erd- und Grundbau – Ergänzende Regelungen zu DIN EN 1997-1:2010; Änderung A1	August 2012	*)
2.1.2	DIN EN 1536	Ausführung von Arbeiten im Spezialtiefbau – Bohrpfähle	Dezember 2010	*)
	DIN SPEC 18140	Ergänzende Festlegungen zu DIN EN 1536:2010-12, Ausführung von Arbeiten im Spezialtiefbau – Bohrpfähle	Februar 2012	*)
2.1.3	DIN EN 12699 Anlagen 2.1/2 und 2.1/3 E	Ausführung spezieller geotechnischer Arbeiten (Spezialtiefbau) – Verdrängungspfähle	Mai 2001	*)
	DIN SPEC 18538	Ergänzende Festlegungen zu DIN EN 12699:2001-05, Ausführung von speziellen geotechnischen Arbeiten (Spezialtiefbau) – Verdrängungspfähle	Februar 2012	*)
2.1.4	DIN 4123	Ausschachtungen, Gründungen und Unterfangungen im Bereich bestehender Gebäude	April 2013	*)
2.1.5	DIN EN 1537 Anlage 2.1/4	Ausführung von besonderen geotechnischen Arbeiten (Spezialtiefbau) – Verpressanker	Januar 2001	*)
	DIN SPEC 18537	Ergänzende Festlegungen zu DIN EN 1537:2001-01, Ausführung von besonderen geotechnischen Arbeiten (Spezialtiefbau) – Verpressanker	Februar 2012	*)
2.1.6	DIN EN 14199	Ausführung von besonderen geotechnischen Arbeiten (Spezialtiefbau) – Pfähle mit kleinen Durchmessern (Mikropfähle)	Januar 2012	*)
	DIN SPEC 18539	Ergänzende Festlegungen zu DIN EN 14199:2012-01, Ausführung von besonderen geotechnischen Arbeiten (Spezialtiefbau) – Pfähle mit kleinen Durchmessern (Mikropfähle)	Februar 2012	*)

2.2. Mauerwerksbau

Lfd. Nr.	Bezeichnung	Titel	Ausgabe	Bezugsquelle/ Fundstelle
1	2	3	4	5
2.2.1 (1)	DIN 1053-1 Anlagen 2.2/ 1 E, 2.2/4 und 2.2/5	Mauerwerk – Teil 1: Berechnung und Ausführung	November 1996	*)
2.2.1 (2)	DIN EN 1996 Anlagen 2.2/ 5 und 2.2/6 E	Eurocode 6: Bemessung und Konstruktion von Mauerwerksbauten		
	-1-1 Anlage 2.2/7	-; Teil 1-1: Allgemeine Regeln für bewehrtes und unbewehrtes Mauerwerk	Dezember 2010	*)
	-1-1/NA	Nationaler Anhang – National festgelegte Parameter – Eurocode 6: Bemessung und Konstruktion von Mauerwerksbauten – Teil 1-1: Allgemeine Regeln für bewehrtes und unbewehrtes Mauerwerk	Mai 2012	*)
	-1-1/NA/A1	Nationaler Anhang – National festgelegte Parameter – Eurocode 6: Bemessung und Konstruktion von Mauerwerksbauten – Teil 1-1: Allgemeine Regeln für bewehrtes und unbewehrtes Mauerwerk/Änderung A1	März 2014	*)
	-1-2 Anlage 2.2/8	-; Teil 1-2: Allgemeine Regeln – Tragwerksbemessung für den Brandfall	April 2011	*)
	-1-2/NA	Nationaler Anhang – National festgelegte Parameter – Eurocode 6: Bemessung und Konstruktion von Mauerwerksbauten – Teil 1-2: Allgemeine Regeln – Tragwerksbemessung für den Brandfall	Juni 2013	*)
	-2	-; Teil 2: Planung, Auswahl der Baustoffe und Ausführung von Mauerwerk	Dezember 2010	*)
	-2/NA	Nationaler Anhang – National festgelegte Parameter – Eurocode 6: Bemessung und Konstruktion von Mauerwerksbauten – Teil 2: Planung, Auswahl der Baustoffe und Ausführung von Mauerwerk	Januar 2012	*)
	-3 Anlage 2.2/9	-; Teil 3: Vereinfachte Berechnungsmethoden für unbewehrte Mauerwerksbauten	Dezember 2010	*)
	-3/NA	Nationaler Anhang – National festgelegte Parameter – Eurocode 6: Bemessung und Konstruktion von Mauerwerksbauten – Teil 3: Vereinfachte Berechnungsmethoden für unbewehrte Mauerwerksbauten	Januar 2012	*)
	-3/NA/A1	Nationaler Anhang – National festgelegte Parameter – Eurocode 6: Bemessung und Konstruktion von Mauerwerksbauten – Teil 3: Vereinfachte Berechnungsmethoden für unbewehrte Mauerwerksbauten/Änderung A1	März 2014	*)
2.2.2	DIN 1053-4 Anlage 2.2/ 10	Mauerwerk – Teil 4: Fertigbauteile	April 2013	*)

2.3. Beton-, Stahlbeton- und Spannbetonbau

Lfd. Nr.	Bezeichnung	Titel	Ausgabe	Bezugs-quelle/ Fund-stelle
1	2	3	4	5
2.3.1	DIN 1045 Anlage 2.3/1	Tragwerke aus Beton, Stahlbeton und Spannbeton		
	-2 Anlage 2.3/2 E	-; Teil 2: Beton; Festlegung, Eigenschaften, Herstellung und Konformität – Anwendungsregeln zu DIN EN 206-1	August 2008	*)
	DIN EN 206-1	Beton – Teil 1: Festlegung, Eigenschaften, Herstellung und Konformität	Juli 2001	AllMBl-Sonderheft Nr. 1/2002
	-1/A1	-; – Änderung A1	Oktober 2004	AllMBl-Sonderheft Nr. 1/2005
	-1/A2	-; – Änderung A2	September 2005	*)
	-9	-; Teil 9: Ergänzende Regeln für selbstverdichtenden Beton (SVB)	September 2010	*)
	-3	-; Teil 3: Bauausführung – Anwendungsregeln zu DIN EN 13670	März 2012	*)
	DIN EN 13670	Ausführung von Tragwerken aus Beton	März 2011	
	-4	-; Teil 4: Ergänzende Regeln für die Herstellung und die Konformität von Fertigteilen	Februar 2012	*)
	-100	-; Teil 100: Ziegeldecken	Dezember 2011	*)
2.3.2	DIN EN 1992	Eurocode 2: Bemessung und Konstruktion von Stahlbeton- und Spannbetontragwerken		
	-1-1 Anlagen 2.3/1, 2.3/3 E, 2.3/4 und 2.3/01	-; Teil 1-1: Allgemeine Bemessungsregeln und Regeln für den Hochbau	Januar 2011	*)
	-1-1/NA Anlage 2.3/11	Nationaler Anhang – National festgelegte Parameter – Eurocode 2: Bemessung und Konstruktion von Stahlbeton- und Spannbetontragwerken – Teil 1-1: Allgemeine Bemessungsregeln und Regeln für den Hochbau	Januar 2011	*)
	-1-2 Anlage 2.3/5	-; Teil 1-2: Allgemeine Regeln – Tragwerksbemessung für den Brandfall	Dezember 2010	*)
	-1-2/NA	Nationaler Anhang – National festgelegte Parameter – Eurocode 2: Bemessung und Konstruktion von Stahlbeton- und Spannbetontragwerken – Teil 1-2: Allgemeine Regeln – Tragwerksbemessung für den Brandfall	Dezember 2010	*)
2.3.3	DIN EN ISO 17660 Anlage 2.3/6	Schweißen – Schweißen von Betonstahl		

Lfd. Nr.	Bezeichnung	Titel	Ausgabe	Bezugs-quelle/ Fund-stelle
1	2	3	4	5
	-1	-; Teil 1: Tragende Schweißverbindungen	Dezember 2006	*)
	-2	-; Teil 2: Nichttragende Schweißverbindungen	Dezember 2006	*)
2.3.4	Diese lfd. Nr. ist zurzeit nicht besetzt.			
2.3.5	Diese lfd. Nr. ist zurzeit nicht besetzt.			
2.3.6	DIN EN 14487-1	Spritzbeton Teil 1: Begriffe, Festlegungen und Konformität	März 2006	*)
	DIN EN 14487-2	Spritzbeton Teil 2: Ausführung	Januar 2007	*)
	DIN 18551	Spritzbeton – Nationale Anwendungsregeln zur Reihe DIN EN 14487 und Regeln für die Bemessung von Spritzbetonkonstruktionen	Februar 2010	*)
2.3.7	Instandsetzungs-Richtlinie Anlagen 2.3/8 und 2.3/9 E	DAfStb-Richtlinie – Schutz und Instandsetzung von Betonbauteilen (Instandsetzungs-Richtlinie)		
		Teil 1: Allgemeine Regelungen und Planungsgrundsätze	Oktober 2001	*)
		Teil 2: Bauprodukte und Anwendung	Oktober 2001	*)
		Teil 3: Anforderungen an die Betriebe und Überwachung der Ausführung	Oktober 2001	*)
2.3.8	DIN 4223	Vorgefertigte bewehrte Bauteile aus dampfgehärtetem Porenbeton		
	-2	-; Teil 2: Bauteile mit statisch anrechenbarer Bewehrung; Entwurf und Bemessung	Dezember 2003	*)
	-3	-; Teil 3: Wände aus Bauteilen mit statisch nicht anrechenbarer Bewehrung; Entwurf und Bemessung	Dezember 2003	*)
	-4 Anlage 2.3/10	-; Teil 4: Bauteile mit statisch anrechenbarer Bewehrung; Anwendung in Bauwerken	Dezember 2003	*)
	-5	-; Teil 5: Sicherheitskonzept	Dezember 2003	*)

2.4. Metall- und Verbundbau

Lfd. Nr.	Bezeichnung	Titel	Ausgabe	Bezugs-quelle/ Fund-stelle
1	2	3	4	5
2.4.1	DIN EN 1993	Eurocode 3: Bemessung und Konstruktion von Stahlbauten		
	-1-1	-; Teil 1-1: Allgemeine Bemessungsregeln und Regeln für den Hochbau	Dezember 2010	*)

Lfd. Nr.	Bezeichnung	Titel	Ausgabe	Bezugs-quelle/ Fund-stelle
1	2	3	4	5
	Anlagen 2.3/ 4, 2.4/1 E und 2.4/8 E			
	-1-1/NA	Nationaler Anhang – National festgelegte Parameter – Eurocode 3: Bemessung und Konstruktion von Stahlbauten – Teil 1-1: Allgemeine Bemessungsregeln und Regeln für den Hochbau	Dezember 2010	*)
	-1-2 Anlage 2.3/5	-; Teil 1-2: Allgemeine Regeln – Tragwerksbemessung für den Brandfall	Dezember 2010	*)
	-1-2/NA	Nationaler Anhang – National festgelegte Parameter – Eurocode 3: Bemessung und Konstruktion von Stahlbauten – Teil 1-2: Allgemeine Regeln – Tragwerksbemessung für den Brandfall	Dezember 2010	*)
	-1-3	-; Teil 1-3: Allgemeine Regeln – Ergänzende Regeln für kaltgeformte Bauteile und Bleche	Dezember 2010	*)
	-1-3/NA	Nationaler Anhang – National festgelegte Parameter – Eurocode 3: Bemessung und Konstruktion von Stahlbauten – Teil 1-3: Allgemeine Regeln – Ergänzende Regeln für kaltgeformte dünnwandige Bauteile und Bleche	Dezember 2010	*)
	-1-5	-; Teil 1-5: Plattenförmige Bauteile	Dezember 2010	*)
	-1-5/NA	Nationaler Anhang – National festgelegte Parameter – Eurocode 3: Bemessung und Konstruktion von Stahlbauten – Teil 1-5: Plattenförmige Bauteile	Dezember 2010	*)
	-1-6	-; Teil 1-6: Festigkeit und Stabilität von Schalen	Dezember 2010	*)
	-1-6/NA	Nationaler Anhang – National festgelegte Parameter – Eurocode 3: Bemessung und Konstruktion von Stahlbauten – Teil 1-6: Festigkeit und Stabilität von Schalen	Dezember 2010	*)
	-1-7	-; Teil 1-7: Plattenförmige Bauteile mit Querbelastung	Dezember 2010	*)
	-1-7/NA	Nationaler Anhang – National festgelegte Parameter – Eurocode 3: Bemessung und Konstruktion von Stahlbauten – Teil 1-7: Plattenförmige Bauteile mit Querbelastung	Dezember 2010	*)
	-1-8	-; Teil 1-8: Bemessung von Anschlüssen	Dezember 2010	*)
	-1-8/NA	Nationaler Anhang – National festgelegte Parameter – Eurocode 3: Bemessung und Konstruktion von Stahlbauten – Teil 1-8: Bemessung von Anschlüssen	Dezember 2010	*)
	-1-9	-; Teil 1-9: Ermüdung	Dezember 2010	*)
	-1-9/NA	Nationaler Anhang – National festgelegte Parameter – Eurocode 3: Bemessung und Konstruktion von Stahlbauten – Teil 1-9: Ermüdung	Dezember 2010	*)
	-1-10	-; Teil 1-10: Stahlsortenauswahl im Hinblick auf Bruchzähigkeit und Eigenschaften in Dickenrichtung	Dezember 2010	*)

Lfd. Nr.	Bezeichnung	Titel	Ausgabe	Bezugs-quelle/ Fund-stelle
1	2	3	4	5
	-1-10/NA	Nationaler Anhang – National festgelegte Parameter – Eurocode 3: Bemessung und Konstruktion von Stahlbauten – Teil 1-10: Stahlsortenauswahl im Hinblick auf Bruchzähigkeit und Eigenschaften in Dickenrichtung	Dezember 2010	*)
	-1-11 -1-11/NA	-; Teil 1-11: Bemessung und Konstruktion von Tragwerken mit Zuggliedern aus Stahl Nationaler Anhang – National festgelegte Parameter – Eurocode 3: Bemessung und Konstruktion von Stahlbauten – Teil 1-11: Bemessung und Konstruktion von Tragwerken mit Zuggliedern aus Stahl	Dezember 2010 Dezember 2010	*) *)
	-1-12 -1-12/NA	-; Teil 1-12: Zusätzliche Regeln zur Erweiterung von EN 1993 auf Stahlgüten bis S700 Nationaler Anhang – National festgelegte Parameter – Eurocode 3: Bemessung und Konstruktion von Stahlbauten – Teil 1-12: Zusätzliche Regeln zur Erweiterung von EN 1993 auf Stahlgüten bis S700	Dezember 2010 August 2011	*) *)
	-4-1 -4-1/NA	-; Teil 4-1: Silos Nationaler Anhang – National festgelegte Parameter – Eurocode 3: Bemessung und Konstruktion von Stahlbauten – Teil 4-1: Silos, Tankbauwerke und Rohrleitungen – Silos	Dezember 2010 Dezember 2010	*) *)
	-5 -5/NA	-; Teil 5: Pfähle und Spundwände Nationaler Anhang – National festgelegte Parameter – Eurocode 3: Bemessung und Konstruktion von Stahlbauten – Teil 5: Pfähle und Spundwände	Dezember 2010 Dezember 2010	*) *)
	-6 Anlage 2.4/ 01 -6/NA	-; Teil 6: Kranbahnen Nationaler Anhang – National festgelegte Parameter – Eurocode 3: Bemessung und Konstruktion von Stahlbauten – Teil 6: Kranbahnen	Dezember 2010 Dezember 2010	*) *)
	DIN EN 1090-2 Anlage 2.4/2	Ausführung von Stahltragwerken und Aluminiumtragwerken – Teil 2: Technische Regeln für die Ausführung von Stahltragwerken	Oktober 2011	*)
2.4.2	DIN EN 1994	Eurocode 4: Bemessung und Konstruktion von Verbundtragwerken aus Stahl und Beton		
	-1-1 Anlage 2.3/4 -1-1/NA	-; Teil 1-1: Allgemeine Bemessungsregeln und Anwendungsregeln für den Hochbau Nationaler Anhang – National festgelegte Parameter – Eurocode 4: Bemessung und Konstruktion von Verbundtragwerken aus Stahl und Beton – Teil 1-1: Allgemeine Bemessungsregeln und Anwendungsregeln für den Hochbau	Dezember 2010 Dezember 2010	*) *)
	-1-2 Anlage 2.3/5	-; Teil 1-2: Allgemeine Regeln – Tragwerksbemessung für den Brandfall	Dezember 2010	*)

42 Technische Baubestimmungen

Lfd. Nr.	Bezeichnung	Titel	Ausgabe	Bezugs-quelle/ Fund-stelle
1	2	3	4	5
	-1-2/NA	Nationaler Anhang – National festgelegte Parameter – Eurocode 4: Bemessung und Konstruktion von Verbundtragwerken aus Stahl und Beton – Teil 1-2: Allgemeine Regeln – Tragwerksbemessung für den Brandfall	Dezember 2010	*)
2.4.3	DIN EN 1999	Eurocode 9: Bemessung und Konstruktion von Aluminiumtragwerken		
	-1-1 Anlage 2.4/8 E	-; Teil 1-1: Allgemeine Bemessungsregeln	Mai 2010	*)
	-1-1/NA	Nationaler Anhang – National festgelegte Parameter – Eurocode 9: Bemessung und Konstruktion von Aluminiumtragwerken – Teil 1-1: Allgemeine Bemessungsregeln	Mai 2013	*)
	-1-2 Anlage 2.3/5	-; Teil 1-2: Tragwerksbemessung für den Brandfall	Dezember 2010	*)
	-1-2/NA	Nationaler Anhang – National festgelegte Parameter – Eurocode 9: Bemessung und Konstruktion von Aluminiumtragwerken – Teil 1-2: Tragwerksbemessung für den Brandfall	April 2011	*)
	-1-3	-; Teil 1-3: Ermüdungsbeanspruchte Tragwerke	November 2011	*)
	-1-3/NA	Nationaler Anhang – National festgelegte Parameter – Eurocode 9: Bemessung und Konstruktion von Aluminiumtragwerken – Teil 1-3: Ermüdungsbeanspruchte Tragwerke	Januar 2013	*)
	-1-4	-; Teil 1-4: Kaltgeformte Profiltafeln	Mai 2010	*)
	-1-4/A1	-; -; Änderung A1	November 2011	*)
	-1-4/NA	Nationaler Anhang – National festgelegte Parameter – Eurocode 9: Bemessung und Konstruktion von Aluminiumtragwerken – Teil 1-4: Kaltgeformte Profiltafeln	Dezember 2010	*)
	-1-5	-; Teil 1-5: Schalentragwerke	Mai 2010	*)
	-1-5/NA	Nationaler Anhang – National festgelegte Parameter – Eurocode 9: Bemessung und Konstruktion von Aluminiumtragwerken – Teil 1-5: Schalentragwerke	Dezember 2010	*)
	DIN EN 1090-3 Anlage 2.4/3	Ausführung von Stahltragwerken und Aluminiumtragwerken – Teil 3: Technische Regeln für die Ausführung von Aluminiumtragwerken	September 2008	*)
2.4.4	DIN 18807	Trapezprofile im Hochbau		
	Teil 3 Anlagen 2.4/4, 2.4/5 und 2.4/6	-; Stahltrapezprofile; Festigkeitsnachweis und konstruktive Ausbildung	Juni 1987	AllMBl 1990 S. 987
	-3/A1	-; -; Änderung A1	Mai 2001	AllMBl 2002 S. 1087

Lfd. Nr.	Bezeichnung	Titel	Ausgabe	Bezugsquelle/ Fundstelle
1	2	3	4	5
	-9 Anlage 2.4/6	-; Teil 9: Aluminium-Trapezprofile und ihre Verbindungen; Anwendung und Konstruktion	Juni 1998	AllMBl 2000 S. 227
2.4.5	DIN 4119	Oberirdische zylindrische Flachboden-Tankbauwerke aus metallischen Werkstoffen		
	Teil 1 Anlagen 2.4/ 4 und 2.4/7	-; Grundlagen, Ausführung, Prüfungen	Juni 1979	*)
	Teil 2	-; Berechnung	Februar 1980	*)

2.5. Holzbau

Lfd. Nr.	Bezeichnung	Titel	Ausgabe	Bezugsquelle/ Fundstelle
1	2	3	4	5
2.5.1	DIN EN 1995	Eurocode 5: Bemessung und Konstruktion von Holzbauten		
	-1-1 Anlagen 2.5/ 1 E und 2.5/ 2	-; Teil 1-1: Allgemeines – Allgemeine Regeln und Regeln für den Hochbau	Dezember 2010	*)
	-1-1/NA	Nationaler Anhang – National festgelegte Parameter – Eurocode 5: Bemessung und Konstruktion von Holzbauten – Teil 1-1: Allgemeines – Allgemeine Regeln und Regeln für den Hochbau	Dezember 2010	*)
	-1-2 Anlage 2.3/5	-; Teil 1-2: Allgemeine Regeln – Tragwerksbemessung für den Brandfall	Dezember 2010	*)
	-1-2/NA	Nationaler Anhang – National festgelegte Parameter – Eurocode 5: Bemessung und Konstruktion von Holzbauten – Teil 1-2: Allgemeine Regeln – Tragwerksbemessung für den Brandfall	Dezember 2010	*)
	-2 Anlagen 2.5/ 1 E und 2.5/ 2	-; Teil 2: Brücken	Dezember 2010	*)
	-2/NA	Nationaler Anhang – National festgelegte Parameter – Eurocode 5: Bemessung und Konstruktion von Holzbauten – Teil 2: Brücken	August 2011	*)
	DIN 1052-10	Herstellung und Ausführung von Holzbauwerken – Teil 10: Ergänzende Bestimmungen	Mai 2012	*)

2.6. Bauteile

Lfd. Nr.	Bezeichnung	Titel	Ausgabe	Bezugs-quelle/ Fund-stelle
1	2	3	4	5
2.6.1	DIN 4121	Hängende Drahtputzdecken; Putzdecken mit Metallputzträgern, Rabitzdecken; Anforderungen für die Ausführung	Juli 1978	*)
2.6.2	DIN EN 1337-1 Anlage 2.6/ 1 E	Lager im Bauwesen – Teil 1: Allgemeine Regelungen	Februar 2001	*)
2.6.3	DIN 18069 Anlage 2.2/2 E	Tragbolzentreppen für Wohngebäude; Bemessung und Ausführung	November 1985	MABl - 1987 S. 113
2.6.4	DIN 18168-1 Anlage 2.6/2 E	Gipsplatten-Deckenbekleidungen und Unterdecken – Teil 1: Anforderungen an die Ausführung	April 2007	*)
2.6.5	DIN 18516	Außenwandbekleidungen, hinterlüftet		
	-1 Anlagen 2.6/ 3 und 2.6/4	-; Anforderungen, Prüfgrundsätze	Juni 2010	*)
	-3 Anlage 2.6/5	-; Naturwerkstein; Anforderungen, Bemessung	November 2011	*)
	-5	-; Betonwerkstein; Anforderungen, Bemessung	Dezember 1999	AllMBl 2001 S. 815
2.6.6	DIN 18008	Glas im Bauwesen – Bemessungs- und Konstruktionsregeln		
	-1 Anlagen 2.6/ 7 E und 2.6/ 8	-; Teil 1: Begriffe und allgemeine Grundlagen	Dezember 2010	*)
	-2 Anlagen 2.6/ 7 E, 2.6/8 und 2.6/9	-; Teil 2: Linienförmig gelagerte Verglasungen	Dezember 2010	*)
	-3 Anlagen 2.6/ 7 E und 2.6/ 8	-; Teil 3: Punktförmig gelagerte Verglasungen	Juli 2013	*)
	-4 Anlagen 2.6/ 7 E und 2.6/ 8	-; Teil 4: Zusatzanforderungen an absturzsichernde Verglasungen	Juli 2013	*)
	-5 Anlagen 2.6/ 7 E und 2.6/ 8	-; Teil 5: Zusatzanforderungen an begehbare Verglasungen	Juli 2013	*)

2.7. Sonderkonstruktionen

Lfd. Nr.	Bezeichnung	Titel	Ausgabe	Bezugs-quelle/ Fund-stelle
1	2	3	4	5
2.7.1	DIN EN 13084-1 Anlage 2.7/1	Freistehende Schornsteine – Teil 1: Allgemeine Anforderungen	Mai 2007	*)
	DIN EN 13084-2 Anlage 2.7/2	Freistehende Schornsteine – Teil 2: Betonschornsteine	August 2007	*)
	DIN EN 13084-4 Anlage 2.7/3	Freistehende Schornsteine – Teil 4: Innenrohre aus Mauerwerk – Entwurf, Bemessung und Ausführung	Dezember 2005	*)
	DIN 1056 Anlage 2.4/7	Freistehende Schornsteine in Massivbauart – Tragrohr aus Mauerwerk – Berechnung und Ausführung	Januar 2009	*)
	DIN V 4133 Anlagen 2.4/7 und 2.7/4	Freistehende Stahlschornsteine	Juli 2007	*)
	DIN EN 13084-6 Anlage 2.7/5	Freistehende Schornsteine – Teil 6: Innenrohre aus Stahl – Bemessung und Ausführung	März 2005	*)
	DIN EN 13084-8 Anlage 2.7/6	Freistehende Schornsteine – Teil 8: Entwurf, Bemessung und Ausführung von Tragmastkonstruktionen mit angehängten Abgasanlagen	August 2005	
2.7.2	DIN EN 13782 Anlage 2.7/7	Fliegende Bauten – Zelte – Sicherheit	Mai 2006	*)
	DIN EN 13814 Anlage 2.7/8	Fliegende Bauten und Anlagen für Veranstaltungsplätze und Vergnügungsparks – Sicherheit	Juni 2005	*)
2.7.3	DIN 4131 Anlagen 2.4/7 und 2.7/9	Antennentragwerke aus Stahl	November 1991	AllMBl 1993 S. 1190
2.7.4	DIN 4134 Anlage 2.7/10	Tragluftbauten; Berechnung, Ausführung und Betrieb	Februar 1983	MABl - 1984 S. 539
2.7.5	DIN 4178	Glockentürme	April 2005	*)
2.7.6	In Bayern nicht besetzt.			
2.7.7	DIN V 11535-1 Anlagen 2.6/7 E und 2.6/8	Gewächshäuser; Teil 1: Ausführung und Berechnung	Februar 1998	AllMBl 2000 S. 266
2.7.8	DIN 11622	Gärfuttersilos und Güllebehälter		
	-1	-; Teil 1: Bemessung, Ausführung, Beschaffenheit; Allgemeine Anforderungen	Januar 2006	*)
	-2	-; Teil 2: Bemessung, Ausführung, Beschaffenheit; Gärfuttersilos und Güllebehälter aus Stahlbeton, Stahlbetonfertigteilen, Betonformsteinen und Betonschalungssteinen	Juni 2004	*)

Lfd. Nr.	Bezeichnung	Titel	Ausgabe	Bezugsquelle/ Fundstelle
1	2	3	4	5
	-4	-; Teil 4: Bemessung, Ausführung, Beschaffenheit; Gärfutterhochsilos und Güllehochbehälter aus Stahl	Juli 1994	*)
2.7.9	Richtlinie Anlagen 2.4/ 7 und 2.7/12	Richtlinie für Windenergieanlagen; Einwirkungen und Standsicherheitsnachweise für Turm und Gründung	Oktober 2012	Schriften des DIBt Reihe B, Heft 8
2.7.10	In Bayern nicht besetzt.			
2.7.11	Richtlinie Anlage 2.7/ 15	Lehmbau-Regeln	Februar 2008	****)

3. Technische Regeln zum Brandschutz

Lfd. Nr.	Bezeichnung	Titel	Ausgabe	Bezugsquelle/ Fundstelle
1	2	3	4	5
3.1	DIN 4102 Anlage 3.1/1	Brandverhalten von Baustoffen und Bauteilen		
	-4 Anlage 3.1/2	-; Teil 4: Zusammenstellung und Anwendung klassifizierter Baustoffe, Bauteile und Sonderbauteile	März 1994	*)
	-4/A1 Anlage 3.1/3	-; -; Änderung A1	November 2004	AllMBl-Sonderheft Nr. 1/ 2005
	-22 Anlage 3.1/4	-; Teil 22: Anwendungsnorm zu DIN 4102-4 auf der Bemessungsbasis von Teilsicherheitsbeiwerten	November 2004	AllMBl-Sonderheft Nr. 1/ 2005
3.2	Richtlinie Anlage 3.2/ 01	Richtlinie über den baulichen Brandschutz im Industriebau (Industriebau-Richtlinie – IndBauR)	Juli 2014	**) 1/2014
3.3	Richtlinie Anlage 3.3/ 01	Richtlinie über brandschutztechnische Anforderungen an Systemböden (Systemböden-Richtlinie – SysBöR)	September 2005	**) 3/2006, S. 135
3.4	Richtlinie Anlage 3.4/1	Richtlinie zur Bemessung von Löschwasser-Rückhalteanlagen beim Lagern wassergefährdender Stoffe (LöRüRL)	August 1992	AllMBl 1993 S. 662
3.5	Richtlinie Anlage 3.5/ 01	Richtlinie über brandschutztechnische Anforderungen an Lüftungsanlagen (Lüftungsanlagen-Richtlinie – LüAR)	September 2005, geändert Juli 2010	**) 1/2011, S. 8
3.6	Richtlinie Anlage 3.6/ 01	Richtlinie über brandschutztechnische Anforderungen an Leitungsanlagen (Leitungsanlagen-Richtlinie – LAR)	November 2005	**) 4/2006, S. 158

Lfd. Nr.	Bezeichnung	Titel	Ausgabe	Bezugsquelle/ Fundstelle
1	2	3	4	5
3.7	Richtlinie	Richtlinie über den Brandschutz bei der Lagerung von Sekundärstoffen aus Kunststoff	Dezember 1996	AllMBl 1998 S. 916
3.8	Richtlinie Anlage 3.8/ 01	Richtlinie über brandschutztechnische Anforderungen an hochfeuerhemmende Bauteile in Holzbauweise (HFHHolzR)	Juli 2004	**) 5/2004, S. 161

4. Technische Regeln zum Wärme- und zum Schallschutz

4.1. Wärmeschutz

Lfd. Nr.	Bezeichnung	Titel	Ausgabe	Bezugsquelle/ Fundstelle
1	2	3	4	5
4.1.1	DIN 4108	Wärmeschutz und Energie-Einsparung in Gebäuden		
	-2 Anlage 4.1/1	-; Teil 2: Mindestanforderungen an den Wärmeschutz	Februar 2013	AllMBl-Sonderheft Nr. 1/ 2005
	-3 Anlage 4.1/2	-; Teil 3: Klimabedingter Feuchteschutz; Anforderungen, Berechnungsverfahren und Hinweise für Planung und Ausführung	Juli 2001	AllMBl 2002 S. 1109
	-4 Anlagen 4.1/ 3 und 4.1/ 4 E	-; Teil 4: Wärme- und feuchteschutztechnische Bemessungswerte	Februar 2013	*)
	-10 Anlage 4.1/5	-; Teil 10: Anwendungsbezogene Anforderungen an Wärmedämmstoffe – Werkmäßig hergestellte Wärmedämmstoffe	Juni 2008	*)
4.1.2	DIN 18159	Schaumkunststoffe als Ortschäume im Bauwesen		
	Teil 2	-; Harnstoff-Formaldehydharz-Ortschaum für die Wärmedämmung; Anwendung, Eigenschaften, Ausführung, Prüfung	Juni 1978	MABl - 1979 S. 499
4.1.3	Richtlinie	ETB-Richtlinie zur Begrenzung der Formaldehydemission in der Raumluft bei Verwendung von Harnstoff-Formaldehydharz-Ortschaum	April 1985	MABl - 1986 S. 75

4.2. Schallschutz

Lfd. Nr.	Bezeichnung	Titel	Ausgabe	Bezugsquelle/ Fundstelle
1	2	3	4	5
4.2.1	DIN 4109	Schallschutz im Hochbau	November 1989	AllMBl 1991 S. 220

Lfd. Nr.	Bezeichnung	Titel	Ausgabe	Bezugsquelle/ Fundstelle
1	2	3	4	5
	Anlagen 4.2/ 1 und 4.2/2	-; Anforderungen und Nachweise		
	-/A1	-; -; Änderung A1	Januar 2001	AllMBl 2002 S. 1156
	Beiblatt 1 zu DIN 4109 Anlage 4.2/2	-; Ausführungsbeispiele und Rechenverfahren	November 1989	AllMBl 1991 S. 248

5. Technische Regeln zum Bautenschutz

5.1. Schutz gegen seismische Einwirkungen

Lfd. Nr.	Bezeichnung	Titel	Ausgabe	Bezugsquelle/ Fundstelle
1	2	3	4	5
5.1.1	DIN 4149 Anlage 5.1/1	Bauten in deutschen Erdbebengebieten – Lastannahmen, Bemessung und Ausführung üblicher Hochbauten	April 2005	*)

5.2. Holzschutz

Lfd. Nr.	Bezeichnung	Titel	Ausgabe	Bezugsquelle/ Fundstelle
1	2	3	4	5
5.2.1	DIN 68800 Anlage 5.2/1	Holzschutz		
	-1	-; Teil 1: Allgemeines	Oktober 2011	*)
	-2	-; Teil 2: Vorbeugende bauliche Maßnahmen im Hochbau	Februar 2012	*)

6. Technische Regeln zum Gesundheitsschutz

Lfd. Nr.	Bezeichnung	Titel	Ausgabe	Bezugsquelle/ Fundstelle
1	2	3	4	5
6.1	PCB-Richtlinie Anlage 6.1/1	Richtlinie für die Bewertung und Sanierung PCB-belasteter Baustoffe und Bauteile in Gebäuden	September 1994	AllMBl 1995 S. 496
6.2	Asbest-Richtlinie Anlage 6.2/1	Richtlinie für die Bewertung und Sanierung schwach gebundener Asbestprodukte in Gebäuden	Januar 1996	AllMBl 1997 S. 582

Lfd. Nr.	Bezeichnung	Titel	Ausgabe	Bezugs-quelle/ Fund-stelle
1	2	3	4	5
6.3	Richtlinie Anlage 6.3/ 01	Bauaufsichtliche Richtlinie über die Lüftung fensterloser Küchen, Bäder und Toilettenräume in Wohnungen	April 2009	**) Heft 5/ 2010
6.4	PCP-Richtlinie Anlage 6.4/1	Richtlinie für die Bewertung und Sanierung Pentachlorphenol (PCP)-belasteter Baustoffe und Bauteile in Gebäuden	Oktober 1996	AllMBl 1997 S. 589

7. Technische Regeln als Planungsgrundlagen

Lfd. Nr.	Bezeichnung	Titel	Ausgabe	Bezugs-quelle/ Fund-stelle
1	2	3	4	5
7.1	DIN 18065 Anlage 7.1/1	Gebäudetreppen – Begriffe, Messregeln, Hauptmaße	Juni 2011	*)
7.2	In Bayern nicht besetzt.			
7.3	DIN 18040	Barrierefreies Bauen – Planungsgrundlagen		
	-1 Anlage 7.3/ 01	Teil 1: Öffentlich zugängliche Gebäude	Oktober 2010	*)
	-2 Anlage 7.3/ 02	Teil 2: Wohnungen	September 2011	*)
7.4	Richtlinie Anlage 7.4/1	Richtlinien über Flächen für die Feuerwehr	Februar 2007	AllMBl 2008 S. 806

Teil II: Anwendungsregelungen für Bauprodukte und Bausätze nach harmonisierten Normen und Europäischen Bewertungsdokumenten für Europäische Technische Bewertungen nach der Bauproduktenverordnung sowie nach europäischen technischen Zulassungen nach der Bauproduktenrichtlinie

Lfd. Nr.	Bezeichnung	Fassung	Bezugs-quelle/ Fundstelle
1	2	3	4
1	Anwendungsregelungen für Bauprodukte nach Europäischen Bewertungsdokumenten für Europäische Technische Bewertungen und nach Leitlinien für europäische technische Zulassungen, die vor dem 01. 07. 2013 veröffentlicht worden sind	September 2013	*****) 4/2014
2	Anwendungsregelungen für Bausätze nach Europäischen Bewertungsdokumenten für Europäische Technische Bewertungen und nach Leitlinien für europäische technische Zulassungen, die vor dem 01. 07. 2013 veröffentlicht worden sind	März 2014	*****) 4/2014
3	Anwendungsregelungen für Bauprodukte, für die europäische technische Zulassungen ohne Leitlinie vor dem 01. 07. 2013 erteilt worden sind	März 2014	*****) 4/2014

Lfd. Nr.	Bezeichnung	Fassung	Bezugsquelle/ Fundstelle
1	2	3	4
4	Anwendungsregelungen für Bausätze, für die europäische technische Zulassungen ohne Leitlinie vor dem 01. 07. 2013 erteilt worden sind	September 2013	*****) 4/2014
5	Anwendungsregelungen für Bauprodukte nach harmonisierten Normen	März 2014	*****) 4/2014

Teil III: Anwendungsregelungen für Bauprodukte und Bausätze nach harmonisierten Normen und Europäischen Bewertungsdokumenten für Europäische Technische Bewertungen nach der Bauproduktenverordnung sowie nach europäischen technischen Zulassungen nach der Bauproduktenrichtlinie im Geltungsbereich von Verordnungen nach Art. 15 Abs. 4 und Art. 19 Abs. 2 BayBO

Lfd. Nr.	Bezeichnung	Fassung	Bezugsquelle/ Fundstelle
1	2	3	4
1	Anwendungsregelungen für Bauprodukte nach harmonisierten Normen	März 2014	*****) 4/2014
2	Anwendungsregelungen für Bauprodukte und Bausätze, für die europäische technische Zulassungen ohne Leitlinie erteilt werden, die vor dem 01. 07. 2013 veröffentlicht worden sind	September 2010	*****) 4/2014

*) **Amtl. Anm.:** Beuth Verlag GmbH, 10772 Berlin

) **Amtl. Anm.: Deutsches Institut für Bautechnik, „DIBt-Mitteilungen" oder ab 1. Januar 2012 „Amtliche Mitteilungen"

***) **Amtl. Anm.:** Stahlbau-Verlagsgesellschaft mbH, Sohnstr. 65, 40237 Düsseldorf

****) **Amtl. Anm.:** GWV Fachverlage GmbH, Abraham-Lincoln-Str. 46, 65189 Wiesbaden

*****) **Amtl. Anm.:** Deutsches Institut für Bautechnik, „DiBt-Mitteilungen – Amtliche Mitteilungen", unter www.dibt.de oder www.bauministerkonferenz.de

Anlage 1.1/1

zu DIN EN 1990 in Verbindung mit DIN EN 1990/NA

Bei Anwendung der technischen Regel ist Folgendes zu beachten:
Die informativen Anhänge B, C und D sind nicht anzuwenden.

Anlage 1.2/01
(neu)

zu DIN EN 1991-1-2 in Verbindung mit DIN EN 1991-1-2/NA

Bei Anwendung des Abschnittes 3.3 ist Folgendes zu beachten:
Werden Naturbrandmodelle angewendet, so ist Nr. 6 des Kriterienkatalogs nach § 15 Abs. 3 BauVorlV nicht erfüllt; der Standsicherheitsnachweis muss nach Art. 62 Abs. 3 BayBO[1)] geprüft/bescheinigt werden.

Anlage 1.2/1
(geändert)

zu DIN EN 1991-1-2 in Verbindung mit DIN EN 1991-1-2/NA

Bei Anwendung der technischen Regel ist Folgendes zu beachten:
DIN EN 1991-1-2 Berichtigung 1:2013-08 ist zu berücksichtigen.
Nach Abschnitt 3 der DIN EN 1991-1-2:2010-12 können die Brandeinwirkungen für die Bemessung tragender und aussteifender Bauteile nach nominellen Temperaturzeitkurven oder Naturbrandmodellen ermittelt werden. Der vorbezeichnete Nationale Anhang (NA) zu dieser Norm legt fest, dass für die zu erbringenden brandschutztechnischen Nachweise bei Tragwerken im Hochbau in der Regel die Einheits-Temperaturzeitkurve (ETK) anzuwenden ist; Nachweise auf der Basis von Naturbrandmodellen sollen nur im Zusammenhang mit einem Brandschutzkonzept erstellt werden. Der Nationale Anhang regelt auch, welche Brandmodelle angewendet werden dürfen, die Grenzen der Anwendung und die zu beachtenden Grundlagen; er enthält außerdem Validierungsbeispiele für Rechenprogramme.
Bei der Anwendung von Naturbrandmodellen ist zu beachten:

1. Das Ergebnis der Bemessung des Feuerwiderstands (Brandeinwirkung und Nachweis) tragender oder aussteifender Bauteile auf der Grundlage von Naturbrandmodellen (Abschnitt 3.3 DIN EN 1991-1-2:2010-12) bedarf einer Abweichung nach Art. 63 Abs. 1 BayBO[1)]; es kann auch im Rahmen des Art. 54 Abs. 3 Satz 2 BayBO[1)] zugelassen werden.
   Anmerkung:
   Die Beurteilung der Feuerwiderstandsfähigkeit von Bauteilen in bauaufsichtlichen Verfahren erfolgt auf der Grundlage von Brandprüfungen nach der Einheits-Temperaturzeitkurve (ETK) und führt zu Einstufungen in Feuerwiderstandsklassen (DIN 4102-2:1977-09, DIN EN 13501-2), die den bauaufsichtlichen Anforderungen zugeordnet werden (Bauregelliste A Teil 1, Anlagen 0.1.1 und 0.1.2).
   Bauteilbemessungen auf der Grundlage von Naturbrandmodellen stellen auf die jeweilige konkrete Nutzung und Ausgestaltung eines Raums oder Gebäudes unter Berücksichtigung der vorhandenen brandschutztechnischen Infrastruktur ab.

[1)] Nr. 1.

Eine solche Bauteilbemessung deckt das auf Feuerwiderstandsklassen ausgerichtete globale bauaufsichtliche Anforderungssystem (Gebäudeklassen, Höhenlage der Geschosse, Gebäudeart) nicht vollständig ab.
Über die Anwendbarkeit von Naturbrandmodellen ist daher im Rahmen einer Abweichung nach Art. 63 Abs. 1 bzw. einer Erleichterung nach Art. 54 Abs. 3 Satz 2 BayBO[1] zu entscheiden. Dazu ist im Bauantrag oder in den Bauvorlagen anzugeben, weshalb es einer ETK-Brandbeanspruchung nicht bedarf und darzustellen, dass (und weshalb) das gewählte Brandmodell für das Vorhaben geeignet ist und wie die damit zwangsläufig verbundene eingeschränkte Nutzung der Anlage (z.B. aufgrund begrenzter Brandlasten) sichergestellt werden soll (Art. 63 Abs. 1 BayBO[1], § 11 Abs. 2 Satz 1 Nr. 1, Satz 2 BauVorlV[2]; vgl. Nr. 5).

2. Für den Nachweis der Standsicherheit (§ 10 Abs. 1 BauVorlV[2]) sind die für die Beurteilung der Brandeinwirkungen erforderlichen Unterlagen, insbesondere für die Ermittlung der thermischen Einwirkungen und die bemessungsrelevanten Brandszenarien einschließlich der entsprechenden Bemessungsbrände, als zusätzliche Bauvorlage (§ 1 Abs. 4 BauVorlV[2]) vorzulegen. Die erforderlichen Unterlagen müssen vollständig, nachvollziehbar und prüfbar sein; die thermischen Einwirkungen sind raumbezogen zu ermitteln und zu dokumentieren. Die Eingangsparameter sind repräsentativ und konservativ zu wählen; dabei sind auch Brandeinwirkungen von außen und spezifische Nutzungszustände zu berücksichtigen (z.B. Fahrzeuge in Ausstellungshallen im Rahmen der Auf- und Abbauphase von Messeständen).
Der mit der Prüfung/Bescheinigung des Standsicherheitsnachweises nach Art. 62 Abs. 3 BayBO[1] beauftragte Prüfingenieur/Prüfsachverständige muss entweder zugleich Prüfsachverständiger für Brandschutz sein oder für die Beurteilung der Brandeinwirkungen einen mit derartigen Brandmodellen erfahrenen Prüfsachverständigen für Brandschutz heranziehen. Im Rahmen der Beurteilung der Brandeinwirkung sind alle Eingangsparameter auf Vollständigkeit und Richtigkeit zu überprüfen; nur stichprobenartige oder Plausibilitätsprüfungen genügen nicht.

3. Für den Nachweis des Brandschutzes (§ 11 BauVorlV) ist in den Bauvorlagen auch darzustellen, wie die nach Naturbrandmodellen bemessenen Bauteile des Tragwerks mit den erforderlichen (klassifizierten) raumabschließenden Bauteilen (wie Brand- und Trennwände, Decken, Wände notwendiger Treppenräume und Flure) zu einem geeigneten Brandschutzkonzept zusammengeführt werden sollen. Dazu gehören auch Aussagen zu den Anschlüssen brandschutztechnisch unterschiedlich bemessener Bauteile.
Die bauordnungsrechtlichen Anforderungen (der BayBO oder aufgrund der BayBO erlassener Rechtsverordnungen) an raumabschließende Bauteile bleiben unberührt.

4. Die Feuerwiderstandsfähigkeit des Tragwerks ist für die Durchführung wirksamer Löscharbeiten von wesentlicher Bedeutung. Vor der Entscheidung über die Abweichung/Erleichterung ist die zuständige Brandschutzdienststelle im Hinblick auf die Belange des abwehrenden Brandschutzes zu hören; § 19 Abs. 1 PrüfVBau[3] bleibt unberührt.

---

[1] Nr. **1**.
[2] Nr. **3**.
[3] Nr. **9**.

5. Die zulässige Art der Nutzung des Bauvorhabens (z.B. Bürogebäude) wird durch die – gewählten und durch die Baugenehmigung festgelegten – Eingangsparameter für die Ermittlung der Brandbeanspruchung (raumbezogen) konkretisiert und begrenzt. Es sind daher geeignete Maßnahmen festzulegen, die die Einhaltung dieser Nutzungsbeschränkung sicherstellen. Dazu kommen insbesondere die Bestellung eines Brandschutzbeauftragten für die diesbezügliche Überwachung des laufenden Betriebs sowie eine Überprüfung der Brandlastannahmen innerhalb des ersten Jahres nach Aufnahme der Nutzung und wiederkehrende Überprüfungen (z.B. in Abständen von drei bis fünf Jahren) durch einen Prüfsachverständigen für Brandschutz in Betracht.
Die Nutzungsbeschränkung und die zu ihrer Einhaltung vorgesehenen Maßnahmen sind durch entsprechende Nebenbestimmungen in der Baugenehmigung festzulegen. In der Baugenehmigung ist darauf hinzuweisen, dass Änderungen des genehmigten Nutzungskonzepts, die zu einer höheren Brandbeanspruchung führen (z.B. veränderte Brandlasten), eine Überprüfung der Standsicherheit und gegebenenfalls die Beantragung und Erteilung einer neuen Baugenehmigung erforderlich machen.
Anmerkung:
Gebäude, deren Standsicherheit auf der Grundlage von Naturbrandmodellen bemessen ist, unterliegen Nutzungsbegrenzungen, die durch betriebliche Maßnahmen und externe Überprüfungen sicherzustellen sind. Die Anwendung solcher Modelle kann daher nur bei bestimmten Gebäudenutzungen sachgerecht sein. Sie kann bei Nutzungen mit geringen und beständigen Brandlasten insbesondere in großen Raumstrukturen angemessen sein; anders verhält es sich bei Räumen mit veränderlichen Brandlasten und Nutzungen oder Gebäuden mit besonderen Sicherheitsanforderungen (z.B. Hochhäuser); die Erforderlichkeit betrieblicher Maßnahmen schließt eine Anwendung bei Wohnungen oder ähnlichen Nutzungen grundsätzlich aus.

6. Zu DIN EN 1991-1-2/NA:2010-12, Anhang BB (NA.BB)

6.1 In Abschnitt NA.BB.3.1 muss Gleichung (BB.1) richtig lauten:
$q_{f,d} = q_{f,k} \cdot \chi \cdot \gamma_{fi,q}$

6.2 Wird für typische Mischbrandlasten ein pauschaler Wert für die Verbrennungseffektivität χ in Ansatz gebracht, beträgt $\chi = 0{,}8$.
Die Brandlastdichten nach Abschnitt NA.BB.3.2, Tabelle BB.1, Spalte 3, dürfen auch bei Ermittlungen im Einzelfall nach Abschnitt NA.BB.3.3 nicht unterschritten werden; die Werte beziehen sich nur auf eine für die jeweilige Gebäudeart typische Raumnutzung und nicht auf die Raumnutzungen des gesamten Gebäudes (vgl. NA.BB.3.2 Abs. 3 bezüglich Bürogebäude); dies gilt für Tabelle BB.2 entsprechend.
Für Räume, die als Bibliothek dienen, ist der Wert $RHR_f = 0{,}5\ MW/m^2$ nach Tabelle BB.2 anzusetzen.

6.3 Die maximale Wärmefreisetzungsrate $Q_{max,k}$ nach Abschnitt NA.BB.4, Gleichung (BB.7) ist auch für Räume mit mehr als 400 m^2 unter Ermittlung zunächst der Wärmefreisetzungsrate $Q_{max,f,k}$ für einen angenommenen brandlastgesteuerten Brand nach Gleichung (BB.5) und der Ermittlung der Wärmefreisetzungsrate $Q_{max,v,k}$ unter der Annahme eines ventilationsgesteuerten Brandes nach Gleichung (BB.6) zu bestimmen. Der so aus Gleichung (BB.7) gebildete Wert (charakteristischer Wert $Q_{max,k}$) liegt stets auf der sicheren Seite.

Die Entwicklungsphase 1 nach Bild BB.1 ist so zu wählen, dass die maximale Wärmefreisetzungsrate Q_{max} nach spätestens 10 Minuten erreicht wird.

6.4 Für die Auftretenswahrscheinlichkeit p_1 eines Entstehungsbrandes je Jahr und Nutzungseinheit ist nach Abschnitt NA.BB.5.1 der größere und damit ungünstigere Wert aus den Angaben nach Tabelle BB.3 zur Bestimmung der Auftretenswahrscheinlichkeit p_{fi} eines Schadenfeuers nach Gleichung (BB.9) in Ansatz zu bringen.
Für die Ausfallwahrscheinlichkeit der öffentlichen Feuerwehr ist der Wert $p_{2,2} = 0{,}5$ nach Tabelle BB.4 anzusetzen.

6.5 Für die Ermittlung der bedingten Versagenswahrscheinlichkeit $p_{f,fi}$ nach Abschnitt NA.BB.5.2 ist in Gleichung (BB.13) die Versagenswahrscheinlichkeit p_f für Bauteile des Tragwerks stets zumindest aus der Zuordnung zur Schadensfolge „mittel“ nach Tabelle BB.5 in Ansatz zu bringen.
Für Gebäude, die einer Büro- oder vergleichbaren Nutzung dienen und deren Nutzungseinheiten mehr als 400 m² Brutto-Grundfläche haben (vgl. Art. 34 Abs. 1 Satz 2 Nr. 4 BayBO[1]), ist für den Zuverlässigkeitsindex β der Wert 4,7 und für die zugehörige Versagenswahrscheinlichkeit p_f der Wert 1,3 E-6 nach Tabelle BB.5 in Ansatz zu bringen.
Sonderbauten, bei denen die Auswirkungen des Versagens oder der Funktionsbeeinträchtigung eines Tragwerks zu schweren Folgen für Leben, Gesundheit und die natürlichen Lebensgrundlagen (vgl. DIN EN 1990:2010-12, Anhang B) führen können, sind der Schadensfolge „hoch“ nach Tabelle BB.5 zuzuordnen.

Anlage 1.2/2

zu DIN EN 1991-1-3 in Verbindung mit DIN EN 1991-1-3/NA

Bei Anwendung der technischen Regel ist Folgendes zu beachten:
Hinsichtlich der Zuordnung der Schneelastzonen nach Verwaltungsgrenzen wird auf die Tabelle „Zuordnung der Schneelastzonen nach Verwaltungsgrenzen“ hingewiesen. Die Tabelle „Zuordnung der Schneelastzonen nach Verwaltungsgrenzen“ ist über www.bauministerkonferenz.de oder www.dibt.de abrufbar.

Anlage 1.2/3

zu DIN EN 1991-1-4 in Verbindung mit DIN EN 1991-1-4/NA

Bei Anwendung der technischen Regel ist Folgendes zu beachten:

1. Zu Abschnitt NA.B.3.2 Tabelle NA.B.3, Spalte 2:
   Bei Gebäuden (Reihenmittelhäuser) mit einer Gesamthöhe h ≤ 10,0 m, an die beidseitig im Wesentlichen profilgleich angebaut und bei denen (rechtlich) gesichert ist, dass die angebauten Gebäude nicht dauerhaft beseitigt werden,

---

[1] Nr. 1.

darf die Einwirkung des Windes als veränderliche Einwirkung aus Druck oder Sog nachgewiesen werden. Dabei ist der ungünstigere Wert maßgebend. Die Einwirkung von Druck und Sog gemeinsam muss dann als außergewöhnliche Einwirkung angesetzt werden.

2. Hinsichtlich der Zuordnung der Windzonen nach Verwaltungsgrenzen der Länder wird auf die Tabelle „Zuordnung der Windzonen nach Verwaltungsgrenzen der Länder" hingewiesen. Diese Tabelle ist über www.bauminister-konferenz.de oder www.dibt.de abrufbar.
Alternativ kann die Zuordnung eines bestimmten Standortes zu einer Windzone auch aus der Tabelle „Zuordnung der Windzonen nach Verwaltungsgrenzen" entnommen werden.

Tabelle: Zuordnung der Windzonen nach Verwaltungsgrenzen

Bayern			
A	B	C	D
1.	**Unterfranken**	Windzone 1	alle Gemeinden
2.	**Oberfranken**	Windzone 1	alle Gemeinden
3.	**Mittelfranken**	Windzone 1	alle Gemeinden
4.	**Niederbayern**	Windzone 1	alle Gemeinden
5.	**Oberpfalz**	Windzone 1	alle Gemeinden
6.	**Schwaben**		
6.1	**Kreise Donau-Ries, Dillingen a.d. Donau**	Windzone 1	alle Gemeinden
6.2	**Kreise Neu-Ulm, Augsburg, Aichach-Friedberg, Unterallgäu, Lindau (Bodensee), kreisfreie Städte Memmingen, Kaufbeuren, Augsburg**	Windzone 2	alle Gemeinden
6.3	**Kreis Oberallgäu**	Windzone 1	alle Gemeinden, soweit nicht in Windzone 2
		Windzone 2	Gemeinden Altusried, Dietmannsried, Haldenwang
6.4	**Kreis Ostallgäu**	Windzone 1	Gemeinden Pfronten, Hopferau, Nesselwang, Füssen, Schwangau, Rieden, Roßhaupten, Seeg, Görisried, Wald, Lengenwang, Stötten a. Auerberg
		Windzone 2	alle Gemeinden, soweit nicht in Windzone 1

Bayern			
A	B	C	D
7.	**Oberbayern**		
7.1	**Kreise Eichstätt, Freising, Neuburg-Schrobenhausen, Erding, Pfaffenhofen a.d. Ilm, Mühldorf a. Inn, Berchtesgadener Land, Garmisch-Partenkirchen, Altötting, kreisfreie Stadt Ingolstadt**	Windzone **1**	alle Gemeinden
7.2	**Kreise Dachau, München, Fürstenfeldbruck, Landsberg am Lech, Ebersberg, Starnberg, Landeshauptstadt München**	Windzone **2**	alle Gemeinden
7.3	**Kreis Weilheim-Schongau**	Windzone **1**	Verwaltungsgemeinschaft Steingaden, Gemeinde Bernbeuren
		Windzone **2**	alle Gemeinden, soweit nicht in Windzone 1
7.4	**Kreis Bad Tölz-Wolfratshausen**	Windzone **1**	alle Gemeinden, soweit nicht in Windzone 2
		Windzone **2**	Gemeinden Wolfratshausen, Icking, Münsing, Egling, Geretsried, Eurasburg, Königsdorf, Bad Tölz, Reichersbeuern, Dietramszell, Bad Heilbrunn, Sachsenkam
7.5	**Kreis Miesbach**	Windzone **1**	alle Gemeinden, soweit nicht in Windzone 2
		Windzone **2**	Gemeinden Holzkirchen, Otterfing, Warngau, Valley, Weyarn, Irschenberg, Miesbach, Gmund a. Tegernsee, Waakirchen, Hausham
7.6	**Kreis Traunstein**	Windzone **1**	Gemeinden Grassau, Schleching, Staudach-Egerndach, Marquartstein, Unterwössen, Reit im Winkl, Ruhpolding, Bergen, Siegsdorf, Inzell, Surberg, Petting, Wonneberg, Waging a. See, Kirchanschöring, Fridolfing, Taching a. See, Palling, Tittmoning, Engelsberg, Tacherting
		Windzone **2**	alle Gemeinden, soweit nicht in Windzone 1
7.7	**Kreis Rosenheim**	Windzone **1**	Gemeinden Kiefersfelden, Oberaudorf, Flintsbach a. Inn, Brannenburg, Nußdorf a. Inn, Samerberg, Aschau i. Chiemgau
		Windzone **2**	alle Gemeinden, soweit nicht in Windzone 1

Anlage 1.2/4

zu DIN EN 1991-1-7 in Verbindung mit DIN EN 1991-1-7/NA

Bei Anwendung der technischen Regel ist Folgendes zu beachten:

1. Zu Abschnitt 4.4:
   Ergänzend gilt für die Anpralllasten aus dem Anprall von Gabelstaplern bei Regalen, die nicht gleichzeitig die tragende Gebäudekonstruktion sind:
   An den für den Lastfall „Gabelstapleranprall" maßgebenden Stützen an der Gangseite ist in 0,4 m Höhe eine Horizontallast von 2,5 kN in Gangquerrichtung und von 1,25 kN in Ganglängsrichtung anzusetzen. Für die Bemessung der Stützen sind die Lasten nicht gleichzeitig, sondern in jeder Richtung getrennt anzusetzen.
2. Die informativen Anhänge sind von der Einführung ausgenommen.

Anlage 1.2/02
(zuvor 1.2/01)

zu DIN EN 1991-3 in Verbindung mit DIN EN 1991-3/NA

Bei Anwendung der technischen Regel gilt zusätzlich Folgendes:
Nach Art. 1 Abs. 2 Nr. 4 BayBO[1] sind Kräne und Krananlagen vom Geltungsbereich der Bauordnung ausgenommen. Soweit von Krananlagen jedoch Lasten auf Gebäude übertragen werden, hängt die Standsicherheit des Gebäudes auch von der ordnungsgemäßen Beschaffenheit der mit dem Gebäude verbundenen Kranbahn ab. Die DIN EN 1991-3 in Verbindung mit DIN EN 1991-3/NA wird daher für solche Kranbahnen eingeführt, von denen Lasten auf Gebäude übertragen werden.

Anlage 1.2/5

zu DIN EN 1991-4 in Verbindung mit DIN EN 1991-4/NA und DIN-Fachbericht 140

Bei Anwendung der technischen Regeln ist Folgendes zu beachten:

1. Bei Silozellen bis zu einem Behältervolumen von 4.000 m³ und einer Schlankheit (Verhältnis Zellenhöhe h_c zu Zellendurchmesser d_c) $h_c/d_c < 4{,}0$ können neben dem DIN-Fachbericht 140 auch die Regeln von DIN EN 14491 angewendet werden, sofern die Masse des Entlastungssystems den Wert von $m_E = 50\ kg/m^2$ nicht überschreitet.
2. Bei Anwendung der technischen Regel DIN-Fachbericht 140 ist Folgendes zu beachten:

---

[1] Nr. **1**.

Sofern keine sphärischen Explosionsbedingungen vorliegen, darf bei der Anwendung der Nomogramme des DIN-Fachberichts 140 für niedrige Silozellen mit Schlankheiten von $h_c/d_c<2{,}0$ eine Extrapolation der Nomogrammwerte mit den Schlankheiten H/D=2 und H/D=4 vorgenommen werden.

Anlage 1.3/1

zur ETB-Richtlinie „Bauteile, die gegen Absturz sichern"

Bei Anwendung der technischen Regel ist Folgendes zu beachten:

1. Zu Abschnitt 3.1 Abs. 1:
   Sofern sich nach DIN EN 1991-1-1 in Verbindung mit DIN EN 1991-1-1/NA größere horizontale Linienlasten ergeben, müssen diese berücksichtigt werden.
2. Zu Abschnitt 3.1 Abs. 4:
   Anstelle des Satzes „Windlasten sind diesen Lasten zu überlagern." gilt: „Windlasten sind diesen Lasten zu überlagern, ausgenommen für Brüstungen von Balkonen und Laubengängen, die nicht als Fluchtwege dienen."
3. Die ETB-Richtlinie gilt nicht für Bauteile aus Glas.

Anlage 2.1/1 E

Für die Verwendung von Bauprodukten nach harmonisierten Normen im Erd- und Grundbau ist Folgendes zu beachten:
Geotextilien und geotextilverwandte Produkte nach EN 13251:2000-12 +A1:2005[1]:
Die Verwendung, bei der die Geotextilien oder geotextilverwandten Produkte für die Standsicherheit der damit bewehrten baulichen Anlage erforderlich sind, ist nicht geregelt und bedarf einer allgemeinen bauaufsichtlichen Zulassung.

Anlage 2.1/2

zu DIN EN 12699

Bei Anwendung der technischen Regel ist Folgendes zu beachten:

1. DIN EN 12699 Berichtigung 1:2010-11 ist zu berücksichtigen.
2. Die in dieser Norm genannten Pfahlkupplungen oder andere Verbindungselemente sind dort nicht abschließend geregelt; sie bedürfen daher einer allgemeinen bauaufsichtlichen Zulassung.

---

1) **Amtl. Anm.:** In Deutschland umgesetzt durch DIN EN 13251:2005-04

Anlage 2.1/3 E

Für die Verwendung von Pfählen nach EN 12794:2005+A1:2007-05 mit EN 12794:2005+A1:2007/AC:2008[1] gilt:

1. Bis auf Weiteres dürfen nur Produkte verwendet werden, für die zusätzlich der Übereinstimmungsnachweis nach BRL A Teil 1 lfd. Nr. 1.6.28 geführt wurde,
2. die Angaben von Produkteigenschaften in der CE-Kennzeichnung sind stets als Produktmerkmale zu sehen und ersetzen nicht den Nachweis der Tragfähigkeit entsprechend den Technischen Baubestimmungen im Bauwerk,
3. DIN EN 13369:2004-09, DIN EN 13369/A1:2006-09 und DIN EN 13369 Berichtigung 1:2007-05 gelten nur in Verbindung mit DIN V 20000-120:2006-04.

Anlage 2.1/4

zu DIN EN 1537

Bei Anwendung der technischen Regel ist Folgendes zu beachten:

1. DIN EN 1537 Berichtigung 1:2011-12 ist zu berücksichtigen.
2. Sofern Daueranker oder Teile von ihnen in benachbarten Grundstücken liegen sollen, muss rechtlich sichergestellt werden, dass durch Veränderungen am Nachbargrundstück, z.B. Abgrabungen oder Veränderungen der Grundwasserverhältnisse, die Standsicherheit dieser Daueranker nicht gefährdet wird.
   Die rechtliche Sicherung sollte durch eine Grunddienstbarkeit nach den Vorschriften der §§ 1090 ff. und 1018 ff. BGB[2] erfolgen mit dem Inhalt, dass der Eigentümer des betroffenen Grundstücks Veränderungen in dem Bereich, in dem Daueranker liegen, nur vornehmen darf, wenn vorher nachgewiesen ist, dass die Standsicherheit der Daueranker und der durch sie gesicherten Bauteile nicht beeinträchtigt wird.
3. Für die Daueranker ist eine allgemeine bauaufsichtliche Zulassung erforderlich.

Anlage 2.2/1 E
(geändert)

Für die Verwendung von Bauprodukten nach harmonisierten Normen in Mauerwerk nach DIN 1053-1 ist Folgendes zu beachten:

1. Gesteinskörnungen nach EN 13139:2010*[1]:
   Für tragende Bauteile dürfen natürliche Gesteinskörnungen mit alkaliempfindlichen Bestandteilen oder mit möglicherweise alkaliempfindlichen Bestandteilen nur verwendet werden, wenn sie in eine Alkaliempfindlichkeitsklasse eingestuft sind (gemäß Bauregelliste A Teil 1, lfd. Nr. 2.2.8).
2. Mauermörtel nach EN 998-2:2010*[2]:
   Es gilt sinngemäß die Anwendungsnorm DIN V 20000-412:2004-03.

---

[1] **Amtl. Anm.:** In Deutschland umgesetzt durch DIN EN 12794:2007-08 und DIN EN 12794 Berichtigung 1:2009-04
[2] Nr. **27**.

3. Ergänzungsbauteile für Mauerwerk nach EN 845-1:2003+A1:2008, EN 845-2:2003 und EN 845-3:2003+A1:2008[*3]:
   Die Verwendung der Ergänzungsbauteile für tragende Zwecke ist nicht geregelt.
4. Betonwerksteine nach EN 771-5:2011[*4]:
   Die Verwendung der Betonwerksteine für tragende Zwecke ist nicht geregelt und bedarf daher einer allgemeinen bauaufsichtlichen Zulassung.
5. Mauersteine nach EN 771-1, -2, -3, -4:2011[*4]:
   Es gelten sinngemäß die Anwendungsnormen
   DIN 20000-401:2012-11,
   DIN V 20000-402:2005-06,
   DIN V 20000-403:2005-06 und
   DIN V 20000-404:2006-01.
   Mauersteine, die zusätzlich folgende Anforderungen erfüllen, dürfen für Mauerwerk nach DIN 1053 verwendet werden
   - Mauerziegel nach DIN 105-100:2012-01,
   - Kalksandsteine nach DIN V 106:2005-10 mit Ausnahme von Fasensteinen und Planelementen,
   - Betonsteine nach DIN V 18151-100:2005-10, DIN V 18152-100:2005-10 oder DIN V 18153-100:2005-10 mit Ausnahme von Plansteinen,
   - Porenbetonsteine nach DIN V 4165-100:2005-10 mit Ausnahme von Planelementen.

   Porenbetonsteine nach EN 771-4:2011 dürfen darüber hinaus für tragendes Mauerwerk nur verwendet werden, wenn für die Formbeständigkeit der Porenbetonsteine der Gesamtwert des Trocknungsschwindens $\varepsilon_{cs,tot}$ nach DIN EN 680 deklariert ist und den Wert 0,40 mm/m nicht überschreitet.
6. Glassteine nach EN 1051-2:2007[*5]:
   Die Verwendung der Glassteine ist nicht geregelt und bedarf daher einer allgemeinen bauaufsichtlichen Zulassung; hiervon ausgenommen sind nichttragende innere Trennwände, an die keine Anforderungen an die Absturzsicherheit und/oder Feuerwiderstandsdauer und/oder Schallschutz gestellt werden.

[*1] **Amtl. Anm.:** In Deutschland umgesetzt durch DIN EN 13139:2002-08
[*2] **Amtl. Anm.:** In Deutschland umgesetzt durch DIN EN 998-2:2010-12
[*3] **Amtl. Anm.:** In Deutschland umgesetzt durch DIN EN 845-1:2008-06, DIN EN 845-2:2003-08 und DIN EN 845-3:2008-06
[*4] **Amtl. Anm.:** In Deutschland umgesetzt durch DIN EN 771-1, -2, -3, -4 und -5:2011-07
[*5] **Amtl. Anm.:** In Deutschland umgesetzt durch DIN EN 1051-2:2007-12

Anlage 2.2/2 E

Für die Verwendung von Zement nach EN 197-1:2011[1] gilt Anlage 1.33 der Bauregelliste A Teil 1.

---

[1] **Amtl. Anm.:** In Deutschland umgesetzt durch DIN EN 197-1:2011-11

Anlage 2.2/3

(gestrichen)

Anlage 2.2/4
(neu)

zu DIN 1053-1

Bei Anwendung der technischen Regel ist Folgendes zu beachten:

1. Für Wände, die als Endauflager für Decken oder Dächer dienen, durch Wind beansprucht werden und nach Abschnitt 6.9.1 der Norm nachgewiesen werden, ist zusätzlich ein Nachweis der Mindestauflast der Wände zu führen. Dieser darf vereinfacht wie folgt geführt werden, sofern kein genauerer Nachweis erfolgt:

$$N_{hm} \geq \frac{3 \cdot w_e \cdot h^2 \cdot b}{16 \cdot (a - \frac{h}{200} - \frac{d}{4})}$$

Dabei ist:

h	die lichte Geschoßhöhe
w_e	der charakteristische Wert der Einwirkung aus Wind je Flächeneinheit
N_{hm}	der Kleinstwert der vertikalen Belastung in Wandhöhenmitte
b	die Breite, über die die vertikale Belastung wirkt
a	die Deckenauflagertiefe
d	die Wanddicke

Bei Wänden mit nicht über die volle Wanddicke aufliegender Decke darf der Nachweis der Standsicherheit mit dem vereinfachten Verfahren nach Abschnitt 6.9.1 geführt werden, wenn abweichend bzw. zusätzlich Folgendes berücksichtigt wird:
Anstelle des Faktors k_2 nach DIN 1053-1, Abschnitt 6.9.1, ist zur Ermittlung der Traglastminderung durch Knicken

$$k_2 = 0{,}85 \cdot (a/d) - 0{,}0011 \cdot \lambda^2$$

anzunehmen.
Dabei ist:

a	die Deckenauflagertiefe
d	die Wanddicke
λ	*die* Schlankheit der Wand mit h_k/d

Für den Faktor k_3 nach DIN 1053-1, Abschnitt 6.9.1, gilt zusätzlich:

$$k_3 \leq a/d$$

Die Deckenauflagertiefe *a* muss mindestens die halbe Wanddicke, jedoch mehr als 100 mm betragen. Bei einer Wanddicke von 365 mm darf die Mindestauflagertiefe auf 0,45 *d* reduziert werden.

2. Für nichttragende Außenwände ohne rechnerischen Nachweis (größte zulässige Werte von Ausfachungsflächen) gilt anstelle von Abschnitt 8.1.3.2 der Norm DIN EN 1996-3/NA, NCI Anhang NA.C.

3. Für die Verwendung von Drahtankern gemäß Bild 9 der Norm gilt abweichend DIN EN 1996-2/NA, NCI Anhang NA.D, Abs. g.

Anlage 2.2/5
(neu)

Bei Anwendung der technischen Regel ist Folgendes zu beachten:

1. Die Technischen Baubestimmungen nach Nr. 2.2.1(1) dürfen bis zum 31. Dezember 2015 unter Berücksichtigung der Bestimmungen der Anlage 2.2/5 alternativ zu den Technischen Baubestimmungen nach 2.2.1(2) angewendet werden.
2. Die Regeln der Technischen Baubestimmungen nach Nr. 2.2.1(2) (neues Normenwerk) dürfen mit denen der Technischen Baubestimmungen nach Nr. 2.2.1(1) (altes Normenwerk) nicht kombiniert werden (Mischungsverbot); Ausnahmen siehe Vorbemerkungen.

Anlage 2.2/6 E
(neu)

Für die Verwendung von Bauprodukten nach harmonisierten Normen in Mauerwerk nach DIN EN 1996 ist folgendes zu beachten:

1. Gesteinskörnungen nach EN 13139:2002*1):
   Für tragende Bauteile dürfen natürliche Gesteinskörnungen mit alkaliempfindlichen Bestandteilen oder mit möglicherweise alkaliempfindlichen Bestandteilen nur verwendet werden, wenn sie in eine Alkaliempfindlichkeitsklasse eingestuft sind (gemäß Bauregelliste A Teil 1, lfd. Nr. 2.2.8).
2. Mauermörtel nach EN 998-2:2010*2):
   Es gilt sinngemäß die Anwendungsnorm DIN V 20000-412:2004-03.
3. Ergänzungsbauteile für Mauerwerk nach EN 845-1:2003+A1:2008, EN 845-2:2003 und EN 845-3:2003+A1:2008*3):
   Die Verwendung der Ergänzungsbauteile für tragende Zwecke ist nicht geregelt und bedarf daher einer allgemeinen bauaufsichtlichen Zulassung.
4. Betonwerksteine nach EN 771-5:2011*4):
   Die Verwendung der Betonwerksteine für tragende Zwecke ist nicht geregelt und bedarf daher einer allgemeinen bauaufsichtlichen Zulassung.
5. Mauersteine nach EN 771-1, -2, -3, -4:2011*4):
   Es gelten sinngemäß die Anwendungsnormen
   DIN 20000-401:2012-11,
   DIN V 20000-402:2005-06,
   DIN V 20000-403:2005-06 und
   DIN V 20000-404:2006-01.
   Mauersteine, die zusätzlich folgende Anforderungen erfüllen, dürfen für Mauerwerk nach DIN EN 1996 verwendet werden:
   - Mauerziegel nach DIN 105-100:2012-01,
   - Kalksandsteine nach DIN V 106:2005-10,
   - Betonsteine nach DIN V 18151-100:2005-10, DIN V 18152-100:2005-10 oder DIN V 18153-100:2005-10 mit Ausnahme von Plansteinen,
   - Porenbetonsteine nach DIN V 4165-100:2005-10.

Porenbetonsteine nach EN 771-4:2011 dürfen darüber hinaus für tragendes Mauerwerk nur verwendet werden, wenn für die Formbeständigkeit der Porenbetonsteine der Gesamtwert des Trocknungsschwindens $\varepsilon_{cs,tot}$ nach DIN EN 680 deklariert ist und den Wert 0,40 mm/m nicht überschreitet.

6. Glassteine nach EN 1051-2:2007*5):
Die Verwendung der Glassteine ist nicht geregelt und bedarf daher einer allgemeinen bauaufsichtlichen Zulassung; hiervon ausgenommen sind nichttragende innere Trennwände, an die keine Anforderungen an die Absturzsicherheit und/oder Feuerwiderstandsdauer und/oder Schallschutz gestellt werden.

---

*1) **Amtl. Anm.:** In Deutschland umgesetzt durch DIN EN 13139:2002-08
*2) **Amtl. Anm.:** In Deutschland umgesetzt durch DIN EN 998-2:2010-12
*3) **Amtl. Anm.:** In Deutschland umgesetzt durch DIN EN 845-1:2008-06, DIN EN 845-2:2003-08 und DIN EN 845-3:2008-06
*4) **Amtl. Anm.:** In Deutschland umgesetzt durch DIN EN 771-1, -2, -3, -4 und -5:2011-07
*5) **Amtl. Anm.:** In Deutschland umgesetzt durch DIN EN 1051-2:2007-12

Anlage 2.2/7
(neu)zu DIN EN 1996-1-1 in Verbindung mit DIN EN 1996-1-1/NA
Bei Anwendung der technischen Regel ist Folgendes zu beachten:

1. Die Bemessung von Mauerwerk auf der Grundlage von Versuchen nach DIN EN 1996-1-1, Abschnitt 2.5, ist nicht anzuwenden.
2. Für die Ermittlung des Bemessungswertes des Tragwiderstandes ist der Abminderungsfaktor Φ_m nach DIN EN 1996-1-1, Abschnitt 6.1.2.2, zur Berücksichtigung von Schlankheit und Ausmitte gemäß DIN EN 1996-1-1/NA, NCI Anhang NA.G, zu berechnen.
3. Sofern gemäß DIN EN 1996-1-1/NA, NCI zu 5.5.3, bzw. DIN EN 1996-3/NA, NDP zu 4.1(1)P, ein rechnerischer Nachweis der Schubtragfähigkeit erforderlich ist, ist dieser nach DIN EN 1996-1-1, Abschnitt 6.2, in Verbindung mit DIN EN 1996-1-1/NA, NCI zu 6.2, zu führen.
4. Wenn eine Lastverteilung von 60° entsprechend DIN EN 1996-1-1, Abschnitt 6.1.3(6), nicht eingehalten ist, darf die Erhöhung der Teilflächenbelastung nach DIN EN 1996-1-1, Abschnitt 6.1.3, nicht angesetzt werden.
5. Für den Nachweis von Mauerwerkswänden unter Erddruck nach DIN EN 1996-1-1 in Verbindung mit DIN EN 1996-1-1/NA ist die Anwendung des NCI zu 6.3.4, Gleichungen (NA.28) und (NA.29), bei Elementmauerwerk mit einem planmäßigen Überbindemaß $< 0{,}4\ h_u$ unzulässig.

Anlage 2.2/8
(neu)zu DIN EN 1996-1-2 in Verbindung mit DIN EN 1996-1-2/NA
Für spezielle Ausbildungen (z.B. Anschlüsse, Fugen etc.) sind die Anwendungsregeln nach DIN 4102-4 zu beachten, sofern der Eurocode dazu keine Angaben enthält.

Anlage 2.2/9

(neu)zu DIN EN 1996-3 in Verbindung mit DIN EN 1996-3/NA

Bei Anwendung der vereinfachten Berechnungsmethoden ist Folgendes zu beachten:

1. Für Wände, die als Endauflager für Decken oder Dächer dienen und durch Wind beansprucht werden, darf der Nachweis der Mindestauflast der Wand vereinfacht wie folgt geführt werden, sofern kein genauerer Nachweis erfolgt:

$$N_{hm} \geq \frac{3 \cdot q_{Ewd} \cdot h^2 \cdot b}{16 \cdot (a - \frac{h}{300})}$$

   Dabei ist:

h	die lichte Geschoßhöhe
q_{Ewd}	der Bemessungswert der Windlast je Flächeneinheit
N_{hm}	der Bemessungswert der kleinsten vertikalen Belastung in Wandhöhenmitte im betrachteten Geschoß
b	die Breite, über die die vertikale Belastung wirkt
a	die Deckenauflagertiefe

2. Die vereinfachte Berechnungsmethode für Mauerwerkswände unter Erddruck nach DIN EN 1996-3, Abschnitt 4.5, gilt nur für Wanddicken $t \geq 240$ mm.
3. Die Anwendung von DIN EN 1996-3/NA, NCI Anhang NA.C für die Ermittlung der größten zulässigen Werte von Ausfachungsflächen ist bei Elementmauerwerk nur zulässig, wenn das Überbindemaß $\geq 0{,}4\ h_u$ beträgt.
4. DIN EN 1996-3/NA, NCI zu Anhang A, wird wie folgt ersetzt:
   Der informative Anhang wird mit Ausnahme von A.3 als normativer Anhang übernommen. A.3 ist nicht anzuwenden.
   Der Traglastfaktor bei Anwendung von Gleichung (A.1) in Anhang A.2 beträgt:

$c_A = 0{,}5$	für $h_{ef}/t_{ef} \leq 18$
$c_A = 0{,}33$	für $18 < h_{ef}/t_{ef} \leq 21$ sowie generell bei Wänden als Endauflager im obersten Geschoss, insbesondere unter Dachdecken

   Der Ansatz des Beiwertes $c_A = 0{,}5$ ist für Mauerwerk mit einer charakteristischen Druckfestigkeit von $f_k < 1{,}8$ N/mm² nur bis zu Deckenspannweiten $l_f \leq 5{,}5$ m zulässig.
   Bei teilaufliegenden Decken muss bei Anwendung des Nachweisverfahrens nach DIN EN 1996-3, Anhang A, die Wanddicke mindestens 36,5 cm betragen.

Anlage 2.2/10

(neu)zu DIN 1053-4

Bei Anwendung der technischen Regel sind zusätzlich DIN EN 1996-1-1/NA/A1, DIN EN 1996-3/NA/A1 und die Anlagen 2.2/7 und 2.2/9 zu berücksichtigen.

Anlage 2.3/1

Bei Anwendung der technischen Regel ist Folgendes zu beachten:

1. Für die Bestimmung der Druckfestigkeit von Beton in bestehenden Gebäuden kann DIN EN 13791 (einschließlich nationaler Anhang) angewendet werden.
2. Bei der Verwendung von selbstverdichtenden Beton ist die „DAfStb-Richtlinie Selbstverdichtender Beton (SVB-Richtlinie)“ (2012-09) anzuwenden.
3. Für massige Bauteile aus Beton gilt die „DAfStb-Richtlinie Massige Bauteile aus Beton“ (2010-04).
4. Grundsätzlich ist die Druckfestigkeit zur Einteilung in die geforderte Druckfestigkeitsklasse nach DIN EN 206-1, Abschnitt 4.3.1 und zur Bestimmung der charakteristischen Festigkeit nach DIN EN 206-1, Abschnitt 5.5.1.2 an Probekörpern im Alter von 28 Tagen zu bestimmen. Hierbei ist auch im Rahmen der Konformitätskontrolle für die Druckfestigkeit nach DIN EN 206-1, Abschnitt 8.2.1 die Konformität an Probekörpern zu beurteilen, die im Alter von 28 Tagen geprüft werden. Von diesem Grundsatz darf nur abgewichen werden, wenn entweder

   I. die DAfStb-Richtlinie „Massige Bauteile aus Beton“ angewendet werden darf und angewendet wird oder

   II. alle folgenden Bedingungen erfüllt werden:

      a. Es besteht ein technisches Erfordernis für den Nachweis der Druckfestigkeit in höherem Prüfalter. Dies ist beispielsweise der Fall bei manchen Hochfesten Betonen, bei fugenarmen/fugenfreien Konstruktionen und bei Bauteilen mit hohen Anforderungen an die Rissbreitenbegrenzung.

      b. Die Verwendung des Betons wird mindestens den Regelungen der Überwachungsklasse 2 nach DIN 1045-3 unterworfen, sofern sich nicht aufgrund der Druckfestigkeitsklasse höhere Anforderungen ergeben. Dabei muss im Rahmen der Überwachung des Einbaus von Beton nach DIN 1045-3, Anhang C die Notwendigkeit des erhöhten Prüfalters von der Überwachungsstelle bestätigt sein.

      c. Es liegt ein vom Bauunternehmen erstellter Qualitätssicherungsplan vor, in dem projektbezogen dargelegt wird, wie das veränderte Prüfalter im Hinblick auf Ausschalfristen, Nachbehandlungsdauer und Bauablauf berücksichtigt wird. Dieser Qualitätssicherungsplan ist der Überwachungsstelle im Rahmen der Überwachung nach DIN 1045-3, Anhang C vor Bauausführung zur Genehmigung vorzulegen.

      d. Im Lieferverzeichnis sowie auf dem Lieferschein wird besonders angegeben, dass die Druckfestigkeit des Betons nach mehr als 28 Tagen bestimmt wird. Unbeschadet dieser Regelung bleibt das Werk für die von der Norm geforderte Vereinbarung mit dem Abnehmer verantwortlich. Dabei ist auf die Auswirkungen auf den Bauablauf, insbesondere hinsichtlich Nachbehandlungsdauer, Dauerhaftigkeit und Ausschalfristen, einzelfallbezogen hinzuweisen.

5. Bei Verwendung von Stahlfaserbeton ist die „DAfStb-Richtlinie Stahlfaserbeton (2012-11)“ anzuwenden.

Anlage 2.3/01

zu DIN EN 1992-1-1 in Verbindung mit DIN EN 1992-1-1/NA

Bei Anwendung der technischen Regel gilt zusätzlich Folgendes:
Nach Art. 1 Abs. 2 Nr. 4 BayBO[1] sind Kräne und Krananlagen vom Geltungsbereich der Bauordnung ausgenommen. Soweit von Krananlagen jedoch Lasten auf Gebäude übertragen werden, hängt die Standsicherheit des Gebäudes auch von der ordnungsgemäßen Beschaffenheit der mit dem Gebäude verbundenen Kranbahn ab. Die DIN EN 1992-1-1 in Verbindung mit DIN EN 1992-1-1/NA wird daher für solche Kranbahnen eingeführt, von denen Lasten auf Gebäude übertragen werden.

Anlage 2.3/2 E

Für die Verwendung von Bauprodukten nach harmonisierten Normen in Beton ist Folgendes zu beachten:

1. Zusatzmittel für Einpressmörtel für Spannglieder nach EN 934-4:2009[2]:
   Es gilt die zugehörige Anwendungsnorm DIN V 20000-101:2002-11. Das Korrosionsverhalten darf alternativ zu DIN V 20000-101, Abschnitt 7, auch nach DIN EN 934-1 nachgewiesen sein.
2. Für die Verwendung von Betonausgangsstoffen nach harmonisierten Normen in Beton nach DIN EN 206-1/DIN 1045-2 gilt Anlage 1.51 der Bauregelliste A Teil 1.
3. Betonglas nach EN 1051-2:2007[3]
   Die Verwendung von Betonglas ist nicht geregelt und bedarf daher einer allgemeinen bauaufsichtlichen Zulassung.

Anlage 2.3/3 E

Für die Verwendung von Bauprodukten nach harmonisierten Normen ist Folgendes zu beachten:
Zusätzlich zu DIN EN 13369:2004-09, DIN EN 13369/A1:2006-09 und DIN EN 13369 Berichtigung 1:2007-05 ist DIN V 20000-120:2006-04 zu berücksichtigen. Die Bemessung erfolgt nach DIN EN 1992-1-1 in Verbindung mit DIN EN 1992-1-1/NA.
Als tragende Bauteile dürfen bis auf Weiteres nur Produkte verwendet werden, für die zusätzlich der Übereinstimmungsnachweis nach BRL A Teil 1 lfd. Nr. 1.6.28 geführt wurde.
Die Angaben von Produkteigenschaften in der CE-Kennzeichnung sind stets als Produktmerkmale zu sehen und ersetzen nicht den Nachweis der Tragfähigkeit entsprechend den Technischen Baubestimmungen im Bauwerk.

1. Betonfertigteile – Maste nach EN 12843:2004-09[*1]:
   Mit Ausnahme des Anhangs ZA sind die informativen Anhänge und Anhang B nicht anzuwenden.

---

[1] Nr. **1**.
[2] **Amtl. Anm.:** In Deutschland umgesetzt durch DIN EN 934-4:2009-09
[3] **Amtl. Anm.:** In Deutschland umgesetzt durch DIN 1051-2:2007-12

Für Maste von Windenergieanlagen gilt zusätzlich die Richtlinie für Windenergieanlagen (Schriften des Deutschen Instituts für Bautechnik, Reihe B, Heft 8, Fassung Oktober 2012).

2. Betonfertigteile – Deckenplatten mit Betonstegen nach EN 13224:2011*2):
   Die Anhänge B, C, D und E sind nicht anzuwenden.
   Für die in DIN EN 13224:2012-01, 4.3.3.2 genannte Querkraftbewehrung gilt DIN EN 1992-1-1, Abschnitt 9, insbesondere 9.2.2 und 9.3.2.
   Für den Nachweis der Längsschubkraft nach DIN EN 13224:2012-01, 4.3.3.4 gilt DIN EN 1992-1-1 in Verbindung mit DIN EN 1992-1-1/NA, Abschnitt 6.2.
   Für die Rauigkeit der Oberfläche nach DIN EN 13224:2012-01, 4.3.3.4 gilt DIN EN 1992-1-1 in Verbindung mit DIN EN 1992-1-1/NA, 6.2.5.

3. Betonfertigteile – Stabförmige Bauteile nach EN 13225:2004-09*3):
   Für den Nachweis der Sicherheit schlanker Träger gegen seitliches Ausweichen nach DIN EN 13225:2004-12, 4.3.3.2 gelten die Regeln nach DIN EN 1992-1-1 in Verbindung mit DIN EN 1992-1-1/NA, Abschnitt 5.9.
   Für den Nachweis unter seismischen Bedingungen nach DIN EN 13225:2004-12, 4.3.3.3 gilt DIN 4149.

4. Betonfertigteile – Betonfertiggaragen nach EN 13978-1:2005-05*4):
   Es darf ausschließlich Betonstahl BSt 500 nach DIN 488-1 verwendet werden. Bei Stabdurchmessern 4 mm und 4,5 mm muss abweichend von DIN EN 1992-1-1 einschl. DIN EN 1992-1-1/NA das Verhältnis $(f_t/f_y)_k$ mindestens 1,03 betragen.
   Die Mindestmaße nach DIN EN 13978-1:2005-07, 4.3.1.2, müssen der Klasse 1 oder der Klasse 2 entsprechen.
   Bei Einzelgaragen darf DIN V 20000-125:2006-12 angewendet werden.

5. Betonfertigteile – Besondere Fertigteile für Dächer nach EN 13693:2004 +A1:2009*5):
   Mit Ausnahme des Anhangs ZA sind die informativen Anhänge nicht anzuwenden.

6. Betonfertigteile – Fertigteilplatten mit Ortbetonergänzung nach EN 13747:2005+A2:2010*6):
   Mit Ausnahme des Anhangs ZA sind die informativen Anhänge nicht anzuwenden.
   Die Bemessung erfolgt nach DIN EN 1992-1-1 in Verbindung mit DIN EN 1992-1-1/NA, sofern die Decken nicht vorgespannt sind oder nicht mit Gitterträgern ausgeführt werden.
   Die Bemessung und Verwendung von vorgespannten Decken mit Ortbetonergänzung und/oder mit Gitterträgern als tragende Bauteile erfolgt nach allgemeiner bauaufsichtlicher Zulassung.

7. Betonfertigteile – Hohlkastenelemente nach EN 14844:2006+A2:2011*7):
   Mit Ausnahme des Anhangs ZA sind die informativen Anhänge nicht anzuwenden.

8. Betonfertigteile – Vorgefertigte Treppen nach EN 14843:2007-04*8):
   Mit Ausnahme des Anhangs ZA sind die informativen Anhänge nicht anzuwenden.

9. Betonfertigteile – Vorgefertigte Gründungselemente nach EN 14991:2007-04*9):

Mit Ausnahme des Anhangs ZA sind die informativen Anhänge nicht anzuwenden.

10. Betonfertigteile – Vorgefertigte Wandelemente nach EN 14992:2007 +A1:2012*10):
Mit Ausnahme des Anhangs ZA sind die informativen Anhänge nicht anzuwenden.

11. Betonfertigteile – Fertigteile für Brücken nach EN 15050:2007 +A1:2012*11):
Mit Ausnahme des Anhangs ZA sind die informativen Anhänge nicht anzuwenden.

12. Betonfertigteile – Vorgefertigte Stahlbeton- und Spannbeton-Hohlplatten nach EN 1168:2005+A3:2012*12):
Mit Ausnahme des Anhangs ZA sind die informativen Anhänge nicht anzuwenden.
Die Bemessung erfolgt nach allgemeiner bauaufsichtlicher Zulassung. Hiervon ausgenommen sind vorgefertigte schlaff bewehrte Stahlbeton-Hohlplatten, die dem Normenwerk von DIN 1045, Teile 1 bis 4 (DIN 1045-1:2008-08, DIN 1045-2:2008-08, DIN 1045-3:2008-08, DIN 1045-1:2001-07) in Verbindung mit den DIBt Mitteilungen 37 (2005) Heft 3, Seiten 102 und 103 entsprechen.

13. Betonfertigteile – Balkendecken mit Zwischenbauteilen – Teil 1: Balken nach EN 15037-1:2008*13):
Mit Ausnahme des Anhangs ZA sind die informativen Anhänge nicht anzuwenden.
Für die Verwendung von vorgefertigten Balken mit Gitterträgern oder/und mit Aufbeton als tragende Bauteile erfolgt die Bemessung nach allgemeiner bauaufsichtlicher Zulassung.
Bei der Verwendung von Balken nach EN 15037-1 in Balkendecken mit Zwischenbauteilen nach EN 15037-2,-3 oder -4 ist Anlage 5.38 von Teil II der LTB zu beachten.

14. Betonfertigteile – Stützwandelemente nach EN 15258:2008*14):
Mit Ausnahme des Anhangs ZA sind die informativen Anhänge nicht anzuwenden.

---

*1) **Amtl. Anm.:** In Deutschland umgesetzt durch DIN EN 12843:2004-11
*2) **Amtl. Anm.:** In Deutschland umgesetzt durch DIN EN 13224:2012-01
*3) **Amtl. Anm.:** In Deutschland umgesetzt durch DIN EN 13225:2004-12
*4) **Amtl. Anm.:** In Deutschland umgesetzt durch DIN EN 13978-1:2005-07
*5) **Amtl. Anm.:** In Deutschland umgesetzt durch DIN EN 13693:2009-10
*6) **Amtl. Anm.:** In Deutschland umgesetzt durch DIN EN 13747:2010-08
*7) **Amtl. Anm.:** In Deutschland umgesetzt durch DIN EN 14844:2012-02
*8) **Amtl. Anm.:** In Deutschland umgesetzt durch DIN EN 14843:2007-07
*9) **Amtl. Anm.:** In Deutschland umgesetzt durch DIN EN 14991:2007-07
*10) **Amtl. Anm.:** In Deutschland umgesetzt durch DIN EN 14992:2012-09
*11) **Amtl. Anm.:** In Deutschland umgesetzt durch DIN EN 15050:2012-06
*12) **Amtl. Anm.:** In Deutschland umgesetzt durch DIN EN 1168:2011-12
*13) **Amtl. Anm.:** In Deutschland umgesetzt durch DIN EN 15037-1:2008-07
*14) **Amtl. Anm.:** In Deutschland umgesetzt durch DIN EN 15258:2009-05

Anlage 2.3/4

Für die Planung, Bemessung und Konstruktion von Brücken gelten die Regelungen gemäß Allgemeinem Rundschreiben Straßenbau Nr. 22/2012 des BMVBS (veröffentlicht im Verkehrsblatt 2012, Heft 24, S. 995).

Anlage 2.3/5

zu DIN EN 1992-1-2, DIN EN 1993-1-2, DIN EN 1994-1-2, DIN EN 1995-1-2 und DIN EN 1999-1-2

1. Für spezielle Ausbildungen (z.B. Anschlüsse, Fugen etc.) sind die Anwendungsregeln nach DIN 4102-4 oder -22 zu beachten, sofern die Eurocodes dazu keine Angaben enthalten.
2. Werden allgemeine Rechenverfahren zur Bemessung von Bauteilen und Tragwerken von prüf- oder bescheinigungspflichtigen Bauvorhaben unter Brandeinwirkung nach den Abschnitten 4.3 bzw. der vorgenannten Eurocodeteile angewendet und die Nachweise von einem Prüfingenieur/Prüfsachverständigen oder Prüfamt für Standsicherheit geprüft/bescheinigt, müssen diese bereits Erfahrungen mit der Prüfung/Bescheinigung derartiger Nachweise haben oder an einschlägigen Fortbildungsveranstaltungen im Brandschutz teilgenommen haben.
3. Allgemeine Rechenverfahren zur Bemessung von Bauteilen und Tragwerken unter Brandeinwirkung müssen nach DIN EN 1991-1-2/NA, Anhang CC, vom Ersteller des Rechenprogramms validiert werden. Die Dokumentation ist in den unter Nr. 2 genannten Fällen einem Prüfingenieur/Prüfsachverständigen oder Prüfamt für Standsicherheit zur Prüfung/Bescheinigung vorzulegen.

Anlage 2.3/6

zu DIN EN ISO 17660-1 und -2

Bei Anwendung der technischen Regel ist Folgendes zu beachten:

1. DIN EN ISO 17660-1 Berichtigung 1 und DIN EN ISO 17660-2 Berichtigung 1 sind zu berücksichtigen.
2. zu Abschnitt 7:

2.1 Es sind schweißgeeignete Betonstähle nach DIN 488-1 und -2:2009-08 oder nach allgemeiner bauaufsichtlicher Zulassung zu verwenden.

2.2 Es sind Baustähle nach DIN EN 10025-1:2005-02 oder nichtrostende Stähle nach allgemeiner bauaufsichtlicher Zulassung Z-30.3-6 zu verwenden.

2.3 Es sind Schweißzusätze nach DIN EN 13479:2005-03 zu verwenden.

3. zu Abschnitt 8 und 9:
Es ist die DVS Richtlinie DVS 1708:2009-09 zu beachten.

Anlage 2.3/8

zur Richtlinie für Schutz und Instandsetzung von Betonbauteilen

Bei Anwendung der technischen Regel ist Folgendes zu beachten:

1. Bauaufsichtlich ist die Anwendung der technischen Regel nur für Instandsetzungen von Betonbauteilen gefordert, bei denen die Standsicherheit gefährdet ist.
2. Die zweite Berichtigung der DAfStb-Richtlinie – Schutz und Instandsetzung von Betonbauteilen – Teil 2, Ausgabe Dezember 2005, ist zu berücksichtigen.
3. Vergussmörtel und Vergussbetone nach der „DAfStb-Richtlinie Herstellung und Verwendung von zementgebundenem Vergussbeton und Vergussmörtel – November 2011" dürfen bei Instandsetzungsmaßnahmen gemäß dem Anwendungsbereich nach dieser Richtlinie verwendet werden.

Anlage 2.3/9 E

Die Verwendung von Produkten nach der Normenreihe EN 1504 in Verbindung mit der Instandsetzungsrichtlinie nach der gültigen Fassung ist nicht möglich.
Bei der Verwendung von Produkten nach der Normenreihe EN 1504 ist daher Folgendes zu beachten:

1. zu EN 1504-2*[1)]:
   Oberflächenschutzsysteme für Beton dürfen für Instandsetzungen von Betonbauteilen, bei denen die Standsicherheit gefährdet ist, nur verwendet werden, wenn für die Produkte nach EN 1504 der Nachweis als Oberflächenschutzsystem gemäß Bauregelliste A Teil 1 lfd. Nr. 1.7.5 geführt wurde.
2. zu EN 1504-3*[2)]:
   Die Verwendung von Instandsetzungsmörtel und -beton für Instandsetzungen von Betonbauteilen, bei denen die Standsicherheit gefährdet ist, ist noch nicht geregelt und bedarf derzeit einer allgemeinen bauaufsichtlichen Zulassung.
3. zu EN 1504-4*[3)]:
   Die Verwendung von Klebstoffen für das Kleben von Stahlplatten oder sonstigen geeigneten Werkstoffen auf die Oberfläche oder von Festbeton auf Festbeton oder von Frischbeton auf Festbeton oder in Schlitze eines Betontragwerkes für Verstärkungszwecke ist nicht geregelt und bedarf daher einer allgemeinen bauaufsichtlichen Zulassung.
4. zu EN 1504-5*[4)]:
   Rissfüllstoffe für kraftschlüssiges Füllen und Rissfüllstoffe für dehnfähiges Füllen von Rissen, Hohlräumen und Fehlstellen von Betonbauteilen dürfen für Instandsetzungen von Betonbauteilen, bei denen die Standsicherheit gefährdet ist, nur verwendet werden, wenn für die Produkte nach EN 1504 die besonderen Eigenschaften gemäß Bauregelliste A Teil 1 lfd. Nr. 1.7.6 nachgewiesen wurden.
   Die Verwendung von Rissfüllstoffen für quellfähiges Füllen von Rissen, Hohlräumen und Fehlstellen von Betonbauteilen für Instandsetzungen von Betonbauteilen, bei denen die Standsicherheit gefährdet ist, ist nicht geregelt und bedarf einer allgemeinen bauaufsichtlichen Zulassung.
5. zu EN 1504-6:2006-08*[5)]:

Die Verwendung von Mörtel nach EN 1504-6 zur Verankerung von Bewehrungsstäben in Betonbauteilen, an die Anforderungen an die Standsicherheit gestellt werden, ist nicht geregelt und bedarf daher einer allgemeinen bauaufsichtlichen Zulassung.

6. zu EN 1504-7:2006-07*6):
   Die Verwendung von Beschichtungsmaterial für Korrosionsschutzbeschichtungen von Betonstahl nach EN 1504-7 für Instandsetzungen von Betonbauteilen, bei denen die Standsicherheit gefährdet ist, ist nicht geregelt und bedarf daher einer allgemeinen bauaufsichtlichen Zulassung.

---

*1) **Amtl. Anm.**: In Deutschland umgesetzt durch DIN EN 1504-2:2005-01
*2) **Amtl. Anm.**: In Deutschland umgesetzt durch DIN EN 1504-3:2006-03
*3) **Amtl. Anm.**: In Deutschland umgesetzt durch DIN EN 1504-4:2005-02
*4) **Amtl. Anm.**: In Deutschland umgesetzt durch DIN EN 1504-5:2005-03
*5) **Amtl. Anm.**: In Deutschland umgesetzt durch DIN EN 1504-6:2006-11
*6) **Amtl. Anm.**: In Deutschland umgesetzt durch DIN EN 1504-7:2006-11

Anlage 2.3/10

zu DIN 4223-4

Bei Anwendung der technischen Regel ist Folgendes zu beachten:
Für die Anwendung ist Abschnitt 6 von DIN 4223-1:2003-12 zu beachten.

Anlage 2.3/11

DIN EN 1992-1-1/NA Berichtigung 1:2012-06 ist zu berücksichtigen.

Anlage 2.4/1 E

Für die Verwendung von Bauprodukten nach harmonisierten Normen in Stahlbauten ist Folgendes zu beachten:

1. Bauprodukt nach EN 10340*1):
   Für die Verwendung der Stahlgusssorten 1.0449, 1.0455, 1.1131 und 1.6220 gilt DIN EN 1993-1-8/NA:2010-12. Für die Verwendung der übrigen in DIN EN 10340:2008-01 genannten Stahlgusssorten in tragenden Bauteilen ist eine allgemeine bauaufsichtliche Zulassung erforderlich.
2. Bauprodukt nach EN 10343*2):
   Für die Verwendung der Vergütungsstahlsorten 1.0501, 1.0503, 1.1181, 1.1180, 1.1191 und 1.1201 im normalgeglühten Zustand (+N) gilt DIN EN 1993-1-8/NA:2010-12. Für die Verwendung der übrigen in EN 10343:2009 genannten Vergütungsstahlsorten in tragenden Bauteilen ist eine allgemeine bauaufsichtliche Zulassung erforderlich.

---

*1) **Amtl. Anm.**: In Deutschland umgesetzt durch DIN EN 10340:2008-01
*2) **Amtl. Anm.**: In Deutschland umgesetzt durch DIN EN 10343:2009-07

Anlage 2.4/01

zu DIN EN 1993-6 in Verbindung mit DIN EN 1993-6/NA

Bei Anwendung der technischen Regel gilt zusätzlich Folgendes:
Nach Art. 1 Abs. 2 Nr. 4 BayBO[1] sind Kräne und Krananlagen vom Geltungsbereich der Bauordnung ausgenommen. Soweit von Krananlagen jedoch Lasten auf Gebäude übertragen werden, hängt die Standsicherheit des Gebäudes auch von der ordnungsgemäßen Beschaffenheit der mit dem Gebäude verbundenen Kranbahn ab. Die DIN EN 1993-6 in Verbindung mit DIN EN 1993-6/NA wird daher für solche Kranbahnen eingeführt, von denen Lasten auf Gebäude übertragen werden.

Anlage 2.4/2
(geändert)

zu DIN EN 1090-2

Bei Anwendung der technischen Regel ist Folgendes zu beachten:
Die Zuordnung von Bauwerken, Tragwerken und Bauteilen zu den in DIN EN 1090-2, Abschnitt 4.1.2 genannten Ausführungsklassen EXC 1 bis EXC 4 wird nachfolgend erläutert. Dabei ist zu beachten,

- dass die Herstellung von Bauteilen aus Stahl in den genannten Ausführungsklassen nur durch solche Hersteller erfolgen darf, deren werkseigene Produktionskontrolle durch eine notifizierte Stelle entsprechend DIN EN 1090-1:2012-02 zertifiziert ist;
- dass die Ausführung von geschweißten Bauteilen, Tragwerken und Bauwerken aus Stahl in den genannten Ausführungsklassen nur durch solche Betriebe auf der Baustelle erfolgen darf, die über einen Eignungsnachweis für die Ausführung von Schweißarbeiten in den entsprechenden Ausführungsklassen verfügen. Als Eignungsnachweis gilt alternativ
  - ein durch eine notifizierte Stelle ausgestelltes oder bestätigtes Schweißzertifikat nach DIN EN 1090-1:2012-02, wenn die werkseigene Produktionskontrolle des Betriebs durch diese Stelle entsprechend DIN EN 1090-1:2012-02 zertifiziert ist;
  - ein auf Grundlage von DIN EN 1090-2 in Verbindung mit DIN EN 1090-1:2012-02, Tabelle B.1 durch eine bauaufsichtlich anerkannte Stelle ausgestelltes Schweißzertifikat;
  - während der verbleibenden Gültigkeitsdauer eine bestehende Bescheinigung über die Herstellerqualifikation nach DIN 18800-7 entsprechend folgender Übersicht:

Beanspruchungsart	Ausführungsklasse nach DIN EN 1090-2	Herstellerqualifikation nach DIN 18800-7
statisch oder quasi-statisch	EXC 1	mindestens Klasse B

[1] Nr. 1.

Beanspruchungsart	Ausführungsklasse nach DIN EN 1090-2	Herstellerqualifikation nach DIN 18800-7
	EXC 2	mindestens Klasse B, C oder D unter Beachtung der zu den Klassen angegebenen Geltungsbereiche
	EXC 3 EXC 4	mindestens Klasse D
ermüdungsrelevant	EXC 1 EXC 2 EXC 3 EXC 4	Klasse E

§ 3 der Verordnung über bauordnungsrechtliche Regelungen für Bauprodukte und Bauarten (Bauprodukte- und Bauartenverordnung – BauPAV) bleibt unberührt.

Ausführungsklasse EXC 1

In diese Ausführungsklasse fallen vorwiegend ruhend beanspruchte Bauteile oder Tragwerke aus Stahl bis zur Festigkeitsklasse S275, für die mindestens einer der folgenden Punkte zutrifft:

1. Tragkonstruktionen mit
   – bis zu zwei Geschossen aus Walzprofilen ohne biegesteife Kopfplattenstöße
   – druck- und biegebeanspruchte Stützen mit bis zu 3 m Knicklänge
   – Biegeträgern mit bis zu 5 m Spannweite und Auskragungen bis 2 m
   – charakteristischen veränderlichen, gleichmäßig verteilten Einwirkungen/Nutzlasten bis 2,5 kN/m^2 und charakteristischen veränderlichen Einzelnutzlasten bis 2,0 kN
2. Tragkonstruktionen mit max. 30° geneigten Belastungsebenen (z.B. Rampen) mit Beanspruchungen durch charakteristische Achslasten von max. 63 kN oder charakteristische veränderliche, gleichmäßig verteilte Einwirkungen/Nutzlasten von bis zu 17,5 kN/m^2 (Kategorie E2.4 nach DIN EN 1991-1-1/NA:2010-12, Tabelle 6.4 DE) in einer Höhe von max. 1,25 m über festem Boden wirkend
3. Treppen und Geländer in Wohngebäuden
4. Landwirtschaftliche Gebäude ohne regelmäßigen Personenverkehr (z.B. Scheunen, Gewächshäuser)
5. Wintergärten an Wohngebäuden
6. Einfamilienhäuser mit bis zu 4 Geschossen
7. Gebäude, die selten von Personen betreten werden, wenn der Abstand zu anderen Gebäuden oder Flächen mit häufiger Nutzung durch Personen mindestens das 1,5-Fache der Gebäudehöhe beträgt

Die Ausführungsklasse EXC 1 gilt auch für andere vergleichbare Bauwerke, Tragwerke und Bauteile.

Ausführungsklasse EXC 2

In diese Ausführungsklasse fallen vorwiegend ruhend und nicht vorwiegend ruhend beanspruchte Bauteile oder Tragwerke aus Stahl bis zur Festigkeitsklasse S700, die nicht den Ausführungsklassen EXC 1, EXC 3 und EXC 4 zuzuordnen sind.

Ausführungsklasse EXC 3

In diese Ausführungsklasse fallen vorwiegend ruhend und nicht vorwiegend ruhend beanspruchte Bauteile oder Tragwerke aus Stahl bis zur Festigkeitsklasse S700, für die mindestens einer der folgenden Punkte zutrifft:

1. Großflächige Dachkonstruktionen von Versammlungsstätten/Stadien
2. Gebäude mit mehr als 15 Geschossen
3. vorwiegend ruhend beanspruchte Wehrverschlüsse bei extremen Abflussvolumen
4. folgende nicht vorwiegend ruhend beanspruchte Tragwerke oder deren Bauteile:
   - Geh- und Radwegbrücken
   - Straßenbrücken
   - Eisenbahnbrücken
   - Fliegende Bauten
   - Türme und Maste wie z.B. Antennentragwerke
   - Kranbahnen
   - zylindrische Türme wie z.B. Stahlschornsteine

Die Ausführungsklasse EXC 3 gilt auch für andere vergleichbare Bauwerke, Tragwerke und Bauteile.
Ausführungsklasse EXC 4
In diese Ausführungsklasse fallen alle Bauteile oder Tragwerke der Ausführungsklasse EXC 3 mit extremen Versagensfolgen für Menschen und Umwelt, wie z.B.:

1. Straßenbrücken und Eisenbahnbrücken (siehe DIN EN 1991-1-7) über dicht besiedeltem Gebiet oder über Industrieanlagen mit hohem Gefährdungspotential
2. Sicherheitsbehälter in Kernkraftwerken
3. nicht vorwiegend ruhend beanspruchte Wehrverschlüsse bei extremen Abflussvolumen

Anlage 2.4/3
(geändert)

zu DIN EN 1090-3

Bei Anwendung der technischen Regel ist Folgendes zu beachten,

- dass die Herstellung von Bauteilen aus Aluminium in den genannten Ausführungsklassen nach DIN EN 1090-3, Abschnitt 4.1.2 nur durch solche Hersteller erfolgen darf, deren werkseigene Produktionskontrolle durch eine notifizierte Stelle entsprechend DIN EN 1090-1:2012-02 zertifiziert ist;
- dass die Ausführung von geschweißten Bauteilen, Tragwerken und Bauwerken aus Aluminium in den genannten Ausführungsklassen nach DIN EN 1090-3, Abschnitt 4.1.2 nur durch solche Firmen auf der Baustelle erfolgen darf, die über einen Eignungsnachweis für die Ausführung von Schweißarbeiten in den

entsprechenden Ausführungsklassen verfügen. Als Eignungsnachweis gilt alternativ:

- ein durch eine notifizierte Stelle ausgestelltes oder bestätigtes Schweißzertifikat nach DIN EN 1090-1:2012-02, wenn die werkseigene Produktionskontrolle des Betriebs durch diese Stelle entsprechend DIN EN 1090-1:2012-02 zertifiziert ist;
- ein auf Grundlage von DIN EN 1090-3 in Verbindung mit DIN EN 1090-1:2012-02, Tabelle B.1 durch eine bauaufsichtlich anerkannte Stelle ausgestelltes Schweißzertifikat;
- während der verbleibenden Gültigkeitsdauer eine bestehende Bescheinigung über die Herstellerqualifikation nach DIN V 4113-3 entsprechend folgender Übersicht:

Ausführungsklasse nach DIN EN 1090-3	Herstellerqualifikation nach DIN V 4113-3
EXC 1	mindestens Klasse B
EXC 2 EXC 3 EXC 4	mindestens Klasse C

§ 3 der Verordnung über bauordnungsrechtliche Regelungen für Bauprodukte und Bauarten (Bauprodukte- und Bauartenverordnung – BauPAV) bleibt unberührt.

Anlage 2.4/4

zu den technischen Regeln nach Abschnitt 2.4

Bei Anwendung der technischen Regel ist Folgendes zu beachten:
Bei Anwendung der technischen Regel ist die Anpassungsrichtlinie Stahlbau, Fassung Oktober 1998 (DIBt-Mitteilungen, Sonderheft 11/2[1]) in Verbindung mit den Berichtigungen zur Anpassungsrichtlinie Stahlbau (DIBt-Mitteilungen, Heft 6/1999, S. 201) sowie der Änderung und Ergänzung der Anpassungsrichtlinie Stahlbau, Ausgabe Dezember 2001 (DIBt-Mitteilungen, Heft 1/2002, S. 14) zu beachten.

Anlage 2.4/5

zu DIN 18807 Teil 3

Bei Anwendung der technischen Regel ist Folgendes zu beachten:
Auf folgende Druckfehler wird hingewiesen:

– Zu Abschnitt 3.3.3.1:

[1] **Amtl. Anm.:** Die DIBt-Mitteilungen sind zu beziehen beim DIBt.

In Abs. 2 muss es anstelle von „... 3.3.3.2 Aufzählung a) multiplizierten ...“ heißen „...3.3.3.2 Punkt 1 multiplizierten ...“.
In Abs. 3 muss es anstelle von „... 3.3.3.2 Aufzählung b) nicht ...“ heißen „... 3.3.3.2 Punkt 2 nicht...“.

– Zu Abschnitt 3.6.1.5 mit Tabelle 4:
  In der Tabellenüberschrift muss es heißen „Einzellasten zul F in kN je mm Stahlkerndicke und je Rippe für ...“.

Anlage 2.4/6

zu DIN 18807-3 und -9

Bei Anwendung der technischen Regeln ist Folgendes zu beachten:
Die Normen gelten auch für Wellprofile, wobei die Wellenhöhe der Profilhöhe h und die Wellenlänge der Rippenbreite b_R nach DIN 18807-1, Bild 3 und Bild 4, bzw. Anhang A von DIN 18807-9 entspricht, siehe Bild.
DIN 18807-1, Abschnitt 4, bzw. DIN 18807-6, Abschnitt 3, gelten jedoch nicht für Wellprofile. Die Beanspruchbarkeiten von Wellprofilen sind nach DIN 18807-2 oder DIN 18807-7 zu ermitteln; lediglich das Grenzbiegemoment im Feldbereich von Einfeldträgern und Durchlaufträgern darf auch nach der Elastizitätstheorie ermittelt werden.

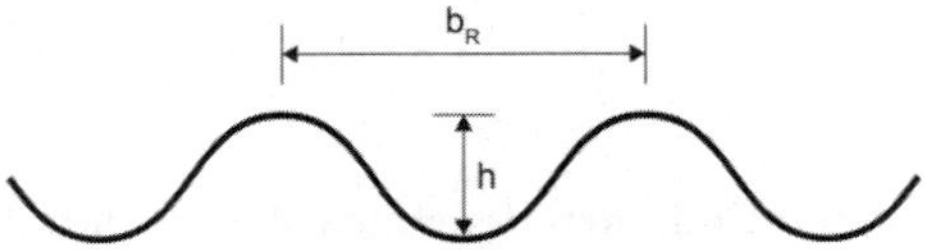

Bild

Anlage 2.4/7

Bei Anwendung der technischen Regeln ist Folgendes zu beachten:
Sofern in Normen bei der Ausführung von Stahl- oder Aluminiumtragwerken oder Stahl- oder Aluminiumbauteilen auf DIN 18800-7 bzw. auf DIN V 4113-3 verwiesen wird, gilt dafür DIN EN 1090-2:2011-10 bzw. DIN EN 1090-3:2008-09.

Anlage 2.4/8 E
(neu)

Für die Verwendung von vorgefertigten tragenden Bauteilen und Bausätzen aus Stahl und Aluminium nach EN 1090-1:2009+A1:2011[1)] ist Folgendes zu beachten:

[1)] **Amtl. Anm.:** In Deutschland umgesetzt durch DIN EN 1090-1:2012-02

1 Werden Tragfähigkeitsmerkmale von Bauteilen oder Bausätzen in Form von rechnerisch ermittelten Tragfähigkeitswerten oder kompletten statischen Berechnungen im Rahmen der CE-Kennzeichnung deklariert, so ist bei prüf- und bescheinigungspflichtigen Bauvorhaben die Vollständigkeit und Richtigkeit der Tragsicherheitsnachweise im Rahmen der nach der Landesbauordnung (Art. 62 BayBO[1]) geforderten Prüfung der Standsicherheitsnachweise der baulichen Anlage/Gebäude zu bestätigen.

2 Für die Verwendung von Bauteilen und Bausätzen aus nichtrostenden Stählen sowie für die Verwendung von Bauteilen und Bausätzen, deren Tragfähigkeitsmerkmale auf der Grundlage von Versuchen ermittelt werden, ist eine allgemeine bauaufsichtliche Zulassung oder soweit vorgesehen ein allgemeines bauaufsichtliches Prüfzeugnis erforderlich.

Anlage 2.5/1 E
(geändert)

Für die Verwendung von Bauprodukten nach harmonisierten Normen in Holzbauwerken ist Folgendes zu beachten:

1. Holzwerkstoffe nach EN 13986:2004[*1)]:
   Es gilt die zugehörige Anwendungsnorm DIN V 20000-1:2005-12.
2. Vorgefertigte tragende Bauteile mit Nagelplattenverbindungen nach EN 14250-2010[*2)]:
   Es gilt die zugehörige Anwendungsnorm DIN 20000-4:2013-08.
3. Brettschichtholz nach EN 14080:2005-06[*3)]:
   Die Verwendung des Brettschichtholzes ist bisher nicht geregelt und bedarf derzeit noch einer allgemeinen bauaufsichtlichen Zulassung.
4. Furnierschichtholz für tragende Zwecke nach EN 14374:2004-11[*4)]:
   Die Verwendung dieses Furnierschichtholzes ist bisher nicht geregelt und bedarf derzeit noch einer allgemeinen bauaufsichtlichen Zulassung.
5. Bauholz nach EN 14081-1:2005+A1:2011[*5)]:
   Es gilt die zugehörige Anwendungsnorm DIN 20000-5:2012-03.
6. Stiftförmige Verbindungsmittel nach EN 14592:2008+A1:2012[*6)]:
   Es gilt die zugehörige Anwendungsnorm DIN 20000-6:2013-08, sie gilt auch für gehärtete Schrauben und unabhängig von der Überzugsart nach EN 14592:2008+A1:2012, Abschnitt 3.12.
   Der charakteristische Wert des Ausziehparameters für profilierte Nägel bezieht sich auf die profilierte Länge ohne Nagelspitze. Für die Eindringtiefe t_{pen} nach DIN EN 1995-1-1:2012-12, Gleichung (8.23 a), ist der profilierte Schaftteil im Bauteil daher ohne die Nagelspitze anzusetzen.
   Anmerkung: Die üblichen Nagelspitzenlängen liegen zwischen 1,0 d und 1,5 d. Die maximal mögliche Nagelspitzenlänge beträgt 2,5 d.
7. Nicht stiftförmige Verbindungsmittel nach EN 14545:2008[*7)]:
   Es gilt die zugehörige Anwendungsnorm DIN 20000-6:2013-08.
   Anmerkung: Für Bauteile mit Nagelplattenverbindungen mit einer Gesamtlänge unter 12 m wird der Nachweis von Transport- und Montagezuständen nicht maßgebend und kann als erfüllt angesehen werden.

[*1)] **Amtl. Anm.:** In Deutschland umgesetzt durch DIN EN 13986:2005-03

[1)] Nr. **1**.

*2) **Amtl. Anm.:** In Deutschland umgesetzt durch DIN EN 14250:2010-05
*3) **Amtl. Anm.:** In Deutschland umgesetzt durch DIN EN 14080:2005-09
*4) **Amtl. Anm.:** In Deutschland umgesetzt durch DIN EN 14374:2005-02
*5) **Amtl. Anm.:** In Deutschland umgesetzt durch DIN EN 14081-1:2006-03
*6) **Amtl. Anm.:** In Deutschland umgesetzt durch DIN EN 14592:2012-07
*7) **Amtl. Anm.:** In Deutschland umgesetzt durch DIN EN 14545:2009-02

Anlage 2.5/2

Bei Anwendung der technischen Regel ist Folgendes zu beachten:
Holzbauteile mit geklebten tragenden Verbindungen sowie Brettsperrholz dürfen nur verwendet werden, wenn diese Verbindungen mit Klebstoffen hergestellt worden sind, die als Klebstoffe des Typs I nach DIN EN 301:2006-09 klassifiziert sind. Dies gilt nicht für die Verbindung der Komponenten in Holzwerkstoffen. Für die Herstellung geklebter tragender Verbindungen von Holzbauteilen gilt Satz 1 sinngemäß.

Anlage 2.6/1 E

Für die Verwendung von Lagern nach DIN EN 1337 ist Folgendes zu beachten:

1. Gleitteile sind in DIN EN 1337-2:2004-07 geregelt.
2. Die Anschlussbauteile von Brückenlagern gemäß DIN EN 1337-1:2001-02 Tabelle 1 sind nicht geregelt und bedürfen daher einer allgemeinen bauaufsichtlichen Zulassung.
3. Für DIN EN 1337-3:2005-07 gilt:
   Für die Verwendung in Deutschland sind nur Chloroprenkautschuk(CR)-Lager erlaubt.
4. Für DIN EN 1337-5:2005-07 gilt:
   Für die Verwendung in Deutschland sind nur Topfgleitlager mit einem akkumulierten Gleitweg von 1000 m bzw. 2000 m gemäß Anhang E und somit nur die Innendichtungen A.1.1, A.1.2 und A.1.3 gemäß Anhang A erlaubt.

Anlage 2.6/2 E

Für die Verwendung von Unterdecken nach EN 13964:2004 + A1:2006[1] ist Folgendes zu beachten:

1. Der Nachweis der gesundheitlichen Unbedenklichkeit ist durch allgemeine bauaufsichtliche Zulassung zu führen. Ausgenommen sind Unterdecken, die aus Unterkonstruktionen aus Metall oder unbehandeltem Holz in Verbindung mit Decklagen aus Metallkassetten, unbehandeltem Holz, Holzwerkstoffen nach EN 13986 gem. BRL B Teil 1 Abschnitt 1.3.2.1 und Gipskartonplatten sowie Dämmstoffen gem. BRL B Teil 1 Abschnitte 1.5.1 bis 1.5.10 bestehen.
2. Sind Anforderungen an den Schallschutz zu erfüllen, ist der Nachweis des Schallschutzes nach DIN 4109 zu führen. Dabei sind die gemäß DIN 4109 bzw. Beiblatt 1 zu DIN 4109 ermittelten Rechenwerte in Ansatz zu bringen.

---

1) **Amtl. Anm.:** In Deutschland umgesetzt durch DIN EN 13964:2007-02

3. Der Nachweis des Wärmeschutzes nach DIN 4108 Teil 2 und 3 und der Nachweis des energieeinsparenden Wärmeschutzes sind unter Ansatz der Bemessungswerte gemäß DIN 4108-4 zu führen. Im Bausatz verwendete Dämmstoffe müssen die Anforderungen des Anwendungsgebietes DI nach DIN 4108-10 erfüllen.

Anlage 2.6/3

zu DIN 18516-1

Bei Anwendung der technischen Regel ist Folgendes zu beachten:

1. Zu Abschnitt 7.1.1, Absatz a:
   Für Bekleidungen dürfen auch nichtrostende Stähle der Korrosionswiderstandsklasse II verwendet werden.
2. Auf folgende Druckfehlerberichtigung wird hingewiesen:
   Zu Anhang A, Abschnitt A 3.1:
   Im 4. Abs. muss es anstelle von „... nach Bild A.1.b) ...“ richtig „... nach Bild A.1.c) ...“ und anstelle von „... nach Bild A.1.c)...“ richtig „... nach Bild A.1.d) ...“ heißen.
   Zu Anhang A, Bild A.4:
   Es muss heißen: anstelle von „vorh. $F_{Q,Ed}$“ richtig „vorh. F_Q“, anstelle von „vorh. $F_{Z,Ed}$“ richtig „vorh. F_Z“, anstelle von „zul. $F_{Q,Rd}$“ richtig „zul. F_Q“, anstelle von „zul. $F_{Z,Rd}$“ richtig „zul. F_Z“, anstelle von „max. $F_{Q,Rd}$“ richtig „max. zul. F_Q“ und anstelle von „max. $F_{Z,Rd}$“ richtig „max. zul. F_Z“

Anlage 2.6/4

zu DIN 18516-1

Bei Anwendung der technischen Regel sind folgende besondere brandschutztechnische Vorkehrungen bei hinterlüfteten Außenwandbekleidungen, die geschossübergreifende Hohlräume haben, oder über Brandwände hinweggeführt werden, zu beachten:

1. Anwendungsbereich

Bei hinterlüfteten Außenwandbekleidungen, die

- geschossübergreifende Hohl- oder Lufträume haben oder
- über Brandwände hinweggeführt werden,

sind nach Art. 26 Abs. 4 in Verbindung mit Abs. 5 sowie nach Art. 28 Abs. 7 Satz 2 BayBO[1] besondere Vorkehrungen gegen die Brandausbreitung zu treffen. Nachfolgend werden mögliche Vorkehrungen beschrieben.

---

[1] Nr. 1.

2. Begriffe

2.1. Hinterlüftete Außenwandbekleidungen bestehen aus

- Bekleidungen mit offenen oder geschlossenen Fugen, sich überdeckenden Elementen bzw. Stößen;
- Unterkonstruktionen (z.B. Trag- und gegebenenfalls Wandprofilen aus Metall, Holzlatten (Traglatten), Konterlatten (Grundlatten));
- Halterungen (Verankerungs-, Verbindungs-, Befestigungselementen);
- Zubehörteilen (z.B. Anschlussprofile, Dichtungsbänder, thermische Trennelemente);
- Hinterlüftungsspalt;
- ggf. Wärmedämmung mit Dämmstoffhaltern.

2.2

Hinterlüftungsspalt ist der Luftraum zwischen der Bekleidung und der Wärmedämmung oder zwischen der Bekleidung und der Wand, soweit keine außen liegende Wärmedämmung vorgesehen ist.

2.3

Brandsperren dienen der Begrenzung der Brandausbreitung im Hinterlüftungsspalt über eine ausreichend lange Zeit durch Unterbrechung oder partielle Reduzierung des freien Querschnitts des Hinterlüftungsspalts.

3. Dämmstoffe, Unterkonstruktionen, Hinterlüftungsspalt

3.1

Abweichend von Art. 26 Abs. 3 Satz 1 BayBO[1)] muss die Wärmedämmung nichtbrennbar sein. Die Dämmstoffe sind entweder mechanisch oder mit einem Klebemörtel, der schwerentflammbar ist oder einen Anteil von nicht mehr als 7,5 % an organischen Bestandteilen aufweist, auf dem Untergrund zu befestigen. Stabförmige Unterkonstruktionen aus Holz sind zulässig (Art. 26 Abs. 3 Satz 1 Halbsatz 2 BayBO[1)]).

3.2

Die Tiefe des Hinterlüftungsspaltes darf nicht größer sein als:

- 50 mm bei Verwendung einer Unterkonstruktion aus Holz und
- 150 mm bei Verwendung einer Unterkonstruktion aus Metall.

4. Horizontale Brandsperren

4.1

In jedem zweiten Geschoss sind horizontale Brandsperren im Hinterlüftungsspalt anzuordnen. Die Brandsperren sind zwischen der Wand und der Bekleidung einzubauen. Bei einer außen liegenden Wärmedämmung genügt der Einbau zwischen dem Dämmstoff und der Bekleidung, wenn der Dämmstoff im Brandfall formstabil ist und einen Schmelzpunkt von > 1.000 °C aufweist.

[1)] Nr. **1**.

4.2

Unterkonstruktionen aus brennbaren Baustoffen müssen im Bereich der horizontalen Brandsperren vollständig unterbrochen werden.

4.3

Die Größe der Öffnungen in den horizontalen Brandsperren ist insgesamt auf 100 cm^2/lfm Wand zu begrenzen. Die Öffnungen können als gleichmäßig verteilte Einzelöffnungen oder als durchgehender Spalt angeordnet werden.

4.4

Die horizontalen Brandsperren müssen über mindestens 30 Minuten hinreichend formstabil sein (z.B. aus Stahlblech mit einer Dicke von d ≥ 1 mm). Sie sind in der Außenwand in Abständen von ≤ 0,6 m zu verankern. Die Stahlbleche sind an den Stößen mindestens 30 mm zu überlappen.

4.5

Laibungen von Außenwandöffnungen (Türen, Fenster) dürfen integraler Bestandteil von Brandsperren sein, soweit der Hinterlüftungsspalt durch Bekleidung der Laibungen und Stürze der Außenwandöffnungen verschlossen ist; die Bekleidung muss den Anforderungen nach Ziffer 4.4 entsprechen, Unterkonstruktionen und eine ggf. vorhandene Wärmedämmung müssen aus nichtbrennbaren Baustoffen bestehen.

4.6

Horizontale Brandsperren sind nicht erforderlich

1. bei öffnungslosen Außenwänden,
2. wenn durch die Art der Fensteranordnung eine Brandausbreitung im Hinterlüftungsspalt ausgeschlossen ist (z.B. durchgehende Fensterbänder, geschossübergreifende Fensterelemente) und
3. bei Außenwänden mit hinterlüfteten Bekleidungen, die einschließlich ihrer Unterkonstruktionen, Wärmedämmung und Halterungen aus nichtbrennbaren Baustoffen bestehen, wenn der Hinterlüftungsspalt im Bereich der Laibung von Öffnungen umlaufend im Brandfall über mindestens 30 Minuten formstabil (z.B. durch Stahlblech mit einer Dicke von d ≥ 1 mm) verschlossen ist.

5. Vertikale Brandsperren im Bereich von Brandwänden

Der Hinterlüftungsspalt darf über die Brandwand nicht hinweggeführt werden. Der Hinterlüftungsspalt ist mindestens in Brandwanddicke mit einem im Brandfall formstabilen Dämmstoff mit einem Schmelzpunkt von > 1.000 °C auszufüllen.
Art. 28 Abs. 7 Satz 1 bleibt unberührt.

Anlage 2.6/5

zu DIN 18516-3

Bei Anwendung der technischen Regel ist Folgendes zu beachten:

42 Technische Baubestimmungen

1. Zu Abschnitt 4.4
   Auf folgende Druckfehler im zweiten Absatz wird hingewiesen:
   Im ersten Satz muss es richtig lauten: „... $\alpha_{exp,2} = 0,5$ ...“; der zweite Satz ist zu streichen.
2. Zu Abschnitt 6.3.5
   Auf folgende Druckfehler im dritten Absatz wird hingewiesen:
   Der dritte Absatz muss richtig lauten: „Beim Nachweis der Pressung unter dem Ankersteg darf bei Verankerungen in Beton der 3-fache Wert der einaxialen Druckfestigkeit des Verankerungsmörtels angesetzt werden. Bei Verankerungen in Mauerwerk darf das 1,5-Fache des kleineren Wertes aus einaxialer Druckfestigkeit des Verankerungsmörtels und Steindruckfestigkeit angesetzt werden.“
3. Zu Abschnitt 7.2
   Auf folgende Druckfehler wird im ersten Absatz hingewiesen:
   Nach dem zweiten Satz muss folgender Satz eingefügt werden: „Dieser Faktor ist nur bei Lastkomponenten zu berücksichtigen, die in den nachzuweisenden Platten Biegespannungen hervorrufen.“

Anlage 2.6/6
(gestrichen)
Anlage 2.6/7 E
(geändert)

zu den technischen Regeln nach 2.6.6 und 2.7.7

1. Verwendbare Bauprodukte aus Glas

1.1 Basiserzeugnisse aus Kalk-Natronsilicatglas nach EN 572-9:2004*1)

Im Anwendungsbereich der genannten technischen Regeln sind die Basiserzeugnisse aus Kalk-Natronsilicatglas mit den Bezeichnungen Floatglas, poliertes Drahtglas, Ornamentglas und Drahtornamentglas nach BRL A Teil 1 lfd. Nr. 11.10 zu verwenden.

1.2 Beschichtetes Glas nach EN 1096-4:2004*2)

Es dürfen nur beschichtete Bauprodukte aus Glas verwendet werden, die den Bestimmungen von Bauregelliste A Teil 1 lfd. Nr. 11.11 entsprechen.

1.3 Teilvorgespanntes Kalknatronglas nach EN 1863-2:2004*3)

Teilvorgespanntes Kalknatronglas ohne allgemeine bauaufsichtliche Zulassung darf nur verwendet werden, wenn bei der Bemessung die für Floatglas geltende charakteristische Biegezugfestigkeit angesetzt wird oder es zur Herstellung einer der nachfolgend genannten Verglasungen verwendet wird:

- allseitig linienförmig gelagerte vertikale Mehrscheiben-Isolierverglasung mit einer Fläche von maximal 1,6 m²
- Verbundsicherheitsglas mit einer Fläche von maximal 1,0 m²

Andere Verwendungen von teilvorgespanntem Glas gelten als nicht geregelte Bauart.

1.4 Thermisch vorgespanntes Kalknatron-Einscheibensicherheitsglas nach EN 12150-2:2004*4)

Thermisch vorgespanntes Kalknatron-Einscheibensicherheitsglas muss den Bestimmungen der Bauregelliste A Teil 1 lfd. Nr. 11.12 entsprechen.

1.5 Heißgelagertes thermisch vorgespanntes Kalknatron-Einscheibensicherheitsglas nach EN 14179-2:2005*5)

Das heißgelagerte thermisch vorgespannte Kalknatron-Einscheibensicherheitsglas nach DIN EN 14179-2:2005-08 darf nur dann wie thermisch vorgespanntes Kalknatron-Einscheibensicherheitsglas verwendet werden, sofern die Biegezugfestigkeit nach der Bauregelliste A Teil 1 lfd. Nr. 11.12 deklariert ist.

1.6 Verbundglas und Verbund-Sicherheitsglas nach EN 14449:2005*6)

Als Verbund-Sicherheitsglas im Sinn der genannten technischen Regeln darf nur Verbund-Sicherheitsglas angesehen werden, das den Bedingungen der Bauregelliste A Teil 1 lfd. Nr. 11.14 entspricht. Verbundglas muss der lfd. Nr. 11.15 der Bauregelliste A Teil 1 entsprechen.

1.7 Mehrscheiben-Isolierglas nach EN 1279-5:2005+A2:2010*7)

Für die Verwendung nach den genannten technischen Regeln muss das Mehrscheiben-Isolierglas den Bedingungen der Bauregelliste A Teil 1 lfd. Nr. 11.16 entsprechen.

---

*1) **Amtl. Anm.:** In Deutschland umgesetzt durch DIN EN 572-9:2005-01
*2) **Amtl. Anm.:** In Deutschland umgesetzt durch DIN EN 1096-4:2005-01
*3) **Amtl. Anm.:** In Deutschland umgesetzt durch DIN EN 1863-2:2005-01
*4) **Amtl. Anm.:** In Deutschland umgesetzt durch DIN EN 12150-2:2005-01
*5) **Amtl. Anm.:** In Deutschland umgesetzt durch DIN EN 14179-2:2005-08
*6) **Amtl. Anm.:** In Deutschland umgesetzt durch DIN EN 14449:2005-07
*7) **Amtl. Anm.:** In Deutschland umgesetzt durch DIN EN 1279-5:2010-11

Anlage 2.6/8
(geändert)

zu den technischen Regeln nach 2.6.6 und 2.7.7

Für Verwendungen, in denen nach den technischen Regeln heiß gelagertes Einscheibensicherheitsglas (ESG-H) gefordert wird, ist heiß gelagertes thermisch vorgespanntes Kalknatron-Einscheibensicherheitsglas (ESG-H) nach den Bedingungen der Bauregelliste A Teil 1 lfd. Nr. 11.13, Anlage 11.11 einzusetzen.

Anlage 2.6/9
(geändert)

zu DIN 18008-2

Bei Anwendung der technischen Regel ist Folgendes zu beachten:

1. Die DIN 18008-2 Berichtigung 1:2011-04 ist zu berücksichtigen.
2. Die technische Regel braucht nicht angewendet zu werden für:
   - Dachflächenfenster in Wohnungen und Räumen ähnlicher Nutzung (z.B. Hotelzimmer, Büroräume) mit einer Lichtfläche (Rahmen-Innenmaß) bis zu 1,6 m^2,
   - Verglasungen von Kulturgewächshäusern/Produktionsgewächshäusern.

Anlage 2.6/10

(gestrichen)

Anlage 2.6/11

(gestrichen)

Anlage 2.7/1

zu DIN 13084-1

Bei Anwendung der technischen Regel ist Folgendes zu beachten:
Die Ermittlung der Einwirkungen aus Erdbeben erfolgt noch nicht nach EN 1998-6 sondern nach DIN 4149.

Anlage 2.7/2

zu DIN 13084-2

Bei Anwendung der technischen Regel ist Folgendes zu beachten:

1. Es sind die empfohlenen Teilsicherheitsbeiwerte zu verwenden.
2. Anstatt EN 206-1 ist stets DIN EN 206-1 in Verbindung mit DIN 1045-2 in Bezug zu nehmen.
3. Betonstahl und Betonstahlprodukte müssen DIN 488-1 bis 6 entsprechen.

Anlage 2.7/3

zu DIN 13084-4

Bei Anwendung der technischen Regel ist Folgendes zu beachten:

1. Die informativen Anhänge sind nicht anzuwenden.

2. Fußnote c von Tabelle 3 ist nicht anzuwenden; als charakteristischer Wert der Biegezugfestigkeit für die Mauerwerksklasse A dürfen nur 2 N/mm² angesetzt werden.
3. Als Teilsicherheitsbeiwert für Zugbeanspruchung ist abweichend von Tabelle 6 N γ_M = 1,7 anzusetzen.
4. Abschnitt 6.3.3.2, 1. Absatz, Satz 1, ist nicht anzuwenden.

Anlage 2.7/4

zu DIN V 4133

Bei Anwendung der technischen Regel ist Folgendes zu beachten:
1. Zusätzlich gilt DIN EN 13084-1 in Verbindung mit Anlage 2.7/1.
2. Für den Nachweis der Gründung ist anstatt Abschnitt 8.2.3, 1. Absatz der Abschnitt 5.4 von DIN EN 13084-1 zu verwenden.

Anlage 2.7/5

zu DIN 13084-6

Bei Anwendung der technischen Regel ist Folgendes zu beachten:
1. Anstelle von EN 1993-3-2 und EN 1993-1-6 sind noch die diesbezüglichen Regelungen von DIN V 4133:2007-07 anzuwenden.
2. Zusätzlich gilt DIN EN 13084-1 in Verbindung mit Anlage 2.7/1.

Anlage 2.7/6

zu DIN 13084-8

Bei Anwendung der technischen Regel ist Folgendes zu beachten:
1. Anstelle von EN 1993-3-1 und EN 1993-3-2 sind noch die diesbezüglichen Regelungen von DIN V 4133:2007-07 bzw. DIN 4131:1991-11 anzuwenden.
2. Zusätzlich gilt DIN EN 13084-1 in Verbindung mit Anlage 2.7/1.

Anlage 2.7/7
(geändert)

zu DIN EN 13782

Bei Anwendung der technischen Regel ist Folgendes zu beachten:

1.1 Abschnitt 1 erhält folgende Fassung:
„Der Anwendungsbereich wird beschränkt auf Zelte, die Fliegende Bauten nach Art. 72 BayBO[1] sind."

1.2 Für die Anwendung der Norm sind die Auslegungen, Stand: März 2010, zu beachten, die vom Arbeitsausschuss Fliegende Bauten NA 005-11-15 AA (http://www.nabau.din.de) veröffentlicht wurden.

2.1 Beiundatierten Verweisen auf Normen der Reihe ENV 1991 bis ENV 1997 sind die entsprechenden technischen Regeln dieser Liste der Technischen Baubestimmungen anzuwenden.

2.2 Bei Verweisen auf „relevante Europäische Normen" bzw. „EN-Normen" sind zutreffende technische Regeln der aktuellen Ausgabe der Bauregelliste und dieser Liste der Technischen Baubestimmungen anzuwenden.

3.1 Abschnitt 3.1 erhält folgende Fassung:
„Zelte sind Anlagen, deren Hülle aus Planen (textile Flächengebilde, Folien) oder teilweise auch aus festen Bauteilen besteht."

3.2 Die Abschnitte 3.1.3 und 3.2 sind von der Einführung ausgenommen.

4.1 In Abschnitt 5.1.2, vierter Spiegelstrich, ist nur der erste Satz von der Einführung erfasst.

4.2 Abschnitt 5.2.2, letzter Satz, ist von der Einführung ausgenommen.

5. Zu Abschnitt 6.4.2.2:
Für den Standsicherheitsnachweis von Zelten, die als Fliegende Bauten auch für Aufstellorte mit v_b > 28 m/s bemessen werden sollen, sind die Geschwindigkeitsdrücke nach Tabelle NA.B.3 oder Abschnitt NA.B.3.3 der Norm DIN EN 1991-1-4/NA: 2010-12 anzuwenden. Diese dürfen mit dem Faktor 0,7 abgemindert werden. Andere Abminderungen der Geschwindigkeitsdrücke dürfen nicht in Ansatz gebracht werden.

6. Zu Abschnitt 8:
In Abschnitt 8.1 ist Satz 3 von der Einführung ausgenommen. Die Tragfähigkeit von Gewichts- und Stabankern darf nach den Vorgaben der Abschnitte 8.2 und 8.3 bemessen werden.

7. Die Abschnitte 10 bis 15 und die Anhänge A, C und D sind von der Einführung ausgenommen.

Anlage 2.7/8

zu DIN EN 13814

Bei Anwendung der technischen Regel ist Folgendes zu beachten:

1.1 Abschnitt 1 erhält folgende Fassung:
„Diese Norm ist anzuwenden für Fliegende Bauten nach Art. 72 BayBO[1], z.B. Karusselle, Schaukeln, Boote, Riesenräder, Achterbahnen, Rutschen, Tribünen, textile und Membrankonstruktionen, Buden, Bühnen, Schaugeschäfte und Aufbauten für artistische Vorstellungen in der Luft. Sie gilt auch für die Bemessung entsprechender baulicher Anlagen, die in Vergnü-

---

[1] Nr. **1**.

gungsparks für einen längeren Zeitraum aufgestellt werden, mit Ausnahme der Windlastansätze sowie der Bemessung der Gründung. Diese Norm gilt nicht für Zelte. Ortsfeste Tribünen, Baustelleneinrichtungen, Baugerüste und versetzbare landwirtschaftliche Konstruktionen gehören nicht zu den Fliegenden Bauten."

1.2 Für die Anwendung der Norm sind die Auslegungen, Stand: März 2010, zu beachten, die vom Arbeitsausschuss Fliegende Bauten NA 005-11-15 AA (http://www.nabau.din.de) veröffentlicht wurden.

2.1 Bei undatierten Verweisen auf Normen der Reihe ENV 1991 bis ENV 1997 sind die entsprechenden technischen Regeln dieser Liste der Technischen Baubestimmungen anzuwenden.

2.2 Bei Verweisen auf „relevante Europäische Normen" bzw. „EN-Normen" sind zutreffende technische Regeln der aktuellen Ausgabe der Bauregelliste und dieser Liste der Technischen Baubestimmungen anzuwenden.

3. Die Abschnitte 3.1 bis 3.7 sind von der Einführung ausgenommen.

4.1 zu Abschnitt 5.2:
Bei der Auswahl der Werkstoffe sind die in der BayBO und in den Vorschriften aufgrund der BayBO vorgegebenen Verwendungsbedingungen zu beachten.

4.2 zu Abschnitt 5.3.3.1.2.2:
Für Tribünen ohne feste Sitzplätze und deren Zugänge und Podeste sind vertikale Verkehrslasten mit q_k = 7,5 kN/m^2 anzunehmen.

4.3 zu Abschnitt 5.3.3.4:
Bei Anwendung von Tabelle 1 ist der durch erforderliche Schutz- und Verstärkungsmaßnahmen ertüchtigte Fliegende Bau im Zustand außer Betrieb für die höchste vorgesehene Windzone mit den Geschwindigkeitsdrücken nach Tabelle NA.B.3 oder Abschnitt NA.B.3.3 der Norm DIN EN 1991-1-4/NA:2010-12 zu bemessen. Diese dürfen mit dem Faktor 0,7 abgemindert werden. Andere Abminderungen der Geschwindigkeitsdrücke dürfen nicht in Ansatz gebracht werden.
Alternativ darf die Standsicherheit von Fliegenden Bauten im Zustand außer Betrieb, auch für Aufstellorte mit v_b > 28 m/s, mit den Geschwindigkeitsdrücken nach Tabelle NA.B.3 oder Abschnitt NA.B.3.3 der Norm DIN EN 1991-1-4/NA:2010-12 nachgewiesen werden. Diese dürfen mit dem Faktor 0,7 abgemindert werden. Andere Abminderungen der Geschwindigkeitsdrücke dürfen nicht in Ansatz gebracht werden.
Bild 1 ist von der Einführung ausgenommen.

4.4 zu Abschnitt 5.3.6.2:
Für günstig wirkende ständige Einwirkungen ist der Teilsicherheitsbeiwert γ_G = 1,0 zu verwenden.

4.5 zu Abschnitt 5.6.5.3:
Fußriemenverschnallungen in Überschlagschaukeln, einschließlich deren Befestigungen und Verbindungen, müssen eine Bruchlast von mindestens 2 kN aufweisen.

5. zu Abschnitt 6:
Anstelle der nachfolgend von der Einführung ausgenommenen Abschnitte der Norm gelten die Anforderungen der Richtlinie über den Bau und Betrieb Fliegender Bauten, Fassung Juni 2010.

5.1 Die Abschnitte 6.1.3.2, 6.1.3.3, 6.1.4.1, 6.1.4.5 und 6.1.5.2 sind von der Einführung ausgenommen.

5.2 zu Abschnitt 6.1.6.4:
Bei Kettenfliegerkarussellen darf insbesondere das Versagen einer Tragkette nicht zum Ausfall der Fahrgastsicherung (Schließkette, -stange, etc.) führen.

5.3 zu Abschnitt 6.2.1.2:
Rotoren müssen eine geschlossene Zylinderwand haben. Der Boden und die Innenseite der Zylinderwand sind ohne vorstehende oder vertiefte Teile auszuführen. Der obere Rand der Zylinderwand darf weder vom Benutzer noch von Zuschauern erreicht werden können. Der höhenverschiebbare Boden ist mit geringer Fuge in den Zylinder einzupassen und mit der Zylinderdrehung gleichlaufend zu führen. Die Türen sind mit geringen Fugen in die Zylinderwand einzupassen. Rotoren sind so auszubilden, dass sie nicht bei offenen Türen anfahren können.

5.4 zu Abschnitt 6.2.2.2:
Die Höhe der Umwehrung offener Gondeln von Riesenrädern, in denen Fahrgäste während des Betriebs aufstehen können, muss, gemessen ab Oberkante Sitzfläche, mindestens 0,55 m betragen. Ein- und Aussteigeöffnungen müssen in Höhe der Umwehrung durch feste Vorrichtungen geschlossen werden können. Sie müssen mit nicht selbsttätig lösbaren Verschlüssen gesichert werden können.

5.5 zu Abschnitt 6.2.3.1:
Achterbahnen sind ringsum mit einer Flächenabsperrung der Anforderungsklasse J3 auszustatten.
Die Fahrbahnen von Geisterbahnen sind bis auf die Ein- und Aussteigestellen mindestens mit Bereichsabsperrungen der Anforderungsklasse J2 gegenüber Zuschauern abzuschranken.

5.6 zu Abschnitt 6.2.3.5.1:
Bei Geisterbahnen mit langsam fahrenden Fahrzeugen (Geschw. $\leq$ 3 m/s) und geeigneten Anpralldämpfern kann auf ein Blocksystem verzichtet werden.

5.7 zu Abschnitt 6.2.3.5.2:
Stockwerksgeisterbahnen müssen Rücklaufsicherungen in den Steigungsstrecken haben. In den Gefällestrecken sind erforderlichenfalls Bremsen zur Regelung der Geschwindigkeit und Kippsicherungen vorzusehen.

5.8 zu Abschnitt 6.2.5.1.1:
Zwischen Drehscheibe und Stoßbande muss eine feststehende, waagerechte und glatte Rutschfläche von mindestens 2 m Breite vorhanden sein.

5.9 In Abschnitt 6.2.5.2 ist der erste Absatz von der Einführung ausgenommen.

5.10 Abschnitt 6.2.6 ist von der Einführung ausgenommen.

5.11 zu Abschnitt 6.2.7.5:
Schießtische sind unverrückbar zu befestigen. Die Entfernung zu einzelnen flächenmäßig begrenzten Zielen von höchstens 0,40 m Tiefe (z.B. Häuschen für Walzenschießen) darf bis auf 2,40 m verringert werden.

5.12 Die Abschnitte 6.4, 6.5 und 6.6 sind von der Einführung ausgenommen.

6. Abschnitt 7 ist von der Einführung ausgenommen.

7. Die Anhänge A, C, E, F, H und I sind von der Einführung ausgenommen.

Anlage 2.7/9

zu DIN 4131

Bei Anwendung der technischen Regeln ist Folgendes zu beachten:

1. Die Ermittlung der Einwirkungen aus Wind erfolgt weiterhin bis zur Überarbeitung von DIN 4131 gemäß Anhang A dieser Norm.
2. Zu Abschnitt A.1.3.2.3:
   Aerodynamische Kraftbeiwerte, die dem anerkannten auf Windkanalversuchen beruhenden Schrifttum entnommen oder durch Versuche im Windkanal ermittelt werden, müssen der Beiwertdefinition nach DIN EN 1991-1-4 in Verbindung mit DIN EN 1991-1-4/NA entsprechen.

Anlage 2.7/10

zu DIN 4134

Bei Anwendung der technischen Regeln ist Folgendes zu beachten:
Abschnitt 4.2.5 wird ergänzt durch folgende Regel:
Bei Tragluftbauten braucht die Schneelast nicht berücksichtigt zu werden, wenn durch eine dafür ausreichende dauernde Beheizung nach Abschnitt 3.4.1 von DIN 1055-5 (Juni 1975) ein Liegenbleiben des Schnees verhindert wird, oder wenn ein ortsfestes Abräumgerät für Schnee vorhanden ist.
Innerhalb dieser Bauten sind an sichtbarer Stelle Schilder anzubringen, aus denen hervorgeht, dass

- ohne Schneelast gerechnet wurde,
- eine ständige Beheizung zur Schneebeseitigung auf dem Dach erforderlich ist, oder
- der Schnee laufend vom Dach geräumt wird, oder
- eine Abtragung der vollen Schneelast durch eine geeignete Stützkonstruktion erforderlich ist.

Anlage 2.7/12
(geändert)

zur „Richtlinie für Windenergieanlagen; Einwirkungen und Standsicherheitsnachweise für Turm und Gründung“

Bei Anwendung der technischen Regel ist Folgendes zu beachten:

1. Der maschinentechnische Teil der Windenergieanlagen muss die Sicherheitsanforderungen nach DIN EN 61400-1, Windenergieanlagen – Teil 1: Auslegungsanforderungen, erfüllen. Kleine Windenergieanlagen, deren überstrichene Rotorfläche kleiner als 200 m^2 ist und die eine Spannung erzeugen, die unter 1000 V Wechselspannung oder 1500 V Gleichspannung liegt,

dürfen nach DIN EN 61400-2, Windenergieanlagen – Teil 2: Sicherheit kleiner Windenergieanlagen, nachgewiesen werden.
Darüber hinaus gilt, dass das Sicherheitssystem mindestens aus zwei voneinander unabhängig automatisch einsetzenden Bremssystemen bestehen muss und bei Ausfall eines Bremssystems die verbleibenden Systeme in der Lage sein müssen, den Rotor auf eine unkritische Drehzahl abzubremsen und den Rotor zum Stillstand zu bringen.

2. Abstände zu Verkehrswegen und Gebäuden sind unbeschadet der Anforderungen aus anderen Rechtsbereichen wegen der Gefahr des Eisabwurfs einzuhalten, soweit eine Gefährdung der öffentlichen Sicherheit nicht auszuschließen ist.
Abstände größer als 1,5 × (Rotordurchmesser plus Nabenhöhe) gelten im Allgemeinen in nicht besonders eisgefährdeten Regionen als ausreichend.

3. Zu den bautechnischen Unterlagen für Windenergieanlagen gehören:

3.1 die gutachtlichen Stellungnahmen eines Sachverständigen*1) nach Abschnitt 3, Buchstabe I der Richtlinie sowie die weiteren von einem Sachverständigen*1) begutachteten Unterlagen nach Abschnitt 3, Buchstaben J, K und L der Richtlinie. Für kleine Windenergieanlagen nach Nr. 1 ist die gutachtliche Stellungnahme nach Abschnitt 3, Buchstaben I sowie J, K und L der Richtlinie nicht erforderlich.

3.2 die gutachtliche Stellungnahme eines Sachverständigen*2) über die örtlich auftretende Turbulenzintensität und über die Zulässigkeit von vorgesehenen Abständen zu benachbarten Windenergieanlagen in Bezug auf die Standsicherheit der bestehenden und möglicherweise vorgesehenen Anlagen sowie der beantragten Anlage, soweit die Abstände gem. Abs. 7.3.3 nicht eingehalten werden.

3.3 die gutachterliche Stellungnahme eines Sachverständigen*2) zur Funktionssicherheit von Einrichtungen, durch die der Betrieb der Windenergieanlage bei Eisansatz sicher ausgeschlossen werden kann oder durch die ein Eisansatz verhindert werden kann (z.B. Rotorblattheizung), soweit erforderliche Abstände wegen der Gefahr des Eisabwurfes nicht eingehalten werden.

3.4 das Baugrundgutachten nach Abschnitt 3, Buchstabe H der Richtlinie zur Bestätigung, dass die der Auslegung der Anlage zugrundeliegenden Anforderungen an den Baugrund am Aufstellort vorhanden sind.

3.5 die Darstellung der Anforderungen zur Durchführung der Wiederkehrenden Prüfungen nach Abschnitt 15 der Richtlinie in Verbindung mit dem begutachteten Wartungspflichtenbuch (siehe Nr. 3.1 zu Abschnitt 3, Buchstabe L der Richtlinie).

3.6 Die Angabe der Entwurfslebensdauer nach Abschnitt 9.6.1 der Richtlinie.

4. Wird der Standsicherheitsnachweis einer Windenergieanlage mit einer überstrichenen Rotorfläche von mehr als 200 m^2 durch die Bauaufsichtsbehörde, einen Prüfingenieur oder ein Prüfamt geprüft bzw. durch einen Prüfsachverständigen bescheinigt, so ist zu bestätigen, dass die zugehörigen Gutachten (Abschnitt 3.I.1-5 der Richtlinie) vorliegen und die dort vorgegebenen Werte und Eigenschaften in der statischen Berechnung berücksichtigt sind. Das gilt auch für Typenprüfungen.

5. Für Windenergieanlagen bis zu 10 m Höhe gemessen von der Geländeoberfläche bis zum höchsten Punkt der vom Rotor bestrichenen Fläche und einem Rotordurchmesser bis zu drei Metern gelten Nrn. 3.1 bis 3.4 nicht.

6. Die Einhaltung von Forderungen an die Bauausführung, die sich aus der Prüfung/Bescheinigung (siehe Nr. 4) ergeben haben, ist im Rahmen der Bauüberwachung zu überprüfen.

---

*1) **Amtl. Anm.:**
Als Sachverständige kommen insbesondere folgende in Betracht:
- GL Renewables Certification, Germanischer Lloyd Industrial Services GmbH, Brooktorkai 18, 20457 Hamburg
- Det Norske Veritas (DNV), Tuborg Parkvej 8, DK-2900 Kopenhagen
- TÜV Nord SysTec GmbH & Co. KG, Große Bahnstraße 31, 22525 Hamburg
- TÜV Süd Industrie AG, Westendstraße 199, 80686 München
- DEWI-OCC, Offshore & Certification Centre GmbH, Am Seedeich 9, 27472 Cuxhaven

*2) **Amtl. Anm.:** Als Sachverständige für Inspektion und Wartung kommen insbesondere in Betracht: Die in Fußnote *1) genannten sowie die vom Sachverständigenbeirat des Bundesverbandes WindEnergie (BWE) e.V. anerkannten Sachverständigen.

Anlage 2.7/15

zu den Lehmbau-Regeln

Bei Anwendung der technischen Regel ist Folgendes zu beachten:
Die technische Regel gilt für Wohngebäude der Gebäudeklassen 1 und 2 mit bis zu zwei oberirdischen Geschossen.

1. Hinsichtlich des Brandschutzes ist das Brandverhalten der Baustoffe nach DIN 4102-1:1998-05 oder alternativ nach DIN EN 13501-1:2010-01 nachzuweisen, soweit eine Klassifizierung ohne Prüfung nach DIN 4102-4:1994-03 oder gemäß Entscheidung 96/603/EG der Europäischen Kommission nicht möglich ist.
   Anforderungen an den Feuerwiderstand der Bauteile sind nach DIN 4102-2:1977-09 oder alternativ nach DIN EN 13501-2:2003-12 nachzuweisen, soweit eine Klassifizierung ohne Prüfung nach DIN 4102-4:1994-03 nicht möglich ist.
2. Für den Nachweis des Wärmeschutzes sind die Bemessungswerte der Wärmeleitfähigkeit nach DIN 4108-4 anzusetzen.
3. Für den Nachweis des Schallschutzes gilt DIN 4109:1989-11.

Anlage 3.1/1

Für die Tragwerksbemessung im Brandfall der lfd. Nrn. 2.3.2, 2.4.1, 2.4.2, 2.4.3 und 2.5.1 gelten die dort aufgeführten technischen Regeln.

Anlage 3.1/2

zu DIN 4102 Teil 4

Bei Anwendung der technischen Regel ist Folgendes zu beachten:

1. zu Abschnitt 2.2
   Bei brandschutztechnischen Anforderungen und brandschutztechnischen Bewertungen der Baustoffklasse bleiben nachträglich aufgebrachte Beschichtungen bis 0,5 mm Dicke auf Bauteilen unberücksichtigt, soweit die Beschichtungen vollständig ohne Hohlräume auf nichtbrennbarem Untergrund aufgebracht sind.
2. zu Abschnitt 8.7.1
   a) In gegen Flugfeuer und strahlende Wärme widerstandsfähigen Bedachungen nach Art. 30 Abs. 1 BayBO[1] (harte Bedachungen) sind, soweit in anderen Bestimmungen nicht weitere Anforderungen bestehen, lichtdurchlässige Teilflächen aus brennbaren Baustoffen nach Art. 30 Abs. 4 Nr. 1 BayBO[1] zulässig, wenn:
   - die Summe der Teilflächen höchstens 30 % der Dachfläche beträgt,
   - die Teilflächen einen Abstand von mindestens 5 m zu Brandwänden unmittelbar angrenzender höherer Gebäude oder Gebäudeteile aufweisen und

   die Teilflächen
   - als Lichtbänder höchstens 2 m breit und maximal 20 m lang sind, untereinander und zu den Dachrändern einen Abstand von mindestens 2 m haben oder
   - als Lichtkuppeln eine Fläche von nicht mehr als je 6 m², untereinander und von den Dachrändern einen Abstand von mindestens 1 m und von Lichtbändern aus brennbaren Baustoffen einen Abstand von 2 m haben.

   b) Vom Anwendungsbereich werden begrünte Dächer – Extensivbegrünungen, Intensivbegrünungen, Dachgärten – nicht erfasst. Für die Beurteilung dieser Dächer ist auch die Prüfnorm DIN 4102-7 nicht geeignet. Von einer ausreichenden Behinderung der Brandentstehung von außen durch Flugfeuer und strahlende Wärme gemäß Art. 30 Abs. 4 Nr. 2 BayBO[1] kann jedoch ausgegangen werden bei Dächern mit Intensivbegrünung und Dachgärten, die mindestens bewässert und gepflegt werden und die in der Regel eine dicke Substratschicht aufweisen; sie sind ohne Weiteres geeignet und können auch als widerstandsfähig gegen Flugfeuer und strahlende Wärme (harte Bedachung) gelten. Bei Dächern mit Extensivbegrünung durch überwiegend niedrigwachsende Pflanzen (z.B. Gras, Sedum, Eriken) ist von einer ausreichenden Behinderung der Brandentstehung von außen auszugehen, wenn:
   - eine mindestens 3 cm dicke Schicht Substrat (Dachgärtnererde, Erdsubstrat) mit höchstens 20 v.H. organischer Gewichtsbestandteile vorhanden ist; bei Begrünungsaufbauten, die dem nicht entsprechen (z.B. Substrat mit höherem Anteil organischer Bestandteile, Vegetationsmatten aus

---

[1] Nr. **1**.

Schaumstoff), ist ein Nachweis nach den in Nr. 2.8 der Bauregelliste A Teil 3 genannten anerkannten Prüfverfahren bei einer Neigung von 15 Grad und im trockenen Zustand (Ausgleichsfeuchte bei Klima 23/50) ohne Begrünung zu führen,

- die Wände nach Art. 28 Abs. 1 BayBO[1)] in Abständen von höchstens 40 m, mindestens 0,30 m über das begrünte Dach, bezogen auf Oberkante Substrat oder Erde, geführt sind. Sofern diese Wände aufgrund bauordnungsrechtlicher Bestimmungen nicht über Dach geführt werden müssen, genügt auch eine 0,30 m hohe Aufkantung aus nichtbrennbaren Baustoffen oder ein 1 m breiter Streifen aus massiven nichtbrennbaren Platten oder Grobkies,
- vor Öffnungen in der Dachfläche (Dachfenster, Lichtkuppeln) und vor Wänden mit Öffnungen ein mindestens 0,50 m breiter Streifen aus massiven nichtbrennbaren Platten oder Grobkies angeordnet wird, es sei denn, dass die Brüstung der Wandöffnung mehr als 0,80 m über Oberkante Substrat hoch ist und
- bei traufseitig aneinandergebauten Gebäuden im Bereich der Traufe ein in der Horizontale gemessener mindestens 1 m breiter Streifen ständig unbegrünt bleibt und mit einer Dachhaut aus nichtbrennbaren Baustoffen versehen ist.

3. zu Abschnitt 8.7.2

Dachdeckungsprodukte/-materialien, die einschlägigen europäischen technischen Spezifikationen (harmonisierte europäische Norm oder europäische technische Zulassung) entsprechen und die zusätzlichen Bedingungen über angrenzende Schichten erfüllen, gelten als Bedachungen, die gegen Flugfeuer und strahlende Wärme widerstandsfähig sind.

Zusammenstellung von gegen Flugfeuer und strahlende Wärme widerstandsfähigen Dachdeckungsprodukten (oder -materialien) gemäß Entscheidung der Kommission 2000/553/EG, veröffentlicht im Amtsblatt der Europäischen Gemeinschaften L 235/19, von denen ohne Prüfung angenommen werden kann, dass sie den Anforderungen entsprechen; die zusätzlichen Bedingungen zu angrenzenden Schichten sind ebenfalls einzuhalten:

Dachdeckungsprodukte/-materialien	Besondere Voraussetzung für die Konformitätsvermutung
Decksteine aus Schiefer oder anderem Naturstein	Entsprechen den Bestimmungen der Entscheidung 96/603/EG der Kommission
Dachsteine aus Stein, Beton, Ton oder Keramik, Dachplatten aus Stahl	Entsprechen den Bestimmungen der Entscheidung 96/603/EG der Kommission. Außenliegende Beschichtungen müssen anorganisch sein oder müssen einen Brennwert PCS ≤ 4,0 MJ/m² oder eine Masse ≤ 200 g/m² haben
Faserzementdeckungen: – Ebene und profilierte Platten – Faserzement-Dachplatten	Entsprechen den Bestimmungen der Entscheidung 96/603/EG der Kommission oder haben einen Brennwert PCS ≤ 3,0 MJ/kg
Profilblech aus Aluminium, Aluminiumlegierung, Kupfer, Kupferlegierung, Zink, Zinklegierung, unbeschichtetem Stahl, nichtrosten-	Dicke ≥ 0,4 mm Außenliegende Beschichtungen müssen anorganisch sein oder müssen einen Brennwert PCS ≤ 4,0 MJ/m² oder eine Masse ≤ 200 g/m² haben

1) Nr. 1.

Dachdeckungsprodukte/-materialien	Besondere Voraussetzung für die Konformitätsvermutung
dem Stahl, verzinktem Stahl, beschichtetem Stahl oder emailliertem Stahl	
Ebenes Blech aus Aluminium, Aluminiumlegierung, Kupfer, Kupferlegierung, Zink, Zinklegierung, unbeschichtetem Stahl, nichtrostendem Stahl, verzinktem Stahl, beschichtetem Stahl oder emailliertem Stahl	Dicke ≥ 0,4 mm Außenliegende Beschichtungen müssen anorganisch sein oder müssen einen Brennwert PCS ≤ 4,0 MJ/m² oder eine Masse ≤ 200 g/m² haben
Produkte, die im Normalfall voll bedeckt sind (von den rechts aufgeführten anorganischen Materialien)	Lose Kiesschicht mit einer Mindestdicke von 50 mm oder eine Masse ≥ 80 kg/m². Mindestkorngröße 4 mm, maximale Korngröße 32 mm). Sand-/Zementbelag mit einer Mindestdicke von 30 mm. Betonwerksteine oder mineralischen Platten mit einer Mindestdicke von 40 mm

Zusätzliche Bedingungen:
Für alle Dachdeckungsprodukte/-materialien aus Metall gilt, dass sie auf geschlossenen Schalungen aus Holz oder Holzwerkstoffen mit einer Trennlage aus Bitumenbahn mit Glasvlies- oder Glasgewebeeinlage auch in Kombination mit einer strukturierten Trennlage mit einer Dicke ≤ 8 mm zu verwenden sind.
Abweichend hiervon erfüllen bestimmte Dachdeckungsprodukte/-materialien die Anforderungen an gegen Flugfeuer und strahlende Wärme widerstandsfähige Bedachungen, wenn die Ausführungsbedingungen gemäß DIN 4102-4/A1 zu 8.7.2 Nr. 2 erfüllt sind.

Zusätzlich gilt Folgendes:

01. Die in der Norm angegebenen Baustoffklassen entsprechen den folgenden bauaufsichtlichen Anforderungen:

Bauaufsichtliche Anforderung	Baustoffklasse nach DIN 4102
nichtbrennbare Baustoffe	A A1 A2
brennbare Baustoffe schwerentflammbare Baustoffe normalentflammbare Baustoffe	B B1 B2
leichtentflammbare Baustoffe	B3

02. Die in der Norm angegebenen Bezeichnungen entsprechen folgenden Anforderungen in bauaufsichtlichen Verwendungsvorschriften:

Bauaufsichtliche Anforderung	Benennung nach DIN 4102	Kurzbezeichnung
feuerhemmend	Feuerwiderstandsklasse F 30	F 30 – B
feuerhemmend und aus nichtbrennbaren Baustoffen	Feuerwiderstandsklasse F 30 und aus nichtbrennbaren Baustoffen	F 30 – A
hochfeuerhemmend*)	Feuerwiderstandsklasse F 60 und in den wesentlichen Teilen aus nichtbrennbaren Baustoffen	F 60 – AB

Bauaufsichtliche Anforderung	Benennung nach DIN 4102	Kurzbezeichnung
	Feuerwiderstandsklasse F 60 und aus nichtbrennbaren Baustoffen	F 60 – A
feuerbeständig	Feuerwiderstandsklasse F 90 und in den wesentlichen Teilen aus nichtbrennbaren Baustoffen	F 90 – AB
feuerbeständig und aus nichtbrennbaren Baustoffen	Feuerwiderstandsklasse F 90 und aus nichtbrennbaren Baustoffen	F 90 – A
*)Die Feuerwiderstandsfähigkeit von nach bauaufsichtlichen Anforderungen hochfeuerhemmenden Bauteilen, deren tragende und aussteifende Teile aus brennbaren Baustoffen bestehen und die allseitig eine brandschutztechnisch wirksame Bekleidung aus nichtbrennbaren Baustoffen (Brandschutzbekleidung) und Dämmstoffe aus nichtbrennbaren Baustoffen haben müssen, kann nicht nach DIN 4102-2 nachgewiesen werden und ist deshalb in der Tabelle nicht aufgeführt.		

Anlage 3.1/3

zu DIN 4102-4/A1

Bei Anwendung der technischen Regel ist Folgendes zu beachten:

1. Zu Tabelle 110:
   Anstelle von DIN 18180:1989-09 gilt DIN 18180:2007-01
2. Zu Abschnitt 4.5.2.2:
   Bei einer Bemessung von Mauerwerk nach dem genaueren Verfahren von DIN 1053-1 kann die Einstufung des Mauerwerks in Feuerwiderstandsklassen und Brandwände nach DIN 4102-4:1994-03 bzw. DIN 4102-4/A1:2004-11 erfolgen, wenn der Ausnutzungsfaktor α_2 wie folgt bestimmt wird und $\alpha_2 \leq 1{,}0$ ist:

für $10 \leq \frac{h_k}{d} < 25$: $$\alpha_2 = \frac{1{,}33 \cdot \gamma \cdot vorh\sigma}{\beta_R} \frac{15}{25 - \frac{h_k}{d}} \quad (1)$$

für $\frac{h_k}{d} < 10$: $$\alpha_2 = \frac{1{,}33 \cdot \gamma \cdot vorh\sigma}{\beta_R} \quad (2)$$

Darin ist

α_2	der Ausnutzungsfaktor zur Einstufung des Mauerwerks in Feuerwiderstandsklassen und Brandwände
h_k	die Knicklänge der Wand nach DIN 1053-1
d	die Wanddicke
γ	der Sicherheitsbeiwert nach DIN 1053-1
$vorh\ \sigma$	die vorhandene Normalspannung unter Gebrauchslasten unter Annahme einer linearen Spannungsverteilung und ebenbleibender Querschnitte
β_R	der Rechenwert der Druckfestigkeit des Mauerwerks nach DIN 1053-1

Bei exzentrischer Beanspruchung darf anstelle von β_R der Wert 1,33 β_R gesetzt werden, sofern die γ-fache mittlere Spannung den Wert β_R nicht überschreitet.

Anlage 3.1/4
(geändert)

zu DIN 4102-22

Bei Anwendung der technischen Regel ist Folgendes zu beachten:

1. Zu Abschnitt 5.2:

1.1 4.3.2.4: Im Titel von Tabelle 37 muss es „$N_{Rd,c,t}$" anstelle von „$N_{Rd,c,0}$" heißen.

2. Zu Abschnitt 6.2:

2.1 5.5.2.1: In Tabelle 74 muss es in Gleichung (9.4) „≥ 1" anstelle von „≤ 1" heißen.

Anlage 3.2/01
(zuvor 3.2/1) (geändert)

zur Richtlinie über den baulichen Brandschutz im Industriebau (IndBauRL)

Die Richtlinie entspricht der Muster-Industriebau-Richtlinie MIndBauRL.
Die in Teil I der Liste der TB – Fassung Januar 2014 – (Bekanntmachung vom 4. Dezember 2013, AllMBl S. 469) unter Nr. 3.2 aufgeführte Technische Baubestimmung „Richtlinie über den baulichen Brandschutz im Industriebau – Fassung März 2000", die nun durch die aktuelle „Richtlinie über den baulichen Brandschutz im Industriebau – Fassung Juli 2014" ersetzt wird, darf alternativ (Mischungsverbot) bis 31. Dezember 2015 angewandt werden.
Bei Anwendung der technischen Regel gilt zusätzlich Folgendes:

01. Die Richtlinie gilt für Industriebauten, die Sonderbauten nach Art. 2 Abs. 4 Nr. 3 Bayerische Bauordnung[1)] (BayBO) sind (Gebäude mit mehr als 1.600 m² Fläche des Geschosses mit der größten Ausdehnung). Die Richtlinie stellt sowohl weitergehende als auch geringere Anforderungen im Sinn des Art. 54 Abs. 3 BayBO[1)] an Industriebauten; im Übrigen bleiben die Anforderungen der BayBO unberührt.
Für Industriebauten, die keine Sonderbauten sind, kann die Richtlinie bei der Entscheidung über Abweichungen nach Art. 63 Abs. 1 BayBO[1)] von den entsprechenden Vorschriften der BayBO herangezogen werden; sie ist dann insgesamt anzuwenden.

02. Soweit der Wortlaut der Richtlinie auf Regelungen der Musterbauordnung (MBO) Fassung 2002 verweist, sind die entsprechenden Regelungen der BayBO in der Fassung der Bekanntmachung vom 14. August 2007 zugrunde zu legen:
   – in Abschnitt 1 anstelle von § 14 Abs. 1 MBO Art. 12 BayBO[1)],

[1)] Nr. **1**.

- in Abschnitt 2 anstelle von § 2 Abs. 3 Satz 2 MBO Art. 2 Abs. 3 Satz 2 BayBO[1]) und anstelle von § 2 Abs. 5 MBO Art. 2 Abs. 5 BayBO[1]),
- in Abschnitt 4.3 anstelle von § 3 Abs. 3 Satz 3 MBO Art. 3 Abs. 2 Satz 3 BayBO[1]),
- in Abschnitt 5.2.3 anstelle von § 5 MBO Art. 5 BayBO[1]),
- in Abschnitt 5.6.10 anstelle von § 35 MBO Art. 33 BayBO[1]),
- in Abschnitt 5.10.1 anstelle von § 30 Abs. 3 Satz 2 MBO Art. 28 Abs. 3 Satz 2 BayBO[1]),
- in Abschnitt 5.12.1 anstelle von § 28 Abs. 2 bis 4 MBO Art. 26 Abs. 2 bis 4 BayBO[1]), anstelle von § 28 Abs. 5 MBO Art. 26 Abs. 5 BayBO[1]) und anstelle von § 28 Abs. 3 MBO Art. 26 Abs. 3 BayBO[1]),
- in Abschnitt 5.13.4 anstelle von § 32 Abs. 1 MBO Art. 30 Abs. 1 BayBO[1]),
- in Tabelle 2 Fußnote 3 anstelle von § 27 Abs. 1 Satz 2 Nrn. 2 und 3 in Verbindung mit § 30 Abs. 2 Nr. 2 MBO Art. 25 Abs. 1 Satz 2 Nrn. 2 und 3 in Verbindung mit Art. 28 Abs. 2 Nr. 2 BayBO[1]).

03. Zu Abschnitt 3.12, Sicherheitskategorien:
Die Sicherheitskategorien K 2 bis K 3.4 sind nur anzunehmen, wenn die Brandmeldeanlage den einschlägigen technischen Regeln entspricht (z.B. DIN 14675).
Aufgrund der Vorgaben des bayerischen Feuerwehrrechts (Art. 15 des Bayerischen Feuerwehrgesetzes – BayFwG – in Verbindung mit § 14 der Verordnung zur Ausführung des Bayerischen Feuerwehrgesetzes – AVBayFwG) muss eine Werkfeuerwehr **während des Betriebs** über eine Mindestschichtstärke von neun Feuerwehrangehörigen (Gruppenstärke) verfügen. Die Sicherheitskategorie K 3.1 ist daher nur anzunehmen, wenn die nach BayFwG anerkannte Werkfeuerwehr **während des Betriebs** über eine Mindestschichtstärke von neun Feuerwehrangehörigen verfügt, von denen sechs Feuerwehrangehörige, darunter der Gruppenführer, hauptberuflich für die Werkfeuerwehr tätig sind.

04. Zu Abschnitt 3.13, Werkfeuerwehr:
Die Werkfeuerwehr muss nach Art. 15 Abs. 2 BayFwG anerkannt oder angeordnet sein. Die nach IndBauRL anzurechnenden Kräfte einer Werkfeuerwehr müssen darüber hinaus die Anforderungen nach Abschnitt 3.13 Satz 1 Halbsatz 2 erfüllen und **jederzeit** (auch außerhalb der Betriebszeiten) spätestens fünf Minuten nach ihrer Alarmierung die Einsatzstelle erreichen können. Diese zusätzlichen Anforderungen gelten als erfüllt, wenn zumindest die erste Staffel (sechs Feuerwehrangehörige) mit hauptberuflichen Kräften besetzt ist.
Als die Stelle des Industriebaus, von der aus vor Ort erste Brandbekämpfungsmaßnahmen vorgetragen werden, ist jeder Punkt des Industriebaus zu verstehen.

05. Zu Abschnitt 5.6.4:
Werden Rettungswege in andere Brandabschnitte oder Brandbekämpfungsabschnitte geführt, so müssen sie dort auf Rettungswege führen.

06. Zu Abschnitt 5.9:

---

[1]) Nr. 1.

Der nach Satz 4 zulässige Ersatz einer automatischen Brandmeldeanlage durch eine ständige Personalbesetzung setzt voraus, dass die Personen von ihren Arbeitsplätzen aus den gesamten Brandabschnitt oder Brandbekämpfungsabschnitt ständig einsehen können und über die technischen Mittel verfügen, einen Brand zu melden.
Zusammenstellung der Mindeststärken einer nach BayFwG anerkannten Werkfeuerwehr bei Anwendung der Sicherheitskategorien K 3.1 bis K 3.4:

Sicherheitskategorie	während der Betriebszeit		außerhalb der Betriebszeit	
	hauptberufliche Kräfte	nebenberufliche Kräfte	hauptberufliche Kräfte	nebenberufliche Kräfte
K 3.1	6	3	6	0
K 3.2	6	3	6	3
K 3.3	6	6	6	6
K 3.4	6	12	6	12

Anlage 3.3/01

zur Richtlinie über brandschutztechnische Anforderungen an Systemböden (SysBöR)

Die Richtlinie entspricht der Muster-Systemböden-Richtlinie – MSysBöR.
Bei Anwendung der technischen Regel ist Folgendes zu beachten:
Der Wortlaut der Richtlinie ist auf Regelungen der Musterbauordnung (MBO) Fassung 2002 bezogen. Die zitierten Vorschriften entsprechen folgenden Vorschriften der BayBO in der Fassung der Bekanntmachung vom 14. August 2007:

- § 30 Abs. 3 Satz 2 MBO (s. Nr. 5.1) entspricht Art. 28 Abs. 3 Satz 2 BayBO[1],
- § 29 Abs. 2 Nr. 1 MBO (s. Nr. 5.1) entspricht Art. 27 Abs. 2 Nr. 1 BayBO[1].

Anlage 3.4/1

zur Richtlinie zur Bemessung von Löschwasser-Rückhalteanlagen beim Lagern wassergefährdender Stoffe (LöRüRl)

Bei Anwendung der technischen Regel ist Folgendes zu beachten:

1. Abschnitt 1.2 Abs. 1 erhält folgende Fassung:
„Das Erfordernis der Rückhaltung verunreinigten Löschwassers ergibt sich ausschließlich aus dem Besorgnisgrundsatz des Wasserrechts (§ 19 g Abs. 1 Wasserhaushaltsgesetz – WHG) in Verbindung mit der Regelung des § 3 Nr. 4 Verordnung über Anlagen zum Umgang mit wassergefährdenden Stoffen und über Fachbetriebe (Anlagenverordnung – VAwS). Danach muss im Schadens-

[1] Nr. **1**.

fall anfallendes Löschwasser, das mit ausgetretenen wassergefährdenden Stoffen verunreinigt sein kann, zurückgehalten und ordnungsgemäß entsorgt werden können."

2. Nach Abschnitt 1.4 wird folgender neuer Abschnitt 1.5 eingefügt:

   „1.5 Eine Löschwasserrückhaltung ist nicht erforderlich für das Lagern von Calciumsulfat und Natriumchlorid."

3. Abschnitt 1.5 wird Abschnitt 1.6 neu.
4. In Abschnitt 3.2 wird die Zeile „WGK 0: im Allgemeinen nicht wassergefährdende Stoffe" gestrichen.
5. Satz 2 des Hinweises in Fußnote 4 wird gestrichen. Satz 1 erhält folgenden neuen Wortlaut:
   „Vergleiche Allgemeine Verwaltungsvorschrift zum Wasserhaushaltsgesetz über die Einstufung wassergefährdender Stoffe und ihre Einstufung in Wassergefährdungsklassen (Verwaltungsvorschrift wassergefährdender Stoffe – 17. Mai 1999, Bundesanzeiger Nr. 98 a vom 29. Mai 1999, geändert durch Verwaltungsvorschrift vom 23. Juni 2005, Bundesanzeiger Nr. 126 a vom 8. Juli 2005)."

Zusätzlich gilt Folgendes:

01. Die Richtlinie regelt ausschließlich die Bemessung von Löschwasser-Rückhalteanlagen beim Lagern wassergefährdender Stoffe.
02. Eine Löschwasser-Rückhalteanlage ist nicht erforderlich, wenn wassergefährdende Stoffe unterhalb der Schwellenwerte nach Abschnitt 2.1 der Richtlinie gelagert werden.
03. Für bauliche Anlagen in oder auf denen mit wassergefährdenden Stoffen umgegangen wird und auf die die Richtlinie nach den Abschnitten 2.2 und 2.3 keine Anwendung findet, ist eine allgemeine Bemessungsregel für Löschwasser-Rückhalteanlagen nicht möglich. Sofern für solche Anlagen die Zurückhaltung verunreinigten Löschwassers erforderlich ist, muss über die Anordnung und Bemessung von Löschwasser-Rückhalteanlagen im Einzelfall entschieden werden.
04. Der Nachweis ausreichend bemessener Löschwasser-Rückhalteanlagen ist durch den Bauherrn zu erbringen. Dieser ist auch für die Angaben zu den Lagermengen und zur Wassergefährdungsklasse der gelagerten Stoffe verantwortlich; eine bauaufsichtliche Prüfung dieser Angaben findet nicht statt.

Anlage 3.5/01

zur Richtlinie über brandschutztechnische Anforderungen an Lüftungsanlagen (LüAR)

Die Richtlinie entspricht der Muster-Lüftungsanlagen-Richtlinie M-LüAR.
Bei Anwendung der technischen Regel ist Folgendes zu beachten:
Der Wortlaut der Richtlinie ist auf Regelungen der Musterbauordnung (MBO) Fassung 2002 bezogen. Die zitierten Vorschriften entsprechen folgenden Vorschriften der BayBO in der Fassung der Bekanntmachung vom 14. August 2007:

- § 41 MBO (s. Nr. 1) entspricht Art. 39 BayBO[1)],
- §§ 17 ff. MBO (s. Nr. 1) entsprechen Art. 15 ff. BayBO[1)],
- § 41 Abs. 2 MBO (s. Nrn. 3.1 und 4) entspricht Art. 39 Abs. 2 BayBO[1)],
- § 41 Abs. 4 Satz 1 MBO (s. Nr. 9.1) entspricht Art. 39 Abs. 4 Satz 1 BayBO[1)].

Anlage 3.6/01

zur Richtlinie über brandschutztechnische Anforderungen an Leitungsanlagen (LAR)

Die Richtlinie entspricht der Muster-Leitungsanlagen-Richtlinie – M-LAR.
Bei Anwendung der technischen Regel ist Folgendes zu beachten:
Der Wortlaut der Richtlinie ist auf Regelungen der Musterbauordnung (MBO) Fassung 2002 bezogen. Die zitierten Vorschriften entsprechen folgenden Vorschriften der BayBO in der Fassung der Bekanntmachung vom 14. August 2007:

- § 40 Abs. 2 MBO (s. Nr. 3.1.1) entspricht Art. 38 Abs. 2 BayBO[1)],
- § 35 Abs. 1 MBO (s. Nr. 3.1.1) entspricht Art. 33 Abs. 1 BayBO[1)],
- § 35 Abs. 3 Satz 3 MBO (s. Nr. 3.1.1) entspricht Art. 33 Abs. 3 Satz 2 BayBO[1)],
- § 36 Abs. 1 MBO (s. Nr. 3.1.1) entspricht Art. 34 Abs. 1 BayBO[1)],
- § 33 Abs. 2 Satz 3 MBO (s. Nr. 3.1.3) entspricht Art. 31 Abs. 2 Satz 3 BayBO[1)],
- § 40 Abs. 1 MBO (s. Nr. 4.1.1) entspricht Art. 38 Abs. 1 BayBO[1)].

Anlage 3.8/01

zur Richtlinie über brandschutztechnische Anforderungen an hochfeuerhemmende Bauteile in Holzbauweise – (HFHHolzR)

Die Richtlinie entspricht der Muster-Richtlinie über brandschutztechnische Anforderungen an hochfeuerhemmende Bauteile in Holzbauweise M-HFHHolzR.
Bei Anwendung der technischen Regel ist Folgendes zu beachten:

01. Der Wortlaut der Richtlinie ist auf Regelungen der Musterbauordnung (MBO) Fassung 2002 bezogen. Die zitierten Vorschriften der MBO entsprechen folgenden Vorschriften der BayBO in der Fassung der Bekanntmachung vom 14. August 2007:
    - § 26 Abs. 2 Satz 2 Nr. 3 MBO (s. Nrn. 1 und 3.2) entspricht Art. 24 Abs. 2 Satz 2 Nr. 3 BayBO[1)],
    - § 17 Abs. 3 MBO (s. Nr. 5.1) entspricht Art. 15 Abs. 3 BayBO[1)],

---

[1)] Nr. **1**.

- § 24 MBO (s. Nr. 5.2) entspricht Art. 22 BayBO[1],
- § 55 MBO (s. Nr. 6) entspricht Art. 52 BayBO[1],
- § 81 Abs. 2 Satz 1 Nr. 1 MBO (s. Nr. 6) entspricht Art. 77 Abs. 2 Satz 1 Nr. 1 BayBO[1].

02. zu Nr. 6:
Im Rahmen der Bauüberwachung nach Art. 77 Abs. 2 Satz 1 Nr. 1 BayBO[1] ist zusätzlich die ordnungsgemäße Bauausführung nach dieser Richtlinie zu überwachen und zu bescheinigen.

Anlage 4.1/1
(geändert)

zu DIN 4108-2

Bei Anwendung der technischen Regel ist Folgendes zu beachten:

1. Der sommerliche Wärmeschutz erfolgt über die Regelungen der Energieeinsparverordnung.
2. zu Abschnitt 5.2.2:
   Die aufgeführten Ausnahmen gelten nur für einlagig hergestellte Dämmstoffplatten.

Anlage 4.1/2

zu DIN 4108-3

Bei Anwendung der technischen Regel ist Folgendes zu beachten:

1. Der Abschnitt 5 sowie die Anhänge B und C sind von der Einführung ausgenommen.
2. Die Berichtigung 1 zu DIN 4108-3:2002-04 ist zu beachten.

Anlage 4.1/3

zu DIN 4108-4

Bei der Anwendung der technischen Regel ist Folgendes zu beachten:
Hinweis:
Die Bemessungswerte der Kategorie I gelten für Produkte nach harmonisierten Europäischen Normen, die in der Bauregelliste B Teil 1 aufgeführt sind.
Die Bemessungswerte der Kategorie II gelten für Produkte nach harmonisierten Europäischen Normen, die in der Bauregelliste B Teil 1 aufgeführt sind und

---

[1] Nr. **1**.

deren Wärmeleitfähigkeit einen Wert λ_{grenz} nicht überschreitet. Der Wert λ_{grenz} ist hierbei im Rahmen eines Verwendbarkeitsnachweises (allgemeine bauaufsichtliche Zulassung oder Zustimmung im Einzelfall) festzulegen.

Anlage 4.1/4 E
(geändert)

Für die Verwendung von Bauprodukten nach harmonisierten Normen ist Folgendes zu beachten:

1. An der Verwendungsstelle hergestellte Wärmedämmung aus Blähton-Leichtzuschlagstoffen nach EN 14063-1*1):
Das Produkt darf entsprechend den Anwendungsgebieten DZ und DI nach DIN 4108-10:2008-06 als nicht druckbelastbare (dk) Wärmedämm-Schüttung verwendet werden. Darüber hinaus gehende Anwendungen sind in einer allgemeinen bauaufsichtlichen Zulassung festzulegen.
Der Nachweis des Wärmeschutzes ist mit dem Bemessungswert der Wärmeleitfähigkeit zu führen. Der Bemessungswert der Wärmeleitfähigkeit ist gleich dem Nennwert der Wärmeleitfähigkeit multipliziert mit dem Sicherheitsbeiwert $\gamma = 1{,}2$.
Bei der Berechnung des Wärmedurchlasswiderstands ist die Nenndicke der Wärmedämmschicht anzusetzen. Die Nenndicke ist die um 20 % verminderte Einbaudicke.
2. An der Verwendungsstelle hergestellte Wärmedämmung aus Produkten mit expandiertem Perlite nach EN 14316-1*2):
Das Produkt darf entsprechend den Anwendungsgebieten DZ, DI und WH nach DIN 4108-10:2008-06 als nicht druckbelastbare (dk) Wärmedämmschüttung verwendet werden. Darüber hinaus gehende Anwendungen sind in einer allgemeinen bauaufsichtlichen Zulassung festzulegen.
Der Nachweis des Wärmeschutzes ist mit dem Bemessungswert der Wärmeleitfähigkeit zu führen. Der Bemessungswert der Wärmeleitfähigkeit ist gleich dem Nennwert der Wärmeleitfähigkeit multipliziert mit dem Sicherheitsbeiwert $\gamma = 1{,}2$.
Bei der Berechnung des Wärmedurchlasswiderstands ist die Nenndicke der Wärmedämmschicht anzusetzen. Die Nenndicke ist bei der Anwendung in Decken/Dächern die um 20 % verminderte Einbaudicke und bei der Anwendung in Wänden die lichte Weite des Hohlraums. Bei der Anwendung in Wänden ist die Nennhöhe die um 20 % verminderte Einbauhöhe.
3. An der Verwendungsstelle hergestellte Wärmedämmung mit Produkten aus expandiertem Vermiculite nach EN 14317-1*3):
Das Produkt darf entsprechend den Anwendungsgebieten DZ, DI und WH nach DIN 4108-10:2008-06 als nicht druckbelastbare (dk) Wärmedämmschüttung verwendet werden. Darüber hinaus gehende Anwendungen sind in einer allgemeinen bauaufsichtlichen Zulassung festzulegen.
Der Nachweis des Wärmeschutzes ist mit dem Bemessungswert der Wärmeleitfähigkeit zu führen. Der Bemessungswert der Wärmeleitfähigkeit ist gleich dem Nennwert der Wärmeleitfähigkeit multipliziert mit dem Sicherheitsbeiwert $\gamma = 1{,}2$.
Bei der Berechnung des Wärmedurchlasswiderstands ist die Nenndicke der Wärmedämmschicht anzusetzen. Die Nenndicke ist bei der Anwendung in Decken/Dächern die um 20 % verminderte Einbaudicke und bei der Anwen-

dung in Wänden die lichte Weite des Hohlraums. Bei der Anwendung in Wänden ist die Nennhöhe die um 20 % verminderte Einbauhöhe.

4. Hinweis:
   Für Mauersteine nach EN 771-1, -2, -3, -4 und -5*[4)], an die Anforderungen an die Wärmeleitfähigkeit gestellt werden und deren Umrechnungsfaktor für den Feuchtegehalt F_m von DIN 4108-4, Tabelle 5, abweicht, muss nachgewiesen sein, dass sie Bauregelliste A Teil 1, lfd. Nr. 2.1.26 entsprechen.
5. Dekorative Wandbekleidungen – Rollen und Plattenform nach EN 15102 +A1:2011*[5)]:
   Als Bemessungswert des Wärmedurchlasswiderstandes gelten die im Rahmen der CE-Kennzeichnung deklarierten Werte dividiert durch den Sicherheitsbeiwert $\gamma = 1{,}2$.
6. An der Verwendungsstelle hergestellte Wärmedämmung aus Mineralwolle nach EN 14064-1*[6)]:
   – Das Produkt darf entsprechend den Anwendungsgebieten DZ und DI nach DIN 4108-10 als nicht druckbelastbare (dk) Wärmedämm-Schüttung verwendet werden. Darüber hinaus gehende Anwendungen sind in einer allgemeinen bauaufsichtlichen Zulassung festzulegen.
   – Der Nachweis des Wärmeschutzes ist mit dem Bemessungswert der Wärmeleitfähigkeit zu führen. Der Bemessungswert der Wärmeleitfähigkeit ist gleich dem Nennwert der Wärmeleitfähigkeit multipliziert mit dem Sicherheitsbeiwert $\gamma = 1{,}2$.
   – Bei der Berechnung des Wärmedurchlasswiderstandes ist die Nenndicke der Wärmedämmschicht anzusetzen. Die Nenndicke ist die um 20 % verminderte Einbaudicke.
7. An der Verwendungsstelle hergestellter Wärmedämmstoff aus Polyurethan (PUR)- und Polyisocyanurat (PIR)-Spritzschaum nach EN 14315-1:2013*[7)]
   Die Produkte dürfen zur Herstellung von nicht druckbelastbaren Wärmedämmschichten entsprechend dem Anwendungsgebiet DZ nach DIN 4108-10 verwendet werden, wenn sie zusätzlich zu den im Rahmen der CE-Kennzeichnung anzugebenen Eigenschaften folgende Anforderungen gemäß dem nach DIN EN 14315-1 anzugebenen Bezeichnungsschlüssel erfüllen:

Eigenschaft	gemäß DIN EN 14315-1, Abschnitt	Stufe (mindestens)
Dichte	4.2.4/E.5	FRC50(20) oder FRB50(20)
Anteil an geschlossenen Zellen	4.2.6	CCC4
Haftfestigkeit	4.3.8	A3
Dimensionsstabilität	4.3.12	DS(TH)3

   Der Nachweis des Wärmeschutzes ist mit dem Bemessungswert der Wärmeleitfähigkeit zu führen. Der Bemessungswert der Wärmeleitfähigkeit ist gleich dem Nennwert der Wärmeleitfähigkeit multipliziert mit dem Sicherheitsfaktor $\gamma = 1{,}2$.
8. An der Verwendungsstelle hergestellter Wärmedämmstoff aus dispensiertem Polyurethan (PUR)- und Polyisocyanurat (PIR)-Hartschaum nach EN 14318-1:2013*[8)]
   Die Produkte dürfen zur Herstellung von nicht druckbelastbaren Wärmedämmschichten entsprechend dem Anwendungsgebiet WH nach DIN 4108-10 verwendet werden, wenn sie zusätzlich zu den im Rahmen der CE-

Kennzeichnung anzugebenen Eigenschaften folgende Anforderungen gemäß dem nach DIN EN 14318-1 anzugebenen Bezeichnungsschlüssel erfüllen:

Eigenschaft	gemäß DIN EN 14318-1, Abschnitt	Stufe (mindestens)
Dichte	4.2.3/E.5	FRC50(20) oder FRB50(20)
Anteil an geschlossenen Zellen	4.2.8	CCC4
Haftfestigkeit	4.3.4	TS2
Dimensionsstabilität	4.3.7	DS(TH)3

Der Nachweis des Wärmeschutzes ist mit dem Bemessungswert der Wärmeleitfähigkeit zu führen. Der Bemessungswert der Wärmeleitfähigkeit ist gleich dem Nennwert der Wärmeleitfähigkeit multipliziert mit dem Sicherheitsfaktor $\gamma = 1{,}2$.

9. Wärmedämmstoffe für den Wärme- und/oder Schallschutz im Hochbau – Gebundene EPS-Schüttungen nach EN 16025-1:2013*9):
Das Produkt darf zur Innendämmung von Decken oder Bodenplatten (oberseitig) unter Estrich nach DIN 18560-2 ohne Schallschutzanforderungen im Wohn- und Bürobereich verwendet werden, wenn hinsichtlich der Zusammendrückbarkeit C die Anforderungen der DIN 18560-2 erfüllt werden und der deklarierte Wert der Druckspannung bei 10% Stauchung mindestens 50 kPa beträgt (Stufe CS (10)50).
Der Nachweis des Wärmeschutzes ist mit dem Bemessungswert der Wärmeleitfähigkeit zu führen. Der Bemessungswert der Wärmeleitfähigkeit ist wie folgt zu ermitteln:
Auf Grundlage des in der CE-Kennzeichnung angegebenen Nennwertes ergibt sich der Bemessungswert der Wärmeleitfähigkeit durch Umrechnung auf einen Feuchtegehalt bei 23 °C und 80% relative Luftfeuchte und Multiplikation mit dem Sicherheitsbeiwert $\gamma = 1{,}2$. Zur Umrechnung für die Feuchte ist ein Umrechnungsfaktor von $F_m = 1{,}05$ zu verwenden.

---

*1) **Amtl. Anm.:** In Deutschland umgesetzt durch DIN EN 14063-1:2004-11
*2) **Amtl. Anm.:** In Deutschland umgesetzt durch DIN EN 14316-1:2004-11
*3) **Amtl. Anm.:** In Deutschland umgesetzt durch DIN EN 14317-1:2004-11
*4) **Amtl. Anm.:** In Deutschland umgesetzt durch DIN EN 771-1, -2, -3, -4 und -5:2011-07
*5) **Amtl. Anm.:** In Deutschland umgesetzt durch DIN EN 15102:2011-12
*6) **Amtl. Anm.:** In Deutschland umgesetzt durch DIN EN 14064-1:2010-06
*7) **Amtl. Anm.:** In Deutschland umgesetzt durch DIN EN 14315-1:2013-04
*8) **Amtl. Anm.:** In Deutschland umgesetzt durch DIN EN 14318-1:2013-04
*9) **Amtl. Anm.:** In Deutschland umgesetzt durch DIN EN 16025-1:2013-07

Anlage 4.1/5

Zu DIN 4108-10

Für die Verwendung dieser Dämmstoffe in Wärmedämm-Verbundsystemen (WDVS) ist eine allgemeine bauaufsichtliche Zulassung erforderlich.

Anlage 4.2/1

zu DIN 4109

Bei Anwendung der technischen Regel ist Folgendes zu beachten:

1. Zu Abschnitt 5.1, Tabelle 8, Fußnote 2:
   Die Anforderungen sind im Einzelfall von der Bauaufsichtsbehörde festzulegen.
2. Zu Abschnitt 6.3 und 7.3:
   Eignungsprüfungen I und III sind im Rahmen der Erteilung eines allgemeinen bauaufsichtlichen Prüfzeugnisses durchzuführen.
3. Zu Abschnitt 8: Nachweis der Güte der Ausführung (Güteprüfung)
   Bei baulichen Anlagen, die nach Tabelle 4, Zeilen 3 und 4 einzuordnen sind, ist die Einhaltung des geforderten Schalldruckpegels durch Vorlage von Messergebnissen nachzuweisen. Das Gleiche gilt für die Einhaltung des geforderten Schalldämm-Maßes bei Bauteilen nach Tabelle 5 und bei Außenbauteilen, an die Anforderungen entsprechend Tabelle 8, Spalten 3 und 4 gestellt werden, sofern das bewertete Schalldämm-Maß $R'_{w,res} \geq 50$ dB betragen muss. Die Messungen sind von bauakustischen Prüfstellen durchzuführen, die entweder nach Art. 23 Abs. 1 Nr. 1 BayBO[1] anerkannt sind oder in einem Verzeichnis über „Sachverständige Prüfstellen für Schallmessungen nach der Norm DIN 4109" beim Verband der Materialprüfungsämter[*1] geführt werden.
4. Zu Abschnitt 6.4.1:
   Prüfungen im Prüfstand ohne Flankenübertragung dürfen auch durchgeführt werden; das Ergebnis ist nach Beiblatt 3 zu DIN 4109, Ausgabe Juni 1996, umzurechnen.
5. Eines Nachweises der Luftschalldämmung von Außenbauteilen (Tabelle 8 der Norm DIN 4109) vor Außenlärm bedarf es, wenn
   a) der Bebauungsplan festsetzt, dass Vorkehrungen zum Schutz von Außenlärm am Gebäude zu treffen sind (§ 9 Abs. 1 Nr. 24 BauGB) oder
   b) der sich aus amtlichen Lärmkarten oder Lärmaktionsplänen nach § 47 c oder d des Bundesimmissionsschutzgesetzes (BImSchG) ergebende „maßgebliche Außenlärmpegel" (Abschnitt 5.5 der Norm DIN 4109) auch nach den vorgesehenen Maßnahmen zur Lärmminderung (§ 47 d BImSchG) gleich oder höher ist als
      – 56 dB (A) bei Bettenräumen in Krankenhäusern und Sanatorien,
      – 61 dB (A) bei Aufenthaltsräumen in Wohnungen, Übernachtungsräumen, Unterrichtsräumen und ähnlichen Räumen,
      – 66 dB (A) bei Büroräumen.

[*1] **Amtl. Anm.:** Verband der Materialprüfungsanstalten (VMPA) e.V. Berlin, Littenstraße 10, 10179 Berlin
Hinweis: Dieses Verzeichnis wird auch bekannt gemacht in der Zeitschrift „Der Prüfingenieur", herausgegeben von der Bundesvereinigung der Prüfingenieure für Baustatik.

---

[1] Nr. 1.

Anlage 4.2/2

zu DIN 4109 und Beiblatt 1 zu DIN 4109

Bei Anwendung der technischen Regel ist Folgendes zu beachten:

1. Die Berichtigung 1 zu DIN 4109, Ausgabe August 1992, ist zu beachten.
2. Zum Nachweis der Luftschalldämmung bei Wänden aus Lochsteinmauerwerk: Mauerwerk aus folgenden Steinen mit Löchern gilt als quasi-homogen, sodass die Schalldämmung aus der flächenbezogenen Masse ermittelt werden kann:
   - Mauerwerk aus Ziegeln mit einer Dicke ≤ 240 mm ungeachtet der Rohdichte, bei Wanddicken > 240 mm ab einer Rohdichteklasse ≥ 1.0
   - Mauerwerk aus Kalksandstein mit einem Lochanteil ≤ 50 %, ausgenommen Steine mit Schlitzlochung, die gegeneinander von Lochebene zu Lochebene versetzte Löcher aufweisen.
   - Mauerwerk aus Vollblöcken und Hohlblöcken aus Leichtbeton nach DIN V 18151-100 und DIN V 18152-100 mit Wanddicken ≤ 240 mm und mit einer Rohdichteklasse ≥ 0,8
   - Mauerwerk aus Mauersteinen aus Beton nach DIN V 18153-100 mit Wanddicken ≤ 240 mm und mit einer Rohdichteklasse ≥ 0,8

   Für Mauerwerk aus Lochsteinen mit davon abweichenden Eigenschaften kann der Nachweis der Schalldämmung nicht nach DIN 4109, Abschnitt 6.3 und Beiblatt 1 zu DIN 4109 geführt werden. Ausgenommen sind Fälle, in denen nur der Schutz gegen Außenlärm relevant ist. Hierfür kann das bewertete Schalldämm-Maß auf Grundlage eines allgemeinen bauaufsichtlichen Prüfzeugnisses gemäß Anlage 4.2/1, Abs. 2 festgelegt werden.

Anlage 5.1/1
(geändert)

zu DIN 4149

Bei Anwendung der technischen Regel ist Folgendes zu beachten:

1. In Erdbebenzone 3 sind die Dachdeckungen bei Dächern mit mehr als 35° Neigung und in den Erdbebenzonen 2 und 3 die freistehenden Teile der Schornsteine über Dach durch geeignete Maßnahmen gegen die Einwirkungen von Erdbeben so zu sichern, dass keine Teile auf angrenzende öffentlich zugängliche Verkehrsflächen sowie die Zugänge zu den baulichen Anlagen herabfallen können.
2. Hinsichtlich der Zuordnung von Erdbebenzonen und geologischen Untergrundklassen wird auf die Tabelle „Zuordnung der Erdbebenzonen und geologischen Untergrundklassen nach Verwaltungsgrenzen" hingewiesen. Die Tabelle ist über www.bauministerkonferenz.de oder www.dibt.de abrufbar.

2 a. Im gesamten Normtext werden die Verweise auf DIN 1045-1:2001-07 und DIN 1052:2004-08 wie folgt ersetzt:

- DIN 1045-1:2001-07 ersetzt durch Verweis auf DIN EN 1992-1-1 in Verbindung mit DIN EN 1992-1-1/NA
- DIN 1052:2004-08 ersetzt durch Verweis auf DIN EN 1995-1-1 in Verbindung mit DIN EN 1995-1-1/NA.

2b. Für Verankerungen in baulichen Anlagen unter seismischer Einwirkung dürfen in den Erdbebenzonen Deutschlands alle Dübel mit allgemeiner bauaufsichtlicher Zulassung (abZ) verwendet werden, die im Hinblick auf die Bemessung der Befestigungen auf den Annex C der ETAG 001 verweisen. Die Verankerungen sind entsprechend den in den abZ angegebenen Bemessungsverfahren für statische und quasistatische Einwirkungen zu bemessen.

3. Zu Abschnitt 5.5:
Bei der Ermittlung der wirksamen Massen zur Berechnung der Erdbebenlasten sind Schneelasten in Gleichung (12) mit dem Kombinationsbeiwert $\Psi_2 = 0{,}5$ zu multiplizieren. Diese reduzierten Schneelasten sind auch beim Standsicherheitsnachweis zu berücksichtigen.

4. Zu Abschnitt 6:
   - In 6.2.2.4.2 (8) ist der Bezug auf „Abschnitt (7)“ durch den Bezug auf „Abschnitt (6)“ zu ersetzen.
   - Im ersten Satz von 6.2.4.1 (5), ist die Bedingung „oder“ durch „und“ zu ersetzen.

5. Zu Abschnitt 8:
Bei Erdbebennachweisen von Stahl- und Spannbetonbauten nach dieser Norm ist DIN EN 1992-1-1:2011-01 in Verbindung mit DIN EN 1992-1-1/NA:2011-01 anzuwenden.
   - Abs. 8.2 (3) erhält folgende Fassung: „Es gelten die in DIN EN 1992-1-1:2011-01 angegebenen Vorschriften für Bemessung und bauliche Durchbildung. Dabei dürfen die zur Ermittlung der Schnittgrößen in 5.5 und 5.6 der DIN EN 1992-1-1:2011-01 angegebenen Verfahren nicht angewandt werden, es sei denn, die doppelte Ausnutzung der plastischen Reserven (infolge q>1 und nichtlinearer Rechenannahmen) wird dabei ausgeschlossen.“
   - Abs. 8.2 (5) Buchst. a und Abs. 8.3.2 (2) erhalten folgende Fassung: „In Bauteilen, die zur Abtragung von Einwirkungen aus Erdbeben genutzt werden, sind Stähle mit erhöhter Duktilität des Typs B500 B zu verwenden. Hierauf darf verzichtet werden, wenn sichergestellt ist, dass die betroffenen Bereiche im Erdbebenfall, ohne Berücksichtigung eines die rechnerische Erdbebeneinwirkung reduzierenden Verhaltensbeiwertes (d.h. q = 1,0), nicht plastizieren.“
   - Abs. 8.3.5.3 (4) Satz 1 erhält folgende Fassung: „Die bei Übergreifungsstößen vorzusehende Querbewehrung ist nach DIN EN 1992-1-1, Abschnitt 8.7.4 zu bemessen.“
   - Abs. 8.4 (2) Satz 2 erhält folgende Fassung: „Hierbei sind die Regelungen nach DIN EN 1992-1-1, Abschnitt 9.4.1 (3) zu berücksichtigen.“
   - Abs. 8.4 (3) Satz 2 erhält folgende Fassung: „Der Mindestbewehrungsgrad der Querkraftbewehrung ist nach DIN EN 1992-1-1, Abschnitt 9.2.2 (5) einschließlich DIN EN 1992-1-1/NA, NDP zu 9.2.2 (5) zu bestimmen.“

6. Zu Abschnitt 9:

- Bei Erdbebennachweisen von Stahlbauten sind die Verweise auf DIN 18800-1 bis 18800-4 und DIN V ENV 1993-1-1 mit DASt-Richtlinie 103 durch DIN EN 1993-1-1 in Verbindung mit DIN EN 1993-1-1/NA sowie DIN EN 1993-1-8 in Verbindung mit DIN EN 1993-1-8/NA zu ersetzen.
- In Abs. 9.3.4 (1) ist der Verweis auf DIN 18800-7 durch den Verweis auf DIN EN 1090-2 zu ersetzen.
- Die Duktilitätsklassen 2 und 3 dürfen nur dann zur Anwendung kommen, wenn der wirkliche Höchstwert der Streckgrenze $f_{y,max}$ (siehe DIN 4149:2005-04 Abschnitt 9.3.1.1) und die in Abs. 9.3.1.1 (2) geforderte Mindestkerbschlagarbeit durch einen bauaufsichtlichen Übereinstimmungsnachweis abgedeckt sind.
- Abschnitt 9.3.5.1 (2) Buchst. c erhält folgende Fassung:
  „c) bei zugbeanspruchten Bauteilen ist an Stellen von Lochschwächungen die Bedingung von DIN EN 1993-1-1:2010-12, 6.2.3 (3) einzuhalten ($N_{u,R,d} > N_{pl,R,d}$)“
- In Abs. 9.3.5.4 (7) wird der Verweis auf den Abs. „9.3.3.3 (10)“ durch den Verweis „9.3.5.3 (10)“ ersetzt.
- In Abs. 9.3.5.5 (5) erhält Formel (87) folgende Fassung:

$$\Omega_i = \frac{M_{pl,\,Verb,\,i}}{M_{sdi}}$$

- In Abs. 9.3.5.8 (1) wird der Verweis auf die Abschnitte „8 und 11“ durch den Verweis „8 und 9“ ersetzt.

7. Zu Abschnitt 10:
   - Bei Erdbebennachweisen von Holzbauten nach dieser Norm ist DIN EN 1995-1-1:2010-12 in Verbindung mit DIN EN 1995-1-1/NA:2010-12 anzuwenden.
   - Abs. 10.1 (5) erhält folgende Fassung:
     „(5) In den Erdbebenzonen 2 und 3 darf bei der Berechnung eine Kombination von Tragwerksmodellen der Duktilitätsklassen 1 und 3 für die beiden Hauptrichtungen des Bauwerks nicht angesetzt werden.“
   - Abs. 10.3 (1) erhält folgende Fassung:
     „(1) Die Bedingungen der DIN EN 1995-1-1:2010-12, Abschnitt 3 in Verbindung mit DIN EN 1995-1-1/NA:2010-12 sind einzuhalten.“
   - In Abs. 10.3 (2) erhält der mit dem 4. Spiegelstrich markierte Unterabsatz folgende Fassung:
     „– die Verwendbarkeit von mehrschichtigen Massivholzplatten und deren Verbindungsmitteln muss durch allgemeine bauaufsichtliche Zulassungen nachgewiesen sein;“
   - In Abs. 10.3 (3) erhält der mit dem 2. Spiegelstrich markierte Unterabsatz folgende Fassung:
     „– die Erhöhung des Nagelabstandes bei gleicher Tragfähigkeit gemäß DIN EN 1995-1-1:2010-12, Abschnitt 9.2.3.2(4) wird in den Erdbebenzonen 2 und 3 nicht angesetzt;“
   - In Abs. 10.3 (3) erhält der mit dem 3. Spiegelstrich markierte Unterabsatz folgende Fassung:

„– die Anwendung geklebter Tafeln führt auch bei gleichzeitiger Verwendung mechanischer Verbindungsmittel zur Einstufung in Duktilitätsklasse 1."

- Abs. 10.3 (6) erhält folgende Fassung:
  „(6) Bei Anwendung der Gleichungen zur Ermittlung der Tragfähigkeit von stiftförmigen Verbindungsmitteln auf Abscheren nach DIN EN 1995-1-1/NA:2010-12 Abschnitt NCI Zu 8.2 bis NCI Zu 8.7 ist eine Unterschreitung der Mindestdicken von Holzbauteilen, wie sie in DIN EN 1995-1-1/NA:2010-12 NCI NA.8.2.4 (NA.2) und NCI NA.8.2.5 (NA.4) gestattet ist, in den Erdbebenzonen 2 und 3 nicht zulässig."
- Abs. 10.3 (7) ist wie folgt zu ergänzen:
  „(7) Eine Erhöhung der Tragfähigkeit der Verbindungsmittel nach DIN EN 1995-1-1:2010-12, Abschnitt 9.2.4.2 (5) ist nicht zulässig."

8. Zu Abschnitt 11:

- Abs. 11.2 (2) ist wie folgt zu ergänzen:
  „Solange Mauersteine mit nicht durchlaufenden Innenstegen in Wandlängsrichtung für die Verwendung in Erdbebenzone 2 und 3 noch nicht in die Bauregelliste aufgenommen sind, dürfen ersatzweise Produkte mit Übereinstimmungsnachweis für die Verwendung in Erdbebenzone 3 und 4 nach DIN 4149-1:1981-04 verwendet werden."
- Die Abs. 11.7.3 (1), 11.7.3 (2) und 11.7.3 (3) erhalten folgende Fassung (Tab. 16 ist zu streichen):
  „(1) Der Bemessungswert E_d der jeweilig maßgebenden Schnittgröße in der Erdbebenbemessungssituation ist nach Gleichung (37) zu ermitteln. Dabei darf abhängig von den vorliegenden Randbedingungen entweder das vereinfachte oder das genauere Berechnungsverfahren nach DIN 1053-1:1996-11 zur Anwendung kommen."
  „(2) Bei der Anwendung des vereinfachten Berechnungsverfahrens nach DIN 1053-1:1996-11 darf die Bemessungstragfähigkeit R_d aus den um 50 % erhöhten zulässigen Spannungen ermittelt werden. Auf einen expliziten rechnerischen Nachweis der ausreichenden räumlichen Steifigkeit darf nicht verzichtet werden."
  „(3) Bei Anwendung des genaueren Berechnungsverfahrens, ist der Bemessungswert E_d der jeweilig maßgebenden Schnittgröße unter γ-fachen Einwirkungen gemäß DIN 1053-1:1996-11 zu ermitteln. Der maßgebende Sicherheitsbeiwert γ darf hierbei auf 2/3 der in Abschnitt 7 der DIN 1053-1:1996-11 festgelegten Werte reduziert werden. Als Bemessungstragfähigkeit R_d sind die in DIN 1053-1:1996-11 angegebenen rechnerischen Festigkeitswerte anzusetzen."

9. Zu Abschnitt 12:

- Bei Erdbebennachweisen von Gründungen und Stützbauwerken nach dieser Norm ist DIN 1054:2005-01 einschließlich DIN 1054 Berichtigung 1:2005-04, DIN 1054 Berichtigung 2:2007-04, DIN 1054 Berichtigung 3:2008-01 und DIN 1054 Berichtigung 4:2008-10 sowie DIN 1054/A1:2009-07 anzuwenden.
- Die Abs. 12.1.1 (1) und 12.1.1 (2) erhalten folgende Fassung:
  „(1) Werden die Nachweise auf Basis der Kapazitätsbemessung geführt, so ist Abschnitt 7.2.5 zu beachten."

„(2) Der Nachweis unter Einwirkungskombinationen nach Abschnitt 7.2.2 umfasst:

(a) den Nachweis der ausreichenden Tragfähigkeit der Gründungselemente nach den baustoffbezogenen Regeln dieser Norm und den jeweiligen Fachnormen;

(b) die einschlägigen Nachweise der Gründungen nach DIN 1054. Einschränkungen hinsichtlich der generellen Anwendbarkeit von Nachweisverfahren im Lastfall Erdbeben in DIN 1054 oder in diese begleitenden Berechnungsnormen müssen nicht beachtet werden, wenn keine ungünstigen Bodenverhältnisse (Hangschutt, lockere Ablagerungen, künstliche Auffüllungen, usw.) vorliegen“

- Abs. 12.1.1 (4) erhält folgende Fassung:
  „(4) Beim Nachweis der Gleitsicherheit darf der charakteristische Wert der Erdwiderstands (passiver Erddruck) nur mit maximal 30% seines nominellen Wertes angesetzt werden.“
- Abs. 12.1.1 (2) erhält folgende Fassung:
  „Vereinfacht kann die Einwirkung durch Erddruck bei Erdbeben ermittelt werden, indem der Erddruckbeiwert k ersetzt wird durch

$$k_e = k + a_g \cdot \gamma_i \cdot \frac{S}{g}\ .\text{“}$$

Anlage 5.2/1

zu DIN 68800

Hinweis:
Die gesetzlich vorgeschriebenen Zulassungen nach dem Chemikaliengesetz (Biozid-Zulassungen) ersetzen künftig die allgemeinen bauaufsichtlichen Zulassungen für Holzschutzmittel. Die Biozid-Zulassungen werden durch die Bundesanstalt für Arbeitsschutz und Arbeitsmedizin (BAuA) erteilt. Bis zum Vorliegen der Biozid-Zulassung ist für das jeweilige Holzschutzmittel für die Verwendung in tragenden Bauteilen eine allgemeine bauaufsichtliche Zulassung erforderlich.

Anlage 6.1/1

zur PCB-Richtlinie

Bei Anwendung der technischen Regel ist Folgendes zu beachten:
Von der Einführung sind nur die Abschnitte 1, 2, 3, 4.1, 4.2, 5.1, 5.2, 5.4 und 6 erfasst.
Zusätzlich gilt Folgendes:

1. In bestehenden Gebäuden können polychlorierte Biphenyle (PCB) von belasteten Bauprodukten und Bauteilen in die Atemluft freigesetzt werden und beim Menschen Gesundheitsschädigungen auslösen. Die Verantwortung für

die Durchführung der erforderlichen Untersuchungen und Sanierungsmaßnahmen obliegt den jeweiligen Eigentümern bzw. Verfügungsberechtigten der betroffenen Gebäude.

2. Zur Abwehr möglicher Gefahr für Leben oder Gesundheit sind in dauerhaft genutzten Räumen Sanierungsmaßnahmen dann angezeigt, wenn die zu erwartende Raumluftkonzentration – unabhängig von der täglichen Aufenthaltsdauer – im Jahresmittel mehr als 3000 ng PCB/m^3 Luft beträgt. Der letzte Satz in Kapitel 3 der Richtlinie wird aufgehoben.

3. Die Richtlinie gilt ansonsten in der Fassung September 1994 unverändert, solange es sich bei den PCB-haltigen Primärquellen ausschließlich um nicht dioxin-ähnliche PCB-Quellen wie Fugendichtstoffe handelt. Sind jedoch bei den PCB-Primärquellen nur oder auch dioxin-ähnliche PCB-Quellen wie Deckenplatten, Anstriche sowie nicht sicher einzuordnende PCB-Quellen zu berücksichtigen, so ist zusätzlich die Bestimmung der Raumluftkonzentration von PCB 118 erforderlich, wenn die Gesamtkonzentration an PCB über 1000 ng PCB/m^3 Luft liegt. Beträgt die Raumluftkonzentration dabei mehr als 10 ng PCB 118/m^3 Luft, sind umgehend expositionsmindernde Maßnahmen gemäß Abschnitt 3 und 4 der Richtlinie zur Verringerung der Raumluftkonzentration von PCB durchzuführen. Bei Raumluftkonzentrationen gleich oder unter 10 ng PCB 118/m^3 Luft wird empfohlen, in Abhängigkeit von der Belastung zumindest das Lüftungsverhalten zu überprüfen und gegebenenfalls zu verbessern.

4. Sollen bauliche Anlagen abgebrochen werden, die PCB-haltige Produkte enthalten, so sind diese Produkte vor Beginn der Abbrucharbeiten aus der baulichen Anlage zu entfernen.

Hinweis:
Ergänzend wird darauf hingewiesen, dass der in Abschnitt 5.3 der Richtlinie genannte Sanierungsleitwert von 300 ng PCB/m^3 Luft einen Wert aus dem Vorsorgebereich darstellt, der nicht exakt abgrenzbar ist und deshalb der Größenordnung nach erreicht werden sollte. Maßnahmen zur Reduzierung der PCB-Raumluftkonzentration werden in Abhängigkeit vom Maß der Überschreitung des Sanierungsleitwerts und unter Beachtung der Verhältnismäßigkeit empfohlen.

Anlage 6.2/1
(geändert)

zur Asbest-Richtlinie

Bei Anwendung der technischen Regel ist Folgendes zu beachten:

1. Eine Erfolgskontrolle der Sanierung nach Abschnitt 4.3 durch Messungen der Konzentration von Asbestfasern in der Raumluft nach Abschnitt 5 ist nicht erforderlich bei Sanierungsverfahren, die nach dieser Richtlinie keiner Abschottung des Arbeitsbereiches bedürfen.

2. Abschnitt 4.3.3 „Beschichten (Methode 2)“ ist nicht anzuwenden.

Zusätzlich gilt Folgendes:

42 Technische Baubestimmungen

01. In bestehenden Gebäuden können von Asbestprodukten mit einer Rohdichte unter 1000 kg/m³ – sogenannte schwachgebundene Asbestprodukte – durch Alterung, Erschütterungen, Luftbewegungen oder Beschädigungen in erheblichem Umfang Asbestfasern in atembarer Form freigesetzt werden, die beim Menschen schwere Erkrankungen auslösen können.
Die Verantwortung für die Durchführung der erforderlichen Untersuchungen und Sanierungsmaßnahmen obliegt den jeweiligen Eigentümern bzw. Verfügungsberechtigten der betroffenen Gebäude im Rahmen ihrer Unterhaltspflicht.

02. Wird der Bauaufsichtsbehörde bekannt, dass in einem Gebäude schwachgebundene Asbestprodukte ungeschützt vorhanden sind, so hat sie dem Eigentümer der baulichen Anlage bzw. dem Verfügungsberechtigten aufzugeben,

1. die Bewertung der Sanierungsdringlichkeit nach Abschnitt 3.2 der Richtlinie innerhalb von vier Wochen vornehmen zu lassen,
2. das Ergebnis der Bewertung der Bauaufsichtsbehörde unverzüglich schriftlich mitzuteilen und,
3. soweit die Sanierung nach Abschnitt 3.2 der Richtlinie unverzüglich erforderlich ist, Angaben über das vorgesehene Sanierungskonzept und den vorgesehenen zeitlichen Ablauf der Sanierung zu machen.

Die Bauaufsichtsbehörde kann im Zweifel eine erneute Bewertung durch einen von ihr benannten Sachverständigen verlangen.
Bei einer Bewertung von 80 Punkten oder mehr ist mit hohen Asbestfaserkonzentrationen oder mit einem kurzfristigen und unvorhersehbaren, extremen Anstieg der Asbestfaserkonzentrationen zu rechnen. Diese Asbestfaserkonzentrationen stellen eine konkrete Gefahr im Sinn des Art. 3 Abs. 1 BayBO[1] dar.

03. Bedarf die Sanierungsmaßnahme der Baugenehmigung, so müssen die Bauvorlagen Angaben enthalten über

- das Ergebnis der Bewertung der Dringlichkeit der Sanierung (Abschnitt 3.2 der Richtlinie),
- das vorgesehene Sanierungskonzept (Abschnitt 4 der Richtlinie).

04. Die sanierten Räume dürfen erst dann wieder benützt werden, wenn nachgewiesen wird, dass die durch die Messungen ermittelte Asbestfaserkonzentration in der Raumluft die in Abschnitt 5.3 der Richtlinie angegebenen Werte nicht überschreitet. Ein Nachweis durch Messungen ist nicht erforderlich, wenn Sanierungsverfahren ohne abgeschotteten Arbeitsbereich (siehe Abschnitt 4.4.2 Nr. 2 der Richtlinie) durchgeführt werden konnten.

05. Sollen bauliche Anlagen abgebrochen werden, die schwachgebundene Asbestprodukte enthalten, so sind diese Produkte vor Beginn der Abbrucharbeiten aus der baulichen Anlage zu entfernen.

---

[1] Nr. **1**.

Anlage 6.3/01

zur bauaufsichtlichen Richtlinie über die Lüftung fensterloser Küchen, Bäder und Toilettenräume in Wohnungen

Die bauaufsichtliche Richtlinie entspricht der gleichnamigen Muster-Richtlinie. Bei Anwendung der technischen Regel ist Folgendes zu beachten:
Der Wortlaut der Richtlinie ist auf Regelungen der Musterbauordnung (MBO) Fassung 2002 und der Muster-Feuerungsverordnung (MFeuV) Fassung 2007 bezogen. Die zitierten Vorschriften entsprechen folgenden Vorschriften der BayBO in der Fassung der Bekanntmachung vom 14. August 2007, zuletzt geändert durch § 36 des Gesetzes vom 20. Dezember 2011, und der Feuerungsverordnung (FeuV) vom 11. November 2007, geändert durch § 1 der Verordnung vom 8. Juli 2009:

- § 15 Abs. 2 MBO entspricht Art. 13 Abs. 2 BayBO[1)],
- § 41 Abs. 2 MBO entspricht Art. 41 Abs. 2 BayBO[1)],
- § 43 Abs. 1 MBO entspricht Art. 42 BayBO[1)],
- § 48 Abs. 1 Satz 2 MBO entspricht Art. 46 Abs. 1 Satz 2 BayBO[1)],
- § 4 Abs. 2 MFeuV entspricht § 4 Abs. 2 FeuV.

Anlage 6.4/1

zur PCP-Richtlinie

Bei Anwendung der technischen Regel ist Folgendes zu beachten:
Von der Einführung sind nur die Abschnitte 1, 2, 3, 4, 5, 6.1 und 6.2 erfasst.
Zusätzlich gilt Folgendes:

01. In bestehenden Gebäuden kann Pentachlorphenol (PCP) von belasteten Bauprodukten und Bauteilen in die Atemluft freigesetzt werden und beim Menschen Gesundheitsschädigungen auslösen. Die Verantwortung für die Durchführung der erforderlichen Untersuchungen und Sanierungsmaßnahmen obliegt den jeweiligen Eigentümern bzw. Verfügungsberechtigten der betroffenen Gebäude.

02. Sollen bauliche Anlagen abgebrochen werden, die mit PCP-haltigen Zubereitungen behandelte Bauprodukte und Bauteile enthalten, so sind diese Bauprodukte und Bauteile vor Beginn der Abbrucharbeiten aus der baulichen Anlage zu entfernen.

03. Hinweis zu Abschnitt 7.2
Bei der in der Luft am Arbeitsplatz vorliegenden Gesamtstaubkonzentration liegen die Massenanteile von PCP in der Regel unterhalb des in § 35 Abs. 3 GefStoffV festgelegten Grenzwertes von 0,1 %, sodass die PCP-haltigen Stäube in diesen Konzentrationen nicht als krebserzeugend anzusehen sind.

[1)] Nr. **1**.

Der Sechste Abschnitt der GefStoffV findet deshalb nur bei Überschreiten dieser Konzentration in vollem Umfang Anwendung.

04. Ausreichend fachkundig für PCP-Raumluftmessungen sind insbesondere die bekannt gemachten Stellen nach § 26 Bundesimmissionsschutzgesetz (AllMBl 1994 S. 704), die in einem Verzeichnis geführten Messstellen nach § 18 Abs. 2 GefStoffV (Bundesarbeitsblatt Nr. 1/1996 S. 63ff.) sowie die Institute mit einer Akkreditierung für Innenraummessungen nach DAP (Auskünfte beim Deutschen Akkreditierungsrat DAR, c/o Bundesanstalt für Materialprüfung BAM, Unter den Eichen 87, 12205 Berlin).

Anlage 7.1/1

zu DIN 18065

Bei Anwendung der technischen Regel ist Folgendes zu beachten:

1. Von der Einführung ausgenommen ist die Anwendung auf Treppen in Wohngebäuden der Gebäudeklassen 1 und 2 und innerhalb von Wohnungen.
2. Bauaufsichtliche Anforderungen an den Einbau von Treppenliften in Treppenräumen notwendiger Treppen in bestehenden Gebäuden:
   Durch den nachträglichen Einbau eines Treppenlifts im Treppenraum darf die Funktion der notwendigen Treppe als Teil des ersten Rettungswegs und die Verkehrssicherheit der Treppe grundsätzlich nicht beeinträchtigt werden. Der nachträgliche Einbau eines Treppenlifts ist zulässig, wenn folgende Kriterien erfüllt sind:

2.1 Die Treppe erschließt nur Wohnungen und/oder vergleichbare Nutzungen.

2.2 Die Mindestlaufbreite der Treppe von 100 cm darf durch die Führungskonstruktion nicht wesentlich unterschritten werden; eine untere Einschränkung des Lichtraumprofils (s. Bild A.7) von höchstens 20 cm Breite und höchstens 50 cm Höhe ist hinnehmbar, wenn die Treppenlauflinie (s. Ziffer 3.6) oder der Gehbereich (s. Ziffer 8) nicht verändert wird. Ein Handlauf muss zweckentsprechend genutzt werden können.

2.3 Wird ein Treppenlift über mehrere Geschosse geführt, muss mindestens in jedem Geschoss eine ausreichend große Wartefläche vorhanden sein, um das Abwarten einer begegnenden Person bei Betrieb des Treppenlifts zu ermöglichen. Das ist nicht erforderlich, wenn neben dem benutzten Lift eine Restlaufbreite der Treppe von 60 cm gesichert ist.

2.4 Der nicht benutzte Lift muss sich in einer Parkposition befinden, die den Treppenlauf nicht einschränkt. Im Störfall muss sich der Treppenlift auch von Hand ohne größeren Aufwand in die Parkposition fahren lassen.

2.5 Während der Leerfahrten in die bzw. aus der Parkposition muss der Sitz des Treppenlifts hochgeklappt sein. Neben dem hochgeklappten Sitz muss eine Restlaufbreite der Treppe von 60 cm verbleiben.

2.6 Gegen die missbräuchliche Nutzung muss der Treppenlift gesichert sein.

2.7 Der Treppenlift muss aus nichtbrennbaren Materialien bestehen, soweit das technisch möglich ist.

3. Bei einer notwendigen Treppe in einem bestehenden Gebäude darf durch den nachträglichen Einbau eines zweiten Handlaufs die nutzbare Mindestlaufbreite um höchstens 10 cm unterschritten werden. Diese Ausnahmeregelung bezieht sich nur auf Treppen mit einer Mindestlaufbreite von 100 cm nach den Festlegungen der DIN 18065. Abweichende Festlegungen und Anforderungen an die Laufbreite bleiben davon unberührt.

Anlage 7.3/01

zu DIN 18040-1

Die Einführung bezieht sich auf bauliche Anlagen oder Teile baulicher Anlagen, soweit sie nach Art. 48 Abs. 2 BayBO[1)] barrierefrei sein müssen.
Bei der Anwendung der Technischen Baubestimmung ist Folgendes zu beachten:

01. Die Norm ist regelmäßig anzuwenden, wenn bauaufsichtliche Anforderungen an das barrierefreie Bauen gestellt werden.
02. Abschnitt 4.3.7 ist von der Einführung ausgenommen.
03. Die in den Abschnitten 4.4 und 4.7 genannten Hinweise und Beispiele können im Einzelfall berücksichtigt werden.
04. Das in Abschnitt 4.3.3.2, Tabelle 1, Zeile 6 festgelegte Achsmaß der Greifhöhe für Türdrücker ist grundsätzlich nur bei Türen zu den barrierefreien Sanitärräumen auszuführen. Die Greifhöhe aller anderen Türen kann in Abhängigkeit von der Nutzung und mit Blick auf den Nutzerkreis des öffentlich zugänglichen Bereichs zwischen 85 cm und 105 cm festgelegt werden.
05. Abschnitt 4.3.6 muss nur auf notwendige Treppen im Sinn des Art. 32 BayBO[1)] angewendet werden.
06. Mindestens ein Toilettenraum für den allgemeinen Besucher- und Benutzerverkehr muss Abschnitt 5.3.3 entsprechen; Abschnitt 5.3.3 Satz 1 ist nicht anzuwenden.
07. Mindestens 1 v.H., mindestens jedoch einer der notwendigen Stellplätze für den allgemeinen Besucher- und Benutzerverkehr müssen Abschnitt 4.2.2 Sätze 1 und 2 entsprechen.
08. Mindestens 1 v.H., mindestens jedoch einer der Besucherplätze in Versammlungsräumen mit festen Stuhlreihen müssen Abschnitt 5.2.1 entsprechen; sie können auf die nach § 10 Abs. 7 VStättV erforderlichen Plätze für Rollstuhlbenutzer angerechnet werden.
09. Barrierefreie Beherbergungsräume und die zugehörigen Sanitärräume müssen den Abschnitten 5.1 und 5.3 entsprechen; für die Bewegungsflächen in den Wohn- und Schlafräumen ist DIN 18040-2 Abschnitt 5, Anforderungen mit der Kennzeichnung „R“ anzuwenden. Soweit nur Mindeststandards für die barrierefreie Nutzbarkeit gefordert sind, genügt es, wenn die Beherbergungsräume einschließlich der zugehörigen Sanitärräume DIN 18040-2 Abschnitt 5 ohne Anforderungen mit der Kennzeichnung „R“ entsprechen.

---

1) Nr. **1**.

010. DIN 18040-1 berücksichtigt Plattformaufzüge nicht. Vertikale Plattformaufzüge sind bei Änderungen baulicher Anlagen für die barrierefreie Erreichbarkeit zur Überwindung von höchstens einem Geschoss zulässig, wenn folgende Kriterien erfüllt sind:

- Die Förderplattform muss mindestens 110 cm × 140 cm groß sein und mindestens 110 cm hoch sicher umkleidet sein (Innenkabine); ein Durchblick muss auch in sitzender Position möglich sein,
- die Nennlast ist auf mindestens 360 kg auszulegen,
- die Benutzbarkeit muss ohne fremde Hilfe und nicht ausschließlich für Rollstuhlnutzer möglich sein und
- die räumlichen Bedingungen außerhalb des Plattformaufzugs sind entsprechend Abschnitt 4.3.5 auszuführen.

Hinweis:
Technische Regeln, auf die in dieser Norm verwiesen wird, sind von der Einführung nicht erfasst.

Anlage 7.3/02

zu DIN 18040-2

Die Einführung bezieht sich auf Wohnungen, soweit sie nach Art. 48 Abs. 1 BayBO[1] barrierefrei sein müssen.
Bei der Anwendung der Technischen Baubestimmung ist Folgendes zu beachten:

01. Die Norm ist regelmäßig anzuwenden, wenn bauaufsichtliche Anforderungen an das barrierefreie Bauen gestellt werden.

02. Die Abschnitte 4.3.6 und 4.4 und 5.6 sowie alle Anforderungen mit der Kennzeichnung „R" sind von der Einführung ausgenommen.

03. Für Wohnungen nach Art. 48 Abs. 1 BayBO[1] genügt es, wenn ein Fenster eines Aufenthaltsraums je Wohnung Abschnitt 5.3.2 Satz 2 entspricht. Zulässig sind auch Fenster, deren Brüstungen aufgrund der Anforderungen an die Kindersicherheit eine Höhe von 70 cm über OFF aufweisen.

04. Abweichend von Abschnitt 5.5.6 ist im Sanitärraum eine Badewanne anstelle eines Duschplatzes schon bei der Errichtung zulässig, sofern der Raum so dimensioniert und bauseits vorbereitet ist, dass ein barrierefreier Duschplatz nachträglich möglich ist.

Hinweis:
Technische Regeln, auf die in dieser Norm verwiesen wird, sind von der Einführung nicht erfasst.

---

[1] Nr. **1**.

Anlage 7.4/1

zur Richtlinie über Flächen für die Feuerwehr

Bei der Anwendung der technischen Regel ist Folgendes zu beachten:

1. Zu Abschnitt 1
   Zufahrten, Aufstell- und Bewegungsflächen sind entsprechend der Straßen-Bauklasse VI (Richtlinie für Standardisierung des Oberbaues von Verkehrsflächen – RStO 01) zu befestigen. Anstelle von DIN 1055-3:2006-03 ist DIN EN 1991-1-1:2010-12 in Verbindung mit DIN EN 1991-1-1/NA: 2010-12 anzuwenden.

2. Hinweisschilder

2.1 Hinweisschilder für Zu- oder Durchfahrten haben die Aufschrift „Feuerwehrzufahrt", die Schilder für Aufstell- oder Bewegungsflächen die Aufschrift „Flächen für die Feuerwehr".
Die Hinweisschilder für Flächen für die Feuerwehr müssen der DIN 4066 entsprechen; die Hinweisschilder „Feuerwehrzufahrt" müssen eine Größe von mindestens B/H = 594/210 mm haben und von der öffentlichen Verkehrsfläche aus erkennbar sein. Flächen für die Feuerwehr müssen eine jederzeit deutlich sichtbare Randbegrenzung haben.

2.2 Nach § 12 Abs. 1 Nr. 5 StVO ist das Halten vor und in amtlich gekennzeichneten Feuerwehrzufahrten unzulässig.
Ist die Anordnung eines Halteverbots nach StVO im öffentlichen Verkehrsraum im Bereich der Feuerwehrzufahrt notwendig, so muss das Hinweisschild „Feuerwehrzufahrt" von der zuständigen Behörde gekennzeichnet sein (amtliches Hinweisschild).
Anstelle des amtlichen Hinweisschildes „Feuerwehrzufahrt" kann die zuständige Behörde die Aufstellung des Verkehrszeichens 283 (Halteverbot) nach StVO mit dem Zusatzschild „Feuerwehrzufahrt" anordnen (Schutzzone im Sinn von § 45 Abs. 1 Satz 2 Nr. 5 StVO).

Zusätzlich zu obiger Nr. 1 gilt Folgendes:

01. Sofern durch geeignete Unterhaltung der Neuaufbau von Humus vermieden wird, sind auch Pflasterrasendecken, Rasengittersteine oder Einfachbauweisen entsprechender Tragfähigkeit zulässig, ausgenommen Schotterrasen.

Sachverzeichnis

Die fetten Zahlen bedeuten die Ordnungsnummern der Gesetze und Verordnungen, die mageren Zahlen die Paragraphen bzw. Artikel